1개월 영어정복!

THE CONQUEST OF ENGLISH

영문법 정복

GRAMMAR

한국외국어대학교
영어대학 영어학부 명예교수
이상준 박사의 자전소설

영어의 초보가 한 달 동안 영어를 정복해가는 인간승리의 다큐멘터리!

이 책 한 권이면 영문법을 완전정복하여 영어를 완전히 정복할 수 있다.

in 아이피출판사

2016 영문법정복 최신판
THE CONQUEST OF ENGLISH
영문법 정복
GRAMMAR
1개월 영어정복!

초판 1쇄 발행 2016년 7월 15일

저　　자 이 상 준 교수
발　　행 서울 아이피
펴 낸 이 곽 정 흥
출판등록 2016년 5월 18일　제 2016-000079호
주　　소 서울시 중구 퇴계로 212-11
전　　화 02-2275-0033
팩　　스 02-2278-5404
이 메 일 seoulprinti0@naver.com
I S B N 979-11-958283-0-2(53740)

Copyright ⓒ2016 서울아이피
이 책에 게재된 모든 내용의 일부 또는 전체를 무단으로 복제 및 발췌
하는 것을 금합니다.
파본 및 잘못된 제품은 구입처에서 교환해 드립니다.

원리의식을 통해 쉽게 깨우친 영문법과 인생의 해법

이 재 홍
(한국외국어대학교 영어과 2학년)

　이상준 교수님의 '영문법정복'은 정말 특별한 책이다. 이 영문법 책은 소설의 형식을 취하고 있는데 이러한 책은 동서고금을 막론하고 전무후무한 것이다. 이 책의 영어문법은 기존의 영어를 바라보는 나의 시각을 완전히 바꾸어 놓았고 이는 다른 사람에게도 마찬가지로 작용할 것이라고 생각한다. 영어를 단순히 공부를 위한 외국어 정도로 여기는 것이 아니고 영어라는 언어에 다양한 철학과 인생관들이 집약되어 독자로 하여금 감동과 깨달음을 전달하는 것이 이 책의 커다란 매력이라 할 수 있다.

　영어문법을 체계적으로 정복하는 일은 쉽지가 않다. 사실 나의 경우 영어문법을 공부한 것은 중학교 때 배운 성문 기본 영어까지가 전부였다. 이후 10년이 넘도록 영어공부를 할 때 문법을 따로 공부한 적은 거의 없었다. 대학교에 들어와서도 영어실력 향상을 위해 시중에 나온 여러 문법책들을 뒤적여 보고 공부하려 해 보았지만, 그때마다 절반도 보지 못하고 중도에 포기하고 말았다. 수능 세대였던 나에게 있어 문법을 공부하는 일은 너무도 지루했고 시험에 있어서의 비중도 그리 높지 않아 단지 시험을 위한 수박 겉핥기 식의 문법공부만 하였을 뿐, 영문법은 그저 시간이 지나면 금새 잊혀지는 것이었다.

　하지만 이상준 교수님의 '영문법정복'을 읽은 이후 문법에 대한 나의 편견은 완전히 사라지고 말았다. 이 책에서 교수님은 영어를 정복하기 위해서는 우선 영어의 문법을 완전히 마스터해야 한다는 것을 역설하신다. 처음엔 다소 믿기지 않았지만 책을 읽어 내려가면서 나의 지금까지의 이러한 생각들이 크게 잘못된 것이었음을 알 수 있었다. 그중에서도 특히 내가 어렵게 여겨왔던 '관사'에 대해서도 예문을 토대로 명료하게 설명된 부분은 지금까지 가지고 있던 나의 관사에 대한 무지를 말끔히 해소해 주었다.

　이 책을 읽을 때 절대 간과해서는 안 될 부분이 있는데 그것은 바로 저자이신 이상준 교수님의 인생에 관한 이야기이다. 이 부분은 소설의 형식을 취하고 있어 누구나 재미있게 읽을 수 있을 뿐만 아니라 또한 많은 깨달음을 우리에게 제시해 주고 있다. 나는 특히 교수님이 책에서 누차 강조하고 있는 '원리 의식'에 깊은 감명을 받았다. 인간은 항상 육하원칙에 의거하여 사고해야 하는데 그 중에서도 가장 중요한 것은 '어떻게(How)'와 '왜(Why)'에 관한 부문이다. '어떻게'는 우주의 만물이 어떠한 법칙으로 존재하는 물음이며, '왜'는 가장 마지막에 위치하고 있다. 그만큼 가장 높은 수준의 사고 단계이고 또한 가장 중요한 사고 영역인 것이다. 그럼에도 불구하고 우리는 세상을 살아가면서 이러한 '왜?'라는 물음에 대해 인색한 것 같다. 더구나 요즘같은 정보의 홍수시대에 우리는 우리를 둘러싸고 있는 여러 가지 외부 현상들에 대해 너무나 무감각한 것 같다. 점점 우리는 주어진 사고방식에 익숙해져 가고 세상을 비판적으로 바라보려는 노력과 의지가 박약해져 가고 있다. 이런 맥락에서 이 책은 이 사회를 살아가는 모든 이들에게 인생의 해법을 제시하고 있다고 생각한다.

아버지가 딸에게 권하는 책

김 혜 민
(한국외국어대학교 영어과 4학년)

2013년 여름방학 때 아버지께서 '영문법정복'이라는 책을 한 권 사오셨다. 우연히 신문광고에서 이 책을 보셨는데 나에게 선물해 주시기 위해 구입하신 것이다. 딸이 다니고 있는 한국외국어대학교의 이상준 교수님이 그 책의 저자라는 사실이 반가우셨고, 영어의 꼴찌가 한 달 만에 영어의 고수가 되었다는 책의 내용이 흥미로우셨던 것이다.

그런데 나를 위한 선물이었던 이 책을 오히려 아버지께서 먼저 읽기 시작하시더니 그 책을 보시던 주말 내내 손에서 책을 놓지 못하며 연신 박장대소를 터뜨리셨다. 이 책을 끝까지 다 읽으시더니 아버지께서는 '정말 재미있고 유익한 책'이라는 말씀과 함께 '인생의 지혜와 철학이 고스란히 담긴 감동적인 책'이라는 표현까지 하셨다.

이렇듯 아버지의 강력한 권유로 접하게 된 '영문법정복'이라는 책은 나에게도 신선한 충격으로 다가왔다. 영어 참고서도 아니고, 소설도 아니고, 자서전도 아니고, 철학서도 아닌, 그야말로 세상에 존재하는 모든 장르가 이 한 권의 책 속에서 어우러져 있는 것이 아닌가! 그러므로 이 책은 그 누구도 생각하지도 못하고 흉내 내지도 못할 혁명이라고 감히 말할 수 있다. 이렇게 기막힌 발상과 조화를 꾀할 수 있는 사람은 천재이며 예술가임에 틀림없다고 생각했다.

그러나 이 책의 가장 훌륭한 점은 어느 정도 영어를 잘 하는 사람만이 이해할 수 있는, 배타적인 독자층을 가지고 있는 여느 책들과는 달리 거의 모든 독자층을 배려한다는 점이다. 이 책은 영어를 막 시작하려는 사람들뿐만 아니라 영어를 배우고 있으며 이미 영어를 잘하는 사람은 물론, 영어를 손놓은 지 오래되고, 심지어는 영어에 일자무식인 사람까지도 독자층에서 소외시키지 않는다.

혹시나 독자들이 이해하지 못할까, 잊어버리지는 않았을까 반복에 반복을 거듭한다. 그리고 모든 일에는 법칙이 숨겨져 있다는 '원리 의식'을 영어의 가르침에도 적용시켜 복잡할 것 같은 영어의 문법을 그것만 알면 다 파악할 수 있게 알기 쉽게 설명하시고 늘 '이것뿐, 이것만!' 이라고 그 간단함과 중요함을 강조하신다. 책에서도 '스승은 노파심에서 재차 다시 설명하며, 스승은 올챙이 시절을 잊지 않는 것, 이것이 스승의 마음가짐이다.' 라고 하지 않았던가! 이 말을 역설하시던 교수님의 철학이 이렇게 모든 독자층을 위하는 세심함으로 나타난 듯하다.

다른 책과 차별화되는 이 책의 또 다른 매력은 읽기도 전에 질려버리는 딱딱한 기존의 참고서 형식을 탈피해서 누구나 흥미를 느낄 수 있는 교수님의 어린 시절 이야기로 서두를 시작한다는 점이다. 엄숙하게 저자의 학자적 권위를 내세우는 것이 아니라, 어쩌면 부끄러울 수도 있는 어린 시절의 과거사를 당당하고 솔직하게 그리고 생생하게 풀어나가고 있다.

초등학교 시절 내내 공부를 못해 꼴찌였으며 이로 인해 따돌림을 받은 일, 아버지의 재력(財力)으로 수재들만 모인 광주서중을 들어간 일, 이로 인해 다시 집단 따돌림을 받으며 생명의 위협까지 느낀 일, 하지만 기지로 이런 위협적인 상황에서 탈출한 일, 영어 시간에 선생님에게서 받았던 설욕을 씻기 위해 복수를 결심한 일 등 그 모든 이야기가 이 책을 읽는 동안 마치 한 편의 영화처럼 펼쳐진다.

나는 여기서 무엇보다 자신의 치욕을 되갚기 위한 '복수'의 방법이, 물리적인 방법을 동원하는 저차원적인 것이 아니라 다름 아닌 '공부'를 통한 방법이었다는 점이 인상 깊었다. 어린시절 학교 공부는 못했지만 사고력과 판단력은 그 누구보다 탁월했던 학생이었음을 보여주는 좋은 대목이라고 생각한다. 이 같은 저자의 올바르고 성숙한 생각은 책 전반에도 잘 드러나는데, 소설과 영어문법 공부 사이사이에 교수님의 철학적인 사유의 깊이를 알 수 있게 해 주는 글들이 흡입력 있게 써내려져 있다.

또한 책에는 그 시기를 관통하던 일본 식민지시대, 좌파와 우파가 대립하던 시기 그리고 6·25전쟁 등 우리 근현대사의 커다란 굴곡들이 고스란히 묘사되어 있다. 내가 이렇게 재미있고 훌륭한 책을 알게 된 기쁨에 친구들에게 이 책을 추천해 줬는데 친구들은 '정말 재미있는 책이지만 저자의 과거 이야기가 모두 허구가 아니냐?' 하는 반응을 보였다. 하지만 나는 이 책의 이야기가 교수님의 자전적 소설로 허구가 아니라는 사실을 잘 안다. 수업시간에 수련된 날렵한 몸놀림으로 '가라데'를 선보이시던 교수님의 모습을 보면, 책에서 위협을 가하며 다가오던 패거리들을 한꺼번에 해치우셨다는 말이 절대 허풍이 아님을 알 수 있다. 고희(古稀)를 넘기신 나이에도 훤칠한 풍채와 날쌘 몸동작을 보이시는 교수님의 모습을 보고서도 어찌 젊은 시절의 그 무용담을 믿지 않을 수 있겠는가?

다시 한 번 더 말하지만 이 책은 한 인물의 진실한 생애가 담긴 자서전이며, 한 개인의 우주관이 살아 숨쉬는 철학책이며, 우리나라의 근현대사가 녹아 있는 역사책이며, 스승이 제자를 사랑하는 것처럼 저자가 독자를 사랑하는 마음이 배어 있는 가슴 따뜻한 책이다. 나는 아직까지 이보다 더 감동적이고 알기 쉽고 친절하게 쓰여진 책을 발견하지 못했다. 앞으로 부디 더 많은 사람들이 이 책을 읽고 이 책의 가치를 알게 되기를 바란다.

　　나(중3학년 때의 나)와 같이 영어의 영자도 모르는 사람들을 위하여 이 책을 재미난 이야기로 쓰려고 한다. 이 책을 읽고도 영어를 정복하지 못할 사람은 한 사람도 없을 것이다. 왜냐하면 나도 그렇게 어렵게만 보였던 영어를 중학교 3학년 여름방학 한 달 사이에 완전히 정복했기 때문이다. 왜 이 책을 읽으면 저절로 영어 박사가 되느냐 하면 내가 이 책에 쓰여 있는 대로 영어를 배우고 공부했기 때문이다.

　　나는 초등학교 시절 내내 공부를 못하여 6년 동안 꼴찌를 맴도는 가운데 학우들에게 따돌림(왕따)을 당하면서 간신히 초등학교를 졸업하고 경쟁률 1대 1의 담양중학교에 입학하였고, 중2 때는 나의 부친의 금력(金力)으로 전국의 수재들만 뽑혀 공부하는 광주서중학교에 편입되어 학우들은 물론 선생들에게까지 혹독한 천대와 따돌림을 받았다. 설상가상으로 나는 학우들로 부터 수차례에 걸쳐 집단 구타를 당하며 죽을 고비를 몇번씩 넘기기도 하였다.

　　내가 영어 공부를 하게 된 결정적인 동기는 중3 여름방학 직전, 영어 선생이 학우들 앞에 나를 불러 세워 놓고 나에게 온갖 욕설과 체벌을 가하는 가운데 학우들의 비웃음을 받아야 했던 견딜 수 없이 치욕스러운 경험 때문이었다. 나는 영어 선생에게 복수하겠다고 결심했다. 내가 1주일 후에 시작되는 여름방학 기간을 이용해 영어를 완전히 정복하여 그 영어 선생보다 영어를 더 잘하게 되는 것이 그에게 복수할 수 있는 방법이라고 생각했던 것이다.

　　나는 중3 여름방학 한 달 동안 광주 중심가에 있는 TG영어학원에서 훌륭한 영어 선생을 만나 영문법을 철저히 공부했다. 언어는 법칙(法則)들에 의해 지배되는 인간 행동이기에 나는 영어의 법칙들, 즉 영문법을 그 학원 선생에게서 여름방학 한 달 만에 철저히 배워 영어를 완전히 정복하였고, 방학이 끝난 후에는 내가 결심했던 대로 학교의 영어 선생에게 통쾌한 복수를 할 수 있게 된 것이다.

　　이후 젊은 시절 내가 대학에서 영어를 가르치다가 우연한 기회에 미국에 가서 약 9개월 동안 머문 적이 있었는데, 그 때 미국인들은 나의 유창한 영어를 듣고 나에게 미국이나 영국 태생이 아니냐는 질문을 무수히 했다. 그 때마다 나는 내 정확하고 유창한 영어의 구사는 영문법을 정확하고 철저하게 배운 것에 있다고 당당히 대답하곤 했다. 무엇보다 올바른 발음법과 강세를 지키는 나의 영어 발음은 영어 원어민들조차 감탄해 마지않았는데 그것은 내가 영어를 발음하는 법을 정확하고 철저히 배웠기 때문인 것이다.

　　나는 어떠한 어려운 영어로 쓰인 책이라도 단어 하나하나까지를 완전히 이해하면서 독파한다. 그리고 지금까지 한 치의 어긋남이 없이 영어로 네 권의 책들을 저술했다. 나는 영국인이나 미국인과 똑같이 내가 표현하고자 하는 것을 영어로 유창하게 말한다. 나는 영어 방송을 거의 다 알아듣는다. 이 모든 것은 영어를 읽는법(영문법), 영어로 글을 쓰는법(영문법), 영어로 말하는법(영문법), 그리고 영어를 듣는법(영문법)을 정확하고 철저히 배운데서 비롯된 것이다.

흔히들 중학교 3년, 고등학교 3년, 그리고 대학교 4년, 도합 10년 동안 영어공부를 해도 실제로는 영어를 한 마디도 못하게 되는 우리나라 영어 교육의 맹점을 '문법 위주의 영어 교육' 탓으로 돌리고 있다. 그것은 아주 잘못된 오해(誤解)와 곡해(曲解)다. 오히려 우리나라 영어 교육의 폐단은 영문법을 제대로 가르치지 못한 데에서 기인한다. 그러는 동안 영어 교육에 대한 묘안을 창출하겠다는 유언비어가 난무하며 갖가지 사기성 있는 상술들이 우리의 영어 교육을 영원히 제자리걸음에서 맴돌게 하고 있는 실정이다.

나는 그러한 영어 교육의 사기꾼들이 날치고 있는 꼴을 보다 못해 영어 교육의 기틀을 바로 잡기 위해 이렇게 글을 쓰고 있는 것이다. 그러한 영어의 사기 행각들은 거의 매일 주요 일간신문들의 일면 광고에 뻔뻔스럽게 사기 광고를 하고 있다. 그러한 광고문들을 살펴보면 그것이 왜 사기인지 곧바로 드러난다. 대략 '영어는 절대로 공부해서는 안 된다.'느니, 그저 '영어 몇 문장만 외우면 된다.'느니, '머리가 돌아 버리면 영어를 잘한다.'와 같이 나타나고 있다.

내가 2001년 2월 말일에 한국외국어대학교 영어학부에서 40여 년간 영어학 교수로서 영어를 가르치고 정년퇴임하면서 내가 굳건히 결심한 것은 우리나라의 잘못된 영어 교육을 바로 잡고 우리나라가 영어 강대국이 되게 하는 데 결정적인 한몫을 하겠다는 것이었다.

세상의 모든 것은 그것들의 법(法)들이 있기에 존재한다. 하나의 언어도 마찬가지로 언어의 법이 있기에 존재한다. 따라서 그 말법을 아는 것이 그 말을 아는 것이다. 내가 영어를 처음 배우면서 영어를 모국어로 쓰는 나라나 또는 심지어 제 2외국어로 쓰는 나라들 중 어느 한 나라에 단 하루도 가 본 적이 없었음에도 불구하고 정확한 영어를 구사할 수 있게 된 것은 바로 영어의 문법을 정확하게 배웠기 때문이라고 감히 말할 수 있다.

다시 강조하건대 영어에 대해서는 한 마디로 일자무식(一字無識)이었던 내가 여름방학 한 달 사이에 그것을 완전히 정복할 수 있었던 것은 영문법을 완전히 그리고 정확히 배웠기 때문이다. 영문법을 통하지 않고 어떤 다른 방법으로 영어를 정복할 수 있었겠는가? 이것은 식빵을 만들기 위해서는 식빵을 만드는 법을 알아야 하는 것과 똑같은 이치이다. 다른 모든 인간의 행위들도 그 행위를 할 수 있게 하는 법칙들을 의식적으로나 무의식적으로 배워야만 그것들을 할 수 있는 것이다. 다른 방법은 없다. 이것을 부인하는 것은 거짓말을 하거나 또는 무지하거나, 심지어 사기를 치는 행위에 지나지 않는다.

위의 말을 반박하는 사람들(우리나라에는 그러한 사람들이 압도적으로 많은데)은 영국어나 미국인, 6세의 어린이들이 영문법을 배워서 그렇게 영어를 잘하느냐고 반문하곤 한다. 하지만 영어를 모국어로 배우는 어린이들은 태어날 때부터 순전히 무의식적으로 영어를 사용할 수 있게 해주는 영문법을 삶의 전부로 삼고 배운다. 언어학자들에 의하면 인간은 태어난 후 5세 정도에 이르기까지 선천적으로 언어 습득 장치(language acquisition device)를 갖게 된다. 이러한 언어 습득 장치는 인간 보편성을 띠고 있는 것인데, 사람이 그 5년 사이에 어떤 특정 언어의 환경과 접촉하면 그 언어의 문법을 인간의 보편적인 언어 문법과 함께 자연적으로 완전히 습득하게 되는 것이다. 이 때 그들의 영문법 선생들은 바로 그들이 잠을 자지 않는 모든 시간에 그들 옆에서 가장 친절하게 영어로 말을 걸며 영어를 가르치는 부모, 형제 또는 가까운 이웃 사람들인 것이다. 이와 같이 특정 언어들 예컨대 한국어, 영어, 불어, 일본어, 중국어 등은 그 속에 인간 보편적 언어 법칙들을 내면적으로 다 똑같이 갖고 있으며 따라서 모든 언어들은 섬층구조(deep or internal structure)에서는 다 같고, 다만 표층구조(surface or superficial structure)에서만 서로 다르게 나타날 뿐이다. 내가 중학교 3학년 때 영어를 정복할 수 있었던 것은, 내가 태어나 60개월 동안 즉, 태어나 5세에 이르기까지 인간의 보편적인 언어 습득장치를 통해 모든 언어에 공통으로 작용하는 보편적인 언어 법칙들을 자극시켜 한국어를 배워둔 것을 토대로 영문법을 완전히 배웠기 때문이다.

따라서 누구나 성인이 되어 외국어를 배우고자 한다면 인간 내면의 보편적인 언어 문법을 이용하는 방법밖에는 없는 것이다. 다시 말해 영어를 성인이 되고 난 후 외국어로서 배우고자 한다면 영문법을 인위적이고 집중적으로 공부하는 방법밖에 없는 것이다.

즉, 하나의 외국어를 그 언어의 문법을 통해 불과 한 달 사이에 배웠다는 것은, 사람이 태어나서 5세에 이르기까지의 60개월 동안 인간 언어에 속하는 보편적이고 내면적인 문법을 모국어를 통하여 완성한 것을 토대로, 그 기간의 60분의 1이 되는 1개월 만에 다른 외국어의 언어 법칙들을 습득하고 마무리지을 수 있다는 것을 의미한다. 내가 앞에 언급한 바와 같이 14세에 결심한 바 있어, 즉 강한 동기 유발을 계기로 중학교 3학년 여름방학 한 달 사이에 영어의 법칙들, 즉 영문법을 완전히 배워 영어를 정복한 것이 이를 증명한다.

내가 힘주어 말하고자 하는 것은 영어는 한 달 사이에 집중적으로 영문법을 터득함으로서 습득될 수 있다는 것이다. 이 소설을 한 달 사이에 집중적으로 읽고 나면 영어를 완전히 정복하게 되어 있다는 것이다. 되풀이하건대, 나는 영어 철자 하나, 영어 발음 하나, 영어 단어 하나, 문장 하나 알지 못하여 학교에서 영어 선생에게 인간 이하의 취급을 받고 학우들에게 따돌림을 받다가, 중3 여름방학 직전의 받아쓰기(dictation) 테스트에서 나의 옆 짝꿍 것을 보았다는 억울한 누명을 쓰고 그야말로 내로라 하는 광주서중 수재들 앞에서 온갖 수모를 당했다. 바로 그 계기가 나라는 인간의 무한한 가능성을 일깨웠다. 나는 여름방학 동안에 영어를 기어이 정복해서 그 선생에게 복수하겠다는 굳은 결심을 하여 사설 영어학원에서 영어를 거의 완전히 배운 것이다. 이런 나의 말은 한 치의 거짓이 없는 인간승리의 고백이자 자랑인 것이다.

내가 이러한 자랑을 되풀이하여 말하는 이유는 비단 영어뿐만 아니라 어떤 일에 있어서도 처음에 성적이 나쁘다고 하여 그것을 자신의 타고난 가능성의 한계로 그 이유를 돌리기 쉬울 학생들에게 충고 겸 경적을 울리고자 함이다.

내가 영문법을 공부하여 영어의 정복자가 될 수 있었던 이야기를 소설 형식으로 쓰게 된 이유는 나 자신이 영어의 일자무식에서 영어를 1개월 만에 정복하게 된 과정 그 자체가, 앞서 말했듯이 따돌림(왕따)을 당하고 견딜 수 없는 수모와 집단 구타로 죽을 고비를 여러 차례 넘기면서 이루어낸 하나의 인간승리라고 감히 말할 수 있기 때문이다. 나는 결심, 의지, 그리고 인내로 전력 투구하여 여름방학 한 달 만에 영어의 모든 것(영어 자체는 물론 서양 철학을 포함하여 서양의 합리주의적인 사상)을 배웠다.

영어 공부를 포기하는 대부분의 학생들은 공부를 할 나이에 이런 저런 사정에 의해 첫 단추를 잘못 끼워 공부를 못하거나 잘못하게 되면서 "나는 공부할 소질이나 능력이 없나보다."하고 자포자기(自暴

自棄)한다. 이것은 정말 그러한 학생에게나 그 사회, 더 나아가 인류사회에 큰 손실을 입히는 결과를 낳는다. 왜냐하면 한 사람이 이 세상에 태어나면 나날이 공부를 하며 많은 것을 배워가게 마련이고, 그것으로 자신과 그의 사회는 물론 인류사회에 공헌하게 될 것이기 때문이다.

내가 이러한 자전적인 소설을 쓰게 된 이유가 바로 이러한 잘못된 생각을 하여, 거의 무한한 가능성을 갖고 세상에 태어나는 인간 개개인의 소중한 자원이 그냥 방치되는 것을 막기 위함이다. 나의 경우를 보더라도, 나는 자칫 영어에 대해서는 소질이 없다고 생각한 나머지 그것과 영원히 담을 쌓을 뻔했을 처지에 놓여 있었다. 앞으로 이 소설이 전개되어 가면서 내가 영어를 정복할 수 있었던 일련의 과정이 상황상황에 따라 영화처럼 펼쳐질 것이다.

그 동안 이 책을 집필하면서 내가 한국외국어대학교 영어학부 학생들에게 강의 중에 대충 이 책의 요점들을 읽어 주었을 때 그들이 감동하여 하루 빨리 이 소설이 탈고되어 출간된 책으로 전체를 읽고 싶다는 격려를 받고는 큰 힘을 얻었다. 지금 이 책은 이미 일본어로 번역되기 시작했고 중국어로도 번역될 예정이다. 나 자신은 이 책을 영어로도 번역하고 있다. 이는 영어를 모국어로 쓰는 사람들이 영어에 대한 새로운 인식과 자부심을 갖게 하고 특히 영어가 모국어인 어린이들이 영어를 잘 사용할 수 있게 되는 이유는 모두 영어의 문법이 그렇게 만들었기 때문이라는 것을 알게 하고 더 나아가 그들의 모국어인 영어의 법칙들(영문법)을 보다 정확히 익혀 그들이 지성적 삶을 더 풍요롭게 하기 위함이다.

앞에서 말했듯이 말은 말법이 없으면 존재할 수가 없으며 영어는 영문법이 있기에 존재한다. 이것을 거꾸로 말하면 영어에서 영문법을 배제한다면 영어는 그 형태를 유지하지 못하고 무너진다는 것이다. 영문법이 사라지면 영어도 사라지는 것이다. 이것을 영어 교육과 관련시키면 영어를 외국어로 습득해야 하는 우리나라에서의 올바른 영어 교육은 오직 영문법을 제대로 철저히 가르치는 것이다.

끝으로, 전국 수재들이 다니는 명문 광주서중학교에 지극히 아들을 사랑한 나머지 돈으로 편입시켜 그의 의도와는 달리 따돌림(왕따)의 신세로 전락시킨, 지금은 저세상에 계신 나의 아버지에게 가슴 서린 감사를 드린다. 중3 영어시간에 나의 학우들이 조소하는 가운데 나에게 온갖 욕설과 체벌을 가하여 혀를 깨무는 결심으로 영어를 정복하여 그에게 복수하겠다는 일념으로 결국 영어를 정복하게 하는 동기를 부여해 준 영어 선생님과, TG영어학원에서 여름방학 한 달 사이에 나에게 온갖 정성과 친절로 영문법을 가르쳐 주어 내가 결국 영어를 정복하게 힌 그 신생님께 신심 어린 감사를 드린다.

언어가 인간에게 얼마나 중요한가, 아니다, 언어는 인간성의 전부라는 것을 이 책의 맨 끝 부분의 '마지막 정리'에서 인간 언어들 중의 하나인 영어지식의 모든 것을 도표와 도식으로 밝혀놓아 인간은 오직 그의 언어로 인하여 전지전능(almightiness)할 수 있음을 선언했다. 독자는 이 책을 읽기 전에 에필로그를 먼저 읽기를 저자는 간절히 바랍니다.

동대문 이문동 한국외국어대학교 명예교수실에서
2016년 5월
저자씀

Contents

CHAPTER 1   영어의 일자무식이 훌륭한 선생을 만나
기초부터 시작하여 완전정복의 길을 달리다.

CHAPTER 2   과학적이고 체계적인 반복학습의 자신감으로 영어의 날개를 달아준다.

CHAPTER 3 여름방학 한 달 안에 영어 꼴찌가
영어정복자가 되어 통쾌한 복수를 한다.

영문법정복의

예비지식

영어의 5형식을 정복하면
읽고, 쓰고, 말하고, 듣는 법이 저절로 열린다.

영문법정복의 예비지식

나는 초등학교에 적령기보다 한 해 앞서 학교에 들어갔기 때문에 다른 아이들보다 상대적으로 지능이 낮아 초등학교 6년 내내 학업 성적에서 꼴찌에 머물렀다. 그리고 간신히 경쟁률이 없는 담양중학에 입학하여 1년간 역시 꼴찌에 맴돌다가 나의 아버지의 금력으로 전국의 수재들이 다니는 광주서중에 편입생으로 들어가게 되었고, 역시 마찬가지로 꼴찌에서 허덕이다가 영어 선생의 호된 꾸중을 받은 것을 계기로 영어 하나만이라도 잘 하겠다는 결심을 하여 TG 영어학원을 찾아가 여름방학 한 달 사이에 영어를 완전히 정복하게 되었다.

나뿐만 아니라 모든 사람들에게 그렇게 어려운 영어를 내가 한 달 사이에 어떻게 정복하게 되었는가를 여기에 소설 형식으로 적어보았다. 이것은 피맺힌 나의 성장 과정에 대한 일종의 자전적 소설이다. 말하자면 자전적 소설과 영어 학습서가 혼합된 것이 바로 이 책의 특징인 것이다. 이 책을 누구나 다 읽고 나면 나처럼 영어를 완전히 정복할 수 있을 것이다.

내가 그렇게 영어를 정복할 수 있었던 것은 지금 시작하고자 하는 영어의 예비지식 덕이 컸다. 이 예비지식만으로도 영어를 정복할 수 있는 굳건한 토대가 될 것이다. 왜냐하면 내가 이 영어의 예비지식을 듣고 영어 정복에 자신을 얻었기 때문이다.

TG 영어학원의 그 선생은 "이것만 알아도 영어의 대강을 안다." 라고 말하면서 영어의 예비지식을 영어에 일자무식인 우리 수강생들에게 설명하기 시작했다. 그는 영어 학습의 간략한 본보기를 미리 우리 학생들에게 이렇게 소개해 주는 것이었다. 그는 영어뿐만 아니라 인간이 배워야 하는 모든 것들에 대해 공부하는 요령을 우리들에게 제시해 주면서 영문법을 완전무결하게 가르쳤다.

배워야 할 어떤 것이 있으면 처음에 그것에 대한 전체적인 윤곽을 간략히 들추어 내어 그것에 대한 막연한 두려움과 어려움 또는 혼란스러움을 제거한 뒤에야 그것의 구체적인 것들 하나하나를 제대로 질서 있게 배워나간다는 것이 그의 학습론이었다. 처음에 이렇게 일단 가닥을 잡아가기 시작하면 이미 그것을 다 배운 느낌을 갖게 되어 학습자가 자신감을 갖고 그것을 끝까지 추진해나갈 수 있다는 것이다.

그래서 그는 영문법을 본격적으로 가르치기 전에 영문법의 예고편 형식으로 영문법의 윤곽을 우리 학생들이 알게 해주었다. 그것은 참으로 훌륭한 교수법(教授法)이었다. 왜냐하면 내가 그 영문법의 예비지식을 한 번 미리 알게 되자 나도 영문법 즉, 영어를 정복할 수 있겠구나 하는 생각이 절로 들었던 것이다.

그 선생은 영어를 읽을 때에는 반드시 큰 소리로 낭독하라고 미리 당부해 주었다. 그리고 영어는 강하고 높은 음으로 읽어야 하는 음절이 있는데 그곳에 제 1강음은 [´]으로 제2강음은 [`]으로 표기된다는 것을 알려주었다. 그리고 영어 공부를 처음 시작하는 우리 수강생들을 위해 그는 어쩔 수 없이 영어의 단어나 영어의 문장에 영어 발음을 우리말(한글)로 표기해주었다. 나중에 영어의 발음 기호들을 배운 뒤에야 한글 발음 표기를 대치시키는 것이 영어 학습상 편리하다는 것이었다. 우선 조금은 어색하지만 우리 학생들에게 그것이 필요하다고 하였는데 이것 또한 그의 독특한 영어 교수법이었다.

하기야 미군들이 해방 직후에 나의 고향인 담양읍에 진주했을 때에 사람들은 영어로 그들과 의사소통을 하기 위한 책자를 만들었는데 영어 글자는 하나도 없고 그저 영어의 발음 소리를 한글로만 적어 놓은 것이었다. 보기를 몇 가지 들자면 다음과 같은 것들이었다.

헬로우 = 여보세요, 탱큐 = 감사합니다. 아이 엠 소리 = 미안합니다, 익스 큐우즈 미 = 실례하겠습니다, 하우 두 유 두우 = 처음 뵙겠습니다, 하우 아아 유우 = 안녕하십니까 등등.

이 책자로 담양 사람들은 미군들과 대화를 할 수 있었고 어떤 사람은 그 책자를 달달 외워 담양에서 영어를 제일 잘하는 사람이 되었는데 그는 그 뒤로 훌륭한 영어 통역사가 되어 부자가 되기도 했다. 왜냐하면 그는 그 책자를 토대로 미군들과 자주 어울려 영어 발음을 제대로 배웠기 때문이었다.

이것에 비교하면 이 영문법 예고편은 아주 짜임새 있고 효율적인 영어 학습서가 아닐 수 없는 것이다. 이 영문법 예비지식은 본격적인 영어 학습의 시작이 될 것이며 이 시작이 영어 전체를 완전히 정복하는 토대가 될 것이므로 여기에 TG학원 그 선생이 설명했던 영문법정복 예비지식 I과 영문법정복 예비지식 II를 고스란히 정리하고자 한다.

영문법정복 예비지식 I

영문법은 8품사들과 구문론의 두 가지로 나누어진다.
8품사들은 영어 구조물의 재료가 되는 것이고 구문론은 그 구조물의 설계도가 된다.

영문법정복 | 8품사

1. 명사(noun)

명사는 사물에 대한 이름이다.
명사는 보통명사, 물질명사, 추상명사, 고유명사, 그리고 집합명사로 나누어진다.

(1) 보통명사(common noun)
보통명사는 감각으로 느낄 수 있고 수로 셀 수 있는 것에 대한 이름이다.
> 보기 animal [에니멀] (동물), boy [보이] (소년), tree [트리] (나무), dog [독] (개),
> nature [네이쳐] (자연), mountain [마운튼] (산), field [피일드] (들) 등

(2) 물질명사(material noun)
물질명사는 감각으로 느낄 수 있지만 수로 셀 수 없는 것에 대한 이름이다.
> 보기 water [워터] (물), rain [레인] (비), gold [고올드] (금), air [에어] (공기),
> milk [밀크] (우유), food [푸웃] (밥, 음식) 등

(3) 고유명사(proper noun)
고유명사는 세상에 하나밖에 없는 것에 대한 이름이다.
> 보기 Korea [코리어] (한국), Napoleon [너폴레언] (나폴레옹),
> Everest [에버리스트] (에베레스트), Lee Sun Sin [리순신] (이순신) 등

(4) 집합명사(collective noun)
집합명사는 어떤 것들의 집합체에 대한 이름이다.

family [패밀리] (가정), army [아아미] (군대) , nation [네이션] (국민) 등

(5) 추상명사(abstract noun)

추상명사는 추상적으로 생각되어지는 것으로, 그것에 대하여 "어떤 것이다."라고 이름을 붙여 말할 수 있는 것이다.

 love [러브] (사랑), life [라이프] (인생), science [사이언스] (과학),
honor [오너] (명예), spirit [스피릿] (원기, 활력) 등

2. 대명사(pronoun)

대명사는 명사 대신 쓰이는 것에 대한 이름이다.

(1) 인칭대명사(personal pronoun)

 1 인칭 대명사 단수 : I [아이] (나는), me[미이] (나를, 나에게)
1 인칭 대명사 복수 : we [위이] (우리들은), us [어스] (우리들을, 우리들에게)
2 인칭 대명사 단수 : you [유우] (당신은), you [유우] (당신을, 당신에게)
2 인칭 대명사 복수 : you [유우] (당신들은), you [유우] (당신들을, 당신들에게)
3 인칭 대명사 단수 : he [히이] (그는), him [힘](그를, 그에게)
she [쉬이] (그녀는), her [허어] (그녀를, 그녀에게)
it [잇] (그것은), it [잇](그것을, 그것에)
3 인칭 대명사 복수 : they [데이] (그들은, 그것들은)
them [뎀] (그것들을, 그것들에게, 그것들에)

(2) 지시대명사(demonstrative pronoun)

 this [디스] (이것), that [댓] (저것), such [서취] (그러한 것) 등

(3) 부정대명사(indefinite pronoun)

 one [원] (일반적인 사람), something [섬씽] (어떤 것)
anything [에니씽] (어떤 것이든), all [오올] (모두) 등

(4) 의문대명사(interrogative pronoun)

 who [후우] (누가), whom [후움] (누구를, 누구에게),
what [홧] (무엇이), what [홧] (무엇을, 무엇에),

which [휘치] (어느 것은), which [휘치] (어느 것을, 어느 것에)

(5) 관계대명사(relative pronoun)

 who, whom, which, that 등

3. 동사(verb)

우리말에서 '... (이)다'로 끝나는 말로서 다섯 가지가 있다.

(1) 완전자동사(complete intransitive verb)

그것 뒤에 보어나 목적어를 달지 않고 스스로 주어를 서술하는 동사이다.

 go [고우] (가다), come [컴](오다), run [런] (달리다), move [무우브] (움직이다) 등

(2) 불완전자동사[incomplete intransitive verb]

그것 뒤에 보어(complement)를 보충적으로 달고 와 주어를 서술하는 동사이다.

 be [비이] (...이다): am (이다), are [아아] (이다), is [이즈] (이다),
remain [리메인] (...로 남아 있다) 등

(3) 완전타동사(complete transitive verb)

그것 뒤에 목적어(object)를 지배하여 주어를 서술하는 동사이다.

 love [러브] (사랑하다), know [노우] (알다), kill [킬] (죽이다) 등

(4) 여격(또는 수여)타동사[dative transitive verb]

그것 뒤에 간접목적어(indirect object : 에게)와 직접목적어(direct object : 를, 을)를
지배하여 주어를 서술하는 동사이다.

 give [기브] (주다), tell [텔] (말하다), teach [티이취] (가르치다),
offer [오퍼] (제공하다) 등

(5) 불완전타동사[incomplete transitive verb]

그것 뒤에 목적어(object)를 지배하고 보어(complement)를 보충적으로 달고 와 주어를
서술하는 동사이다.

 make [메이크] (만들다), leave [리브] (내버려두다) 등

4. 형용사(adjective)

명사나 대명사의 앞이나 뒤에 와 그 명사나 대명사를 '어떻다'라고 수식하거나 불완전자동사 혹은 불완전타동사의 보어가 되는 품사이다.

(1) 기술형용사(descriptive adjective)
(보기) beautiful [뷰우티풀] (아름다운), happy [해피] (행복한), glad [글랫] (기쁜), good [굿] (좋은), bad [뱃] (나쁜) 등

(2) 지시형용사(demonstrative adjective)
(보기) this [디스] (이러한), that [댓]) (저러한), such [서치] (그러한) 등

(3) 수량형용사(quantitative adjective)
(보기) many [메니] (많은), some [섬] (어떤), little [리틀] (작은) 등

(4) 관형사(article)
(보기) a [어, 에이], an [언, 엔] (하나의), the [더, 디] (그) 등

(5) 의문형용사(interrogative adjective)
(보기) what [홧] (무슨), which [휘치] (어느) 등

(6) 관계형용사(relative adjective)
(보기) what, which 등

5. 부사(adverb)

동사, 형용사, 혹은 부사 앞이나 뒤에 와 그 동사, 형용사, 혹은 부사를 수식하는 품사이다. 때로는 부사가 문장 전체를 수식할 수도 있다. 부사도 여러 가지 종류가 있지만 어느 정도 내용이 복잡하기 때문에 본문에서 자세히 다루도록 한다.

(보기) here [히어] (여기에), happily [해필리] (행복하게) 등

6. 전치사(preposition)

그것 뒤에 명사나 대명사를 목적어(object)로 지배하여 명사구, 형용사구, 혹은 부사구를 만드는 품사이다.

 in [인] (...안에), from [프럼] (...로부터) 등

7. 접속사(conjunction)

그것 앞뒤의 말들을 접속시켜 주는 품사로서 등위접속사와 종속접속사로 나뉜다.

(1) 등위접속사(coordinate conjunction)

그것 앞과 뒤에 나오는 단어나 구, 절, 혹은 문장들을 대등하게 접속시켜 준다.

 and [엔드] (그리고, or [오어] (혹은), but [벗] (그러나), so [소우] (그래서),
for [포오] (왜냐하면) 등

(2) 종속접속사(subordinate conjunction)

그것 뒤에 문장을 이끌어 명사절이나 부사절을 만든다.

 that [댓] (...것), when [웬] (...할 때), because [비코오스] (... 때문에),
as [에스] (...와 같이) 등

8. 감탄사(interjection)

영어의 품사들 중에서 그저 감정만을 안고서 문장 아무데나 위치할 수 있는 가장 자유스러운 존재이다.

 oh [오오] (오), ah [아아] (아) 등

영문법정복 | 구문론(syntax)

구문론은 단어들이 모여 문장을 형성하는 구조나 방법을 뜻한다.

앞에서 영어의 구조물, 즉 문장을 만드는 재료들을 간략히 설명했기에 그 재료들을 어떻게 사용하여 영어의 문장들을 만들 수 있는가를 역시 간략히 설명했다. 이것만 알아도 영어를 정복하는 훌륭한 토대가 되는 것이다.

모든 영어의 구조물들 즉 문장들은 동사가 중심이 된다. 동사만 있어도 문장이 되지만 동사가 없는 문장은 불가능하기 때문이다. 그런데 이 동사는 다섯 가지 종류로 갈라져 있음을 앞의 8품사론에서 우리는 알게 되었다. 따라서 영어의 문장들은 모두 다섯 가지 종류밖에 없다는 결론이 나오는 것이다.

이렇게 다섯 가지 종류의 문장밖에 없기 때문에 영어의 '영' 자(字)도 몰랐던 상태에서 내가 중3 여름방학 한 달 사이에 영어를 다 정복할 수가 있었던 것이다. 이토록 쉽게 영어를 정복할 수 있게 해 준 것은 영어 동사의 쓰임새 즉 동사의 법이라고 말해도 절대 지나친 말이 아닌데 왜 사람들은, 특히 우리나라 사람들은 영어를 무서워하고 어려워하고 두려워하는 것인지 참으로 어리석다 하지 않을 수 없다.

영어의 구조물인 영어의 문장을 만들어 주는 요소들은 바로 이 주요소들과 수식요소들 두 가지 '뿐'이다. 그래서 이 주요소들과 수식요소들이 어떻게 얽혀 있는가를 아는것 '만'이 영어를 아는 것이다. 영어 구조물의 골격들을 이루는 것들 즉 영어 문장들의 주(主)요소들이 될 수 있는 것들은 8품사들 중에서 명사, 대명사, 동사, 그리고 형용사 이 4가지뿐이다. 또한 영어 구조물의 골격들 즉 주요소들이 아니라 장식물들인 영어문장의 수식요소들은 오로지 형용사와 부사 이 2가지 뿐인 것이다. 그런데 이 주요소들과 수식요소들을 다른 품사들을 이용하여 긴 주요소들과 긴 수식요소들로 만들어 주는 것이 접속요소들이다. 이 접속요소들은 예비지식 II에서 설명한다. 따라서 영어문장들을 구성하는 것들은 주요소들, 수식요소들 그리고 접속요소들 뿐이다. 이 점에 유의하면 영어가 쉬워진다.

650쪽이 넘는 이 책 전체에서도 잘 드러나 있지만 TG영어학원의 그 선생이 나로 하여금 한 달만에 영어를 완전히 정복하게 만든 교수법의 핵심은 "이것뿐, 그러니 이것만!" 알면 영어를 다 아는 것이라고 얼마나 귀가 닳도록 말했던가!

영어의 8품사들 중에서 영어 문장의 주요소들이 되는 명사, 대명사, 동사, 그리고 형용사와 수식요소들이 되는 형용사와 부사를 제외하면 이제 전치사와 접속사 그리고 감탄사만 남는데 앞에 말했듯이 감탄사는 그저 제멋대로 문장 어느 곳에나 들어가 감정만 나타낸다는 것은 이미 말한 바 있으니 감탄사는 그런 정도의 지식만으로 족하다.

이제 조금은 그 용법에 대해서 알아야 할 것이 접속요소들인 전치사와 접속사밖에 남지 않았다. 참으로 영어가 이렇게 간단하기에 세계어가 된 것이 아니겠는가. 절로 경이롭다.

전치사와 접속사는 영어의 구조물에서 이것과 저것을 연결 또는 접속시켜주는 접착제와 같은 역할을 한다. 그래서 전치사와 접속사들이 있기에 영어의 구조물이 이렇게 저렇게 연결되어 어떤 구조물은 도시에 있는 100층이 넘는 빌딩들만큼 큰 건물들이 되는 것이다.

이제 이 정도의 영어지식을 토대로 영어의 구조물들 즉 영어의 문장들을 만들어 보자. 여기서 유

념할 것은 영어의 구조물들은 아무리 크고 복잡해도 다섯 가지 동사들 즉 완전자동사, 불완진자동사, 완전타동사, 여격타동사, 그리고 불완전타동사에 따른 다섯 가지 종류의 구조물들 즉 다섯 가지 종류의 문장들 밖에 없다는 것이다.

영어 구문론에서는 앞에서도 되풀이하여 말했듯이 동사가 중심이 되는 영어 문장들의 종류가 다섯 가지 뿐인데 이것들을 소위 '문장의 기본 5형식'이라고 한다. TG학원 그 영문법 선생은 영어의 완전 문맹인 나에게 이렇게 간단 명료하게 속 시원하게 입으로 말했기에 나도 속 시원하게 귀로 들었다.

영문법정복 | 문장의 5형식을 만드는 주요소들

1. 문장 1형식

문장 1형식의 문장은 완전자동사가 만든다. 이 문장은 주요소가 주어와 동사뿐이다.
예컨대,

Animals move.

[애너멀ㅈ무우ㅂ]

(동물들은 움직인다.)

☞ 위의 제1형식 문장에서 animals(동물들)는 주어이고 move(움직이다)는 완전자동사로서 동사(혹은 술어)가 됨. 이처럼 주어와 동사만으로 문장이 완성될 수 있다.

☞ 영어의 발음법을 공부하기 전까지 편의상 영어문장의 발음을 우리말 발음으로 밑에 표기했다. 그런데 영어는 자음만으로도 발음되기 때문에 여기서는 그것에 상응하게 우리말 표기도 자음만으로 되어 있는 것에 유의해야 한다.

2. 문장 2형식

문장 2형식의 문장은 불완전자동사가 만든다. 이 문장은 주요소들이 주어, 동사 그리고 보어로 되어 있다. 예컨대,

Animals are active

[애너멀ㅈ 아아 액티 ㅂ]

(동물들은 활동적이다.)

☞ 위의 제2형식의 문장에서 animals(동물들)는 주어이고 are(이다)는 불완전자동사로서 동사(혹은 술어)가 되

고 동사가 불완전하기 때문에 보충어가 필요하여 보어가 되는 active(활동적인)가 동사를 보충하고 있다.

3. 문장 3형식

문장 3형식의 문장은 완전타동사가 만든다. 이 문장은 주요소들이 주어, 동사 그리고 목적어로 된다. 예컨대,

Men kill animals.

[멘 킬 애너멀ㅈ]

(인간은 동물들을 죽인다.)

☞ 위의 제3형식 문장에서 men(인간들)은 주어이고 kill(죽인다)은 완전타동사로서 동사(혹은 술어)가 되는데 동사의 동작이 다른 것에 미치게 되어 그 대상이 되는 목적어인 animals(동물들)를 이끌고 있다.

4. 문장 4형식

문장 4형식의 문장은 여격타동사가 만든다. 이 문장은 주요소들이 주어, 동사, 간접목적어, 그리고 직접목적어로 된다. 예컨대,

Animals offer men milk.

[애너멀ㅈ 오퍼 멘 밀ㅋ]

(동물들은 인간에게 우유를 제공한다.)

☞ 위의 제4형식 문장에서 animals(동물들)는 주어이고 offer는 여격타동사로서 '...에게', '...를(을)' 수여하는 속성을 지니고 있어서 '...에게'에 해당되는 men(인간들)을 간접목적어로 이끌고 '...를(을)'에 해당되는 milk(우유)를 직접 목적어로 이끈다.

5. 문장 5형식

문장 5형식의 문장은 불완전타동사가 만든다. 이 문장에서 주요소들은 주어, 동사, 목적어, 그리고 보어이다. 예컨대,

Spirit makes men active

[스피릿 메익ㅅ 멘 액티ㅂ]

(원기가 인간을 활동적으로 만든다.)

☞ 위의 제5형식 문장에서 sprit(원기)는 주어이고 makes(만든다)는 타동사이기 때문에 목적어 men(인간들)을 이끌지만 불완전하기 때문에 보충하는 말 active(활동적인)를 함께 이끌고 있다.

이상과 같이 살펴보았듯 이 영어의 문장에서는 주요소들은 적어도 두 가지, 즉 주어와 동사가 있어야 하고 아무리 많아도 네 가지, 즉 주어, 동사, 간접목적어와 직접목적어나 아니면 주어, 동사, 목적어와 보어가 있을 뿐이다. 그러니 영어가 얼마나 간단하고 쉬운가!

TG영어학원의 그 선생은 이렇게 영어 문장의 주요소들을 설명하면서 아무리 길고 복잡한 문장이라 할지라도 이러한 주요소들이 골격을 이루고 있기 때문에 문장에서 이 주요소들을 찾아 내면 그 문장은 이미 거의 다 이해한 것이나 다름이 없다고 말했다. 그리고 나서 그는 영어의 수식요소들을 간단히 설명했다.

앞에서 말했듯이 영어에서의 수식요소들은 형용사적 수식요소들과 부사적 수식요소들뿐이다. 그 선생은 또 다시 '... 뿐'이기 때문에 '... 만' 알면 된다면서 본격적으로 영문법을 가르치기 전에 이 중요한 학습요령을 우리 학생들에게 각인시켜 주었다. 그는 참으로 단순한 방법으로 배우는 학생을 마음 편하게 해주었다.

영문법정복 | 영어의 수식요소들

1. 형용사적 수식요소

형용사적 수식요소는 명사나 대명사만 수식한다. 예컨대,

the large house

[더 라이쥐 하우ㅅ]

(그 큰 집)

☞ the(그)는 형용사로서 그것 뒤의 명사 house(집)을 '그' 라고 수식하고 그 다음 large(큰)는 역시 형용사로서 그것 뒤의 명사 house(집)을 '넓은' 이라고 수식하고 있다.

something interesting

[섬씽 인터레스팅]

(재미있는 어떤 것)

☞ interesting(재미있는)은 그것 앞의 대명사 something(어떤 것)을 '재미있는' 이라고 수식하고 있다.

2. 부사적 수식요소

부사적 수식요소는 동사, 형용사, 그리고 문장을 수식한다. 예컨대,

usually move quickly

[유우주얼리 무ㅂ 퀵클리]

(대체적으로 빨리 움직인다.)

☞ 부사 usually(대체적으로)는 동사 move(움직인다) 앞에서 그 동사 move(움직인다)를 '대체적으로' 라고 수식하고 부사 quickly(빨리)는 동사 move(움직인다) 뒤에서 그 동사 move(움직인다)를 '빨리' 라고 수식하고 있다.

the very large house

[더 베리 라아쥐 하우ㅅ]

(대단히 넓은 그 집)

☞ 부사 very(대단히)는 그것 뒤의 형용사 large(넓은)를 '대단히'라고 수식하고 있다.

very quickly

[베리퀴클리]

(대단히 빨리)

☞ 부사 very(대단히)는 그것 뒤의 부사 quickly(빨리)를 '대단히' 라고 수식하고 있다.

Fortunately, he is alive.

[포오처너틀리 히 이ㅈ 얼라이ㅂ]

(다행히도 그는 살아있다)

☞ fortunately(다행히도)는 그 뒤의 문장 He is alive.(그는 살아있다.)를 '다행히' 라고 수식하고 있다.

감탄사는 문장 아무 곳에나 나타나 감정만 드러내는 것이라고 이미 간단히 설명이 된 것이기에 그 선생은 마지막으로 즉 접속요소들인 전치사와 접속사를 역시 간략히 설명했다.

3. 전치사

전치사는 타동사처럼 그것 뒤에 명사나 대명사를 목적어로 끌고와 명사구, 형용사구, 그리고 부사구를 만든다. 예컨대,

the trees in the large house

[더 트리이ㅈ 인 더 라아쥐 하우ㅅ]

(그 큰 집 안에 있는 그 큰 나무들)

☞ 전치사 in(...안)은 그것 뒤의 명사 house(집)를 목적어로 끌고 와 "그 큰 집 안에 있는(in the large house)"의

형용사구로 만들어 그것 앞의 명사 trees(나무들)를 형용사적으로 수식하고 있다.

live in the large house

[리브 인 더 라아쥐 하우ㅅ]

(그 큰 집에서 살다)

☞ 전치사 in(...안)은 그것 뒤의 명사 house(집)를 목적어로 끌고 와 "그 큰 집 안에서(in the large house)"의 부사구로 만들어 그것 앞의 동사 live(살다)를 부사적으로 수식하고 있다. 전치사가 명사구를 만드는 경우들은 매우 드물기 때문에 여기서는 생략된다.

4. 접속사

(1) 등위접속사

단어와 단어, 구와 구, 절과 절, 그리고 문장과 문장을 대등하게 연결하는데 여기서는 일단 가장 간단하게는 단어와 단어를, 짧은 문장과 문장을 연결시키는 보기만을 드는 것으로 족하다. 예컨대,

men and animals

[멘 엔 애너멀ㅈ]

(사람들과 동물들)

☞ 등위접속사 and(...과 혹은...와)는 앞의 명사 men(사람들)과 뒤의 명사 animals(동물들)를 대등하게 연결시킨다.

Men kill animals, but they offer men meat.

[멘 킬 에너멀ㅈ, 벗 데이 오퍼 멘 미이트]

(인간은 동물들을 죽인다. 그러나 동물은 인간에게 고기를 제공한다.)

☞ 등위접속사 but(그러나)는 앞의 문장 Men kill animals.(인간들은 동물들을 죽인다.)와 뒤의 문장 they offer men meat.(동물들은 인간들에게 고기를 제공한다.)를 대등하게 연결시킨다.

(2) 종속접속사

뒤에 나오는 문장을 묶어 명사절 혹은 부사절을 만든다. 종속접속사가 명사절을 만들 때 그 명사절은 주어, 보어, 혹은 목적어의 기능을 한다. 예컨대,

We know that many animals live in the nature.

[위이 노우 댓 메니 애너멀ㅈ 리ㅂ 인 더 네이쳐]

(우리는 많은 동물들이 자연 속에서 산다는 것을 안다.)

☞ 접속사 that(...것는)는 뒤의 Many animals live in the nature.(많은 동물들은 자연 속에서 산다.)를 묶어 "that many animals live in the nature(많은 동물들은 자연 속에 사는 것을)"의 명사절로 만들어 앞의 완전타동사 know(안다)의 목적어가 되게 한다.

종속접속사가 부사절을 만들 때 그 부사절은 그것 앞의 혹은 뒤의 동사, 형용사, 부사 혹은 문장을 수식한다. 예컨대,

Men and animals eat food when they are hungry.
[멘 앤ㄷ 애너멀ㅈ 이이ㅌ 푸우ㄷ 훼ㄴ 데이 아아 헝그리]

(사람과 동물은 배가 고플 때 밥을 먹는다.)

☞ 종속접속사 when(...할 때)는 뒤의 문장 They are hungry.(그들은 배가 고프다.)를 묶어 "when they are hungry(그들이 배가 고플 때)"의 부사절로 만들어 앞의 동사 eat(먹는다)를 수식하게 한다.

Men and animals are happy that they live together.
[멘 앤ㄷ 애너멀ㅈ 아 해피 댓 데이 리ㅂ 투게더어]

(사람과 동물은 그들이 함께 사는 것이 행복하다.)

☞ 종속접속사 that (...것에)는 뒤의 문장 They live together. (그들은 함께 산다.)를 묶어 "that they live together(그들이 함께 사는 것이)" 부사절을 만들어 앞의 형용사 happy(행복한)를 수식하게 한다.

Men are so cruel to animals that many animals live in mountains and fields.
[멘 아아 소우 크루우얼 투 애너멀ㅈ 댓 애너멀ㅈ 리ㅂ 인 마운턴ㅈ 앤ㄷ 피일ㅈ]

(인간들은 많은 동물들이 산과 들 속에서 살 정도로 동물들에게 그렇게 잔인하다.)

☞ 종속접속사 that(...할 정도로)는 뒤의 문장 Many animals live in mountains and fields.(많은 동물들이 산과 들 속에서 산다.)를 묶어 "that many animals live in mountains and fields(많은 동물들이 산과 들 속에서 살 정도로)"의 부사절을 만들어 앞의 부사 so(그렇게)를 수식하게 한다.

TG학원 그 영문법 선생은 위와 같이 8품사들을 간단 명료하지만 쉽게 이해될 수 있도록 설명하였기에 나에게 완전히 닫혀진 영어의 문이 열리기 시작했다. 이것은 참으로 감격스러운 순간이었다.

영문법정복 예비지식 Ⅱ

〈영문법정복 예비지식 I〉이 영어 문장에서 주요소들이 되는 명사, 대명사, 동사, 형용사들과 수식요소들이 되는 형용사와 부사들에 대해 미리 간략히 다루어본 것이라면 〈영문법정복 예비지식 Ⅱ〉는 이러한 주요소들과 수식요소들을 서로 연결시켜 문장을 복잡하고 길게 만드는 접속요소들 (connective elements)에 대해 다루어진다.

접속요소들은 순수 접속요소들(pure connective elements)과 혼합 접속요소들(mixed connective elements)의 두 가지로 나누어진다. 사실 영어를 안다는 것은 바로 이 접속요소들이 영어 문장들 속에서 어떤 식으로 주요소들과 수식요소들을 묶어 영어문장들을 길고 복잡하게 만드는지를 안다는 것과 같다.

이 접속요소(connective elements)란 단어는 새로 만들어진 문법적 용어이다. 영어가 이 지구상에 나타난 이래로 이러한 영어 접속요소들만 분류해낸 이론이 소개된 것은 처음 있는 일이었다. 따라서 이것은 영어 학습에 있어서 뿐만 아니라 영문법의 분석에 있어서도 하나의 획기적인 사건이 아닐 수 없다. 처음 공부를 시작하는 영어 초보자들은 이러한 접속요소들의 쓰임새들을 개략적으로 알아두면 영어를 더욱 손쉽게 배울 수 있다.

영문법정복 | 순수 접속요소들(pure connective elements)

순수 접속요소들은 전치사, 접속사, 그리고 연결 구두점으로서 문장 속에서 혼자서는 서지 못하고 반드시 그것들 뒤에, 혹은 앞뒤에 어떤 의지물(들)을 끌고 와 그것들을 자신들(접속요소들)에 묶어서 주요소들이나 수식요소들을 만든다.

1. 전치사(preposition)

전치사는 홀로 서지 못하여 그것 뒤에 명사나 대명사 혹은 명사 상당 어구, 명사구 혹은 명사절을 끌고 와 그것을 목적어로 지배하여 명사구나 형용사구, 부사구를 만든다. 예컨대,

The bird on the roof is a sparrow.

(그 지붕 위에 있는 그 새는 한 마리 참새다.)

☞ 전치사 on은 그것 뒤의 명사 roof를 목적어로 지배하며 앞의 명사 bird를 수식하는 수식요소로서의 형용사구 on the roof를 만들고 있다.

The children played in the room.

(그 아이들은 그 방에서 놀았다.)

☞ 전치사 in은 그것 뒤의 명사 room을 목적어로 지배하며 앞의 동사 played를 수식하는 수식요소로서의 부사구 in the room을 만들고 있다.

2. 접속사(conjunctions)

(1) 등위접속사(coordinate conjunctions)

등위접속사는 그것 앞의 말과 그것 뒤의 말을 대등하게 연결시켜 주요소와 수식요소를 만든다. 예컨대,

Boys and girls play here and there.

(소년들과 소녀들이 여기저기에서 논다.)

☞ 등위접속사 and는 앞의 말(명사:boys)과 뒤의 말(명사:girls)을 대등하게 둘 다 주격으로 연결하며 주요소인 주어 boys and girls를 만들어 술어 play의 주어가 되게 한다. 뒤의 등위접속사 and는 앞의 말(부사:here)과 뒤의 말(부사:there)을 대등하게 둘 다 부사적 수식어로 연결하여 주요소인 동사 play를 수식하게 하고 있다.

(2) 종속접속사(subordinate conjunctions)

종속접속사는 그것 뒤에 문장을 끌고 와 주요소나 수식요소를 만든다. 예컨대,

That the earth is round is true.

(지구가 둥글다는 것은 사실이다.)

☞ 종속접속사 that은 그것 뒤의 문장 The earth is round를 끌고 와(지배하여) 명사절로 만들어 술어 is의 주어가 되게 하고 있다.

He was not there when I arrived there.

(내가 그곳에 도착했을 때에는 그는 그곳에 없었다.)

☞ 종속접속사 when은 그것 위의 문장 I arrived there를 끌고 와(지배하여) 부사절로 만들어 앞의 동사 was를 수식하게 하고 있다.

(3) 연결 구두점

연결 구두점 쉼표(,), 줄표(-), 세미콜론(;), 그리고 콜론(:)은 앞의 말과 뒤의 말을 연결시키는 접속요소들이 된다. 예컨대,

I drink coffee, milk and tea everyday.

(나는 매일 커피와 우유와 차를 마신다.)

☞ 쉼표(,)는 등위접속사 and의 역할을 하여 coffee와 milk 사이에 와서 그것들을 대등하게 이어주고 있다.

Two boys of the group – Tom and Bill – were late.

(그 집단의 두 소년들 즉 Tom과 Bill은 지각했다.)

☞ 줄표(-)는 Tom and Bill 앞과 뒤에 와서 앞의 구문 two boys에 대한 동격 구문이 되게 하고 있다.

He is rich; he is unhappy.

(그는 부자지만 그는 불쌍하다.)

☞ 세미콜론(;)은 등위접속사 but의 역할을 하여 앞 문장 He is rich에 대하여 반대되는 의미의 문장 he is unhappy를 이끌고 있다.

He missed the last train : he had arrived late.

(그는 막차를 못 탄 것은 그가 늦게 정거장에 도착했기 때문이다.)

☞ 콜론(:)은 그것 앞 문장 He missed the last train의 시점에 대한 설명을 하는 문장 he had arrived late 를 이끌고 있다.

영문법정복 | 혼합 접속요소들(mixed connective elements)

혼합 접속요소들은 한편으로는 순수 접속요소들처럼 순전히 앞뒤의 말들을 접속시키는 기능을 하면서 다른 한편으로는 그것들이 이끄는 구문들에서 스스로 주요소들이나 수식요소들의 역할을 하며 문장의 주요소들이나 수식요소들을 맡는 역할을 한다. 여기서는 간단히 그 종류와 예만 보여주고 나머지 자세한 것은 본문에서 다루어질 것이다.

---

1. 준동사(verbals)

준동사에는 부정사(infinitives), 동명사(gerund), 그리고 분사(participle)가 있다.

(1) 부정사(infinitive)

He came here to see her.

(그는 여기에 와서 그녀를 만났다.)

☞ 부정사 구문인 to see her는 순수 접속요소인 등위접속사 and의 기능을 하면서 주요소들인 주어 he(대명사)와 술어 saw(완전타동사)와 목적어 her(대명사)의 역할까지도 한다. 따라서 위의 문장은 He came here and he saw her로 바꾸어 말할 수 있다.

(2) 동명사(gerund)

Seeing Paris is seeing Europe

(파리를 보는 것은 유럽을 보는 것과 같다.)

☞ 동명사 구문들인 seeing Paris와 seeing Europe은 종속접속사 that와 주요소인 주어 one(대명사)과 술어인 sees와 목적어들인 Paris(명사)와 Europe(명사)의 역할까지 한다. 따라서 위의 문장은 That one sees Paris is that one sees Europe로 바꾸어 말할 수 있다.

(3) 분사(pariciple)

He entered the room, turning on the light.

(그는 방으로 들어가서 전등을 켰다.)

☞ 분사구문인 turning on the light는 순수 접속요소인 등위접속사 and의 기능과 주요소인 주어 he(대명사)와 술어(entered)와 부사구(on the light)의 역할까지 한다. 따라서 위의 문장은 He entered the room and he turned on the light로 바꾸어 말할 수 있다.

2. 관계사들(relatives)

관계사에는 관계대명사(relative pronoun), 관계부사(relative adverb), 관계형용사(relative adjective)가 있다.

(1) 관계대명사(relative pronoun)

I want a man who can help me here.

(나는 여기에서 나를 도울 수 있는 사람을 원한다.)

☞ 관계대명사 who가 이끄는 절 who can help me here에서 관계대명사 who는 순수접속요소인 등위접속사 and의 기능과 주요소인 주어 he(대명사)의 역할까지 한다. 따라서 위의 문장은 I want a man and he can help me here로 바꾸어 말할 수 있다.

(2) 관계부사(relative adverb)

I arrived at a place where I could see a strange animal.

(나는 한 이상한 동물을 볼 수 있었던 장소에 이르렀다.)

☞ 관계부사 where가 이끄는 절 where I could see a strange animal에서 관계부사 where는 순수 접속요
소인 등위접속사 and의 기능과 수식요소인 there(부사)의 역할까지 한다. 따라서 위의 문장은 I arrived
at a place and I could see a strange animal there로 바꿀 수 있다.

(3) 관계형용사(relative adjective)

I gave him what help I could give him.

(나는 내가 그에게 줄 수 있는 도움은 무엇이나 다 주었다.)

☞ 관계형용사 what이 이끄는 what help I could give him에서 관계형용사 what은 혼합 접속요소인 that
의 기능과 수식요소인 any(형용사)의 역할까지 하고 있다. 따라서 위의 문장은 I gave him any help
that I could give him으로 바꿀 수 있다.

3. 의문사들(interrogatives)

의문사에는 의문대명사(interrogative pronoun), 의문부사(interrogative adverb), 의문형용사
(interrogative adjective)가 있다.

(1) 의문대명사들(interrogative pronouns)

I go not understand what you said to me.

(나는 당신이 나에게 무엇을 말했는가를 이해할 수 없다.)

☞ 의문대명사 what은 그것이 이끄는 절 what you told me에서 what은 완전타동사 said의 목적어가 되는
주요소인 목적어의 역할을 하면서 앞 문장에 연결시키는 접속사의 역할까지 하고 있다.

(2) 의문부사들(interrogative adverbs)

I do not know where you live.

(나는 당신이 어디에서 사는가를 모른다.)

☞ 관계부사 where는 그것이 이끄는 절 where you live에서 where는 동사 live를 수식하는 수식요소인 부
사의 역할을 하면서 앞 문장에 연결시키는 접속사의 역할까지 하고 있다.

(3) 의문형용사들(interrogative adjectives)

I do not know what book you bought yesterday.

(나는 당신이 어제 어떤 책을 샀는지 모른다.)

☞ 의문형용사 what은 그것이 이끄는 절 what book you bought yesterday에서 what은 명사 book을 수식하는 수식요소인 형용사의 역할을 하면서 앞 문장에 연결시키는 접속사의 역할까지 하고 있다.

TG학원의 그 영어 선생은 〈영문법정복 예비지식 II〉를 될 수 있는 한 간략하면서 쉽게 설명하려고 무척 노력하는 표정을 내내 지었다. 사실 〈영문법정복 예비지식 I〉은 나에게 쉽게 이해가 되었지만 〈영문법정복 예비지식 II〉는 벅찬 것이었다. 그러나 나는 일단 영어를 정복하겠다는 결심을 굳건히 했고 의지를 다졌던 터라 인내심을 갖고 끝까지 그의 설명을 이해하려고 노력했을 뿐만 아니라 예문들과 설명들을 반복하여 읽으면서 외울 정도가 되자 조금씩 이해가 되어 가는 것 같았다.

그 선생은 나의 이러한 심정을 간파라도 한 듯이 나를 바라보며 "학생들이 〈영문법정복 예비지식 II〉의 내용들은 영어를 어렵게 만드는 것으로 사실상 영문법의 가장 어려운 부분이 되기에 우선은 이해하기가 힘들 것이다. 그러나 학생들이 이것을 지금 미리 대략적으로라도 알아두면 앞으로 영어를 정복할 때 큰 도움이 될 것이다. 지금은 매우 간략하게 설명했지만 〈영문법정복 예비지식 I〉과 〈영문법정복 예비지식 II〉가 영문법의 모든 것 즉 영어의 모든 것을 말해주기 때문에 이것만 알아도 여러분은 이미 영어를 정복한 것이나 다름없는 것이다. 이것들은 책의 본문에서 자세히 다루어질 것이기 때문에 지금 잘 이해가 가지 않는 것은 그때그때마다 완전히 정복하기를 바란다.

끝으로 이 영문법 예비지식 I, II를 우선 여기에 도식적으로 간략히 설명하겠다. 이 도식들은 이 영문법 반 중간중간에, 그리고 이 책의 마지막 정리편에서 영문법의 총정리로서 또다시 자세히 설명될 것이다."라고 단호하면서도 인자한 표정을 지으면서 말했다.

영문법 예비지식 I, II의 도식화

TG학원의 그 선생은 예비지식을 처음 가르칠 때부터 최대한 알기 쉽게 되풀이하여 자세히 설명해왔는데도 불구하고 또다시 그 내용들을 도식화하여 설명함으로써 우리들로 하여금 인내심을 발휘하게 했다. 우리 학생들은 어안이 벙벙했지만 이미 그 선생님의 자상한 마음을 간파했기 때문에 오히려 우리는 한층 고취된 감정으로, 다시 말하면 거의 신앙심과 같은 심정으로 마음을 가다듬었다.

그는 영어 문장이 길고 복잡하게 되는 것은 접속요소들(connective elements)이 그것들 앞 혹은 뒤의 말들을 길고 복잡하게 접속시키기 때문이라고 하면서 다음과 같이 다시 설명해 나갔다.

영어는 구문 상으로 분류하면 첫째, 주요소들, 둘째, 수식요소들, 그리고 셋째, 접속요소들로 이루어져 있다. 주요소들은 주어, 술어(혹은 복합술어), 보어, 그리고 목적어이고, 수식요소들은 형용사적 수식요소들(형용사, 형용사구, 그리고 형용사절)과 부사적 수식요소들(부사, 부사구, 그리고 부사절)이고, 접속요소들은 순수 접속요소들(전치사, 접속사, 연결 구두점 : 쉼표(,) , 세미콜론(;), 줄표(−), 그리고 콜론(:))과 혼합 접속요소들(준동사, 관계사, 그리고 의문사)이다.

이러한 구문 상의 분류를 각각 보기를 들어 도식화하여 살펴보면 다음과 같다.

영문법정복 | 주요소들(major elements)

한 문장 속에서 홀로 서는 주요소는 도식에서 ▢ 으로 표시된다. 주요소의 종류에는 주어, 술어, 목적어, 보어가 있다.

≫ Birds sing.

(새들은 노래한다.)

≫ Birds are beautiful.

(새들은 아름답다.)

≫ Birds sing songs.

(새들은 노래를 부른다.)

>> Birds sing us songs.

(새들은 우리들에게 노래들을 불러준다.)

>> Birds make men cheerful.

(새들은 사람들을 즐겁게 해준다.)

영문법정복 | ## 수식요소들(modifying elements)

주요소들을 직접 수식하는 수식요소들도 │ │로 도식화된다. 수식하는 방향을 표시하는 화살표식
은 상단에 ↓──┐ 혹은 ┌──↓ 로 나타낸다. 수식요소의 종류에는 형용사와 부사가 있다.

>> Beautiful birds sing beautifully.

(아름다운 새들이 아름답게 노래한다.)

>> Some birds are very beautiful.

(어떤 새들은 대단히 아름답다.)

>> Very beautiful birds sing very beautiful songs merrily.

(대단히 아름다운 새들은 대단히 아름다운 노래들을 명랑하게 부른다.)

>> Some beautiful birds sing many men beautiful songs merrily.

(어떤 새들은 많은 사람들에게 아름다운 노래들을 명랑하게 불러준다.)

>> Many colorful birds make many children very happy cheerfully.

(많은 색깔의 새들이 기분 좋게 많은 아이들을 행복하게 해준다.)

│ 접속요소들(connective elements)

1. 순수 접속요소들(pure connective elements)

한 문장 속에서 순수한 접속의 기능만 하기 때문에 문장의 주요소나 수식요소가 되지 못하여 홀로서지 못한다. 도식에서는 V로 표시된다.

(1) 전치사(preposition)

　　전치사는 그것 뒤에 명사, 명사구, 명사절 또는 대명사를 목적어로 지배하여 구를 만드는 기능밖에 하지 못한다. 따라서 그것을 순수 접속요소라고 한다. 이 도식을 크게 확장해서 보면 아래 그림들과 같이

혹은

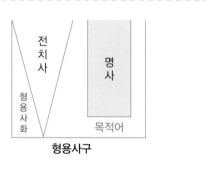

혹은

으로 표시된다.

>> The flower in the vase is beautiful.

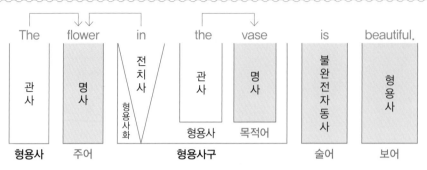

(그 병 속에 있는 꽃은 아름답다.)

☞ 위 도식화된 문장에서 전치사 in은 뒤의 명사 vase를 목적어로 지배하여(묶어서) 앞의 명사 flower를 수식
하는 형용사구를 만들어 순수 접속요소의 기능만을 하는 접속요소임.

(2) 접속사(conjunction)

1) 등위접속사(coordinate conjunction)

등위접속사는 그것 앞의 말과 그것 뒤의 말을 대등하게 접속하는 기능밖에 하지 못한다.

도식으로는

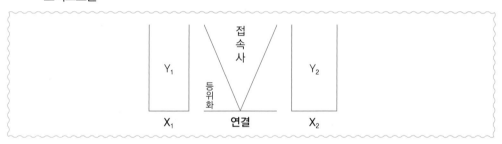

으로 표시된다.

>> Tom and Bill are friends.

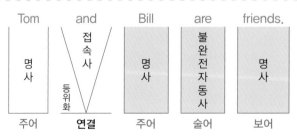

(톰과 빌은 친구들이다.)

2) 종속접속사(subordinate conjunction)

    종속접속사는 그것 뒤의 문장(주어+술어 혹은 복합술어)을 묶어서 뒤의 술어 혹은 복합술어의 주어가 되게 하는 명사절을 만들거나, 불완전자동사의 보어를 만들거나, 타동사의 목적어가 되는 명사절을 만들거나, 앞이나 뒤의 동사, 형용사, 부사, 그리고 문장을 수식하는 부사절을 만드는 기능을 한다. 도식으로는

혹은

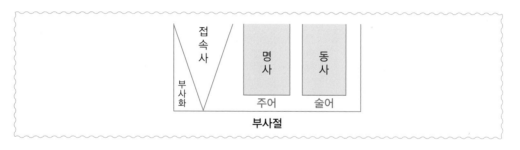

으로 표시된다.

》 That he is alive is true.

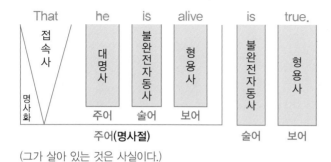

(그가 살아 있는 것은 사실이다.)

>> I know that he is alive.

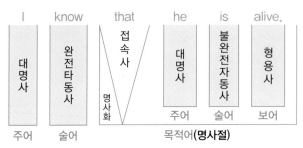

(나는 그가 살아 있는 것을 안다.)

>> I am glad that he is alive.

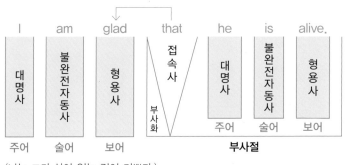

(나는 그가 살아 있는 것이 기쁘다.)

>> When the sun rose over the mountain, we marched forward.

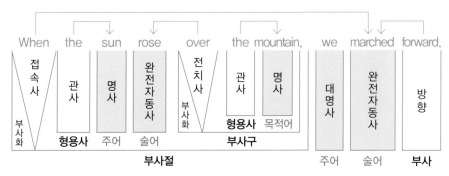

(태양이 그 산위로 솟았을 때에 우리들은 앞으로 행진했다.)

(3) 구두점

앞의 말과 뒤의 말을 접속시키는 기능만을 하면서 도식

으로 표시된다.

1) 쉼표(comma): (,)

▶▶ I drink milk, coffee, and tea.

(나는 우유와 커피와 차를 마신다.)

▶▶ Mr. Smith, my English teacher, came here yesterday.

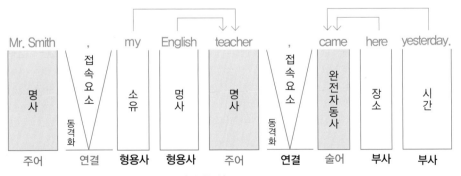

(나의 영어 선생인 스미스씨는 어제 여기에 왔다.)

2) 줄표(dash):(−)

>> Mr. Smith−my English teacher−came here yesterday.

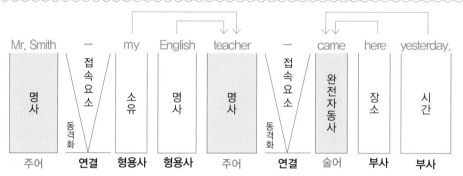

(나의 영어 선생인 스미스씨는 어제 여기에 왔다.)

3) 세미콜론(semi−colon):(;)

>> He is rich ; he is unhappy.

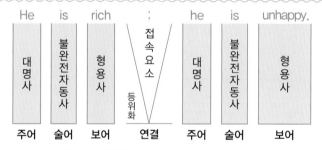

(그는 부자지만 그는 불행하다.)

4) 콜론(colon):(:)

>> He went to bed early : he had overworked.

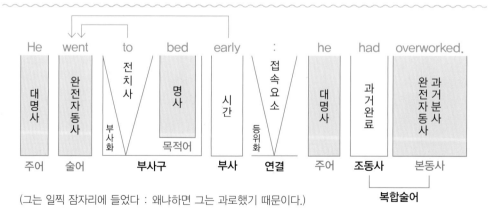

(그는 일찍 잠자리에 들었다 : 왜냐하면 그는 과로했기 때문이다.)

2. 혼합 접속요소들(mixed connective elements)

접속의 기능을 하면서 동시에 주요소가 되거나 수식요소가 되는 접속요소로서 도식으로는

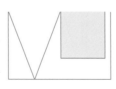

로 표시된다.

(1) 준동사(verbals)

1) 부정사(infinitive)

접속의 기능을 하면서 to+동사원형...의 형식을 취해 명사구, 형용사구, 혹은 부사구가 되어 문장의 주요소가 되거나 수식요소가 된다. 도식으로는

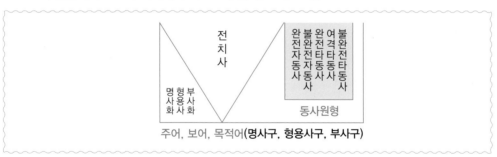

로 표시된다.

▶▶ I want to help you.

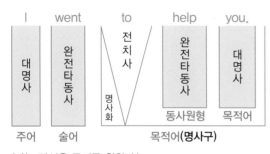

(나는 당신을 돕기를 원한다.)

▶▶ This is the man to help you.

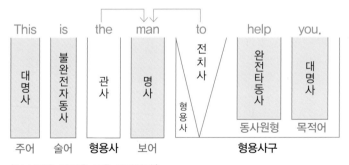

(이 사람은 당신을 도울 사람이다.)

▶▶ I came here to help you.

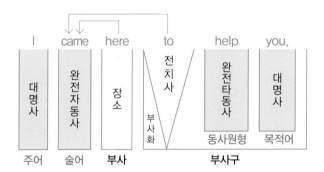

(나는 당신을 돕기 위해서 여기에 왔다.)

▶▶ I wanted him to help you.

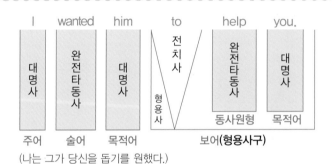

(나는 그가 당신을 돕기를 원했다.)

2) 동명사(gerund)

접속의 기능을 하면서 동사원형 + ing... 형으로써 명사구가 되어 뒤의 술어의 주어가 되거나 앞의 동사의 목적어가 되거나 보어가 된다. 도식으로는

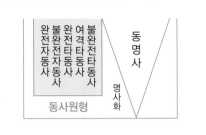

로 표시된다.

>> I remember seeing him once.

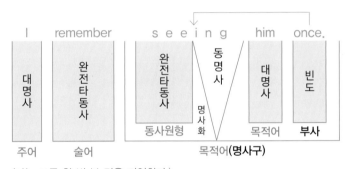

(나는 그를 한 번 본 것을 기억한다.)

>> Seeing Paris is seeing Europe.

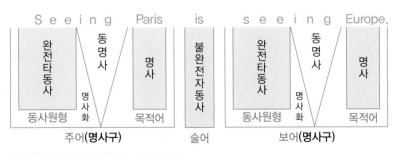

(파리를 본 것은 유럽을 본 것과 같다.)

3) 분사(participle)

접속의 기능을 하면서 동사원형 + ing 형태와 동사원형 +ed 혹은 en 등의 형태로 나타나거나 불규칙분사로서는 그 형태가 다양하게 나타나는 형태로서, 형용사적 수식요소가 되거나 부사적 수식요소가 된다. 도식으로는

로 표시된다.

>> The church standing on the hill commands a fine view.

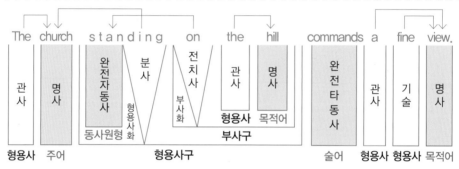

(그 언덕 위에 서 있는 그 교회는 좋은 전망을 갖고 있다.)

>> Living in the country, he has few visitors.

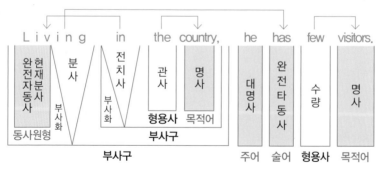

(그는 시골에 살고 있기 때문에 방문객들이 거의 없다.)

>> The book written in English is difficult.

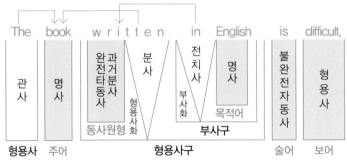

(영어로 쓰여진 그 책은 어렵다.)

(2) 관계사(relatives)

접속의 기능을 하면서 동시에 대명사, 부사, 혹은 형용사가 되어 주요소가 되거나 수식요소가 된다.

1) 관계대명사(relative pronouns)

도식으로는

로 표시된다.

>> This is the man who helped me.

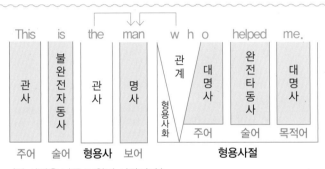

(이 사람은 나를 도왔던 사람이다.)

2) 관계부사(relative adverbs)

도식으로는

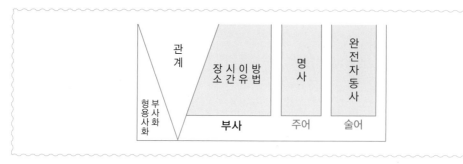

로 표시된다.

>> This is the place where we played yesterday.

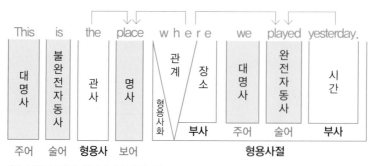

(이 곳은 우리가 어제 놀던 곳이다.)

3) 관계형용사(relative adjectives)

도식으로는

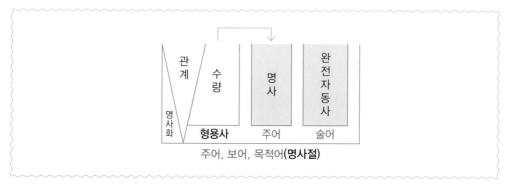

로 표시된다.

>> I gave him what money I had.

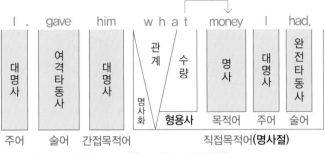

(나는 내가 갖고 있던 모든 돈을 그에게 다 주었다.)

(3) 의문사(interrogatives)

접속의 기능을 하면서 대명사, 부사, 혹은 형용사가 되어 주요소가 되거나 수식요소가 된다.

1) 의문대명사(interrogative pronouns)

도식으로는

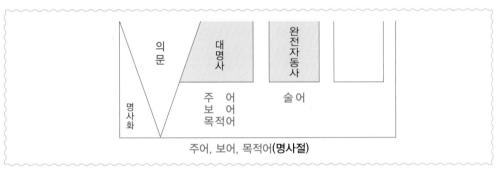

로 표시된다.

>> I know who he is.

(나는 그가 누구인가를 안다.)

2) 의문부사(interrogative adverbs)

도식으로는

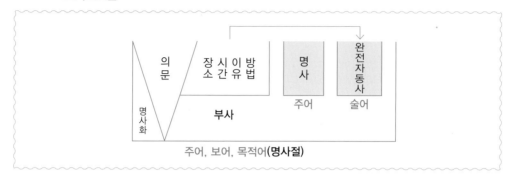

로 표시된다.

>> I know where he lives.

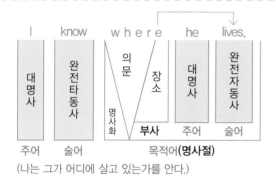

(나는 그가 어디에 살고 있는가를 안다.)

3) 의문형용사(interrogative adjectives)

도식으로는

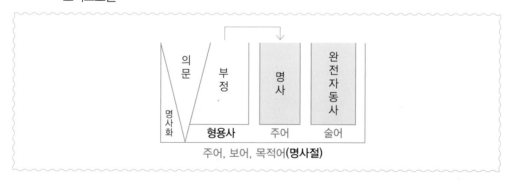

로 표시된다.

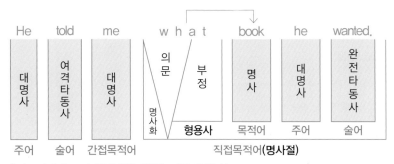

>> He told me what book he wanted.

He	told	me	what		book	he	wanted.
대명사	여격타동사	대명사	의문 명사화	부정 형용사	명사	대명사	완전타동사
주어	술어	간접목적어			목적어	주어	술어

직접목적어(명사절)

(그는 나에게 그가 어떤 책을 원하는지를 말했다.)

　　TG영어학원의 그 선생은 그의 여름방학 영문법반을 본격적으로 가르치기에 앞서 이상과 같은 영문법의 대강을 우리 학생들에게 보여주었다. 나는 그것만으로도 영어를 다 배운 느낌이 들었다. 그렇다. 그것은 영어 전체에 대한 하나의 조감도(bird's eye view) 즉 영문법의 축소판이나 다름이 없었다. 그가 창안한 것으로서 사각상자형, 삼각상자형, 그리고 왼쪽으로 또는 오른쪽으로 향하는 화살표로 된 영어의 도표는 이 세상에 발명된 어느 것 못지않은 창제적인 것이라는 생각이 들었다. 그 선생은 진도가 나가면서 영어 도표를 자세히 설명하겠다고 말했다.

　　아무리 길고 복잡한 영어 문장도 문장의 주요소들을 찾아내는 것이 급선무이며 이 주요소들 중에서도 문장의 중심인 동사를 먼저 밝혀내면 다른 주요소들은 자연히 그 존재들이 드러난다. 그래서 영어 문장에서는 동사가 가장 핵심적이며 가장 큰 역할을 하고 있다는 것을 아는 것이 영어를 가장 쉽고 빠르게 아는 길인 것이다.

　　주요소들 다음으로 찾아낼 것은 수식요소들뿐인데 그것들은 형용사적 수식요소인가 부사적 수식요소인가만 구분하면 된다. 그런데 일단 동사를 중심으로 한 주요소들을 가려내면 두 가지 밖에 없는 형용사적 수식요소들과 부사적 수식요소들은 스스로 구분이 되어 드러난다. 그러니 영어보다 더 쉬운 것이 이 세상에 있을까 하는 생각이 절로 난다.

　　TG영어학원의 그 선생은 영문법만 알면 가장 쉬운 것이 영어라고 말하면서 우리 수강생들에게 지금까지 배운 것을 가지고 영어로 글을 써보라는 것이었다. 나는 처음에는 그가 말도 안되는 소리를 하고 있다고 생각했다. 그러나 내가 집으로 가서 그 선생이 간단하지만 체계적으로 가르쳐준 것을 자세히 여러번 읽어나가자 나의 머리 속에 영어의 느낌이 자리 잡는 것을 느꼈다.

　　나는 나도 모르게 지금까지 배운 것을 토대로 영어의 문장들의 주요소들과 수식요소들을 적절히 조합하여 앞뒤가 맞게 짧은 영어의 글을 하나 만들어가고 있었다. 그 선생의 말처럼 동사가 중심이 되는 다섯가지 형식의 문장들이 질서 있게 전개되어 가는 것을 보자 그가 말한 대로 '영문법을 제대로 알면 영어를 완전히 정복할 수 있다.'는 말이 하나의 진리처럼 나에게 다가왔다. 나는 다음과 같은 영어로 된 짧은 글을 지었다. (아래 문장에서 우리말로 표기하는 영어 발음 소리는 앞의 예문에서 모두 적었기 때문에 여기서는 생략한다.)

Men and Animals

Animals move. They are very active. Many animals live in mountains and fields because they move here and there very quickly and freely. This is very good to animals. Some men and some animals live together in a very large house. The trees in the house are very beautiful. The large house and the beautiful trees of the house make the men and the animals very happy. The men give the animals food and the animals offer the men milk. They eat and drink food and milk when they are hungry.

They are glad that they live so. Usually, men make animals active and animals make men happy. We know that such spirit always makes men and animals happy and active. As we know, men and animals are all active and happy. Many men are so good to animals that many animals like men, but some men are so cruel to animals that the men kill animals. So many animals run away from them. This is very bad to men.

인간들과 동물들

동물들은 움직인다. 그들은 매우 활동적이다. 많은 동물들이 그들이 여기에 그리고 저기에 빠르게 그리고 자유롭게 움직이기 때문에 산들과 들 속에서 산다. 이것은 그들에게 대단히 좋다. 어떤 사람들과 어떤 동물들은 대단히 넓은 한 집에서 함께 산다. 그 넓은 집과 그 집의 아름다운 나무들은 그 사람들과 그 동물들을 대단히 행복하게 한다. 그 사람들은 그 동물들에게 먹이를 주고 그 동물들은 그 사람들에게 우유를 제공한다. 그들은 그들이 배고플 때에 먹이를 그리고 우유를 먹는다. 그들은 그들이 그렇게 사는 것에 기뻐한다. 대체로 사람들은 동물들을 활동적이게 하고 동물들은 인간을 행복하게 한다. 우리는 그러한 활기가 사람들과 동물들을 항상 행복하고 활동적으로 만든다는 것을 안다. 우리가 아는 것과 같이 사람들과 동물들은 모두 다 활동적이고 행복하다. 많은 사람들은 동물들에게 매우 잘하기 때문에 많은 동물들이 사람들을 좋아한다. 그러나 어떤 사람들은 동물들에게 잔인하기 때문에 그 사람들은 동물들을 죽인다. 그래서 많은 동물들이 사람들로부터 도망친다. 이것은 사람들에게 매우 좋지 않다.

위의 글은 극히 제한된 단어들과 나중에 배울 동사의 직설법 12시제들 중에서 현재 시제 하나만을 가지고 쓴 것이다. 대명사의 관계대명사들, 형용사의 관계형용사들, 그리고 부사의 관계부사들, 그리고 동사의 준동사들도 완전히 배제되어 있고 부정문, 의문문, 명령문, 기원문도 역시 쓰이지 않고 있다. 동사의 가정법 시제들은 두 말할 나위 없이 쓰이지 않고 있다.

내가 위와 같은 말을 하는 것은 여기서 아직 쓰이지 않는 것들이 실제 영어의 문장들에서는 많이 쓰이고 그래서 영어의 문장들이 다채롭고 조금은 어렵게 보인다는 것을 미리 알게 하기 위함이다. 하지만 위와 같은 법칙들만 알면 영어는 다 정복하게 되는 것이다.

독자 여러분! 영어는 이것 이외의 어떤 다른 법칙들이 없다는 것을 미리 알아야 한다. '이것 뿐' 이기에 영어는 쉽다!

내가 영어에 대해서 완전한 무지상태에 있다가 불과 한두 시간 동안 예비적인 영문법을 배워 Men and Animals라는 제목으로 두 단락의 짧은 영어 글을 썼다는 것은 기적이 아닐 수 없었다. 그러나 이것은 결코 기적이 아니었다. 왜냐하면 말은 법칙들로 만들어지기 때문에 영어라는 말도 역시 그것의 법칙들을 아는 만큼 그것을 알 수 있는 것이다. 내가 이 정도의 영어 법칙들을 배우고 나서 그것을 그대로 영어로 쓴 것뿐이다.

다시 말하지만 위의 글에서 모든 문장들은 동사들을 중심으로 이루어졌고 동사의 다섯 가지 종류가 다섯 가지 문장 형식들로 그리고 주요소들, 수식요소들, 접속요소들로 쓰였다. 이 외의 다른 방법으로는 영어의 글을 쓰는 것을 비롯해서 영어를 알 수 있는 길은 하나도 없는 것이다.

그러면 이제부터 본격적으로 소설 형식을 빌려 내가 TG영어학원의 그 선생을 통하여 전체적인 영문법을 터득하여 영어를 완전히 정복하게 된 이야기를 전개해 보겠다.

말을 듣는 것이

나의 말을 잘하고
나의 말을 많이 하는 것보다
남의 말을 잘 듣고
남의 말을 많이 듣는 것이
더 현명하다.

남의 말은 비판적인
다시 말하여 객관적인 자세로
듣게 되어
좋은 말과

나쁜 말을
가려듣기가 쉽지만

나의 말은 충동적인
다시 말하여 주관적인 태도로
하기가 쉬워
좋은 말과
나쁜 말을
가려하기가 어렵다

남의 말을 많이 그리고
잘듣는 만큼 큰 사람이 된다.

CHAPTER 01

영어의 일자무식이 훌륭한 선생을 만나
기초부터 시작하여 완전정복의
길을 달리다.

01 혀 꼬부라진 영어의 말과 지렁이가 기어가던 영어 글씨

그 선생은 본격적으로 영문법을 가르치기에 앞서 영어 발음에 대하여 설명해 주었다. 그 선생은 스스로 자신의 영어 발음은 그렇게 좋지 않지만 그래도 와세다대학 영문과를 다녔기 때문에 발음하는 방법은 누구 못지않게 잘 알고 있다고 미리 말해주었다. 영어는 단어들을 형성하는 모음 철자들과 자음 철자들이 있으며 그것들이 실제로 발음되는 모음 발음들과 자음 발음들은 따로 있다는 것을 아는 것이 매우 중요하다. 다른 언어들도 마찬가지지만 영어는 모음 발음들과 자음 발음들로 되어 있다. 모음 발음은 그것만으로도 단어를 이루지만 자음 발음은 반드시 모음과 함께 있어야 단어가 된다. 영어의 단어는 모음 발음이 중심이 되기 때문에 한 단어가 성립되기 위해서는 적어도 모음 발음 하나는 반드시 있어야 한다. 따라서 자음 발음은 하나도 없이 모음 발음으로만 단어가 구성되는 경우는 있지만 자음 발음으로만 구성되는 단어는 하나도 없다.

영어의 모음 발음들을 만들어 주는 알파벳(alphabet), 즉 모음 철자들로서 a, e, i, o, u라는 온모음 철자들이 있다. 거기에 반모음 철자 y와 w가 있는데 반모음은 이것만 사용해서는 단어들을 만들어 내지 못한다. 그렇다면 단어들을 형성할 수 있는 온모음 철자들 a, e, i, o, u와 반모음 철자 y, w로 만들어지는 단어들을 순서대로 보기를 하나씩 들어보겠다.

1. 단모음

모음 철자 a는 그 자체로 하나의 단어가 된다. a가 철자에서 하나의 단어로 쓰일 때 그것의 발음은 [ə/어] 아니면 [ei/에이]가 되고 뜻은 '하나의'가 된다. 이처럼 모음 철자들이 하나의 모음으로 단어가 되거나 혹은 한 자음 또는 둘 또는 그 이상의 자음들과 합하여 단어가 되는 경우 그것들의 발음은 여러 가지 다양한 형태로 나타날 수 있는 것이다.

모음철자 e는 홀로 낱말을 이룰 수 없으며 앞이나 뒤에 자음 철자가 붙어야 단어가 형성된다. 예컨대, bed[bed/ 벧]과 같은 단어는 e모음 철자의 앞과 뒤에 각각 자음들인 b와 d가 붙어 '침대'라는 뜻을 갖는 단어가 된다.

모음 철자 i는 대문자 I로 나타나면 그 자체로 [ai/아이]라는 모음 발음으로 되고 그것의 뜻은 '나는' 또는 '내가'라는 한 단어가 된다.

모음 철자 o는 그 자체로는 [ou/ 오우]라는 발음이 되고 그 뜻은 감탄사로써 '오'는 한 단어가 된다. 그것 앞에 자음 n자가 붙으면 no라는 단어가 되고 [nou/ 노우]라는 발음과 '아니요'라는 뜻을 갖게 된다. 그것 뒤에 n자가 붙으면 on이라는 단어가 되고 [ɔn /온]이라는 발음과 '위에'라는 뜻을 갖게 된다. 또한 그것 앞에 n과 그것 뒤에 t가 붙으면 not라는 단어가 되고 [nɔt 낱]이라는 발음과 '아니'라는 뜻을 갖게 된다.

모음철자 u는 홀로 낱말을 이룰 수 없으며 앞이나 혹은 뒤에 자음 철자가 붙거나 앞뒤에 자음이 붙어야 낱말이 된다. 예컨대, u앞에 b가 붙고 뒤에 t가 붙으면 but라는 낱말이 되는데 [bʌt/ 벝]이라는 발음과 '그러나'라는 뜻을 갖게 된다.

2. 장모음

단모음 철자들은 둘이 겹치면 길게 발음되는데 그것은 장모음이 된다. 모음 철자들이 2개가 합하여 장모음이 되는 보기로써 e와 a가 합하여 앞에 자음 r과 뒤에 자음 d가 붙으면 read라는 낱말이 형성되는데 [ri:d / 리이드]라는 발음과 '읽다'라는 뜻을 갖는다.

이렇게 둘로 겹친 모음 철자들은 두 가지나 혹은 세 가지 다른 발음들이 될 수 있다. 두 가지로 모음 발음이 되는 것들을 '2중모음 발음'이라고 부르고 세 가지로 모음 발음이 되는 것을 '3중모음 발음'이라고 부른다. tour(여행)는 [tuə:r / 투어]로 발음이 되어 모음 철자들 ou는 모음 발음 [u/ 우]와 모음 발음 [ə / 어]가 합한 [uə/ 우어]의 2중모음 발음이 된다. 3중모음 발음의 보기로써 tire (타이어)는 [taiə/ 타이어]로 발음이 된다. 여기서 모음철자 I와 모음철자 e가 조합하여 [a / 아]와 [i / 이]와 [ə / 어]가 합한 [aiə/ 아이어]라는 3중모음 발음을 형성한다.

하나의 모음 철자가 2중으로 발음되는 것도 있다. 각각 보기들을 들자면, 하나의 모음 철자가 2중모음으로 발음이 되는 것으로서 모음 철자 i가 여러 자음들과 합치는 경우로서 예컨대, tight(꽉 조인)는 [tait / 타이트]로 발음된다. 그래서 모음 철자 i는 [a / 아]와 [i/ 이]가 합한 [ai/ 아이]의 2중모음 발음이 되는 것이다.

y는 반모음 철자인데도 2중모음 발음을 이끌어내기도 한다. sky라는 단어는 [skai / 스카이]로 발음되어 모음 발음 [a / 아]와 모음 발음 [i/ 이]가 합한 [ai/ 아이]의 2중모음 발음이 된다.

그 선생은 영어에는 다른 언어들에는 거의 없는 반모음 발음인 y와 w가 있다고 말하면서 우리말에도 그러한 반모음 발음들이 없어 그것들을 무시하기가 쉽다고 말했다.

3. 반모음

반모음 발음 y는 온 모음발음 i의 절반 모음 발음으로써 I를 발음하는 흉내만 내고 소리는 그 다음으로 이어진다. 예컨대, yes라는 단어의 발음은 [jes] 인데 j는 온 모음 발음 i의 흉내만 내고 온 모음 발음 e로 곧 연결되는 반모음 발음이다.

그리고 반모음 발음 w는 온모음 발음 u의 절반 모음으로써 u를 발음하는 흉내만 내고 소리는 그 다음으로 이어진다. 예컨대, was라는 단어의 발음은 [wɑz] 인데 w는 온 모음 발음 u의 흉내만 내고 곧바로 온모음 발음 a로 이어 발음되는 반모음 발음이다.

영문법정복 | 강 세

그 선생은 연이어 약음 발음과 강음 발음에 대하여 설명했다. 영어는 일종의 강세 언어로써 강하게 발음을 해야만 하는 단어가 있는가 하면 한 문장에서도 강하게 발음해야 할 곳, 즉 소리의 마디인 음절에 강하게 발음을 하지 않으면 그 의미가 나타나지 않는다. 영어에는 제1강음, 제2강음, 그리고 제3강음의 세 가지 강음들이 있는데 대체로 제1강음과 제2강음만이 쓰인다. 이 같은 강음들이 쓰이지 않는 음절들에는 자연히 약음이 쓰이게 된다. 강음의 표시는 제 1강음은 [′]로, 제 2강음은 [`]로, 그리고 제 3강음은 [^]로 표시 된다.

2개 이상의 음절들이 들어 있는 단어나 문장에서는 반드시 강한 음이 하나 들어 있게 된다. 음절이 4개 이상인 낱말이나 문장에는 제1강음과 제2강음이 있게 된다. 예컨대, piano라는 단어에는 3개의 음절이 있는데 강음이 a에 나타나 [piǽnou / 피애노우]로 발음되고 'I can play on the piano very well.' 이라는 문장에는 2개의 음절에 강음들이 나타나는데 제1강음이 well의 음절에 그리고 제2강음이 piano의 a의 음절에 떨어진다. 그래서 위의 문장은 [ɑi kən plei ən ðə piǽnou veri wél /

아이 컨 플레이 온 더 피 애노 베 리 웰]과 같이 발음된다.

영문법정복 | 억양 형식의 세 가지

영어의 발음은 강음들과 함께 소리가 높아지고 낮은 음들이 있는 음절에서 떨어진다. 서양 음악에 7음계가 있는 것과 같이 영어에는 3음계가 쓰이고 있는데 그것들은 낮은 음(low pitch), 보통 음(normal pitch), 그리고 높은 음(high pitch) 이다. 이러한 영어의 3음계는 억양(intonation) 이 된다.

낮은 음은 평서문 문장이 끝나는 마지막 음절에서 나타난다.

보통 음은 문장이 시작되는 음절에서 나타난다. 또한 한 숨 정도로 끝나지 않는 긴 문장에서 강세를 가지는 높은 음절이 여러 개 나타나는 경우 그 높은 음들 사이의 앞과 뒤를 이어주는 음절들로 보통음이 붙게 된다. 이 경우 작게는 한 음절이나 많게는 4–5개의 보통 음들이 나타난다.

높은 음은 문장 내에서 중요한 의미를 가지는 단어의 강세에서 나타난다. 그리고 의문문 문장일 때에는 처음에 보통 음으로 시작하였다가 마지막으로 강세가 주어지는 음절에서 높은 음으로 올라가서 그대로 끝나게 된다.

따라서 영어의 억양은 보통 음으로 시작하여 높은 음으로 올라갔다가 바로 낮은 음으로 끝나는 억양 형식과, 보통 음으로 시작하여 높은 음으로 끝나는 억양 형식과, 보통 음으로 시작하여 높은 음에서 다시 보통음으로 이어지는 억양 형식 이렇게 세 가지가 있는 것이다. 이 세 가지 억양 형식들에 대한 보기들은 다음과 같다.

1. 보통 음 + 높은 음 + 낮은 음의 억양 형식

This is a window.
[ðis iz ə window : 디ㅅ 이ㅈ 어 윈도우]
(이것은 창문이다)

☞ This is a까지 보통 음이 win의 음절에 문잠 강음과 높은 음이 오고 dow의 음절에 낮은 음이 오면서 문장이 끝난다.

2. 보통음 + 높은 음의 억양 형식

높은음

보통음

Are you a teacher?

[ɑːr ju: ə tíːʧəːr : 아 유 어 티이쳐]

☞ Are you a까지 보통 음이 오고 tea의 음절에 문장 강세와 높은 음이 오고 cher의 음절들에는 계속 높은
음으로 이어져 문장이 끝난다.

3. 보통 음 + 높은 음 + 보통 음의 억양 형식

I am a student and you are a teacher.

[ai em ə stjuːdənt and ju: ɑːr ə tíːʧəːr : 아이 엠 어 스튜우던트 언드 유 아아 어 티이쳐]

☞ I am a까지 보통 음이고 stu의 음절에 문장 강세와 높은 음이 오고 and you are a까지 보통 음이 오고
tea의 음절에 문장 강세와 높은 음이 오고 cher의 음절에 낮은 음이 오면서 문장이 끝난다.

　　이와 같이 영어는 우리말과는 달리 단어에나 문장에 강음과 약음 그리고 보통음, 높은 음과 낮은
음이 반드시 붙게 된다. 강약과 높낮음으로 발음되지 않는 영어의 단어나 문장은 엄밀히 말하면 영
어가 되지 않는 것이다. 그런데 우리말에서는 그러한 강약과 높낮음이 중요하게 발음되지 않기 때문
에 우리나라 사람들이 영어를 배울 때 이 점을 특히 유의하지 않으면 안 된다. 그리고 영어 발음을
우리말로 참고삼아 표기했는데, 그것은 어디까지나 참고에 지나지 않는다. 바로 뒤에 설명할 영어의
발음기호들을 잘 익혀서 그대로 발음해야 한다.

　　발음상으로 볼 때 영어에서 항상 그리고 가장 약하게 발음되는 모음이 하나 있는데 그것은 바로
[ə]라는 발음이다. 오늘날 영어가 국제어가 되어 있는 가장 큰 이유들 중의 하나가 바로 이 [ə] 발음
이 있기 때문이다. 이 발음은 우리말의 '어'와 비슷한데 다만 더 약하게 발음되어 '으'로도 들린다.
영문학하면 시문학이라고 할 정도로 영어 문장 발음에 운율이 나타나게 된 것은 바로 '이' 가장 약
하게 발음되는 모음이 문장 속에서 강한 발음들 그리고 장모음 말들과 적절히 어울리며 운율을 만
들어내기 때문이다.

덧붙여 영어에서 자음으로 끝나는 낱말을 발음할 때 또 하나 특히 주의해야 할 것은, 그 자음에 우리말의 모음인 '으'를 덧붙여서는 안 된다는 것이다. 예컨대, 영어의 hand를 발음할 때에 [핸드]로 발음하는 것은 잘못된 것이다. hand의 끝 자음인 d에 우리말의 모음인 '으'를 붙여 발음해서는 안 된다는 말이다. 우리말의 모음인 '으' 발음은 위에 말한 영어의 모음 발음인 [ə]에 해당하므로 영어의 hand를 발음할 때는 끝 자음인 d에 [으]를 붙여 발음하면 결국 [hænd]가 아니라 엉뚱하게 [hændə / 핸더]가 되기 때문이다.

끝 자음뿐만 아니라 첫 자음이나 중간 자음에도 우리말 모음 '으'를 넣어 발음해서는 안 되는데 예컨대, 영어의 낱말 strike는 [스트라이크]로 발음되지 않고 [ㅅㅌ라이ㅋ]로 발음되어야 한다. 여기서 s는 ㅅ에, t는 ㅌ에, r은 ㄹ에, 그리고 k는 ㅋ에 해당되는데 영어에서는 자음들이 모음들에 붙지 않아도 독자적으로 발음된다. 즉 ㅅ, ㅌ, ㄹ 그리고 ㅋ는 우리말 모음 '으'가 있어야 발음 되지만 영어에서는 그것들에 짝들이 되는 s, t, r 그리고 k는 우리말 모음 '으'와 같은 모음이 없이 독자적으로 발음된다.

이상 살펴본 바와 같이 영어의 발음 기호들은 전체적으로 모음 발음들과 자음 발음들로 되어 었다는 것을 우리 학생들은 이제 영어의 기본 지식으로 갖게 되었다. 그렇다면 지금부터 영어의 모음 발음들과 자음 발음들을 본격적으로 공부하기 전에 우선 먼저 우리말 모음 발음들에 대하여 살펴보자.

영문법정복 | 우리말의 발음

1. 우리말의 기본 모음 발음들

아,어,오,우,으,이,애,에

2. 우리말의 이중 모음

야[이+아], 여[이+어], 요[이+오], 유[이+우], 예[이+애],
와[오+아], 외[오+이], 위[우+이], 왜[오+애], 워[우+어], 웨[우+에]

3. 우리말의 자음들

ㄱ,ㄴ,ㄷ,ㄹ,ㅁ,ㅂ,ㅅ,ㅇ,ㅈ,ㅊ,ㅋ,ㅌ,ㅍ,ㅎ,ㄲ,ㄸ,ㅃ,ㅆ,ㅉ

4. 우리말의 모음들과 자음들의 조합들

(1) 단모음들과 자음들의 조합들

가, 나, 다, 라, 마, 바, 사, (아), 자, 차, 카, 타, 파, 하, 까, 따, 빠, 싸, 짜

거, 너, 더, 러, 머, 버, 서, (어), 저, 처, 커, 터, 퍼, 허, 꺼, 떠, 뻐, 써, 쩌

고, 노, 도, 로, 모, 보, 소, (오), 조, 초, 코, 토, 포, 호, 꼬, 또, 뽀, 쏘, 쪼

구, 누, 두, 루, 무, 부, 수, (우), 주, 추, 쿠, 투, 푸, 후, 꾸, 뚜, 뿌, 쑤, 쭈

그, 느, 드, 르, 므, 브, 스, (으), 즈, 츠, 크, 트, 프, 흐, 끄, 뜨, 쁘, 쓰, 쯔

기, 니, 디, 리, 미, 비, 시, (이), 지, 치, 키, 티, 피, 히, 끼, 띠, 삐, 씨, 찌

개, 내, 대, 래, 매, 배, 새, (애), 재, 채, 캐, 태, 패, 해, 깨, 때, 빼, 쌔, 째

게, 네, 데, 레, 메, 베, 세, (에), 제, 체, 케, 테, 페, 헤, 께, 떼, 뻬, 쎄, 쩨

※ 괄호 안의 ㅇ은 음가가 없어 발음되지 않는 공(空)음이다. 훈민정음에서는 음가가 있는 것을 ㆁ, 음가가 없는 것은 ㅇ으로 구별해서 표기했으나 현대국에서는 둘다 ㅇ으로 표기하고 있다.

(2) 이중모음들과 자음들의 조합

갸, 냐, 댜, 랴, 먀, 뱌, 샤, (야), 쟈, 챠, 캬, 탸, 퍄, 햐, 꺄, 땨, 뺘, 쌰, 쨔

겨, 녀, 뎌, 려, 며, 벼, 셔, (여), 져, 쳐, 켜, 텨, 펴, 혀, 껴, 뗘, 뼈, 쎠, 쪄

교, 뇨, 됴, 료, 묘, 뵤, 쇼, (요), 죠, 쵸, 쿄, 툐, 표, 효, 꾜, 뚀, 뾰, 쑈, 쬬

규, 뉴, 듀, 류, 뮤, 뷰, 슈, (유), 쥬, 츄, 큐, 튜, 퓨, 휴, 뀨, 뜌, 쀼, 쓔, 쮸

계, 녜, 뎨, 례, 뎨, 볘, 셰, (예), 졔, 쳬, 켸, 톄, 폐, 혜, 꼐, 뗴, 뼤, 쎼, 쪠

과, 놔, 돠, 롸, 뫄, 봐, 솨, (와), 좌, 촤, 콰, 톼, 퐈, 화, 꽈, 똬, 뽜, 쏴, 쫘

괴, 뇌, 되, 뢰, 뫼, 뵈, 쇠, (외), 죄, 최, 쾨, 퇴, 푀, 회, 꾀, 뙤, 쀠, 쐬, 쬐

귀, 뉘, 뒤, 뤼, 뮈, 뷔, 쉬, (위), 쥐, 취, 퀴, 튀, 퓌, 휘, 뀌, 뛰, 쀠, 쒸, 쮜

괘, 놰, 돼, 뢔, 뫠, 봬, 쇄, (왜), 좨, 쵀, 쾌, 퇘, 퐤, 홰, 꽤, 뙈, 뽸, 쐐, 쫴

궈, 눠, 둬, 뤄, 뭐, 붜, 숴, (워), 줘, 춰, 쿼, 퉈, 풔, 훠, 꿔, 뚸, 뿨, 쒀, 쭤

궤, 눼, 뒈, 뤠, 뭬, 붸, 쉐, (웨), 줴, 췌, 퀘, 퉤, 풰, 훼, 꿰, 뛔, 쀄, 쒜, 쮀

위의 모음과 자음의 조합에서 자음으로써의 'ㅇ'은 모음 앞에 오지 못하고 오직 모음 뒤에만 와서 받침 역할 밖에 못한다. 영어의 발음 ing[ŋ]음이 영어의 모음 앞에 오지 못하고 다만 모음 뒤에밖에 오지 못하는 것과 같다. 그 선생은 "이것을 영어 발음 공부에서 다시 다룰 것이다." 라고 말했다. 나는 영어를 배우러 왔는데 엉뚱하게 우리말 글자들과 발음들을 새삼스럽게 들으면서 착잡한 생각에 사로잡혔다. 한 편으로는 이미 알고 있는 우리 발음들과 글자들이 어떻게 영어 공부에 관련이 될 것인가에 대한 의아심이 들었고 다른 한 편으로는 어찌하던 우리말 글자들과 발음들에 대한 체계적인 지식이 영어 발음 공부에 큰 도움이 될 것이기 때문에 그 선생이 이렇게 우

리말 글자들과 발음들을 체계적으로 보여주는 것이라고 생각했다. 그 선생은 여기까지 우리말의 모음과 자음을 설명한 뒤에 우리말의 글자, 즉 문자인 한글은 문자가 곧 발음이 되지만 영어는 문자법(철자법)이 따로 있고 발음법이 따로 있다고 말하면서 그런 점에서는 우리의 한글은 가장 훌륭한 글자라고 말했다.

그는 영어의 발음을 마무리하기에 앞서 위의 우리말과 영어의 차이점을 보기를 들어 설명했다. 우리말에 있어서 '거리'라는 글자는 그대로[거리]로 읽어 사람들이 많이 다니는 길의 뜻이 된다. 그러나 영어에서는 '사람이 많이 다니는 길'의 뜻을 갖는 철자(spelling)는 street이고 그것의 발음은[stri:t / ㅅㅌ리이ㅌ]이기에 영어를 알려면 우리말과는 달리 철자법과 발음법을 따로 알아야 하는 것이다. 이 점을 염두에 두고 영어 발음을 공부하는 것이 필요한 것이다.

이제 우리말의 모음들과 자음들이 조화된 발음들에 상응하는 영어의 발음에 대하여 공부해 보자. 여기서 그 선생은 우리 학생들이 영문법은 가르치지 않고 영어 발음만 놓고 질질 끌고 가는 인상을 주지 않기 위해서 "언어, 즉 말은 말이야, 소리로 먼저 시작되었기 때문에 어떤 나라 말이든지 그것의 소리가 어떻게 나는가, 즉 그것의 발음법을 배우지 않으면 그런 어학 습득은 사상누각이 되고 마는 것이다." 라고 우리들에게 인내로 영어 발음들을 착실히 공부할 것을 당부했다. 여기서는 영어를 배우는 데 꼭 필요로 하는 발음들만 설명하고 나머지 것들은 과감히 제외하겠다. 이해를 돕기 위해 영어 발음과 가장 가까운 우리말 모음들을 [ ] 괄호 안에 표기했다.

영문법정복 | 영어의 발음

1. 영어의 모음 발음들

(1) 단모음
[ɑ]=아:top[탑](꼭대기) [æ]=애:hat[햍](모자)
[ʌ]=어:bus[버ㅅ] 버스 [ə]=어:about[어바웃](...에 대해)
[e]=에:end[엔ㄷ](끝) [ɔ]=오:dog[독](개)
[u]=우:good[굳](좋은) [i]=이:ink[잉ㅋ](잉크)

(2) 장모음
[ɑ:]=아아:father[파아더어](아버지) [ə:]=어어:bird[버어ㄷ](새)
[ɔ:]=오오:all[오올](모든) [u:]=우우:food[푸우ㄷ](음식)
[i:]=이이:see[씨이](보다)

(3) 이중모음

우리말의 이중모음은 한 글자로 뭉뚱그려져 있지만 영어의 이중모음은 모음 둘이 이어져 있는데 뒤의 것이 조금 약하게 발음된다.

[au]=아우:cow[카우](암소)   [ɛə]=에어:air[에어](공기)

[ei]=에이:name[네임](이름)   [ɔə]=오어:door[도어](문)

[ou]=오우:open[오우픈](열다)   [ɔi]=오이:boy[보이](소년)

[uə]=우어:poor[푸어](가난한)   [iə]=이어:ear[이어](귀)

[ai]=아이:ice[아이ㅅ](얼음)

(4) 삼중모음

우리말에는 삼중모음이 없지만 영어는 삼중모음까지 있는데 이중모음과 마찬가지로 모음들이 연이어 나오면서 맨 끝 모음은 아주 약하게 발음된다.

[aiə]=아이어:fire[파이어](불)   [auə]=아우어:flour[플라우어](꽃)

[aiə]=에이어:layer[레이어](층)

(5) 반모음

[j]=이(입 모양만 낸다.):yes[예ㅅ](네)   [w]=우(입 모양만 낸다.):what[왈](무엇)

2. 영어의 자음 발음들

그 선생은 자음들 중에는 목청(성대)을 울리지 않는 무성음들과 목청을 울리는 유성음들이 있다고 말했다. 그것들끼리는 서로 발음하는 방법은 같으나 목청을 울리지 않으면 무성음이 되고 목청을 울리면 유성음이 된다고 말하면서 그것들의 짝들을 다음과 같이 열거했다.

무성음/유성음 : p/b, t/d, f/v, tʃ/dʒ, s/z, ʃ/ʒ, θ/ð

(1) 우리말 자음들과 영어 자음 발음들의 대략적인 비교

g=ㄱ:good[굳](좋은)   n=ㄴ:not[낫](아니다)   d=ㄷ:desk[데스ㅋ](책상)

l=ㄹ:leg[레ㄱ](다리)   m=ㅁ:moon[무운](달)   b=ㅂ:bed[베ㄷ](침대)

s=ㅅ:kiss[키ㅅ](입맞춤)   ŋ=ㅇ(받침의 이응) : sing[싱](노래하다)

z = ㅈ:zoo[주우](동물원)   k=ㅋ:call[코올](부르다)   t=ㅌ:tent[텐ㅌ](천막)

p=ㅍ:pen[펜](필기구)   h=ㅎ:house[하우ㅅ](집)

(2) 우리말의 자음에는 없는 영어의 자음 발음들

영어의 발음들과 우리말의 발음들 사이에는 같거나 비슷한 것들이 있고 사뭇 다른 것들이 있다. 여기서 서로 같거나 비슷한 것들은 그대로 비교하여 잘 익히고 서로 다른 것들은 어떤 차이점들이 있는가를 분석하여 그것들을 이해하고 계속 익혀나가는 것이 영어 발음 방법을 터득할 수 있는 길임을 나는 알게 된 것이다. 예컨대, 영어의 [p]라는 발음은 우리말의 ㅍ과 같다. 이렇게 우리말과 같은 발음들은 그대로 익혀가는 한편, 비슷하게 발음되는 영어의 [f]라는 발음은 우리말에는 없기 때문에 그것을 정확히 발음하는 방법을 이해하고 익히는 것이 영어의 발음을 올바르게 공부하는 길이다.

f = ㅍ : for[포오](...을 위해)
☞ f발음을 구태여 우리말로 표기한다면 ㅍ밖에 없지만 전혀 다른 소리로, f의 발음은 윗니를 아랫입술 안쪽에 대고 그 사이로 바람을 입 밖으로 불어내며 목청을 울리지 않는 소리다.

v = ㅂ : love[러브](사랑)
☞ 발음하는 방법은 f와 같으나 다만 목청을 울리는 소리다.

ʃ = 쉬 : ship[쉽](배)
☞ s발음을 할 때 혀끝을 입 안으로 조금 당기면 마치 우리말 "쉬" 처럼 들리는 소리인데 목청을 울리지 않는 소리다.

ʒ = 쥐 : measure[메져어](측정하다)
☞ 발음하는 방법은 f와 같으나 다만 목청을 울리는 소리다.

tʃ = 취 : chair[체어](의자)
☞ 혀가 ʃ발음의 위치와 같으나 ʃ처럼 쉬이이... 하고 끝없이 숨이 찰 때까지 발음하는 것이 아니라 '취' 하고 끊기며 목청을 울리지 않는 소리다.

dʒ = 쥐 : judge[저쥐](재판하다)
☞ 발음하는 방법은 tʃ와 같으나 다만 목청을 울리는 소리다.

θ = ㅆ/ㄸ : think[씽크](생각하다)
☞ θ발음을 구태여 우리말로 표기한다면 ㅆ밖에 없지만 전혀 다른 소리로 θ의 발음은 혀끝을 이빨 사이에 대고 혀와 윗니 사이로 바람을 입 밖으로 불어내는데 목청은 울리지 않는 소리다.

ð = ㅈ/ㄷ : this[디ㅅ](이것)
☞ 발음하는 방법은 θ와 같으나 다만 목청을 울리는 소리다.

r = ㄹ : rain[레인](비)
☞ r발음을 구태여 우리말로 표기한다면 ㄹ밖에 없지만 전혀 다른 소리로, r의 발음은 혀끝을 입천장 뒤쪽으로 꼬부려 바람을 입 밖으로 불어내며 목청을 울리는 소리다.

지금까지 영어의 모음 발음들과 자음 발음들을 전부 망라하여 설명하였다. 이제는 앞에서 우리말 모음들과 자음들을 조합했듯이 영어의 모음 발음들과 자음 발음들을 조합해 보자.

영문법정복 | 영어 발음들의 조합

(1) 단모음 발음들

[gɑ]=가, [gæ]개, [gə]=거, [gʌ]=거, [ge]=게, [gɔ]=고, [gu]=구, [gi]=기

(2) 장모음 발음들

[gɑ:]=가아, [gə:]=거어, [gɔ:]=고오, [gu:]=구우, [gi:]=기이

(3) 이중모음 발음들

[gai]=가이, [gau]=가우, [gɛə]=게어, [gei]=게이,

[gɔə]=고어, [gou]=고우, [gɔi]=고이, [guə]=구어, [giə]=기어

(4) 삼중모음 발음들

[gaiə]=가이어, [gauə]=가우어, [geiə]=게이어

---

(1) 단모음 발음들

[nɑ]=나, [næ]=내, [nə]=너, [nʌ]=너, [ne]=네, [nɔ]=노, [nu]=누, [ni]=니

(2) 장모음 발음들

[nɑ:]=나아, [nə:]=너어, [nɔ:]=노오, [nu:]=누우, [ni:]=니이

(3) 이중모음 발음들

[nai]=나이, [nau]=나우, [nɛə]=네어, [nei]=네이,

[nɔə]=노어, [nou]=노우, [nɔi]=노이, [nuə]=누어, [niə]=니어

(4) 삼중모음 발음들

[naiə]=나이어, [nauə]=나우어, [neiə]=네이어

(1) 단모음 발음들

[dɑ]=다, [dæ]=대, [də]=더, [dʌ]=더, [de]=데, [dɔ]=도, [du]=두, [di]=디

(2) 장모음 발음들

[dɑ:]=다아, [də:]=더어, [dɔ:]=도오, [du:]=두우, [di:]=디이

(3) 이중모음 발음들

[dai]=다이, [dau]=다우, [dɛə]=데어, [dei]=데이

[dɔə]=도어, [dou]=도우, [dɔi]=도이, [duə]=두어, [diə]=디어

(4) 삼중모음 발음들

[daiə]=다이어, [dauə]=다우어, [deiə]=데이어

---

(1) 단모음 발음들

[lɑ]=라, [læ]=래, [lə]=러, [lʌ]=러, [le]=레, [lə]=로, [lu]=루, [li]=리

(2) 장모음 발음들

[lɑ:]=라아, [lə:]=러어, [lɔ:]=로오, [lu:]=루우, [li:]=리이

(3) 이중모음 발음들

[lai]=라이, [lau]=라우, [lɜə]=레어, [lei]=레이,

[lɔə]=로어, [lou]=로우, [lɔi]=루어, [liə]=리이

(4) 삼중모음 발음들

[laiə]=라이어, [lauə]=라우어, [leiə]=레이어

(1) 단모음 발음들

[mɑ]=마, [mæ]=매, [mə]=머, [mʌ]=머, [me]=메, [mɔ]=모, [mu]=무, [mi]=미

(2) 장모음 발음들

[mɑ:]=마아, [mə:]=머어, [mɔ:]=모오, [mu:]=무우, [mi:]=미이

(3) 이중모음 발음들

[mai]=마이, [mau]=마우, [mɛə]=메어, [mei]=메이,

[mɔə]=모어, [mou]=모우, [mɔi]=모이, [muə]=무어, [miə]=미어

(4) 삼중모음 발음들

[maiə]=마이어, [mauə]=마우어, [meiə]=메이어

(1) 단모음 발음들

[bɑ]=바, [bæ]=배, [bə]=버, [bʌ]=버, [be]=베, [bɔ]=보, [bu]=부, [bi]=비

(2) 장모음 발음들

[bɑ:]=바아, [bə:]=버어, [bɔ:]=보오, [bu:]=부우, [bi:]=비이

(3) 이중모음 발음들

[bai]=바이, [bau]=바우, [bʒə]=베어, [bei]=베이,

[bɔə]=보어, [bou]=보우, [bɔi]=보이, [buə]=부어, [biə]=비어

(4) 삼중모음 발음들

[baiə]=바이어, [bauə]=바우어, [beiə]=베이어

(1) 단모음 발음들

[sɑ]=사, [sæ]=새, [sə]=서, [sʌ]=서, [se]=세, [sɔ]=소, [su]=수, [si]=시

(2) 장모음 발음들

[sɑ:]=사아, [sə:]=서어, [sɔ:]=소오, [su:]=수우, [si]=시이

(3) 이중모음 발음들

[sai]=사이, [sau]=사우, [sɛə]=세어, [sei]=세이,

[sɔə]=소어, [sou]=소우, [sɔi]=소이, [suə]=수어, [siə]=시어

(4) 삼중모음 발음들

[saiə]=사이어, [sauə]=사우어, [seiə]=세이어

---

(1) 단모음 발음들

[zɑ]=자, [zæ]=재, [zə]=저, [zʌ]=저, [ze]=제, [zɔ]=조, [zu]=주, [zi]=지

(2) 장모음 발음들

[zɑ:]=자아, [zə:]=저어, [zɔ:]=조오, [zu:]=주우, [zi]=지이

(3) 이중모음 발음들

[zai]=자이, [zau]=자우, [zɛə]=제어, [zei]=제이,

[zɔə]=조어, [zou]=조우, [zɔi]=조이, [zuə]=주어, [ziə]=지이

(4) 삼중모음 발음들

[zaiə]=자이어, [zauə]=자우어, [zeiə]=제이어

(1) 단모음 발음들

[kɑ]=카, [kæ]=캐, [kə]=커, [kʌ]=커, [ke]=케, [kɔ]=코, [ku]=쿠, [ki]=키

(2) 장모음 발음들

[kɑ:]=카아, [kə:]=커어, [kɔ:]=코오, [ku:]=쿠우, [ki:]=키이

(3) 이중모음 발음들

[kai]=카이, [kau]=카우, [kɛə]=케어, [kei]=케이,

[kɔə]=코어, [kou]=코우, [kɔi]=코이, [kuə]=쿠어, [kiə]=키어

(4) 삼중모음 발음들

[kaiə]=카이어, [kauə]=카우어, [keiə]=케이어

---

(1) 단모음 발음들

[tɑ]=타, [tæ]=태, [tə]=터, [tʌ]=터, [te]=태, [tɔ]=토, [tu]=투, [ti]=티

(2) 장모음 발음들

[tɑ:]=타아, [tə:]=터어, [tɔ:]=토오, [tu:]=투우, [ti:]=티이

(3) 이중모음 발음들

[tai]=타이, [tau]=타우, [tɛə]=테어, [tei]=테이,

[tɔə]=토어, [tou]=토우, [tɔi]=토이, [tuə]=투어, [tiə]=티어

(4) 삼중모음 발음들

[taiə]=타이어, [tauə]=타우어, [teiə]=테이어

(1) 단모음 발음들

[pɑ]=파, [pæ]=패, [pə]=퍼, [pʌ]=퍼, [pe]=페, [pɔ]=포, [pu]=푸, [pi]=피

(2) 장모음 발음들

[pɑ:]=파아, [pə:]=퍼어, [pɔ:]=포오, [pu:]=푸우, [pi]=피이

(3) 이중모음 발음들

[pai]=파이, [pau]=파우, [pɛə]=페어, [pei]=페이

[pɔə]=파이, [pou]=포우, [pɔi]=포이, [puə]=푸어, [piə]=피어

(4) 삼중모음 발음들

[paiə]=파이어, [pauə]=파우어, [peiə]=페이어

(1) 단모음 발음들

[hɑ]=하, [hæ]=해, [hə]=허, [hʌ]=허, [he]=헤, [hɔ]=호, [hu]=후, [hi]=히

(2) 장모음 발음들

[hɑ:]=하아, [hə:]=허어, [hɔ:]=호오, [hu:]=후우, [hi:]=하이

(3) 이중모음 발음들

[hai]=하이, [hau]=하우, [hɛə]=헤어, [hei]=헤이,

[hɔə]=호어, [hou]=호우, [hɔi]=호이, [huə]=후어, [hiə]=히어

(4) 삼중모음 발음들

[haiə]=하이어, [hauə]=하우어, [heiə]=헤이어

(1) 단모음 발음들

[fɑ]=파, [fæ]=패, [fə]=퍼, [fʌ]=퍼, [fe]=페, [fɔ]=포, [fu]=푸, [fi]=피

(2) 장모음 발음들

[fɑ:]=파아, [fə:]=퍼어, [fɔ:]=포오, [fu:]=푸우, [fi:]=피이

(3) 이중모음 발음들

[fai]=파이, [fau]=파우, [fɛə]=페어, [fei]=페이

[fɔə]=포어, [fou]=포우, [fɔi]=포이, [fuə]=푸어, [fiə]=피어

(4) 삼중모음 발음들

[faiə]=파이어, [fauə]=파우어, [feiə]=페이어

---

(1) 단모음 발음들

[vɑ]=바, [væ]=배, [və]=버, [vʌ]=버, [ve]=베, [vɔ]=보, [vu]=부, [vi]=비

(2) 장모음 발음들

[vɑ:]=바아, [və:]=버어, [vɔ:]=보오, [vu:]=부우, [vi:]=비이

(3) 이중모음 발음들

[vai]=바이, [vau]=바우, [vɛə]=베어, [vei]=베이,

[vɔə]=보어, [vou]=보우, [vɔi]=보이, [vuə]=부어, [viə]=비어

(4) 삼중모음 발음들

[vaiə]=바이어, [vquə]=바우어, [veiə]=베이어

(1) 단모음 발음들

[ʃɑ]=사, [ʃæ]=새, [ʃə]=셔, [ʃʌ]=셔, [ʃe]=세, [ʃɔ]=쇼, [ʃu]=슈, [ʃi]=쉬

(2) 장모음 발음들

[ʃɑ:]=샤아, [ʃə:]=셔어, [ʃɔ:]=쇼오, [ʃu:]=슈우, [ʃi:]=쉬이

(3) 이중모음 발음들

[ʃai]=샤이, [ʃau]=샤우, [ʃɛə]=세어, [ʃei]=세이,

[ʃɔə]=쇼어, [ʃou]=쇼우, [ʃɔi]=쇼이, [ʃuə]=슈어, [ʃiə]=쉬어

(4) 삼중모음 발음들

[ʃaiə]=샤이어, [ʃauə]=샤우어, [ʃeiə]=세이어

(1) 단모음 발음들

[ʒɑ]=자, [ʒ[ɛə]=져, [ʒʌ]=져, [ʒe]=제, [ʒɔ]=죠, [ʒu]=쥬, [ʒi]=쥐

(2) 장모음 발음들

[ʒɑ:]=쟈아, [ʒə:]=져어, [ʒɔ]=죠오, [ʒu:]=쥬우, [ʒi:]=쥐이

(3) 이중모음 발음들

[ʒai]=쟈이, [ʒau]=쟈우, [ʒɛə]=제어, [ʒei]=제이,

[ʒɔə]=죠어, [ʒou]=죠우, [ʒɔi]=죠이, [ʒuə]=쥬어, [ʒiə]=쥐어

(4) 삼중모음 발음들

[ʒaiə]=쟈이어, [ʒauə]=쟈우어, [ʒeia]=제이어

(1) 단모음 발음들

[tʃɑ]=챠, [tʃæ]=채, [tʃə]=쳐, [tʃʌ]=쳐, [tʃe]=체, [tʃɔ]=죠, [tʃu]=츄, [tʃi]=취

(2) 장모음 발음들

[tʃɑ:]=챠아, [tʃə:]=쳐어, [tʃɔ:]=쵸, [tʃu:]=츄우, [tʃi:]=취이

(3) 이중모음 발음들

[tʃai]=챠이, [tʃau]=챠우, [tʃɛə]=체어, [tʃei]=체이

[tʃɔə]=쵸어, [tʃou]=쵸우, [tʃɔi]=쵸이, [tʃuə]=츄어, [tʃiə]=취어

(4) 삼중모음 발음들

[tʃaiə]=챠이어, [tʃauə]=챠우어, [tʃeiə]=체이어

---

(1) 단모음 발음들

[dʒɑ]=쟈, [dʒæ]=재, [dʒə]=져, [dʒʌ]=져, [dʒe]=제, [dʒɔ]=죠, [dʒu]=쥬, [dʒi]=쥐

(2) 장모음 발음들

[dʒɑ:]=쟈아, [dʒə:]=져어, [dʒɔ:]=죠오, [dʒu:]=쥬우, [dʒi:]=쥐이

(3) 이중모음 발음들

[dʒai]=쟈이, [dʒau]=쟈우, [dʒɛə]=제어, [dʒei]=제이,

[dʒɔə]=죠어, [dʒou]=죠우, [dʒɔi]=죠이, [dʒuə]=쥬어, [dʒiə]=쥐어

(4) 삼중모음 발음들

[dʒaiə]=쟈이어, [dʒauə]=쟈우어, [dʒeiə]=제이어

(1) 단모음 발음들

[Θɑ]=싸, [Θæ]=써, [Θə]=써, [ΘΛ]=써, [Θe]=쎄, [Θɔ]=쏘, [Θu]=쑤, [Θi]=씨

(2) 장모음 발음들

[Θɑ:]=싸아, [Θə:]=써어, [Θɔ:]=쏘오, [Θu:]=쑤우, [Θi:]=씨이

(3) 이중모음 발음들

[Θəi]=싸이, [Θau]=싸우, [Θɛə]=쎄어, [Θei]=쎄이,
[Θɔə]=쏘어, [Θou]=소울, [Θɔi]=쏘이, [Θuə]=쑤어, [Θiə]=씨어

(4) 삼중모음 발음들

[Θaiə]=싸이어, [Θauə]=싸우어, [Θeiə]=쎄이어

(1) 단모음 발음들

[ðɑ]=다, [ðæ]=대, [ðə]=더, [ðΛ]=더, [ðe]=데, [ðu]=도, [ðu]=두, [ði]=디

(2) 장모음 발음들

[ðɑ:]=다아, [ðə:]=더어, [ðɔ:]=도오, [ðu:]=두우, [ði:]=디이

(3) 이중모음 발음들

[ðai]=다이, [ðau]=다우, [ðɛə]=데어, [ðei]=데이,
[ðoə]=도어, [ðou]=도우, [ðɔi]=도이, [ðuə]=두어, [ðiə]=디어

(4) 삼중모음 발음들

[ðaiə]=다이어, [ðauə]=다우어, [ðeiə]=데이어

(1) 단모음 발음들

[rɑ]=라, [ræ]=래, [rə]=러, [rʌ]=러, [re]=레, [rɔ]=로, [ru]=루, [ri]=리

(2) 장모음 발음들

[rɑ:]=라아, [rə:]=로오, [rɔ:]=로오, [ru:]=루우, [ri:]=리이

(3) 이중모음 발음들

[rai]=라이, [rau]=라우, [rɛə]=레어, [rei]=레이,

[rɔə]=로어, [rou]=로우, [rɔi]=로이, [ruə]=루어, [riə]=리어

(4) 삼중모음 발음들

[raiə]=라이어, [rauə]=라우어, [reiə]=레이어

그 선생은 "엄밀히 따지면 영어의 발음들을 우리말의 발음들로 표기한다는 것은 어불성설(語不成說)이다." 라고 말하면서 한글로 표기한 영어 발음들은 임시방편일 뿐이라고 했다. 소도 언덕이 있어야 비빌 수 있듯이 어쩔 수 없이 영어 발음들을 설명하기 위한 편의에 지나지 않는다고 새삼 강조하였다. 그래도 영어의 발음 체계와 그나마 가까운 우리말 발음 체계를 억지춘양식으로 대비시키는 것도 초보자의 영어공부에 도움이 될 수도 있다고 그 선생은 심각하면서도 곤혹스러운 표정으로 영어발음 설명을 끝냈다. 그는 영미인들의 발음소리를 잘 듣거나 오디오 교재, 영어방송 등을 활용하여 영어 발음에 만전을 기해야 한다고 덧붙여 말했다.

이상과 같이 나는 영어의 모음들과 자음들의 조합을 연습하면서 영어의 발음 연습을 했다. 영어의 발음에 관한 것으로 끝으로 알아야 할 것은 영어의 단어들은 의미가 뚜렷한 내용어들(content words)과 뜻이 내용어들에 의지해야만 비로소 구체적인 뜻을 갖게 되는 기능어들(function words)로 나누어 진다는 것이다. 예컨대, The man is a man of character.(그 사람은 인격자다.) 라는 문장에서 the라는 단어는 그것만 가지고서는 구체적인 뜻이 드러나지 않는다. the는 우리말로 옮기면 '그'가 되는데 그 무엇인가가 되는 내용어가 그것 뒤에 와서 그 무엇인가가 드러난다. 위의 영어문장에서 is, a, of와 같은 것들은 the와 같이 앞뒤에 내용어가 있어야 그것들의 뜻이 구체적으로 나타난다.

대체적으로 내용어에 속하는 품사들은 명사, 동사, 형용사, 그리고 부사가 있으며 기능어에 속하

는 품사들은 대명사, 전치사, 접속사, 그리고 동사 중에서 조동사와 be동사가 있고, 형용사 중에서 a, an, the와 같은 관사가 있고, 부사에서는 so나 as와 같은 것이 있다(이 같은 품사들에 대해서는 바로 다음장에서 자세히 다룰 것이다.) 내용어들은 문장의 제 1강세와 높은 음을 받는 반면 기능어는 따로 특별히 강조를 받지 않는 한 대부분의 경우 보통음과 낮은 음을 받는다. 높은 음은 대체로 내용어 중에서도 강세를 받는 음절에 떨어진다. 한 단어에서 음절은 예컨대 four나 flower 같이 하나의 음절만으로 형성될 수도 있지만 content나 contented같이 한 단어 안에 둘 또는 그 이상의 음절들이 있을 수도 있다. 위의 four[fɔː]는 장모음 발음 [ɔː] 하나로, 그리고 flower[flauər]는 삼중모음 발음 [auə] 하나로 되어 있어 둘 다 한 음절로 이루어진 단어들이다. 반면 content[kʌntent]는 모음 발음들 ʌ와 e를 갖고 있어서 2개의 음절을 갖는 단어이고, contented[kənténtid]는 모음 발음들 ʌ와 e와 I를 갖고 있어서 3개의 음절들을 갖는 단어이다. 이와 같이 한 단어에서는 단모음 발음, 장모음 발음, 이중모음 발음 혹은 삼중모음의 발음이 있는 개수만큼 음절의 수가 결정된다.

과연 영어의 철자들과 발음들의 관계를 통하여 영어 발음법을 체계적으로 배움으로써 내가 쉽게 영어의 발음법에 대해 속 시원하게 알게 된 것에 나 자신 스스로도 놀랄 수밖에 없었다. 선생이란 그저 진도에 따라 가르쳐야 할 것을 기계적으로 가르치는 것이 아니라 그것과 밀접하게 관계되는 것을 나란히 비교하여 비록 시간은 조금 더 소요되더라도 배우는 학생이 이해하기 쉽게 해주는 요령을 보여줘야 한다는 것을 느꼈다. 특히 영어의 꼴찌에서 맴도는 상태였던 나에게 있어 그러한 비교 방법은 영어의 발음법을 저절로 익히게 해주는 효과적인 방법이 되었다. 그 선생이 국어 학자가 아닌데도 불구하고 학습적인 효과를 더 하기 위해 우리말 발음들을 나름대로 체계화해서 가르쳐준 것은 참으로 우리 학생들에게는 고마운 일이 아닐 수 없었다.

영어가 발음에 있어서 우리말과 다른 가장 두드러진 것은 우리말은 대체로 철자법이 곧 발음법이 되는데 반해 영어는 단어를 이루는 철자법이 따로 있고 그것을 발음하는 발음법이 또 따로 있다는 것이다. 따라서 영어에서는 각각의 단어들마다 정확한 발음법을 알아야만 그 단어를 제대로 발음할 수 있다. 그래서 나는 처음 대하거나 또는 잘 모르는 영어 단어를 보면 먼저 사전을 찾아 그 단어의 영어 발음 기호를 확인해야만 영어를 똑바로 읽을 수 있다는 것을 알게 된 것이다. 이것은 나에게 참으로 의당하게 여겨지는 것이었는데, 그 선생은 정말로 영어학습에서 맨 먼저 해야 할 일을 소홀히 하지 않게 가르쳐 준 것이다.

02 영어의 8품사가 당당한 영어 실력의 기초가 되다

지금까지 영어 발음에 있어서 꼭 알아야 할 것들을 설명하였다. 본래 언어는 앞서 말했듯이 자연스럽게 소리로 시작된 것이기 때문에 한 언어를 습득하는 첫 길목은 그것의 소리 내는 방법을 아는 것이다. 비유적으로 말한다면 발음에 관한 지식은 집을 지을 때에 지상 위에 세워질 건물을 지탱해야 하는 땅 밑의 기초에 해당되는 것으로 영문법에서 맨 먼저 알아야 하는 것이다.

그 선생은 "글자로 된 글을 읽을 때 마음속으로나 입으로는 그 글을 소리 내는 것 같은 행동을 해야 말이 되는 것이다. 또 그렇게밖에는 말이 이루어지지 않는 것이다. 학생들은 영어로 된 글을 읽으면 반드시 입으로 소리 내지 않더라도 정확한 영어 발음법을 마음으로 발음하는 행동을 해야 한다고 특히 언어구사에 있어서 정확한 발음을 하는 것이 필요하다는 것을 우리 학생들에게 강조했다.

나는 이 말을 들은 뒤로는 영어 단어 하나라도 또는 영어 문장 하나라도 보면 주위에 사람들이 없는 경우에는 소리 내어 읽고 주위에 사람들이 있으면 마음의 입으로 소리 내어 읽는 습관을 길렀다. 그리고 나는 나의 아버지가 경영하는 사진관의 밀폐된 암실에 들어가 아침저녁 한 시간씩 넘게 목청껏 소리 내어 내가 배운 문장들을 완전히 무작정 통독하였다. 그러다보니 내가 매일 아침저녁으로 낭독한 영어 문장이 나도 모르게 저절로 입에서 튀어 나올 정도가 되었다. 그러한 결과 내게 영어에 대한 취미가 붙는 것은 말할 것도 없고 영어에 대한 자신감까지 덤으로 얻어낸 것이다. 나는 스스로 영어로 자신있게 말하는 경지에 이르렀다. (I have got to be confident in speaking English.)

무슨 일을 하더라도 그것을 해낼 때 처음 시작하는 부분을 철저히 다지면 그 나머지는 저절로 잘하게 되고 또한 그것에 대한 취미가 생겨 그것을 삶의 즐거움으로 만들 수 있는 것이다. 그런데 나는 어찌하여 그때까지 이렇게 단순한 진리를 모르고 있었는지 그 뒤로는 머리가 좋은 아이들만이 공부를 잘한다고 믿었던 어리석음도 버릴 수 있었다. 나는 그리하여 한없이 마음이 부풀어 있었다. 나는 영어뿐만 아니라 무엇을 하든 간에 그것의 시작을 야무지게 다지는 것을 잊지 않으려고 노력을 기울렸고 그것은 나의 제2의 천성인 습관이 되었다. 나는 이러한 점 때문에 그 선생에게 절실한 고마운 마음과 존경심을 크게 갖게 되었다.

내가 초등학교 6년과 중학교 2년 반 동안 "나는 어쩔 수 없지." 하면서 그저 내가 공부를 못하는 것은 나의 한계, 즉 나의 운명이라고 생각하였다. 그러다가 광주서중학교 3학년 영어 선생의 호된 꾸지람에 견딜 수 없었던 수모를 받고 혀를 깨물며 "나는 당신에게 복수하겠다. 내가 당신보다 영어를 더 잘하여 설욕하겠다."는 결심을 한 것이 영어의 최고 정복자로서 한국외국어대학교 영어학부에서 명강의 명교수로 정년퇴임을 하기에 이른 것이다.

나만이 이 같은 치욕스러운 경험을 했겠는가마는 나는 여기서 공부를 못하여 혹은 자기가 해야 할 또는 하고 싶은 것을 못하여 자포자기하며 좌절감에 빠진 사람들(젊거나 늙거나)에게 감히 처절했던 나의 경험에서 우러나오는 진실 어린 말을 하고 싶은 것이다. 속담에 결심만 하고 그 결심을 실천에 옮기지 않는 사람은 어리석은 자가 되고 그 결심을 실천에 굳건히 옮기는 이는 슬기로운 사람이 된다는 말과 같이 누구나 "나는 이것을 기어이 하겠다는 결심을 하고 그 결심으로 그 일에 매진하겠다." 라고 다짐을 하고 그러한 결심을 실천으로 옮기는 게 중요한 것이다. 그러나 망설이면서 "내가 할수 있을까?" 하는 의문을 품지 않고 "나는 기어이 해내고 말 것이다."라며 실천에 옮기는 긍정적인 태도를 갖는 것이 성공의 요건이 되는 것이다. 꼴찌였던 내가 한 달 사이에 영어를 다 정복하게 된 것이 위의 나의 말을 입증하는 것이다. 이 책을 읽으면서 약 한 달 사이에 나처럼 영어 공부에 성공하는 사람은 역시 나의 이 말을 입증할 수 있을 것이다.

나는 이때까지 TG영어학원의 그 선생으로부터 영문법을 본격적으로 시작하기 전에 꼭 알아야 하는 영어 발음에 대한 정리를 2일 동안 할당된 시간을 훨씬 넘어서까지 꾹 참고 인내심을 발휘하며 배웠다. 영어 발음하면 그저 혀 꼬부라지는 소리에 지나지 않는 것이라고만 생각했는데 그 선생이 비교적 체계 있게 반복하면서 친절하게 가르쳐주었기 때문에 나는 그야말로 가뭄에 단비를 얻게 된 셈으로 영어의 싹이 그 단비로 인해 터져 나오고 있었다.

그 선생은 겸허하게 "내 영어 발음은 일본에서 배웠기 때문에 그리 좋지 않지만 이러한 영어 발음지식이 없이 영어를 배우는 것은 거짓말에 지나지 않아."라고 영어 발음을 가르치는 동안 누누이 말했다. 나는 단단히 마음먹고 열심히 영문법의 일부인 영어 발음법을 배웠는데 그러자 먹구름 낀 하늘이 말끔히 개인 것 같이 가슴이 툭 트인 기분이 들었던 것이다. 그 이후 나는 영어 문장을 보면 항상 사전을 먼저 보고 발음 기호대로 발음하는 습관을 갖게 되었다.

끝으로 그 선생은 영어 발음법에 대한 체계있는 설명을 마치면서 발음하는 것은, 즉 말하는 것은 듣는 것을 전제로 하는 것이라고 말했다. 그런데 다른 외국어도 마찬가지지만 영어를 듣는 행위에 있어서 가장 큰 어려움은 하나의 영어 단어를 발음할 때와는 달리 여러 개의 단어가 모여 이루어진 하나의 영어 문장이 발음될 때에는 그 단어들이 상호 연결되어 발음되는 현상이라고 했다. 예컨대, I don't know. 라는 문장이 발음될 때는 각 단어의 본 발음대로 [ai dount nou/ 아이 도운트 노우]라는 발음기호로 쓸 수 있는데 영국에서나 미국에서나 영어를 모국어로 쓰는 사람들 중에 실제생활에서 위의 문장 발음기호를 그대로 발음하는 사람들은 극히 드물다. 그나마 ai의 발음과 dount의 발음과 nou의 발음이 연결되어 나오는 발음을 [ai dou nou/ 아이 도우 노우]라고 발음하는 사람들은 친절하게 말하는 것이 된다. 대개 이 세 개의 단어들을 마치 하나의 단어처럼 [ərənə/ 어러너]와 같이 발음하는 것이 예사로운 것으로 되어 있다.

이러한 보기는 극단적인 예에 속하지만 미국의 간이식당(snack bar) 에서 [əkʌ p̀əkɔ́fi /어커퍼코피]라고 발음되는 것을 들을 때 그 뜻은 A cup of coffee! [ə kʌp əv kɔːfi / 어컾어ㅂ코피]로써 "커피 한잔 주시오!" 인 것이다. 또 다른 보기로 [moustəvm laikm /모우ㅅ터블라이큼]은 Most of them like him. [moust əv ðem laik him / 모우 ㅅ ㅌ 어브 템 라이ㅋ 힘] 이란 발음의 연음이다. 따라서 영어의 발음법을 정확히 배운 것의 토대 위에서 영어로 된 테이프를 통해 듣는 연습을 하여 귀에 익숙하게 하지 않으면 안 된다. 영어의 발음법을 먼저 정확히 알고 있다면 영어의 이러한 연음현상을 파악하여 익숙하게 되는 것은 쉬운 일인 것이다.

그런데 항간에, 아니 우리나라 영어계 전반에 있어서 영어의 발음법을 체계 있게 배우지 말고 영어 듣기로 직접적으로 들어가야 한다는 정말로 터무니없는 말들이 오가고 있는 것은 한심스러움을 넘어 분노가 치미는 일인 것이다. 도대체 영어가 엄연히 모국어가 아니라 외국어인데도 불구하고 모국어를 습득하는 과정을 그대로 밟기 위해서 '영어 공부'를 하지 말라는 것이다. 이것은 완전히 거짓말이거나 아니면 어떤 목적을 노리는 속임수이다. 영어 발음법을 알고 있는 상태에서도 영어 듣기 연습을 하기가 힘들고 꾸준한 노력이 필요한데 전혀 그러한 기초나 지식도 없이 곧장 어려서 모국어를 배울 때처럼 그저 영어를 듣고 무작정 외우려고만 한다면 그것은 헛소리를 듣는 것과 진배가 없는 것이다.

모국어 습득 과정과 외국어 습득 과정은 하늘과 땅 차이 만큼 다른 것이다. 성인이 되어 한국에서 영어를 외국어로 공부해야 하는데 모국어를 배울 때의 습득 과정을 밟아 영어를 배우라는 말은 어머니의 자궁 속으로 다시 들어가 미국이나 영국과 같은 영어를 모국어로 쓰는 나라로 이민을 간 후 거기에서 다시 태어나 한 5년간 영어만으로 삶을 이끌어 가라는 말과 같은 의미다. 하지만 어린 시기를 지난 사람이 어떤 것을 배울 때, 특히 외국어를 배울 때에 착실히 시기를 기초와 체계를 다지고 세우는 과정 없이 과연 무엇을 똑바로 해낼 수 있겠는가? 우리나라에서는 냄비 여론이 판을 치고 있어서 어떤 일을 하는데에 조금만 더디면 그것은 무조건 못 쓸 것으로 취급을 받는다. 그래서 우리나라에서는 진정 상황을 직시하여 제대로 판단을 내리는 '어른'이 없게 되는 것이다.

이러한 나의 경험으로 나는 TG영어학원의 그 선생에게서 영문법을 철저히 배워 연역적으로, 즉 법을 알고 난 후 그 법을 따라 영어의 문장들을 듣고 말하고 읽고 쓰는 영문법을 배웠다. 이것이 오히려 가장 경제적인 방법이 되어 중학교 3학년 여름방학 한 달 사이에 집중적으로 공부하는 노력을 통하여 영어를 거의 다 배워 버릴 수 있었던 것이다.

그래서 나는 이렇게 듣기 말하기를 영문법으로 배워 중3학년 소년으로서 길거리의 미국인들과 회화를 할 수 있었고, 특히 AFKN의 영어 방송을 거의 다 알아들을 수 있게 된 것이다. 이 정도라면 영어를 외국어로 습득하는 방법에 있어서 가장 능률적이고 효율적인 방법이 아닐 수가 없는 것이다. TG영어학원의 그 선생의 영문법 지도는 나에게 둘도 없이 효과적인 영어학습 또는 습득의 방법이었고 그래서 나는 영어를 그 짧은 한 달간에 정복한 것이다.

영문법정복 | 8품사의 정리

네 번째 날이 되자 그 선생은 그가 이미 나누어 준 프린트 교재의 첫 페이지를 펴라고 하면서 "자, 오늘부터는 영문법을 본격적으로 배운다. 앞부분은 영어의 8가지 품사들을 다루었고 뒷부분에는 영어의 전체적인 구문과 내용에 관한 것을 다루었다. 이 중에서 오늘은 8개의 품사들을 배우겠다." 라고 말하면서 그는 명사에 대하여 자세한 설명을 하기 시작했다.

1. 명사(名詞)

그는 아주 쉽게 이해할 수 있게 설명했다. 그는 "명사는 우선 눈으로 볼 수 있거나 만질 수 있는 것들에 붙인 말들, 즉 이름들은 다 명사들이 된다. 예컨대, 책은 눈으로 볼 수도 있고 만질 수도 있는 것인데 그것에 붙인 말은 명사가 된다. 영어로 book이 바로 그것이다. 그런데 '책(book)' 처럼 수로 하나 둘 셀 수 있는 것은 보통명사라고 하고, '물(water)처럼 셀 수 없이 그냥 물질로 있는 것은 물질명사라고 하고, 사람의 이름 예컨대 18세기 프랑스의 장군이었고 황제였던 사람인 '나폴레옹(Napoleon)'은 고유명사라고 한다. 이러한 고유명사는 맨 첫 글자는 대문자로 쓰인다. 그리고 집단으로 있는 것은 집합명사 또는 군집명사라고 하는데, 예컨대, 가족(family)과 같은 것이다. 그리고 눈으로 볼 수도 없고 만질 수도 없는데 머리로 그냥 상상할 수 있는 것에 붙이는 말들도 명사가 된다. 그러한 명사는 추상명사라고 한다. 예컨대, 인생(life)과 같은 것이 그것이다." 라고 설명했다. 그는 명사를 그렇게 설명한 뒤에 보기들을 각각 더 많이 덧붙여 주어 학생들이 완전히 이해하게 해주었다. 그리고 각 품사마다 문장의 보기를 하나씩 들면서 우선 우리 학생들에게 외우라고 하면서 자신이 스스로 큰 소리로 읽어주었다.

(1) 보통명사(普通名詞)

 보기 notebook(공책), ball(공), table(책상), chair(걸상), man(사람), sheep(양), child(아이)

이러한 보통명사들은 하나만을 가리킬 때에는 단수(singular number)라고 부르고 둘 이상을 가리킬 때는 복수(plural number)라고 부른다. 단수인 단어들을 복수로 만들 때에는 단어 맨 끝에 복수를 나타내는 s 또는 es를 붙인다. 즉, notebooks(공책들), balls(공들), tables(책상들), chairs(걸상들)처럼 낱말들 뒤에 s 또는 es를 규칙적으로 붙여 복수를 만드는 경우를 규칙적인 복수 어미 변화라고 부른다.

그러나 s 또는 es를 붙이지 않고 불규칙하게 복수의 형태로 변화되는 경우들이 있는데 예를 들어 man은 men(사람들)으로, sheep을 sheep(양들)으로 그리고 child가 children(아이들)으로 변화된다. 이러한 변화를 불규칙적인 복수 어미변화라고 부르는데 이러한 불규칙적인 복수 변화를 하는 보통명사들은 매우 드물기 때문에 그때그때 외우면 된다.

The students asked the teacher many questions.

(그 학생들은 그 선생에게 많은 질문을 했다.)

(2) 물질명사(物質名詞)

 water(물), gold(금), air(공기), sugar(설탕), iron(철), salt(소금), wine(포도주)

이러한 물질명사들은 물질 또는 재료가 되는 것들로서 숫자를 셀 수가 없는 것이다.

Wine is made from grapes.

(포도주는 포도로 만들어진다.)

(3) 고유명사(固有名詞)

 Lincoln(링컨:사람의 이름), Korea(한국:나라의 이름), Everest(에베레스트:산의 이름)
Mayflower(메이플라워:선박의 이름), Mississippi(미시시피:강의 이름),

이러한 고유명사들은 유일하기 때문에 수가 단수 하나밖에 없다.

John took his friend with him

(존은 친구를 데리고 갔다.)

(4) 집합명사(集合名詞)

 company(회사), school(학교), army(군대), nation(나라), crowd(군중)

이렇게 집단을 나타내는 집합명사들은 보통명사처럼 수를 셀 수 있기 때문에 예컨대, company (회사)와 companies(회사들)처럼 단수로도 쓰이고 복수로도 쓰인다.

The crowd conducted itself in an orderly manner.

(그 군중은 질서정연하게 행동했다.)

(5) 군집명사(群集名詞)

 family(가족 구성원들), crowd(모인 사람들), people(사람들)

집합명사인 경우 a family는 하나의 가정을 의미하고 many families는 많은 가정들을 의미한다. 그런데 이 집합명사가 단수 형태로 쓰이는 가운데 복수의 기능을 하여 그 집합의 '가족 구성원 개개인'을 언급하는 뜻으로 쓰이는데 이것을 군집명사라고 한다.

My family are all well.

(나의 가족 구성원들은 모두 건강하다.)

(6) 추상명사(抽象名詞)

 보기 love(사랑), life(인생), agony(고민), accident(사고)

이러한 추상명사도 본래는 수를 셀 수 없지만 그것이 보통명사로 전환될 때에는 보통명사처럼 수를 셀 수 있게 된다. 예컨대, a life는 하나의 생명이라는 의미를 갖고 many lives는 많은 생명들이라는 의미를 갖는다.

Love rules his kingdom without sword

(사랑은 무기 없이 그것의 왕국을 지배한다.)

그 선생은 여기까지 명사의 종류들만을 설명했다. 그리고 그는 미리 명사의 기능에 대하여 간단히 설명했는데 이것은 뒤에 구문편에서 다시 다루겠다고 하였다. 명사는 문장 속에서 문장의 주요소들인 주어(主語), 보어(補語), 그리고 목적어(目的語)의 기능을 한다.

주어는 우리말의 토씨(조사:助詞)인 '... 은, ...는, ...이, ...가'가 그것 앞에 오는 기능을 한다. 예컨대, 'Birds sing.'이라는 문장에서 명사 birds(새들)는 sing(노래한다)의 주어가 되어 '새들은 노래한다.'와 같이 우리말의 '... 은' 앞에 '새들'이라는 명사가 오게 된다. 다른 보기로서 'A man is coming.'(한 사람이 오고 있다.)과 'The news is reported.'(그 뉴스가 보도되었다.)가 있다.

보어는 주어나 목적어를 '어떤 것이다.'라고 설명하는 기능을 한다. 예컨대, 'The man is a doctor.'라는 문장 속에서 명사 doctor(의사)는 보어로서 주어인 the man(그 사람)을 서술한다. 그래서 the man(그 사람)을 보어인 a doctor(한 의사)가 설명하여 '그 사람은 의사이다.'로 해석된다. 그리고 보어가 목적어를 서술하는 보기를 들자면 'The man made his son a doctor.'에서 보어인 doctor(의사)가 목적어인 son(아들)을 서술한다. 따라서 위의 문장은 '그 사람이 그의 아들을 의사로 만들었다.'는 뜻이 된다.

목적어는 직접목적어(直接目的語)와 간접목적어(間接目的語)로 나누어진다. 직접목적어는 '..을'이나 '... 를' 앞에 붙고 간접목적어는 '... 에게' 앞에 붙는다. 예컨대, 'The teacher is teaching the student English.'에서 명사 student(학생)는 간접목적어가 되고 명사 English(영어)는 직접목적어가 되어 이 문장은 '그 선생이 그 학생에게 영어를 가르치고 있다.'라고 해석된다.

그 선생은 영어의 발음과 명사에 대한 시작점을 설명하고 영어를 이루는 그러한 법칙들을 하나하나씩 설명하겠다고 하면서 "시작이 절반이란 말이 있듯이 우리는 지금 영어의 첫 시작을 했으니 이미 우리는 영어의 절반을 정복한 것이나 다름이 없다."고 말하면서 영어에 있어서 일자무식인 우리 학생들을 안심시키며 계속하여 대명사에 대한 기초적인 것을 설명하기 시작했다.

나는 그의 말을 듣고 웬일인지 영어의 절반을 배워버린 것 같은 느낌을 가졌다. 나는 절박한 동기 유발로 영어를 배우기 시작했기에 '시작이 반. (Well begun is half done.)' 이라는 말은 나에게 큰 위안이 되는 말이었다. 아니다, 누구에게나 무슨 일을 하든지 시작을 잘 하면 그 일은 이미 절반이 완성되는 것이다. 나는 이 격언을 내가 영어선생을 45년 넘게 해오는 동안 그 선생이 나에게 말해주었듯이 나의 학생들에게도 잊지 않고 말해 주었다.

어떤 일을 하거나 시작은 이미 그 일의 절반을 해놓은 것이라고 하는 말이 그 때 나에게는 절실하게 느껴졌다. 나는 자신감을 한층 더 크게 얻게 되었다. 나는 이미 그 선생의 친절하고 자세한 가르침에 대하여 일종의 신앙심을 가지고 그의 가르침에 열성을 보였다. 그는 자신이 영어를 배울때에 어려워 했었다고 말하면서 선생이란 학생에게 가르칠 때에는 올챙이 시절을 기억해야 한다고 되풀이하여 말했다. 그러한 그의 말은 나에게 자신감과 분발심을 더욱 더 돋우어 주었다. 열성으로 가르치는 선생과 열심히 배우려는 학생의 관계는 얼마나 아름답고 인간적인 것인가.

영문법의 첫 부분인 명사에 대하여 배운 것을 이해하면서 나는 영어공부가 한번 해볼만 하구나 하는 의욕이 솟구치고 재미가 절로 났다. 그래서 더더욱 열심히 그 선생의 설명에 귀를 기울였다. 그는 대명사(代名詞)는 비교적 짧게 설명했다. 왜냐하면 대명사의 많은 법칙들이 구문편에 속해 있기 때문이었다. 여기서는 대명사의 종류를 설명하는 것으로 족했다.

2. 대명사(代名詞)

대명사는 명사를 대신해서 쓰이는 이름이다.

(1) 인칭대명사(人稱代名詞)
  #### 1) 1인칭대명사
   I(단수) : 나는, we(복수) : 우리들은, me(단수) : 나를, 나에게, us(복수) : 우리들을, 우리들에게

  #### 2) 2인칭대명사
   you(단수) : 당신은, you(복수) : 당신들은, you(단수) : 당신을, 당신에게
   you(복수) : 당신들을, 당신들에게

3) 3인칭대명사

he(단수) : 그는, she(단수) : 그녀는, it(단수) : 그것은,

they(복수) : 그들은, 그들에게(혹은 그것들은, 그것들에)

3인칭대명사는 한 문장 속에서 한 번 나온 명사를 대신하는 낱말이다. 예컨대, A man is coming. He is my uncle. (한 사람이 오고 있다. 그는 나의 삼촌이다.)에서 뒤의 문장의 he는 앞의 문장의 명사 man을 대신하는 대명사이다.

(2) 의문대명사(疑問代名詞)

 who(누구), whom(누구를 혹은 누구에게), what(무엇이,무엇을), which(어느 것이,어느 것을)

위의 의문대명사들은 아직 밝혀지지 않은 것을 대신해 사용하며 묻는 단어들이다.

(3) 관계대명사(關係代名詞)

 who, whom, which, that

위의 관계대명사들은 구문론에서 자세히 설명될 것이다.

(4) 부정대명사(不定代名詞)

 some(몇몇), any(어떤 것), something(어떤 것), anything(어떤 것), nothing(아무 것 도 아닌 것), one(사람(은 누구든지)), all(모두), each(각자)

부정대명사는 특정한 것을 지칭하지 않고 불특정한 것을 지칭하는 단어들이다.

나는 이제 영어를 막 배우기 시작하는 단계에서 내 딴엔 철저히 배우겠다는 마음으로 그 선생에게 "선생님, 의문대명사들, 관계대명사들, 그리고 부정대명사들은 인칭으로 본다면 몇 인칭에 속합니까?'라고 질문했다. 그 선생은 나의 질문에 반색을 하며 "이상준, 너 좋은 질문을 했다. 모든 대명사들은 앞에서 열거한 1인칭과 2인칭 대명사들만 빼놓고 3인칭에 속한다. 그리고 모든 명사들도 다 3인칭에 속한다. 자신이 무엇을 모르는지를 안다는 것은 그 모르는 것을 알게 해주는 첫 단계가 된다. 그러니 학생들은 모르는 것에 대하여 질문하는 것을 부끄럽게 생각하지 말고 서슴없이 질문하기를 바란다. 선생은 어느 의미에서는 질문에 대답해주는 사람이라고 해도 좋은 것이다.

내가 지금 학생들 앞에서 영문법을 가르치는 동안 학생들이 영어를 쉽게 그리고 철저하게 습득하도록 하려고 내 딴엔 애를 쓰고 있다. 이 영문법 반은 처음부터 끝까지 나의 방식대로 영문법을 가르치고 있다. 내가 방금 전에 '시작이 절반'이라는 격언을 말했는데 이 격언과 함께 학생들이 항상

염두에 둘만한 말이 있다. 그것은 '다시 처음 시작점으로 돌아가자.'이다. 앞으로 나는 배운 것(가르친 것)을 계속 되풀이하여 다지고 다지는 방법으로 이 영문법 반을 이끌 것이다. 어느 의미에서 우리 인간은 같은 행동들을 되풀이 하는 존재이다. 이 인간의 속성을 제대로 인식하고 지켜나가는 것이 인간에게 무엇보다 중요한 것이다. 진리는 영원한 것인데 그 영원성의 속성은 바로 되풀이된다는 것이다. 언제나 처음 시작하는 마음을 견지하기를 학생들에게 당부하는 마음 간절하다" 라고 격려했다.

3. 동사(動詞)

동사는 모든 것들의 동작이나 동태 또는 상태를 나타내는 단어이다. 이러한 동사는 문장의 주제가 되는 주어 뒤에 와 그 주어의 동태(혹은 동작) 또는 상태를 나타낸다.

(1) 동태동사(動態動詞)

 walk(걷다), go(가다), sleep(잠자다), jump(뛰다), see(보다), speak(말하다)

Horses run.

(말들은 달린다)

☞ 동사 run은 주어인 horses의 동작 혹은 동태를 나타낸다.

(2) 상태동사(狀態動詞)

 remain(...상태로 남아 있다), leave(...상태로 놔두다)

The sea is large.

(바다는 넓다.)

☞ 동사 is는 주어인 the sea의 상태를 나타낸다.

그 선생은 동사를 이렇게 간략히 소개하고서는 "앞으로 구문편에서 그리고 정리편에서 동사를 철저히 공부하겠지만 우선 여기서 기본으로 알아둘 것은 동사는 주어(명사나 대명사) 뒤에 와서 주어를 서술하는 역할을 하는 것으로서 문장의 주요소 중 하나다. 문장의 주요소들은 주어(主語), 술어(述語), 보어(補語), 목적어(目的語)인데 술어가 되는 동사가 영어 문장의 중심이 된다는 것을 향상 유의해야 하는 것이다." 라고 동사의 문장 중심적 역할에 대하여 강조했다. 그는 이 강조의 말을 힘주어 되풀이 되풀이하여 말했다.

나는 그가 되풀이하는 표정을 보고서 동사가 영어 문장에서 다른 것들과 비교해서 그 비중이 얼마나 큰 것인가를 짐작할 수 있었다. 특히 그가 그렇게 되풀이하여 말하면서 우리 학생들 앞으로 다가와 귀에다 대고 속삭이듯이 작게 말한 것이 매우 인상적이었다. "동사가 모든 영어 문장들의 중심이 된다는 것을!"

　나는 조금 성급하게 그 선생에게 "선생님, 영어에서 동사가 그렇게 큰 비중을 차지하면 동사들의 용법들이나 규칙들이 굉장히 복잡합니까?"라고 걱정스레 물었다. 나의 이 질문에 그는 이해한다는 표정을 지으면서 "네 말대로 비중이 크면 큰 만큼 규칙들이나 용법들도 복잡할 것이라고 생각할 수 있겠지만 영어에서는 불어나 독일어 같이 그렇게 복잡하지 않고 다만 다섯 가지 종류로 분류된다.

　동사 뒤에 보어나 목적어를 취하지 않는 완전자동사(完全自動詞), 보어를 취하는 불완전자동사(不完全自動詞), 목적어를 취하는 완전타동사(完全他動詞), 간접목적어와 직접목적어를 취하는 여격타동사(與格他動詞)(※여격타동사라는 용어 대신에 수여타동사로 쓰일 수도 있다), 그리고 목적어와 보어를 취하는 불완전타동사(不完全他動詞), 이 다섯 가지 종류의 동사들로 분류하여 보면 아주 쉬운 것이다. 동사에 대해서는 우선 이 정도의 예비적 지식만 갖고 있으면 되고 나중에 구문편과 정리편에서 철저히 다룰 것이다"라고 안심시켜 주었다.

4. 형용사(形容詞)

 sharp(날카로운), large(넓은), easy(쉬운), difficult(어려운), white(하얀), black(검은)

　형용사는 사물의 상태ㆍ성질의 어떠함을 서술하고 설명하는 말이다. 예컨대, beautiful flower(아름다운 꽃)에서 beautiful(아름다운)은 flower(꽃)이라는 것을 수식하고 있다.

　그 선생은 "영어에서 형용사는 수식하는 기능 이외에, 문장에서 주어나 목적어를 '어떻다'라고 서술하고 설명하는 문장의 주요소 중 하나인 보어의 기능도 한다. 여기서는 형용사에 대한 개념적인 이해만 얻는 것이 목적이므로 뒤에 나오는 구문편과 정리편에서 형용사의 모든 것들이 밝혀질 것이다."라고 말했다.

5. 부사(副詞)

 much(많이), too(너무), slowly(천천히), so(그렇게), easily(쉽게), happily(행복하게)

　부사는 문장 속에서 수식하는 기능밖에 하지 않는다. 참고로, 영어의 품사 중에 수식하는 기능을 하는 것은 형용사와 부사뿐이다.

(1) 부사는 동사의 동작을 '어떻게'라고 수식한다.
　run 'fast'('빨리' 달린다)에서 fast라는 부사는 run이라는 동작을 어떻게, 즉 '빨리' 한다고 수식하고 있다.

(2) 부사는 형용사의 형용을 '어떻게' 라고 수식한다.

'very' beautiful('대단히' 아름다운)에서 very라는 부사는 형용사 beautiful을 '대단히' 라고 수식하고 있다.

(3) 부사는 다른 부사들도 수식하여 부사의 '어떻게' 를 또 다시 '어떻게' 라고 수식한다.

run 'very' fast('대단히' 빨리 달린다)에서 very라는 부사는 다른 부사인 fast를 수식하여 행동이 '대단히' 빠르다고 수식하고 있다.

(4) 부사는 문장 전체가 '어떻다' 라고 수식한다.

'Fortunately', he is alive.('다행히도', 그는 살아 있다.)라는 문장에서 fortunately라는 부사는 그것 뒤의 문장 전체인 He is alive.를 '다행히도' 라고 수식하고 있다.

6. 전치사(前置詞)

오늘날 영어가 세계적인 언어가 되어 있는 것은 전치사의 역할 때문이라고 해도 과언이 아니다. 영어에서 전치사의 용법을 다 안다면 영어의 1/3을 다 아는 것에 해당된다.

전치사를 이해할 때 가장 유의할 점은, 타동사가 그 뒤에 목적어를 달고 오는 것처럼 전치사도 똑같이 그것 뒤에 항상 목적어를 달고 온다는 것이다. 즉 전치사 또한 타동사와 마찬가지로 목적어를 지배하는 품사인 것이다. 따라서 전치사는 명사나 대명사 앞에 위치하며 뒤에 달고 오는 명사나 대명사를 목적어로 지배한다. 예컨대, The boys studied in the room. (그 소년들은 방 안에서 공부했다.)에서 in은 그것 뒤의 명사인 room을 목적어로 지배하고 있는 전치사다.

그러나 in이 그 뒤에 명사나 대명사를 달고 오지 않으면 그것은 전치사가 되지 않는다. 예컨대, 문장 Come in.(안으로 들어와라.) 에서 in은 그것 뒤에 명사나 대명사를 달고 오지 않기 때문에 그것은 동사 come을 수식하는 부사인 것이다.

전치사는 그것 뒤에 명사나 대명사를 목적어로 지배하여 형용사구, 부사구 아니면 명사구를 만든다. 하지만 명사구를 만드는 경우는 극히 드물고 대체로 형용사구나 부사구를 만든다.

끝으로 전치사의 다른 보기들을 더 열거해 보면 다음과 같다.

> 단어 하나로 된 전치사들 : in(안에), on(위에), by(위에), of(의)
> 낱말 두 개가 합쳐서 된 전치사들 : out of(로부터), instead of(대신에)
> 낱말 세 개가 합쳐서 된 전치사들 : in front of(앞에), by means of(에 의하여) 등.

내가 영어를 알아 가는 장조였는지 그 선생에게 "선생님, 전치사 뒤에 오는 명사를 목적어의 보기를 드렸는데 만약 전치사 뒤에 대명사가 오면 목적형이 와야 하는가요?"라고 질문했다. 그는 역시 반가운 표정을 지으면서 "네 말이 맞다. 전치사 뒤에 오는 대명사는 목적격 형태이어야 하는 것이다. 예컨대, Much depends upon her.(많은 것이 그녀에게 달려 있다.)에서 전치사 upon 뒤에 3인칭 여자 단수의 목적격 her가 오고 있는 것이다.

그러나 여기서 내가 학생들에게 특히 주의를 환기시키고자 하는 것은 앞서 〈영문법정복 예비지식 II〉에서 설명했듯이 전치사는 문장의 3대 요소들(주요소, 수식요소, 그리고 접속요소) 중에서 접속요소에 속하는 것으로서, 그것 자체는 문장 내에서 주요소나 수식요소보다 중요한 것은 아니다. 그러나 그것이 그것 뒤에 나오는 주요소 즉 목적어를 지배하여 더 길고 복잡한 주요소나 수식요소를 만들어 준다는 데에 전치사의 진가(眞價)가 있다. 학생들은 다시 처음으로 돌아가 〈영문법정복 예비지식 II〉를 되풀이하여 읽어 보기를 바란다. 영어에서 전치사의 중요성이 매우 크기 때문에 구문편과 정리편에서 더욱 철저히 다루어질 것이다."라고 간략히 설명해주었다.

7. 접속사(接續詞)

접속사는 낱말과 낱말을 접속시키거나 구와 구를 접속시키거나, 절과 절을 접속시키거나, 끝으로 문장과 문장을 접속시키는 단어이다. 접속사는 등위접속사와 종속접속사로 갈라진다.

(1) 등위접속사(等位接續詞)

등위접속사는 낱말과 낱말, 구와 구, 절과 절 혹은 문장과 문장을 대등하게 접속시키는 단어이다.

 and(그리고), or(혹은), but(그러나), for(왜냐하면), so(그래서)

You and I are friends.

(당신과 나는 친구이다.)

☞ 등위접속사 and가 단어 you와 단어 I를 둘 다 똑 같은 자격인 주격으로 대등하게 접속시킴.

I traveled sometimes in interesting places and sometimes in dangerous places.

(나는 때로는 재미있는 곳들과 그리고 때로는 위험한 곳들을 여행했다.)

☞ 등위접속사 and가 부사구 in interesting places와 부사구 in dangerous places를 부사구의 수식구문들로 대등하게 접속시킴.

We know that the earth is round and that it goes around the sun.

(우리들은 지구가 둥글다는 것과 그것이 태양주변을 돈다는 것을 안다.)

☞ 등위접속사 and가 명사절인 that the earth is round와 역시 명사절인 that it goes around the sun을 완전타동사 know의 목적격절들로 대등하게 접속시킴.

I am a boy and you are a girl.

(나는 한 소년이고 너는 한 소녀이다.)

☞ 등위접속사 and가 문장인 I am a boy.와 역시 문장인 you are a girl.을 문장들로 대등하게 접속시킴.

(2) 종속접속사(從屬接續詞)

종속접속사는 하나의 문장 앞에 와서 그 문장을 명사절이나 부사절로 만들어 다른 문장 속에 들어가 그 문장의 일부가 되게 한다.

 when(할 때에), before(전에), because(때문에), that(것)

I was absent from school yesterday because I had a bad cold.

(나는 독감이 들어 어제 학교에 결석했다.)

☞ 종속접속사 because가 문장 I had a bad cold 앞에 와서 그 문장을 부사절로 만들어 앞의 문장의 absent (형용사)를 수식하는 부사절을 만든다.

That he is here is certain.

(그가 여기 있다는 것은 확실하다.)

☞ 종속접속사 that이 문장 He is here.를 끌고 와 그 문장을 명사절로 만들어 술어 is의 주어가 되는 명사절을 만든다.

접속사는 전치사처럼 문장의 3대 요소들(주요소, 수식요소 그리고 접속요소) 중에서 접속 요소에 속하는 것으로서 등위접속사의 경우 그것 앞의 말과 그것 뒤의 말을 대동하게 연결시켜 더 크고 복잡한 주요소나 수식요소를 만들어 주고, 종속접속사의 경우 그것 뒤의 문장을 종속적으로 이끌어 더 크고 복잡한 주요소나 수식요소를 만들어 준다. 접속사에 대한 철저한 설명은 구문편과 정리편에서 다시 다루어질 것이다.

8. 감탄사(感歎詞)

감탄사는 감탄의 뜻을 나타내는 낱말이다. 그것은 독립적으로 문장의 어느 곳에나 들어가 감탄의 소리 또는 감정을 나타낸다. 이것은 영어의 8품사들 중에서 가장 간단한 것이다. 감탄사는 정리편에서도 간략히 다루어질 것이다.

이상 소개한 8품사들에 대한 종합적이고 유기적인 개념을 덧붙여 설명하면 명사와 대명사는 문장속에서 주어, 보어, 그리고 목적어의 기능을 한다는 점에서 이 두 품사들은 유사하다.

동사는 문장의 중심적인 주요소인 술어가 되어 그것 뒤에 보어나 목적어를 이끌어 주어를 서술하거나, 보어나 목적어를 이끌지 않고 주어를 서술한다.

형용사와 부사는 문장의 주요소들을 수식하는 점에서 그 두 품사들은 유사하다. 다시 말해 영어에서 수식하는 기능을 갖는 품사들은 형용사와 부사뿐인데 다만 형용사는 명사와 대명사를 수식하고 부사는 동사, 형용사, 부사 그리고 문장을 수식한다.

전치사와 접속사는 그것들 뒤에 있는 말을 묶어 다른 말에 접속시켜 준다는 점에서 유사하다. 전치사는 그것 뒤에 명사나 대명사를 목적어로 묶는 것이고, 접속사는 그것 뒤에 어떤 말을 묶어 다른 말에 접속시키는데 종속접속사는 그것 뒤에 문장을 묶어 다른 말에 종속적으로 접속시키는 반면에 등위접속사는그것 뒤에 단어, 구, 절, 그리고 문장을 묶어 앞의 단어, 구, 절, 그리고 문장에 대등하게 접속시킨다.

감탄사는 그저 감정을 나타내는 말로서 독립적으로 문장 아무 데나 온다.

그 선생은 이렇게 8품사들의 개요를 설명한 뒤에 "지금까지 8품사들에 대하여 간단히 설명했다. 내일은 이러한 8가지 형태의 단어들을 모아 문장을 구성하는 방법을 다루는 구문론을 배울 것인데 이 8품사들은 구문과 연결되어 더 자세히 설명될 것이다.

앞에서도 말했듯이 영어에 있어서 무엇을 모르는가를 알게 되면 이미 그 모르는 것을 절반은 아는 것이 된다. 모르는 것을 '어떻게' 그리고 '왜' 모르는가를 어느 정도 생각해내는 것이 바로 그 모르는 것을 알기 시작하는 것이다.

내가 지금까지 영어의 8품사들에 대하여 여러분에게 간단히 설명했다. 이번 영문법 강좌의 끝에 다시 한 번 8품사들에 대하여 더 자세히 정리하는 방법으로 설명할 것이다. 처음부터 8품사들을 세세히 다루면 숲만 보고 전체적인 산을 보지 못하는 격이 되고 말 것이다. 지금 여러분은 영어에는 8품사라는 것이 있다는 것을 적어도 알게 된 것이다. 우선 그 정도만큼 아는 것은 그것도 모르는 것에 비하면 굉장한 영어의 지식을 갖고 있는 것이 된다." 라고 우리 수강생들을 격려해 주었다.

나도 이제는 영어를 알아가기 시작했다는 생각이 들었다. 그리고 나는 기어이 영어를 정복하겠다는 굳은 결심이 이미 서 있었기 때문에 집으로 오자마자 그 선생이 설명한 8품사들을 명사로부터 감탄사에 이르기까지 열심히 복습을 하면서 그 선생이 보여준 보기들과 설명을 완전히 외워버렸다.

나는 영어에 대한 자신감이 다시 한번 절로 솟아났다. 어떤 것을 이루겠다는 목표를 세우고 기어이 그것을 달성시키려는 의지를 갖고 있으면 안 될 일이 없겠다는 생각까지 하게 되었다. 여기서 아무런 목적도 없이는 무슨 일을 할 수 없고 그것은 인간임을 버리는 것이 된다는 것을 나는 깨달았다. 아마도 이 세상에서 큰 일을 해낸 사람들은 어떤 목적을 세워 무슨 일이든 할 수 있다고 믿는 열정을 갖고 있었기 때문일 것이다. 이러한 열정으로 그 선생이 가르쳐 준 것들을 인내심을 가지고 다 외우고 나니 영어가 어려운 것이 아니라 흥미 있는 것으로 나에게 다가왔다.

8품사들을 배운 그 다음날 새벽에 나는 기대에 찬 마음으로 영어의 구문론을 본격적으로 배우겠다는 굳건한 결심을 하며 학원에 나갔다. 그 발걸음은 날아갈 듯했다.

영문법정복 | 구문론의 개념 정리

구문론을 시작하면서 그 선생은 8품사들과 구문의 관계를 짤막하게 친절히 설명했다. "영어라는 건축물, 즉 구조물에서 8가지 종류의 단어들인 8품사들은 건축 자재이고 문장은 그 자재로 건축된 구조물과 같은 것이다. 다시 말해 하나의 집을 지을 때에는 설계도에 따라 그것의 주요 뼈대가 되는 것들인 대들보, 기둥, 지붕 같은 것들과, 집을 꾸미는 데 필요한 여러 종류의 문들과 다양한 장식물들과 필요한 내장재들이 못이나 아교와 같은 접착제로 연결되어야만 그 집이 완성되듯이 영어의 문장들도 정해진 법칙에 따라 다양한 기능을 하는 8품사의 단어들이 서로 연결되어 하나의 문장이 이루어진다. 이렇게 영어 문장들을 구성하는 법칙을 다루는 것이 바로 구문론이다. 오늘은 영어의 법칙, 즉 영문법 중에서도 핵심이 되는 구문론을 배우게 될 것이다."

그 선생이 영어 문장들을 건물들에 비유하여 설명하자, 나는 건축물이라면 방 한 칸만을 갖는 움막집 같은 아주 작은 것도 있을 것이고 거대한 호텔과 같은 복잡하고 큰 것도 있을 것이라는 생각이 들어 그 선생에게 "선생님, 영어 문장들이 건축물들과 같이 만들어진다면 작은 집에는 그 만큼 적은 건축자재가 들어가고 짓는 방법도 그만큼 간단하고, 큰 집을 지을 때에는 역시 그 만큼 건축 자재가 많이 들어가고 짓는 방법도 그만큼 복잡합니까?"라고 하나마나한 솔직한 질문을 하여 나의 기대감을 표현했다.

그 선생은 나의 질문에 반색을 하며 "이상준, 너의 질문은 참으로 적절하다. 너의 말대로 작은 집은 건축자재도 적게 들고 짓는 방법도 간단하고 큰 집은 역시 건축자재도 많이 들고 짓는 방법도 그만큼 복잡한 것이다. 영어의 문장들이 이와 같다. 그러나 아무리 큰 건축물도 그것을 짓는 기본은 작은 건축물을 지을 때의 기본과 같은 것이기에 그 기본들만 잘 알면 큰 건물을 건축할 수 있다. 이와 마찬가지로 간단한 문장들이 가진 기본 법칙들만 알고 있으면 아무리 복잡하고 긴 문장도 그 구성 방법을 알 수 있는 것이다. 한 영어의 문장이 아무리 복잡하고 길어도 그것은 결국 작은 문장들이 이러 저러한 방법들로 이어진 것뿐이기 때문에 기본적인 작은 문장들의 법칙 몇가지, 정확히 말하면 5개만 알면 다 알 수 있게 되어 있는 것이다." 라고 정말시원스럽게 말해주었다. 5가지 법칙만 알면 아무리 복잡한 영어 문장도 이해할 수 있다는 그 선생의 말은 꼴찌로만 맴돌았던 나에게는 복음이었다.

지금부터 나는 그 선생이 영어 구문론의 처음부터 설명한대로 여기에 소개하겠다. 그가 영어 구문들에 대하여 설명한 것은 지금까지 나온 어떤 영문법 참고서들과는 달랐다. 왜냐하면 그는 될 수 있는 한 최대한으로 쉽고 알아듣기 쉽게 반복하여 설명했기 때문이었다. 그 선생은 선생이란 무릇 올챙이 시절을 잊지 않고 자신이 배우던 시절에 어려워했던 처지를 항상 생각하며 배우는 학생을 대해야 한다는 말을 다시 한 번 강조하여 말했다. 그는 그가 말한 대로 이러한 선생의 자세를 그대로 보여주었다.

배우는 학생이 학습에 흥미를 갖도록 어려운 것을 쉽게 풀이해 주고 그것을 이해할 수 있게 설명해 주는 과정들이 체계화되고 습관화된 것이 바로 교육과정인 것이다. 그러나 나는 정규 학교 교육에서는 그러한 흥미를 조금도 갖지 못했다. 흥미를 얻기보다는 오히려 흥미를 점점 더 잃어만 가게 했던 것이 내가 그 때까지 학교에서 겪은 경험이었다. 우리나라의 경우에는 학교에서 뒤처져 한 번 학습에 흥미를 잃게 되면 계속 학습에 대한 흥미를 붙이지 못하게 되어 결국은 학업을 포기하기에 이르기가 쉽다.

그러나 나에게는 운 좋게도 전화위복의 기회가 찾아왔다. 학교에서는 영어에서 꼴찌를 하며 계속 영어에 대한 흥미를 완전히 잃어버리고 있던 데다가 중 3학년 여름방학 직전에 억울하게도 부정행위를 했다는 누명으로 영어 선생에게 혹독한 학대를 받게 된 것을 계기로 영어를 기어이 정복하여 영어 선생을 복수하고자 마음먹은 것이 TG영어학원에서 그 친절한 영어 선생을 만나게 해 준 것이 아니었던가! 그 학교 영어 선생보다 내가 영어를 더 잘하여 복수하겠다는 결심과 그 학원 선생의 친절한 가르침이 어울려 나의 영어에 대한 학습은 동기와 결의에 이어진 능률성과 효율성을 갖추게 된 것이다.

이것은 운명과도 같았다. 즉 나는 영어에 흥미를 갖게 되면서 나의 운명의 방향이 새롭게 결정되다시피 한 것이다. 만약 내가 그 선생을 만나지 못했더라면 그때까지 나에게 형성된 타성에 따라 끌려가면서 새로운 전기를 맞이하지 못했을 것이고, 이렇게 한국외국어대학교 영어과 교수로 40년 넘는 교수생활을 정년퇴임으로 마무리하며 이 자서전적인 〈영문법정복〉을 쓸 수가 없었을 것이다.

그 선생은 8품사들 중에서 문장의 주요소들이 되는 것들로서 명사, 대명사, 형용사 그리고 동사가 있다고 했다. 그리고 명사와 대명사는 영어의 문장에서 주어, 보어 그리고 목적어가 되고 형용사는 보어가 되며 동사는 술어가 된다고 했다. 그는 앞서도 설명했지만 우리 수강생들이 이해하기 쉽도록 영어의 주요소들을 다시 설명해 주었다. 그는 가르친 것을 되풀이해 주었기 때문에 내가 영어를 쉽게 알게 해주었다.

주어는 말의 주제가 되는 것으로서 우리말의 주격조사(토씨)들인 '…은', '…는', '…이' 그리고 '… 가'의 앞에 붙는 말이라고 하면서 보기들을 다음과 같이 들어 다시 설명했다.

Horses run.

(말들은 달린다.)

☞ horses(말들)는 run(달린다)의 주어로서 우리말 토씨 '…은' 앞에 오는 말이다.

You came here.

(당신이 여기에 왔다.)

☞ you(당신)는 came(왔다)의 주어로서 우리말 토씨 '...이' 앞에 오는 말이다.

I came here.

(내가 여기에 왔다.)

☞ I(내)는 came(왔다)의 주어로서 우리말 토씨 '... 가' 앞에 오는 말이다.

보어는 주어와 목적어에 대하여 '어떻다' 라고 서술 설명해 주는 말이라고 설명하면서 이것은 주어와는 달리 명사와 대명사와 더불어 형용사도 보어가 될 수 있다고 말했다. 역시 그는 간단하고 반복되는 보기들을 들어주면서 보어에 대하여 우리 학생들이 쉽게 알게 해주었다.

You are a teacher.

(당신은 선생이다.)

☞ 명사 teacher는 보어인데 주어 you(당신)가 teacher(선생)라고 서술 설명한다.

Your father made you a teacher.

(당신의 아버지는 당신을 선생으로 만들었다.)

☞ 명사 teacher는 보어인데 목적어 you(당신)를 teacher(선생)로 서술 설명한다.

The sky is blue.

(하늘은 파랗다.)

☞ 형용사 blue(파란)가 주어 sky(하늘)를 '파랗다' 라고 서술 설명한다.

The clear air makes the sky blue.

(맑은 공기가 하늘을 파랗게 만들어준다.)

☞ 형용사 blue(파란)가 목적어 sky(하늘)를 '파랗다' 라고 서술 설명한다.

목적어는 간접목적어와 직접목적어의 두 가지가 있는데 간접목적어는 우리말 토씨 '... 에게' 앞에 오고 직접목적어는 우리말 토씨 '…을' 이나 '...를' 앞에 오는 말이다. 그 선생은 역시 쉽게 보기를 들어 목적어에 대하여 설명해 주었다. 나는 커서 그 선생처럼 알기 쉽고 친절하게 되풀이 하면서 영어를 가르칠 수 있는 선생이 되면 좋겠다고 생각했다.

The hunter killed the tiger.

(그 사냥꾼은 그 호랑이를 죽였다.)

☞ 명사 tiger(호랑이는 killed(죽였다의 직접목적어로서 우리말 토씨 ' ... 를' 앞에 오는 말이다.

I teach you English.

(나는 당신에게 영어를 가르친다.)

☞ 대명사 you(당신)은 우리말 토씨 '...에게' 앞에 오는 간접목적어가 되고 English(영어)는 우리말 토씨 "...를
(을)" 앞에 오는 직접목적어가 된다.

They leave the door open.

(그들은 그 문을 열어 둔다.)

☞ 목적어와 보어의 상관관계로서 보어가 목적어를 서술 설명하는데, 보어인 open(열린)의 형용사가 목적어
door(문)를 열린 상태로 있다고 서술 설명한다.

끝으로 술어는 우리말 토씨인 '.. (이)다.'로 끝나는 말로서 보어처럼 주어를 서술한다. 그 선생
은 역시 쉬운 보기를 들어 설명했다.

Birds sing.

(새들이 노래한다.)

☞ sing은 주어 birds(새들)가 '노래한다.'라고 서술하면서 우리말 토씨 '...다'로 끝남.

이상과 같이 그 선생은 구문론을 본격적으로 가르치기에 앞서 8품사들이 기본적으로 갖는 문장
과의 관계를 반복하여 쉽게 설명해 주었다.

그 선생이 이렇게 한 번 가르친 것들을 반복하여 다루자 나도 모르게 그 원리가 나의 머리 속에
떠올랐다. 그 선생은 보기로 먼저 내세운 것들을 끊임없이 반복하여 가르쳤고 나는 원리 의식이란
것이 어떻게 싹트는지를 저절로 깨달을 수 있었다. 동시에 선생이란 저렇게 자상하고 친절하고 배려
하는 것이구나 하는 생각이 들면서 선생이란 모든 인간관계들의 표본임을 알게 되었고, 배우는 학생
또한 선생의 이러한 모습을 닮아야 된다는 것 또한 함께 알게 되었다.

03 영어의 동사가 영어 문장의 중심인 것을 알아서 나에게 새 지평선이 열리다

나는 그 선생의 그토록 쉬운 설명을 듣고 영어의 천지개벽이 이루어지는 것 같았다. 나는 또 다시 영어에 더 취미를 갖게 되었다. 지금까지 어렵게만 보이던 영어가 아주 쉽게 나에게 다가오는 것이었다. 그 선생은 영어의 구문론에 대해 본격적으로 들어가 영어의 문장들의 5형식들을 가르치기 시작했다. 그는 영어의 문장을 즉 영어를 알기 위해서는 이 문장 5형식들이 가장 중요하다고 말하면서 이 세상의 그 어떤 영어 문장도 이 5형식들 중의 하나에 속하지 않는 것은 하나도 없다는 것을 힘주어 말했다. 나는 그의 말을 듣는 순간 또 다시 영어에 대한 자신감이 솟구쳐 올랐다.

사람은 그의 일생을 처음 태어나는 일로 시작하여 끝에 죽는 일로 마감한다. 그 시작과 그 끝 사이에 또 다시 무수한 일들의 시작들과 끝들이 있다. 어떤 일들은 시작과 끝 사이가 짧고 쉽기도 하지만 또 어떤 일들은 시작과 끝 사이가 길면서 어렵기까지 하다. 그렇지만 인간의 모든 일들은 시작과 끝 사이에 있는 과정이 중요하기 때문에 그 과정을 잘 처리하면 된다. 따라서 사람이 하는 어떤 일도 그 과정의 핵심적인 것을 먼저 잘 파악하는 것이 매우 중요하다.

영어를 정복함에 있어서, 무엇보다 그 과정에서, 그것의 핵심적인 것이 바로 문장 5형식들을 아는 것 임을 나는 절실히 깨달았다. 나는 이 깨달음에서 내가 영어를 꼭 정복할 수 있을 것이라는 예감이 들었다. 그렇게 어렵게만 보였던 영어가 문장의 5형식들만 알면 영어를 거의 다 알게 된다는 사실이 분명해졌다.

그 선생은 문장 5형식들의 문장 주요소들을 앞에서 설명했기에 이미 영어의 절반 정도는 달성했다고 말하면서 돌다리도 다시 두들겨 보고 가듯이 문장 5형식들을 또 되풀이하여 설명해 나갔다.

영문법정복 | 문장 5형식의 정리

1. 1형식 문장

제1형식은 주어가 먼저 오고 그 다음에 술어가 온다. 그런데 그 술어는 완전자동사이다. 말하자면 술어만으로 주어를 완전히 서술할 수 있는 것이 완전자동사인 것이다.

Birds sing.

(새들은 노래한다.)

☞ 여기서 birds는 주어이고 sing이 술어로서 주어인 birds를 완전히 서술하는 완전자동사임.

2. 2형식 문장

제2형식은 주어가 먼저 오고 그 다음에 술어가 오고 그 다음에 보어가 온다. 이 2형식의 술어는 불완전자동사이다. 자동사라는 말 앞에 불완전이 붙게 된 것은 술어만으로 주어를 완전히 서술하지 못하고 보충하는 말인 보어를 뒤에 달고 오기 때문이다.

Birds are animals.

(새들은 동물이다.)

☞ 여기서 주어인 birds에 대하여 술어인 are(이다)가 보어인 animals와 합하여 서술하고 있는데, 2형식의 보어는 주어를 서술하는 데 돕기 때문에 주격보어라고 한다.

3. 3형식 문장

제3형식은 주어가 먼저 오고 그 다음에 술어가 오고 그 다음에 목적어가 온다. 이 3형식의 술어는 완전타동사이다. 동사의 작용이 어떤 다른 것에 미치는 동사를 타동사라고 하며 그리고 보어를 달고 오지 않고 목적어 하나만을 이끌기 때문에 완전타동사라고 한다.

Birds catch worms.

(새는 벌레들을 잡는다.)

☞ 여기서 주어인 birds의 동작 catch(잡는다)가 목적어인 worms(벌레들)에 미치고 있다.

4. 4형식 문장

제4형식은 주어가 먼저 오고 그 다음에 술어가 오고 그 다음에 간접목적어가 오고 그 다음에 직접목적어가 온다. 이 4형식의 술어는 수여타동사이다. 목적어에 미친 타동사의 동작이 또 다른 어떤 것에게 수여 또는 전달이 되기 때문에 그 타동사를 수여타동사라고 한다.

Birds give men music.
(새들은 사람들에게 음악을 준다.)

☞ 여기서 주어인 birds(새들)의 동작이 give(준다)의 대상물인 직접목적어 music(음악)을 간접목적어인 men (사람들)에게 수여해주고 있다.

5. 5형식 문장

제5형식은 주어가 먼저 오고 그 다음에 술어가 오고 그 다음에 목적어가 오고 그 다음에 보어가 온다. 이 5형식의 술어는 불완전타동사이다. 이 동사도 그것의 작용이 어떤 다른 것, 즉 목적어에 미치는데 그 목적어가 어떻다고 서술하는 보충적인 보어를 끌고 온다. 이 술어는 목적어에 어떤 동작을 미치기 때문에 자연적으로 타동사의 자격을 가졌으나 또한 보충어를 필요로 하는 불완전성도 가지고 있는 것이다. 이 불완전타동사의 보어는 목적어를 서술하기 때문에 목적격보어라고 한다.

Birds make men cheerful.
(새들은 사람들을 명랑하게 해준다.)

☞ 여기서 술어인 make(하게 해준다)의 동태가 목적어인 men(사람들)에게 미쳤고 보어인 cheerful(명랑한)이 목적어를 보충 서술하고 있다.

그 선생은 문장 5형식들을 이와 같이 쉽고도 자세히 설명했으면서도 노파심에 다시 다음과 같이 도표로 추가하여 설명을 했다.

제1형식 : 주어+술어(완전자동사)

제2형식 : 주어+술어(불완전자동사)+보어(주격)

제3형식 : 주어+술어(완전타동사)+목적어

제4형식 : 주어+술어(수여타동사)+간접목적어+직접목적어

제5형식 : 주어+술어(불완전타동사)+목적어+보어(목적어)

나에게는 페스탈로치가 바로 그 선생이었다. 아마도 선생의 의미는 친절, 자상, 그리고 사랑일 것이다. 인류의 위대한 스승들인 공자, 붓다, 예수와 같은 이들이 바로 그와 같은 선생의 본보기가 아니었던가.

여기까지 그 선생은 영어의 주요소들과 그것들의 문장 5형식들을 영어 문장들의 핵심 골격으로 자세히 설명한 뒤에 영어 구문들의 장식물들이 되는 영어의 수식 형태들에 대하여 설명하기 시작했다. 그는 이어 말하기를 영어가 그러한 골격들로만 구성되어 있다면 이 세상에서 영어만큼 쉬운 것이 어디 있겠는가라고 하면서 영어가 어렵고 복잡한 것은 오히려 장식물들, 즉 수식 구문들 때문이라고 했다.

나는 그 수식 형태들에 대해서도 기대를 걸고 그의 자상한 가르침을 정성껏 따르려는 마음을 가다듬었다. 구태여 교육학의 학습 이론을 내세울 필요도 없이 자상히 가르치는 선생과 정성껏 배우려는 학생과의 이러한 관계가 바로 참교육일 것이다. 그때까지 나는 형식 교육 즉 공교육에 참여하면서 내내 학습과정에서 꼴찌의 신세를 면치 못하여 선생들과 학생들에게 온갖 수모를 받으면서 왕따를 당했다. 특히, 중 3학년 방학 전에 영어 선생에게 당한 수모를 계기로 사교육, 즉 사설 영어학원에서 기어이 영어만큼은 정복하겠다는 나의 결의가 적절히 '그 선생'의 열성과 자상함과 맞아떨어졌다. 나는 그분의 성함을 기억하지 못하였음으로 그분의 함자를 그 선생, 즉 성씨는 '그'이고 이름은 '선생'으로 삼은 것은 이미 앞에서 밝힌 바 있다.

영문법정복 | 문장 5형식의 수식

그 선생은 영어에서 수식역할을 하는 품사는 단 둘 뿐이라고 하면서 여전히 자상하게 설명해 나갔다. 8품사들 중에서 형용사와 부사만이 영어의 주요소들을 수식한다. 다만 형용사는 명사와 대명사를 수식하고 부사는 동사, 형용사, 부사 그리고 문장을 수식한다.

1. 형용사

형용사가 명사를 수식할 때는 대체로 명사 앞에 자리를 잡아 그 명사를 수식하고, 대명사를 수식할 때에는 대명사 뒤에 자리를 잡아 그 대명사를 수식한다. 예컨대, beautiful(아름다운)이라는 형용사가 flowers(꽃들)라는 명사를 수식하려면 beautiful flowers(아름다운 꽃들)에서와 같이 형용사 beautiful이 명사 flowers 앞에 와서 꽃이 아름답다고 수식한다. 그리고 beautiful(아름다운)이 대명사 something(어떤 것)을 수식한다면 something beautiful(어떤 아름다운 것)과 같이 대명사 뒤에 와서 어떤 것이 아름답다고 수식하게 된다. 그 선생은 다른 여러 보기들도 다음과 같이 제시해 주었다.

> 'blue' skies(푸른 하늘), 'great' men(위대한 사람들), 'tall' boys(키가 큰 소년들),
> 'small' dogs(작은 개들), 'long rivers(긴 강들)

이러한 보기들을 든 뒤에 a 혹은 an(하나의)과 the(그)도 명사 앞에 와 명사를 수식하는데 그러한 형용사들을 일명 관(冠:갓 관)사라고 부른다고 하였다. 왜냐하면 그것들은 옛 사람들이 외출할 때 거의 항상 모자를 썼듯이 그것들이 명사 앞에 항상 따라 붙기 때문인 것이다. 예컨대, a book(한 책), the book(그 책)과 같은 식으로 쓰인다. 그 선생은 이렇게 보기를 들면서 설명한 뒤에 형용사는 명사나 대명사밖에 수식하지 않는다고 힘주어 말했다.

2. 부사

그리고 곧 뒤이어 부사가 동사, 형용사, 부사 그리고 문장을 어떻게 수식하는가를 보기를 들면서 설명했다.

첫째로, 부사가 동사를 수식할 때에는 부사는 그 동사의 앞에, 또는 뒤에도 와서 그 동사를 수식한다. 예컨대, run fast라는 구문에서 부사 fast(빨리)는 동사 run(달린다) 뒤에 와서 그 동사를 수식하여 동사의 뜻인 '달리다'에 '빨리'라는 부사의 수식적인 뜻을 부가한다.

둘째로, 부사가 형용사를 수식할 때에 부사는 대체로 형용사 앞에 온다. 예컨대, very beautiful이라는 구문에서 부사 very(대단히)는 형용사 beautiful(아름다운) 앞에 와서 그 형용사를 수식하여 형용사의 뜻인 '아름다운'에 '대단히'라는 부사의 수식적인 뜻을 부가한다. 때에 따라 부사가 형용사 뒤에 와서 그 형용사를 수식할 수도 있다.

셋째로, 부사가 다른 부사를 수식할 때에는 부사는 역시 대체로 부사 앞에 온다. 예컨대, very fast라는 구문에서 부사 very(대단히)는 부사 fast(빨리) 앞에 와서 그 부사를 수식하여 부사의 뜻인 '빨리'에 '대단히'라는 부사의 수식적인 뜻을 부가한다. 때에 따라 부사가 부사 뒤에 와서 그 부사를 수식할 수도 있다.

넷째로, 부사가 문장을 수식할 때에는 역시 대체로 문장 앞에 온다. 예컨대, Unfortunately, he is dead. 라는 문장에서 unfortunately (불행히도)는 그것 뒤의 문장 He is dead.(그는 죽었다.)의 문장의 내용인 '죽었다'를 '불행하게도'라고 수식한다.

그 선생이 여기까지 설명을 했을 때에 나는 나의 입에서 저절로 "아, 하나님 감사합니다."라는 소리가 나오는 것을 억제할 수 없었다. 나는 이제 영어를 다 배워버린 것 같았다. 사실 그랬다. 영어라는 것이 주요소들과 수식요소들로만 구성되어 있다면 지금 그 선생이 주요소들과 수식요소들을 일목요연하게 설명해 주었기 때문에 나로서는 그런 생각이 들었던 것이다.

아무튼 그때까지 영어의 '영' 자도 몰랐던 내가 그야말로 그 만큼이라도 우선 영어를 알게 된 것은 나의 생애에 있어 일대 전환이 아닐 수 없었던 것이다. 게다가 이것은 영어의 기초문법을 철저히 다져가고 있었던 것이 아닌가. 모든 것들은 시작, 즉 기초가 잘 되어야만 그것들을 제대로 마무리하게 되고 그렇게 완성된 것들은 훌륭한 것들이 된다.

나는 그 선생이 가르쳐 준 것은 그때그때 다 외워 버렸다. 참으로 신기했던 것은 영어에 대한 취미가 나날이 커가면서 나의 영어 실력도 정비례로 커가고 있었다는 것이다. 내가 아는 영문법에 따라 영어의 단어들을 적용해 보니 내가 만든 영어 문장들이 거의 꼭꼭 하나도 틀림이 없이 들어맞았다. 나는 매일 그 선생에게서 그것을 확인했다. 나는 그 선생이 문장 5형식들의 보기를 든 것들에 다음과 같이 수식어인 형용사와 부사를 덧붙여 보았다.

3. 문장 5형식 수식의 예

(1) 제1형식의 보기인 Birds sing.의 문장에

Beautiful birds sing cheerfully.

(아름다운 새들이 명랑하게 노래한다.)

(2) 제2형식의 보기인 Birds are animals.의 문장에

Flying birds are really beautiful animals.

(하늘을 나는 새들은 정말로 아름다운 동물이다.)

(3) 제3형식의 보기인 Birds catch worms.의 문장에

Early birds catch many worms diligently.

(일찍 나오는 새들이 많은 벌레들을 부지런히 잡아먹는다.)

(4) 제4형식의 보기인 Birds give men music.의 문장에

Beautiful birds cheerfully give many men beautiful music.

(아름다운 새들이 많은 사람들에게 아름다운 음악을 즐겁게 제공한다.)

(5) 제5형식의 보기인 Birds make men cheerful.의 문장에

Many birds merrily make many men very cheerful.

(많은 새들은 흥겹게 많은 사람들을 매우 명랑하게 만든다.)

위와 같이 수식어들을 내 나름대로 응용해 보고 그 선생에게 보여 주었다. 그는 조금은 어색 하기 는 하지만 나의 응용은 문법적으로 완벽하다고 치켜세워 주었다.

지금까지 영어 문장기본형인 5형식들이 설명되면서 8품사들 중에서 문장의 주요소들이 되는 명사, 대명사, 동사, 형용사와, 수식요소들이 되는 형용사와 부사가 머리에 쏙쏙 들어왔다. 이제 나에게 궁금증으로 남아 있는 것은 전치사와 접속사뿐이었다. 감탄사는 문장의 어디에나 들어가 그저 강한 감정만 나타내는 것이기에 그것은 문제가 되지 않았다.

아니나 다를까 역시 친절하게 그 선생은 접속사와 전치사에 대하여 설명하기 시작했다. 그는 접속사와 전치사를 가구에 비유하면 아교질에 해당된다고 했다. 문장구성 요소들을 이렇게 저렇게 붙여서 하나의 가구, 즉 문장을 이루게 하는 것이 바로 이 접속사와 전치사인 것이다. 접속사나 전치사는 그 뒤에 어떤 것을 달고서 그것 앞 혹은 뒤에 있는 어떤 다른 것들과 접속시키는 역할을 한다.

그 둘 사이의 차이점이라면 종속접속사는 그것 뒤에 문장을 달고 오고, 전치사는 명사나 대명사를 달고 온다는 것이다. (여기서는 다만 종속접속사만을 다루고 등위접속사는 이 설명이 끝난 뒤에 설명될 것이다.)

그리고 종속접속사와 전치사의 공통점은 그것들은 뒤에 달고 오는 것과 합하여 명사의 역할,형용사의 역할(단, 종속접속사는 형용사절을 만들지 못함), 그리고 부사의 역할을 하게 된다는 것이다. 다시 말하면 종속접속사와 결합되는 구문은 명사절, 혹은 부사절이 되고 전치사와 결합되는 구문은 명사구, 형용사구, 혹은 부사구가 된다.

이렇게 종속접속사에 의하여 구성된 명사절은 문장 속에 들어가 주어, 목적어, 혹은 보어가 되고, 부사절이 되는 것은 문장 속에 들어가 동사, 형용사, 혹은 부사를 수식한다.

그리고 전치사로 결합되는 명사구는 문장 속에 들어가 주어, 목적어, 혹은 보어가 되고, 형용사가 되는 구문은 문장 속에 들어가 보어가 되거나 명사나 대명사를 수식하고, 부사구가 되는 구문은 문장 속에 들어가 동사, 형용사, 부사 혹은 문장을 수식한다.

그 선생은 이렇게 자세히 설명한 뒤에 노파심에서인지 다시 도표로 설명했다.

영문법정복 | 종속접속사+문장

1. 명사절(名詞節)이 되는데 문장 속에서

(1) 주어가 될 수 있다.

That the earth is round is true.

(지구가 둥글다는 것은 사실이다.)

☞ 여기서 that은 종속접속사이고 The earth is round는 문장인데, that과 The earth is round가 합하여 명사절이 되어 …is true의 문장 속에서 is의 주어가 되고 있다.

(2) 보어가 될 수 있다.

The truth is that the earth is round.

(그 사실은 지구가 둥글다는 것이다.)

☞ 여기서 that the earth is round는 The truth is…의 문장 속에서 명사절로서 불완전자동사인 is의 보어가 되고 있다.

(3) 목적어가 될 수 있다.

I know that the earth is round.

(나는 지구가 둥글다는 것을 안다.)

☞ that the earth is round는 I know… 의 문장 속에서 명사절로서 완전타동사인 know의 목적어가 되고 있다.

2. 부사절(副詞節)이 되는데 문장 속에서

(1) 동사를 수식하는 부사절이 된다.

I speak English well because I have a good English teacher.

(나에게는 훌륭한 영어 선생이 있기 때문에 영어를 잘한다.)

☞ because는 종속접속사로서 그것 뒤의 문장 I have a good English teacher.를 달고 와 원인을 나타내는 because I have a good English…라는 부사절을 만들어 앞의 문장 I speak English well.의 동사 speak를 수식한다.

(2) 형용사를 수식하는 부사절이 된다.

I am proud that you are my son.

(나는 네가 나의 아들인 것이 자랑스럽다.)

☞ that은 종속접속사로서 그것 뒤에 문장 You are my son.을 달고 와 that you are my son이라는 부사절을 앞의 문장 I am proud의 형용사 proud를 수식한다.

(3) 부사를 수식하는 부사절이 된다.

You speak English so well that you may become a good English teacher.

(당신은 훌륭한 영어 선생이 될 수 있을 만큼 영어를 그렇게 잘 한다.)

☞ that은 종속접속사로서 그것 뒤에 문장 You may become a good English teacher.를 달고 와 that you may become a good English teacher라는 정도를 나타내는 부사절을 만들어 앞의 문장의 부사 so를 수식한다.

(4) 문장을 수식하는 부사절이 된다.

If I tell you the truth, your brother is dead.

(당신에게 사실을 말한다면, 당신의 형은 이 세상 사람이 아닙니다.)

☞ 접속사 if는 그것 뒤의 문장 I tell you the truth.를 끌고 와 조건을 나타내는 부사절을 만들어 본문 your brother is dead.를 수식한다.

나는 그 선생이 전치사를 설명하기에 앞서, 종속접속사는 '항상' 그것 뒤에 문장을 '달고 온다.' 라는 말을 강조하였기 때문에 전치사도 종속접속사처럼 '항상 뒤에 명사나 대명사를 달고 온다.' 라는 말을 강조할 것이라는 생각을 미리 했다. 아니나 다를까 그는 "너희들 말이야, 이제 전치사가 구문적으로 어떠한 기능을 하는가를 배울 것인데 미리 꼭 알아두어야 할 것은 전치사는 그것 뒤에 반드시 명사나 대명사를 달고 온다는 것이다. 여기서 말이야, '달고 온다.' 라는 말은 문법적인 용어로써 목적어로 '지배한다.' 라는 말과 같은 것이다. 왜냐하면 전치사도 타동사처럼 목적어를 그것 뒤에 달고 오기, 즉 지배하기 때문이다." 라고 학생들에게 다짐해 두었다.

내가 이렇게 그 선생이 가르칠 것을 미리 깨달아 생각할 수 있었다는 점에서 '선생'과 '학생'은 공통되는 점을 찾아 볼 수 있다. 우선 선생과 학생이라는 단어에서 '생(生)' 자(字)가 똑같은데, 이 '생' 자의 의미는 본래 생명이나 존재를 뜻한다. 하지만 이 '생' 자는 철학자 데카르트가 나는 생각한다. 고로 존재한다.' 라고 말한 것에서 알 수 있듯이 생각한다는 뜻과 연결되어 선생이나 학생이나 전부 다 깨우치는 존재들이라는 의미를 갖는다. 또한 선생과 학생이라는 단어들의 앞 글자인 '선' 자와 '학' 자가 다르지만 그 뜻은 결국 같은 것이다. '앞설 선(先)' 은 앞서 깨달아 안다는 뜻이고 '배울학(學)' 은 뒤에 깨달아 안다는 뜻에 지나지 않는 것이다. 차이점이 있다면 앞서 깨달음과 뒤에 깨달음의 시간상의 차이일 것이다.

공통점인 '깨달아 아는 것' 은 지능이 있다는 것이기에 선생이나 학생은 양쪽 다 생각하는 능력이 같다는 것이다. 공자는 일찍이 선생은 모름지기 그의 말을 알아들을 수 있는 자만을 가르쳐야 한다고 말했다. 이것을 거꾸로 말해도 같은 말이 된다. 배우는 자가 가르치는 자의 말을 알아들을 수 없으면 후자가 전자에게서 배울 것이 없어 사제의 관계가 이루어질 수 없는 것이다. 그렇다면 사제의 관계가 이루어지기 위해서는 가르치는 자는 배우는 자를 잘 가르쳐 자신의 말을 알아듣게 해야 하고 배우는 자는 가르치는 자의 말을 잘 알아들어야 한다. 가르치는 것과 배운다는 것은 따지자면 같은 말이다. 가르치는 것도 깨달음을 전제로 하고 배우는 것도 깨달음을 전제로 하는 것이다.

차이점인 앞서 간다는 것과 뒤따른다는 것을 풀이한다면 앞서 깨달아 아는 사람이 열정과 친절로 이끌고, 뒤에 깨달아 알 사람은 충정과 열성으로 따르는 뜻이 될 것이다. 가르치는 것이 사랑하는 것이라면 배우는 것도 마찬가지로 사랑하는 것이다. 따라서 이 차이점도 결국 공통점으로 되는 것이다. 바로 그 선생과 나 사이의 관계가 그러했다. 완성된 그의 영어의 앎이 미완성된 나의 영어의 앎을 그렇게 완성으로 이끌어 가고 있었다.

영문법정복 | 전치사의 설명 1

전치사는 다른 말, 즉 명사나 대명사 앞에 와 그것을 목적어로 지배하여 명사구, 형용사구, 혹은 부사구를 만든다. 그 선생은 8품사 편에서 이미 설명한 것인데도 다시 전치사를 설명했다. 그 뿐만이 아니라 책의 끝 부분 정리 편에서도 또 한 번 다룰 것이라고 말하여 지금 주의 깊게 들어 익혀두어야 한다고 말했다. 전치사가 그렇게 영어에서 차지하는 비중이 크다는 것이었다.

그는 영어의 전치사가 우리말의 토씨(혹은 조사:助詞)와 비슷하다고 말하면서 우리말의 토씨는 그것을 따라 붙는 말 뒤에 오는 반면, 영어의 전치사는 그것을 따라 붙는 말 앞에 온다고 비교를 해주었다. 그러면서 그는 다음과 같이 예를 들어가며 자세히 설명했다.

(1) **전치사+목적어(즉 명사나 대명사)는 명사구를 만들어 문장 속에서 주어, 보어, 혹은 목적어의 역할을 한다.**

이것들의 쓰임은 매우 드물기 때문에 그 선생은 배우는 사람의 편리를 위해 여기서는 생략하고 정리편에서 제시하는 것이 바람직하다고 말했다.

(2) **전치사+목적어(즉 명사나 대명사)는 형용사구를 만들어 문장 속에서 불완전자동사나 불완전타동사의 보어가 된다.**

The tool is of no use.

(그 도구는 쓸모가 없다.)

☞ 전치사 of가 뒤의 명사 use를 목적어로 지배하여 of no use라는 형용사구를 만들어 불완전자동사 is의 보어가 된다.

They found the machine of no use.

(그들은 그 기계가 쓸모가 없음을 알았다.)

☞ 전치사 of가 이끈 형용사구인 no use라는 불완전타동사의 보어가 된다.

(3) **전치사+목적어(즉 명사나 대명사)는 형용사구를 만들어 문장 속에서 명사나 대명사를 수식한다.**

The table under the window is small.

(창문 밑에 있는 탁자는 작다.)

☞ 전치사 under가 명사 window를 목적어로 지배하여 under the window라는 형용사구를 만들어 그것 앞의 명사 table을 수식하는 형용사구가 된다.

(4) 전치사+목적어(즉 명사나 대명사)는 부사구를 만들어 문장 속에서 동사, 형용사, 부사 혹은 문장을 수식한다.

Airplanes fly in the sky.

(비행기들은 하늘에서 난다.)

☞ 전치사 in이 명사 sky를 목적어로 지배하여 in the sky라는 부사구를 만들어 동사 fly를 수식한다.

The bottle is full of water.

(그 병은 물로 가득하다.)

☞ 전치사 of는 명사 water를 목적어로 지배하여 of water라는 부사구를 만들어 형용사 full를 수식한다.

The sweater is too large for me.

(그 스웨터는 나에게는 너무 크다.)

☞ 여기서 전치사 for는 대명사 me를 목적어로 지배하여 for me라는 부사구를 만들어 부사 too를 수식한다.

From his accent, he is from the southern part.

(그의 말투로 보아 그는 남부 출신이다.)

☞ 여기서 전치사 from은 명사 accent를 목적어로 지배하여 from his accent라는 부사구를 만들어 그 뒤의 문장 He is from the southern part.를 수식한다.

그 선생은 이렇게 전치사가 구문적으로 어떻게 쓰이는가를 자세히 설명한 뒤에 영어가 오늘날 국제적인 언어가 될 수 있었던 이유들 중의 하나가 영어의 전치사라고 말하면서 만약 영어에서 전치사가 없다면 영어는그 위력을 잃을 것이라고 했다. 그러면서 그는 "너희들 이제부터 전치사들에 대하여 각별히 주의를 갖고 그것들의 쓰임새들을 잘 배워야 한다." 라고 우리 학생들에게 또 한 번 일러주었다.

그리고 그는 구체적으로 in이라는 전치사를 보기로 삼아 전치사의 쓰임새에 대하여 자세히 설명했다. in은 영어의 가장 전형적인 전치사로서 그 쓰임새가 복잡하고 다양하다. 그러나 원래 전치사인 것이 다른 품사 즉, 부사로 쓰이기도 한다. 예를 들어, Come in.(안으로 들어와.) 이라는 문장에서의 in은 전치사가 아니다. 왜냐하면 그 in 뒤에는 명사나 대명사가 그것의 목적어로 달려 나오지 않기 때문이다. 이것은 이미 앞에서 설명되었지만 전형적인 전치사인 in도 뒤에 목적어가 없어 앞의 동사 come을 수식하는 부사가 된다. 전치사가 되지 않는다.

바로 이 in이 잘 쓰이는 보기로써 He lived in the city in the year. (그는 그 해에 그 도시에서 살았다.)라는 문장에서 전치사 in은 두 번 쓰이고 있다. 그런데 그 쓰임의 뜻이 서로 다르다. in the city에서는 명사 city를 목적어로 지배하여 부사구를 만들었는데 그것은 큰 장소를 나타내는 뜻을 갖고 동사 lived를 수식하는 장소의 부사구가 된다. 그리고 in the year에서는 명사 year를 목적어로 지배하여 부사구를 만들었는데 그것은 큰 시간을 나타내는 뜻을 갖고 동사 lived를 수식하는 시간의 부사구가 된다.

이처럼 전치사는 그것이 갖는 기능과 의미를 잘 파악해야 한다. 그 선생은 지금까지 그렇게 자세히 전치사를 설명했으면서도 노파심에서 전치사에 대한 것을 다시 새롭게 설명했다.

"전치사에 대해 첫째로 확인해야 할 것은 그것 뒤에 꼭 명사나 대명사를 목적어로 지배하고 있는가 하는 것이다. 그리고 그것은 다음과 같은 기능과 의미로 나누어 파악되지 않으면 안 된다."

영문법정복 | 전치사의 설명 2

1. 전치사의 기능

(1) 그것 뒤에 명사나 대명사를 목적어로 지배하여 명사구를 만들어 문장 속에서 주어, 보어, 혹은 목적어의 기능을 한다.

Inside one hour was the only time given for us.

(한 시간 이내가 우리에게 주어진 유일한 시간이었다.)

☞ 여기서 전치사 inside는 뒤의 명사 hour를 목적어로 지배하여 inside one hour라는 명사구를 만들어 술어 was의 주어가 된다.

The only time given for us was inside one hour.

(우리에게 주어진 유일한 시간은 한 시간 이내였다.)

☞ 여기서 전치사 inside는 뒤의 명사 hour를 목적어로 지배하여 inside one hour라는 명사구를 만들어 불완전자동사 was의 보어가 된다.

The actor appeared from behind the curtain.

(그 배우는 그 커튼 뒤에서 나타났다.)

☞ 여기서 전치사 behind는뒤의 명사 curtain을 목적어로 지배하여 명사구를 만들어 전치사 from의 목적어가 된다.

(2) 그것 뒤에 명사나 대명사를 목적어로 지배하여 형용사구를 만들어 문장 속에서 명사나 대명사를 수식하는 기능을 하거나 보어의 기능을 한다.

Mr. Smith is a man of intellect.

(스미스씨는 지성인이다.)

☞ 여기서 전치사 of가 뒤의 명사 intellect를 목적어로 지배하여 of intellect라는 형용사구를 만들어 앞의 명사 man을 수식한다.

All but John visited me.

(존 이외에는 모두 나를 방문했다.)

☞ 전치사 but는 뒤의 명사 John을 목적어로 지배하여 but Jhon이라는 형용사구를 만들어 앞의 대명사 all을 수식한다.

Mr. Smith is of noble birth.

(스미스씨는 귀족 태생이다.)

☞ 여기서 전치사 of는 뒤의 명사 birth를 목적어로 지배하여 of noble birth라는 형용사구를 만들어 불완전자동사 is의 보어가 된다.

(3) 그것 뒤에 명사나 대명사를 목적어로 지배하여 부사구를 만들어 문장 속에서 동사, 형용사, 부사, 혹은 문장을 수식하는 기능을 하거나 보어의 기능을 한다.

I have known him from his childhood.

(나는 그를 어릴 때부터 알고 있다.)

☞ 여기서 전치사 from은 뒤의 명사 childhood를 목적어로 지배하여 부사구를 만들어 앞의 동사 known을 수식한다.

He is absent from school.

(그는 학교에 오지 않고 있다.)

☞ 여기서 전치사 from은 뒤의 명사 school을 목적어로 지배하여 부사구를 만들어 앞의 형용사 absent를 수식한다.

He ran away from his house.

(그는 그의 집에서 도망쳤다.)

☞ 여기서 전치사 from은 뒤의 명사 house를 목적어로 지배하여 부사구를 만들어 앞의 부사 away를 수식한다.

From his appearance, he must be a beggar.

(그의 외모로 보아 그는 걸인임에 틀림없다.)

☞ 여기서 전치사 from은 뒤의 명사 appearance를 목적어로 지배하여 from his appearance라는 부사구를 만들어 뒤의 문장 He must be a beggar를 수식한다.

2. 전치사의 의미

(1) 그것 앞에 오는 말에 의하여 의미가 결정된다.

He is different from his brother.

(그는 그의 형과 다르다.)

☞ 여기서 전치사 from은 앞의 말 different에 의해 영향을 받아 "...과는(차이점)의 의미를 갖게 된다.

(2) 그것 뒤에 있는 말에 의하여 그것의 의미가 결정된다.

He is different from the beginning.

(그는 처음부터 다르다.)

☞ 여기서 전치사 from은 뒤의 말 the beginning에 의해 영향을 받아 "...부터(시작)"의 의미를 갖게 된다.

(3) 그것 앞과 뒤의 말들에 의하여 그것의 의미가 결정된다.

I can say from his accent that he is an American.

(나는 그의 말투로 보아 그가 미국인이라고 말할 수 있다.)

☞ 여기서 전치사 from은 앞의 말 can say(판단의 능력)과 뒤의 말 his accent(판단의 근거)에 영향을 받아 "놓고 볼 때(근거로 판단할 때)"의 의미를 갖게 된다.

그 선생은 이처럼 수식요소인 형용사와 부사, 접속요소인 접속사와 전치사를 통해 8품사들과 문장과의 관계를 다 설명한 뒤에 또다시 문장에서 중심적인 역할을 하는 품사를 동사라고 강조하면서 그것이 왜 문장의 중심이 되는가를 일목요연하게 설명하기 시작했다. 동사는 인체에 비유하면 심장과 같고, 가옥에 비유하면 대들보와 같고 나무에 비유하면 뿌리와 같다는 설명을 들으면서 나는 동사가 과연 문장에서 얼마나 큰 역할을 하는가를 절실히 깨달을 수 있었다.

동사는 그것 앞에 주어를 앞세운 후 완전자동사일 경우에는 그것 뒤에 어떤 문장 주요소도 끌어오지 않고, 불완전자동사일 경우에는 그것 뒤에 문장의 주요소인 보어(주격)를 끌어오고, 완전타동사일 경우에는 문장의 주요소인 목적어를 끌어오고, 수여타동사일 경우에는 주요소들인 간접목적어와 직접목적어를 끌어오고, 불완전타동사일 경우에는 주요소들인 목적어와 보어(목적격)를 끌어온다.

그 선생이 지금 말한 설명을 이미 문장 5형식들을 설명하며 보기들까지 들면서 자상하게 가르쳐 주었는데도 또 다시 설명하는 것으로 보아 나는 그것이 얼마나 영어 공부에서 중요한가를 알 것 같았다. 나는 그의 열성과 친절함, 학생에 대한 배려에 다시 감동을 받으면서 나도 선생이 되어 그와 같은 사랑을 나의 제자들에게 베풀겠다는 마음을 먹었다.

훌륭한 선생이 된다는 것은 훌륭한 철학자가 된다는 것임을 나는 그 선생의 언행에서 배우게 되었다. 인간은 어떤 행동을 하거나 겪은 뒤에 그것을 생각하게 되는데 이러한 것들은 바로 경험으로 남는다. 그 경험을 바탕으로 하여 어떤 새로운 생각을 떠올리면 그것은 바로 지혜가 된다. 그러한 지능적인 과정을 밟는 사람은 곧 철학자가 되는 것이다.

그 선생은 단지 영어를 가르치는 행동만으로 끝나는 것이 아니라 우리들로 하여금 그것으로 부터 새로운 생각을 떠올리게 했다. 나는 그에게서 비단 영어뿐만 아니라 사람이 어떻게 생각을 이어가야 하는가도 배우게 된 것이다. 내가 영어학 박사로서의 대학 강단생활에서 영어학을 떠나 언어와 철학을 나의 전공 분야로 삼은 것도 그에게서 영향을 크게 받았다.

그리고 내가 그 선생에게서 절실히 배운 것은 인내심이었다. 좋은 행위들은 처음에는 하기가 어려운 것들이어서 실천하기가 힘들다. 그것을 극복하는 것이 인내심이다. 이와는 달리 나쁜 행위들은 하기가 쉽기에 인내심 대신에 방종심을 낳게 한다. 인내심은 생명력을 고취시키지만 방종은 무기력을 조장할 뿐이다. 인생의 좋은 것들을 양성하는 것이 교육일진데, 그 교육 과정은 인내심을 길러내는 것이라고 해야 할 것이다. 나는 그 선생에게서 영어공부의 첫 단계부터 인내하는, 즉 반복하는 원리를 터득하여 제대로 영어공부를 하기에 이르렀다. 이렇게 인내심을 기르게 되자 조바심이 스스로 사라지는 것을 느끼기까지 했다. 영어의 속담에 "Slow and steady wins the game. (느려도 꾸준히 하면 아무리 어려운 일이라도 해낸다.)"이라는 말이 위의 말을 잘 말해주고 있다. 나는 중학생의 어린 나이에도 "이것은 진리, 이것은 진리다." 라고 중얼거리면서 이러한 자세를 가다듬고 그 선생의 반복하고 반복하는 영문법 설명에 귀를 기울이는 마음을 다시 다잡았다.

그는 "학생들, 지금까지 영문법의 기본원리들의 3분의 1을 우리가 다루었는데 그 정도의 성과를 완성하는 의미에서 또한 앞으로 더욱 깊이 있게 다루게 될 동사에 대한 예비적인 지식이 되게끔 지금까지 공부한 것을 여기에 도식으로 다시 설명하고 동사의 시제도 자세히 설명하겠다."

우리는 또다시 긴장했다. 그러나 그 선생이 또 무엇을 반복하여 설명할 것인가가 기대되었다. '그 선생' 하면 반복적인 설명이 우리 수강생들의 머리에 떠올랐다. 그는 반복만이 사람의 사람됨을 완성시킨다고까지 말했다. 습성이란 제2의 천성이 될 정도로 사람의 인격 형성에 큰 부분을 차지한다. 습성은 결국 한 번 행한 것을 끊임없이 반복하는 것이 아닌가. 좋은 행위들을 끊임없이 반복하면 그만큼 좋은 품성을 갖게' 되고 반면에 나쁜 행위들을 끊임없이 반복하면 그만큼 나쁜 습성을 갖게 된다.

그 선생은 문장 주요소들, 수식요소들 그리고 접속요소들을 다 망라하여 설명한 것을 계기로 앞으로 배울 동사의 시제들(정동사의 시제와 준동사의 시제)을 설명하는 데에 필요한 분석적인 원리 의식을 우리들에게 고취시키기 위해서 8품사들을 재정립하여 8품사들이 문장에서 쓰이는 형태들을 도식적으로 설명해 주었다. 나는 〈영문법정복 예비지식 II〉에서 이미 영어문장의 3대 구성요소인 주요소, 수식요소, 그리고 접속요소에 대한 도식을 공부한 것이 기억이 나면서 그 때에는 그 도식적인 설명이 벅찬 것이었으나 지금쯤은 충분히 이해가 될 것이기에 반가운 마음으로 그의 도식적인 설명을 반기기에 이르렀다.

영문법정복 │ **명 사**

1. 명사의 역할

명사는 문장 구성 요소들(주요소, 수식요소, 접속요소) 중의 주요소로서 주어, 목적어 혹은 보어가 된다.

(1) 주어

≫ Birds sing.

(새들은 노래한다.)
☞ 보통명사인 birds가 술어 sing의 주어가 되고, 완전자동사와 sing이 주어 birds의 술어가 된다.

(2) 보어

주격보어 또는 목적격보어가 된다.

≫ Birds are animals.

(새들은 동물이다.)
☞ 보통명사 birds가 술어 are의 주어가 되고, 불완전자동사인 are가 주어 birds의 술어가 되며,
보통명사인 animals가 불완전자동사 are의 보어가 된다.

>> His father made him a doctor.

(그의 아버지는 그를 의사로 만들었다.)

☞ 소유 형용사인 his가 뒤의 명사 father를 수식하고, 보통명사 father가 술어 made의 주어가 되고, 불완전타동사인 made가 주어 father의 술어가 되며, 대명사인 him이 불완전타동사 made의 목적어가 된다. 관사인 a가 형용사로서 뒤의 명사 doctor를 수식하고, 보통명사인 doctor가 불완전타동사 made의 목적보어가 된다.

(3) 목적어

완전타동사, 불완전타동사, 전치사의 목적어가 되거나 수여타동사의 간접목적어와 직접목적어가 된다.

>> John loves Mary.

(존은 메리를 사랑한다.)

☞ 고유명사인 John이 술어 loves의 주어가 되고, 완전타동사인 loves가 주어 John의 술어가 되며. 고유명사인 Mary가 완전타동사인 loves의 목적어가 된다.

❯❯ Advervcity sometimes makes a man a hero.

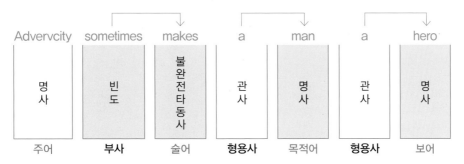

Advervcity	sometimes	makes	a	man	a	hero
명사	빈도	불완전타동사	관사	명사	관사	명사
주어	**부사**	술어	**형용사**	목적어	**형용사**	보어

(역경은 때때로 한 사람을 영웅으로 만든다.)

☞ 추상명사인 advercity가 술어 makes의 주어가 되고, 빈도부사인 sometimes가 뒤의 동사 makes를 수식
하며, 보통명사인 man이 불완전타동사인 makes의 목적어가 된다.

❯❯ John looked at Mary.

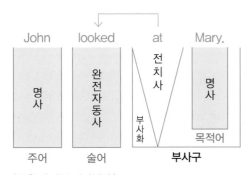

John	looked	at	Mary.
명사	완전자동사	전치사 / 부사화	명사 / 목적어
주어	술어	**부사구**	

(존은 메리를 바라봤다.)

☞ 고유명사인 Mary가 전치사 at의 목적어가 되고, 전치사 at이 고유명사인 Mary를 목적어로 이끌어 부사
구가 되어 앞의 술어인 looked를 수식한다.

≫ His father bought John a toy.

(그의 아버지는 존에게 하나의 장난감을 사주었다.)

☞ 수여타동사 bought가 주어 father의 술어가 되고, 고유명사인 John이 수여타동사 bought의 간접목적어
가 되며, 보통명사인 toy가 수여타동사 bought의 직접목적어가 된다.

(4) 수식하는 형용사

뒤에 나오는 명사를 수식한다.

≫ Mary is my girl friend.

(메리는 내 여자친구다.)

☞ 보통명사인 girl이 형용사가 되어 뒤의 명사 friend를 수식한다. 만약 보통명사인 girl이 형용사가 되어 뒤
의 보통명사인 friend와 결합하면 그 두 낱말들이 하나의 합성어가 되는데 이것을 합성명사(compound
noun)라고 부른다. 따라서 이 합성어의 경우에는 하나의 명사가 되어 앞의 소유형용사인 my에 의해서
수식을 받는다.

(5) 수식하는 부사

앞 혹은 뒤의 동사, 형용사 또는 부사를 수식한다.

》》 John walked two miles.

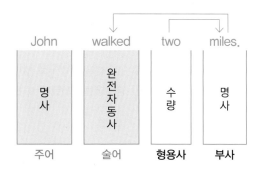

John	walked	two	miles.
명사	완전자동사	수량	명사
주어	술어	**형용사**	**부사**

(존은 2마일을 걸었다.)

☞ 보통명사인 miles가 앞의 수량 형용사인 two에 의해서 수식을 받아 부사가 되어 앞의 동사인 walked를 수식한다. miles는 원래 명사인데 동사나 형용사를 수식하는 부사의 역할을 하는데 이러한 부사를 대격 부사(adverbial accutative)라고 부른다.

》》 It is a long sight better.

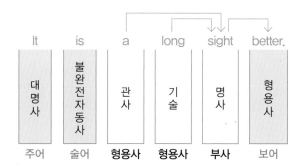

It	is	a	long	sight	better.
대명사	불완전자동사	관사	기술	명사	형용사
주어	술어	**형용사**	**형용사**	**부사**	보어

(그것은 훨씬 더 좋다.)

☞ 추상명사인 sight가 앞의 관형사인 a와 기술형용사인 long에 의해 수식을 받아 하나의 대격부사로서 뒤의 형용사인 better를 수식한다.

2. 명사의 종류

명사는 종류별로 보통명사(common noun), 고유명사(proper noun), 집합명사(collective noun), 물질명사(material noun), 추상명사(abstract noun)로 나뉜다.

(1) 보통명사

형체가 있고 수를 셀 수 있는 명사로서 언제나 단수, 복수의 구별을 명백히 나타나게 되어 있어 단수인 경우에는 그 앞에 a, an, the, some, any, every, this, that, my와 같은 단수를 나타내는 관사, 지시형용사, 부정형용사 및 소유형용사가 붙게 된다. 복수인 경우에는 그 뒤에 s, 또는 es가 붙거나 또는 다른 형태의 복수형식을 취한다.

> (보기) boy, animal, table, nation, apple, pencil 등

≫ This horse runs fastest in this country.

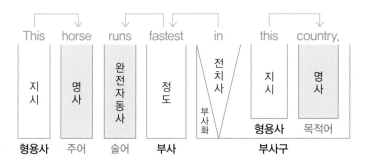

(이 말은 이 나라에서 가장 빨리 달린다.)

☞ 지시형용사인 this가 뒤의 보통명사 단수 horse를 수식하고, 정도부사인 fastest가 동사인 runs를 수식하며, 보통명사 단수인 country가 지시형용사 this에 의해서 수식을 받고 전치사 in이 country를 목적어로 지배하여 부사구를 만들어 앞의 부사 fastest를 수식한다.

(2) 고유명사

하나밖에 없는 장소, 물건, 사람, 단체와 같은 것에 붙인 이름을 나타내는 말로서 언제나 첫 글자는 대문자로 쓰인다.

> (보기) Washington, America, The United Nations, The Republic of Korea 등

≫ Mr. Smith is a very practical man.

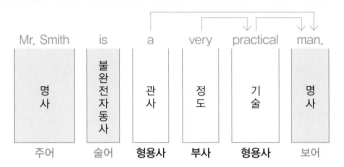

(스미스씨는 대단히 실질적인 사람이다.)

☞ 고유명사인 Mr.Smith가 술어 is의 주어가 되고, 형용사 practical은 불완전동사인 is의 보어인 명사 man
을 수식하고 very는 형용사 practical을 수식하며, a도 명사 man을 수식한다.

(3) 집합명사

개개의 사람 또는 물건이 모여서 이루어진 집합체를 나타내는 명사이다. 이것은 보통명사와
마찬가지로 단수, 복수로 구별된다. 단 군집명사(noun of multitude)는 집합명사의 일부에 속하고
형태는 언제나 단수로 쓰이지만 복수 취급을 받는다.

보기 family, fleet, nation, army 등

≫ The group conducted itself in an orderly way.

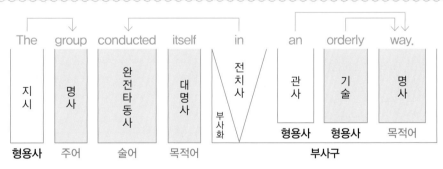

(그 집단은 질서 있게 행동했다.)

☞ 집합명사인 group이 주어가 되고, itself는 재귀대명사로서 타동사 conducted의 목적이다. in은 명사
way를 목적어로 지배하여 부사구를 이루어 동사 conducted를 수식한다. an과 orderly는 형용사들로
서 명사 way를 수식한다.

(4) 추상명사(abstract noun)

성질, 상태, 속성, 동작 또는 사상 및 감정 등의 무형의 추상적인 관념을 나타내는 말로 수를 셀 수 없다.

(보기) love, honesty, truth, happiness 등

≫ Happiness consists in contentment.

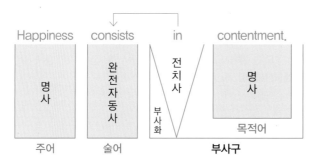

(행복은 만족에 있다.)

☞ 추상명사인 happiness가 술어 consists의 주어가 되고, 전치사 in이 추상명사인 contentment를 목적으로 지배하여 부사구를 만들어 동사 consists를 수식한다.

영문법정복 | **대명사**

문장 구성요소들(주요소, 수식요소, 접속요소) 중의 주요소 중 하나인 대명사도 명사처럼 문장속에서 주어, 보어, 목적어, 그리고 간접목적어의 기능을 한다.

1. 인칭대명사(personal pronoun)

인칭대명사는 화제의 주체자인 나와 우리 (speaker)인 1인칭, 화제의 상대자인 당신과 당신들인 2인칭, 그리고 1인칭과 2인칭 이외의 3인칭으로 분류되며 각 인칭과 단수, 복수별로 주격, 목적격, 소유대명사, 재귀대명사의 형태를 가진다.

인칭	수＼격	주격	소유격	목적격	소유대명사	재귀대명사
1	단수	I		me	mine*	myself
	복수	we		us	ours	ourselves
2	단수	you (thou)		you (thee)	yours (thine)	yourselves (thyself)
	복수	you		you	yours	yourselves
3	단수	he she it		him her it	his hers its	himself herself itself
	복수	they		they	them	themslves

우리가 흔히 인칭대명사의 소유격으로 알고 있는 my, our, your, his, her, its, their는 인칭대명사의 형태를 가지고 있지만 명사를 수식하는 수식요소인 형용사로서 대명사가 아니기 때문에 여기서는 다루지 않는다.

2인칭 단수의 괄호 친 thou, thee, thine, thyself 등은 옛날 영어나 시어에서 찾아볼 수 있는 표현으로 저러한 것이 있다는 것을 알기만 하면 된다.

>> She blushed crimson with anger.

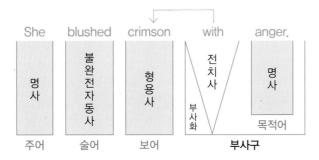

(그녀는 화가 나서 얼굴이 빨개졌다.)

☞ 인칭대명사인 She가 술어 blushed의 주어가 되고, 기술형용사인 crimson이 불완전자동사인 blushed의 주격보어가 되며 전치사 with가 추상명사인 anger를 목적으로 지배하여 부사구를 이루어 형용사인 crimson을 수식한다.

≫ He loved himself too much.

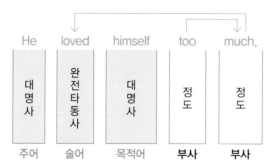

(그는 자기 자신을 너무 많이 사랑했다 : 그는 이기적이었다.)

☞ 재귀대명사인 himself가 완전타동사인 loved의 목적어가 되고, 부사 too에 수식을 받은 부사 much가 동사를 수식한다.

2. 지시대명사(demonstrative pronoun)

지시대명사는 사물을 가리켜 그 사물의 이름 대신 쓰이는 말이다.

(보기) this, these, that, those, such

≫ You are sure to repent of this.

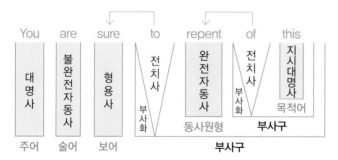

(너는 이 일에 틀림없이 후회할 것이다.)

☞ 전치사 to가 동사원형의 repent를 지배하고 of가 지시대명사 목적어를 지배하여 부사구를 만들어 동사 repent를 수식하는 가운데 to가 전체를 부사구문으로 만들어 형용사 sure를 수식하게 한다.

3. 부정대명사(indefinite pronoun)

 보기   one, none, any, others, many, this, few, something

» In the struggle, some received injury.

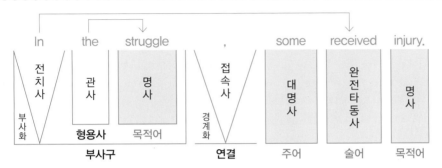

In	the	struggle	,	some	received	injury.
전치사	관사	명사	접속사	대명사	완전타동사	명사
부사화	형용사	목적어	경계화			
부사구			연결	주어	술어	목적어

(이 싸움에서 몇 명이 부상당했다.)

☞ 부정대명사인 some이 술어 received의 주어가 된다.

4. 의문대명사(interrogative pronoun)

 보기   what, who, whom, which, whatever, whoever, whomever, whichever

» Who meets a virtuous woman?

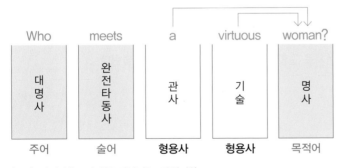

Who	meets	a	virtuous	woman?
대명사	완전타동사	관사	기술	명사
주어	술어	형용사	형용사	목적어

(누가 덕성 있는 여자를 만난다는 것인가?)

☞ 의문대명사 who가 술어 meets의 주어가 된다.

5. 관계대명사(relative pronoun)

보기 who, whom, which, that, what, as, but, than

>> A man who works prospers.

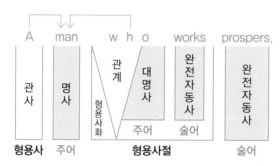

(일하는 자는 번영한다.)

☞ 관계대명사 who가 대명사로서 술어 works의 주어가 됨과 동시에 접속요소로서 그 구문전체를 형용사절
로 만들어 앞의 명사 man을 수식하게 한다.

영문법정복 | 동 사

문장 구성요소들(주요소, 수식요소, 접속요소) 중의 주요소인 동사는 주어를 서술하는 술어 또는
복합술어를 만든다. 술어의 현재형과 과거형은 낱말 하나로만 이루어지지만 술어의 미래형, 완료형,
진행형, 수동형은 조동사와 본동사로 결합되어 이루어져 복합술어라고 불린다.

1. 술어의 현재형

>> John goes to school by bus.

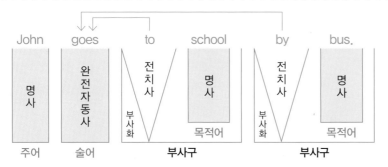

(존은 학교에 버스로 간다.)

☞ go의 현재형이 주어 John의 술어가 되고, school과 bus는 원래 보통명사이지만 그 앞에 관사가 생략되어
그 보통명사의 기능을 나타내는 추상명사가 되었다.

2. 술어의 과거형

>> He was an heir to a fortune of seven million dollars.

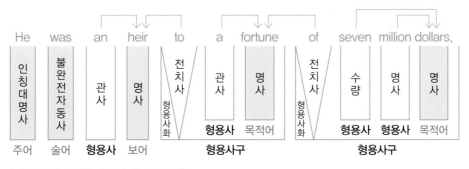

(그는 7백만 달러의 재산의 상속자였다.)

☞ be동사의 3인칭 현재형인 was가 주어 he의 술어가 되고, 수량형용사 seven이 보통명사 million을 수식하
고 million은 seven과 결합하여 명사 dollars를 수식한다.

3. 술어의 미래형

미래를 나타내는 조동사와 동사원형이 합하여 복합술어가 된다.

 조동사(will 또는 shall)+본동사(동사원형)

>> I will do anything for you.

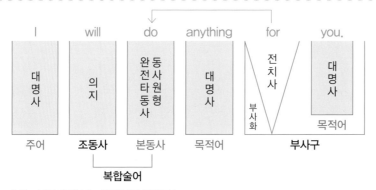

(나는 너를 위해서는 무엇이든 하겠다.)

☞ 의지미래를 나타내는 조동사 will과 본동사 do가 결합하여 주어 I의 복합술어가 된다.

4. 복합술어의 현재완료형

 조동사(have 또는 has)+본동사(과거분사)

>> An new fashion has come quite welcomed.

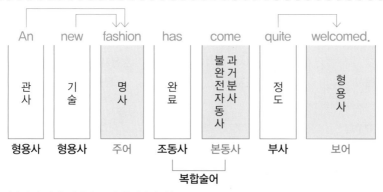

(하나의 신식 패션이 크게 환영받았다.)

☞ have의 3인칭 현재형 has가 조동사가 되고 불완전자동사 come의 과거분사가 되어 주어 fashion의 복합술어가 된다.

5. 복합술어의 과거완료형

 조동사(had)+본동사(과거분사)

▶▶ Two parties had opposed each other before the revolution.

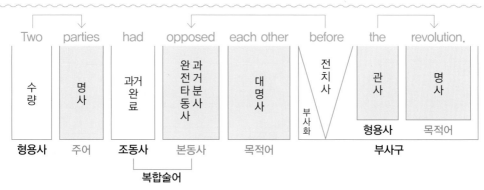

(두 당파들이 그 혁명 이전에 서로 다투었다.)

☞ have의 과거형 had가 조동사가 되고 oppose의 과거분사형이 본동사가 되어 주어 parties의 복합술어가 된다.

6. 복합술어의 미래완료형

 조동사(will 또는 shall)+조동사(have)+본동사(과거분사)

▶▶ He will have lived there for three years by next June.

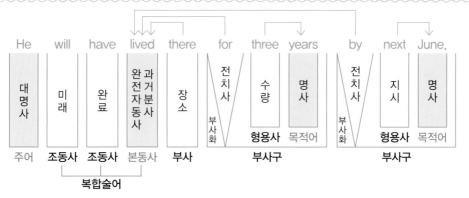

(다음 6월까지 그는 3년 동안 거기에 살다 올 것이다.)

☞ 미래조동사 will과 완료조동사 have와 live의 과거분사 lived가 본동사가 되어 전체가 주어 he의 복합술어가 된다.

7. 복합술어의 현재진행형

 보기 조동사(am, are, is)+본동사(현재분사)

▶▶ Mr. Smith is writing a letter.

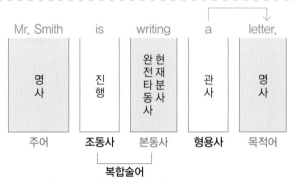

Mr. Smith	is	writing	a	letter.
명사	진행	완전타동사 현재분사	관사	명사
주어	조동사	본동사	형용사	목적어

복합술어

(스미스씨는 편지를 한 통 쓰고 있다.)

☞ be 동사의 3인칭 단수현재형 is가 조동사가 되고 write의 현재분사형이 본동사가 되어 주어 Mr. Smith의 복합술어가 된다.

8. 복합술어의 과거진행형

 보기 조동사(was, were)+본동사(현재분사)

▶▶ Mr. Smith was reading a book.

Mr. Smith	was	reading	a	book.
명사	진행	완전타동사 현재분사	관사	명사
주어	조동사	본동사	형용사	목적어

복합술어

(스미스씨는 책을 한 권 읽고 있었다.)

☞ be 동사의 3인칭 단수과거형 was가 조동사가 되고 read의 현재분사가 본동사가 되어 주어 Mr. Smith의 복합술어가 된다.

9. 복합술어의 미래진행형

보기 조동사(will, shall)+조동사(be)+본동사(현재분사)

>> He will be reading a book at this time tomorrow.

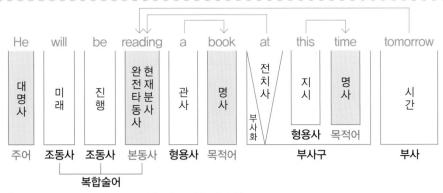

(그는 내일 이 시간에 한 권의 책을 읽고 있을 것이다.)
☞ 미래조동사 will과 진행조동사 be와 read의 현재분사인 본동사 readling이 본동사가 되어 전체가 주어 he
의 복합술어가 된다.

10. 복합술어의 현재완료진행형

보기 조동사(have, has)+조동사(been)+본동사(현재분사)

>> I have been hearing too many political speeches.

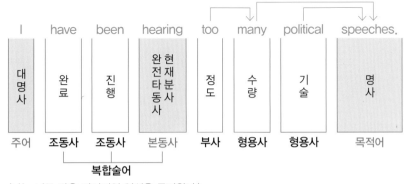

(나는 너무 많은 정치적인 연설을 들어왔다.)
☞ 현재완료조동사 have와 진행조동사 been과 본동사로서 현재분사인 hearing이 본동사가 되어 전체가 주
어의 복합술어가 된다.

11. 복합술어의 과거완료진행형

 보기　조동사(had)+조동사(been)+본동사(현재분사)

》》 I had been hearing strange noises before that time.

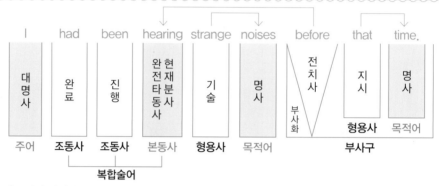

I	had	been	hearing	strange	noises	before	that	time.
대명사	완료	진행	완전타동사 현재분사	기술	명사	전치사 부사화	지시	명사
주어	조동사	조동사	본동사	형용사	목적어	부사구	형용사	목적어

복합술어

(그 시간 전에 나는 이상한 소리들을 듣고 있었다.)

☞ 과거완료조동사 had와 진행형조동사 been과 hear의 현재분사인 본동사 hearing이 합하여 주어의 복합술어가 된다.

12. 복합술어의 미래완료진행형

 보기　조동사(will, shall)+조동사(have)+조동사(been)+본동사(현재분사)

》》 He shall have been waiting for you by next June.

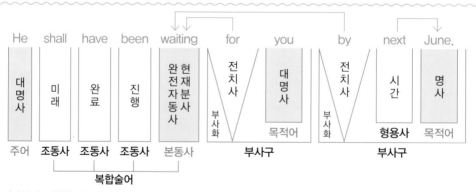

He	shall	have	been	waiting	for	you	by	next	June.
대명사	미래	완료	진행	완전자동사 현재분사	전치사 부사화	대명사	전치사 부사화	시간	명사
주어	조동사	조동사	조동사	본동사	부사구	목적어	부사구	형용사	목적어

복합술어

(당신이 도착할 때 그는 당신을 기다려 오고 있을 것이다.)

☞ 미래조동사 shall과 완료조동사 have와 진행조동사 been과 wait의 현재분사인 본동사 waiting이 합하여 주어 he의 복합술어가 된다.

영문법정복 | 조동사(auxiliary verbs)

조동사는 본동사를 도와서 시제, 법(mood), 의문, 부정 등 여러 가지 주관적인 뜻을 부여하는 법 조동사(modal verbs)와 역시 본동사를 도와서 완료, 진행 및 수동형의 시제를 만드는 기능 조동사 (functional verbs)로서 본동사 앞에 위치하여 그것과 더불어 복합술어를 이룬다.

1. 법 조동사(modal verbs)

(1) do(혹은 does)와 did

의문, 부정, 또는 강조형의 문장을 만드는 데 도움을 주는 조동사다.

》》 Do you smoke?

(당신은 담배를 피웁니까?)

☞ do는 의문문을 만드는 조동사로서 본동사인 동사원형 smoke와 결합하여 주어 you의 복합술어가 된다.

(2) will과 would

미래, 의지, 습성, 능력, 추측, 경향의 뜻을 가진다.

>> Woman will be curious.

(여자란 호기심이 많다.)

☞ will은 경향의 뜻으로 본동사 동사원형 be와 결합하여 주어 woman의 복합술어가 된다.

(3) shall과 should

미래, 예언, 의지, 기대, 의향, 명령의 뜻을 가진다.

>> I shall never do that again.

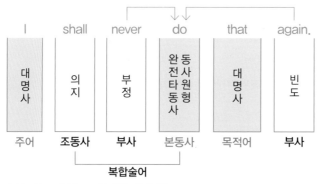

(나는 결코 다시는 그런 짓을 않겠다.)

(4) can과 could

능력, 가능성, 허락의 뜻을 가진다.

≫ Such things can happen from time to time.

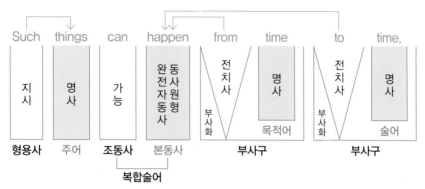

(그러한 사건들은 종종 일어나는 것이다.)

(5) may와 might

허가, 추정, 불확실, 인정, 능력, 양보, 목적, 소망의 뜻을 가진다.

≫ An idle fellow may be succesful.

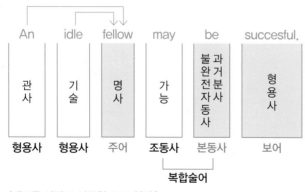

(게으른 사람도 성공할 수도 있다.)

(6) must

필요, 의무, 당연, 명령, 추정, 필연의 뜻을 가진다.

➤➤ Soldiers must obey orders without question.

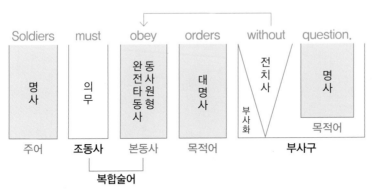

(군인들은 무조건 명령들을 따라야 한다.)

(7) dare와 dared

주로 부정과 의문의 경우에 쓰이는 조동사로서 담대성의 뜻을 가진다.

➤➤ How dare you say such an impertinent thing to me?

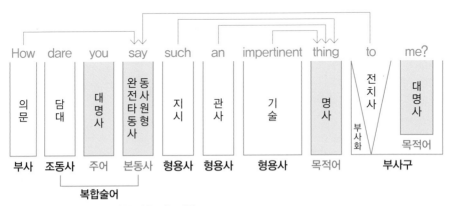

(네 감히 나에게 그런 무례한 말을 하는가?)

영문법정복 | 준동사

동사가 주어를 서술하는 동사의 본래의 기능을 바꾸어 명사, 형용사, 그리고 부사와 같은 다른 품사 기능들을 취하는 형태를 준동사라고 한다.

1. 부정사

to+동사원형 또는 to가 빠진 동사원형 형태를 취하여 보어나 목적어를 취하고 부사적 수식을 받는 동사의 속성을 유지하면서 문장 속에서 명사적 역할, 형용사적 역할, 또는 부사적 역할을 한다.

(1) 명사적 역할

부정사 구문이 문장 속에서 주어, 목적어, 그리고 보어의 기능을 한다.

>> To do good is to be happy.

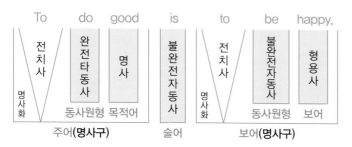

(좋은 일을 하는 것은 행복하게 되는 것이다.)

☞ 완전타동사의 동사원형인 do가 목적어 good을 이끄는 구문을 전치사 to가 명사구문으로 만들어 술어 is의 주어가 되게 하고, 불완전자동사의 원형인 be가 보어 happy를 이끄는 구문을 전치사 to가 명사구문으로 만들어 그것이 is의 보어가 되게 한다.

≫ John hesitated to ask me for money.

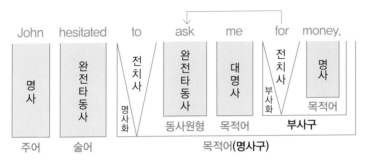

(존은 나에게 돈을 요구하기를 꺼렸다.)

☞ 완전타동사의 동사원형인 ask가 목적어 me를 이끌고 부사구 for money에 의해서 수식을 받는 구문을
전치사 to가 명사구문으로 만들어 완전타동사 hesitated의 목적어가 되게 한다.

(2) 형용사적 기능

부정사 구문이 문장 속에서 명사나 대명사를 수식하는 형용사적 수식구문이 되거나 불완전
타동사의 목적보어가 된다.

≫ Parliament has the right to make any law whatever.

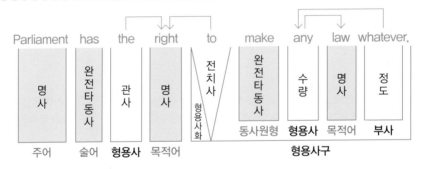

(의회는 어떤 법이든지 만들 권리가 있다.)

☞ 정도부사 whatever가 수량형용사 any를 수식하고 부정형용사인 any가 다시 수식한 low를 완전타동
사 원형인 make가 목적어로 이끄는 구문을 전치사 to가 형용사 구문으로 만들어 명사 right를 수식하
게 한다.

>> I will thank you to pass the mustard.

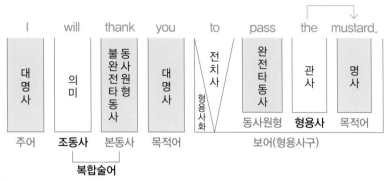

(그 겨자소스를 건네주시면 감사하겠습니다.)

☞ 완전타동사의 원형인 pass가 명사 mustard를 목적어로 이끄는 구문을 전치사 to가 형용사 구문으로 만들어 불완전타동사인 thank의 목적보어가 되게 한다.

(3) 부사적 기능

부정사 구문이 문장 속에서 동사, 형용사, 부사 또는 문장을 수식하는 부사적 수식구문이 된다.

>> He came here to see her.

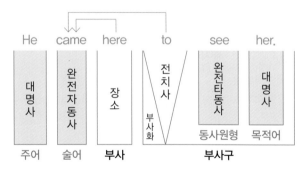

(그는 그녀를 보기 위해 여기에 왔다.)

☞ 완전타동사의 원형인 see가 인칭대명사 her를 목적어로 이끄는 구문을 전치사 to가 부사구문으로 만들어 동사 came을 수식하게 한다.

>> He is sure to cross our path tomorrow.

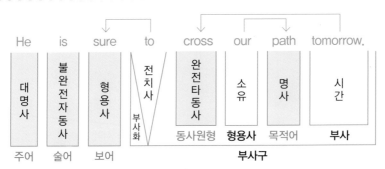

(그는 내일 틀림없이 우리를 만날 것이다.)

☞ 완전타동사의 동사원형인 cross가 명사 path를 목적어로 이끌고 부사 tomorrow에 의해서 수식을 받게 되는 구문을 전치사 to가 부사구문으로 만들어 형용사 sure를 수식하게 한다.

>> He is too young to drive a car.

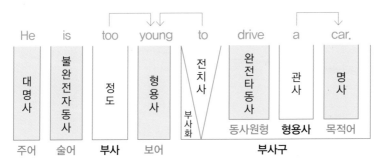

(그는 너무 나이가 어려 승용차를 운전할 수 없다.)

☞ 완전타동사의 원형인 drive가 명사 car를 목적어로 이끄는 구문을 전치사 to가 부사구문으로 만들어 부사 too를 수식하게 한다.

2. 동명사(gerund)

동사원형+ing의 형태를 취하여 보어나 목적어를 취하고 부사적 수식을 받는 동사의 속성을 유지하면서 문장 속에서 명사적 역할을 한다.

≫ I remember seeing her before.

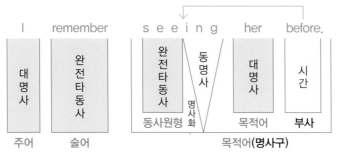

(나는 전에 그녀를 본 것을 기억한다.)

☞ 완전타동사의 동사원형인 see가 her를 목적어로 취하고 부사 before의 수식을 받고 있는 것을 ing가 명사구문으로 만들어 타동사 remember의 목적어가 되게 한다.

3. 분사(participle)

동사의 원형 뒤에 ing를 붙여서 만든 현재분사 형태와, 동사의 원형 뒤에 ed나 en을 붙여서 만들거나 혹은 동사원형 형태와 같거나 아니면 전혀 다른 형태로 된 과거분사 형태의 두 가지가 있다. 분사는 문장 속에서 형용사적 역할과 부사적 역할을 행한다.

≫ The church standing on a hill commands a fine view.

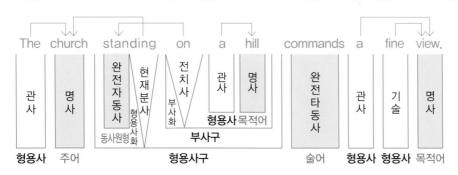

(한 언덕 위에 있는 그 교회는 전망이 좋다.)

☞ 완전자동사 원형인 stand가 부사구 on a hill에 수식을 받는 것을 ing가 형용사 구문으로 만들어 명사 church를 수식하게 한다.

Being wise, he passes on silently.

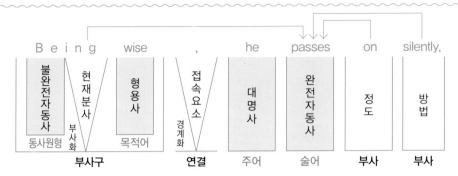

(그는 현명했기에 조용히 지나갔다.)

☞ 불완전자동사 be가 보어 wise를 취한 것을 ing가 부사구문으로 만들어 동사 passed를 수식하게 한다.

형용사는 문장 요소들(주요소, 수식요소, 접속요소) 중 수식요소로서 사물의 상태, 성질, 종류, 수량, 지시, 소유, 부정, 의문 등을 나타낸다. 명사나 대명사의 앞이나 혹은 뒤에 위치하여 그것들을 수식한다. 또한 형용사는 주요소로서 불완전자동사와 불완전타동사의 보어의 기능을 하기도 한다.

1. 기술형용사

사물의 성질 및, 속성, 상태, 재료, 종류 등을 표현한다.

He wished me good night.

(그는 나에게 저녁 작별 인사를 했다.)

☞ 기술형용사 good이 명사 night를 수식한다.

>> The water is good to drink.

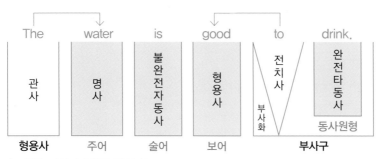

(그 물은 마시기에 좋은 것이다.)

☞ 기술 형용사 good이 불완전자동사 is의 보어가 되고 완전타동사인 drink의 목적어는 앞의 주어인 water 가 대신한다.

2. 고유형용사

고유명사로부터 변한 형용사로서 첫 글자는 항상 대문자로 쓰인다.

보기 Korean, American, Chinese

>> The English language is used in any nation.

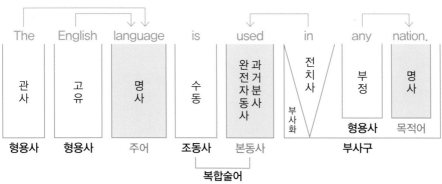

(영어는 어느 나라에서도 사용된다.)

☞ 고유형용사 English가 명사 language를 수식한다.

3. 수량형용사

수량 또는 서수를 나타내는 형용사이다.

 all, every, some, one, two, third, enough, much

>> He has enough money to found a nation.

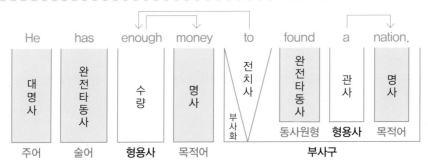

He	has	enough	money	to	found	a	nation.
대명사	완전타동사	수량	명사	전치사 부사화	완전타동사 동사원형	관사 **형용사**	명사 목적어
주어	술어	**형용사**	목적어		부사구		

(그는 하나의 나라를 세울 충분한 돈을 갖고 있다.)

☞ 수량형용사 enough가 물질명사 money를 수식한다.

4. 관사류 형용사

부정관사 a와 an, 정관사 the가 있다.

>> She was in the blues yesterday.

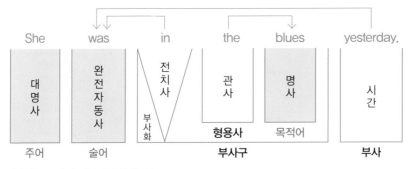

She	was	in	the	blues	yesterday.
대명사	완전자동사	전치사 부사화	관사 **형용사**	명사 목적어	시간
주어	술어	부사구			부사

(어제는 그녀의 기분이 우울했다.)

☞ 정관사 the가 추상명사 blues를 수식한다.

5. 지시형용사

사물을 가리키는 형용사이다.

보기 　this, these, that, those, such, another, other

>> John was relived of this unwanted burden.

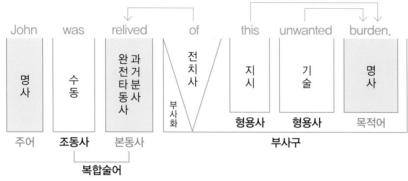

(존은 이 달갑지 않은 부담을 덜게 되었다.)

☞ 지시형용사 this가 명사 burden을 수식한다.

6. 소유형용사

어디에 속해 있는지 소유관계를 나타내는 형용사이다.

>> This is my book.

(이것은 나의 책이다.)

☞ 소유형용사 my가 명사 book을 수식한다.

7. 의문형용사

의문을 나타내는 형용사이다.

 what, which

>> What money have you got?

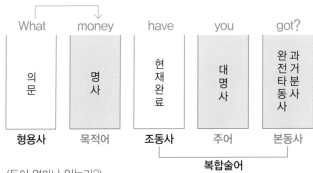

(돈이 얼마나 있는가?)

☞ 의문형용사 what가 명사 money를 수식한다.

8. 관계형용사

두 개의 문장들을 연결시키며 그것이 이끄는 문장에서 명사를 수식하는 형용사의 역할을 한다.

>> I gave him what money I had.

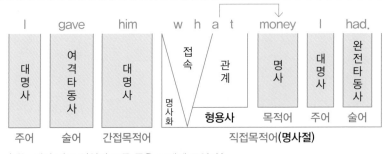

(나는 내가 갖고 있었던 모든 돈을 그에게 주었다.)

☞ 관계형용사 what이 명사 money를 수식하는 형용사의 역할을 함과 동시에 그것 뒤의 문장을 명사구문으로 만들어 수여타동사 gave의 직접목적어로 만든다.

영문법정복 | 부 사

문장 구성요소들(주요소, 수식요소, 접속요소) 중의 수식요소인 부사는 동사, 형용사, 부사 또는 문장을 수식하는 품사로서 장소, 시간, 방법, 이유, 조건, 정도, 결과, 부정, 목적 등을 나타내어 사물의 동태 및 상태를 꾸며 주는 것으로 slowly, then, there, early, fast, so 등이 있다.

1. 장소의 부사

장소나 방향을 나타내는 부사

>> He is never happy away from home.

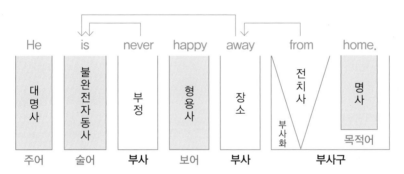

(그는 집을 떠나서는 결코 행복하지 못한다.)

☞ 장소부사 away가 불완전자동사 is를 수식한다.

2. 시간의 부사

시간을 나타내는 부사이다.

>> they started immediately.

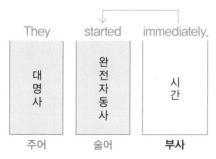

(그들은 즉각 시작했다.)

☞ 시간의 부사인 immediately가 동사 started를 수식한다.

3. 정도의 부사

정도를 나타내는 부사이다.

>> Few men are wholly good.

(완전히 좋은 사람은 거의 없다.)

☞ 정도의 부사인 wholly가 형용사 good을 수식한다.

4. 방법의 부사

방법이나 양식을 나타내는 부사이다.

≫ He gladly accepted our proposal.

He	gladly	accepted	our	proposal.
대명사	방법	완전타동사	소유	명사
주어	**부사**	술어	**형용사**	목적어

(그들은 기꺼이 우리의 제안을 수락했다.)

☞ 방법의 부사 gladly가 동사 accepted를 수식한다.

5. 빈도의 부사

반복되는 정도를 나타내는 부사이다.

≫ He sometimes goes to the movies.

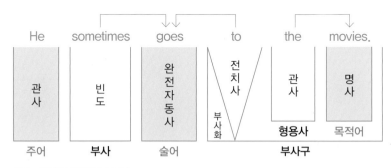

He	sometimes	goes	to	the	movies.
관사	빈도	완전자동사	전치사 / 부사화	관사	명사
주어	**부사**	술어		**형용사**	목적어
				부사구	

(그는 때때로 영화를 본다.)

☞ 빈도부사 sometimes가 동사 goes을 수식한다.

6. 이유의 부사

이유나 원인을 나타내는 부사이다.

>> Will you arrange accordingly?

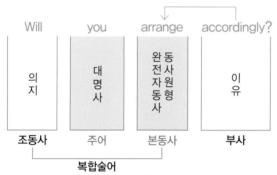

(형편에 따라 적당히 정해 주시겠습니까?)

☞ 이유의 부사 accordingly가 동사 arrange를 수식한다.

7. 확인의 부사

확신하는 정도를 나타내는 부사이다.

>> It surely cannot have been he.

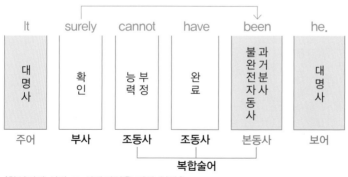

(확신컨대 설마 그 사람이었을 리가 없다.)

☞ 확인부사 surely가 동사 been을 수식한다.

8. 의문부사

의문을 나타내는 부사이다.

>> How do you like Korean food?

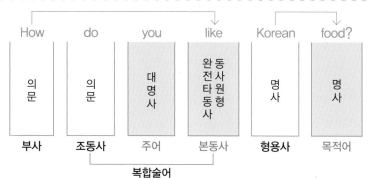

(한국 음식이 어떻습니까?)

☞ 의문부사 how가 명사 like를 수식한다.

9. 관계부사

접속사의 구실을 겸하고 있는 것으로서 그것이 이끄는 문장에서 부사의 역할을 한다.

>> We found a room where we could study.

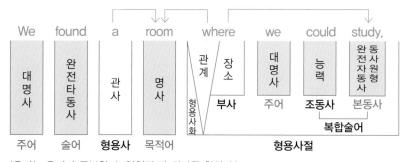

(우리는 우리가 공부할 수 있었던 방 하나를 찾았다.)

☞ 관계부사 where가 동사 study를 수식하는 장소의 부사의 역할을 하면서 뒤의 문장을 형용사절로 만들어 앞의 명사 room을 수식하게 한다.

문장구성 요소들(주요소, 수식요소, 접속요소) 중의 하나인 접속요소로서의 전치사는 명사나 대명사(또는 명사 상당어구) 앞에 위치하여 형용사구, 부사구 또는 명사구를 이룬다. 전치사 뒤에 오는 명사나 대명사는 전치사의 목적어가 된다. 전치사는 형태상으로 다음과 같이 분류된다.

1. 단일전치사

낱말 하나가 전치사가 된다.

>> Christmas will come in a fortnight.

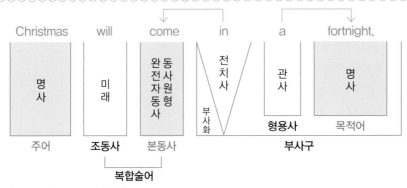

(크리스마스는 2주일 후다.)

☞ 접속요소로서의 전치사 in이 형용사 a에 의해 수식 받은 명사 fortnight를 목적어로 지배 하에 부사구를 만들어 came을 수식하게 한다.

>> John is a man of learning.

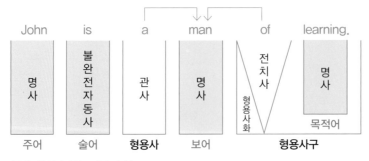

(존은 학식이 있는 사람이다.)

☞ 접속요소로서의 전치사 of가 명사 learning을 목적어로 지배하여 형용사구를 만들어 명사 man을 수식하게 한다.

≫ We waited till after their duty hours.

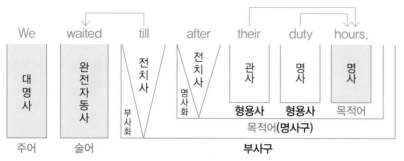

(그들의 당직근무 시간 뒤까지 우리는 기다렸다.)

☞ 접속요소로서의 전치사 after가 형용사 duty(명사가 형용사가 된 것)에 의해 수식 받은 명사 hours를 목적어로 지배하여 명사구를 만들어 그것 앞의 전치사 till의 목적어가 되게 하고, 접속요소로서의 전치사 till이 명사구 their duty hours를 목적어로 지배하여 부사구를 만들어 동사 waited를 수식하게 한다.

2. 복합전치사

두 개 이상의 낱말들이 붙어 하나의 전치사가 된다.

≫ Owing to such circumstance, he could not leave Seoul.

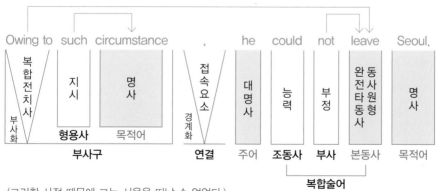

(그러한 사정 때문에 그는 서울을 떠날 수 없었다.)

☞ 접속요소로서의 복합전치사 owing to가 명사 circumstance를 목적어로 지배하여 부사구를 만들어 동사 leave를 수식하게 한다.

영문법정복 | **접속사**

> 보기 and, or, for, because, as, when 등

문장 구성요소들(주요소, 수식요소, 접속요소) 중의 하나인 접속요소로서의 접속사는 두개의 문법적 단위체들을 연결시키는 품사로서 크게 두 가지로 분류된다.

1. 등위접속사

낱말과 낱말, 구와 구, 문장과 문장을 대등하게 연결시켜 주는 접속사이다.

>> The soldier drove slowly and carefully.

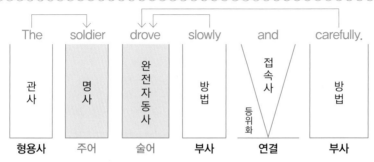

(그 군인은 느리고 조심스럽게 운전했다.)

☞ 접속요소로서의 등위접속사 and는 앞의 방법의 부사 slowly와 뒤의 방법의 부사 carefully를 대등하게 연결시켜 동사 drove를 수식하게 한다.

>> To know and to teach are very different.

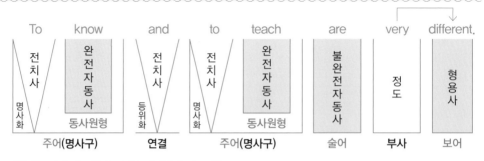

(안다는 것과 가르친다는 것은 판이하게 다르다.)

☞ 접속요소로서의 등위접속사 and가 부정사 구문의 명사구 to know(주어)와 부정사 구문의 명사구 to teach(주어)를 대등하게 연결시켜 술어 are의 주어가 되게 한다.

>> He felt no fear, for he was very brave.

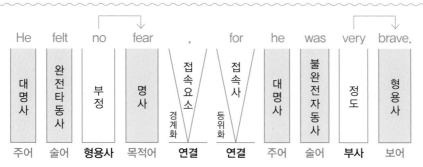

(그는 전혀 두려워하지 않았다. 왜냐하면 그는 매우 용감했기 때문이다.)

☞ 접속요소로서의 등위접속사 for가 앞의 문장 He felt no fear와 뒤의 문장 he wery brave.를 대등하게
연결시키고 있다.

2. 종속접속사

두 개의 문장을 연결시키는 품사로서 그것 뒤에 오는 문장과 결합하여 명사절이나 부사절을 만
든다.

(1) 단일 종속접속사

낱말 하나가 종속접속사가 된다.

>> The dogs fought till the hair flew.

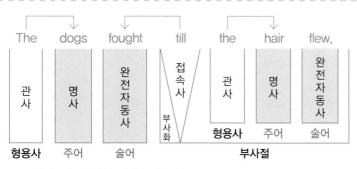

(그 개들은 털이 휘날릴 때까지 싸웠다.)

☞ 접속요소로서의 종속접속사 till이 뒤의 문장 the hair flew를 이끌어(지배하여) 부사절을 만들어 동사
fought를 수식하게 한다.

>> He insisted that he was right.

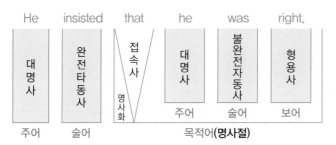

(그는 옳았다라고 주장했다.)

☞ 접속요소로서의 종속접속사 that가 뒤의 문장 he was right를 이끌어(지배하여) 명사절을 만들어 완전
타동사 insisted의 목적어가 되게 한다.

(2) 복합접속사

낱말 둘 이상이 모여 종속접속사가 된다.

>> Nothing matters as long as we are not found out.

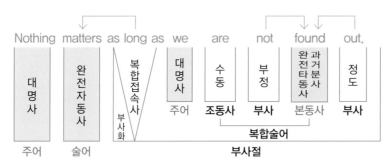

(우리들이 발견되지 않는 한 아무 문제가 없다.)

☞ 접속요소로서의 복합접속사 as long as가 뒤의 문장 we are not found out를 이끌어(지배하여) 부사절
을 만들어 동사 matters를 수식하게 하는데, 조동사 are와 본동사 found는 복합술어가 된다.

영문법정복 | 감탄사

감정을 나타내는 놀람, 괴로움, 슬픔, 기쁨 등의 인간의 희로애락(喜怒哀樂)을 강조하는 말로 문장 안에서 독립적으로 존재하여 문장의 효과를 돕는다.

≫ Oh, what shall I do?

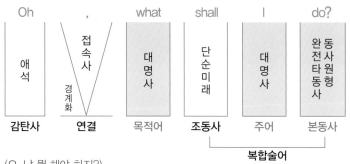

(오, 난 뭘 해야 하지?)

☞ 감탄사 oh는 일종의 부사로서 뒤의 문장 what shall I do?의 문장적인 효과를 높여주고 있다.

첫 걸음

첫 걸음이
힘차다.
천리 길이
그 속에 닿았다.

첫 물방울이
세차다.
긴 강물이
그 속에 가득하다.

첫 삽길이
잘 파인다.
큰 논밭이
그 속에 갈렸다.

시작이
좋다.
맺는 끝이
그 속에 이어졌다.

04 영어 동사의 12시제들을 배워 영어의 중심을 잡다

인간과 관련된 삼라만상의 모든 동태들과 상태들을 나타내는 말이 동사인데, 영어에서는 이 동사가 시간의 일직선 위에서 12가지로 갈라진다. 이 12가지의 갈라짐은 사물의 동태들과 상태들을 직설적으로 있는 그대로 나타내 주기 때문에 영어에서 직설법 12시제들이라고 일컬어진다.

그 선생은 12시제들을 순서대로 과거, 현재, 그리고 미래로 엮어 그것을 기본시제라고 설명하고 기본시제와 관련되는 완료시제가 있는데 그것도 순서대로 과거완료, 현재완료, 그리고 미래완료로 이어 놓고 또한 기본시제들과 완료시제들과 관련되는 시제가 있는데 그것은 진행형 시제들인데 그것도 순서대로 과거진행, 현재진행, 미래진행, 과거완료진행, 현재완료진행, 미래완료진행으로 열거했다.

그 선생은 영어의 12시제들을 열거한 뒤에 그것들을 각각 자세히 설명하기 시작했다. 그는 이 설명에 앞서 과거가 시간상으로 앞서지만 현재가 모든 시간의 중심이 되기 때문에 12시제들을 설명하는 편리를 도모하기 위해서 현재 시제를 먼저 설명하겠다고 말했다.

그리고 그 선생은 자연에서 연속되는 시간(time)과 인간 언어에서 연속되는 시제(tense)가 일치하지 않을 경우들이 많다고 하면서, 자연의 시간(time)과 언어와 시제(tense)의 상관관계를 이해하는 것이 중요하다고 말했다.

영문법정복 | 영어동사의 12시제들

(1) 현재

한 동태나 상태(동작이나 상태)가 현재의 시점을 중심으로 일회적으로 발생하거나 습관적으로 발생하는 것을 나타내는 시간상의 어법. (진리나 역사적 사실을 나타내기도 한다.)

(2) 과거

한 동태나 상태가 과거의 한 시점을 중심으로 일회적으로 발생했거나 습관적으로 발생한 것을 나타내는 시간상의 어법.

(3) 미래

한 동태나 상태가 미래의 한 시점을 중심으로 일회적으로 발생할 것이거나 습관적으로 발생할 것을 나타내는 시간상의 어법.

(4) 현재완료

한 동태나 상태가 과거의 한 시점에서 현재의 시점까지 완료, 결과, 경험, 또는 계속되는 것을 나타내는 시간상의 어법.

(5) 과거완료

한 동태나 상태가 과거의 한 앞의 시점에서 과거의 한 뒤의 시점까지 완료, 결과, 경험, 또는 계속된 것을 나타내는 시간상의 어법.

(6) 미래완료

한 동태나 상태가 한 앞의 시점에서 미래의 한 시점까지 완료, 결과, 경험, 또는 계속될 것을 나타내는 시간상의 어법.

(7) 현재진행

한 동태가 현재의 시점에서 순간적으로 진행하고 있는 것을 나타내는 시간상의 어법. (상태를 나타내는 동사는 항상 그 상태로 있기 때문에 진행 시제로는 쓰이지 않는다.)

(8) 과거진행

한 동태가 과거의 한 시점에서 순간적으로 진행하고 있던 것을 나타내는 시간상의 어법.

(9) 미래진행

한 동태가 미래의 한 시점에서 순간적으로 진행하고 있을 것을 나타내는 시간상의 어법.

(10) 현재완료진행

한 동태가 과거의 한 시점에서 현재의 시점까지 계속하여 현재의 시점에서 순간적으로 진행하고 있는 것을 나타내는 시간상의 어법.

(11) 과거완료진행

한 동태가 과거의 한 앞의 시점에서 과거의 한 뒤의 시점까지 계속하여 그 과거의 뒤의 시점에서 순간적으로 진행했던 것을 나타내는 시간상의 어법.

(12) 미래완료진행

한 동태가 한 앞의 시점에서 미래의 한 시점까지 계속하여 그 미래의 한 시점에서 순간적으로 진행하고 있는 것을 나타내는 시간상의 어법.

그 선생은 영어의 12시제들을 이렇게 자세히 설명한 뒤에 각 시제마다 보기를 들어가며 계속 설명했다. 이 12시제들의 모든 보기들을 들기 위해서는 동사의 형태들과 변화들에 대해 알아야한다면서 먼저 동사들의 형태들과 변화들이 어떻게 되어 있는가에 대하여 역시 자상하게 설명해 주었다. 우선 동사들은 일반 동사들과 조동사들로 나누어 볼 수 있다. 조동사들을 뺀 나머지 모든 동사들이 일반 동사들이기 때문에 조동사들을 소개하면 자연히 일반 동사들을 알게 된다고 그는 말했다.

영문법정복 | 조동사의 현재형과 과거형

조동사들은 현재형과 과거형을 갖는다. 미래를 뜻하는 조동사들로서 현재형으로서 will과 shall, 과거형으로 will의 과거 would와 shall의 과거 should가 있고, 능력을 뜻하는 현재형 can과 과거형 could가 있고, 가능성을 뜻하는 현재형 may와 과거형 might가 있고, 의무를 뜻하는 현재형 must가 있는데 이 조동사는 과거형이 없다. 그 선생은 이렇게 설명한 뒤에 다시 도표를 이용해 설명했다.

(1) 일 것이다	shall	(현재형)	→	일 것이었다	should	(과거형)
	will	(현재형)	→	일 것이었다	would	(과거형)
(2) 할 수 있다	can	(현재형)	→	할 수 있었다	could	(과거형)
(3) 해도 좋다	may	(현재형)	→	해도 좋았다	might	(과거형)
(4) 해야 한다	must	(현재형)	→		(과거형 없음)	

　위에 열거한 조동사들은 전형적인 조동사들이고 피동형과 완료형을 만드는 조동사들이 또 따로 있다. 그것들은 일반 동사들로도 쓰인다. 그 선생은 여기에 이르러서 고심을 하는 듯한 표정을 지으면서 "너희들 말이야, 이 피동형과 완료형을 만드는 조동사들을 내친김에 여기서 설명하고 싶은데 알아들을 수 있겠냐?"라고 말하면서 우리 학생들의 반응을 살폈다. 나는 그 선생이 이렇게 학생의 처지까지 고심하는 것을 보고 자신이 아는 것을 학생도 알 것이라고 당연히 여기지 않고 어떻게 하든 학생의 고충을 이해하려는 태도를 취하는 것이구나 하고 고개가 절로 숙여지면서 용기도 솟는 것을 느꼈다.

　나는 그래서 손을 들고 "선생님, 아까 12시제들을 설명하시면서 완료라는 말씀을 하셨는데 정확히 무엇인지 궁금했습니다. 지금 그 두 가지 완료형과 피동형 조동사들을 함께 설명해 주시면 서로 대조가 되어 이해하기가 쉬울 것 같습니다."라고 말했다. 그는 나의 이와 같은 용기 있는 제의에 얼굴 가득 즐거운 표정을 지으면서 "배우는 학생도 너처럼 가르치는 선생의 고충을 조금이라도 덜어주는 태도를 가져야 한다."고 반가워하면서 피동형과 완료형을 만드는 조동사들을 신나게 설명했다.

　나는 그러한 모습을 보면서 어렴풋이나마 대인관계는 상대방에게 배려를 아끼지 않는 것이라는 것을 깨달았다. 예컨대, 길을 묻는 사람과 길을 알려주는 사람의 관계와 같다. 알려주는 이는 자신이 안다고 해서 상대도 자신처럼 알 거라는 생각이 들었다 여기지 않고 친절과 열정으로 그 길에 대하여 자신이 알고 있는 길을 상세하게 가르쳐 주어야 하고, 듣는 이는 충정과 열성으로 주의 깊게 가르침을 듣는 그러한 관계가 되어야 하는 것이다.

　그 선생은 책 끝 부분에 있는 동사의 정리편에서 다시 설명할 것이라면서도 나의 적극적인 반응을 받아들여 상세히 설명했다. 완료형 조동사는 have 동사인데 그것이 가지고 있는 형태들은 그것의 원형인 have, 그것의 1, 2, 3인칭 단수와 복수의 과거형인 had, 그것의 과거분사형인 had, 그것의 현재분사형인 having, 그것의 1인칭과 2인칭 단수와 복수 현재형인 have, 3인칭 단수 현재형인 has, 그리고 3인칭 복수 현재형인 have가 있다. 그리고 진행형 조동사는 be동사인데 그것이 가지고 있는 형태들은 그것의 원형인 be, 그것의 현재분사형인 being, 그것의 과거분사형인 been, 그것의 1인칭 단수 현재형인 am, 그것의 1인칭 복수 현재형, 그것의 2인칭 단수 현재형, 그것의 3인칭 복수 현재형, 2인칭 복수 현재형, 3인칭 복수 현재형인 are, 그것의 1인칭 단수 과거형과 3인칭 단수 과거형인 was, 그것의 1, 2, 3인칭 복수과거형인 were가 있다.

have동사와 be동사는 일반 동사로도 쓰이는데 그 때에 have 동사는 '갖는다' 라는 뜻을 갖고 be동사는 '있다' 라는 존재의 뜻과 '～이다' 라는 상태의 두 가지 뜻들을 갖는다. 이렇게 그 선생은 완료형 조동사 have와 진행형 조동사 be를 이렇게 자세히 설명한 뒤에 다음과 같이 도표로 다시 설명했다.

영문법정복 | have 동사(가지다)

동사원형:have	3인칭 단수 현재:has	2인칭 단수 과거:had
현재분사:having	1인칭 복수 현재:have	3인칭 단수 과거:had
과거분사:had	2인칭 복수 현재:have	1인칭 복수 과거:had
1인칭 단수 현재:have	3인칭 복수 현재:have	2인칭 복수 과거:had
2인칭 단수 현재:have	1인칭 단수 과거:had	3인칭 복수 과거:had

영문법정복 | be 동사(이다/있다)

동사원형:be	3인칭 단수 현재:is	2인칭 단수 과거:were
현재분사:being	1인칭 복수 현재:are	3인칭 단수 과거:was
과거분사:been	2인칭 복수 현재:are	1인칭 복수 과거:were
1인칭 단수 현재:am	3인칭 복수 현재:are	2인칭 복수 과거:were
2인칭 단수 현재:are	1인칭 단수 과거:was	3인칭 복수 과거:were

그 선생은 조동사도 되고 일반 동사도 되는 have동사와 be동사를 도표로 자세히 설명하고서 "너희들 말이야, 이처럼 모든 일반 동사들도 15가지 형태들을 갖고 있다는 것에 유의해야 한다." 라고 말하면서 이러한 동사들의 형태 변화에는 규칙적인 변화와 불규칙적인 변화가 있다고 했다.

규칙적인 변화를 갖는 일반 규칙 동사들의 경우 주어가 3인칭 단수이고 현재시제인 경우에는 동사원형에 s(또는 es)가 붙고, 그 밖의 경우인 1인칭과 2인칭 단수 현재와 1인칭 복수 현재, 2인칭 복수 현재, 그리고 3인칭 복수 현재는 모두 동사원형의 형태를 취한다. 그리고 과거시제인 경우에는 1인칭 단수와 복수, 2인칭 단수와 복수, 3인칭 단수와 복수는 모두 어미에 ed가 붙는다. 또한 현재분사는 동사의 원형에 ing가 붙고 과거분사는 ed(혹은 en)가 붙는다. 불규칙 일반동사의 경우 do동사를 본보기로 삼아 나중에 열거된다.

pass(지나가다)의 일반 동사를 예로 들어 도표화하면 다음과 같다.

영문법정복 | pass 동사(지나가다)

(1) 동사원형: pass

(2) 현재분사: passing

(3) 과거분사: passed

(4) 1인칭 단수 현재: pass

(5) 2인칭 단수 현재: pass

(6) 3인칭 단수 현재: passes

(7) 1인칭 복수 현재: pass

(8) 2인칭 복수 현재: pass

(9) 3인칭 복수현재: pass

(10) 1인칭 단수 과거: passed

(11) 2인칭 단수 과거: passed

(12) 3인칭 단수 과거: passed

(13) 1인칭 복수 과거: passed

(14) 2인칭 복수 과거: passed

(15) 3인칭 복수 과거: passed

나는 동사들의 15가지 형태들 중에 같은 것들이 많이 겹쳐 있는 것을 보고 의아하게 생각하여 손을 들고 "선생님, have동사나 be동사도 마찬가지였지만 pass 동사에 있어서 3인칭 단수, 현재에만 es가 붙어 있고, 그 이외의 1인칭 단수, 복수, 2인칭 단수, 복수, 3인칭 복수에는 모두다 똑같이 pass이고, 과거시제일 경우에는 모든 인칭들에 다같이 passed인데, 예컨대 pass가 1인칭 단수가 되기도 하고 2인칭 단수가 되기도 하고, 마찬가지로 passed가 1인칭 단수에 속하기도 하고 2인칭 단수에 속하기도 하니 도대체 동사의 15형태들이 도깨비 장난처럼 보입니다."

그 선생님은 나의 질문에 대하여 "학생이 그렇게 생각이 드는 것은 당연하다! 아마 내가 pass를 한꺼번에 1인칭 단수와 복수, 2인칭 단수와 복수, 3인칭 복수에 쓰이고 passed도 한꺼번에 1인칭 단수와 복수, 2인칭 단수와 복수, 3인칭 단수와 복수에 쓰인다고 말하면 간단명료한 설명이 될 것을 왜 똑같은 형태를 두고 단수와 복수에 따라 다르다고 설명하는 것인가에 대한 불만을 품을 수 있다. 그러나 그렇게 같은 것처럼 보이는 형태들이 실제로는 하늘과 땅 차이만큼 다른 것이다. 동사원형인 pass와 1인칭 단수 현재형인 pass는 우연히 그 생김새가 같을 뿐이지 그 둘은 엄연히 다른 것이다. 이것은 똑같이 보이는 쌍둥이 형제들도 엄연히 다른 사람들인 것과 같다. 성격도 다르고 이름도 다르다.

이와 같이 동사의 15가지 형태들은 우연히 생김새가 같아 보이나, 그것들은 서로가 완전히 다른 것이다. 예컨대, 2인칭 복수 과거인 passed와 3인칭 단수 과거인 passed는 서로 바꿔 쓸 수 없는 관계로 서로 다른 것이다. 이것이 원리의식인 것이다."라고 귀신 씨나락 까먹는 것 같은 알 수 없는 설명을 했다.

그러나 그 날 집에 가서 배운 것을 복습하면서 동사의 15형태들을 쌍둥이 형제에 비유한 것을 곰곰이 생각해보니 그제야 그 선생이 말한 원리의식이 나의 머릿속에 잡혔다.

will, shall의 조동사들은 과거형 would와 should 밖에 없고 may의 조동사는 과거형 might 밖에 없고 can의 조동사는 could 밖에 없고 must 조동사는 현재형 must 밖에 없고 ought to 도 현재형 ought to 밖에 없다. 그러나 이 조동사 이외의 모든 일반 동사들은 모두가 다 15형태의 동사들이 있는 것이다. 그 중에서도 본동사로도 쓰이고 조동사로도 쓰이는 동사는 be동사와 have동사가 가장 중요하기 때문에 그 선생은 제일 먼저 그것들의 15 형태들을 제시해 주었다. 이 15형태의 동사들은 주어의 인칭과 수 그리고 시제에 따라 달라지는데 그 변화한 모습이 같다고 해서 같은 기능을 하는 것은 아닌 것이다.

be동사와 have동사 다음으로 중요한 동사는 do동사인데 이 동사는 15형태들로 쓰이면서 조동사로서는 do, does, 그리고 did의 세 가지만 쓰인다. 이 do동사의 일반 동사 15형태들을 학생들이 스스로 사전을 찾아 적어보라! 이것은 즉석 시험문제이다. 내가 모범답안을 제시해 보겠다.

영문법정복 | do동사(하다)

(1) 동사원형:do
(2) 현재분사:doing
(3) 과거분사:done
(4) 1인칭 단수 현재:do
(5) 2인칭 단수 현재:do
(6) 3인칭 단수 현재:does
(7) 1인칭 복수 현재:do
(8) 2인칭 복수 현재:do
(9) 3인칭 복수현재:do
(10) 1인칭 단수 과거:did
(11) 2인칭 단수 과거:did
(12) 3인칭 단수 과거:did
(13) 1인칭 복수 과거:did
(14) 2인칭 복수 과거:did
(15) 3인칭 복수 과거:did

다음날 수업시간에 그 선생은 "이제부터는 12시제들의 보기들을 제시할 터인데, be동사와 have 동사가 12가지의 복합시제들을 만드는 데 얼마나 많이 쓰이는지는 학생들이 보면 금방 알게 될 것이다. 물론, will, shall, should, 그리고 would들도 긴요하게 쓰이는 것을 알게 될 것이고 12시제의 의문문 복합시제들과 부정문의 복합시제들도 be동사와 have동사와 긍정문의 경우같이 조동사들로 가장 많이 쓰이고 will, shall, would, should 조동사들도 긴요하게 쓰인다. 다만 현재와 과거시제의 의문문들에서는 do, does, did도 긴요하게 쓰인다.

조동사로서 do, does, did는 의문문과 부정문을 만드는 데 쓰이면서 또한 본동사를 강조하는 조동사로 쓰인다. will, shall, would, should는 미래를 조동사로 쓰이고 be동사의 15형태들 모두는 진행형과 수동형을 만드는데 쓰이고 have동사 15형태들 모두는 완료형을 만드는데 쓰인다. 때로는 be 동사도 완료형을 만드는 데 쓰기도 하는데 이것은 분사의 용법에서 다루어질 것이다. 지금까지 직설법 12시제들을 만드는 데 쓰는 조동사들을 설명했는데 학생들은 이것들이 실제 문장들 속에 쓰이는 것을 보면 지금까지 내가 조동사들에 대하여 설명한 것이 학생들의 12시제에 대한 원리 의식을 터득하는데 큰 도움이 될 것이다." 라고 설명하고서는 자나깨나 원리의식을 터득하라고 우리 학생들에 당부하는 것을 잊지 않았다. 그는 원리 의식을 터득하지 못하면 영어를 외국어로 공부하기를 아예 포기하라고 으름장을 놓았다. 그러나 우리 학생들은 그 선생의 으름장이 경고로 들리지 않고 격려로 받아들여졌다. 그리고 그가 앞으로 또 되풀이하여 '원리의식' 이란 말을 쓰리라는 기대에 부풀었다.

그 선생은 일반 동사의 규칙적인 변화들을 보기와 함께 설명한 뒤에 불규칙적인 변화를 하는 동사의 보기들을 세 가지 예를 들어 설명했다.

set(놓다)라는 일반 동사는 3인칭 단수 현재에 s가 붙고, 현재분사에 ing이 붙고, 나머지 형태들에는 모두가 다 set이다.

come(오다) 동사의 경우는 1, 2, 3인칭 단수와 복수의 과거 형태들은 모두가 came을 취하고, 3인칭 단수현재형은 comes를 취하고 과거분사는 come의 형태를 갖는다. 그리고 현재분사형은 coming을 취한다.

go(가다)는 1, 2, 3인칭들의 단수와 복수의 과거 형태는 모두가 went를 취하고, 1, 2인칭 단수 현재는 go, 3인칭 단수 현재는 goes이고, 현재분사형은 going을 취하고, 과거분사형은 gone을 취한다.

그는 이밖에도 많은 동사들이 불규칙적인 변화를 하기 때문에 그것들은 다 외워야 한다고 말하면서 12시제들의 보기들을 write(쓰다)라는 동사를 이용하여 예를 들었다. 그 선생은 "이 12시제들의 보기들은 아마 쉽게 이해될 것이다. 왜냐하면 앞서 동사의 시제들을 도식으로 설명했기 때문이다." 라고 잘라 말했다. 나는 그의 모든 어조 속에 원리 의식이 깊이 깃들어 있음을 느끼게 되었고 나도 원리 의식이 인간에게 얼마나 중요한 것인가를 깨닫고 그 처럼 원리를 중시하는 원칙이 있는 인간 (man of principle)이 되겠다고 나 자신에게 다짐했다.

1. 현재 시제의 보기

I write a letter everyday.
(나는 매일 편지 한 장씩 쓴다.)

동사의 현재형(1인칭 현재형)

2. 과거 시제의 보기

I wrote a letter everyday.
(나는 매일 편지 한 장씩 썼다.)

동사의 과거형(1인칭 과거형)

3. 미래 시제의 보기

I shall write a letter everyday.
(나는 매일 편지 한 장씩 쓸 것이다.)

shall + 동사의 원형(복합술어)

4. 현재 완료 시제의 보기

I have written a letter now.
(나는 지금 편지 한 장을 써놓고 있다.)

have + 과거분사(복합술어)

5. 과거 완료 시제의 보기

I had written a letter then.

(나는 그 때 편지 한 장을 써놓고 있었다.)

had + 과거분사(복합술어)

6. 미래 완료 시제의 보기

I shall have written a letter then.

(나는 그 때 편지 한 장을 써놓고 있을 것이다.)

shall + have + 과거분사(복합술어)

7. 현재 진행 시제의 보기

I am writing a letter now.

(나는 지금 편지 한 장을 쓰고 있는 중이다.)

be동사의 현재형 + 현재분사(복합술어)

8. 과거 진행 시제의 보기

I was writing a letter then.

(나는 그 때 편지 한 장을 쓰고 있던 중이었다.)

be동사의 과거형 + 현재분사(복합술어)

9. 미래 진행 시제의 보기

I shall be writing a letter then.

(나는 그 때 편지 한 장을 쓰고 있는 중일 것이다.)

shall+be + 현재분사(복합술어)

10. 현재 완료 진행 시제의 보기

I have been writing a letter now.

(나는 편지 한 장을 써왔으며 지금도 쓰고 있는 중이다.)

have 동사의 현재형 + been + 현재분사(복합술어)

11. 과거 완료 진행 시제의 보기

I had been writing a letter then.

(나는 그 때 편지 한 장을 써왔었으며 그 때도 쓰고 있던 중이었다.)

had + been + 현재분사(복합술어)

12. 미래 완료 진행 시제의 보기

I shall have been writing a letter then.

(나는 그 때 편지 한 장을 써 올 것이며 그 때도 쓰고 있는 중일 것이다.)

shall + have + been + 현재분사(복합술어)

그 선생은 이렇게 12시제의 보기들을 들고 번역도 세밀히 했지만 그것도 모자란 듯이 각 영문 보기에 대하여 한 번 더 다음과 같이 설명했다.

위의 12시제에 대한 영문보기들은 전부가 write 동사를 사용하고 있다. 말하자면 write의 12가지 형태들을 이용하고 있는 것이다. 즉 write의 동사원형 write, 그것의 현재분사형 writing, 그것의 과거분사형(복합술어) + written, 그것의 1인칭의 단수형 write, 그것의 1인칭 복수과거형 wrote가 사용되고 있다. 위의 보기들에 쓰이는 write 동사가 어떤 식으로 쓰였는가를 그는 역시 다음과 같이 자세히 설명했다.

영문법정복 | 영문에 쓰이는 12시제의 동사 형태들

1. I write a letter everyday.

여기서 완전타동사 write는 1인칭 단수 현재형 현재 시제로서 그것 뒤에 a letter라는 목적어를 이끌며 every day라는 시간의 부사에 의하여 수식을 받아 주어 I를 서술하고 있다. write는 (단순) 술어가 된다.

2. I wrote a letter everyday.

여기서 완전타동사 write의 과거형 wrote는 1인칭 단수 과거형 과거 시제로서 그것 뒤에 a letter라는 목적어를 이끌며 everyday라는 시간의 부사에 의하여 수식을 받아 주어 I를 서술하고 있다. wrote는 (단순) 술어가 된다.

3. I shall write a letter everyday.

여기서 완전타동사 write는 미래 조동사 shall의 도움에 의하여 동사원형으로서의 본동사가 되어 미래 시제로서 그것 뒤에 a letter라는 목적어를 이끌며 everyday라는 시간의 부사에 의하여 수식을 받아 주어 I를 서술하고 있다. shall write는 복합술어가 된다.

4. I have written a letter now.

여기서 완전타동사 write의 과거분사형 written은 완료조동사 1인칭 현재형 have의 도움에 의하여 본동사가 되어 현재완료시제로서 그것 뒤에 a letter라는 목적어를 이끌며 now라는 시간의 부사에 의하여 수식을 받아 주어 I를 서술하고 있다. have written은 복합술어가 된다.

5. I had written a letter then.

여기서 완전타동사 write의 과거분사형 written은 완료조동사 1인칭 과거형 had의 도움에 의하여 본동사가 되어 과거완료 시제로서 그것 뒤에 a letter라는 목적어를 이끌며 then이라는 시간의 부사에 의하여 수식을 받아 주어 I를 서술하고 있다. had written은 복합술어가 된다.

6. I shall have written a letter then.

여기서 완전타동사 write의 과거분사형 written은 미래 조동사 1인칭 단수 현재형 shall과 완료 조동사 원형 have의 도움에 의하여 본동사가 되어 미래완료 시제로서 그것 뒤에 a letter라는 목적어를 이끌며 then이라는 시간의 부사에 의하여 수식을 받아 주어 I를 서술하고 있다. shall have written 은 복합술어가 된다.

7. I am writing a letter now.

여기서 완전타동사 write의 현재분사형 writing은 진행 조동사 1인칭 단수형 am의 도움에 의하여 본동사가 되어 현재진행 시제로서 그것 뒤에 a letter라는 목적어를 이끌며 now라는 시간의 부사에 의하여 수식을 받아 주어 I를 서술하고 있다. am writing은 복합술어가 된다.

8. I was writing a letter then.

여기서 완전타동사 write의 현재분사형 writing은 진행 조동사 1인칭 단수 과거형 was의 도움에 의하여 본동사가 되어 과거진행 시제로서 그것 뒤에 a letter라는 목적어를 이끌며 then이라는 시간의 부사에 의하여 수식을 받아 주어 I를 서술하고 있다. was writing은 복합술어가 된다.

9. I shall be writing a letter then.

여기서 완전타동사 write의 현재분사형 writing은 미래 조동사 1인칭 단수 현재형 shall과 진행 조동사 원형 be의 도움에 의하여 본동사가 되어 미래진행 시제로서 그것 뒤에 a letter라는 목적어를 이끌며 then이라는 시간의 부사에 의하여 수식을 받아 주어 I를 서술하고 있다.

10. I have been writing a letter now.

여기서 완전타동사 write의 현재분사형 writing은 완료조동사 1인칭 단수 현재형 have와 진행 조동사 과거분사 been의 도움에 의하여 본동사가 되어 현재완료 진행 시제로서 그것 뒤에 a letter 라는 목적어를 이끌며 now라는 시간의 부사에 의하여 수식을 받아 주어 I를 서술하고 있다. have been writing은 복합술어가 된다.

11. I had been writing a letter then.

여기서 완전타동사 write의 현재분사형 writing은 완료 조동사 1인칭 단수 과거형 had와 진행 조동사 과거분사 been의 도움에 의하여 본 동사가 되어 과거완료 진행 시제로서 그것 뒤에 a letter라는 목적어를 이끌며 then이라는 시간의 부사에 의하여 수식을 받아 주어 I를 서술하고 있다. had been writing은 복합술어가 된다.

12. I shall have been writing a letter then.

여기서 완전타동사 write의 현재분사형 writing은 미래 조동사 1인칭 단수 현재형 shall과 완료 조동사 원형 have와 진행 조동사 과거분사 been의 도움에 의하여 본동사가 되어 미래완료 진행 시제로서 그것 뒤에 a letter라는 목적어를 이끌며 then이라는 시간의 부사에 의하여 수식을 받아 주어 I를 서술하고 있다. shall have been writing은 복합술어가 된다.

그 선생은 지금까지 영어의 12시제들을 놓고 너무나도 상세히 그것들의 설명에 대하여 되풀이를 거듭하면서도 우리 수강생들이 행여나 완전히 이해하지 못할까 봐 얼굴에 고심의 빛을 보이곤 했다. 그것은 참으로 감격스럽고도 고마운 장면이 아닐 수 없었다.

나는 그 선생의 영향을 받아 한국외국어대학교에서 영어과 교수로서 40년간 지내는 동안에 그와 같은 자세로 강의에 임해 학생들에 대한 열성을 한 번도 버린 적이 없었다. 그러다 보니 나는 강의 시간마다 학생들과 함께 즐겁고 행복하고 보람찬 시간을 보냈다. 나는 영문법 강의, 영작문 강의, 영강독 강의, 영어와 철학 강의를 주로 맡았는데, 이들 강의 중에서 어느 강의에서나 나는 그 선생의 영향을 받아 문장의 중심인 동사가 5형식들과 12시제들 중에 어느 것에 속하는가를 자세히 분석해 주었다.

이렇게 사물을 앞뒤가 맞게 분석하고 설명하는 가운데 나는 나 나름대로 세상 돌아가는 이치를 언어라는 매개체를 통하여 터득했다. 다시 말해 나는 논리적인 사고 능력을 길러냈다. 예수가 "세상은 멸하여도 그의 말은 멸하지 않는다."고 말한 것은 그의 세상에 대한 분석과 설명에서 연유된다. 그는 가장 쉬운 말로 제자들에게 세상의 이치를 말해 주었다. 그는 구약의 계율을 일획일점도 어기지 않는 말을 했고 사랑이 넘치는 말로 5리를 가 달라고 부탁을 받으면 10리까지 가 주는 것이 사람의 도리라고 말했다. 이렇게 원리 의식과 사람의 감정은 혼연일체가 되고 있다는 것을 나는 그 때에 어렴풋이 배워가고 있었다.

세상을 사랑으로 바라보고 세상을 철두철미하게 바라보고 그것을 앞뒤가 맞게 말하는 것이 인간의 말인 것이다. 이것이 바로 논리적인 사고이며 진리를 설파하는 것이 된다. 그런데 요즈음 우리 사회에서 논술고사라는 대학입시제도가 생겨나고 그것에 억지로 맞추려는 논술과외가 성행하는 것은 한심스럽기 짝이 없다. 인간사고의 기본이 확립되지 않고 고사성어(故事成語)들이나 나열하는 것이 논술고사의 점수 따기 경쟁이 되고 있는 것이 오늘날 우리 사회의 현주소이다. 세상을 사랑의 정신으로 바라보고 세상의 모든 사물들을 철저하고 올바르게 바라본다면 그것이 좋은 논술로 이어지지 않겠는가?

사람은 자신의 마음 밖의 객관적인 세계와 마음 안의 주관적인 세계로 구성되어 있는데, 얼핏 보아 마음 밖의 객관적인 세계가 실존적인 것으로 보이지만 실제로 보아 마음 안의 주관적인 세계가 실존적인 것이 되고 있는 것이다. 그래서 붓다도 한 사람의 인생을 일체유심조(一切唯心造)라고 화엄경(華嚴經)에서 설파하고 있다. 긍정적이고 적극적이고 생산적인 마음을 일구는 사람은 그것 밖의 객관적인 세계를 그렇게 이끌며, 부정적이고 소극적이며 비생산적인 마음을 갖는 사람은 그의 객관적인 세계를 그렇게 이끌게 마련이다. 예수가 하늘에 계신 하나님처럼 우리 인간도 철두철미 완벽한 인격체가 되려고 제자들에게 일깨운 것은 바로 이러한 연유에서가 아니겠는가?

가고 오고 오고 가고

가면 오지 않을까요.
오면 가지 않을까요.
가고 오고
오고 가고
세상은 이렇게 가고 오고 오고 가고
돌아가는 것이지요.
가면 오고
오면 가고
그래서 가봤자 별 것이 아니고
그래서 와봐도 별 것이 아니지요.
이것이 인생이지요
인생은 가는 것 같으면서
오는 것이요.
오는 것 같으면서
가는 것이지요.

05 영어 동사의 가정법 3시제 : 자연의 현실세계를 넘어서 인간 상상의 세계로 ...

가정의 세계를 말하는 어법인 가정법을 설명하기 전에 그 선생은 신나는 표정을 지으며 "이제 학생들은 동사가 영어의 문장에서 중심적인 역할을 한다는 것을 절실하게 배웠을 것이다. 여러분의 눈빛을 보니 이전과는 달리 영어에 대한 자신이 붙고 있는 것 같다. 지금까지 문장 5형식들과 12시제들을 통하여 동사가 현재형과 과거형에서는 단독으로, 다른 시제들에서는 그것 앞에 작게는 한 가지에서 많게는 세 가지 조동사들의 도움으로, 그리고 완전자동사인 경우에는 그것 뒤에 보어나 목적어를 이끌지 않지만 불완전자동사, 완전타동사, 수여타동사, 불완전타동사의 경우들에는 그것 뒤에 보어나 목적어를 이끌며, 또한 부사의 수식을 받아 동사 앞에 있는 주어를 서술한다는 것을 잘 알게 되었을 것이다."라고 동사의 중심적인 역할과 기능에 대하여 그는 또 다시 요약해 주었다.

그는 참으로 남에 대한 배려가 깊은 사람이었다. 그는 행여나 우리 학생들이 영어에서 동사의 중요성을 간과할까봐 이처럼 반복에 반복을 거듭하면서 동사를 부각시키는 데 힘썼다.

그 선생은 곧 이어 "우리는, 지금까지 이 세상에서 실제로 일어났던, 일어나는 그리고 일어날 동태들과 상태들을 말하는 어법인 직설법 시제들을 다루었다. 그러나 인간에게는 이러한 실제적인 세계 외에 다른 세계가 하나 더 있다. 그것은 상상과 공상 또는 가정의 세계인 것이다. 이러한 세계에서는 산자가 죽은자가 될 수 있고 죽은자가 산자가 될 수 있는 것이다. 이제는 이 가정의 동사에 대한 어법을 배우도록 하겠다. 그것은 가정법이라고 불려지는 것인데, 직설법이 사실을 있는 그대로 말하는 어법이라면 가정법은 사실과 반대로 또는 상상 속에서 인간의 무궁한 바램을 말해 주는 어법이라고할 수 있다고 말하며 우리 학생들을 기대감에 차게 해주었다. 뿐만 아니라 그 선생은 직설법 시제들이 12개뿐인데 가정법은 3시제들뿐이라고 말하면서 우리들에게 또 한 번 자신감을 안겨주었다.

그는 이 가상의 세계를 설명하면서 인간이 '엿장수' 마음대로 혼란스러운 상상만을 한다면 그것은 인간에게 주어진 상상력을 모독하는 것이라고 자못 심각한 표정으로 말했다. 상상의 세계에서도 질서와 법칙이 있어야만 그것이 비로소 존재 이유와 가치를 갖는다는 것이다. 자연에는 자연적인 법칙들이 있고, 그것들의 구체적인 현상들이 있는데 자연의 법칙들은 그 수가 제한되어 있어서 유한하고 변하지 않고 수없이 되풀이되어 적용되는데 반해 그것들의 현상들은 그 수가 제한되어 있지 않아서 무한하고 개별의 일들이 딱 한 번씩 일어나기 때문에 무상하다. 예컨대, 물체가 밑으로 떨어지는 법칙은 만유인력의 법칙(the law of gravitation)으로 딱 하나밖에 없는 영원한 것이지만, 그 법칙에 따라 떨어지는 구체적 현상들은 수없이 많으며 한 번 떨어진 것의 현상은 그것으로 끝나는 일회적이고 무상한 것이다.

그 선생은 영어의 직설법 시제의 법칙들이 12시제들뿐이고 가정법의 법칙들이 3시제들뿐이라는 것을 강조하기 위해서 이처럼 자연적인 법칙과 인위적인 법칙들을 철학적으로 설명하고 나서 영문법, 즉 옛날 옛적에 영국인들의 조상들이 이루어 온 영어의 법칙들도 그 수가 제한되어 있고 그 제한되어 있는 것들만 알면 영어를 다 아는 것이 되는 것이다."라고 말했다. 여기에서 나는 영어 문장에서 중심적인 역할을 하는 동사의 시제의 법칙들이 직설법 시제의 12법칙들과 가정법 시제의 3법칙들 모두 합해서 15법칙들만 알면 된다고 생각을 하자 영어의 가장 중요한 부분들을 이미 다 정복한 것 같았다. 나는 영어에 대해 흥미를 더욱 크게 갖고서 그가 설명하는 가정법에 대하여 다시 가슴을 여미며 귀 기울여 들었다.

가정법은 한 마디로 사실과 반대로 말하는 어법으로서 과거 가정법, 과거완료 가정법, 그리고 미래 가정법 이 세 가지가 있다. 과거 가정법은 현재의 사실과 반대로 말하고, 과거완료 가정법은 과거의 사실과 반대로 말하고, 미래 가정법은 미래의 사실과 반대로 말하는 어법이다. 여기서 그 선생은 잠시 멈칫 멈칫하였다. 왜냐하면 미래는 사건이 아직 일어나지 않은 세계이기 때문이다. 그는 그 점을 모른척하고 넘어 갈까 머뭇거리다가 결국은 설명을 했다. 미래는 사실의 반대라기보다는 강한 의혹을 가진 예측이라고 해야 하겠지만 배우는 사람이 혼돈하기 쉬우니 과거 가정법과 과거완료 가정법과 연결시켜 그냥 미래의 사실에 반대되는 어법이라고 생각해도 된다고 말했다.

가정법의 문장은 정형과 준형이 있다. 정형은, 조건절과 귀결절로 구성되어 있는데 과거 가정법에 있어서 조건절은 if+주어+과거형 동사...,이고 귀결절은 주어 +과거 조동사형 + 동사원형 ... 이고, 가정법 과거완료에 있어서의 조건절은 if + 주어 + had + 동사 과거분사형... 이고 귀결절은 주어 + 과거조동사 + have + 동사과거분사형... 이며, 가정법 미래에 있어서는 조건절은 if + 주어 + were to(혹은 should) + 동사원형... 이고 귀결절은 주어 + 조동사 과거형 + 동사원형... 이다.

그 선생은 다시 도표로 가정법을 다음과 같이 설명했다.

영문법정복 | **가정법의 3시제**

1. 가정법 과거

현재의 사실과 반대로 말하는 어법

 형식　　　　if 주어 + 과거 동사 +..., 주어 + 과거 조동사 + 동사원형 +...

2. 가정법 과거완료

과거의 사실과 반대로 말하는 어법

 형식　if 주어 + had + 동사의 과거분사형+ ..., 주어 + 과거 조동사의 과거형 + have + 동사의 과거분사형

3. 가정법 미래

미래의 사실과 반대로 말하는 어법

 형식　if 주어 + had + 동사의 과거분사형 +..., 주어 + 과거 조동사의 과거형 + have +동사분사

그리고 나서 그 선생은 영어 문장들의 보기를 들면서 더 자세히 설명했다.

영문법정복 | **가정법의 보기**

1. 가정법 과거의 보기

If I knew the secret now, I could tell it to you now.

(만약 내가 지금 그 비밀을 안다면 나는 지금 그것을 너에게 말할 수 있을 텐데.)

2. 가정법 과거완료의 보기

If I had known the secret then, I could have told it to you.
(만약 내가 그 때 그 비밀을 알았다면, 나는 그것을 너에게 말해줄 수 있었을 텐데.)

3. 가정법 미래의 보기

If I should know the secret then, I could tell it to you.
(만약 내가 그 때 그 비밀을 혹여 알 것이라면 나는 그것을 너에게 말할 수 있을 터일 것인데.)

그 선생은 위의 가정법 영문 보기들에 대하여 문장의 중심인 동사가 어떻게 쓰였는가를 역시 다음과 같이 자세히 설명해 주었다.

영문법정복 | 가정법과 동사의 설명

1. If I knew the secret now, I could tell it to you.

여기서 조건절의 완전타동사 know의 과거형인 knew가 그것 뒤에 명사 the secret를 목적어로 이끌며 시간의 부사 now에 의해 수식을 받아 주어 I를 사실과 반대로 알지 못하는데 아는 것처럼 가정하여 서술하고 있다. 그리고 귀결절의 완전타동사원형 tell이 앞의 조동사 can(...할 수 있다)의 과거형 could의 도움을 받아 본동사가 되어 그것 뒤의 대명사인 it를 목적어로 지배하며 방향의 부사구 to you(전치사 to가 대명사 you를 목적어로 지배하여 앞의 동사 tell을 수식하는 방향의 부사구가 된다.)에 의하여 수식을 받아 주어 I를 사실과 반대로 서술하고 있다.

2. If I had known the secret then, I could have told it to you.

여기서 조건절의 완전타동사 know의 과거분사형인 known은 그것 앞에 완료조동사원형 have동사의 과거형인 had의 도움을 받아 본동사가 되어 그것 뒤에 the secret를 목적어로 이끌며 시간의 부사 then에 의하여 수식을 받아 주어 I를 사실과 반대로 알았던 것처럼 서술하고 있고, 귀결절의 완전타동사 tell의 과거분사형인 told는 그것 앞에 능력의 조동사 can의 과거형인 could와 완료 조동사의 원형인 have의 도움을 받아 본동사가 되어 그것 뒤에 대명사 it을 목적어로 이끌며 방향의 부사구 to you에 의하여 수식을 받아 주어 I를 사실과 반대로 서술하고 있다.

3. If should know the secret then, I could tell it to you.

여기서 조건절의 완전타동사 know의 원형인 know는 그것 앞의 미래 조동사 shall의 과거형인 should의 도움을 받아 본동사가 되어 그것 뒤에 the secret를 목적어로 이끌며 시간의 부사 then에 의하여 수식을 받아 본동사가 되어 주어 I를 미래에 대한 의혹으로 서술하고 있고 귀결절의 완전타동사 tell의 원형 인 tell은 그것 앞에 능력의 조동사 can의 과거형인 could의 도움을 받아 본동사가 되어 그것 뒤에 대명사 it을 목적어로 이끌며 방향의 부사구 to you에 의하여 수식을 받아 주어 I를 미래에 관한 강한 의혹이나 희박한 가능성에 대하여 서술하고 있다.

이상과 같이 그 선생은 영어 문장의 중심이 된 동사가 문장에서 얼마나 그 비중이 큰지를 열심히 설명했다. 그는 우리 학생들을 귀여운 듯이 바라보면서 "학생들이 영어에서 동사의 중요성을 깨달았다면 나는 그것만으로도 여러분들과 이렇게 영어 공부를 한 것에 보람을 느낀다." 라고 말했다. 나도 똑같은 생각을 했다. 나는 다시 말하거니와 그 뒤로 지금까지 줄곧 동사에 대한 중요성을 잊은 적이 없었고 한국외국어대학교 영어과 교수로서 나의 학생들에게 영어를 가르치면서 그 선생의 가르침을 잊은 적이 한 번도 없었다.

그 선생은 "지금까지 동사가 문장의 중심이 되면서 주어를 서술하는 보기들을 열거해 왔는데 그렇게 주어를 서술하는 서술어인 동사가 하나로 되어 있기도 하고 둘 또는 그 이상으로 되어 있는 것을 우리는 알게 되었다. 12시제들 중에서 현재 시제와 과거 시제처럼 동사 하나만으로 주어를 서술하는 동사는 술어라고 불려지고, 조동사(들)와 본동사를 합해 서술하는 동사들의 집합체를 복합술어라고 부른다." 라고 말하면서 술어와 복합술어의 개념을 다시 확인해 주었다.

그는 다시 간단한 보기들을 써놓고 설명했다. 예컨대, Dogs bark. (개들은 짖는다.) Girls played. (소녀들이 놀았다.)와 같은 문장들은 동시의 현재형과 과거형 하나만으로 주어들 dogs와 girls를 bark와 played가 서술하고 있다. 이때 서술하는 동사들은 술어들이 된다. 그리고 I must express heavy thanks to you. (나는 당신에게 깊은 감사를 꼭 표현해야만 한다.) She has been reading a book. (그녀는 책 한 권을 읽어오고 있다.)와 같은 문장들은 조동사 하나와 본동사를 합친 것과 조동사 둘과 본동사를 합친 술부들의 보기들에서 주어들 I와 she를 복합술어들인 must express와 has been reading이 각각 서술하고 있다.

그 선생은 이러한 술어 또는 복합술어에 대한 약간의 조작에 의하여 형태상으로 몇 가지 서로 다른 형태의 문장들이 나타난다고 설명했다.

CHAPTER 01

06 문장의 형태들이 동사의 형태들에 따라 변한다

술어나 복합술어의 위치가 어떻게 되어 있고 그 술어나 복합술어에 부정어(not, never)가 어떻게 첨가되느냐에 의해서 문장의 형태들이 달라진다.

말하는 사람(speaker)과 듣는 사람(hearer)이 주고받는 내용이 사실로 긍정적으로 설파되는 것이면 그것은 긍정문(affirmative sentence)이 되는데 그것의 형식은 주어 + 술어... 또는 주어+ 복합술어 형식으로 나타난다. 부정적으로 설파되는 것이면 그것은 부정문(negative sentence) 이 되는데 그것의 형식은 주어 + 조동사 + not + 동사원형... 형식으로 나타난다.

말하는 사람이 그가 말하려는 내용을 듣는 사람에게 의문 또는 질문하면 그것은 의문문(interrogative sentence)이 되는데 그것의 형식은 조동사 + 주어 + 동사원형 +...? 또는 조동사 + 주어 + 조동사 + 동사원형...? 등의 형식으로 나타난다. 이 의문문에 의문사가 있으면 그것은 문장 맨 앞에 온다. 단, 술어가 be동사로서 의문문일 경우에는 be동사가 주어 앞으로 나가고 부정문일 경우에는 be동사 앞에 주어가 오고 be동사 뒤에 not이라는 부정어가 첨가된다.

말하는 사람이 듣는 사람에게 어떤 행동을 할 것을 요구하면 그것은 명령이 되는데 그것의 형식은 동사원형 +... 형식으로 나타나는데 이러한 형식의 문장은 명령문(imperative sentence)이라고 불려진다.

말하는사람이 자신의 감정을 강하게 발설하면 그것은 감탄이나 탄식이 되는데 그것의 형식은 감탄사의 낱말을 대문자로 시작하여 감탄부호로 끝나거나 또는 의문사 + 주어 + 술어 또는 의문사 + 주어 + 복합술어... 형식으로 나타나는데 이러한 형식의 문장은 감탄문(exclamatory sentence)이라고 불려진다.

말하는 사람이 어떤 사람이나 일에 대하여 기원하는 뜻을 간절히 나타내면 그것은 기원이 되는데 그것의 형식은 May + 주어 + 동사원형... (may가 생략될 수도 있음) 형식으로 나타나는데 이러한 형식의 문장은 기원문(optative sentence)이라고 불려진다. 그 선생은 역시 위의 설명을 도표와 더불어 보기들을 일일이 들어가면서 자세히 정리해 주었다.

영문법정복 | 직설법 12시제와 가정법 3시제의 문장

1. 긍정문(affirmative sentence)

사실을 긍정적으로 진술하는 형태의 문장이다.
(다음은 직설법 12시제들과 가정법 3시제들의 대표적인 보기들이다.)

형식 주어 + 술어 또는 주어 + 복합술어...

(1) 직설법 12시제들의 보기

I write a letter everyday.

(나는 매일 한 통의 편지를 쓴다.)

I wrote a letter everyday.

(나는 매일 한 통의 편지를 썼다.)

I shall write a letter everyday.

(나는 매일 한 통의 편지를 쓸 것이다.)

I have written a letter now.

(나는 지금 한 통의 편지를 써왔다.)

I had written a letter now.

(나는 그 때 한 통의 편지를 써왔다.)

I shall have written a letter then.

(나는 그 때 한 통의 편지를 써왔을 것이다.)

I am writing a letter now.

(나는 지금 한 통의 편지를 쓰고 있다.)

I was writing a letter then.

(나는 그 때 한 통의 편지를 쓰고 있었다.)

I shall be writing a letter then.

(나는 그 때 한 통의 편지를 쓰고 있을 것이다.)

I have been writing a letter now.

(나는 지금 한 통의 편지를 써오고 있다.)

I had been writing a letter then.

(나는 그 때 한통의 편지를 써오고 있었다.)

I shall have been writing a letter then.

(나는 그 때 한 통의 편지를 써오고 있을 것이다.)

(2) 가정법 3시제들의 보기

If I knew the secret now, I could tell it to you.

(만일 내가 지금 그 비밀을 알았다면, 너한테 그것을 말해줄 수 있을 텐데.)

If I had known the secret then, I could have told it to you.

(만일 내가 그 때 그 비밀을 알았었더라면, 너한테 그것을 말해줄 수 있을 텐데.)

If I should know the secret then, I could tell it to you.

(만일 내가 그 때 그 비밀을 알게 된다면, 너한테 그것을 말해줄 수 있을 텐데.)

2. 부정문(negative sentence)

사실을 부정적으로 진술하는 형태의 문장이다.

(직설법 12시제들과 가정법 3시제들의 맨 앞 조동사 뒤에 not을 붙여서 만든다.)

주어 + 조동사 + not + 동사원형...

주어 + 조동사 + not + 현재분사...

주어 + 조동사 + not + 과거분사...

주어 + 조동사 + not + 조동사 + 과거분사...

주어 + 조동사 + not + 조동사 + 조동사 + 현재분사...

(1) 직설법 12시제의 보기들

I do not write a letter everyday.

(나는 매일 한 통의 편지를 쓰지 않는다.)

I did not write a letter everyday.

(나는 매일 한 통의 편지를 쓰지 않았다.)

I shall not write a letter then.

(나는 그 때 한 통의 편지를 쓰지 않을 것이다.)

I am not writing a letter now.

(나는 지금 한 통의 편지를 쓰고 있지 않다.)

I was not writing a letter then.

(나는 그 때 한 통의 편지를 쓰고 있지 않았다.)

I shall not be writing a letter then.

(나는 그 때 한 통의 편지를 쓰고 있지 않을 것이다.)

I have not written a letter now.

(나는 지금 한 통의 편지를 써오고 있지 않다.)

I had not written a letter then.

(나는 그 때 한 통의 편지를 써오고 있지 않았다.)

I shall not have written a letter then.

(나는 그 때 한 통의 편지를 써오지 않을 것이다.)

I have not been writing a letter now.

(나는 지금 한 통의 편지를 써오지 않고 있다.)

I had not been writing a letter then

(나는 그 때 한 통의 편지를 써오지 않고 있었다.)

I shall not have been writing a letter then.

(나는 그 때 한 통의 편지를 써오고 있지 않을 것이다.)

(2) 가정법 시제의 보기들

If I did not know the secret now, I could not tell it to you.

(만일 내가 지금 그 비밀을 알지 못한다면, 너한테 그것을 말해줄 수 없을 텐데.)

If I had not know the secret then, I could not have told it to you.

(만일 내가 그 때 그 비밀을 알지 못했다면, 너한테 그것을 말해줄 수 없었을 텐데.)

If I should not know the secret then, I could not tell it to you.

(만일 내가 그 때 그 비밀을 알지 못하게 된다면, 너한테 그것을 말해줄 수 없을 텐데.)

3. 의문문(interrogative sentence)

　　말하는 사람이 말하려는 내용을 듣는 사람에게 의문 또는 질문하는 어법으로서 형식들과 보기들은 다음과 같다.

(1) 의문사가 없는 문장

1) 조동사 + 주어 + 동사원형...?

Do I write a letter everyday? (나는 매일 한 통의 편지를 쓰는가?)

Did I write a letter everyday? (나는 매일 한 통의 편지를 썼는가?)

Shall I write a letter everyday? (나는 매일 한 통의 편지를 쓸 것인가?)

2) 조동사 + 주어 + 과거분사...?

Have I written a letter now? (나는 지금 한 통의 편지를 써 왔는가?)

Had I written a letter then? (나는 그 때 한 통의 편지를 써 왔었는가?)

3) 조동사 + 주어 + 현재분사

Am I writing a letter? (나는 한 통의 편지를 쓰고 있는가?)

Was I writing a letter? (나는 한 통의 편지를 쓰고 있었나?)

4) 조동사 + 주어 + 조동사 + 현재분사

Shall I be writing a letter? (나는 한 통의 편지를 쓰고 있을 것인가?)

5) 조동사 + 주어 + 조동사 + 과거분사...

Shall I have written a letter then? (나는 그 때 한 통의 편지를 써가고 있을 것인가?)

6) 조동사 + 주어 + 조동사 + 현재분사...

Have I been writing a letter now? (나는 지금 한 통의 편지를 써오고 있는가?)

Had I been writing a letter then? (나는 그 때 한 통의 편지를 써오고 있었나?)

7) 조동사 + 주어 + 조동사 + 조동사 + 현재분사….

Shall I have been writing a letter then? (나는 그 때 한 통의 편지를 써오고 있을 것인가?)

(2) 의문사가 있는 의문문(의문사는 문장 맨 앞에 옴.)

1) 의문사(주격) + 술어…?

Who writes a letter everyday? (누가 매일 한 통의 편지를 쓰는가?)

2) 의문사(목적격) + 조동사 + 주어 + 동사원형...?

What do I write everyday? (나는 매일 무엇을 쓰는가?)

3) 의문사(보어) + 술어 + 주어...?

Who am I? (나는 누구인가?)

4) 의문사(시간의 부사) + 조동사 + 주어 + 동사원형...?

When did I write a letter? (나는 언제 한 통의 편지를 썼는가?)

5) 의문사(이유의 부사) + 조동사 + 주어 + 동사원형...?

Why did I write a letter everyday? (나는 왜 매일 한 통의 편지를 썼는가?)

6) 의문사(장소의 부사) + 조동사 + 주어 + 과거분사...?

Where have you been? (너는 어디에 있어왔는가?)

7) 의문사(선택 : 주격) + 술어 +...?
Which belongs to you? (어느 것이 너에게 속해 있는가?)

8) 의문사(선택 : 보어) + 술어 + 주어...?
Which is yours? (너의 것은 어느 것인가?)

9) 의문사(선택 : 목적어) + 조동사 + 주어 + 동사원형...?
Which do you prefer? (너는 어느 것을 더 좋아하는가?)

4. 명령문

말하는 사람이 듣는 사람에게 어떤 행동을 할 것을 명령하는 어법으로 형식과 보기는 다음과 같다.

(1) 직접 명령형 : 동사원형...
Go home now.

(지금 집에 가거라.)

Come here.

(이리로 오너라.)

Be silent.

(조용히 하여라.)

(2) 간접 명령형 : let + 목적어 + 동사원형...

1) Let + me + 동사원형...
Let me go home.

(나로 하여금 집에 가게 하라.)

Let me help you.

(나로 하여금 너를 돕게 하여라.)

2) Let + us + 동사원형... (혹은 Let's + 동사원형)

Let us go home. (혹은 Let's go home.)

(집에 가게 해다오. (혹은) 집에 가자.)

Let's hurry up.

(서두르자.)

3) Let + 명사 + 동사원형...

Let the soldiers take a rest here.

(병사들을 여기서 쉬게 하자.)

5. 감탄문

말하는 사람이 자신의 감정을 강하게 발설하는 어법으로 형식과 보기는 다음과 같다.

(1) what + a + 형용사 + 명사 + 주어 + 술어 ... !

What a beautiful flower this is!

(이것은 얼마나 아름다운 꽃인가!)

(2) How + 형용사 + 주어 + 술어 ... !

How beautiful this flower is!

(이것은 얼마나 아름다운 꽃인가!)

6. 기원문

말하는 사람이 소망이나 기원을 표시하는 어법이다.

 형식　　　주어 + may + 동사원형(때로는 may가 생략되거나 may가 주어 앞에 옴.)

God may bless you!

(하나님이 당신을 축복하기를!)

God bless you!

(하나님이 당신을 축복하기를!)

May God bless you!
(하나님이 당신을 축복하기를!)

 그 선생은 술어나 복합술어를 약간씩 조작함으로서 이와 같은 여러 가지 형태들의 문장들을 만들 수 었다는 것을 다 설명한 뒤에 학생들을 둘러보면서 공책들을 일일이 점검했다. 그런데 이것이 나에게 또 한 번 수강생들 사이에서 따돌림을 당하게 했다. 나는 그가 칠판에 적은 것을 하나도 빼지 않고 다 적었으나 박기철이라는 학생을 제외하고 다른 아이들은 그저 그 선생이 나누어 준 교재만 보고 듣고 있었다.

 그는 나의 공책을 보여주면서 공부는 이렇게 선생이 가르쳐주는 것은 설사 알고 있는 것이라고 해도 돌다리도 두들겨 보고 지나가야 하듯이 다 적어야 한다며 나에 대한 칭찬을 아끼지 않았다. 그 선생은 어학 공부는 귀로 듣고 입으로 말하고 눈으로 보고 손으로 쓰는 행위들을 통해서 이루어진다고 큰소리로 말했다. 말하자면 듣기(hearing), 말하기(speaking), 읽기(reading), 그리고 쓰기(writing)의 어학 공부의 기본이 되는 4가지 기술들(four skills)을 그는 강조한 것이다.

 그 선생은 이러한 언어 행위가 귀, 입, 눈 그리고 손을 이용해야만 영어를 제대로 습득할 수 있다면서 그는 정색을 하며 "학생들, 공부는 머리로만 하는 것 같지만 실제로 모든 공부는 온 몸으로 하는 것입니다. 특히 사람은 직립형의 동물로서 손의 움직임이 원활하여 만물의 영장이 된 것입니다. 만약 인간에게서 손을 없애버린다면 인간의 지능은 무한히 저하되고 말 것입니다. 그러니 학생들은 몸놀림 특히 손놀림을 적극적이고 다양하게 이끌어 지능을 높이는 데 힘써야 합니다."라고 말했다.

 나도 그 선생의 말에 번쩍 눈이 뜨여 "아, 그렇구나." 하는 탄성이 나의 입에서 저절로 나왔다. 고대 그리스 사회에서 체육 교육 즉 몸을 잘 놀리는 가르침이 높았기에 인류 문화 즉 인간의 정신 활동이 인류 문화를 주도했던 것임을 나는 새삼 깨달았다. 나는 그 뒤로 무술연마는 말할 것도 없이 여러 가지 운동에 게으르지 않았다. 나는 축구를 특히 좋아했다. 왜 서구 사회는 축구가 지성의 한 표상이 되었겠는가! 온 몸의 활기찬 놀림은 두뇌의 활기찬 놀림으로 이어지는 것이다. 손이 제2의 두뇌라면 발은 제2의 심장이다. 이 말을 뒤집어 발이 제2의 두뇌라면 손은 제2의 심장이다. 또한 손발 이외의 인간의 모든 다른 신체 부분들이 다 두뇌와 심장의 기능을 높이게끔 쉬는 시간을 제외하고는 끊임없이 원활하게 움직이면 건강과 지능을 증진시킨다. 모든 형식의 체조와 운동과 무용이 그러한 작용을 한다.

CHAPTER 01

07

TG영어학원의 그 선생, 일본군 장교가 되어 만주로 파병되고 그의 대대장을 병영에서 죽이고 탈출하다

우리 영문법반 수강생들은 광주북중학교 학생들이 5명이었고 광주사범중학생이 1명이고 광주서중학생인 내가 1명으로 모두 7명이었다. 광주북중학교 학생들은 저희들끼리만 어울려서 나와 광주사범학생은 자연히 한 패가 된 셈이었다. 그의 이름은 앞에 말했듯이 박기철이었는데 나처럼 정말로 영어를 제대로 배우고자 하는 태도를 보였다.

그러나 광주북중 학생들은 영어에 대하여 취미를 붙이지 못하고 한 주에 거의 2, 3일은 결석하곤 했다. 그래서 그 선생은 나와 박기철만을 상대로 영어를 가르치는 것과 다름이 없었다. 그 결과 나와 그는 북중학생들의 질시를 받게 되었다. 특히나 나는 그들에게 눈엣가시처럼 되어 있었다.

이러한 처지에서 그 선생이 공책을 점검하고서 나를 내세워 칭찬을 한 것은 그들에게는 상대적으로 그 선생의 멸시를 받은 것이 되었다. 그래서 그들은 나에게 악심을 품게 된 것이디. 그렇게 그 선생으로부터 칭찬을 받은 다음날 수업을 마치고 학원 문을 나서자 그 광주북중학생들이 나의 뒤를 따라왔고, 결국 나를 인근에 있는 빈 건물로 끌고 갔다. 그 당시에는 6·25전쟁 바로 직후였기 때문에 전쟁 중에 폭격을 맞은 건물들이 방치되어 있었다.

그들의 눈 속에는 살기가 번득였다. 나는 또 한 번 집단구타를 당하게 된 것이다. 나는 거기서 죽임을 당할 수도 있었다. 나는 그러한 공포 속에서도 그렇게 당할 수만은 없다는 굳은 마음을 먹었다. 나는 그러한 집단 구타를 당했던 경험이 풍부했기 때문에 나의 마음 속 한 곳에는 그것을 대처할 수 있다는 신념이 깃들어 있었다. 그리고 나는 그 사이에 체력을 단련시키는데 게을리하지 않았으며 또한 편으로는 일당백의 기백을 키웠던 것이다.

나의 집은 광주 철도역 뒤에 있는 광주 계림동의 전세 집이었는데 그집 마당공간이 꽤나 넓어 줄넘기 운동을 하면서 한 쪽 구석에 샌드백을 달아 놓고 혼자서 권투 연습을 열심히 했다. 나는 신체상으로는 남달리 자신이 있었다. 나의 집이 부자였을 때 나의 아버지는 무녀독남 독자였던 나에게 온 갖 보약을 다 사다 먹였다. 국민학교 운동회에서 달리기는 언제나 1등을 했고 축구는 밥만 먹었다 하면 밖에 나가 공을 차는데 시간가는 줄 몰랐다. 나는 그 정도로 완력에는 자신이 넘쳤다. 나는 무 엇보다 순발력이 뛰어났다. 그래서 지금까지 여러 차례에 걸쳐 왕따 신세가 되어 집단 구타를 당했 지만 그 때마다 순발력을 발휘하여 무사했던 것이 아닌가.

그러나 아무리 많이 운동을 했고 순발력이 넘쳐도 나 혼자서 다섯 명을 상대하기는 무리가 아닐 수 없었다. 그러한 상황에서 내가 할 수 있는 것은 죽기 아니면 살기로 그들과 싸우면서 틈나는대로 출구를 찾아 도망치는 것뿐이었다. 그러나 그들이 나를 몰고 간 곳은 사방이 벽이고 출입구는 하나 뿐이었는데 그들은 그 출입문을 겹겹이 지키고 있었다. 나는 하는 수 없이 최선을 다하여 얻어맞으며 공격을 하며 버티면서 시간을 끌어 천만다행으로 외부의 구원이 나타나기를 기다릴 수밖에 없었다.

나는 오기가 발동되어 그들에게 단호하게 큰소리로 말했다. "너희 놈들, 좋다, 나는 내가 맞아 죽 기 전에 네 놈들 중에서 적어도 한 명은 기어이 죽여 버리고 나도 이 자리에서 얻어맞아 죽겠다. 먼 저 덤벼드는 놈은 급소를 찔러 죽이겠다."라고 기함을 토했다.

그와 같은 나의 단호한 태도는 적중했다. 그들은 멈칫하며 서로를 바라보며 망설였다. 나는 선제 공격은 하지 않고 그저 방어태세만 하고서 그들을 노려보았다. 위기감을 느끼면서도 나는 용기가 생 기고 오기가 발동되어 온 몸에 혈맥이 소용돌이치는 것을 느꼈다.

시간이 잠시 적막속에 흘렀다. 그러나 그들 중의 두목 격이 되는 놈이 "얘들아, 저놈 오늘 이 자 리에서 죽여 버려!"라고 말하면서 제일 먼저 나에게 달려들었다. 나는 이미 각오가 되어 있었고 만 일의 사태에 대비하고 있었기 때문에 달려드는 그놈의 급소를 힘껏 발로 차버렸다. 그는 외마디 소 리를 지르면서 쓰러졌다. 그러자 나머지 다른 놈들이 일제히 나에게 공격해왔다. 나는 이리 맞고 저 리 피하고를 몇 번 거듭하자 출입구에서 인기척이 났다.

한 사람이 나타났다. 그는 박기철이었다. 그는 그들에게 향하여 "야, 비겁한 놈들아! 다섯 명이 한 꺼번에 한 사람을 공격해!"하면서 그들과 싸우기 시작했다. 싸움은 5대 2의 양상으로 변하자 나는 천만군의 응원군들을 얻은 것과 같았다. 박기철의 싸움 솜씨는 보통이 아니었다. 그는 발치기가 굉장 했다. 그들 중의 한 놈이 그의 발치기 한방에 뒤로 엉덩방아를 찧었다. 그러자 싸움은 잠시 소강상태 로 접어들었다. 그런데 다시 출입구에서 인기척이 나더니 학원 그 선생이 나타났다.

그놈들은 뜻하지 않게 나타난 그 선생을 보고서는 일제히 도망쳤다. 박기철은 내가 그 북중 학생 들에게 끌려가자 그 장소를 확인한 뒤에 학원과 가까워 곧바로 학원으로 달려가 그 선생에게 귀띔 을 하고서 먼저 현장으로 달려 왔던 것이다. 그 사건이 있은 뒤에 박기철과 나는 생사고락을 함께 할 수 있는 사이가 되었다.

치안이 어수선했던 그 당시에 우리 둘은 서로 도왔다. 주먹이 법을 앞서가는 시절에 참으로 굳건 한 동맹이 된 것이다. 그도 영어를 지지리도 못해 그 학원을 찾아 나처럼 영어를 기어이 정복해 보겠 다는 굳은 결심을 했다. 우리 둘은 이러한 절실한 영어의 정복에 뜻이 없는 상황에서 만났더라면 주먹의 세계에서 두각을 나타냈는지 모른다. 왜냐하면 우리 둘의 몸놀림이나 머리 회전의 순발력을 감안한다면 그 가능성은 큰 것이었다.

어찌 됐던, 그 사건이 있은 뒤로는 그 북중학생들은 아예 학원에 나오지 않아 그 선생은 박기철과 나만을 놓고 영어를 가르쳤다. 그러나 수업에 대한 그의 열의는 여전했다. 오히려 더 큰 관심을 갖고 우리 둘을 영어에 있어서는 제1인자로 만들겠다고 그는 우리를 격려했다. 우리는 그의 그러한 배려에 화답이나 하듯이 더욱 더 선생에 대한 충정과 열정으로 나머지 여름방학 학원 생활을 값지게 이끌어 나갔다.

그 때부터 그는 우리 두 학생들에게 문법 시간을 끝내고는 우리들을 붙잡아 놓고 간단한 무술을 가르치기 시작했다. 그는 사나이란 자신의 몸을 방어할 수 있을 뿐만 아니라 곤경에 빠진 약자를 도울 수 있는 무술을 익혀두어야 한다고 말하면서 그가 일본에서 배운 가라데의 동작을 전수해주었다. 나는 그때 그에게서 배운 무술을 정년퇴임한 뒤의 지금까지 매일 하루도 거르지 않고 연마해왔다. 그래서 나는 그 덕분으로 일당백의 자신감으로 많은 곤경에 처한 사람들을 도왔던 것이다.

그가 무술을 가르치면서 자연히 그의 지난 세월의 역경을 말해주었다. 그는 광주의 토박이 부유한 집에서 태어나 일본유학까지 가게 되어 일본 와세다대학 영문과에 입학하였다. 그는 영문법 담당 교수인 나까무라 선생을 가장 존경했는데 그 교수는 일본가라대의 고수였다.

그래서 자신도 그의 스승 못지않은 고수가 될 정도로 그 선생은 그에게서 정통 일본 가라데를 배운 것이다. 그는 그 무술의 도움을 무수히 받았다고 했다. 그는 일본이 진주만 공격을 시작으로 일본의 대학생들을 기본군사훈련을 받게 한 뒤에 곧장 장교로 임명시켜 싸움터로 파견했는데, 그도 소위로 임관되어 중국 본토로 파송되었다.

그는 일본에서 자원입대한 것으로 되어 있어 일본인 장교와 똑 같은 대접을 받았다. 그는 내선일체, 즉 일본과 조선은 한 나라로 공영한다는 것을 어느 정도 믿고 나름대로 일본제국주의에 충성을 보였다. 그러나 일군들이 중국에서 중국인들과 조선인들을 인간 이하로 취급하는 것을 무수히 보면서 그는 같은 동포인 조선인들을 힘닿는 데까지 도왔다.

그것이 화근이 되어 그는 요주의 명단에 들게 된 것이다. 그는 부대 주변에 굶주려 죽어 가는 조선인 중국인 가릴 것 없이 장교에게 배급되는 보급 식품을 몰래 빼돌려 그들을 도왔던 것이다. 그러나 그것은 이내 발각이 되어 그는 장교에서 사병으로 강등되었다.

그는 만주에서 주둔 병영 생활을 하면서 다나까라는 이름을 가진 일인 사병 한 명과 각별히 지내게 되었는데 그는 동경대학을 중퇴하고 사병으로 입대하여 그의 소대에 배치되어 있었다.

그는 일본에서도 명문가 출신인데도 사병으로 자원한 것이다. 그는 좌익 성향을 갖고 있어서 일본의 군국주의에 못마땅한 태도를 보였다. 그 선생이 사병으로 강등되자 다행히 그와 같은 소대에 배치되어 그와 의기투합이 되어 그들은 틈만 나면 서로 말동무로 병영 생활을 했다.

다나까는 일인이면서도 그 선생에게 일본이 아무리 날뛰어도 결국은 망하게 되어 있다고 서슴지 않고 말하곤 했다. 다나까는 특히나 대대장이 악질 중의 악질로서 사람 죽이는 것을 식은죽 먹듯이 했고 그의 부하들에게 중국인들과 조선인들이 첩자들로 붙잡혀 오면 온갖 고문을 자행하면서 정보를 얻은 뒤에 주민들을 모아 놓고서 그들이 보는 앞에서 권총으로 처형하곤 했는데 그 선생과 다나까는 그의 그러한 잔학성에 함께 분개했다.

그런데 그 선생은 부대 근처에 있는 한 마을의 촌장 딸을 사랑하게 되었다. 그녀는 상해에서 의학공부를 했는데 여름방학이 되어 귀향하고 있을 때 그 선생을 만난 것이다. 그와 그녀는 그 마을의 굶주리는 사람들을 될 수 있는 한 도왔다. 주민들은 하루 두 끼니로 살았는데 일본군은 그들이 수확한 콩을 걷어 기름을 짜게 하고 그 찌꺼기인 콩깻묵만을 그들에게 배급했다.

그래서 그들은 일본군에 대한 반감으로 가득했다. 그 촌장의 딸은 그 선생이 주민들의 어려운 처지를 돕는 가운데 자연히 서로 사랑하게 된 것이다. 그들은 짧은 기간이었지만 열애를 하면서 전쟁이 끝나면 결혼하겠다고 서로 맹세했다.

그런데 이 사정이 주둔 대대장에게 밀고되어 두 남녀는 요주의 감시 대상이 되었다. 그런 어느날 조선 독립군들이 야음을 틈타 그 부대 주변 인가에 숨어들어 그 부대를 공략했던 것이다. 그러나 일본군들 몇 명 정도를 사살한 뒤에 화력 부족으로 퇴각할 수밖에 없었다.

이 일이 화근이 되어 그 다음날 그 부대장은 전 부대원을 무장시켜 인근 마을들을 다 불사르고 주민들은 불붙는 집들에서 뛰쳐나오는 족족 기관총으로 모조리 사살하였다. 그리고 그 악질 대대장은 일본군들의 일부를 이끌고 곧바로 그 촌장 집을 덮쳤다.

그 악질 대대장은 촌장에게 억지로 첩자 혐의를 뒤집어씌웠다. 그리고 그는 자신의 권총으로 촌장을 그 자리에서 총살하고 집을 불사르기 전에 그의 딸을 그 집 안방으로 끌고가서 강간을 하려다가 그녀가 완강히 반항을 하며 혀를 깨물고 자결하려고 하자 그 자리에서 역시 권총으로 쏘아 죽인 것이다.

그 일본군 대대장은 일부러 그 선생에게 부대내에서 독립군의 기습을 대비하라는 명령을 내려 그가 부대에 머물러 있는 가운데 그러한 만행을 자행했던 것이다. 그 선생의 일인 단짝은 어쩔 수 없이 방관만 할 뿐이었다. 그는 그 참상에 분노하는 심정으로 그 선생에게 마을에서 저질러진 잔혹극을 다 말해주었다.

그 날 밤 부대장은 부대로 귀환한 뒤로 그도 사람인지라 그가 저지른 그 참혹상을 잊으려고 술을 퍼마셨다. 그는 혼자 외로운지 그의 보좌병을 불러 함께 마셨다. 그들은 술에 취해 군복을 입은 채 의자에 기대어 잠에 곯아 떨어졌다. 그 선생과 그 일인 단짝은 이미 약속이 되어 있었고, 기회만 노리던 차에 그 순간을 포착한 것이다. 그들은 술에 취해 잠들어 있는 부대장과 보좌관을 한 명씩 맡아 소리 없이 목을 졸라 죽이기로 했다.

그러나 그 일본군 병사는 무술도 모르고 힘이 부쳐 오히려 그 보좌관의 역습을 받은 것이다. 그 선생은 평소 갈고 닦은 가라데의 손바닥 칼날로 대대장을 단숨에 해치우고 그 보좌관도 연이어 달려가 목을 손뼈로 끊어버렸다. 그들은 바로 뒤이어 계획대로 부대장과 보좌관으로 위장하였다. 그들은 마구간으로 가서 각각 말을 타고 부대 정문으로 유유히 밤 산책하는 척 하여 빠져나와 무조건 나침반을 따라 소비에트 연방 쪽으로 날이 새도록 달렸다.

그러나 그들이 떠나온 부대에서는 부부대장이 부대장실에서 심상치 않은 일이 일어난 것을 직감했다. 그 부대장과 그의 보좌병이 죽어 있는 것을 발견하고 그들은 군견을 앞세우며 추격하기 시작했다. 그 선생과 그 일인 병사는 멀리서 군견의 짖어대는 소리를 듣고 사태가 절박함을 느끼며 박차를 가하여 달렸으나 군견의 짖어대는 소리가 점점 더 가까워졌다.

그 선생과 그의 동료는 말에서 내려 그들의 말들을 그대로 평야를 달리게 놓아두고 그들은 가파른 산길로 향해 달렸다. 추격대는 평야를 달리는 말들을 금방 따라잡았다. 추격 병사들은 위장술에 속은 것을 알고 되돌아 군견을 앞세워 추적해나갔다. 그들은 가파른 산언덕 길로 향하는 군견을 따라가기 위해서 군마들을 뒤에 남기고 비탈길을 오르기 시작했다.

다행히 추격대의 인원은 4명에 지나지 않았다. 군마들이 그 부대에 6마리밖에 없었기 때문에 추격대의 인원이 제한될 수밖에 없었다. 그러는 동안 그 선생의 일행은 산꼭대기에 이르렀다. 그즈음에 군견은 그들 곁으로 바짝 달려오고 있었다. 그때에 산 정상 한 쪽에 있는 동굴을 발견했다. 그와 그의 동료는 재빨리 그 동굴 속으로 들어갔다. 동굴의 입구는 한 사람이 간신히 들어갈 정도였지만 그 안은 넓고 길게 뻗어 있었으나 얼마가지 않아 동굴은 막혀 있었다. 그들은 할 수 없이 되돌아와 좁은 입구의 지형지물을 이용하여 적과 싸울 수밖에 없었다.

제일 먼저 들어온 것은 군견이었다. 그 선생은 그 군견을 단검으로 목을 찔러 일격에 쓰러뜨렸다. 군견이 외마디 소리를 지르며 쓰러진 것을 본 추격대들은 감히 동굴 속으로 들어서지 못하고 밖에서 대치했다. 그들은 동굴 속을 향해 권총과 장총들을 발사했지만 바위로 가로막혀진 동굴 속으로 향한 총격은 무용지물밖에 아무것도 아니었다.

양쪽은 잠시 동안 소강 상태로 서로 관망했다. 바야흐로 동이 트기 시작했다. 동굴 쪽에서는 바깥쪽이 홀연히 드러나 보였지만 바깥쪽에서는 동굴 속은 여전히 어두웠다. 이러한 사정에서는 포위된 동굴속이 조금은 유리했다. 그 선생은 이 점을 유의하고 속전속결로 활로를 찾을 계획이었다. 그는 그의 동료에게 장총으로 한 명을 향해 사격할 것을 당부하고 자신은 부대장의 권총으로 다른 한 명을 격발한 것이다. 그는 마치 동굴 밖으로 사람이 나가는 것 같이 동굴 속의 큰 바위를 입구 밖으로 굴려냈다. 그의 작전은 성공적이었다.

동굴 입구에서 바위가 굴러 나오는 소리를 듣고 바깥쪽의 네 명의 군인들이 일제히 일어서며 동굴 속으로 사격을 가했다. 그 사이에 그 선생과 그의 동지는 각각 한 명씩 사살할 수가 있었다. 동굴 속에서는 목표물을 겨냥할 수 있었으나 동굴 바깥쪽에서는 무작정 동굴 속으로 사격한 결과였다. 이제 양쪽 진영은 두 명씩 그 수가 같았다. 그러나 안쪽은 포위되어 있고 바깥쪽은 포위하고 있는 상황에서 바깥쪽이 그래도 유리한 입장에 있었다.

그 선생은 살아남은 두 사람들 중에 부대장이 있다는 것을 알았다. 그는 평소에 부대장과는 달리 부부대장을 더 높이 평가했을 뿐만 아니라 존경하기도 했다. 그는 일본의 전형적인 지성인이면서도 군인정신에 투철했다. 그는 그 선생을 조선인이지만 같은 인간으로서 아끼고 사랑했다. 그는 그 선생에게 "자네 우리가 군인으로 여기에 와 있지만 우리는 말이야 인간정신을 잊어서는 안 돼. 참다운 인간만이 참다운 군인이 되는 거야! 인간정신이란 인간이 다른 인간을 반드시 살게 하고 최대한 잘 살게 해주는 것이지! 즉 인간정신이란 곧 사랑이고 군인 정신도 곧 사랑이야!"라고 어느날 부대의 한구석에서 말하기도 했다.

그런데 그 두 인간들이 서로 죽이려고 대치하고 있었다. 그 선생은 이러한 상념에 잠시 빠졌다가 정신을 가다듬고 현실에 직면했다. 동이 트기 전에 그는 그 포위망을 뚫고나가지 않으면 사태가 그에게 더 불리하게 돌아갈 것이었다. 그는 그의 일인 동료에게 엄호 사격을 부탁하고 정면 돌출할 계획이었다. 그는 엄호사격을 틈타 동굴 속을 빠져나왔다. 그러나 그는 동굴 밖에 몸이 노출되면서 왼팔에 총상을 입었다. 그러는 사이에 그는 부부대장을 권총으로 사살하고 가라데로 옆에 있던 일인 병사의 목뼈를 분질러버렸다.

그 선생은 그 부부대장의 시신을 동굴 속으로 옮기고 비탈길에서 내려와 평야를 향해 그의 일인 동지와 함께 뛰어가자 그들이 탔던 말들이 멀리서 서성거리고 있었다. 그들은 말을 타고 앞으로 달려 나갔다.

그들은 국경에 이르는 데 성공했다. 그리고 그들은 재회를 약속하면서 각자 자기의 갈 길을 택한 것이다. 그 일인 병사는 공산주의의 메카인 모스크바로 향하여 떠났고 그 선생은 두만강을 향하여 떠났다. 그의 눈에서는 눈물이 하염없이 흘러내렸다. 그가 평소에 기타 반주로 부르곤 했던, 김정구가 불러 조선인들의 애창곡인 '눈물 젖은 두만강'을 처량하게 부르며 정처 없이 두만강을 건너고 있었다. 좌우간 고국땅이라도 밟고 보자는 것이었다. 그 때가 1945년 8월 초순이었다. 그래서 그 선생은 얼마 안 있어 해방을 맞이하여 고향인 광주를 향하여 줄곧 달려왔던 것이다.

그는 여기까지 이야기를 끝내고 멋쩍은 듯이 헛기침을 했다. 그리고 그는 그의 사무실로 내려가 기타를 가져와 강렬한 전주곡을 연주한 뒤에 반주를 하면서 그 때에 두만강을 건너며 부르던 '눈물 젖은 두만강'과 '아리랑'을 회상에 젖은 가운데 불렀다. 우리 학생들은 그에게 그의 모험담과 그의 노래 솜씨에 박수로 답례했다.

그의 두 눈에는 안개가 낀 듯했다. 그러나 훗날 우리 학생들이 그의 시신을 화장한 재를 영산강에 뿌리며 그가 부른 '눈물 젖은 두만강'을 부르게 될 줄이야 누가 알았으랴! 그의 혼백이 목포 앞바다로 흘러가 광대한 태평양의 품에서 영면하기를 바라는 마음만이 그의 스승 상에 대한 우리 학생들의 간절한 기원이었다. 이 책의 끝 부분에 이 사연이 기록될 것이다.

이상과 같이 그 선생은 그의 경험담을 말하고 다음과 같이 그의 철학을 설파했다.

누구나 언제 어디서나 불의나 악행을 보면서도 나의 일이 아니라고 말했다.

해서 외면하거나 방관한다면 그러한 불의나 악행을 행하는 자보다 더 사악한 인간이 아닐 수 없고 나보다 약한 사람이나 나보다 곤란한 처지에 있는 사람을 보고 측은지심을 갖고 그러한 사람을 돕지 않는다면 인간됨을 저버리는 것이 아닐 수 없다. 남을 위하여 아무런 희생을 하지 않는 사람은 인간 사회에 아무런 공헌을 할 수 없으며 모든 것을 희생하는 사람은 인간 사회에 모든 것을 공헌할 수 있는 인간정신을 발휘하게 된다. 인류 역사가 시작한 이래로 모든 성인들이 이러한 인간정신을 말하고 실천해 온 것 아닌가!

나는 그 선생의 경험담에 대한 그의 철학을 듣자 나도 모르게 다음과 같이 영어의 문장들이 머리 속에 나타나는 것을 느꼈다.

If a man sacrifices nothing,

(만약 한 사람이 전혀. 아무것도 희생하지 않으면)

he can accomplish nothing.

(그는 전혀 아무것도 성취할 수 없다.)

If a man sacrifices little,

(만약 한 사람이 적게 희생하면)

he accomplish so little.

(그는 그만큼 적게 성취한다.)

If a man sacrifices much,

(만약 한 사람이 많이 희생하면)

he accomplish so much.

(그는 그만큼 많이 성취한다.)

If a man sacrifices everything,

(만약 한 사람이 모든 것을 희생하면)

he can accomplish everything.

(그는 모든 것을 성취할 수 있다.)

　그 선생은 다시 영문법으로 돌아왔다. 그는 영어 문장의 중심이 되는 동사에 대하여 거의 완전히 다 설명한 것 같이 보였으나 그는 여전히 인자한 미소를 지으며 영어의 동사에 대하여 공부할 것이 아직도 많이 남아 있다고 말했다. 그러나 지금까지 동사를 완전히 이해했다면 나머지는 몸통에 꼬리를 붙이는 정도에 지나지 않기 때문에 염려할 것이 없다고 말하며 우리 학생들을 독려했다.

　그는 복합술어의 용법을 지금까지 주어의 능동적인 동태나 상태를 서술한 것에만 국한시켰으나 주어에 대하여 수동 또는 피동적인 동태나 상태를 서술하는 동사의 어법을 설명하려는데도 사용한다고 말하면서, 그러한 술어 또는 복합술어의 형태를 피동태(혹은 수동태)라고 말했다.

08 피동적 문장도 조동사 또는 조동사들의 조작으로 만들어진다

피동태 문장의 복합술어의 형태는 피동태를 만드는 be조동사 + 타동사의 과거분사이다. 예컨대, 능동태의 문장인 John loves Mary. (존은 매리를 사랑한다.)에서 목적어인 Mary를 주어로 내세우면 Mary is loved by John. (매리는 존에 의하여 사랑을 받고 있다.)의 피동태문장으로 전환된다. 그 선생은 능동태 문장과 피동태 문장과의 관계를 다음과 같이 도표화했다.

> 능동태(能動態) : 주어(A)+술어(타동사)+목적어(B)
>
> 피동태(被動態) : 주어(B)+복합술어(be동사+타동사의 과거분서)+by+목적어(A)

이 피동태도 12시제들을 갖기 때문에 앞에서 설명한 능동태 12시제들의 보기들을 피동태로 전환시키면 다음과 같다.

(1) A letter is written by me everyday.

　　(한 통의 편지가 나에 의해서 매일 써진다.)

(2) A letter was written by me everyday.

　　(한 통의 편지가 나에 의해서 매일 써졌다.)

(3) A letter shall be written by me everyday.

(한 통의 편지가 나에 의해서 매일 써질 것이다.)

(4) A letter has been written by me now.

(한 통의 편지가 나에 의해서 지금 써져왔다.)

(5) A lettter had been written by me then.

(한 통의 편지가 나에 의해서 그때 써지고 있었다.)

(6) A letter shll I have been written by me then.

(한 통의 편지가 나에 의해서 그때 써져 갈 것이다.)

(7) A letter is being written by me now.

(한 통의 편지가 나에 의해서 지금 써지고 있다.)

(8) A letter was being written by me then.

(한 통의 편지가 나에 의해서 그때 써지고 있었다.)

(9) A letter shall be being written by me then.

(한 통의 편지가 나에 의해서 그때 써지고 있을 것이다.)

(10) A letter has been being written by me now.

(한 통의 편지가 나에 의해서 지금 써져오고 있다.)

(11) A letter had been beilng written by me then.

(한 통의 편지가 나에 의해서 그때 써져오고 있었다.)

(12) A letter shall have been being written by me then.

(한 통의 편지가 나에 의해서 그때 써져 가고 있을 것이다.)

그 선생이 피동태의 보기들에 번호를 붙인 이유가 드러났다. 그는 피동태의 문장이 실제적으로 쓰이는 것은 (6)번 정도까지이고 그 뒤의 피동태의 문장들은 너무 형식적이고 문법적이어서 실용성이 없다는 것이었다. 그러나 그는 영어를 외국어로 배우는 사람은 그러한 잘 쓰이지 않는 것들의 형식들도 알고 있지 않으면 안 된다고 말했다. 왜냐하면 (12)번과 같은 수동태의 문장들도 종종 영어 책들의 문장들 속에 발견되기 때문이며 그 자신도 그러한 문장들을 발견할 때면 역시 문법의 원리가 중요함을 새삼 느끼곤 한다고 했다. 그는 피동태 동사의 형식을 끝으로 문장에서 중심이 되는 동사의 역할에 대한 것을 마감한 것 같은 태도를 취했다.

지금까지 배운 동사는 문장의 술어 또는 복합술어가 되는 것으로서 다른 말로 표현한다면 그것은 정동사(finite verb)라 불려진다. 이러한 정동사에 대비되는 것이 준동사(verbal)이다. 이제 이 준동사만 배우면 영어의 동사에 대하여는 다 아는 것이 된다.

나는 그것을 하나 산다

어떤 것을 느끼고
그것을 하나 생각하고
그것을 하나 알고
그것을 하나 고마워하면
나는 그것을 하나 산다.

들꽃 하나를 보고
그것을 하나 생각하고
그것을 하나 알고
그것을 하나 고마워하니
나는 그들 꽃 하나를
하나 생각하고, 하나 알고,
하나 고마워한 만큼 하나 산다.

한 옛 성현의 말을 듣고
그것을 하나 생각하고
그것을 하나 알고
그것을 하나 고마워하다보니
나는 그것을 하나 살고 있다.

사람은 세상을 느끼고
그것을 생각하고
그것을 알고
그것을 고마워하는 만큼만
그것을 살 뿐이다.

09

문장의 중심인 동사가 문장의 주요소와 수식요소가 되는 준동사가 된다

술어 또는 복합술어가 그 앞에 정식으로 주어를 내세워 그것을 서술하는 것에 반하여 준동사는 정식으로 주어를 내세우지 못하고 다만 그것이 속해 있는 문장의 주어 또는 목적어(혹은 보어) 또는 문맥상 주어로 삼을 수 있는 것을 간접적으로 주어로 삼게 된다. 준동사의 주어가 문맥과 관계가 없는 경우에는 별도로 준동사 앞에 명시하게 된다. 준동사는 시제도 독자적으로 갖지 못하고 주어를 정식으로 갖는 술어나 복합술어의 시제를 따르거나 적어도 영향을 받게 된다.

다만 준동사도 술어나 복합술어처럼 그 준동사가 완전자동사이면 보어나 목적어를 취하지 않고, 그것이 불완전자동사이면 보어를 취하고, 그것이 완전타동사이면 목적어를 취하고, 그것이 수여타동사이면 간접목적어와 직접목적어를 취하고, 그것이 불완전타동사이면 목적어와 보어를 취히게 된다. 그리고 준동사는 정동사인 술어나 복합술어처럼 부사 또는 부사구, 혹은 부사절의 수식을 받는다. 준동사가 정식으로 술어나 복합술어가 못 되는 대신에 그것은 동사가 아닌 다른 품사의 역할(즉 명사적 역할, 형용사적 역할, 혹은 부사적 역할)을 한다.

우리는 여기서 그 선생이 어떻게 하면 우리 학생들이 제대로 준동사를 잘 이해하게 할 수 있을까를 곰곰이 생각하는 고심의 빛을 역력히 볼 수 있었다. 그는 위의 설명을 이해하는 데 도움이 되도록 술어 또는 복합술어와 준동사 사이의 차이점을 우선 간단히 보기를 들어 설명했다.

영문법정복 | 술어, 복합술어와 준동사의 차이

1. 술어 또는 복합술어만 있는 문장들

I grow up now as a child.
(나는 지금 한 어린이로서 자라고 있다.)

I shall become a gentleman in the future.
(나는 미래에 한 신사가 될 것이다.)

2. 준동사가 들어 있는 문장

I grow up now as a child to become a gentleman in the future.
(나는 미래에 한 신사가 되기 위하여 지금 한 어린이로서 성장하고 있다.)

위의 1번 예문에서 두 문장들의 술어 grow와 복합술어 shall become이 각각 주어 I를 서술하는 술어와 복합술어 즉 정동사들(finite verbs)이 되고 있다. 그러나 2번 예문에서는 술어 즉 정동사인 grow가 up부터 future의 문장 끝까지 이끌며 서술부를 형성하여 주어 I를 정식으로 즉 문법적으로 서술하고 있는데, 그 서술부의 일부인 to become a gentleman in the future는 준동사 to become 이 이끄는 부사적 구문으로서 술어 grow를 부사구로서 수식한다. 따라서 to become은 정식으로 술어가 되어 문법적인 주어를 갖지 못하고 그것이 속해 있는 문장의 술어 grow의 주어 I를 의미상으로만 서술하고 있는 셈이다.

영문법정복 | 준동사들의 용법

그 선생은 준동사를 본격적으로 다루기에 앞서 우리 학생들이 보다 쉽게 이해하도록 그것의 형태와 기능을 먼저 설명해 주었다. 그는 준동사를 설명하는 순서를 부정사(不定詞 : infinitive), 동명사(動名詞 : gerund), 그리고 분사(分詞 : participle)로 잡았는데, 그가 분사를 맨 뒤에 설명한 것은 용법이 가장 복잡하기 때문이었다.

1. 부정사

부정사는 to + 동사원형과 to + have + 과거분사의 두 가지 형태들이 있는데 전자는 일반부정사라고 불려지고 후자는 완료부정사라고 불려진다. 두 가지 다 문장 속에서 주어, 보어, 또는 목적어의 기능을 하여 명사구를 만들거나, 그것 앞의 명사나 대명사를 수식하는 형용사구를 만들거나, 그것 앞 혹은 뒤의 동사, 형용사, 또는 부사, 또는 문장을 수식하는 부사구를 만든다.

2. 동명사

동명사는 동사원형 + ing와 having + 과거분사의 두 가지 형이 있는데 전자는 일반동명사라고 불려지고 후자는 완료동명사라고 불려진다. 두 가지 다 문장 속에서 주어, 보어 또는 목적어의 역할을 하여 명사구를 만든다.

3. 분사

분사는 현재분사와 과거분사의 두 가지 형태의 일반분사가 있고 having + 과거분사의 완료형태의 분사가 있다. 그 용법에는 첫째로 형용사적 용법, 둘째로 본동사적 용법, 그리고 구문적 용법이 있다. 분사의 용법은 준동사 중에서 가장 복잡하다. 그러나 그 용법을 체계적으로 잘 공부하면 의외로 질서있고 간단하다. 그 선생은 이 점에 대하여 우리 학생들의 주의를 환기시키고 설명을 계속했다.

그 선생이 준동사에 대한 제 2의 서론을 이렇게 또 다시 소개한 것은 영어에서 준동사가 정동사인 술어나 복합술어와 버금갈 정도로 문장의 제 2의 중심이 되는 매우 비중이 크고 중요한 부분이기 때문이었다. 그는 서로 비슷하기만 한 지금의 영문법 참고서들과는 사뭇 다르게 그만의 독특한 방식으로 이것을 설명해 주었다. 지금까지 그래왔던 것처럼 그는 배우는 사람이 최대한 쉽게 이해할 수 있도록 설명하려고 애를 많이 썼다.

하늘 아래에는 새로운 것이라고는 하나도 없다는 격언이 있는 반면에 하늘 아래에 어느 것 하나도 시시각각 새롭지 않은 것은 없다는 격언도 있다. 위의 말의 전반부는 어느 것 하나도 새롭게 만들어지는 것이 없다는 것이며, 후반부는 어느 것 하나도 새롭게 달라지지 않는 것은 없다는 것이다. 항상 보아온 것 즉 일상적인 것을 그저 의당히 여기고 그냥 넘겨버리는 사람은 아무리 새롭고 특별한 것에서도 그러한 타성 때문에 그러한 새롭고 특별한 것도 역시 의당히 여기고 그냥 지나쳐 버리기가 쉽다. 그러나 이와는 달리 평범한 것을 관찰력을 갖고 보는 사람은 그 평범하게 보인 것같은 것에서 비범한 발견을 하기가 쉽다. 따라서 관찰력이 높은 사람만이 자신의 삶은 말할 것도 없고 인류의 삶의 질을 높여준다.

이러한 취지로 그 선생은 이미 있는 것에서만이 창의적인 것이 만들어진다고 말하면서 우리 학생들에게 하늘 아래 어느 것도 새롭게 '자신의 방식'으로 만들지 못할 것이 없다고 격려해 주었다. 그는 공부하는 사람이 알면 알고 모르면 어쩔 수 없다는 식으로 설명하는 것이 아니라 될 수 있으면 새롭고 창의적인 방법으로 배우는 사람들 모두에게 잘 이해할 수 있게끔 문법적인 설명을 창출하려고 애썼다.

영문법정복 | 부정사(infinitive)

1. 부정사(infinitive)의 기능

(1) 부정사의 명사구적 용법

1) 문장 속에서 주어의 기능을 한다.

To escort the man is my plan in this business.

(그 사람을 호위하는 것이 이 사업에서의 나의 계획이다.)

☞ to escort the man은 부정사 구문으로서 is의 주어가 되고 있다.

2) 문장 속에서 보어의 기능을 한다.

My plan in this business is to escort the man.

(이 사업에서 나의 계획은 그 사람을 호위하는 것이다.)

☞ to escort the man은 부정사 구문으로서 is의 보어가 되고 있다.

They want me to escort the man in the plan of this business.

(그들은 이 사업의 계획에서 내가 그 사람을 호위하기를 바란다.)

☞ 여기서 주의할 것은 to escort the man in the plan of this business는 부정사구문으로서 불완전 타동사 want의 보어가 되고 있으나 명사구가 아니고 형용사이다. 왜냐하면 부정사 구문이 불완전 타동사의 보어가 될 때에는 그것의 목적어를 서술하는 보어가 되기 때문이다.

3) 문장 속에서 목적어의 기능을 한다.

I plan to escort the man in this business.

(나는 이 사업에서 그 사람을 호위하기를 계획한다.)

☞ to escort the man in this business는 부정사 구문으로서 타동사 plan의 목적어가 되고 있다.

(2) 부정사의 형용사구적 용법

1) 문장 속에서 명사를 수식하는 형용사구가 된다.

This is the policeman to escort the man in this business.

(이 쪽이 이 사업에서 그 사람을 호위할 경찰관입니다.)

☞ to escort the man in this business는 부정사 구문으로서 앞의 명사 policeman을 수식하는 형용사구가 되고 있다.

2) 문장 속에서 대명사를 수식하는 형용사구가 된다.

I want someone to escort the man in this business.

(나는 이 사업에서 그 사람을 호위할 어떤 사람을 원한다.)

☞ to escort the man in this business는 부정사 구문으로서 앞의 대명사 someone을 수식하는 형용사구가 되고 있다.

3) 문장 속에서 보어의 기능을 하는 형용사구가 된다.

Mary is to marry John soon.

(메리는 존과 곧 결혼하게 되어 있다.)

☞ to marry John soon은 부정사 구문으로서 불완전자동사 is의 보어가 된다.

I want Mary to marry John soon.

(나는 메리가 존과 곧 결혼하기를 원한다.)

☞ to marry John soon은 부정사 구문으로서 불완전타동사 want의 보어가 된다.

(3) 부정사의 부사구적 용법

1) 문장 속에서 동사를 수식하는 부사구가 된다.

The policeman arrived here to escort the man in this business.

(그 경찰은 이 사업에서 그 사람을 호위하기 위해 여기에 도착했다.)

☞ to escort the man in this business는 부정사 구문으로서 동사 arrived를 수식하는 부사구가 되고 있다.

2) 문장 속에서 형용사를 수식하는 부사구가 된다.

The policeman is alert to escort the man safely in this business.

(그 경찰은 이 사업에서 그 사람을 안전하게 호위하려고 긴장하고 있다.)

☞ to escort the man safely in this business는 부정사 구문으로서 형용사 alert를 수식하는 부사구가 되고 있다.

3) 문장 속에서 다른 부사를 수식하는 부사구가 된다.

The policeman is too tired to escort the man safely in this business.

(그 경찰은 이 사업에서 그 사람을 안전하게 호위하기에는 너무 지쳐 있다.)

☞ to escort the man safely in this business는 부정사 구문으로서 부사 too를 수식하는 부사구가 되고 있다.

4) 문장 속에서 다른 문장을 수식하는 부사구가 된다.

To tell the truth, the policeman is too tired to escort the man safely in this business.

(사실을 말하자면, 그 경찰은 이 사업에서 그 사람을 안전하게 호위하기에는 너무 지쳐 있다.)

☞ to tell the truth는 부정사 구문으로서 그것 뒤의 문장을 수식하는 부사구가 되고 있다.

그 선생은 부정사에 대하여 이렇게 자세하고 쉽게 설명하고서도 우리 두 학생들의 눈치를 살펴 우리들이 과연 부정사를 잘 이해했는가를 알아보기 위해서 우리들에게 "너희들 말이야, 나로서는 쉽게 이해되도록 설명했는데 어떠냐? 이해되느냐? 내가 노파심에서 더 설명하는데, 예컨대, 부정사 구문이 부사를 수식하는 마지막 보기에서 to escort the man safely in this business가 too라는 부사를 어떻게 수식하는가를 자세히 이야기하겠다. 이것만 설명하면 다른 보기들은 저절로 설명되는 것이다. 이 문장의 우리말 해석인 '이 사업에서 그 사람을 안전하게 호위하기에는 너무 지쳐 있다.'를 보면 '…호위하기에는 너무…'에서와 같이 수식하는 부정사 구문 to escort… business(사업에서… 호위하기에는)가 수식 받는 부사 too(너무…)에 바로 연결되어 있기 때문에 수식하는 것과 수식 받는 것의 관계가 뚜렷이 드러난다고 기대에 찬 눈으로 말했다.

그리고 그 선생은 수식하는 것과 수식 받는 것 사이의 관계에 대하여 우리 학생들의 이해를 완전히 도우려는 태도로 형용사적 수식과 부사적 수식에 대하여 다시 설명을 했다. 그는 영어에서 수식하는 것들은 형용사적 수식과 부사적 수식밖에 없다는 것을 또다시 힘주어 말했다. 바로 그의 상표(trade mark)인 "이것뿐, 이것만"이 발동된 것이다.

그가 영문법을 우리 학생들에게 가르칠 때 법칙들은 제한되어 있고 현상들은 무한하다고 말했었는데, 영문법의 규칙들을 새롭게 하나하나씩 가르칠 때마다 "이것뿐, 그러니 이것만 하면 된다."고 힘주어 말하곤 했다. 만약 그가 영어에 있어서 수식하는 것들이 형용사적 수식과 부사적 수식밖에는 없다고 말해주지 않았더라면 우리 학생들은 영어에서 또 다른 수식하는 것들이 있지 않을까하는 생각을 했을 것이다. 그렇게 되었다면 영어의 수식 구문들에 대하여 자신이 없이 우리 학생들은 그저 배우게 될 뿐으로 수식 구문이 복잡하고 어렵게만 보였을 것이다.

그는 모든 법칙들은 그 수가 제한되어 있어서 그것들 뿐이기 때문에 그것들만 외워서 그것들만 적용하고 활용하면 무한한 그 법칙들의 현상들이 이루어진다고 다시 역설했다. 영어의 수식 법칙들은 형용사적 수식과 부사적 수식뿐이기 때문에 그것들만 적용하고 활용하면 무한한 수식 구문들을 만들어 낼 수가 있는 것이다. 그가 이렇게 법칙들의 유한성과 그 법칙들이 적용되어 나타나는 현상들의 무한성을 누차에 걸쳐 우리 학생들에게 말해 주었기 때문에 우리들은 법칙과 현상의 관계에 대하여는 잊을래야 잊을 수가 없을 정도가 되었다.

그는 형용사적 수식 어구들(즉 형용사, 형용사구, 형용사절)이 수식히는 것들은 명사와 대명사뿐이기 때문에 영어 문장의 문맥을 잘 살피면 그렇게 수식하는 것과 수식 받는 것의 관계를 즉 서로 어떻게 연결이 되어 있는가를 제대로 파악할 수 있다고 우리 학생들에게 안심시키면서 또 다시 노파심을 발동시켜 다음과 같은 보기들을 내세웠다.

(1) 명사를 수식하는 형용사는 대체로 명사 앞에 위치한다.

beautiful(형용사) flowers(명사)

☞ 아름다운(형용사:수식하는 것) 꽃들(명사:수식 받는 것)

(2) 그러나 명사나 대명사를 수식하는 형용사구와 형용사절은 반드시 명사나 대명사 뒤에 온다.

a book(명사) on the desk(형용사구)

☞ 책상 위에 있는(형용사구:수식하는 것) 책(명사:수식 받는 것)

the man(명사) who is driving a car(형용사절)

☞ 승용차를 운전하고 있는(형용사절:수식하는 것) 사람(명사:수식 받는 것)

형용사절에 대하여는 관계대명사 편에서 자세히 설명될 것이다.

(3) 그리고 대명사를 수식하는 형용사는 반드시 대명사 뒤에 온다.

something(대명사) beautiful(형용사)

☞ 아름다운(형용사:수식하는 것) 어떤 것(대명사:수식 받는 것)

그 선생은 수식하고 수식 받는 영어의 법칙과 현상을 이렇게 장황하게 설명하였기에 부사적 수식어구들(즉 부사, 부사구, 부사절)에 대한 체계적인 설명은 형용사적 수식어들의 체계적인 설명에서 우리 학생들이 스스로 유추해 보라고 하면서 계속 설명하던 준동사로 다시 돌아왔다.

2. 부정사의 주어 표현

(1) 부정사의 주어가 일반적인 주어일 때

일반적인 주어 즉 one, you, we, they 등의 경우에 주어는 생략된다.

To see is to believe.

(보는 것은 믿는 것이다 : 백문이 불여일견이다.)

☞ 부정사 구문 to see나 to believe는 그것들의 의미상의 주어들이 어떤 특정한 사람이 아니라 모든 사람들이 다 포함되는 일반적인 주어인 one(사람이란)이란 뜻을 갖고 있다. 따라서 위의 영문을 풀이하면 다음과 같다.

The one sees is that one believes.

(사람이 본다는 것은 곧 사람이 믿는다는 것과 같다.)

If one sees one believes.

(사람이란 보면 믿게 된다.)

It is never too late to mend.

(잘못을 고치는 일은 아무리 늦어도 해야 한다.)

☞ 부정사 구문 to mend의 의미상 주어가 역시 일반적인 주어가 되어 있다. 따라서 위의 문장을 풀이하면 다음과 같다.

It is never so late that one can not mend.

(시간이 너무 늦어서 사람이 잘못을 고칠 수 없지는 결코 않는 것이다.)

(2) 문장의 어느 한 부문이 문맥상으로 주어가 된다.

He wishes to forget his past.

(그는 그의 과거를 잊고 싶어 한다.)

☞ 부정사 구문 to forget his past의 주어는 그것이 속해 있는 문장의 주어 he이다.

He wants his wife to forget her past.

(그는 그의 아내가 그녀의 과거를 잊기를 원한다.)

☞ 부정사 구문 to forget her past의 주어는 그것이 속해 있는 문장의 목적어 his wife이다.

He promised his wife to forget her past.

(그는 그의 아내에게 그녀의 과거를 잊겠노라고 약속했다.)

☞ 부정사 구문 to forget her past의 주어는 그것이 속해 있는 문장의 주어 he이다.

(3) 문맥상으로 부정사의 주어가 나타나지 않을 때

부정사 앞에 for+ 목적어(명사 혹은 대명사)가 주어가 된다.

It is necessary for him to go.

(그가 가는 것이 좋다.)

☞ for him의 him이 부정사 to go의 주어가 된다.

I should be glad for Mary to come.

(매리가 와 주면 좋겠다.)

☞ for Mary의 Mary가 부정사 to come의 주어가 된다.

(4) for 대신에 of가 부정사의 주어를 이끌 때

그 때에는 of 앞에 kind, good, cruel, brave, rude, foolish, right, wrong, generous, polite 등과 같이 칭찬과 비난을 표시하는 형용사들이 온다.

It is kind of you to help me.

(당신이 나를 도와주시니 친절하시군요.)

☞ 이러한 구문에서 it은 situation(상황)을 말한다. of는 상황에 따라 사람이 행동할 때 나타나는 성격, 인격, 성향을 보여주고 부정사 구문 to help me는 이유를 나타내고 그것의 의미상 주어는 you이다.

It is rude of you to stare at the stranger.

(네가 그 낯선 사람을 빤히 쳐다보는 것은 무례한 짓이다.)

☞ 부정사 구문 to stare at the stranger의 의미상 주어는 you이다.

3. 부정사의 의미상의 시제 일치

(1) 일반부정사

'to + 동사원형…'은 그것이 속해 있는 문장의 술어 또는 복합술어의 시제와 일치한다.

He appears to be rich.

= It appears that he is rich.

(그는 부자인 것 같이 보인다.)

☞ 부정사 구문 to be rich의 문맥상의 시제는 본문의 현재 시제 appears와 일치한다.

He came here to see her.

= He came here and he saw her. 혹은 He came here so that he might see her.

(그는 그녀를 보기 위해서 왔다.)

☞ 부정사 구문 to see her의 문맥상의 시제는 본문의 과거 시제 came과 일치한다.

(2) 완료부정사

'to have+과거분사... '는 그것이 속해 있는 문장의 술어 또는 복합술어의 시제보다 한 단계 앞선 과거가 된다.

They seem to have been happy.

= It seems that they were happy.

(그들은 행복했던 것 같다.)

☞ 부정사 구문 to have been happy의 문맥상의 시제는 본문의 현재 시제 seem보다 앞서는 과거이다.

They seemed to have been happy.

= It seemed that they had been happy.

(그들은 행복했었던 것처럼 보였다.)

☞ 부정사 구문 to have been happy의 문맥삼의 시제는 본문의 과거 시제 seemed보다 앞서는 과거완료이다.

그 선생은 지금까지 일반부정사에 대하여 설명했기 때문에 이제는 완료부정사(to have + 과거분사...)를 간단하게 다루겠다고 말했다. 왜냐하면 일반 부정사와 완료부정사 사이의 차이는 시간상의 차이밖에 없기 때문이다. 일반부정사의 의미상 시제는 그것이 속해있는 술어 또는 복합술어와 일치하지만 완료부정사는 그것이 속해 있는 문장의 술어와 복합술어의 시제보다 한층 앞선다. 이미 앞에서 부정사의 의미상 시제에서 부정사 시제의 차이를 자세히 설명했지만 다시 일반부정사의 시제와 완료부정사의 시제의 차이를 보기를 하나씩만 들어 비교해 설명하는 것으로 부정사(infinitive)를 마감하겠다고 그는 말했다.

4. 일반부정사와 완료부정사의 비교

(1) 일반부정사(general infinitive)의 경우

He seems to know the secret.

(그는 그 비밀을 아는 것처럼 보인다.)

☞ 일반부정사 구문 to know the secret의 know의 시제는 그 문장의 술어 seems가 현재이기 때문에 그 것에 일치하여 knows(알고 있다)의 현재의 시간을 나타낸다. 이것을 다른 문장으로 풀이하면, It seems that he knows the secret가 된다.

(2) 완료부정사(perfect infinitive)의 경우

He seems to have known the secret.

(그는 그 비밀을 알았던 것처럼 보인다.)

☞ 완료부정사 구문 to have known the secret의 have known의 시제는 그 문장의 술어 seems가 현재 이기 때문에 그것보다 앞선 시제(즉 시간) 과거 knew를 나타낸다. 이것을 다른 문장으로 풀이하면, It seems that he knew the secret가 된다.

이렇게 하여 그 선생은 부정사의 용법에 대하여 자세하면서도 일목요연한 설명을 마치고 동 명사의 용법으로 이어갔다.

영문법정복 | 동명사(gerund)

동명사는 준동사 중에서 가장 간단한 법칙들로 이루어져 있다. 동명사라는 명칭이 말하듯 이 동 명사는 동사의 특성(보어나 목적어를 취하고 부사적 수식을 받는 것)을 그대로 지니면서 문장 속에 서 명사가 하는 기능(주어, 보어 또는 목적어의 기능)을 함께한다.

동명사도 일반동명사와 완료동명사로 갈라지는데 전자는 동사원형 + ing으로 이루어지고 후자 는 having + 과거분사로 이루어진다.

1. 동명사(gerund)의 기능

(1) 문장 속에서 주어의 기능을 한다.

Listening to music is one of my hobbies.

(음악을 듣는 것은 나의 취미들 중 하나이다.)

☞ listening to music은 동명사 구문으로서 술어 is의 주어가 되어 명사구가 된다.

(2) 문장 속에서 보어의 기능을 한다.

One of my hobbies is listening to music.

(나의 취미들 중의 하나가 음악을 듣는 것이다.)

☞ listening to music은 동명사 구문으로서 불완전자동사인 술어 is의 보어가 되어 명사구가 되고 있다.

(3) 문장 속에서 목적어의 기능을 한다.

I like listening to music.

(나는 음악을 듣기를 좋아한다.)

☞ listening to music은 동명사 구문으로서 완전타동사인 술어 like의 목적어가 되어 명사구가 되고 있다.

2. 동명사의 주어 표현

(1) 동명사의 주어가 일반적인 주어일 때

일반적인 주어 즉 one, you, we, they 등의 경우에 주어는 생략된다.

Driving a car requires care and skill.

(승용차를 모는 것은 주의와 기술을 요한다.)

☞ 동명사 구문 driving a car의 문맥상의 주어는 일반적인 주어 one이 되기 때문에 생략된다.

Living happily is giving and taking.

(행복하게 산다는 것은 주고받는 것이다.)

☞ 동명사 living happily의 문맥상의 주어는 일반적인 주어 we가 되기 때문에 생략된다.

(2) 동명사의 주어가 동명사 구문 앞에 나타날 때

1) 명사나 대명사의 소유격을 동명사 앞에 명시한다.

You need not be ashamed of your father's being poor.

(너는 너의 아버지가 가난하다는 것에 부끄러워할 필요가 없다.)

동명사 구문 being poor의 주어는 명사 father의 소유격 father's 이다.

On her entering the hall, the audience shouted for joy.

(그녀가 회장에 들어서자 청중들은 즐거워 소리쳤다.)

☞ 동명사구문 entering the hall의 주어로서 대명사 소유격인 her가 동명사 앞에 명시된다.

2) 명사나 대명사의 목적격이 동명사 앞에 명시된다.

Have you heard about the men running into trouble?

(그 사람들이 사고를 일으켰다는 것을 너는 들었느냐?)

☞ 동명사 구문 running into trouble의 주어로서 목적격 the men이 동명사 앞에 명시되어 있다.

We don't mind you smoking here.

(당신이 여기서 담배를 피워도 괜찮다.)

☞ 동명사 구문 smoking here의 주어로서 대명사 목적격인 you가 동명사 앞에 명시되어 있다.

We are glad of the situation being over.

(우리들은 그 사태가 끝난 것이 기쁘다.)

☞ 동명사 구문 being over의 주어는 명사인 목적격인 the situation이 동명사 앞에 명시되어 있다.

Do you know of Jack of all trades going through a great undertaking?

(팔방미인은 큰일을 해낸다는 것을 당신은 알고 있습니까?)

☞ 동명사 구문 going through a great undertaking의 주어는 여기서 Jack of all trades인데 그것 역시 목적격인 것이다. 명사는 주격과 목적격이 따로 있지 않고 우연히 같기 때문에 그것들을 통틀어 통격이라고도 부른다. 이렇게 동명사의 주어가 통격인 경우는 무생물이나 추상명사가 대체로 쓰인다.

3. 동명사의 의미상의 시제 일치

문장에서 동명사의 시제를 일치시킬 때는 앞서 배운 부정사와 마찬가지로 일반동명사일 경우 그 것이 속해 있는 문장의 술어 또는 복합술어의 시제와 일치하고, 완료동명사일 경우 그것이 속해 있는 문장의 술어 또는 복합술어보다 시제가 한 단계 앞선다.

(1) 일반동명사의 경우

He is proud of helping poor people.

(그는 가난한 사람들을 돕는 것을 자랑스럽게 여기고 있다.)

☞ 일반동명사 구문 helping poor people의 helping의 시제는 그 문장의 술어 is가 현재이기 때문에 그것에 일치하여 helps(돕는다)의 현재의 시간을 나타내고 있어 이것을 다른 문장으로 풀이하면 He is proud that he helps poor people이 된다.

He was proud of helping poor people.
= He was proud that he helped poor people.

☞ 일반동명사 구문 helping poor people의 helping의 시제는 그 문장의 술어 was가 과거이기 때문에 그것에 일치하여 helped(도왔다)의 과거를 나타내고 있어 이것을 다른 문장으로 풀이하면 He was proud that he helped poor people이 된다.

(2) 완료 동명사의 경우

He is proud of having helped poor people.

(그는 가난한 사람들을 도왔던 것을 자랑스럽게 여기고 있다.)

☞ 완료동명사 구문 having helped poor people의 having helped의 시제는 그 문장의 술어 is가 현재이기 때문에 그것보다 앞선 시제 과거 helped를 나타내어 이것을 다른 문장으로 풀이하면 He is proud that he helped poor people이 된다.

He was proud of having helped poor people.
=He was proud that he had helped poor people.

☞ 완료동명사 구문 having helped poor people의 having helped의 시제(즉 시간)는 그 문장의 술어 was가 과거이기 때문에 그것보다 앞선 시제(즉 시간) 과거 완료 had helped를 나타내며 이것을 다른 문장으로 풀이하면 He was proud that he had helped poor people이 된다.

그 선생은 이렇게 동명사에 대해서 간단히 설명을 끝냈다. 그리고 그는 "자, 동명사는 이 정도로 끝내고 분사로 넘어가야겠는데 시간이 10분 정도 남아 있다. 분사는 워낙 법칙들이 복잡하여 내일 그것에 대하여 처음부터 끝까지 설명하는 것이 너희들이 이해하기가 편할 것 같아 오늘 수업은 여기서 마치겠다." 라고 아쉬운 듯 말했다.

원래 영문법 시간이 8시부터 9시까지인데 그는 거의 항상 9시가 넘어 수업을 끝내는 열성과 열정을 아끼지 않았다. 그런데 그 날은 학생들에 대한 배려로 10분 일찍 끝내는 융통성을 보인 것이다. 선생이란 그렇게 사정과 상황에 따라 적절히 대응할 줄을 알아야 한다는 것을 그 때 나는 느꼈다. 무조건 시간을 제대로 맞추는 기계적인 사고나 행동보다는 조금은 시간을 융통성 있게 운용할 줄 아는 그러한 선생이 수업을 보다 효율적으로 이끌어 갈 것이다.

나는 그 날 집에 가서 그 동안 부정사와 동명사에 대하여 배운 것을 철저히 복습을 하고서 그 다음 날 배울 분사에 대하여 예습도 철저히 해 놓았다. 과연 그 선생이 말했듯이 분사의 법칙들은 복잡하고 어렵게 보였다. 그래서 나는 그 다음날 아침에 기대에 차 학원에 나갔다.

이 분사만 그 날 배우면 영어 문장의 중심이 되는 동사변화의 법칙들을 다 배우게 되리라는 생각에 마음이 부풀어 있었다. 그런데 항상 일찍 나와 수업을 기다리던 박기철이 8시가 넘어도 나타나지 않았다. 나는 영어 문장의 중심인 동사 변화의 법칙들을 그 날 다 배울 것이라는 희망에 차 있는 터라 그가 빨리 나타나기를 손꼽아 기다렸다.

영문법반 학생들이라야 광주북중 학생들이 빠진 후 그와 나 둘 뿐이었기에 그 선생과 나는 그가 나타나기만을 기다렸다. 그는 9시가 다 되어갈 무렵에 헐레벌떡 나타났다. 그는 집에 급한 심부름을 하고 오느라 그렇게 늦었다고 말했다. 그 선생은 그가 늦게나마 숨가쁘게 달려와 그의 강의를 들으려는 것에 그를 따뜻하게 맞이하면서 "영문법 시간이 거의 다 되었지만 한 시간 더 연장하여 내친김에 오늘 분사를 마지막으로 동사의 법칙들을 끝내겠다." 라고 말하며 분사에 대하여 설명을 하기 시작했다.

영문법정복 | 분사(participle)

분사는 준동사들 중에서 가장 복잡한 법칙들로 이루어져 있다. 분사도 부정사와 동명사처럼 문장 속에서 주어를 서술하는 술어나 복합술어가 되지 못하고 동사의 특성(보어나 목적어를 이끌고 부사적 수식을 받는 것)을 가지면서 형용사, 혹은 복합술어의 일부인 본동사, 그리고 구문의 형태를 갖는다. 그 선생은 분사를 동사원형 + ing으로 된 현재분사형, 과거분사형의 일반분사, having + 과거분사형, 그리고 having + been + 과거분사형의 완료분사로 4가지 형태들로 구분하며 설명하기 시작했다.

1. 분사의 형용사적 용법

(1) 진행의 뜻
완전자동사의 현재분사가 명사 앞에 와서 명사를 수식할 때에 그것은 그것 안에 진행의 뜻을 내포한다.

falling leaves

(나무에서 떨어지고 있는 잎사귀들)

☞ falling은 완전자동사 fall의 현재분사로서 명사 leaves를 수식하는 형용사가 되는데 그것 안에 진행의 뜻을 갖고 있다. falling leaves를 다른 영어로 풀이하면 leaves which are falling이 된다.

developing countries = countries which are developing

(개발도상국들)

sleeping babies = babies who are sleeping

(잠자고 있는 어린애들)

(2) 완료의 뜻

완전자동사의 과거분사가 명사 앞에 와서 명사를 수식할 때 그것은 그것 안에 완료의 뜻을 내포한다.

fallen leaves

(나무에서 이미 떨어져 있는 잎사귀들)

☞ fallen은 완전자동사 fall의 과거분사이고 명사 leaves를 수식하는 형용사가 되는데 완료의 뜻을 내포하고 있다. fallen leaves를 다른 영어로 풀이하면 leaves which are fallen이 된다.

developed countries = coutries which are developed.

(선진국들)

ripened fruits = fruits which are ripened

(익은 과일들)

(3) 목적어의 뜻

완전타동사의 현재분사가 명사 앞에 와서 명사를 수식할 때 그것은 그것 안에 문맥으로 보아 알 수 있는 목적어를 내포한다.

a loving wife

(사랑하는 아내 : 알뜰한 아내)

☞ loving은 완전타동사 love의 현재분사로서 명사 wife를 수식하는 형용사가 되는데 그 안에 문맥으로 보아 her husband를 목적어로 포함한다. 이것을 다른 영어로 풀이하면 a wife who loves her husband 가 된다.

exciting games = games which excite the spectators

(흥분시키는 경기들)

interesting book = books which interest readers

(재미있는 책들)

(4) by + 목적어의 뜻

완전타동사의 과거분사가 명사 앞에 와서 명사를 수식할 때 그것은 그것 안에 by + 목적어를 내포한다.

a loved wife

(사랑 받는 아내 : 행복한 아내)

☞ loved는 완전타동사 love의 과거분사로서 명사 wife를 수식하는 형용사가 되는데 그것 안에 by her husband가 포함된다. a loved wife를 다른 영어로 풀이하면 a wife who is loved by her husband가 된다.

a murdered man = a man who was murdered by a murderer
(살해당한 사람)

a destroyed table = a table which is destroyed by a destroyer
(파괴된 책상)

그 선생은 분사의 용법에서 맨 먼저 형용사적 용법을 이렇게 자세히 설명하고서 분사에 대해서는 형용사 적용법만 잘 이해해도 누구나 스스로 다른 분사의 용법들을 깨쳐 나갈 수 있다고 말했다. 이렇게 분사는 형용사적 용법이 분사의 모든 다른 용법들에 대한 기준이 된다는 것이다.

사과 한 개를 다 먹지 않고 한 조각만 베어 먹어도 사과의 맛 전체를 알 수 있듯이 이 세상에 존재하는 모든 개체들이 그것들의 일부만 알아도 그것들 전체의 윤곽을 알 수 있는 것이라고 말하면서, 그는 분사의 용법에서는 특히 이 형용사적 용법만 제대로 알아도 분사에 대해서는 그것의 전체적인 특성을 아는 것이 된다고 했다.

그리고 그는 그가 설명한 분사의 형용사적 용법은 이 세상에 있는 어떤 영문법 참고서에서도 발견할 수 없다고 말하면서, 선생이란 항상 자기 나름대로의 교수법을 창안하지 않으면 참다운 선생이 될 수 없다고 자기 자신을 향해서 엄지 손가락을 번쩍 들어 뽐냈다. 인류 역사 이래로 위대한 스승들은 모두가 그렇게 자신들을 스스로 내세워 말을 했다. 왜냐하면 그들은 남들이 하지 않았고 못 했던 것들을 스스로 창안했기 때문이다.

선생이란 남들에게서 얻은 지식을 토대로 자신의 독창성을 발휘하는 사람인 것이다. 그 선생은 어린 우리 학생들에게 이와 같은 철학적 사상을 고취시키면서 우리들의 지능 즉 사고의 수준을 높여 주려고 했다. 그래서 우리들은 그에게서 영문법만 배운 것이 아니라 인생철학까지 덤으로 배웠다.

2. 분사의 본동사적 용법

그는 곧 뒤이어 분사의 본동사적 용법을 설명하기 시작했다. 그는 이 본동사적 용법은 분사의 용법들 중에서 가장 간단하고 알기 쉽다고 말했다. 그는 본동사적 용법은 이미 형용사적 용법에서 거의 다 설명된 것이라고 말했다.

동사의 현재분사 앞에 be동사가 오면 그 현재분사는 진행형 시제의 복합술어에서 본동사가 되고

be동사는 진행형을 만드는 조동사가 된다.

완전자동사의 과거분사 앞에 be동사가 오면 그 완전자동사의 과거분사는 완료형 시제의 복합술어에서 본동사가 되고 be동사는 완료형을 만드는 조동사가 된다.

타동사의 과거분사 앞에 be동사가 오면 그 타동사의 과거분사는 피동형 시제의 복합술어에서 본동사가 되고 be동사는 피동형을 만드는 조동사가 된다.

동사의 과거분사가 have동사 뒤에 오면 그 과거분사는 완료형 시제의 복합술어에서 본동사가 되고 have동사는 완료형을 만드는 조동사가 된다.

그 선생은 그가 이미 지적했듯이 분사의 용법들 중에서 본동사적 용법이 가장 간단하고 이해하기 쉬웠지만 그는 그의 자상함을 발휘하여 보기를 들어 다시 설명했다.

(1) be동사 + 동사의 현재분사 = 진행형 시제

The baby is sleeping in the cradle.

(그 갓난애는 그 요람에서 잠자고 있다.)

☞ is는 be동사의 3인칭 단수현재로서 진행형을 만드는 조동사이고 sleeping은 sleep동사의 현재분사로서 be동사 is 뒤에 와서 본동사가 된다.

(2) be동사 + 완전자동사의 과거분사 = 완료형 시제

The winter is gone.

(겨울은 갔다.)

☞ is는 be동사의 3인칭 단수현재로서 그것 뒤에 완전자동사의 과거분사가 와 있기 때문에 완료형을 만드는 조동사가 되고 gone은 완전자동사 go의 과거분사로서 be동사가 앞에 있기 때문에 완료형 시제의 본동사가 된다. 만약에 이 be동사 is 뒤에 타동사의 과거분사가 왔다면 완료형이 아니라 피동형이 될 것이다.

(3) be동사 + 완전타동사의 과거분사 = 피동형 시제

The tiger was killed by the hunter.

(그 호랑이는 그 사냥꾼에 의해 살해되었다.)

☞ was는 be동사의 3인칭 단수 과거로서 피동형을 만드는 조동사이고 killed는 완전타동사 kill의 과거분사로서 본동사가 된다.

(4) have동사 + 과거분사 = 완료형 시제

He has finished his homework.

(그는 그의 숙제를 끝냈다.)

☞ has는 have동사의 3인칭 단수 현재로서 완료형을 만드는 조동사이고 finished는 finish동사의 과거

분사로서 조동사 has 뒤에 와 본동사가 된다.

    그 선생은 분사의 가장 간단한 용법인 본동사적 용법도 이렇게 자세히 설명했다. 사실, '설명하다' 라는 말은 '자세히' 라는 말을 필요로 하는 말인 것이다. 따라서 '자세히 설명하다' 라는 말은 '선생'이라는 말을 서술하는 말로서 가장 알맞은 말이다. 선생의 입에서 나오는 말은 무엇이나 자세하게 설명되는 말일 수밖에 없는 것이며 이러한 자세를 갖는 사람만이 선생이 될 뿐이다. 나는 그 선생에게서 바로 선생의 전형을 보았던 것이다. 그래서 나는 이 소설을 쓰면서 그 선생의 이름을 그 선생이라고 쓰고 있는 것이다.

    그는 이제 분사의 용법들 중에서 마지막으로 분사의 구문적 용법만이 남아 있다면서 마치 어머니가 자식들에게 맛있는 음식을 더 많이 장만하여 주는 듯이 자못 자애롭고 기대에 찬 모습을 보이면서 구문적 용법을 설명하기 시작했다.

    분사의 구문적 용법에서 맨 먼저 그 선생은 분사의 구문에 대한 개념을 설명했다. 구문은 문법적으로 한 문장 속에서 하나의 문장과 같은 구실을 하지만 정식으로 주어와 술어 또는 복합술어를 구비하지 않고 그것이 속해 있는 문장 속에서 종속절(분사구문에서는 명사절은 제외되고, 형용사절 또는 부사절만 포함된다.)과 같은 역할을 한다.

    분사의 구문적 용법은 첫째로 분사구문의 위치, 둘째로 분사구문의 문맥상의 주어, 셋째로 분사구문의 문맥상의 시제, 넷째로 분사구문의 태(즉 능동태냐 피동태냐 하는 것)의 네 가지로 나뉘어 설명될 수 있다. 그 선생이 분사구문을 이렇게 네 가지로 설명한 것은 역시 다른 영문법 참고서들과는 거의 완전히 다른 독창적인 것으로서 그의 창의적인 정신에서 나온 것이다.

    그 선생은 이렇게 분사의 구문적 용법을 개요적으로 설명한 뒤에 역시 그는 보기를 들어 일목요연하게 다시 설명하려고 했다. 바로 그때 나는 온 몸이 사시나무처럼 떨리고 이마에서는 땀이 흐르는 것을 느끼며 그 선생의 설명을 들으려고 애를 썼다. 그러나 그 선생의 말이 헛소리로만 나의 귀에 들려왔다. 지금까지 그 선생의 친절한 가르침이 나의 귀에 한 자도 어김없이 들어 왔는데 이게 웬일인가. 그 선생도 평상시와는 사뭇 다른 나의 태도에 의아한 표정으로 나에게 물었다.

    "상준이 너 이마에 땀이 더워서 흐르는 것 같지 않다. 어디 좀 보자."

    "선생님 괜찮습니다. 조금 몸이 떨리기만 합니다."

    "아니야, 이마를 짚어보니 보통 열이 아니야. 기철아 오늘은 이만 공부를 하고 상준이를 데리고 병원에 가보자."

    그 선생과 박기철은 양쪽에서 나를 부축하며 인근 내과 의원으로 데려가서 진찰을 받게 했다. 의사는 나더러 너무 심한 일을 하지 않았느냐고 말하면서 주사를 놓아주고 약봉지를 하나 건네주었다. 심한 몸살이라고 하면서 집에 가서 아무 일도 하지 말고 쉬면 된다고 했다.

    나는 몸살이 왜 생겼을까 생각하다가 바로 어제 있었던 일을 떠올렸다. 예전에도 가끔 그랬듯이 송정리로가는 철길을 따라 배운 영어 문장들을 큰 소리로 외우면서 걸어가고 있었다. 인적이 없기에 큰소리로 영어 발음을 연습하기에는 알맞았다. 한참 걷고 있는데 어디선가 여자의 목소리가 들려왔다. 귀를 기울여 들으니 "사람 살려"라는 소리가 분명했다.

나는 본능적으로 그 소리의 진원지로 빠른 발길을 재촉했다. 그 소리는 점점 약해졌다. 산골짜기를 따라 깊숙이 들어가자 세 사람의 윤곽이 드러났다. 나는 계속 그쪽으로 향하여 달려갔다. 그런데 이게 웬일인가? 20대의 사내 두 명이 한 여자를 덮치고 있는 것이다.

나의 두 눈에서는 공분의 불길이 번득였다. 여자의 치마가 벗겨져 있었고 여자는 공포 속에서 떨고 있었다. 나는 여자에게 옷을 빨리 입고 도망치라고 소리치면서 그 두 불량배와 맞섰다. 그 놈들은 난데없는 훼방꾼을 보자 다잡은 대어를 놓쳤다는 태도로 나에게 분풀이를 하려 했다. 그들은 각각 단검 같은 흉기를 들고 나에게 덮쳐왔다. 나보다 나이가 훨씬 위인 20대로 보였다. 그들은 내가 한갓 소년이어서 그것도 혼자 뿐이어서 어이없다는 표정을 지으며 이구동성으로 "네놈이 죽고 싶어 이 산속으로 들어와! 그래 죽여주마!" 소리를 지르며 단검을 휘둘렀다. 나는 그 여자가 이미 자취를 감춘 것을 확인하고서 도망치려고 뒤로 물러섰다. 그러나 이미 그들 중의 한 놈이 나의 등 뒤에서 가로막고 있었다. 나는 난처한 처지에 어찌할 바를 몰랐다. 시시각각으로 죽음의 그림자가 나에게 드리워지고 있는 것 같았다.

나는 나의 그 순발력을 발동시켰다. 나는 앞에 있는 놈을 향하여 큰 소리로 "You, get out of my way, or you shall die.(너, 내 앞에서 비켜라, 안 그러면 죽는다.)"라는 영어로 경고를 했다. 그것은 효력을 발휘했다. 그 놈이 느닷없는 우레 같은 영어를 듣자 어안이 벙벙하여 주춤했다. 나는 그순간 적당한 돌맹이 하나를 잽싸게 주워 그놈의 면박을 갈겼다. 그것은 적중했다. 그놈은 외마디 소리를 지르며 소나무에 부딪치고 쓰러졌다.

나는 이제 한 놈만 따돌리거나 맞서 싸우면 되었다. 나는 뒤돌아서면서 마침 옆에 놓여 있는 각목을 쥐고서 방어 태세를 취했다. 그놈은 나를 그저 보통 중학생으로 여기고서 단검을 마구 휘두르며 내게 공격해 왔다. 나는 그놈이 단도를 던지는 솜씨를 발휘하지 않는 것으로 보아 나에게 승산이 있음을 알고 그저 방어만 하면서 기회를 보아 도망가려 했다.

바로 그때에 계곡을 기어오르는 또 다른 한 놈이 보였다. 그놈은 그 두 놈들하고 거기에서 합세하기로 약속이 되어 있는 것 같았다. 나의 싸움은 원점으로 되돌아갔고 거의 절망적이었다. 그래도 나는 포기하는 성격이 나의 핏속에 깃들여 있지 않아 새로운 각오가 나를 격려해 주고 있었다.

나는 나 자신에게 기어이 이 사지에서 벗어나야 한다고 다짐했다. 그러자 나의 몸에 새로운 활력이 넘쳤다. 나는 앞뒤의 공격을 방어하며 시간을 한참 보냈다.

어느 순간 나는 그 두 놈을 나의 등 뒤로 오게 하는데 성공했다. 나는 곧장 계곡 밑 평지를 향해 달려갔다. 하지만 그들은 내게 바짝 달라붙어 기어이 나를 처치하겠다는 듯이 쫓아왔다. 결국 나는 돌아서서 다시 맞서 싸우지 않으면 안 되었다.

나는 뒤로 물러서면서 그들과 마주섰다. 힘겨운 싸움이었다. 나는 많이 지쳤다. 그러나 나는 땀방울 한 방울이 남을 때까지 싸우리라는 결의를 다시 다졌다. 한발짝 뒤로 물러서는데 풍덩 하고 나의 몸이 물웅덩이에 빠졌다. 그놈들은 웅덩이에 빠져 허리까지 물이 찬 나를 포위했다. 그들은 나를 내려다보며 "이 곳이 너의 무덤이야! 여기가 어디라고 애송이가 들어와!" 라고 비웃고 있었다.

그러나 내가 포기하지 않는 사람이라는 것을 그들은 모르고 있었다. 나는 그들을 향하여 내가 항상 써먹은 경고 "먼저 덤비는 놈은 죽는다."를 우렁찬 목소리로 하늘로 띄웠다.

나의 목소리를 들은 사람들이 있었다. 그들은 "저기다. 저기야." 하며 내가 갇힌 물웅덩이 쪽으로 달려왔다. 나를 공격하려던 두 놈들은 도망칠 수밖에 없었다.

나를 구원한 사람들은 내가 구해준 그 여자의 가족과 이웃사람들이었다. 나는 그들의 집에 안내받아 저녁 대접을 받았다. 그들은 나를 평생의 은인이라고 말하며 나에 대한 찬사가 굉장했다. 나는 마음속으로 '당신들이 나의 생명을 구해 준 사람들이오.' 라고 생각하며 집으로 돌아왔다. 그랬던 것이 그 다음날 학원에서 뒤늦게 오한이 나타난 것이었다. 나는 의사가 준 약을 먹고 하루를 쉬었으나 그 다음날 분사의 마지막 부분을 공부하려는 생각만이 머리에 가득했다.

3. 분사의 구문적 용법

(1) 분사구문의 위치

1) 분사구문 + 본문

분사구문이 본문(주절 : 주어와 술어 또는 복합술어를 갖춘 문장) 앞에 올 때 분사구문은 종속접속사 + 주어 + 술어... 또는 종속접속사 + 주어 + 복합술어...와 같은 것으로서 종속절의 구실을 하여 본문의 술어 또는 복합술어를 수식하는 부사적 수식 구문이 된다.

Living in the country, he has few visitors.

(그는 시골에 살고 있기 때문에 찾아오는 사람들이 거의 없다.)

☞ 분사구문 living in the country가 본문 he has few visitors 앞에 왔기 때문에 그것은 종속접속사 + 주어 + 술어... 의 형태인 as he lives in the country로서 본문의 술어 has를 수식하는 이유를 나타내는 부사절로 전환된다. 분사구문의 주어는 본문의 주어 he와 일치하고 그것의 시제도 본문의 술어 has가 3인칭 단수 현재이기 때문에 그것도 3인칭 단수 현재 lives가 된다.

2) 본문 + 분사구문

분사구문이 본문 뒤에 올 때 분사구문은 등위접속사 + 주어 + 술어... 또는 등위접속사 + 주어 + 복합술어...와 같은 것으로서 문맥상으로는 등위절의 구실을 하지만 본문의 술어 또는 복합술어를 수식하는 부사적 수식 구문이 된다.

He entered the room, turning on the light.

(그는 방에 들어가 전깃불을 켰다.)

☞ 분사구문 turning on the light가 본문 he entered the room 뒤에 왔기 때문에 그것은 등위접속사 + 주어 + 술어... 의 형태인 and he turned on the light로서 본문의 술어 entered를 수식하는 결과 혹은 목적 혹은 시간(후속적인 시간)을 나타내는 부사절로 전환된다. 등위접속사가 이끄는 절은 종속

적 부사절이 되지 못하는데 왜 여기서는 부사절이라고 하느냐라는 질문이 나올 법하지만 여기서 등위접속사 and를 내세우는 것은 다만 그렇게 전환시킬 수 있다는 것을 말하기 위함뿐이다. 역시 분사구문의 주어와 술어는 본문의 주어와 술어에 일치하기 때문에 분사구문의 주어는 본문의 주어 he가 되고 그것의 술어는 본문의 술어 entered가 과거이기 때문에 turn의 과거형 turned가 나오게 된다.

3) 본(문) + 분사구문 + (본)문

분사구문이 본문 사이에 올 때 분사구문은 관계대명사+술어 또는 관계대명사+복합술어와 같은 것으로서 종속절과 같은 구실을 하여 본문의 명사나 대명사를 수식하는 형용사적 수식 구문이 된다.

The church, standing on a hill, commands a fine view.

(언덕 위에 서 있는 그 교회는 전망이 좋다.)

☞ 분사구문 standing on a hill은 본문 The church commands a fine view 사이, 즉 the church와 commands 사이에 왔기 때문에 그것은 관계대명사 + 술어...의 형태인 which stands on a hill로서 본문의 주어인 명사 church를 수식하는 형용사절로 전환된다. 이러한 분사구문은 본문의 명사 뒤에 오며 여기서 분사구문의 주어는 관계대명사 주격 which가 되고 그것의 시제는 본문의 술어인 commands가 3인칭 단수 현재형이기 때문에 stand동사의 3인칭 단수 현재형인 stands가 된다.

위의 보기는 이미 분사구문에서도 쓰였는데 그 선생이 구태여 이 보기를 다시 여기에 쓴 것은 역시 우리 학생들에 대한 배려에서였다. 처음에 이해되지 않은 것도 반복되어 설명되면 이해되기가 쉬워진다. 그는 어떤 언어도 그것의 문법을 알면 그 언어를 정복할 수 있다고 다시 강조하여 말하면서 하나의 언어를 안다는 것은 곧 그것의 문법을 안다는 것과 같은데, 그래서 그는 학생들이 영문법을 쉽게 알게 하기 위해서 될 수 있으면 쉬운 보기를 되풀이하는 것이라고 했다.

우리들이 우리말의 문법은 몰라도 우리말을 잘 하는 것은 우리들이 갓난애였을 때부터 우리 말의 문법을, 즉 제한된 얼마 안 되는 법칙들을 무의식적으로 되풀이하여 우리말을 배웠기 때문이다. 그래서 우리들은 우리말을 할 때 무의식적으로 배운 문법에 따라 말하고 있는 것이다. 만약 우리들이 우리말의 문법을 무의식적으로 알고 있지 못한다면 우리들은 단 한 마디 말도 못하게 될 것이다.

그 선생은 오늘날 세계적인 언어학자 촘스키(Chomsky) 박사가 언어 행위는 법칙 지배의 행위 (rule-governed behavior)라고 이론화한 가설(hypothesis)을 우리 학생들에게 실질적으로 말해준 셈이다. 그는 문법의 중요성을 우리 학생들에게 새삼 일깨워주면서 분사구문의 주어에 대하여 설명을 계속해 나갔다.

(2) 분사구문의 문맥상의 주어

분사구문의 문맥상의 주어는 그것이 본문의 주어와 일치할 때에는 주어가 명시되지 않는다. 그러나 그것이 본문의 주어와 다를 때에는 분사구문의 분사 앞에 주어가 명시된다. 하지만 이 경우에도 분사구문의 주어가 일반적인 주어(generic subject)일 때에는 명시되지 않더라도 누구나 이미 아는 것이기 때문에 그러한 일반적이고 총칭적인 주어는 명시되지 않는다.

1) 분사구문의 주어가 본문의 주어와 일치할 때

분사구문의 주어가 본문의 주어와 일치할 때에 그 주어를 명시하지 않는다.

Delivering the fortress to the enemy, they retreated quickly.

(그들은 요새를 적에게 내주고 서둘러 퇴각했다.)

☞ 분사구문인 delivering the fortress to the enemy의 문맥상의 주어가 본문인 they retreated quickly의 they와 일치하기 때문에 분사구문 앞에 명시되지 않는다.

2) 분사구문의 주어가 본문의 주어와 일치하지 않을 때

주어를 분사구문 앞에 명시한다.

The sun rising over the mountain, we marched again.

(태양이 산 위로 떠오를 때에 우리들은 다시 행군했다.)

☞ 분사구문 the sun rising over the mountain의 주어인 the sun이 본문 we marched again의 주어 we와 다르기 때문에 분사 rising 앞에 분사구문의 주어 the sun이 명시된다.

3) 분사구문의 주어가 일반적인 주어일 때

일반적인 주어 즉 one, you, we, they 등의 경우에 주어는 생략된다. 분사구문 앞에 그 것의 주어가 명시되지 않는다.

Judging from his accent, he must be an American.

(그의 말투로 보아 그는 미국인임에 틀림없다.)

☞ 분사구문 judging from his accent의 주어인 we는 일반적인 주어이기 때문에 분사 앞에 명시되지 않는다.

(3) 분사구문의 문맥상의 시제

분사구문의 문맥상의 시제가 본문의 시제와 일치할 때 분사구문의 분사는 일반 분사(즉 현재분사 또는 과거분사)가 되지만 분사구문의 문맥상의 시제가 본문의 시제보다 앞설 때에는 완료분사(즉 having + 과거분사 또는 having + been + 타동사의 과거분사)가 쓰인다.

1) 분사구문의 문맥상의 시제가 본문의 시제와 일치할 때

일반분사(동사의 현재분사나 과거분사형)가 쓰인다.

The sun rising over the mountain, we marched again.

(태양이 산 위로 떠오를 때 우리들은 다시 행군했다.)

☞ 분사구문 the sun rising over the mountain에 동사의 일반분사인 현재분사형 rising이 쓰이고 그
것의 문맥상의 시제가 본문의 술어 marched가 과거이기 때문에 분사구문의 문맥상의 시제는 과거
가 된다. 위의 보기를 문맥상의 시제와 맞추어 다른 영어로 풀이하면 When the sun rose over the
mountain, we marched again.이 된다.

Written in English, the book is diffcult to read.

(그 책은 영어로 쓰여 있기 때문에 읽기가 어렵다.)

☞ 분사구문 written in English에 동사의 일반 분사인 과거분사형 written이 쓰이고 본문의 술어 is가
현재이기 때문에 분사구문의 시제도 현재가 된다. 위의 보기를 문맥상의 시제와 맞추어 다른 영어
로 풀이하면 As it is written in English, the book is difficult to read.이 된다.

2) 분사구문의 문맥상의 시제가 본문의 시제보다 앞설 때

완료분사(having + 과거분사나 having + been + 타동사의 과거분사)가 분사구문에 쓰인다.

Having finished his homework, the boy went to the movies.

(숙제를 끝낸 뒤에 그 소년은 영화보러 갔다.)

☞ 분사구문 having finished his homework에 having+과거분사의 완료분사형이 쓰이고 있고 본문의
술어가 과거 동사 went이기 때문에 분사구문의 문맥상의 시제는 과거보다 앞선 과거완료가 된다.
위의 보기를 분사구문의 문맥상의 시제로 맞추어 풀이하면 After he had finished his homework,
the boy went to the movies.이 된다.

Having been helped by his friends, he could succeed in his business.

(그는 그의 친구들에 의해 도움을 받았기 때문에 그의 사업이 성공할 수가 있었다.)

☞ 분사구문 having been helped by his friends에 having + been + 타동사의 과거분사형이 쓰이고
본문의 복합술어 could succeed가 과거이기 때문에 분사구문의 문맥상의 시제는 역시 과거완료가
된다. 위의 보기를 분사구문의 문맥상의 시제로 맞추어 풀이하면 As he had been helped by his
friends, he could succeed in his business.이 된다.

(4) 분사구문의 태(능동태와 피동태)

분사구문의 태는 그것이 능동태일 때에는 분사는 동사의 현재분사형 또는 having + 과거분사형
이 되고 그것이 피동태일 때에는 분사는 타동사의 과거분사형 또는 having + been + 타동사의 과
거분사형이 된다.

1) 분사구문의 능동태

현재분사형과 having + 과거분사형이 있다.

① 현재분사 ... 형

The sun rising over the mountain, we marched again.

= When the sun rose over the mountain, we marched again.

(태양이 산 위로 떠올랐을 때 우리는 행군을 시작했다.)

☞ 분사구문 the sun rising over the mountain에 현재분사형 rising이 쓰이고 있기 때문에 위의 분사구문의 태는 능동태로서 시제는 본문의 시제와 일치한다.

② having+과거분사 ... 형

Having finished his homework, he went to the movies.

= After he had finished his homework, he went to the movies.

(숙제를 끝마치고 나서 그는 영화를 보러 갔다.)

☞ 분사구문 having finished his homework에 having + 과거분사형인 having finished가 쓰이고 있기 때문에 위의 분사구문의 태는 능동태로서 시제는 본문의 시제보다 앞선 과거완료가 된다.

2) 분사구문의 피동태

타동사의 과거분사형과 having + been + 타동사의 과거분사형이 있다.

① 타동사의 과거분사 ... 형

Written in English, the book is difficult to read.

= As it is written in English, the book is difficult to read.

(영어로 쓰여 있어서 그 책은 읽기 힘들다.)

☞ 분사구문 written in English에 타동사의 과거분사 written이 쓰이고 있기 때문에 위의 분사구문은 피동태이고 시제는 본문의 시제와 일치한다. 원래는 위의 분사구문은 being written in English인데 being이 생략된 것이다.

② having + been + 타동사의 과거분사 ... 형

Having been helped by his friends, he could succeed in his business.

= As he had been helped by his friends, he could succeed in his business.

(그의 친구들로부터 도움을 받아왔기 때문에 그는 그의 사업에서 성공할 수 있었다.)

☞ 분사구문 having been helped by his friends에 having + been + 타동사의 과거분사가 쓰이고 있기 때문에 위의 분사구문의 태는 피동태로서 시제는 본문의 시제보다 앞선 과거완료가 된다. 이 피동태 완료 분사구문에서는 having been이 생략될 수도 있다.

그 선생은 분사구문의 시제에서 쓰였던 보기들을 고스란히 분사구문의 태에서 반복하였다. 그는

반복의 효과, 즉 이미 배워서 보다 쉽게 이해할 수 있는 효율성과 능률성을 이용해 우리 학생들이 알아야 할 법칙들을 보다 더 잘 이해할 수 있게 도운 것이다. 이렇게 그는 그 복잡한 준동사에 대한 요점을 잡아 명경지수처럼 체계화한 알찬 내용을 일목요연하게 전달했다.

그는 눈빛을 환히 빛내면서 "지금까지 지난 3일 동안 우리는 준동사에 대하여 철저하게 공부했다. 이제 여러분은 언제 어디서 영어의 준동사가 나온다 하더라도 완전히 자신을 가져도 좋다. 왜냐하면 준동사의 기본 원리를 완전히 터득했기 때문에 이것만을 응용해서 적용하면 준동사에 관하는 한 완전무결하기 때문이다. 그러나 준동사의 주변적인 것들이 조금은 남아 있어 그것 마저 내친 김에 정리하는 형식으로 배워두기로 하자."고 하면서 그것들을 설명하기 시작했다.

영문법정복 | 부정사의 추가정리

1. 부정사의 시제는 문맥에서 특별히 잘 살펴야 한다.

I expect to be rich in the near future.

(나는 가까운 장래에 부자가 될 것을 기대한다.)

☞ 위의 문장은 I expect that I shall be rich in the near future.로 전환될 수 있는데 미래의 기대감을 나타내는 본문의 술어 expect가 현재이지만 to be는 미래로 나타나고 있다. 왜냐하면 expect가 미래를 의미하는 동사이기 때문이다.

They left their country to settle in America.

(그들은 미국에 정착하기 위하여 그들의 조국을 떠났다.)

☞ 위의 문장은 They left their country and they would settle in America. 혹은 They left their country so that they might settle in America.로 전환될 수 있는데 left가 과거이지만 to settle은 과거에서 내다본 미래로 나타나고 있다.

2. hoped, expected, wished 그리고 intended와 같은 과거동사들 뒤에 오는 완료부정사는 희망, 기대, 소망, 그리고 의도가 꺾인 것을 나타낸다.

She hoped[expected, wished, intended] to have seen her daughter.

= She hoped [expected, wished, intended] to see her daughter, but she could not.

(그녀는 그녀의 딸을 만나기를 희망(기대, 소망, 의도)했으나 그렇지 못했다.)

3. be동사의 과거 were 동사 + to have + 과거분사는 일종의 가정법과 같다.

We were to have started early.

(우리들은 일찍 출발했어야 하는데 그렇지 못했다.)

4. to + have + 과거분사가 과거완료 가정법의 조건절에 해당한다.

It would have been better to have prepared for it.

=It would have been better if we had prepared for it.

(우리들이 그것에 대하여 준비를 했더라면 좋았을 것을.)

5. 능동태의 부정사가 피동태처럼 쓰인다.

You are be blame for this.

=You are to be blamed for this.

(네가 이 일에 책임을 받게 되어 있다.)

The house is to let.

=The house is to be let.

(그 집은 세 놓아진 것이다.)

6. 능동태 또는 피동태에 따라 뜻이 달라진다.

I want a novel to read.

(나는 내가 읽을 소설책을 원한다.)

I want a novel to be read.

(나는 누군가에 의해서 읽혀질 소설책을 원한다.)

7. 주어 + be동사 + to + 동사원형의 용법

(1) to + 동사원형…이 be동사의 보어가 될 때

The plan is to help poor people.

(그 계획은 가난한 사람들을 돕는 것이다.)

☞ to help poor people이 불완전자동사 is의 보어로서 명사구가 된다.

(2) be동사와 to가 합하여 조동사(will, shall, can, may, 또는 must)가 될 때

You are to leave country as soon as possible.

(너는 될 수 있는 한 빨리 이 나라를 떠나야 한다.)

☞ are to가 합하여 조동사 must이다. 그러나 엄밀히 따지면 to leave this country as soon as possible
은 부정사 구문이 형용사구가 되어 불완전자동사 are의 보어가 된다고 보아야 한다.

(3) if + 주어 + be동사 + to + 동사원형... 에서는 be 동사가 wish와 같은 것이 된다.

If you are to succeed in life, you must work hard.

(네가 인생에서 성공하기를 바란다면 너는 열심히 일해야 한다.)

☞ are가 wish의 뜻을 가진다.

그 선생은 이러한 용법들의 분석과 정리가 그의 독창적인 생각에서 비롯된 것이라고 말하면서 스스로에 대한 선생으로서의 자긍심을 또 한 번 우리에게 보여주었다. 나는 여기에서 같은 사물에 대해 사람마다 서로 다른 생각을 하게 된다는 것을 깨닫고 그 선생처럼 모든 것에 독창적인 생각을 해야겠다고 스스로 다짐하는 나 자신을 발견했다. 내가 지금 쓰고 있는 이 책도 나의 독창적인 창안(original idea)에 의거하여 쓰고 있다. 지금까지 영문법 참고서와 자전적 소설을 한 책 속에 혼합하여 쓴 것은 아마 이것이 처음일 것이다. 한 사람이 다른 사람에게 끼치는 영향력이 이렇게 큰 것인가를 느끼며 마음의 옷깃을 여민다.

8. come, learn, 혹은 get + to + 동사원형(x)의 용법

"×하게 되다."로 해석된다.

They came (혹은 got) to like each other.

(그들은 서로를 좋아하게 되었다.)

9. be + going + to + 동사원형 = will 혹은 shall + 동사원형

They are going to meet him today. = They will meet him today.

(그들은 그를 오늘 만날 것이다.)

10. 부정사의 부사구적 용법에서 결과를 나타내는 것

(1) 주어 + 술어 혹은 복합술어... to + 동사원형...

Edison grew up to be an inventor.

(에디슨은 성장하여 (결과적으로)발명가가 되었다.)

(2) 주어 + 술어 혹은 복합술어... only (혹은 but) to + 동사원형...

They worked hard only (혹은 but) to fail in his business.

(그들은 열심히 일을 했으나 결과적으로 그의 사업에서 실패했다.)

(3) 주어 + 술어 혹은 복합술어..., never to + 동사원형...

He left his mother country, never to return.

(그는 그의 모국을 떠났고 결과적으로 다시 돌아오지 못했다.)

11. 부정사의 부사구적 용법에서 원인을 나타내는 것

I am very glad to make your acquaintance.

(처음 뵙게 되어 매우 반갑습니다.)

12. 부정사의 부사구적 용법에서 이유를 나타내는 것

She must be mad to talk like that.

(그렇게 말하다니 그녀는 정신이 나갔음에 틀림없다.)

13. 부정사의 부사구적 용법에서 목적을 나타내는 것

I came here to see her.

(나는 그녀를 보기 위해서 여기에 왔다.)

14. too + 형용사 (혹은 부사) + to + 동사원형... 의 용법=매우 형용사(혹은 부사)해서 동사원형을 할 수 없다...의 용법

He is too old to do it.

(그는 너무 늙어서 그것을 할 수 없다.)

He walked too slowly to follow us.

(그는 너무 느리게 걸어서 우리들을 따라 올 수 없었다.)

 too 다음에 오는 형용사가 ready, willing, glad 또는 happy와 같은 즐겁거나 의욕적인 뜻을 나타내는 형용사가 오면 "너무...하여...할 수 없다"로 해석되지 않고 "곧...한다."로 해석된다.

We are too happy to help you.

(우리들은 당신을 곧 행복한 마음으로 돕겠소.)

그 선생은 우리 학생들에게 다음에 나오는 보기들을 다 외워두는 것이 좋다고 하면서 자신이 모범을 보이려고 칠판 위에 책을 보지도 않고서 그 많은 보기들을 적어 주었다. 나는 그날 집에 가자마자 그 보기들을 다 외워버렸다. 그리고 그 뒤로는 배우기 좋은 문장들 특히 일상 회화에서 잘 쓰임직한 것들은 무조건 다 외워버렸다. 그 결과 나는 덤으로 영어회화에도 자신을 가지게 되었다.

15. 독립부정사(absoiute infinitive)와 용법

부정사 구문이 대체로 문장 앞(때로는 뒤 혹은 중간)에 와 그 문장 전체를 수식하는 부사구가 된다. 이러한 구문들은 회화에 잘 쓰이므로 그냥 외워두는 것이 좋다.

To do him justice, he has many faults, but is not an ill-mannered man.

(공정하게 평한다면, 그가 결점을 많이 갖고 있지만 예의가 없는 사람은 아니다.)

To return to the subject, what is your point of protest?

(화제로 돌아와서, 무엇이 당신의 항의의 요점인가요?)

Disobeying is a bad habit, to say the least of it.

(최대로 줄잡아 말하더라도, 복종하지 않는 것은 나쁜 버릇이다.)

To be frank with you[To speak frankly], I have risked my health because of too much work.

(솔직히 말하자면, 나는 과로로 건강을 해쳤다.)

He is very rich, to begin with.

(우선 말하자면, 그는 대단히 부유하다.)

To make matters worse, he lost his health.

(설상가상으로, 그는 건강을 잃었다.)

He can speak Chinese, to say nothing of (not to speak of) Japanese.

(그는 일본말은 말할 것도 없이 중국어를 할 줄 안다.)

It is warm, not to say hot

(덥지는 않더라도, 날씨는 따뜻하다.)

To tell the truth, I cannot give up the idea of traveling in Africa.

(사실을 말한다면, 나는 아프리카에서 여행하는 생각을 포기할 수 없다.)

He fell from the fifth story, but, strange to say, the fall did not kill him.

(그는 5층에서 떨어졌지만, 이상한 말이지만 추락으로 그가 죽지는 않았다.)

It is a good idea, to be sure, but is it not hard to practice?

(분명히, 그것은 묘안이긴 하나 그것을 실천하기는 어렵지 않겠는가.)

To make a long story short, this is our answer to your question.

(요는 간단히 말해서, 이것이 당신의 질문에 대한 우리들의 대답이요.)

나도 지금까지 배운 영어 문장들을 그때그때 다 외웠지만 그 선생은 이렇게 많은 독립부정사의 보기들을 술술 암기하여 칠판에 써놓고서 우리들도 그렇게 그것들을 외워보라고 권유했다. 학습에는 왕도(the royal way)가 따로 없지만 우직스럽게 외우는 것은 그래도 학습에 있어서 가장 믿을 만한 방법이다. 사실 우리들의 조상들은 옛날에 이렇게 공부를 했다. 오늘날의 학교에 해당되는 서당에서는 책을 무조건 외우는 방법으로 가르치고 배웠다. 삼국시대에서는 최치원이나 원효대사와 같은 대학자들 그리고 조선시대에서는 이황이나 이이와 같은 대학자들도 모두 이렇게 공부를 하여 학문에 있어서 최고의 경지에 이른 것이다.

사실 나도 영어 교수가 되기까지에는 바로 이 암기식 학습방법의 힘이 컸다. 나는 그 선생이 영어 문장들을 줄줄 외우는 것을 보고 나도 그렇게 해야겠다는 결심을 하고서 그 날부터 이른 새벽과 저녁에 광주사직공원 한적한 곳에서 큰 소리로 목청껏 위의 보기들과 같은 것들을 완전히 외워버렸다. 외울 문장이 문법적으로 분석이 잘 되어 있으면 그만큼 잘 외워진다는 것을 나는 그때 알게 되었다. 암기는 원리의 토대 위에서 잘 되고 또한 그렇게 암기된 것은 원리의식을 강화시킨다.

나는 꿈도 영어로 꿀 정도로 영어 문장들을 거의 닥치는 대로 외웠다. 나는 영어에 완전히 미쳐버렸다. 그러자 영어 문장들의 문리(文理)가 트였던 것이다. 다시 말하면 영어의 원리가 나의 머리 속에 자리 잡기 시작했다. 그 이후로는 영어에 대한 나의 언어 감각(language feeling)이 트이게 되었다. 이것에 관한 이야기는 나중에 적절한 곳에서 더 세세히 이야기하기로 하고, 본론으로 돌아가(to return to the subject) 부정사의 대부정사(pro-infinitive)에 대한 그 선생의 설명을 자세히 살피기로 하자.

16. 대부정사(pro-infinitive)의 용법

본래의 부정사 구문인 to + 동사원형에서 동사원형이 생략되고 to만 남은 것이 대부정사이다. 이 보기들도 대체적으로 일상 회화체이기 때문에 잘 쓰이는 것들로서 외워두는 것이 좋을 것이다.

I shall go to the celebration, or at least I am planning to.

(나는 축제에 갈 것이다. 적어도 그렇게 할(to) 계획이다.)

☞ to 다음에 go to the celebration이 생략된다.

You don't want to study, but I am afraid you will have to.

(네가 공부를 안 하고 싶다고 하지만 유감스럽게도 너는 공부해야 되지!)

☞ to 다음에 study가 생략된다.

Will you come with me? - I should like to.

(당신은 나와 함께 갈 거야?- 나로서는 그렇게 하고 싶은데.)

☞ to 다음에 go with you가 생략된다.

I meant to return the book, but forgot to.

(내가 그 책을 돌려드리려고 했는데 그만 잊어먹고 그렇게 못했소.)

☞ to 다음에 return the book이 생략된다.

She does not come so often as she used to.

(그녀는 전에 그러하듯이 그렇게 자주 오지 않아요.)

☞ to 다음에 come often이 생략된다.

We did not go there because he told us not to.

(그가 그렇게 하지 말라고 했기에 우리들은 거기에 가지 않았다.)

☞ to 다음에 go there가 생략된다.

17. 분리 부정사(split infinitive)의 용법

to와 동사원형 사이에 부사 또는 부사 구문이 끼어 있는 부정사 구문으로서, 그 부사나 부사 구문이 동사원형을 수식하는 용법이다.

We do not want you to even speak to him

(우리들은 당신이 그에게 말을 거는 것조차 원치 않는다.)

☞ 부사 even이 to speak 사이에 들어가 있다.

He had to hurriedly show his identification card to the policeman.

(그는 그의 신분증을 경관에게 빨리 보이지 않으면 안됐다.)

☞ 부사 hurriedly가 to show 사이에 들어가 있다.

She was unable to keep silent at home.

(그녀는 집에서 오랫동안 침묵을 지킬 수 없었다.)

☞ 부사 long이 to keep 사이에 늘어가 있다.

We do not intend to in any way object to his opinion.

(우리들은 그의 의견에 조금이라도 반대할 의도가 없다.)

☞ 부사구 In any way가 to object 사이에 들어가 있다.

She refused to either admit or deny the scandal.

(그녀는 그 험담을 인정도 거부도 하지 않았다.)

☞ either ... or 가 to admit or deny 사이에 들어가 있다.

I saw him slide down off the chair.

(나는 그가 의자에서 미끄러져 내려가는 것을 보았다.)

☞ slide 앞에 to가 생략된다.

I observed tears come into her eyes.

(나는 그녀의 눈에 눈물이 나오는 것을 보았다.)

☞ come 앞에 to가 생략된다.

He felt his hands trernble.

(그는 그의 손들이 떨리는 것을 느꼈다.)

☞ tremble 앞에 to가 생략된다.

He made me drink

(그는 나에게 술을 억지로 마시게 했다.)

☞ drink 앞에 to가 생략된다.

I will not have you say such things.

(나는 당신에게 그러한 말을 하게 하지 않겠다.)

☞ say 앞에 to가 생략된다.

The captain bade his soldiers go forward.

(그 대위는 그의 부하들에게 전진할 것을 명령했다.)

☞ go 앞에 to가 생략된다.

He helped me (to) carry this heavy baggage.

(그는 내가 이 무거운 짐을 옮기는 것을 도왔다.)

☞ help의 목적보어가 되는 부정사는 to가 생략되거나 생략되지 않는다.

20. go나 come과 같은 동사들 뒤에 오는 부정사는 to가 생략될 수 있다.

He will go tell her.

(그가 가서 그녀에게 말할 것이다.)

Come see me some day.

(어느 날인가 나를 보러 오너라.)

21. 불완전자동사 be의 보어가 되는 부정사 구문에서 to가 생략될 수 있다.

All that he did after lunch was take a cup of coffee.

(그가 점심 후에 한 것이라곤 커피 한 잔 마시는 것이었다.)

☞ take 앞에 to가 생략된다.

The only thing that he did was submit his resignation.

(그가 했던 유일한 일은 그의 사표를 내는 것이었다.)

☞ submit 앞에 to가 생략된다.

22. had better, than, cannot but 그리고 nothing but 다음에 오는 부정사 구문에서 to가 생략될 수 있다.

He would rather (혹은 sooner) die than surrender.

(그는 항복할 바에야 죽을 것이다.)

☞ surrender 앞에 to가 생략된다.

You had better be hanged for a sheep than for a lamb.

(새끼 양보다는 큰 양을 훔쳐 교수형 당하는 것이 더 좋을 것이다.)

☞ be 앞에 to가 생략된다.

Hadn't you better talk about it over a cup of coffee?

(커피 한 잔 마시면서 그것에 대하여 이야기를 나누는 것이 좋지 않을까?)

☞ talk 앞에 to가 생략된다.

You had better have helped her.

(네가 그녀를 도왔어야 좋았을 것이었다.)

☞ have 앞에 to가 생략된다.

She has done nothing but sleep all day long.

(그녀는 종일 잠만 잤다.)

☞ sleep 앞에 to가 생략된다.

We cannot but be thankful to you for your help.

(우리들은 당신에게 도움 주신 것에 감사하지 않을 수 없다.)

☞ be 앞에 to가 생략된다.

23. try and 동사원형= try to + 동사원형

Try and be punctual.= Try to be punctual.

(시간을 잘 지켜라.)

Come and see me. = Come to see me.

(나를 보러 오라.)

24. 의문사(how, what, why, where, when) + 부정사(to + 동사원형)의 용법은 일종의 생략 어법으로서 주어와 술어나 복합술어가 생략된 것이다.

What to do? = What am I to do?

(내가 어떻게 하면 좋을 것인가?)

Where to go? = Where am I to go?

(내가 어디로 가면 좋을까?)

I don't know what to say? = I don't know what I am to say?

(나는 무슨 말을 해야 할지 모르겠다.)

Why talk so much about it? = Why should you talk so much about it?

(왜 너는 그것에 대하여 그렇게 말이 많니?)

Why not go at once? = Why do you not go at once?

(왜 너는 당장 가지 않니?)

What, not know me? = Do you say that you do not know me?

(뭐라고. 네가 나를 모른다고?)

25. 부정사 구문이 일종의 유사 문장이 되는 용법 = 한탄이나 감탄을 나타냄

To think he should have looked up to me!

(그가 나를 존경했다고 생각하기만 해도!)

To think that it should come to this!

(일이 이렇게까지 이르렀다 생각만 해도!)

Oh, to have lived in those peaceful days in that Utopia!

(그와 같은 이상향에서 그렇게 평화로운 나날을 살아보았더라면!)

Foolish friend, to lose his temper!

(멍청한 친구라니, 성질 낼게 뭐야!)

Oh, to be in my country now!

(아! 지금 내가 조국에 있기를!)

26. 부정사 구문에서 to가 생략되어 역시 유사 문장이 되는 용법 = 비난을 나타낸다.

She seek his pardon? Heaven forbit!

(그녀가 그에게 용서를 빈다고? 그렇게 안 될걸!)

☞ seek 앞에 to가 생략되고 forbid 앞에 may가 생략된 것이다.

He be a gentleman!

(그가 신사라!)

☞ be 앞에 to가 생략되거나 또는 be까지 생략되어 He a gentleman! 이 더 잘 쓰인다.

그 선생은 여기에 이르러 한숨을 쉬면서 "부정사의 정리가 너무 길어진 느낌이 든다. 그러나 이 정도는 일상 회화에서 너희가 꼭 알아야 할 것이기에 어쩔 수 없이 이렇게 장황하리 만큼 부정사의 잡다한 용법을 너희에게 설명했다" 라고 말하면서 동명사의 정리를 다루기 시작했다.

영문법정복 | 동명사의 추가정리

1. 동명사의 문맥상의 주어에 있어서 주의할 점들

(1) 동명사의 주어가 대명사인 경우 대체로 소유격(때로는 목적격)이 쓰인다.

Do you mind my smoking?

(당신은 내가 담배 피우는 것이 싫습니까?)

(2) 동명사의 주어가 사람이나 동물인 경우 소유격, 목적격, 통격 다 쓰인다.

Do you object to your sister marrying me?

(당신은 당신의 누나가 나와 결혼하는 것을 반대합니까?)

(3) 동명사의 주어가 무생물인 경우 목적격이 쓰인다.

We are glad of the trouble being over.

(우리들은 그 고통이 끝난 것에 기쁘다.)

(4) 동명사의 주어가 주어를 강조할 경우에 소유격이 쓰인다.

On my entering the hall, they shouted for joy.

(내가 회장에 들어서자 그들은 즐거워 소리쳤다.)

(5) 동명사의 주어가 동명사를 강조할 경우에 목적격이 쓰인다.

On the man entering the hall, they shouted for joy.

(그 사람이 회장에 들어서자 그들은 즐거워 소리쳤다.)

2. There + be동사 no + 동명사... = it + be동사 + impossible + to부정사...

There is no persuading him. = It is impossible to persuade him.

(그를 설득시킨다는 것은 불가능하다.)

3. cannot help + 동명사 = cannot but + 원형부정사...(...하지 않을 수 없다.)

A just idea cannot help bearing fruit = A just idea cannot but bear fruit.

(바른 생각은 결실을 맺지 않을 수 없다.)

4. be동사 + on the point of + 동명사... = be동사 + about + 부정사...

She was on the point of going out then. = She was about to go out then.

(그녀는 그 때 외출하려는 참이었다.)

5. make a point of + 동명사... = make it a rule + to 부정사...

She makes a point of answering every letter she receives.

= She makes it a rule to answer every letter she receives.

(그녀는 받는 편지마다 회답하는 것을 규칙으로 삼고 있다.)

6. it + be동사 + no good of 동명사... = what + be동사 + the good of the + 동명사... = it + be동사 + useless + to부정사...= there + be동사 + no use(혹은 no good) in + 동명사...

It is no good doing such a thing.

= What is the good of doing such a thing?

= It is useless to do such a thing.

= There is no use (혹은 no good) in doing such a thing.

(그러한 짓을 해서 무슨 쓸모가 있겠는가?)

7. Would you mind＋동명사...? = Please 동사원형...

Would you mind opening the door? = Please open the door.

(문을 열어 주시겠습니까?)

8. 전치사(in, on, by, of)＋동명사...의 용법

(1) in + 동명사 ... = while(혹은 when) 주어 + 술어 ... (과정적 시간 : …하면서)

Be careful in crossing the river. = Be careful when you cross the river.

(강을 건널 때 조심하라.)

(2) on + 동명사 ... = as soon as 주어 + 술어 ... (순간적 시간 : …하자마자)

He ran away on seeing the policeman.

= He ran away as soon as he saw the policeman.

(그는 경찰을 보자마자 도망쳤다.)

(3) by + 동명사 ... = if 주어 + 술어 ... (조건 혹은 방법 : …한다면 혹은 함으로서)

You can keep your health by taking a little exercise every day.

= You can keep your health if you take a little exercise every day.

(너는 매일 운동을 조금씩 하면 건강을 지킬 수 있다.)

(4) of + 동명사 ... = that 주어 + 술어 ... (동격:즉 ... 하는 것 혹은 ... 하는)

We like the plan of going on a picnic today.

= We like the plan that we go on a picnic today.

(우리들은 그 계획 즉 우리들이 오늘 소풍 가는 것이 좋다.)

그 선생은 이 전치사+동명사의 용법을 설명한 뒤에 "사람은 다른 동물들과 달리 자신이 행한 것을 뒤돌아 볼 줄 알며 또한 그 같은 행위가 앞으로도 되풀이되어 행해질 것을 아는 동물이다라고 말하면서 그 되풀이되는 행동들의 앞에 행한 것과 뒤에 행한 것이 새롭게 변화하지 않으면 안 된다고 말했다. 걸음걸이는 항상 되풀이되지만 그 간단한 걸음걸이도 매번 새로워지게 되풀이되어야 한다고 했다. 앞서 걸은 걸음걸이보다 뒤에 걸은 걸음걸이가 더 인간답고, 더욱 사랑이 깃들어 있어야한다는 것이다. 나는 그의 이 말에 감동을 크게 받았다. 아! 걸음걸이 하나하나가 되풀이될 때에도 인간다워야 한다면 내가 항상 다니는 집 근처의 골목길을 걷는 작고 일상적인 일을 할 때에도 항상 새롭게, 더 인간적이게, 더 사랑이 깃들게 해야 되겠구나 하는 깨달음을 갖게 된 것이다. 그래야만 사람은 스스로 독창적인 존재가 될 수 있을 것이기에!

9. 명사(만들어지는 것 혹은 선택하는 것) of 명사나 대명사의 소유격 + 동명사... = 명사(만들어지는 것) + 관계대명사 주어 + 술어 또는 복합술어...의 용법

This is a photo of my uncle's taking.
=This is a photo with my uncle has taking.

(이것은 나의 숙부가 찍은 사진이다.)

His is a profession of his own choosing.
=His is a profession which he himself chose.

(그의 직업은 그 자신이 스스로 선택한 것이다.)

10. 명사구가 되는 동명사 구문과 명사구가 되는 부정사 구문의 비교

(1) 동명사는 일반성을 가짐

Seeing is believing.

(사람이 보면 곧 믿게 되는 법이다.)

(2) 부정사는 특정성을 가짐

To know him is to like him.

(그를 알게 되면 곧 그를 좋아하게 된다.)

11. 동명사만을 목적어로 취하는 완전타동사들
avoid, enjoy, escape, finish, give up, postpone, resist

All day they enoyed playing baseball.

(온 종일 그들은 야구하는 것을 즐겼다.)

My brother gave up drinking by the doctor's advice.

(나의 형은 의사의 권고에 따라 술 마시는 것을 포기했다.)

Have you done some shopping?

(당신은 쇼핑을 좀 했습니까?)

12. 부정사만을 목적어로 취하는 완전타동사들
choose, hope, persuade, refuse, seek, wish, want

hope나 wish와 같은 동사들의 과거형 뒤에 목적격으로 완료부정사가 오면 그 완료부정사의 동태가 이루어지지 않는 것을 나타낸다. 이것은 앞에서 이미 설명된 것이다.

I hope to see as soon as possible.

(나는 될 수 있는 한 빨리 너를 보기를 바란다.)

I hoped to have obtained a prize.

(그는 상을 타고 싶었지만 그렇지를 못 했다.)

She refused to tell the secret.

(그녀는 그 비밀을 말하기를 거절했다.)

They seek to speak with us.

(그들은 우리들과 은밀히 이야기하기를 노력했다.)

☞ 노력한다는 의미로 seek 대신에 attempt와 try가 올 수 있다. 그러나 세 가지 동사들은 뜻의 차이점들이 있는데 seek은 '기어이' 라는 뜻이 가미되고, try는 '되든 안되든' 의 뜻이 가미되고 attempt는 '안될 것을' 의 뜻이 가미된다.

13. 동명사와 부정사가 다 같이 부정사 구문을 목적격으로 가질 수 있는
완전타동사들 begin, cease, continue, intend, neglect, start

When did you begin learning(혹은 to learn) English?

(언제 당신은 영어를 배우기를 시작했습니까?)

I shall never cease feeling (혹은 to feel) grateful for your favors.

(나는 당신의 은혜를 결코 잊지 않을 것입니다.)

14. remember 다음에 동명사가 오면 과거를 나타내고 부정사가 오면 미래를 나타낸다.

I remember mailing the letter.

(나는 그 편지를 보낸 것을 기억한다.) ※편지를 과거에 보낸 것

I remember to mail the letter.

(나는 그 편지를 보낼 것을 잊지 않고 있다.) ※편지를 미래에 보낼 것

15. stop 뒤에 동명사가 오면 stop은 완전타동사가 되고 동명사는 문법적인 목적어가 되지만, stop 뒤에 부정사가 오면 stop은 완전자동사가 되고 이때 부정사는 의미상의 목적(...하기 위하여)을 나타내는 부사구가 된다.

He stopped talking.

(그는 말하기를 그쳤다.) ※to talk는 완전자동사의 부사구

He stopped to talk.

(그는 말하기 위하여 멈추었다.) ※talking은 완전타동사의 목적어

16. want, need 다음에 동명사가 오면 그 동명사가 능동형일지라도 피동형의 기능을 한다.

My chair want mending.

(나의 걸상은 수리되게 되어 있다.)

My watch needs mending.

(나의 시계는 수리되지 않으면 안 된다.)

17. 동명사+명사의 구문을 합성명사(compound noun)가 되어 명사 + for + 동명사로 풀이된다. 강세는 동명사에 온다.

이 때에는 강세(accent)가 동명사 위에 온다.

smoking room = room for smoking (흡연실)

diving board = board for diving (뜀틀)

dancing room = room for dancing (무도장)

 여기에서 동명사 대신에 현재분사를 쓰면 다음과 같이 뜻이 달라진다.
이렇게 현재분사가 명사 앞에 와 명사를 수식하는 경우에는 강세가 명사에 온다.

smoking man = man who is smoking (흡연하고 있는 남자)
diving girl = girl who is diving (다이빙하고 있는 여자)
dancing girl = girl who is dancing (춤추는 여자)

그 선생은 동명사의 정리를 이 지점에서 끝내면서 "너희들 말이야, 동명사 정리를 부정사 정리에 비해 짧게 끝냈지만 이 정도만 동명사를 알면 거의 완전한 것이다. 너희가 이것을 바탕으로 응용력을 발휘하면 동명사에 관한 한 너희를 당할 사람이 없을 것이다. 물론 부정사에 관해서도 마찬가지다. 아니 인간 만사가 모두 응용력으로 이루어지는 것이다.

사람은 한 마디로 응용하는 동물이다. 문명의 모든 이기들이 다 응용력에서 비롯된 것이다. 이것과 저것을 합하여 그것으로 새로운 것을 무수하게 이루어내는 것이 바로 응용인 것이다. 그래서 따지자면 인간은 일거수 일투족이 다 응용적인 행동인 것이다. 너희가 지금 영문들의 법칙들을 배우는 것은 그것들을 응용하기 위해서인 것이다." 라고 말했다.

응용의 전제는 지식이다. 다시 말하면 어떤 것을 응용하기 위해서는 그것이 무엇이며 어떻게 되어 있는가를 아는 것이 필요한 것이다. 예컨대, 빵을 만들기 위해서는 빵의 성분들이 무엇이며 그것들을 어떻게 조합해야 빵이 되는가를 아는 것이 필요하다. 이러한 응용력은 다른 말로하면 창의력이다. 그와 같은 지식을 응용하여 얼마든지 무수하게 새로운 빵들을 만들 수 있는 것이다. 이와 같이 영어의 문장들이 그 구성 요소들이 무엇들이며 그것들을 어떻게 조합해야 하는가를 알면 무한한 문장들을 만들 수 있는 것이다.

그 선생은 그렇게 사물이 이루어지는 일반적인 원칙을 말한 뒤에 우리 학생들에게 당부하기를, 그날 그날 배우는 것을 영문 해석, 영어 작문, 그리고 영어 회화에 응용하라는 것이었다. 그는 쉽게 비근한 예를 들어 설명했다. 피아노 건반을 아무렇게나 손가락으로 치게 되면 그것은 소음만을 만들지만 그 음계와 음정들을 구성하는 법칙에 따라 조합하여 치면 아름다운 음악이 되는 것이라고 하면서, 그 선생은 이러한 응용력의 중요함을 다시 한번 역설하고 분사의 정리를 다루기 시작했다.

영문법정복 | 분사의 추가정리

1. 분사의 부대 상황(attendant circumstances)

본문의 술어 또는 복합술어와 함께 발생하는 것을 나타내는 분사구문으로서 그것의 형식은 with+
목적어+분사이다.

He was seeing me off with his hand waving.

(그는 그의 손을 흔들며 나를 전송했다.) ※He was seeing me off while his hand was waving.

He was leaning against the wall with his arms folded.

(그는 팔짱을 끼고서 벽에 기대고 있었다.) ※He was leaning against the wall while his arms were folded.

2. 분사가 명사, 부사, 전치사, 접속사가 되어 있는 것

(1) 분사의 명사적 용법 = 분사 앞에 대체로 관사 the가 붙어 명사처럼 쓰인다.

The battlefield was covered with the dying.

(전쟁터에는 죽어 가는 사람들로 덮여 있었다.)

He had the following to say on the matter.

(그는 그 문제에 대하여 다음과 같이 할 말이 있었다.)

The deceased tell no tales.

(죽은 사람들은 말이 없다.)

(2) 분사의 부사적 용법 = 형용사 앞에 와 그 형용사를 수식한다.

It is boiling hot.

(날씨가 끓는 듯 덥다.)

☞ boil의 현재분사 boilling이 부사가 되어 형용사 hot를 수식한다.

She was exceeding glad.

(그녀는 엄청나게 기뻤다.)

☞ exceeding은 현재분사로서 형용사 glad를 수식하는 부사가 된다.

I beat him jumping.

(나는 뛰어 오르며 그를 때렸다.)

☞ jumping은 현재분사로서 동사 beat를 수식하는 부사가 된다.

(3) 분사의 전치사적 용법

The plan concerning the matter is very good.

(그 문제에 대한 계획은 대단히 좋다.)

concerning = about

She looks young considering her ago.

(그녀는 나이에 비해 젊게 보인다.)

concerning = against, for

(4) 분사의 접속사적 용법

Supposing you were dismissed, what would you do?

(네가 해고된다면, 너는 무엇을 할 거냐?)

supposing = if

She will do the work, providing(혹은 provided) you pay her.

(당신이 그녀에게 보수를 준다면 그녀는 일을 할 것이다.)

providing(혹은 provided) = if

Granting(혹은 Granted) this is true, you are still wrong.

(이것이 사실이라도 네가 잘못이다.)

granting = although

3. 종속접속사 + 주어 + 술어(be동사) + 분사...일 때

접속사+주어+술어(be동사)가 생략될 수 있는데, 다만 주어들이 일치해야 한다.

People often make mistakes when (they are) speaking foreign languages.

(사람들이 외국어들을 말할 때 잘못하기가 일쑤이다.)

☞ 위에서 they are가 생략될 수 있다.

A wild animal can be tamed, if (it is) caught young.

(야생 동물은 어릴 적에 잡으면 길들여질 수 있다.)

☞ 위에서 it is가 생략될 수 있다.

John is wise, though (he is) comparatively young.

(존은 비교적 젊지만 현명하다.)

☞ 위에서 he is가 생략될 수 있다.

4. being, having been이 과거분사 앞에서 생략될 수 있다.

(Being) disappointed in love, she was on the verge of tears.

(실연하여, 그녀는 눈물을 흘리려는 참이었다.)

☞ 위에서 being이 생략될 수 있다.

(Having been) asked to lecture at the university, Mr. Smith could not come here.

(스미스씨는 그 대학에서 강연 요청이 있어서 여기에 올 수 없었다.)

☞ 위에서 having been이 생략될 수 있다.

This (having been) done, we all broke up.

(이 일이 끝나서, 우리들은 모두 해산했다.)

☞ 위에서 having been이 생략될 수 있다.

5. being, having been이 형용사나 명사를 보어로 이끌 때에 생략될 수 있다.

A number of houses collapsed, (being) unable to bear the weight of heavy snow.

(무거운 눈의 무게를 견딜 수 없어, 많은 집들이 붕괴되었다.)

☞ 위에서 being이 생략될 수 있다.

(Having been) a saint when he lived, he died a martyr.

(생시에 성자였기에, 그는 순교자로 죽었다.)

☞ 위에서 having been이 생략될 수 있다.

6. 분사구문의 의미는 문맥으로 보아 때, 이유, 조건, 그리고 양보를 나타낸다.

Arriving at the terminal, we found the bus gone.

= When we arrived at the terminal, we found the bus gone.

(우리들이 종착역에 도착했을 때, 우리들은 버스가 이미 떠난 것을 알았다.)

☞ 분사구문이 때를 나타낸다.

Having been deceived so often, she is now on the alert.

= As she has been deceived so often, she is now on the alert.

(그녀는 많이 속았기 때문에 그녀가 지금은 경계를 한다.)

☞ 분사구문이 이유를 나타낸다.

Judging from his way of talking, he cannot be an honest man.

= If we judge from his way of talking, he cannot be an honest man.

(그가 말하는 태도로 판단한다면, 그는 정직한 사람일 수 없다.)

☞ 분사구문이 조건을 나타낸다.

Being aware of the danger ahead, they pushed on.

= Although they were aware of the danger ahead, they pushed on.

(앞에 있는 위험을 알면서도, 그들은 밀고 나아갔다.)

☞ 분사구문이 양보를 나타낸다.

그 선생은 분사의 정리를 끝으로 준동사의 대장정을 끝냈다. 그는 우리 학생들을 대견스럽게 바라보면서 "지금까지 우리들은 영어의 삼분의 일에 해당되는 것을 공부했다. 아니다, 문장의 중심인 동사에 관한 모든 것을 배웠다면 영어를 거지반 다 배운 셈이다. 나는 너희들이 자랑스럽다. 그렇게 인내심을 갖고 나를 따라준 것에 너희들에게 감사하며 축하한다. 인내심은 적응력을 키워주는 것이다. 아무리 어려운 것도 인내심을 갖고 끝까지 한다면 그 어려운 것에 대한 적응력을 얻게 된다. 너희는 이제 너희가 어렵다고 한 영어에 대한 적응력을 충분히 키워냈다. 그래서 이제는 영어를 사용하는 것이 너희에게는 물고기가 물속에 있는 것과 같게 된 것이다." 라고 우리 학생들을 고무해주었다.

그 선생은 우리 학생들의 영어 실력이 일취월장한 것을 보고 제자들을 그렇게 잘 길러 낸 것에 감회가 어린 것 같았다. 우리 학생들 특히 내가 영어의 일자무식 상태에서 이렇게 빠른 대성장을 한 것은 과히 기적과도 같은 일이었다.

그 선생은 우리들의 영어 성장과정을 영어의 성장 그 자체에 비유했다. 영어는 16세기 전까지 서구사회에서는 명함도 내밀 수가 없을 정도로 하찮은 어느 지방의 방언에 불과했다. 그것을 영어의 선구자들이 우리 학생들처럼 노력하여 영어가 세계의 승리어가 된 것이다. 영어의 엄청난 잠재력은 그때까지 시궁창 속에 파묻혀 있었던 것이다. 특히 16세기 이전 서구의 특권층들은 아예 영어를 천민들이나 쓰는 것으로 여기고 있었고 그리스어, 라틴어 그리고 프랑스어만을 그들 독점권의 대상으로 삼았을 뿐만 아니라 행여나 그리스 철학이나 성경이 영어로 번역된다면 철학과 성경을 모독하는 것이라고까지 생각했다. 이것은 다분히 특권층의 집단 이기주의적인 오만에서 비롯된 것이다. 나의 영어 실력에 있어서도 만약 광주서중의 수재들만의 특권적인 전유물이라고 치부하고 체념했다면 나는 영어와는 완전히 담을 쌓았을 것이다.

모든 인류의 위대한 업적이 이러저러한 우여곡절과 엄청난 시련과 막대한 개척정신이 없었다면 이루어지지 못했을 것이다. 나의 영어 실력도 그러한 인간보편적인 도전의식(the sense of challenge)과 개척정신(frontier ship)과 자기갱신(self-refreshment)의 결심, 의지, 그리고 인내가 없었다면 영어 정복은 생각할 수 없었을 것이다.

오늘날 세계의 개선장군으로 군림하고 있는 영어의 기초는 사회적 여건이 전무한 상태에서 1476년과 1660년 사이의 약 200년 동안 영국인들이 불굴의 정신으로 이뤄낸 것임을 그 선생은 내 영어 실력의 성장과 견주어 설명하면서 나의 분발을 촉구했다. 나는 그에게 무한한 인간애를 느꼈다. 아! 영어가 초창기에 그랬던 것이 오늘 이렇게 승전가를 부르고 있다니. 그리고 내가 지금 영어의 무지에서 영어의 정상을 거의 다 오르다니. 참으로 인간의 가능성은 무한하고, 깊숙이 내재된 잠재력은 경이로운 것이 아닐 수 없구나!

사실 나는 망망한 영어라는 바다에서 훨씬 커버린 상어가 된 기분이었다. 그 엄청나게 크게만 보였고 그래서 감히 꼼짝도 할 수가 없었던 그 망망한 대해의 물길을 따라 유유히 노닐 수 있는 힘을 얻게 된 것이다. 그 선생이 누누이 강조한 문장 5형식들을 내가 배운대로 영어문장마다 맞추어 해석을 하다보니 영어가 그렇게 쉬울 수가 없었다.

이 지구상에 아니 이 우주 속에 존재하는 모든 영어 문장들을 이 5형식들에 맞추어 적용시키면 안 맞는 영어 문장이 하나도 없다. 따라서 영어의 문장을 볼 때마다 첫 번째로 해야 하는 것은 문장의 중심이 동사이기 때문에 그 동사가 정동사(finite verb.)이거나 준동사(verbal)이든 간에 그 동사의 쓰임이 어느 문장 형식에 들어가는가를 알아보는 것이 가장 중요하다고 그 선생은 우리 학생들에게 다짐해 주었다.

나는 그의 말을 믿고 철저히 따랐다. 그랬더니 영어의 어느 한 문장도 문장 5형식들 중의 하나에 들어가지 않는 것이 없었다. 바로 이 문장 5형식들의 동사들이 영어의 중심인 것이다. 문장 1형식은 완전자동사로, 문장 2형식은 불완전자동사로, 문장 3형식은 완전타동사로, 문장 4형식은 여격(혹은 수여)타동사로, 그리고 문장 5형식은 불완전타동사로 이루어진다. 그 선생은 동사가 정동사이건 준동사이건 어떻게 문장의 중심이 되고 그리하여 문장의 5형식들이 동사와 어떻게 면밀히 관련되어 있는가를 더욱 더 구구절절 설명해주었다.

예컨대, To represent him as a man of stainless virtue is to make him ridiculous. 라는 문장은 동사 is를 중심으로 하여 이루어진 문장 제2형식에 속하는 문장이다. 나머지 is 앞에 있는 to represent him as a man of stainless virtue는 is의 주어이고, is 뒤에 있는 to make him ridiculous는 is의 보어이다. 그러니까 이 문장의 골격은 X is Y이기에 주어인 X는 방금 배운 부정사의 명사구적 용법 중에서 주어가 되는 경우이고 Y는 역시 부정사의 명사구적 용법 중에서 보어가 되는 경우인 것이다. 이 문장 전체의 골격을 해석하자면 아주 쉽게 'X는 Y이다.' 가 된다. 배보다 배꼽이 더 크다는 말대로 이 문장 전체의 골격보다 이 문장의 일부들이 되고 있는 주어와 보어를 만들어 준 준동사들 중의 부정사구문들이 더 복잡하고 길다. 그 일부분들이 되고 있는 것들은 아무리 복잡하고 길다 해도 그것들을 부정사의 법칙대로 풀면 쉽게 알수 있다.

주어가 된 to represent him as a man of stainless man을 풀어보자. represent(…를 …로 묘사하다)는 불완전타동사로서 문장 5형식을 만드는 동사이기에 그것은 그것 뒤에 목적어 him(그를)과 목적보어 as a man of stainless virtue(깨끗한 덕성의 소유자)를 끌고 와 그 앞에 to를 붙여 부정사 구문으로서 명사구를 만들어 그것을 is의 주어가 되게 하였다. 따라서 그 부분을 해석하면 '그를 깨끗한 덕성의 소유자로 묘사하는 것은' 이 된다.

보어가 된 to make him ridiculous를 풀어보자. make(…를 …로 만든다)는 역시 불완전타동사로서 문장 5형식을 만드는 동사이기에 그것은 그것 뒤에 목적어 him(그를)과 목적보어 ridiculous(우스꽝스러운)를 끌고 와 그 앞에 to를 붙여 부정사 구문으로서 명사구를 만들어 그것을 is의 보어가 되게 하였다. 따라서 그 부분을 해석하면 '그를 우스꽝스럽게 만드는 것' 이 된다. 이리하여 위의 문장을 전체적으로 해석하면 '그를 깨끗한 덕성의 소유자로 묘사하는 것은 그를 우스꽝스럽게 만드는 것이 된다.' 이다.

나는 그 선생이 하나의 영어 문장을 해석 또는 이해할 때는 반드시 문장 5형식들 중 어느 것에 속하는지, 즉 그 문장의 동사가 완전자동사, 불완전자동사, 완전타동사, 여격타동사, 혹은 불완전타동사인가를 무엇보다 먼저 따지지 않으면 안 된다고 역설 또 역설한 것을 명심하여 지금까지 영어의 문장을 그렇게 해석해왔다. 그래서 이제는 영어 문장 어느 것이나 척 보면 "아! 이것은 무슨 동사이기에 문장 몇 형식이구나!"하는 것을 알게 된 것이다.

위의 예문 To represent him as a man of stainless virtue is to make him ridiculous.는 3개의 문장들로 이루어진 것이다. 왜냐하면 동사가 3개 들어 있기 때문이다. 이 문장에서 주어를 만든 동사는 불완전타동사로서 We represent him as a man of stainless virtue.라는 문장 5형식의 문장을 부정사 구문의 명사구로 만들어 주어가 되게 하였다. 그 문장 전체의 술어인 동사 is는 불완전자동사로서 문장 2형식의 문장을 만들었고, 보어를 만든 동사는 역시 불완전타동사로서 We make him ridiculous. 라는 문장 5형식의 문장은 부정사 구문의 명사구로 만들어져 보어가 되게 하였다.

위의 예문을 이렇게 분석할 수 있게 된 것은 금방 끝낸 준동사의 용법들을 배웠기 때문이다. 나에게는 참으로 희한하게 새로운 세계가 완전히 활짝 열린 것이다. 공부를 거의 않다가 그 고약한 서 중학교 3학년 영어 선생에게서 참을 수 없는 수모를 당하여 혀를 깨물며 영어를 해야겠다는 결심을 하고서 하지 않던 공부를 하다 보니 어려움이 많았으나, 이를 악물고 의지력과 인내력을 갖고 묵묵 히 그리고 꾸준히 노력한 것이 이렇게 새로운 삶을 얻는 길이 된 것이다. 나는 이렇게 하여 인생의 소중한 교훈을 터득했다. 일단 결심을 굳게 하고 의지력과 인내심을 갖고 노력하면 아무리 복잡하고 어려운 것도 해낼 수 있다는 것을 나는 알게 된 것이다.

의지력과 인내력은 적응력을 낳고 적응력에서는 이렇게 해보고 저렇게 해보는 응용력이 나오고, 또한 그것은 이리 뜯어보고 저리 뜯어보는 분석력을 낳게 하여 이것들이 조합하여 창의력이 나온다. 이러한 속성은 인간만이 갖고 있는 위대한 힘인 것이다. 나는 그 선생에게 영어를 배우면서 이러한 인간의 위대한 힘을 함께 길러냈다. 그 선생은 영어의 문장을 잘 파악하면 분석력이 커진다고 말했 다. 그래서 그는 영어권 국가들이 세계의 문물을 주도하는 것이 아닌가 하는 생각도 해본다고 했다.

그 선생은 준동사까지 끝낸 뒤에 "자, 영어의 이러한 골격에 이제 살을 붙이는 일만 남았다. 다시 말하면 우리들은 영어의 주요소들에 대하여 거의 다 배웠다. 이제 우리들은 영어의 문장들을 복잡하 고 길게 만들게 하는 것들을 배울 것이다. 이것들도 어디까지나 이 주요소들과 밀접한 관계 즉 유기적 관계를 갖고 있기 때문에 지금까지 배운 것만 완전히 알고 있으면 저절로 알게 되는 것들이다."라고 말하여 우리 학생들을 안심시켜 주었다. 그는 한 단위 한 단위 가르친 뒤에는 그 다음에 배울 것에 대 하여 미리 안심시켜 주는 말을 잊지 않았다.

그는 마치 의사가 환자를 대하는 것과 같이 기대와 희망과 안심의 말로 격려하는 것이었다. 선생 과 의사는 어느 의미에서는 같은 성격의 일을 하는 사람들이라고 말해도 좋을 것이다. 옛 철학자들 은 무지를 질병으로 보고, 모르는 것을 알게 하는 것을 무지의 질병을 치료하는 것이라고 생각했다. 따라서 모르는 것을 알게 해주는 선생은 의사인 것이다.

의사가 환자에게 치료하기 전에 먼저해야하는 것이 그 환자에게 꼭 치유된다는 기대, 희망, 그리 고 안심을 갖게 해주는 것이다. 바로 영어의 무지라는 병을 치료해준 그 선생은 나에게 참다운 의사 가 되어 준 것이다. 영어의 무지라는 병을 앓고 있었던 나는 그 질병을 치료해주는 그 의사를 전적으 로 믿고 그 의사가 하라는 대로 하여 나는 영어의 무지라는 질병을 치유해 가고 있었다.

그 선생은 아니 그 의사는 나의 영어의 무지의 질병을 친절하고 자상하고 세밀하게 치료하는 것 을 온 정성으로 계속해 나갔다. 그는 다음 치료해야 할 것을 어, 구, 절로 잡았다. 나는 나도 모르게 마음속으로 "천지신명이시여! 저에게 힘을 주시어 그 선생이 예전에 저에게 그렇게 쉽게 잘 가르쳐 준 방법대로 내가 앞으로 전개될 내용을 누구나 알게끔 쉽게 설명하게 하여 주시옵소서!"라고 다짐 하며 계속해서 기도하는 심정으로 이 글을 쓰고 있다. 이 책을 읽는 독자에게 축복을!

10 영어 문장의 주요소와 수식요소가 될 수 있는 상당어구, 구, 절을 배워 영어의 윤곽을 완전히 파악하다

그 선생은 상당어구에 대한 설명을 시작으로 구와 절에 대한 설명을 이어 나갔다. 그는 다음과 같이 친절하고도 자세히 상당어구의 명사, 형용사, 부사에 대략적인 설명과 구에 있어서 명사구, 형용사구, 부사구를 비교적 간단하게 설명하고, 절에 있어서 명사절, 형용사절, 부사절까지 계속해서 알기 쉽게 정리해 주었다.

영문법정복 | 상당어구(equivalent)

본래 하나의 품사에 속해 있는 한 단어 또는 두 개 이상의 단어들이 모여서 다른 품사 즉 명사, 형용사, 혹은 부사로 전환된 것을 상당어구(equivalent)라고 한다. 명사 상당어구(noun equivalent), 형용사 상당어구(adjective equivalent) 그리고 부사 상당어구(adverb equivalent)가 있다.

1. 명사 상당어구들(noun equivalents)

문장 속에서 명사가 아닌 다른 품사가 명사 역할을 하여 주어, 보어, 혹은 목적어가 될 수 있다.

(1) 대명사

대명사는 명사 상당어구로서 당연히 문장속에서 주어, 보어, 혹은 목적어가 될 수 있다. 대명사도 일단 명사 상당어구로 취급하는 것이 좋겠다.

You are all mine and my all.

(당신은 온전하게 나의 것 그리고 나의 모든 것이다.)

☞ 명사 상당어구로서 대명사 you는 주어, 대명사들 mine과 all은 보어가 된다.

(2) 형용사

형용사 자체가 주어, 보어, 혹은 목적어가 되거나 형용사 앞에 정관사 the가 붙어 주어, 보어, 혹은 목적어가 될 수 있어 명사 상당어구가 된다.

Rich and poor, young and old, good and bad were there.

(부자들과 빈자들, 젊은이들과 늙은이들, 선한 자들과 악한 자들이 거기에 있었다.)

☞ 형용사들 rich, poor, young, old, good, bad가 명사 상당어구로서 were의 주어가 된다.

One must bow to the inevitable.

(사람은 피할 수 없는 것에는 순종해야 한다.)

☞ 형용사 inevitable은 앞에 정관사 the가 붙어 명사 상당어구로서 전치사 to의 목적어가 된다.

(3) 부사

부사가 그대로 주어, 목적어, 혹은 보어가 되기에 명사 상당어구가 된다.

Now is the time for you to help me.

(지금이 네가 나를 도울 때다.)

☞ 부사 now가 명사 상당어구로서 is의 주어가 된다.

The place where we will meet them is right here.

(우리들이 그들을 만날 장소는 바로 여기이다.)

☞ 부사 here가 명사 상당어구로서 is의 보어가 된다.

She is just back from abroad.

(그녀는 방금 해외에서 돌아왔다.)

☞ 부사 abroad가 명사 상당어구로서 전치사 from의 목적어가 된다.

(4) 인용구문

이탤릭체로 쓰인 말이나 인용 부호들 안에 들어 있는 말이 명사 상당어구로서 주어, 보어, 혹은 목적어가 된다.

He said *No*.

(그는 아니라고 말했다.)

☞ 이탤릭체인 *No*가 명사 상당어구로서 said의 목적어가 된다.

"By God." is all that I can say.

("기필코." 라는 말이 내가 말할 수 있는 전부이다.)

☞ 인용 부호 "" 가 명사 상당어구로서 is의 보어가 된다.

2. 형용사 상당어구들(adjective equivalents)

형용사가 아닌 품사가 문장 속에서 보어가 되거나 명사 혹은 대명사를 수식한다.

(1) 명사

명사가 명사 앞에 와 명사를 수식한다.

She has been to a beauty parlor.

(그녀는 미장원에 갔다 왔다.)

☞ 명사 beauty가 명사 palor를 수식하는 형용사 상당어구가 된다.

He was fool enough to marry her.

(그는 그녀와 결혼할 만큼 어리석었다.)

☞ 명사 fool이 was의 보어로서 foolish와 같은 의미의 형용사 상당어구가 되어 부사 enough의 수식을 받고 있다.

(2) 동명사

동명사가 명사 앞에 와 명사를 수식한다.

He went to the dining room.

(그는 식당에 갔다.)

☞ 동명사 dining이 명사 room을 수식하는 형용사 상당어구가 된다.

He even the swimming pool been polluted?

(수영장까지 오염되었는가?)

☞ 동명사 swimming이 명사 pool을 수식하는 형용사 상당어구가 된다.

(3) 부사

부사가 명사 앞 혹은 뒤에 와 명사를 수식한다.

They blamed the then government for its foreign policy.

(그들은 그 당시의 정부의 외교 정책에 대하여 비난했다.)

☞ 부사 then이 명사 앞에 government와 그 명사를 수식하여 형용사 상당어구가 된다.

The man there is my father.

(저기 있는 사람이 나의 아버지이다.)

☞ 부사 there가 명사 man 뒤에서 그 명사를 수식하여 형용사 상당어구가 된다.

3. 부사 상당어구들(adverb equivalents)

부사가 아닌 품사가 문장 속에서 동사, 형용사, 혹은 부사를 수식한다.

(1) 명사

문장 속에서 명사가 동사, 형용사, 혹은 부사를 수식하는 부사 상당어구가 된다.

We continuously walked miles.

(우리들은 계속 여러 마일을 걸었다.)

☞ 명사 miles가 동사 walked를 수식하여 부사 상당어구가 된다.

It snowed this morning.

(오늘 아침에는 눈이 내렸다.)

☞ this morning은 지시형용사 this와 명사 morning이 모여 만들어진 합성명사(이러한 합성어는 한 단어로 취급된다는 것을 아는 것이 중요하다.)로서 동사 snowed를 수식하여 부사 상당어구가 된다.

I shall be back this day week.

(나는 다음 주 오늘 돌아오겠다.)

☞ this day week도 3개의 단어들이 모여 만들어진 합성명사로서 여기서는 하나의 명사처럼 행세하며 동사 be를 수식하여 부사 상당어구가 된다.

The sea went mountains high.

(바다는 산과 같은 높이로 파도가 일었다.)

☞ mountains는 명사로서 went의 보어인 형용사 high를 수식하여 부사 상당어구가 된다.

(2) 대명사

문장 속에서 대명사가 동사, 형용사, 혹은 부사를 수식하는 부사 상당어구가 된다.

I have never seen him that angry.

(나는 그가 그처럼 화내는 것을 결코 본적이 없다.)

☞ that은 지시대명사로서 보어인 형용사 angry를 수식하여 부사 상당어구가 된다.

He did it none too well.

(그가 그것을 아주 잘 한 것은 아니었다.)

☞ none은 대명사로서 부사 too를 수식하여 부사 상당어구가 된다.

(3) 형용사

문장 속에서 형용사가 동사, 형용사, 혹은 부사를 수식하는 부사 상당어구가 된다.

It is mighty cruel.

(그것은 엄청나게 잔인하다.)

☞ mighty는 형용사로서 보어인 형용사 cruel을 수식하여 부사 상당어구가 된다.

She talks awful.

(그녀는 엄청나게 떠들어댄다.)

☞ awful은 형용사로서 술어인 동사 talks를 수식하여 부사 상당어구가 된다.

The party was nice and good.

(그 파티는 매우 좋았다.)

☞ nice(형용사)와 and(접속사)가 합하여 합성어가 되어 한 단어처럼 행세하여 부사 very와 같은 뜻으로서 형용사 good를 수식하는 부사 상당어구가 된다.

(4) 분사

문장 속에서 부사가 동사, 형용사, 혹은 다른 부사를 수식하는 부사 상당어구가 된다.

It is boiling hot.

(날씨가 찌는 듯 덥다.)

☞ 분사 boiling이 보어인 hot를 수식하여 부사 상당어구가 된다.

They came along the river, talking and talking.

(그들은 계속 말하면서 강을 따라 왔다.)

☞ 분사 talking은 came을 수식하는 부사 상당어구가 된다.

He ran killing fast.

(그는 겁나게 빨리 달렸다.)

☞ 분사 killing은 부사 fast를 수식하여 부사 상당어구가 된다.

그 선생은 여기에서 상당어구에 대한 설명을 마치면서 상당어구는 3개뿐이라고 말하면서 "여러분 8품사들 중에서 상당어구라고 말할 수 있는 것은 명사 상당어구, 형용사 상당어구, 그리고 부사 상당어구 뿐이다.

영문법정복 | 구(phrase)

접속요소(接續要素)에 의해서 만들어지며 단어들이 적어도 2개 이상 모여 명사적 역할, 형용사적 역할, 그리고 부사적 역할을 하는데 그 안에 형식적인 주어나 술어 또는 복합술어가 들어 있지 않는 것을 구(phrase)라고 한다. 명사구(noun phrase), 형용사구(adjective phrase) 그리고 부사구(adverb phrase)가 있다.

그 선생은 구(phrase;句)의 개념을 이렇게 설명하면서 회심의 미소를 머금고 "학생들, 내가 이 영문법반의 서두에 〈영문법정복 예비지식 Ⅱ〉를 소개했다. 나는 거기서 영어의 문장들을 구성하는 요소들을 주요소(主要素:major elements), 수식요소(修飾要素:modifying elements), 그리고 접속요소(接續要素:connective elements)의 세 가지로 갈라 놓았다. 이 세 가지 구성 요소들 중에서 영어의 문장들을 길고 복잡하게 만들어 주는 것이 접속요소들이라고 설명했다. 이 접속요소들은 다만 길고 복잡한 주요소들과 길고 복잡한 수식요소들을 만들기 위해서만 존재한다. 이렇게 길고 복잡하게 만들어진 주요소에는 명사구, 명사절들, 형용사구들이 있고, 마찬가지로 길고 복잡하게 만들어진 수식요소에는 형용사구들, 형용사절들, 부사구들, 그리고 부사절들이 있다. 따라서 영어를 길고 복잡하게 만드는 것은 결국 이 명사구, 명사절, 형용사구, 형용사절, 부사구 그리고 부사절로 모두 6가지 뿐인 것이다." 라고 말했다.

여기서 그 선생은 잠시 머뭇거리다가 할 말은 해야겠다는 표정을 지으며 "학생들, 이것은 영문법과는 직접적인 관계가 없지만 모든 인간의 사유행위(思惟行爲)는 논리학의 삼단논법(三段論法: syllogism)을 기본으로 한다. 이 논법은 대전제(大前提:major premise), 소전제(小前提:minor premature) 그리고 결론(結論:conclusion) 의 삼단(三段)으로 나뉜다. 우리가 일상적으로 생각하고 말하는 것들이 사실은 모두 이 삼단논법으로 이루어진다고 해도 지나친 말이 아니다. 예컨대, "어머, 마당에 눈이 하얗게 덮였네."하고 우리가 아침에 일어나 말한다면 이 말의 대전제(major premise)는 "모든 땅은 눈이 와야 하얗게 덮인다."이고 소전제(minor premise)는 "어머, 마당에 눈이 하얗게 덮였네."이고 결론(conclusion)은 "간밤에 눈이 왔다."가 된다. 이 삼단논법은 다음과 같이 형식화되어 있다.

> All men are mortal. (모든 사람은 죽는다) : 대전제
> Socrates is a man. (소크라테스는 사람이다) : 소전제
> Socrates is mortal. (고로 소크라테스는 죽는다) : 결론

내가 이 삼단논법을 이 자리에서 설명하는 것은 모든 길고 복잡한 영어의 문장들이 모두 접속요소들에 의해서만 이루어진다는 것을 역설적으로 설명하기 위해서이다. 이 점을 형식화하면 다음과 같다.

> 모든 길고 복잡한 문장들은 접속요소(들)에 의해서 이루어진다. : 대전제
> 이 영어 문장은 길고 복잡하다. : 소전제
> 이 영어문장은 접속요소들에 의해서 이루어졌다. : 결론

그러므로 학생들이 앞으로 길고 복잡한 영어 문장 하나를 대한다면 '아, 이 문장에는 접속요소(들)가 들어 있구나.' 하고 생각해야 한다고 논리적인 설명을 했다. 그리고 그 선생은 덧붙여 "학생들, 오늘날, 인류사회를 선도하고 있는 사람들이 서양인들이다. 그들은 일상생활에 모든 생각과 말과 행동을 이러한 논리성에 입각해서 하고 있고 이 점을 동양인들 중에서 가장 먼저 받아들인 사람들이 일본 사람들이다. 그래서 그들이 동양에서 가장 선진화된 나라가 된 것이다. 그렇다면 우리나라가 선진국들의 대열에 서기 위해서는 어째해야 하는가를 지금 가늠할 줄로 믿는다."라고 말했다.

나는 이 영문법반에서 영문법 공부를 하면서 그 선생으로부터 누누이 철학적인 사고방식을 들어왔기 때문에 나 나름대로의 철학적인 사고 행위가 정립되어 있던 터라 그에게 "선생님, 그렇다면 내가 듣고 보고 느낀 모든 것들이 다 이 삼단논법으로 통합니까?"라고 의기양양하게 물었다.

그 선생은 나의 질문에 잠시 당황하는 표정을 지었다가 이내 그의 자상한 태도로 "이상준, 너는 나를 곤경에 몰아넣는 질문을 했다. 하지만 나는 너의 높아진 사고행위에 기쁘다. 나의 짧은 철학적

인 사고행위로는 너에 대한 질문을 제대로 대답할 수 없지만 일본 와세다대학 영문과의 내가 존경하는 주임 교수님이 말했던 것을 요약해서 너에게 말해 주는 것으로 너의 질문에 답하겠다. 그 교수님에 의하면 인간의 지식은 집단적 지식과 개인적 지식으로 분류된다. 집단적인 지식은 백과사전 속의 모든 내용들과 같은 것으로 구성되고, 개인적인 지식은 한 개인이 경험하여 얻은 것으로 구성된다. 집단적인 지식은 모두가 일반화되어 있어서 추상적이고, 개인적인 지식은 한 개인이 느낀 그대로의 것이어서 구체성을 띤다. 따라서 집단적인 지식은 옳고 그름의 분별이 가능하지만 개인적인 지식은 그러한 구분이 거의 불가능하다. 집단적인 지식으로서 화학이나 물리학과 같은 과학적인 지식은 가설적이지만 진리의 성격을 띤다. 하지만 개인적인 지식으로서 한 개인이 느끼는 감정은 실제적이지만 진리로는 인지될 수 없다. 예컨대, 하늘에서 떨어지는 액체는 집합적인 과학 지식을 통해 H_2O로 공식화되지만, 한 개인이 하늘에서 떨어지는 액체를 느끼는 감정은 구체적이지만 막연하기 때문에 공식화될 수 없는 것이다. 그러나 네가 질문한 모든 것이 삼단논법으로 통하느냐는 질문에 나는 그렇다라고 감히 대답하겠다. 예컨대, ‘나는 지금 배가 고프다.’라고 말한다면 그것은 삼단논법으로 따져 결론에 해당된다. 그렇다면 대전제는 ‘사람은 음식을 먹어야 배가 고프지 않다.’이고 ‘나는 얼마 동안 음식을 먹지 않았다.’는 자연히 소전제가 된다. 이와 같이 인간의 모든 사유행위는 삼단논법으로 환산될 수 있다.”라고 말하면서 멋쩍은 표정을 지으며 서둘러 영문법으로 귀환했다.

그 선생은 정신을 가다듬는 태도로 헛기침을 하면서 “내가 구(phrase; 句)와 절(clause; 節)을 설명하는 데에 있어서 접속요소(connective elements: 接續要素)의 중요성을 강조하느라고 삼단논법적인 결론으로 ‘모든 구들과 절들은 접속요소들로 이루어진다.’를 내세우다 보니 본의 아니게 철학적인 논제에까지 비화했다. 좌우간 영어의 문장들이 길고 복잡하게 되는 것은 이 같은 구들과 절들이 끼여 있기 때문이다. 학생들은 이 영문법반 서두에 소개한 〈영문법정복 예비지식 II〉로 돌아가 다시 그 지식을 강화시키기를 바란다.

앞으로 공부해 나가면서는 중간 중간에 이 접속요소의 용법을 그래픽으로 도식화하여 구문 분석력을 기르도록 하겠다.”라고 말했다.

1. 명사구(noun phrase)

문장 속에서 단어들이 둘 또는 그 이상이 모여 명사적 역할을 하며 그 문장의 주어, 보어, 혹은 목적어의 기능을 하는 것으로서 그 안에 형식적인 주어나 술어 또는 복합술어가 들어 있지 않은 것이다.

(1) 부정사구문(infinitival construction)이 문장 속에서 명사구가 되어 주어, 보어, 혹은 목적어가 된다.

To live long is the prime desire of men.

(오래 사는 것은 인간의 최고 욕망이다.)

☞ 부정사구 to live long은 명사구가 되어 술어 is의 주어가 된다.

The plan is to help poor people.

(그 계획은 가난한 사람들을 돕는 것이다.)

☞ 부정사구 to help poor people은 명사구가 되어 술어 is의 보어가 된다.

I want to drink water.

(나는 물을 마시기를 원한다)

☞ 부정사구 to drink water는 명사구가 되어 술어 want의 목적어가 된다.

≫ They sat there without anyone to wait on them.

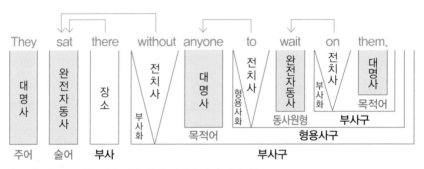

(그들은 시중 들어줄 사람 하나 없이 거기에 앉아 있었다.)

그 선생은 이때부터 또 다시 앞서 말한 대로 위와 같은 도식화를 통해 영어의 문장구조를 알기 쉽게 설명해 주었다. 그의 이러한 도식은 일대 역사적인 사건이다.

(2) 동명사구문(gerundial phrase)이 문장 속에서 명사구가 되어 주어, 보어, 혹은 목적어가 된다.

Living long is the prime desire of man.

(오래 사는 것은 인간의 최고 욕망이다.)

☞ 동명사구 living long은 명사구가 되어 술어 is의 주어가 된다.

Doing nothing is doing ill.

(아무 것도 안 하는 것은 나쁜 것을 행하는 것과 같다.)

☞ 동명사구 doing ill은 명사구가 되어 술어 is의 보어가 된다.

I repent having offended her.

(나는 그녀를 기분 상하게 한 것을 후회한다.)

☞ 동명사구 having offended her는 명사구가 되어 술어 repent의 목적어가 된다.

≫ There is not much chance of getting the money back.

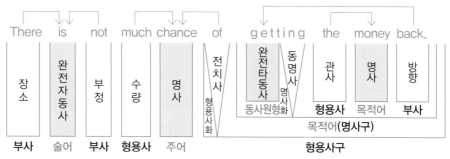

(그 돈을 상환받을 가능성은 크지 않았다.)

(3) 전치사구문(prepositional construction:전치사+목적어(명사 혹은 명사 상당어구)...가 문장 속에서 명사구가 되어 주어, 보어, 혹은 목적어가 된다.

In the darkness was the situation for the murder.

(어둠은 그 살인의 환경이었다.)

☞ 전치사 + 목적어 in the darkness는 명사구가 되어 술어 was의 주어가 된다.

The situation for the murder was in the darkness.

(그 살인의 환경은 어둠이었다.)

☞ 전치사 + 목적어 in the darkness는 명사구가 되어 술어 was의 보어가 된다.

The actor appeared from behind the curtain.

(그 배우는 장막 뒤에서 나타났다.)

☞ 전치사 + 목적어 behind the curtain은 명사구가 되어 전치사 from의 목적어가 된다.

>> They stayed in the room till after the end of the torrent.

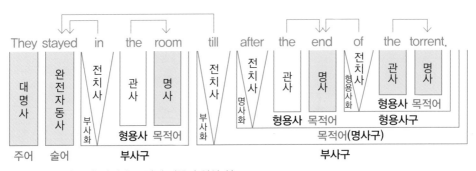

(그들은 폭우가 끝날 때까지 그 방에 머물러 있었다.)

그 선생은 명사구에 대해 비교적 간단하게, 그러나 알기 쉽게 설명하고는 "영어에서 구(phrase)는 3가지뿐인데 방금 명사구(noun phrase)를 배웠다. 이제 계속해서 형용사구(adjective phrase)와 부사구(adverb phrase)만 남았다."라고 기쁘게 말하면서 가르치는 자신이 마치 배우는 학생처럼 조바심과 기대감을 나타내 보였다. 그렇다, 어쩌면 'To teach is to learn.'이라는 속담처럼 가르치는 것은 배우는 것과 같은 것인지 모른다. 가르치는 사람이 이러한 정신을 갖춰 배우는 사람과 함께 혼연일체가 된다면 함께 공부를 더욱 효과적으로 잘 할 수 있고 훨씬 재미있게 할 수 있게 되는 것이다.

2. 형용사구(adjective phrase)

문장 속에서 단어들이 둘 또는 그 이상이 모여 형용사적 역할을 하며 그 문장의 불완전자동사나 불완전타동사의 보어가 되거나 그 문장에 있는 명사 혹은 대명사를 수식하는 것으로서 그 안에 주어와 술어 또는 복합술어가 들어 있지 않은 것이다.

(1) 부정사 구문(infinitival construction)이 문장 속에서 형용사구가 되어 보어가 된다.

They wanted me to do it.

(그들은 내가 그것을 하기를 원한다.)

☞ 부정사구 to do it이 형용사구가 되어 불완전타동사 wanted의 보어가 된다.

(2) 부정사 구문이 문장 속에서 그 문장에 있는 그것 앞의 명사 혹은 대명사를 수식한다.

This is the man to guide you in your travel.

(이 사람이 여행에서 당신을 안내할 사람이다.)

☞ 부정사구 to guide you in your travel은 형용사구가 되어 명사 man을 수식한다.

I want something to eat here.

(나는 여기서 먹을 것을 원한다.)

☞ 부정사구 to eat here가 형용사구가 되어 대명사 something을 수식한다.

≫ I see no good reason to grant your request.

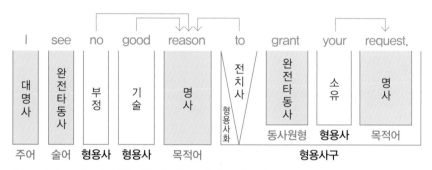

(나는 너의 요구를 허락해줄 하등의 이유를 찾지 못하겠다.)

(3) 분사구문(participial phrase)이 문장 속에서 형용사구가 되어 보어가 된다.

I saw the man reading a book there.

(나는 그 사람이 거기에서 책 한 권을 읽고 있는 것을 보았다.)

☞ 분사구문 reading a book here는 형용사구가 되어 불완전타동사 saw의 보어가 된다.

(4) 분사구가 문장 속에서 형용사구가 되어 그것 앞의 명사 혹은 대명사를 수식한다.

The church standing on a hill commands a fine view.

(언덕 위에 서 있는 그 교회는 전망이 좋다.)

☞ 분사구문 standing on a hill은 형용사구가 되어 그것 앞의 명사church를 수식한다.

Some one coming along the river must be a lonely man.

(강을 따라 오고 있는 사람은 고독한 사람임에 틀림없다.)

☞ 분사구문 coming along the river는 형용사구가 되어 그것 앞의 대명사 some one을 수식한다.

>> The picture hanging on the wall is beautiful.

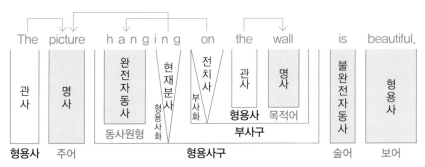

(벽에 걸린 그림은 아름답다.)

(5) 전치사 + 목적어(명사 혹은 대명사)가 문장 속에서 형용사구가 되어 보어가 된다.

She is in perfect health.

(그녀는 건강이 완벽하다.)

☞ 전치사 + 목적어 in perfect health는 형용사구가 되어 불완전자동사 is의 보어가 된다.

I found her in perfect health.

(나는 그녀가 건강이 완벽한 것을 알았다.)

전치사 + 목적어 in perfect health는 형용사구가 되어 불완전타동사 found의 보어가 된다.

>> Are you against the plan or for it?

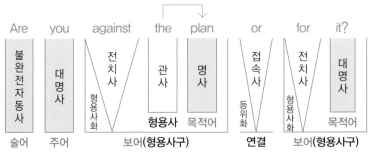

(당신은 그 계획에 반대합니까 아니면 찬성합니까?)

(6) 전치사 + 목적어(명사 혹은 대명사)가 문장 속에서 그것 앞의 명사나 대명사를 수식한다.

The air in the largest city of this country is severely polluted.

(우리나라에서 가장 큰 도시의 공기는 심하게 오염되어 있다.)

☞ 전치사+목적어... in the largest city는 형용사구가 되어 앞의 명사 air를 수식하고 전치사+목적어... of this country는 형용사구가 되어 앞의 명사 city를 수식한다.

Do you want any of these books?

(너는 이 책들 중 어떤 것을 원하느냐?)

☞ 전치사 + 목적어... of these books는 형용사구가 되어 앞의 대명사 any를 수식한다.

3. 부사구(adverb phrase)

문장 속에서 단어들이 둘 또는 그 이상이 모여 부사적 역할을 하며 그 문장의 동사, 형용사, 부사, 혹은 문장을 수식하는 것으로서 그 안에 주어와 술어 또는 복합술어가 들어 있지 않은 것이다.

(1) 부정사 구문(infinitival construction)은 문장 속에서 부사구가 되어 그 문장의 동사, 형용사, 혹은 부사를 수식한다.

I have learned English for many years to read English books.

(나는 영어책들을 읽기 위해서 수년 동안 영어를 공부해왔다.)

☞ 부정사구 to read English books는 부사구가 되어 복합술어 have learned를 수식한다.

I am glad to meet you.

(제가 당신을 만나 뵙게 되어 반갑습니다.)

☞ 부정사구 to meet you는 부사구가 되어 형용사 glad를 수식한다.

The boy is old enough to understand it.

(그 소년은 그것을 이해하기에 충분하게 나이가 들었다.)

☞ 부정사구 to understand it는 부사구가 되어 부사 enough를 수식한다.

>> He is sure to cross our path soon.

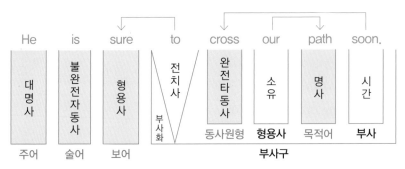

(그는 곧 우리를 만나게 될 것이다.)

(2) 분사구문(participial phrase)은 문장 속에서 부사구가 되어 그 문장의 동사를 수식한다.

Going downtown, I met an old friend of mine.

(나는 시내로 가다가 나의 옛 친구를 만났다.)

☞ 분사구문 going downtown은 부사구가 되어 동사 met를 수식한다.

He went out, having first locked the drawer.

(그는 먼저 서랍을 잠그고 외출했다.)

☞ 분사구문 having first locked the drawer는 부사구가 되어 동사 went를 수식한다.

>> She extended her hand smilling brightly.

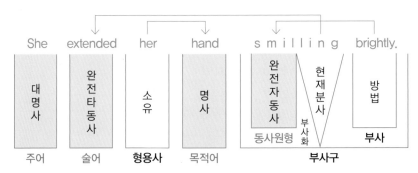

(그녀는 환한 미소를 띠며 손을 내밀었다.)

(3) 전치사 + 목적어(명사 혹은 대명사)... 전치사 구문(prepositional construction)가 부사구가 되어 문장 속에서 부사구가 되어 그 문장의 동사, 형용사, 혹은 부사를 수식한다.

He went to the movies this afternoon.

(그는 오늘 오후 영화를 보러 갔다.)

☞ 전치사+목적어(명사 혹은 대명사)로 이루어진 to the movies는 부사구가 되어 동사 went를 수식한다.

He is happy in his expression.

(그는 말을 그럴듯하게 한다.)

☞ 전치사+목적어로 이루어진 in his expression은 부사구가 되어 형용사 happy를 수식한다.

He is too young for the job.

(그는 그 일을 하기에는 너무 어리다.)

☞ 전치사+목적어로 이루어진 for the job은 부사구가 되어 부사 too를 수식한다.

In result, they won the game.

(결과적으로 그들은 그 경기에서 이겼다.)

☞ 전치사+목적어로 이루어진 in result가 문장 they won the game을 수식한다.

≫ I had often intended to speak of it.

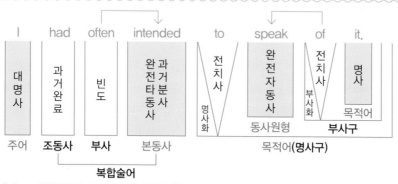

(나는 그것을 말하려고 자주 생각했었다.)

그 선생은 명사구, 형용사구, 그리고 부사구를 명사 상당어구, 형용사 상당어구 그리고 부사 상당어구와 연결시켜 설명하며 우리 학생들의 이해를 도우려고 애썼다. 그는 절에도 상당어구와 구를 연결시켜 명사절, 형용사절, 그리고 부사절이 있다고 말했다. 나는 이미 영어에 대해 점점 뚜렷이 눈을 뜨고 있었지만 이와 같은 그의 체계적인 설명에 감탄을 금치 못했다.

그 선생은 의기양양하게 "이제 절에 대하여 공부할 것인데 너희들은 아마 짐작이 갈 것이다. 어, 구, 절을 한 묶음으로 엮어놓은 것으로 보아 역시 절도 명사절, 형용사절, 그리고 부사절 이렇게 세 가지로만 분류되어 설명되리라는 것을..."이라고 말하면서 인간이 인류 역사 이래로 어떻게 그 많은 지식을 축적할 수가 있었는가를 간단히 말해주었다. 그가 영문법을 가르치는 중간중간, 문법 사항에 맞춰 시의적절하게 학문하는 방법이나 인생 철학을 설명해 주며 우리 학생들의 의식 수준을 높여주려는 노력에 나는 유심히 귀를 기울였다. 선생과 학생은 부모와 자식의 관계와 같지 않는가?

그의 말에 따르면 학문의 기초는 사물을 분류하는 것이었다. 사물을 분류하고 그렇게 분류한 것들에 정의를 내리고 설명하는 것이 학문의 시작이며 끝이라는 것이 그 선생의 학문관이었다. 그는 사물을 분류하는 데는 그것의 방법 즉 분류법(taxonomy)이 있다고 말하며 우리 학생들이 알기 쉽게 그것을 설명했다.

"분류는 하나의 목록(list)을 설정하고 그 목록에 알맞은 항목들(items)을 찾아 그 목록 속에 그것들을 질서 있게 기록하는 것이다. 분류의 한 목록에 들어갈 수 있는 항목들은 서로 비슷한 특성과 서로 다른 특성을 동시에 갖고 있다. 예컨대, 동물이라는 한 목록에 함께 들어갈 수 있는 것들은 서로 같은 특성으로 볼 수 있는 유기성이나 운동성을 가지고 있는 한편, 서로 다른 특성으로 구별할 수 있는 포유류적 특성이나 파충류적 특성과 같은 것들을 동시에 지니고 있는 것이다."

그 선생은 이렇게 분류법을 간단히 설명하고는 영문법도 다름 아닌 분류법에 의해 분류된 목록들의 한 집합체라고 속 시원하게 말해주었다. 그런데 분류의 문제점은 분류하는 사람에 따라 분류되는 목록들과 그 항목들이 다를 수 있다는 것이다. 비근한 예로 고래를 물고기의 목록에 넣을 것인가 그렇지 않을 것인가 하는 것은 관점에 따라 다를 수 있는 것이다. 마찬가지로 영문법에서도 분류하는 관점이 영문법 학자들마다 다를 수 있는데 예컨대 구(phrase)라는 목록에 그 선생은 명사구, 형용사구, 그리고 부사구만을 항목으로 취급했는데 어떤 영문법 학자들은 8품사들이 모두 구들(phrases)을 형성할 수 있다고 취급한다는 것이다.

그 선생은 이렇게 분류의 관점이 다양할 수 있다는 것을 말한 뒤에 그에게는 구(phrase)는 명사구(noun phrase), 형용사구 (adjective phrase), 그리고 부사구(adverb phrase)에 국한시키는 것이 학습상 보다 합리적이라고 말하면서 다른 품사들에는 그것들에 맞게 '구'라는 말 대신에 다른 용어를 써서 설명하겠다고 잘라 말했다. 나 같은 영문법 풋내기로서도 그 선생의 말이 합당하다고 생각했다. 그리고 먼 훗날 내가 대학교에서 영문법을 가르칠 때에도 그의 말을 따랐다.

그 선생은 분류에 대한 이야기를 이 정도에서 그치고 절(clause)을 설명하기 시작했다. 이제 모든 상당절로서 명사절, 형용사절, 부사절만 배우면 명실공히 영어의 모든 것들을 총망라하게 되어 완전한 영어 습득이 되는 종착역에 이를 것이었다. 그 선생도 역시 우리 학생들보다 더 기대감을 갖고 "내일로서 우리는 영어의 모든 것에 이르는 단계에 접어든다. 우리 내일 명사절, 형용사절, 그리고 부사절을 배우고 점심을 같이 하자. 점심은 내가 산다. 알았지?"라면서 우리 학생들을 바라보았다. 그 눈빛은 자애로움 그 자체였다.

그 다음날 나는 분사의 구문적 용법 때처럼 가슴 부푼 마음으로 학원에 8시 5분 전에 가 있었다. 잠시 후에 박기철이 강의실로 들어왔다. 8시면 어김없이 강의실 문을 열고 들어오는 그 선생이 8시가 한참 지나도 나타나지 않았다. 우리 학생들은 그동안 배운 영어로 서로 회화 연습을 했다.

우리는 놀라울 정도로 영어로 의사소통이 잘 되었고 새삼 그 선생의 고마움에 대한 생각으로 가득했다. 그런데 9시가 넘어도 그 선생은 나타나지 않았다. 우리들은 그제야 직감으로 그 선생에게 무슨 일이 일어난 것임을 느꼈다. 하지만 우리들은 걱정스러운 마음만으로 그저 기다릴 도리 밖에 없었다.

점심때가 되자 그 선생이 숨가쁘게 학원에 나타났다. 그는 "너희들 여태까지 나를 기다렸느냐? 고맙다. 이제 거꾸로 해야겠구나. 공부를 마치고 점심을 먹기로 했는데 점심을 먼저 먹자."라고 말하면서 우리들을 이끌고 그가 잘 다니는 음식점으로 갔다. 우리는 그제야 그가 늦게 오게 된 사건의 전말을 알게 되었다.

우리가 간 식당은 시어머니와 며느리가 경영하는 식당인데, 그 선생은 거기서 밥을 대먹고 있었다. 한 달 식비를 내고 언제든지 가서 시간 나는 대로 식생활을 해결했다. 사실은 그 식당도 그 선생이 마련해 준 것이었다. 원래 시어머니라는 분은 그 선생 선배의 어머니였고 며느리는 그 선배의 아내였다. 그런데 6·25때에 그 선배가 좌익 사상을 갖고 있어서 UN군이 광주를 수복했을 때에 잠시 피난 간 이후에 영영 소식이 끊긴 것이었다.

그 선생과 선배는 일본에서 전공은 달랐지만 와세다대학을 같이 다녔는데 그 선배가 4학년이었을 때에 그 선생은 1학년이어서 약 1년간 교우관계를 맺다가 그 선배는 귀국하여 좌익운동을 펴고 있었다. 그는 보기 드문 지성파 인텔리였다. 그 선생은 결혼식 때에도 일부러 일본에서 광주까지 축하객으로 올 정도로 두 사람은 서로 존경하는 사이였다. 그러다가 해방을 맞이 했고 또한 6.25를 맞아 서로 헤어져 다시 만나지 못한 것이다.

결국 그 선생이 만주에서 일본군 부대장을 주살하고 두만강을 건너 광주에 왔을 때 그 선배는 광주에서 요주의 인물로 주시의 대상이 되어 있었다. 그 둘은 6·25가 나기 전 몇 년간 형 아우 사이와 같이 지냈다. 그러나 6·25때에 헤어진 뒤로 그 둘은 다시 만나지 못했다. 그 선생은 부모에게서 물려받은 유산을 정리하여 그 선배의 가족인 그의 홀어머니와 그의 아내를 도와 바로 그 음식점을 마련해 준 것이었다. 그리고 자신은 TG영어학원을 그 음식점 근처에 개설했던 것이다.

6·25 직후에는 어떤 권력의 배경이 없으면 상이군인들을 자처하는 자들이나 불량배들 등살에 영세상인들은 보통 고초를 겪지 않을 수 없었다. 게다가 그 식당은 여자들 둘이서 경영했기에 여간 어려운 처지가 아니었다.

그 선생은 그러한 내막을 알고 있기에 자주 그 식당에 들렀다. 바로 우리가 절 상당어구들을 배우게 되어 있는 전날 밤에도 그 선생은 그 식당에서 저녁을 먹고 있었는데 5, 6명의 상이군인들이 식당으로 들어와 무전취식을 한 것이었다. 그 선생은 그것만은 참을 수가 있었다. 하지만 선배의 아내가 굉장한 미인이어서 깡패들에게 곤욕을 당하기가 일쑤였는데 이날도 상이군인 패거리들이 그 며느리에게 술을 따르라는 것이었다. 그 선생은 이것은 참을 수 없어 이곳은 술집이 아니니 다른 데 가서 술을 마시라고 말하자 두목격 되는 놈이 발길로 그 선생을 걷어찬 것이었다. 그 선생은 말로 회유하려 했으나 오히려 그자가 더욱 일어나 쇠갈고리로 그 선생의 머리통을 갈겼다. 그러나 그 선생은 가라데의 달인이 아니던

가. 잽싸게 몸을 피해 식당 문을 열고 길거리로 그 패거리를 유인하여 싸움판이 벌어졌다.

그놈들이 그 선생을 에워싸며 각자 쇠갈고리로 공격해 왔다. 그 선생은 처음에는 피하기만 하고 공격을 하지 않았다. 그러자 그들은 화가 치밀어 일제히 기세등등하게 총 공격을 그 선생에게 가해 왔다.

그렇게 되자 가라데 실력을 발휘하지 않을 수 없었다. 그 선생은 닥치는 대로 쇠갈고리를 든 손만을 골라 내리쳤다. 그리고는 이왕에 벌어진 싸움이기에 싸움답게 해보려는 마음이 솟구쳐 그 패거리들을 닥치는 대로 다 때려눕혔던 것이다.

경찰차들이 신고를 받고 와 그 선생과 쓰러진 패거리들이 모두 경찰서로 연행되었다. 그때에 구경하던 주민들이 경찰들에게 그 선생은 아무런 죄가 없다고 항의를 했지만 경찰들은 싸운 사람 모두를 연행해 갔는데 주민들이 그 선생에게 박수를 보냈다.

경찰의 조사 결과 그 상이군인들 모두가 가짜인 것이 드러났다. 그들은 백수건달로 떼를 지어 무전취식과 강탈과 폭력을 일삼아 왔다. 당연히 그 선생은 정당방위로 그 다음날 풀려났다.

그 선생은 우리와 함께 점심을 먹으면서 "너희들 말이야, 어제 저녁 경찰서에서 밤을 보내는 동안 생각해보니 인생은 싸움일 수밖에 없다는 생각이 들었다. 싸움이란 이기느냐 지느냐의 문제로 일단 싸움을 시작했다면 기어코 이기지 않으면 안 된다. 처음부터 이길 싸움이 아니면 싸움에 뛰어들지 말아야 하고, 처음부터 승산이 너에게 있다 해도 될 수 있는 한 상대에게 최대한 양보를 하여 싸움에 이르게 되지 않도록 해야 한다. 하지만 상대가 기어이 싸움을 걸어오면 너도 어쩔 수 없이 싸워 이길 수밖에 없다. 여기서 인간적으로 생각해야 할 것은 정의로운 싸움이나 약자를 돕는 싸움이라면 비록 승산이 없어 보일지라도 나가 싸워야 하는 것이 바람직한 것이다. 이 때야말로 인간정신이 발로가 되는 것이다. 인간 정신은 곧 군인 정신이다. 나라가 위급의 지경에 있을 때에 군인은 목숨을 걸고 싸우지 않느냐. '하늘은 스스로 자신을 돕는 자를 돕는다. (Heaven helps those who help themselves.)'라는 말처럼 아무리 어려운 싸움도 자신과 약자를 도우려는 사람은 그 싸움에서 이기기가 더 쉽다. 나는 여기 깨달은 바 "남들은 물론 자신들을 돕는 사람들은 하늘이 축복하리(Heaven help those who help themselves as well as themselves)"라는 기원문을 스스로 생각한다. 사람은 자신보다 남들을 먼저 생각하는 것은 하나의 의무이다. 왜냐하면 한 사람은 무수한 남들 때문에 존재하기 때문이다. 지금 너희는 영어라는 강적과 싸우고 있는 셈이다. 이제 너희는 그 싸움을 시작했고 지금까지 잘 싸워왔다. 이제 점심을 먹고 이 싸움에서 결정타를 날리는 것이다. 그래서 영어를 너희들의 노예로 만들어 일생동안 부려먹어야 된다. 알겠느냐?"라고 시원스러운 결론을 내렸다.

영문법정복 | 절(clause)

접속요소(接續要素)에 의해서 만들어지며 단어들이 적어도 2개 이상 모여 이루어진다는 것은 구

(phrase)와 같으나, 그것들과는 달리 안에 형식적인 주어와 술어 또는 복합술어가 들어가는 것을 절(clause) 이라고 한다. 명사절(noun clause), 형용사절(adjective clause), 그리고 부사절(adverb clause)이 있다.

1. 명사절(noun clause)

문장 속에서 단어들이 둘 또는 그 이상이 모여 명사적 역할을 하며 그 문장의 주어, 보어, 혹은 목적어의 기능을 하는 것으로서, 그것 안에 형식적인 주어와 술어 또는 복합술어가 들어 있는 것이다.

(1) 종속접속사들 that과 whether 혹은 if가 명사절을 만들어 문장 속에서 주어, 보어, 혹은 목적어의 기능을 하게 한다.

He asked if (혹은 whether) he could help them.

(그는 그들을 도와 줄 수 있는지 물었다.)

☞ if (혹은 whether) he could help them은 if가 그것 뒤의 문장 he could help them을 명사절로 만든 것으로서 술어인 완전타동사 ask의 목적어가 되는 기능을 한다.

That he is rich surprises all of us.

(그가 부자라는 것이 우리 모두를 놀라게 한다.)

☞ that he is rich는 종속접속사 that이 그것 뒤의 문장 he is rich를 명사절로 만든 것으로서 술어인 surprises의 주어가 되는 기능을 한다.

>> I do not know whether he is glad or sorry.

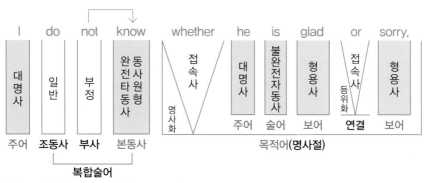

(나는 그가 기쁜지 슬픈지 알 수가 없다.)

(2) 의문대명사들{what, who, whom, which), 의문형용사들(what, which), 관계대명사
(what), 관계형용사들(what, whatever, which, whichever), 의문부사들(when, where,
why, how) 그리고 관계부사들(when, where, why, how)이 명사절을 만들어 문장 속에
서 주어, 보어, 혹은 목적어의 기능을 하게 한다.

What you want now is the question to which I have a great concern now.
(당신이 지금 무엇을 원하는가가 내가 지금 크게 관심을 가지고 있는 의문이다.)
☞ what you want now는 의문대명사 what이 직접의문문 What do you want?을 명사절로 만든 것으로
서 술어인 is의 주어가 되는 기능을 하게 한다.

I will give you what I have now with me.
(나는 당신에게 내가 지금 가지고 있는 것을 주겠다.)
☞ what I have now with me는 관계대명사 what이 그것 뒤의 문장 I have now something with me. 를
명사절로 만든 것으로서 술어인 여격타동사 give의 직접목적어가 되는 기능을 하게 한다.

I don't know what flower you want to have.
(나는 당신이 무슨 꽃을 갖기 원하는지 모른다.)
☞ what flower you want to have는 의문 형용사 what이 직접의문문 What flower do you want to have?
를 명사절로 만든 것으로서 술어인 완전타동사 know의 목적어가 되는 기능을 하게 한다.

I will give you what money I have now with me.
(나는 당신에게 지금 내가 가지고 있는 돈을 다 주겠다.)
☞ what money I have now with me는 관계형용사 what이 I have now all the money with me.를 명사
절로 만든 것으로서 술어인 여격타동사 give의 직접목적어가 되는 기능을 하게 한다.

Tell me where you slept last night.
(나에게 네가 어젯밤 어디서 잤는지 말해라.)
☞ where you slept last night는 의문부사 where가 그것 뒤의 직접의문문 Where did you sleep last
night?를 명사절로 만든 것으로서 여격타동사 tell의 직접목적어가 되는 기능을 하게 한다.

Where you slept last night is a famous house in the history of Korea.
(당신이 지난 밤 잤던 곳은 한국 역사에서 유명한 집이다.)
☞ where you slept last night는 관계부사 where가 you slept last night를 명사절로 만든 것으로서 술어
is의 주가 되는 기능을 하게 한다.

비교 when, why, how도 where처럼 의문부사가 되거나 관계부사가 되어 명사절을 만들어 주어, 보어, 혹은 목적어가 되는 기능을 하게 한다. 다만 그것들이 의문부사인지 아니면 관계부사인지는 문맥으로 보아 판가름할 수밖에 없다.

>> We adopted which idea we liked.

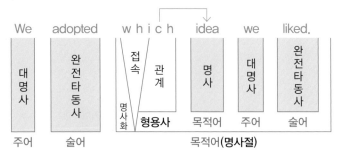

(우리는 우리 마음에 든 생각을 채택했다.)

2. 형용사절(adjective clause)

문장 속에서 단어들이 둘 또는 그 이상이 모여 형용사절의 역할을 하며 그 문장의 명사나 대명사를 수식하는 기능을 하는 것으로서, 그것 안에 형식적인 주어와 술어 또는 복합술어가 들어 있는 것이다.

(1) 관계대명사들(relative pronouns)이 형용사절을 만들어 문장 속의 선행사들인 명사들이나 대명사들을 수식하게 한다.

A man who is honest in any situation is the bravest man.

(어떠한 사정에서도 정직한 사람은 가장 용감한 사람이다.)

☞ who is honest in any situation은 관계대명사 who가 그것 뒤의 문장(A man is honest in any situation.)에서 a man을 선행사로 삼아 who를 내세워 그 선행사를 수식하는 형용사절로 만든 것이다.

Dont't trust such a man as praises you to your face.

(당신 앞에서 당신을 치켜세우는 사람을 신임하지 말라.)

☞ as praises you to your face는 관계대명사 as가 그것 뒤의 문장 Such a man praises you to your face.에서 such a man을 선행사로 그것 앞에 내 세워 그 선행사를 수식하는 형용사절로 만든 것이다.

The bravest man that is honest in any situation is the happiest man in the world.

(어떠한 사정에서도 정직한 사람이 이 세상에서 가장 행복한 사람이다.)

☞ that is honest in any situation은 관계대명사 that이 그것 뒤의 문장 The bravest man is honest in any situation서 the bravest man을 선행사로 삼아 관계대명사 that 앞에 내세워 그 선행사를 수식하는 형용사절로 만든다.

≫ There is no rule but has exceptions.

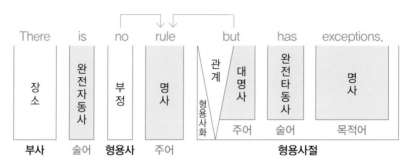

(예외 없는 규칙은 없다.)

그 선생은 웬일인지 관계대명사들에 의한 형용사절들에 대하여 비교적 짧게 다루었다. 그래서 관계대명사가 그렇게 영어에서 큰 비중을 차지하지 못한 것으로 생각하고 있는데 마치 나의 마음을 읽어보는 듯이 그는 웃음을 지으면서 "관계대명사들은 말이야 곧 이어 공부하게 될 관계사들을 다룰 때 자세히 설명하겠다."라고 말하여 나를 조금 민망스럽게 했다.

그는 계속 웃음을 머금고 "관계대명사라는 말은 영어의 relative pronoun란 용어를 그대로 번역한 것이다. 그러나 내 생각으로는 conjunctional pronoun(접속대명사)이 더 적절한 말이 되는 것 같다. 좌우간 '관계'라는 말이나 '접속'이라는 말이나 그것들의 뜻은 같다. 즉 두 가지 것들을 연결시키는 뜻이기에 '관계', '접속', 그리고 '연결'이라는 말들은 같은 뜻을 갖는다.

학생들, 이 우주는 한마디로 말하면, 관계, 접속, 그리고 연결에 의해 이루어진 하나의 통일체인 One(하나) 즉 God(신)이라고 말할 수 있다. 삼라만상(森羅萬象 : all creatures 혹은 all creation)은 모두가 서로 관계, 접속, 또는 연결되어 있다. 먼지 티끌 하나도 어떤 다른 것들과 연결되어 있다. 이러한 연결은 인과관계(因果關係)의 법칙으로 이루어진다. 다시 말하면 한 사물 현상은 다른 사물 현상의 원인이 되고 그 다른 사물현상은 앞선 사물현상의 결과가 되는 관계인 것이다.

다만 이 우주의 모든 것들은 서로 연결되어 있으되 어떤 것들은 직접적이고 가깝게 연결되어 있고 또 어떤 다른 것들은 간접적이고 멀게 연결되어 있을 뿐이다. 인간은 이러한 직간접의 연결 현상들을 그저 겉으로 알고 있을 뿐이고 실제로 알지 못하고 있는 것이다. 인간이 겸허해야 할 이유가 바로 여기에 있는 것이다." 라고 먼 곳을 바라보다가 천천히 발밑을 바라보면서 말을 끝냈다.

(2) 관계부사들(relative adverbs)이 형용사절들을 만들어 문장 속의 선행사들인 명사들이나 대명사들을 수식하게 한다.

This is the reason why he is absent from school today.

(이것이 그가 오늘 학교에 출석하지 못하는 이유이다.)

☞ why he is absent from school today는 관계부사 why가 그것 뒤의 문장 He is absent from school today for the reason에서 the reason을 선행사로 삼아 그 관계부사 why 앞에 내세우고 뒤의 문장을 그 선행사를 수식하는 형용사절로 만든다.

You may find some place where you can find your happiness.

(당신은 당신이 당신의 행복을 찾을 수 있는 어떤 장소를 발견할 수 있다.)

☞ where you can find your happiness는 관계부사 where가 그것 뒤의 문장 You can find your happiness at some place에서 some place를 선행사로 삼아 그 관계부사 where 앞에 내세우고 뒤의 문장을 그 선행사를 수식하는 형용사절로 만든다.

≫ The day when we arrived was a holiday.

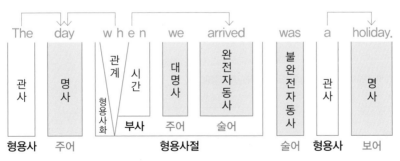

(우리가 도착한 날은 휴일이었다.)

그 선생은 관계부사가 형용사절을 만드는 것도 여기서는 역시 간단히 설명하고 자세한 것은 다음에 다룰 관계사 편에서 설명하겠다고 했다.

3. 부사절(adverb clause)

문장 속에서 단어들이 둘 또는 그 이상이 모여 부사적 역할을 하며 그 문장의 동사, 형용사, 혹은 부사를 수식하는 것으로서 그것 안에 형식적인 주어와 술어 또는 복합술어가 들어 있는 것이다.

(1) 시간의 종속접속사들(when, while, as, till, until, before, after)이 시간을 나타내는 부사절을 이끈다.

I will follow the truth while I live.

(나는 내가 살아 있는 동안 나는 진리를 따르겠다.)

☞ 종속접속사 while이 그것 뒤의 문장 I live.를 시간의 부사절로 만들어 주절의 동사 follow를 수식한다.

I slept till it was light.

(나는 날이 밝을 때까지 잤다.)

☞ 종속접속사 till이 그것 뒤의 문장 It was light.를 시간의 부사절로 만들어 주절의 동사 slept를 수식한다.

When I was a child, I was weak.

(내가 한 아이였을 때에 나는 허약했다.)

☞ 종속접속사 when이 그것 뒤의 문장 I was a child를 시간의 부사절로 만들어 주절의 동사 was를 수식한다.

(2) 이유의 종속접속사들(because, as)이 이유를 나타내는 부사절을 이끈다.

You should not despise a man because he is poor.

(한 사람이 가난하다고 해서 당신은 그를 멸시해서는 안 된다.)

☞ 종속접속사 because가 그것 뒤의 문장 he is poor.를 이유의 부사절로 만들어 주절의 동사 despise를 수식한다.

▶▶ When it rains, she usually stays inside.

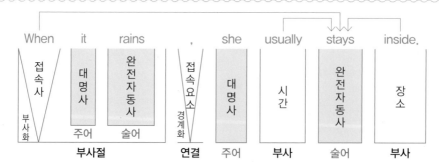

(비가 올 때, 그녀는 대개 집에 있다.)

As you are not ready, we will go without you.

(당신이 준비되지 않고 있기 때문에 우리들은 당신 없이 갈 것이다.)

☞ 종속접속사 as가 그것 뒤의 문장 You are not ready.를 이유의 부사절로 만들어 주절의 동사 go를 수
식한다.

 마지막 예문의 종속접속사 as는 시간과 이유 이외에도 많은 뜻들(양상, 상태,
한정, 방법)을 갖는 접속사이기 때문에 문맥으로 보아 그것의 뜻을 파악해야
한다. 예컨대,

When you are in Rome do as the Romans do.

(로마에서는 로마인들이 행동하는 대로 행동하라)

☞ 종속접속사 as는 방법을 나타낸다.

She is not a bad servant, as servants go.

(하녀들에 관하는 한 그녀는 나쁜 하녀는 아니다)

☞ 종속접속사 as는 한정을 나타낸다.

**(3) 조건의 종속접속사들(if, providing, provided, unless, when, suppose 등)이 조건을
나타내는 부사절을 만든다.**

If he is here in Seoul, he will come to the party tonight.

(만약 그가 여기 서울에 있으면 그는 오늘밤의 파티에 올 것이다.)

☞ 종속접속사 if가 그것 뒤의 문장 he is here in Seoul.을 조건의 부사절로 만들어 주절의 동사 come
를 수식한다.

Suppose it happened, what should you do?

(그것이 발생한다면 당신은 무슨 대처를 취할 것인가?)

☞ 종속접속사 suppose는 그것 뒤의 문장 it happened.을 조건의 부사절로 만들어 주절의 동사 do를 수
식한다.

I shall go there unless it rains.

(비가 오지 않는다면 나는 거기에 갈 것이다.)

☞ 종속접속사 unless가 그것 뒤의 문장 it rains.를 조건의 부사절로 만들어 주절의 동사 go를 수식한다.

(4) 양보의 종속접속사들(though, although, even if, if, whether... or ... 등) : 양보를 나타내는 부사절을 만든다.

As he is honest, he is happy although he is poor.

(그는 정직하기 때문에 가난해도 그는 행복하다.)

☞ 종속접속사 although가 그것 뒤의 문장 he is poor.를 양보의 부사절로 만들어 주절의 동사 is를 수식한다.

She had to go there whether she liked it or not.

(그녀는 그것을 좋아하던 안 하던 거기에 가지 않으면 안 된다.)

☞ 종속접속사 whether...or... not이 그것 뒤의 문장 she liked it or not.를 양보의 부사절로 만들어 주절의 동사 go를 수식한다.

➤➤ He is active although he is very old.

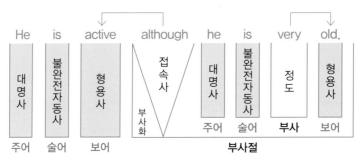

(그는 무척 늙었음에도 불구하고 활동적이다.)

(5) 양보의 접속사 이외의 것들이 양보의 부사절을 만드는 것들

복합의문사들 whoever, whichever, whatever, whenever, wherever, however와 no matter who, no matter which, no matter what, no matter when, no matter where, 그리고 no matter how가 있다.

I will not go whoever (혹은 no matter who) asks it.

(누가 요청해도 나는 가지 않겠다.)

☞ 복합의문사 whoever(혹은 no matter who)가 양보의 부사절을 이끌어 주절의 동사 go를 수식한다.

Whatever (혹은 No matter what) you may do, you must do it well.

(너는 어떤 일을 하든지 그것을 잘 해야 한다.)

☞ 복합의문사 whatever (혹은 no matter what)가 양보의 부사절을 이끌어 주절의 동사 do를 수식한다.

Wherever (혹은 No matter where) you may go, you must do everything on your own will.

(네가 어디에 가든지 너는 너의 모든 일을 스스로 해야 한다.)

☞ 복합의문사 wherever(혹은 no matter where)가 양보의 부사절을 이끌어 주절의 동사 do를 수식한다.

However (혹은 No matter how) you do it, the effect will be the same.

(네가 그것을 어떻게 하든 그 결과는 같을 것이다.)

☞ 복합의문사 however(혹은 no matter how)가 양보의 부사절을 이끌어 주절의 동사 be를 수식한다.

(6) 종속접속사 that, so that, in order that이 형용사와 부사를 수식하는 이유, 목적, 또는 결과를 나타내는 부사절을 만든다.

I am very glad that you have come back home.

(나는 네가 집에 돌아온 것이 대단히 기쁘다.)

☞ 종속접속사 that이 그것 뒤의 문장 you have come back home.을 이유의 부사절로 만들어 주절의 형용사 glad를 수식한다.

We work that (so that 혹은 in order that) we may live.

(우리들은 살기 위해 일한다.)

☞ 접속사 that(혹은 so taht 또는 in order that)이 그것 뒤의 문장 We may live. 를 목적의 부사절로 만들어 주절의 work를 수식한다.

She was so happy that tears ran down her face.

(그녀는 매우 행복하여 눈물이 쏟아졌다.)

☞ 종속접속사 that이 그것 뒤의 문장 tears ran down her face.를 결과의 부사절로 만들어 주절의 부사 so를 수식한다.

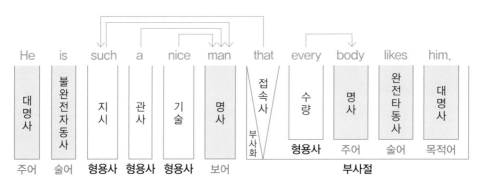

>> He is such a nice man that every body likes him.

(그는 모든 사람이 좋아할 정도로 괜찮은 사람이었다.)

그 선생은 준동사와 같이 문법적으로 하나의 큰 부분이 되는 상당어구, 구, 절을 분류상으로 체계 있게 설명하였다. 사물에 대하여 체계를 세운다는 것은 사물의 가치를 존재케 하는 것이다. 구슬이 서말이라도 꿰어야 그것들이 보물이 되는 것이지 그 구슬들이 따로 따로 존재한다면 그것들은 보물로서의 가치가 나타나지 않는다. 그래서 그 구슬들을 하나의 보물로서의 가치로 만들어내기 위해서는 그것들을 체계적으로 묶어야만 한다.

우주는 사람에게 널려 있는 구슬들과 같다. 우주는 구슬들로 가득하다. 사람들이 그것들을 꿰지 않아 그 만큼 그것들은 보물로서의 가치를 잃고 있다. 하나의 예를 들어, 시간은 우주 속에 무한히 꿸 수 있는 구슬더미인 것이다. 그래서 '시간은 돈이다.'라는 격언대로 그 우주의 시간이라는 구슬들을 한 사람이 얼마나 많이 잘 꿰는가에 의해서 그 사람의 인생이 풍요로운 것이 되느냐 아니면 빈약한 것이 되느냐가 결정된다.

나는 그 선생에게서 영어의 구슬들을 보물로 꿰는 것을 배운 것은 물론 인생의 구슬들을 앞으로 얼마나 많이 잘 꿸 수 있는지를 배우게 된 것이다. 나는 영어 사전 속에 있는 영어 단어들이라는 구슬들을 잘 분류하고 체계화할 수 있는 방법들을 하나하나씩 배워 지금은 영어의 아름다운 보물들을 만들 수 있는 힘을 굳건히 다져가고 있음을 깨닫고 나 자신 스스로 대견스러워 했다.

그 선생은 잡아놓은 고기들을 주는 선생이 아니고 고기들을 스스로 잡을 수 있는 방법을 가르쳐 주어 나는 영어의 큰 바다에서 고기들을 마음대로 잡는 능력을 키워가고 있었다. 더 나아가 인생의 망망한 대양에서 인생의 물고기들을 잡는 방법까지 터득하고 있었다. 그러한 방법들 중의 하나가 사물들을 체계적으로 정리할 수 있는 것인데, 체계는 일정한 원리(또는 법칙이나 원칙)에 의하여 겉으로 보아 다르게 보인 것들에서 공통점을 찾아 그것들을 계통적으로 통일되게 조직하는 것이었다.

그 선생은 인생을 전쟁에 비유하기도 했다. 전쟁의 승패는 전략을 잘 세우느냐 잘못 세우느냐에 있다고 하면서 아침에 잠자리에서 일어나는 순간부터 전쟁의 전투행위가 계속되며 밤에 잠자리에 들어 아침에 잠자리에서 일어날 때까지는 휴전상태라고 말했다. 그 인생의 전쟁의 총사령관은 개개인인 한 사람인 것이다.

개개인 각자는 자신의 인생 전쟁을 총사령관처럼 지휘해야 한다. 그는 먼저 전략을 짜고 작전을 세워야 한다. 전략이나 작전은 시간과 공간과 환경을 조합하는 행위이다. 전략은 그 전쟁을 전체로 계획하는 것이고 작전은 그 전쟁의 부분적으로 나타나는 전투를 실행하는 것이다.

시간과 공간은 하늘이 모든 인간들에게 차이 없이 준다. 하루는 24시간 1년은 365일들은 어느 사람에게나 똑같다. 다만 그 똑같이 주어진 시간을 사람마다 다르게 사용하는 데서 차이가 나타난다. 우선 인생의 전쟁에서 이 시간을 어떻게 쓰느냐가 승리하느냐 아니면 패배하느냐의 관건이 되어 가장 큰 요인으로 작용한다. 계획을 세워 시간을 그 계획에 맞게 쓰는 것이 중요하다. 그러나 사람들은 시간이 무한하게 시작도 끝도 없이 주어지는 것처럼 생각하기가 쉬워 그저 시간을 낭비하기가 쉽다. 하지만 그렇게 시간을 쓰는 사람은 인생의 전쟁에서 승리할 수 없는 것이다.

시간은 하나의 행위, 과정, 혹은 상태가 그 속에 존재하는 계측된 기간이다. 그렇게 계측된 기간들은 인간들이 그들에게 편리하게 구분해 놓은 것으로서 상식으로 보아 초(second), 분(minute), 시(hour), 일(day), 주(week), 월(month) 그리고 년(year)으로 분할된다. 이렇게 해서 1초의 기간에 할 것에서부터 1년의 기간에 할 것에 이르기까지 그 구분된 기간들을 잘 쓰는 사람이 인생의 전쟁에서 승리할 수 있다. 물론, 이렇게 구분된 기간들은 절대적인 것은 아니고 상대적이다. 그러나 이러한 구분들은 인간들에게 관용화되어 있다. 좌우간 인생에서 성공하기 위해서는 이렇게 구분된 기간들을 알맞게 잘 쓰는 것이 필요하다. 이것은 가장 상식적인 것이지만 가장 쉽게 잊기도 한다.

공간에 있어서는 장소들로 구별하는 것이 필요하다. 시간은 인간의 지능의 한도 내에서 파악되는 대로 따져본다면 언제나 변함없이 무한한 과거와, 순간적 현재와, 무한한 미래로만이 존재하지만 공간은 장소들로 환산되어 사방, 팔방, 십육방과 같이 장소에 따라 무한하게 구별된다. 그리고 같은 공간이라도 사람들마다 서로 다르게 다룬다. 같은 장소에 함께 있다고 할지라도 어느 한 쪽에서 구별되는 공간과 다른 한 쪽에서 구별되는 공간이 다르다. 따라서 그렇게 구별되는 공간들 속에서 시간의 흐름과 함께 발생하는 사정들(situations)도 사람들마다 다르게 나타나게 마련이다.

나는 그 선생의 말대로 중학교 3학년 여름방학의 1개월이라는 시간을 구슬처럼 잘 꿰어 TG영어학원의 공간을 전투의 작전처럼 잘 이용하고, 그리고 이러한 것들이 만들어낸 사정을 잘 대처하여 마침내 영어 정복에 성공한 것이다.

CHAPTER 01

11 관계사를 배워 영어는 즐거운 놀이가 되다

그 선생은 여기까지 말한 뒤에 너무 막연하고 추상적인 말로 나이가 어린 우리 학생들에게 부담을 준 것을 계면쩍게 생각한 나머지 "여하튼 인생이란 전쟁에서는 이 시간, 공간 그리고 사정을 잘 이용해야만 그 전쟁에서 승리하는 것이다." 라고 그 철학적인 넋두리를 마무리하고 중단했던 영문법으로 되돌아와 관계사(relative)를 다루기 시작했다.

관계사는 관계대명사, 관계부사, 그리고 관계형용사의 3가지가 있다. 이 3가지의 공통점은 '관계' 라는 말이다. 관계는 두 개 또는 그 이상의 것들을 접속하는 것이므로, 따라서 관계대명사, 관계부사 그리고 관계형용사를 접속대명사, 접속부사, 그리고 접속형용사로 바꾸어 말해도 무방한 것이다.

그 선생이 방금전에 시간, 공간 그리고 사정을 적절히 조합해서 잘 쓰는 것이 인생의 전쟁에서 승리하게 한다고 말한 이유를 나는 비로소 알게 되었다. 말하자면 그는 영문법을 가르치는 데에도 전후 사정을 고려한 작전으로서 관계사(關係詞)도 접속사(接續詞)와 같은 성격, 즉 접속 시키는 것을 갖고 있기 때문에 절을 만드는 종속접속사에 뒤이어 다루게 된 것이다. 그렇다면 관계대명사는 '접속사 + 대명사' 이고 관계부사는 '접속사 + 부사' 이고 관계형용사는 '접속사(관계명사) + 형용사' 가 되는 것이다.

다시 말하면, 관계사(relative)는 첫째, 그것이 이끄는 종속절에서 명사, 부사, 또는 형용사의 역할을 하고 둘째, 그것이 이어주는 주절 속의 어떤 단어 즉 명사나 대명사를 그것 앞에 놓고서 그것을 소위 선행사로 삼아 그것이 이끄는 종속절을 형용사적 수식 구문이 되게 한다. 예컨대, I know a boy who speaks English well. (나는 영어를 잘 말하는 한 소년을 안다.)에서 관계대명사 who는 그것이 이끄는 종속절 who speaks English well에서 a boy(명사)의 역할을 하고 그것이 접속사처럼 행세하여 주절 I know a boy 속에서의 a boy(명사)를 그것의 선행사(先行詞)로 삼아 그것이 이끄는 종속절 who speaks English well을 형용사절로 접속시켜 주는 형용사적 수식구문이 되게 한다.

영문법정복 | 관계대명사(relative pronoun)

전치사와 종속접속사는 뒤의 말을 이끌어 앞의 말 혹은 앞뒤의 (종속접속사의 경우) 말들을 이어주는 접속요소가 되는데 이것들은 그저 접속의 기능만을 하기 때문에 순수 접속요소에 속한다. 그러나 관계대명사는 접속요소로서 접속의 기능을 하면서 동시에 대명사로서 주어, 보어, 혹은 목적어가 되기 때문에 혼합 접속요소에 속한다.

다시 설명하면 관계대명사는 주절과 종속절 중간에 위치하여 주절 속에서 선행사가 되는 명사나 대명사를 대신하는 대명사가 되어 그것이 이끄는 종속절에서 주어, 보어, 또는 목적어의 기능을 하는 한편, 주절의 선행사인 그 명사나 대명사를 형용사적으로 수식하는 종속절(형용사절)을 주절에 접속시켜 준다. 관계대명사의 분석을 위해 앞에 보기로 내세운 문장을 놓고 설명해 보겠다.

(1) I know a boy and the boy speaks English well.

(나는 한 소년을 안다. 그리고 그 소년은 영어를 잘 말한다.)

(2) I know a boy and he speaks English well.

(나는 한 소년을 안다. 그리고 그는 영어를 잘 말한다.)

(3) I know a boy who speaks English well.

(나는 영어를 잘 말하는 한 소년을 안다.)

위의 (1), (2), 그리고 (3)의 문장들은 뜻이 다 같은데 그것들이 형식상으로 같은 점들을 살펴보면 (1)과 (2)의 문장들이 접속사 and로 접속(관계)되어 있다. 그런데 다른 점들은 (1)의 경우 앞의 문장의 a boy(선행사)가 뒤의 문장에서 the boy(명사)로 되어 그 문장의 주어가 되는데 (2)의 경우 앞 문장의 a boy(선행사)가 뒤의 문장에서 he(대명사)로 되어 그 문장의 주어가 되었고 또한 (3)의 경우 앞의 문장의 a boy(선행사)가 뒤의 문장에서 who[관계대명사= and 관계사 혹은 접속사+he(대명사)]가 되어 그 문장의 주어로 된 것이다. 이렇게 두 가지 기능을 하는 관계대명사 Who(접속사와 대명사가 합한 것)를 이용해 (3)처럼 문장을 짧고 간단한 형용사인 who speaks English well이 나타난다.

그 선생은 관계대명사를 다시 요약했다. 관계대명사는, 첫째로 그것 앞에 명사나 대명사를 선행사로 갖는다. 둘째로 관계대명사는 그것이 이끄는 절에서 주어, 보어 혹은 목적어의 기능을 한다. 셋째로 관계대명사는 그것이 이끄는 절을 형용사절로 만들어 그것 앞의 명사나 대명사를 수식한다. 그는 이것을 알기 쉽게 더 정리했다. 참으로, 그는 친절하고 자상함에 있어서 타의 추종(追從)을 불허했다.

영문법정복 | 관계대명사의 조건

(1) 그것 앞에 선행사를 가진다.
(2) 그것이 이끄는 절에서 주어, 보어, 혹은 목적어의 기능을 한다.
(3) 그것이 이끄는 절을 그것 앞의 선행사를 수식하는 형용사절로 만든다.

그런데 who는 의문대명사도 될 수 있고 관계대명사도 될 수 있다. 그러면 그 두가지 경우들을 비교해 보자.

1. who가 의문대명사인 경우

I know who knows the secret.

(나는 누가 그 비밀을 알고 있는가를 안다.)

☞ 여기서 who는 그것이 속해 있는 문장 속에서 주어의 기능을 하고 있지만 그것 앞에 선행사가 없어 관계대명사가 되지 못한다.

2. who가 관계대명사인 경우

I know the man who knows the secret.

(니는 그 비밀을 아는 사람을 안다.)

☞ 여기서 who는 그것이 속해 있는 절 who knows the secret에서 knows의 주어가 되고 또한 그것 앞에 명사를 선행사 the man을 삼고 있고 그것이 이끄는 절 who knows the secret을 형용사절로 만들어 그것 앞의 그것의 선행사인 the man을 수식한다.

그 선생은 관계대명사에 대해 모두 다섯 차례에 걸쳐 우리 학생들이 이해하지 않을 수 없게끔 설명했다. 그가 인생을 하나의 전쟁에 비유했듯이 영문법을 우리 학생들에게 그가 가르치는 것 또한 하나의 큰 전투행위로 생각하고 지금 관계대명사를 설명하는 것도 역시 우리 학생들이 알기 쉽게 가르치기 위해 이렇게 여러 가지로 반복 설명하는 작전을 세운 것이다. 그 작은 전투에서 그는 성공적인 작전을 수행한 것이다. 왜냐하면 그의 용의주도한 반복 설명 덕택에 우리 학생들은 관계대명사에 대한 개념을 완벽하게 이해하게 되었기 때문이다. 우리 학생들이 그러한 태도를 보이자 그는 그 다음 전투에 대한 작전을 엄숙하고 심각하고 성실하게 세우는 표정을 지었다.

사실, 한 사람의 일생은 하나의 큰 전쟁인 것이다. 그 유일한 전쟁터에서는 무수하고 다양한 전투들이 끊임없이 벌어지는 것이다. 그 전쟁에서 우리는 one-man show의 배우처럼 혼자서 모든 것을 처리해야 한다. 말하자면 우리는 자기 인생 전쟁의 총 지휘관으로서 자기 자신을 지휘해야 한다. 앞에 말했듯이 시간과 공간과 사정을 무기로 삼고 머리 즉 지능을 참모로 삼아 이러한 요소들을 어떻게 다루느냐에 따라 인생 전쟁의 승패가 결정되게 한다. 전쟁에 총 책임을 지게 되는 총 지휘관이라면 그가 그 전쟁에 대하여 어떻게 대처해야 하는가? 그 자신은 물론 그의 부하들의 생사와 그 전쟁의 승패가 관련되어 있기 때문에 첫째로 엄숙해야 하고, 둘째로 심각해야 하고, 그리고 셋째로 성실한 태도를 취하는 것이 도리인 것이다. 그런데 이러한 자세가 그 선생에게 배어 있었다. 나는 그의 행동 일거수일투족을 그리고 그의 영문법에 대한 설명을 하나도 놓치지 않고 배우고 익혔다.

영문법정복 | 관계대명사의 종류

1. 관계대명사 who, whom

선행사가 사람일 경우에 쓰인다.

I am looking for a man who will accompany me in this expedition.

(나는 이 탐험 여행에서 동행할 사람을 찾고 있다.)

☞ 관계대명사 who는 그 앞에 사람인 man을 선행사로 갖고 있고 그것이 이끄는 절에서 주어의 기능을 하면서 그 선행사를 형용사적으로 수식한다.

This is the man whom I met at the party yesterday.

(이 사람이 내가 어제 그 파티에서 만났던 사람이다.)

☞ 관계대명사 whom은 그 앞에 사람인 man을 선행사로 갖고 그것이 이끄는 절에서 목적어의 기능을 하면서 그 선행사를 형용사적으로 수식한다.

He lost his horse, who was killed with the stab of a sword.

(그는 그의 말을 잃었는데, 그 말은 칼에 푹 찔려 죽은 것이다.)

☞ 관계대명사 who는 그 앞에 동물인 horse를 선행사로 갖고 있는데 그 동물은 의인화되었고 그것이 이끄는
절에서 주어의 기능을 하면서 형용사절을 만든다.

who steals my purse, steals trash

(나의 지갑을 훔친 사람은 쓰레기를 훔친 것이다.)

☞ 관계대명사 who는 복합관계대명사로서 선행사 anyone을 그 속에 갖고 있고 그것이 이끄는 절에서 주어의
기능을 한다. 여기서 주의할 것은 관계대명사 who가 대명사인 anyone을 선행사로 내포하고 그것이 주어가
되기 때문에 형용사절을 이끄는 대신에 명사절을 이끈다. 다시 포괄하여 말하면 관계대명사가 이와 같이 선
행사가 되는 명사를 내포하면 그것은 형용사절이 아닌 명사절을 이끈다.

≫ The boy who came here just now is my nephew.

(방금 여기에 왔던 소년은 내 조카이다.)

2. 관계대명사 which

사람 이외의 사물 또는 동물을 나타내는 명사를 선행사로 갖거나 앞의 문장 전체를 선행사로 갖
는다.

He would tell many mystical stories which puzzled many people.

(그는 많은 사람들을 어리둥절케 한 신비로운 이야기들을 많이 하곤 했다.)

☞ 관계대명사 which는 그 앞에 사건을 나타내는 명사 stories를 선행사로 갖고 그것이 이끄는 절에서 술어
puzzled에 주어의 기능을 하면서 형용사절을 만든다.

The boy caught the bird which flew into his room.

(그 소년은 그의 방으로 날아 온 새를 잡았다.)

☞ 관계대명사 which는 그것 앞에 동물을 나타내는 선행사 bird를 갖고 그것이 이끄는 절에서 술어 flew에 주어의 기능을 하면서 형용사절을 만든다.

The commander ordered his soldiers to attack the enemy, which they did at once.

(그 지휘관은 그의 병사들에게 적을 공격할 것을 명령했고 그들은 즉시 그의 명령을 따랐다.)

☞ 관계대명사 which는 선행사를 그것 앞의 주절의 전체의 의미를 선행사로 갖고 그것이 이끄는 절에서 술어 did의 목적어의 기능 즉, and they did it라는 it의 기능을 하고 있다. 여기서 주의할 것은 문장을 수식하는 것은 부사적 수식밖에 없기 때문에 이 관계대명사가 이끄는 절은 형용사절이라기보다는 부사절이 되고 있다.

This is the house which he lives in. = This is the house in which he lives.

(이것은 그가 그 안에서 살고 있는 집이다.)

☞ 관계대명사 which는 그것 앞에 물건을 나타내는 house를 선행사로 갖고 그것이 이끄는 절에서 전치사 in의 목적어의 기능을 하면서 형용사절을 만든다. 여기서 주의할 것은 관계대명사가 전치사의 목적어일 경우에는 전치사가 관계대명사 앞으로 나갈 수 있다.

>> The story which I read yesterday was moving.

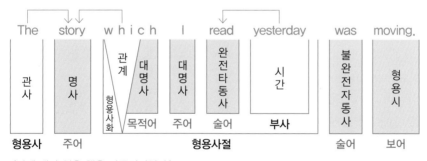

(어제 내가 읽은 책은 감동적이었다.)

3. 관계대명사 that

that은 선행사를 가장 복잡하게 갖는 것으로서 관계대명사들 who, whom, which가 갖는 선행사들을 모두 가지지만 여러 가지 제한들을 받는다.

(1) 선행사 앞에 형용사의 최상급이 올 때

Shakespeare is one of the greatest writers that have ever been found since history began.

(셰익스피어는 인류 역사 이래로 발견되어진 가장 위대한 작가들 중의 하나이다.)

☞ 관계대명사 that은 그것의 선행사 writers 앞에 형용사의 최상의 답이 있기 때문에 쓰이고 있다.

(2) 선행사 앞에 only, the first, the last, the same, very 등이 올 때

This is the same book that I lost yesterday.

(이것은 내가 어제 잃어버린 바로 그 책이다.)

☞ 위의 보기에서 관계대명사 that은 그것이 이끄는 절에서 lost의 목적어 기능을 하면서 형용사절을 만드는데 다음에 나오는 관계대명사 as와 대조된다.

This is the same book as I lost yesterday.

(이것은 내가 어제 잃어버린 것과 같은 종류의 책이다.)

☞ 위의 두 문장의 차이점은 각각의 해석이 말해 주고 있다.

You are the very person that can do the job properly.

(당신이 그 일을 적합하게 할 수 있는 바로 그 사람이다.)

☞ 이 때 very는 형용사로서 '바로 그' 의 뜻이 된다.

(3) 선행사 앞에 all, every, any, no, little, much 등이 올 때

All the people that gather there ate enough food.

(거기에 모인 모든 사람들이 다 충분한 식사를 했다.)

All that glitters is not gold.

(빛나는 것이 다 금은 아니다.)

☞ all은 부정대명사로서 그 자체가 선행사이다.

No one that knows him hates him.

(그를 아는 사람은 아무도 그를 싫어하지 않는다.)

My father bought me any toy that I liked.

(나의 아버지는 내가 좋아하는 장난감은 어떤 것이든 나에게 사주었다.)

(4) 사람과 동물이 and로 연결되는 선행사일 때

The man and his horse that took a rest drank the water of the river.

(휴식을 취한 그 사람과 그의 말은 그 강물의 물을 마셨다.)

(5) 선행사가 who와 같은 의문대명사일 때

Who that knows him will hate him?

(그를 아는 사람치고 누가 그를 싫어하는가?)

》 You must act like the man that you are.

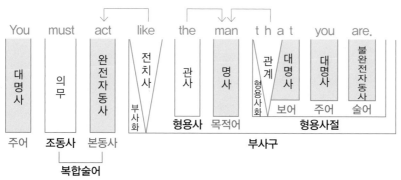

(너는 사나이니까 사나이답게 굴어라.)

4. 관계대명사 what

선행사들인 the thing, the things, all 등을 그것 안에 내포하고 있기 때문에 그것은 형용사절을 이끌지 않고 명사절을 이끈다. 이 관계대명사를 분석하면 the thing(s) which가 된다. 내포된 선행사가 the thing(s) 대신에 사람의 인격이나 사물의 상태를 나타내기도 한다.

(1) what이 the thing(s) which가 되는 경우

Most of what you do everyday are confined to eating and sleeping.

(네가 매일 하는 것들의 대부분은 먹는 것과 잠자는 것에 국한되어 었다.)

☞ 여기서 what은 the things which가 되고 명사절을 이끌어 전치사 of의 목적어 기능을 하고 있다.

What is done cannot be undone.

(행하여진 것은 되돌려질 수 없다.)

☞ 여기서 what은 the thing which가 되고 명사절을 이끌어 cannot be undone의 주어가 된다.

(2) what의 선행사가 인격이나 사물의 상태를 나타내는 경우

He is not what he was.

(그는 과거에 그러했던 인격자가 아니다.)

China is not what it was.

(중국은 과거의 중국이 아니다.)

A man's worth lies not in what he has but what he is.

(한 사람의 가치는 그가 소유하고 있는 것에 있지 않고 그가 되어 있는 인격에 있는 것이다.)

The sea is to fish what the sky is to birds.

(바다는 하늘이 새들에게 되어주는 상태처럼 물고기에게 그렇게 되어준다.)

(= 바다와 물고기와의 관계는 하늘과 새들과의 관계와 같다.)

≫ That is what you get for being idle.

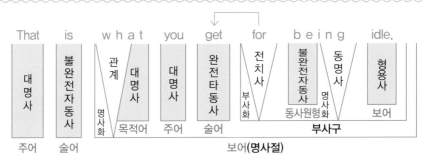

(그것이 네가 게으른 것에 대한 대가이다.)

그 선생은 관계대명사들을 위와 같이 분류하여 설명한 뒤에 "자, 이제 관계대명사들의 원리적인 것에 대해서 다 설명이 되었다. 그러나 부수적이고 예외적으로 보이는 것들도 설명이 필요하다. 하지만 그것들은 어디까지나 원리에서 파생되는 것들이기에 그 원리만 잘 이해해서 자신의 두뇌로 응용하고 정리하면 된다고 말하면서 관계대명사들에 대한 정리로 들어갔다.

5. 관계대명사의 정리

관계대명사는 대체로 형용사절을 이끌지만 때로는 명사절과 부사절도 이끈다.

(1) 관계대명사 which가 그것 앞의 문장을 선행사로 삼을 때에는 부사절을 이끈다.

He said he was ill, which was a lie.

(그는 아팠다고 말했지만 그것은 거짓말이었다.)

☞ which의 선행사는 그것 앞의 문장 He said he was ill. 이다. 따라서 관계대명사 which가 이끄는 절은 and it was a lie는 뜻으로 which was a lie는 앞의 문장에 대한 결과를 나타내는 부사절이 된다. 즉 그가 아팠다고 말한 것은 앞 문장에 대한 부사적 결과(즉 거짓의 결과)이다.

(2) 관계대명사 which가 선행사 anything과 관계대명사 that 또는 which를 함께 포함하고 있어서 whichever처럼 쓰이며 명사절을 이끈다.

Buy which you like.

(네가 좋아하는 것이면 어느 것이나 사라.)

☞ 관계대명사 which(= anything that)가 명사절을 이끈다.

(3) 관계대명사 what이 이끄는 절(what you call 혹은 what is called)을 명사절로 만들어 주어, 보어 혹은 목적어의 기능을 하면서 so-called와 같은 뜻을 가진다.

He is what you call a learned man.

(그는 소위 학자이다.)

(4) 관계대명사 what이 what not(those which are not mentioned here)의 형태를 취하여 '그 밖의 여러 가지, ...따위 등'의 뜻을 가진다.

He gave us everything: such as wealth, fame, honor, and what not.

(그는 우리들에게 모든 것, 즉 부, 명성, 영예 등을 주었다.)

(5) 관계대명사 what이 이끄는 절에 비교급의 보어가 있으면 문장을 수식하는 부사절을 만든다.

What is more, he had his mother die then.

(더구나, 그는 그 때 그의 모친상을 당했다.)

(6) whoever, whatever, 그리고 whichever는 who, what, 그리고 which에 ever가 합쳐진 복합관계대명사로서 명사절을 이끈다.

Whoever comes will be welcome.

(오는 사람은 누구나 환영을 받을 것이다.)

☞ 관계대명사 whoever는 anyone who 또는 that로 분석되며 그것이 이끄는 절에서 술어 comes의 주어가 됨과 동시에 그것이 이끄는 절을 명사절로 만들어 주절의 복합술어 will be의 주어가 된다.

Choose whichever you want to have among the books here.

(여기에 있는 책들 중에서 네가 갖고 싶어 하는 것이면 어떤 것이나 골라라.)

☞ 관계대명사 whichever는 any book which 또는 that으로 분석되며 그것이 이끄는 절에서 타동사 have의 목적어가 됨과 동시에 그것이 이끄는 절을 명사절로 만들어 그것 앞의 완전타동사 choose의 목적어가 되게 한다.

Whatever will be will be.

(있게 될 것은 있게 마련이다.)

☞ 관계대명사 whatever는 everything that로 분석되며 그것이 이끄는 절에서 복합술어 will be의 주어가 됨과 동시에 그것이 이끄는 절을 명사절로 만들어 주절의 복합술어 will be의 주어가 된다.

What you see here is yours.

(여기서 네가 보는 것은 어떤 것이나 다 너의 것이다.)

☞ 여기서 what은 whatever의 ever가 생략된 (...하는) 무엇이든 이란 뜻을 갖는다.

>> You may invite whomever you like.

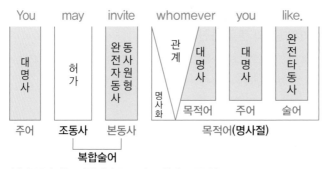

(네가 좋아하는 사람이면 누구나 초청해도 좋다.)

그 선생은 관계대명사를 너무 길게 설명하는 것에 대하여 마치 자신이 일부러 영어의 관계대명사들을 그렇게 만들어 놓은 양 우리 학생들에게 미안하게 생각했다. 그러나 그는 단호한 어조로 법

286 영문법정복

칙들은 다 배워야 한다고 강조하면서 그것들은 현상들처럼 무한히 많은 것이 아니기 때문에 조금만 인내심을 갖고 그 유한한 법칙들을 다 알고 나면 만사가 형통한다고 말하며, 다음 시간에는 관계대 명사의 특수 용법에 대하여 설명하겠다고 했다. 참으로 그는 머리로 알고 있는 것과 가슴으로 느끼는 것이 한결 같았다.

내가 여느 때와 같이 학원을 나서려고 하는데 박기철은 자리에서 일어나지 않고 무슨 근심거리가 있는 것 같은 얼굴을 하고 있었다. 나는 조심스럽게 "기철아, 너 무슨 생각을 그렇게 골똘히 해?"라고 물었다. 그는 한참 망설이다가 "상준아, 지난번 내가 아주 늦게 학원에 온적 있지? 그 때 사실은 집안 사정 때문이 아니었어. 너에게 말한적은 없지만, 내가 이번 여름방학 전까지 내가 다니는 학교에서 못된 짓을 하고 돌아다녔어. 그래서 공부도 못했고 집에서는 내놓은 자식이 된 거야! 그러나 나도 너처럼 깨달은 바가 있어 이렇게 훌륭한 선생님을 만나 모처럼 공부를 하고 있는데, 나와 다니던 애들이 그 날 나를 찾아와서 나더러 배신했다고 마구 다그친 거야. 그 날은 사정사정해서 돌려보냈는데, 어제 저녁에 다시 나를 불러내더니 저희들과 다시 어울리자는 거야. 그래서 내가 한 마디로 거절했더니 나를 가만두지 않겠다며 그 애들이 우선 내일 일요일에 우리 학교 운동장에서 만나자는 거야. 그거 뻔한 거 아냐? 내가 말을 다시 듣지 않으면 그들은 날 죽여버리겠다는 것이지."라고 말하면서 그는 무언가 결심이 이미 서 있는 듯이 보였다.

나는 그의 마음을 읽고 있었다. 그가 내일 나가서 결판을 짓겠다는 것 같았다. 나는 나의 이야기를 해주었다. 수차례에 걸쳐 내가 집단 구타를 당했고 그 때마다 도망치곤 했다는 것을 그에게 말하고서는 "너도 나처럼 그냥 도망쳐 버려! 그러다 보면 그 애들도 물러서겠지." 라고 타이르듯이 그에게 말했다. 그러나 그는 이미 결심한 뒤라 어떻게 말릴 수가 없게 된 것이었다. 나는 그에게 빚을 진 것이 있었다. 내가 북중생들에게 죽을 뻔했을 때에 그가 달려와 나를 살려 주었지 않았던가? 나와 그는 그 날 그렇게 몇 마디 주고받고는 함께 일어나 학원을 나섰다. 그는 나에게 염려할 것 없다고 하면서 나와 그냥 헤어졌다.

나는 그 날 아침밥을 먹고 박기철이 그 아이들을 만나기로 되어 있는 광주사범학교로 가서 그곳 운동장과 주변을 잘 살피고 군데군데 돌맹이들과 각목 같은 것들을 잘 안보이게 배치해 놓았다. 나는 박기철의 날랜 발솜씨를 이미 알고 있어서 나와 둘이 함께라면 해볼만하다고 판단을 내리고서 그 선생이 가르쳐준 가라데 동작을 하루 내내 연습했다. 그들 숫자가 다섯 이상 넘지 않으면 박기철과 내가 상대할 수 있다는 확신이 선 것이다. 나는 박기철에게 나의 구상을 말하지 않았다. 말이 잘 되어 무사히 그들이 헤어지면 나도 몰래 빠져나오고 만약 그들이 그에게 집단으로 달려들면 그 때의 상황에 따라 나대로 대처할 요량이었다.

나는 일요일 아침을 단단히 먹고 미리 사범학교 운동장의 구석 한 곳에 몸을 숨기고 그들이 나타나기를 기다렸다. 11시쯤 되자 박기철 혼자서 운동장 복판으로 걸어왔다. 그리고 그는 거기서 한 10분 정도 기다렸다. 그러자 정문쪽에서 학생들 넷이서 운동장 쪽으로 걸어 오는 것이었다. 그들은 처음에는 인사를 하고 말을 주고받는 것 같았다. 그러나 아니나 다를까 큰 소리가 나면서 넷이서 박기철을 에워싸고는 "이자식, 배반하고서 살기를 바래?"하고 그 중 두목인 것 같은 놈이 소리치자 일제히 그에게 덤벼든 것이다. 나는 그러한 극한 상황을 많이 경험했기 때문에 조금도 두려운 생각이 없었다. 나는 그래도 박기철이 도망쳐 나오기를 기다렸다. 그러나 그는 그들에게 얻어 맞으면서 대항하고 있었다.

그런데 웬일인가, 한 놈이 외마디 소리를 지르며 꼬꾸라진 것이 아닌가. 그러자 다른 세 놈들이 눈에 독기를 품고 그에게 덮치고 있었다. 그것도 손에는 예리한 잭나이프를 모두 쥐고 있었다. 나는 눈에서 분노의 불길이 솟는 것을 느꼈다. 내가 저런 경우를 몇 번이나 당했던가. 그러나 그때 나를 에워싼 놈들은 흉기를 지니지는 않았다. 나는 각목을 숨겨 놓은 곳으로 잽싸게 달려가 각목 두 개를 들고 비호처럼 그들에게 돌진하며 "기철아, 이것 잡아." 하면서 그에게 각목을 하나 넘겨주었다.

예기치 않았던 구원군을 만난 박기철은 살았다 싶었는지 "야, 상준아, 고맙다! 이 새끼들 죽여 버리겠어."라고 말했다. 나도 덩달아 "기철아, 우리 선생님에게서 그 동안 배운 가라데를 오늘 이놈들에게 한 번 보여주자!"하며 맞장구 쳐주었다. 각목 대 잭나이프의 싸움이 벌어진 것이다. 그놈들은 예리한 잭나이프를 믿었던지 악착같이 칼을 우리들에게 휘둘렀다. 박기철이 각목으로 한 놈의 옆구리를 내리치자 그놈은 그 맞은쪽으로 꼬꾸라졌다. 나도 그 선생에게서 배운 가라데 검술을 써먹었다.

그 선생은 절대 두상이나 목을 쳐서는 안 된다고 몇 번 당부하면서 가르쳐 준 검술을 발휘했다. 공중으로 한번 휘몰아 올리면서 다른 한 놈의 옆갈비뼈를 내리쳤다. 아닌게 아니라 그 위력은 엄청난 것이었다. 그 놈도 역시 맞은쪽으로 몸을 구부리며 쓰러지고 말았다. 나머지 두 놈들은 그 광경을 보자 도망쳐 버렸다. 그 다음 날 월요일 박기철과 나는 아무런 일이 없었던 것처럼 학원에 나가 수업을 받았다.

그 날은 관계대명사를 마무리하는 시간이어서 그런지 성취감이 넘치는 느낌이 나를 홀가분하게 했다. 게다가 어제 박기철과 내가 벌린 한판의 멋진 무술 결투에서 우리들이 보여준 솜씨가 그러한 기분을 더욱 북돋운 것 같았다. 그 선생은 우리 학생들의 활기찬 모습을 보면서 자신도 덩달아 "자, 이제 관계대명사를 오늘 굴복시키자!"라고 힘찬 소리로 말했다. 이심전심 선생과 학생들은 한 몸이 되어 있었다.

영문법정복 | 특수관계대명사

특수관계대명사들은 선행사에 such, as, so나 the same, 그리고 부정어나 비교급의 단어가 있을 때 쓰인다.

1. as

(1) 선행사 앞에 such, as, so, the same이 붙는다.

I want to read such books as make me intellectual.

(나는 나를 지성적이게 만들어 주는 그러한 책들을 읽고 싶다.)

☞ 관계대명사 as는 선행사 앞에 such를 붙여 those books which처럼 되어 books를 형용사절로 수식한다.

(2) 선행사가 문장 전체로 관계대명사 as가 이끄는 절 앞에, 뒤에, 혹은 중간에 온다.

He was from Busan, as I knew from his accent.

(내가 그의 말투로 알았는데 그는 부산 출신이었다.)

☞ 관계대명사 as는 여기서는 그것 앞의 문장을 선행사로 삼고 있으며 또한 그것이 이끄는 절 뒤의 문장, 혹은 문장 중간에 오는 문장도 선행사로 삼으면서 그 문장을 부사절로 수식한다. 이 때의 관계대명사 절은 부사절이 된다.

As I knew from his accent, he was from Busan.

He was, as I knew from his accent, from Busan.

☞ 여기서 as가 이끄는 절이 앞에 오거나 중간에 오거나 그 as의 선행사는 역시 He was from Busan 이다.

2. than

(1) 선행사 앞에 비교급이 붙는다.

He wants to have more money than he can spend for his living.

(그는 그의 생계에 쓸 수 있는 것보다 더 많은 돈을 갖기를 원한다.)

☞ 관계대명사 than은 선행사 앞에 비교급 more를 붙게 하여 특수관계대명사가 되어 money를 형용사절로 수식한다.

(2) 선행사가 비교급이 들어 있는 문장이 된다.

Another world war would be more destructive than we could imagine.

(또 다른 세계대전은 우리들이 상상할 수 있는 것보다 더 파괴적일 것이다.)

☞ 관계대명사 than은 그것 앞의 문장을 선행사로 삼으면서 그 문장 속에 비교급이 들어 있어 특수관계대

명사로서 부사절을 이끌어 선행사로 삼은 비교급 more가 들어 있는 문장을 수식한다.

3. but

(1) 선행사 앞에 부정어 no, not 혹은 never가 붙는다.

There is no rule but has exceptions.

(예외들이 없는 규칙은 없다.)

☞ 관계대명사 but은 그것의 선행사 앞에 부정어 no를 붙게 하여 특수관계대명사가 되어 rule을 수식하는 형용사절을 이끄는데 이 때에 관계대명사절 속에는 부정의 뜻이 깃든다.

(2) 선행사가 그것 앞의 명사일 때 선행사 앞에 any가 들어 있으면 그 문장은 의문문이다.

Is there any rule but has exceptions?

(예외들이 없는 어떤 법칙이 있는가?)

☞ 관계대명사 but은 그것 앞의 의문문의 선행사(any rule)를 형용사절로서 수식한다.

≫ You must not use more words than are necessary.

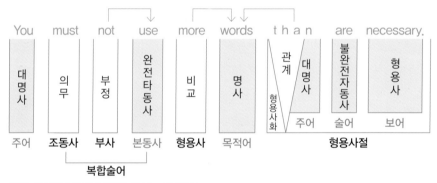

(네가 필요한 이상의 낱말을 써서는 안 된다.)

    그 선생은 특수관계대명사들을 설명한 뒤에 노파심에 "학생들, as, than, 혹은 but은 종속접속사 아니면 전치사로 대체로 많이 쓰이기 때문에 자칫 관계대명사가 아닌 걸로 잘못 알기가 쉽다. 그러나 그것들이 선행사를 취하고 그것이 이끄는 절에서 주어, 보어, 혹은 목적어의 기능을 하면 관계대명사임을 확신해야 한다. 이러한 관계대명사의 원리를 잊어서는 안 된다." 라고 단호하게 말했다. 나는 그 뒤로 관계대명사하면 일반관계대명사이든 특수관계대명사이든 항상 그것 앞에, 혹은 앞뒤에, 혹은 그것 안에 선행사를 갖고 그것이 이끄는 절에서 주어, 보어, 혹은 목적어의 역할을 한다는 것을 그의 분부와 다짐대로 머릿속에 원리의식으로 간직해 왔다.

영문법정복 │ 이중관계대명사의 용법

관계대명사 절 두 개가 연이어 동일한 선행사를 수식할 때가 있다. 이 경우 두 개의 관계대명사중 의미의 중점은 뒤쪽 절에 있다. 따라서 앞쪽 관계대명사절은 삽입적으로 가볍게 옮긴다. 또 앞에 쪽 관계대명사가 목적격이라면 생략해도 되지만 뒤쪽은 절대로 생략할 수 없다.

You rnust introduce any man that we like who is diligent.
(당신은 나에게 우리들이 좋아하는 사람으로 부지런한 어떠한 사람을 소개해야 한다.)

☞ 하나의 선행사 any man에 2개의 관계대명사절들 that we like와 who is diligent가 형용사절들로 연결되어 any man을 수식하는데 앞의 것은 '...하는 것으로' 라고 삽입적으로 해석하고 뒤의 것은 '... 하는' 으로 해석된다.

There are many things (that) you can do which any other man cannot do.
(세상에는 너는 할 수 있는 것으로 어떤 다른 사람은 할 수 없는 것들이 많다.)

☞ 관계대명사절들 that you can do(먼저 온 것)과 which any other man cannot do(나중에 온 것)가 하나의 선행사 things를 형용사절들로 차례로 수식하는데 앞의 것은 '... 하는 것으로' 로 해석되고 뒤의 것은 '... 하는' 으로 해석되고 있는데 앞의 절의 관계대명사 that은 그것이 이끄는 절에서 목적어의 기능을 하기 때문에 생략될 수 있다.

영문법정복 │ 관계대명사의 생략

1. 관계대명사는 그것이 이끄는 절에서 목적어일 때 생략될 수 있다.

This is the man (whom) I met in the park yesterday.
(이 사람은 내가 어제 공원에서 만났던 사람이다.)

☞ 관계대명사 whom은 그것이 이끄는 절에서 met의 목적어이기 때문에 생략될 수 있다.

The house (which) they live in is very large.

(그들이 살고 있는 집은 대단히 크다.)

☞ 관계대명사 which는 그것이 이끄는 절에서 전치사 in의 목적어이기 때문에 생략될 수 있다.

2. 관계대명사가 그것이 이끄는 절에서 보어일 때 생략될 수 있다.

He is no longer the man (that) he used to be.

(그는 이제 늘 그러했던 과거의 그가 아니다.)

☞ 관계대명사 that은 그것이 이끄는 절에서 be의 보어이기 때문에 생략될 수 있다.

3. 관계대명사의 선행사가 들어 있는 문장에 there+be동사가 들어 있거나 그것이 이끄는 절에 there + be동사가 들어 있을 때 관계대명사가 주어일 때에도 생략된다.

There is a man downstairs (who) wants to see you.

(아랫층에 너를 만나기를 원하는 사람이 있다.)

☞ 선행사 man이 들어 있는 문장에 there is가 들어 있어 관계대명사 who가 생략될 수 있다.

He taught me the difference (that) there is between the two.

(그는 그 둘 사이의 차이를 나에게 가르쳐 주었다.)

☞ 관계대명사 that이 이끄는 절에 there is가 들어 있어 관계대명사 that이 생략될 수 있다.

4. 선행사가 들어 있는 문장에 it + be동사... 또는 here + be동사가 들어 있을 때에 관계대명사가 생략될 수 있다.

It was not he (who) let them in.

(그들을 들여보낸 사람은 그가 아니었다.)

☞ 선행사 he 앞에 it was가 있어 관계대명사 who가 생략될 수 있다.

Here is a man (who) wants to guide you in this tour.

(이 여행에서 당신이 안내하기를 원하는 사람이 여기에 있다.)

☞ 선행사 man 앞에 here is가 있어 관계대명사 who가 생략될 수 있다.

5. who나 what과 같은 의문사로 시작되는 문장의 선행사 뒤의 관계대명사는 생략될 수 있다.

Who was the man (that) came here yesterday?

(여기에 어제 온 사람은 누구였나?)

☞ 선행사가 들어 있는 문장이 의문사로 시작되어 관계대명사 that이 생략될 수 있다.

What led to the war (that) killed so many innocent people?

(그렇게 많은 사람들을 죽인 전쟁을 무엇이 일으켰는가?)

☞ 선행사 war가 들어 있는 문장이 의문사로 시작되어 관계대명사 that이 생략될 수 있다.

그 선생은 이렇게 관계대명사에 대한 설명을 일목요연하게 마쳤다. 그는 역시 노파심을 발동하여 "너희들 말이야, 이렇게 길게 관계대명사를 설명했지만 따지고 보면 말이야, 그것처럼 간단하고 알기 쉬운 것도 없다. 관계대명사는 그 이름대로 두 가지 것들을 관계, 즉 접속시켜 주고 대명사의 역할을 하는 것이다. 이것을 더 구체적으로 말한다면, 그것은 형용사적으로나 때로는 부사적으로 그것이 수식해 주는 주절 속에서 선행사를 갖는 것이다. 물론 관계대명사 자체 속에 선행사를 포함하기도 하는데 그 때에는 관계대명사가 이끄는 절이 주절 속에서 주어, 보어 혹은 목적어의 기능을 하여 명사절을 만든다.

관계대명사가 이끄는 절이 주절 속의 명사나 대명사를 수식하면 형용사절이 되고, 관계대명사절이 이끄는 절이 그것 앞이나 뒤, 혹은 앞뒤의 문장이나 절을 수식하면 그것은 부사절이 될 수밖에 없는 것이다. 왜냐하면 문장을 수식하는 것은 부사적 수식어, 구, 절밖에 없기 때문이다."라고 되풀이 되풀이하여 관계대명사가 될 수 있는 조건을 핵심적으로 요점을 잡아 말해 주었다.

그는 관계사 중에서 아직 설명되지 않은 관계부사와 관계형용사를 방금 핵심적으로 설명한 것과 결부시켜 그것들의 요점을 지적해 주었다. 관계부사나 관계형용사는 둘 다 주절과 종속절이라는 관계를 설정해서 그것들을 유기적으로 접속시켜 준다. 다만 관계부사는 그것이 이끄는 종속절에서 부사의 역할을 하고, 관계형용사는 그것이 이끄는 종속절에서 형용사의 역할을 한다. 그 선생은 이렇게 앞으로 설명할 것들을 미리 짚어주고서는 관계부사로 들어갔다. 참으로 그는 준비성과 자상함에 있어서는 못 말리는 사람이었다.

관계부사(relative adverb)는 앞에 말했듯이 접속사의 역할을 함과 동시에 부사의 역할을 하면서 그것 앞에 있는 문장, 즉 주절 속에 있는 명사를 선행사로 삼거나 아니면 그 속에 선행사에 해당하는 명사를 내포한다. 그렇게 하여 관계부사는 형용사절, 명사절, 그리고 부사절을 이끈다.

1. 형용사절을 이끄는 관계부사들

관계부사 where, when, why 그리고 how가 주절의 명사를 수식하며 형용사절을 만든다.

This is the place where they work.

(여기가 그들이 일하는 장소이다.)

☞ 관계부사 where는 주절 속에 장소를 나타내는 선행사 place를 갖고 그것이 이끄는 절에서 장소의 부사 there(혹은 at the place)의 역할을 하여 선행사 place(명사)를 수식하는 형용사절을 만든다.

The time when such things could happen is gone.

(그런 일들이 발생할 수 있었을 시대는 지났다.)

☞ 관계부사 when은 주절 속에 시간을 나타내는 선행사 time을 갖고 그것이 이끈 절에서 시간의 부사 then(혹은 at the time)의 역할을 하여 선행사 time(명사)을 수식하는 형용사절을 만든다.

He did not tell me the reason why he had not accepted the proposal.

(그는 나에게 왜 그가 그 제안을 받아들이지 않았는가 하는 이유를 말하지 않았다.)

☞ 관계부사 why는 주절 속에 이유를 나타내는 선행사 reason을 갖고 그것이 이끄는 절에서 이유의 부사 therefore(혹은 for the reason)의 역할을 하여 선행사 reason(명사)을 수식하는 형용사절을 만든다.

This is the way how he has finished the job.

(이것이 그가 그 일을 완성해낸 방법이다.)

☞ 관계부사 how는 주절 속에 방법을 나타내는 선행사 way를 갖고 그것이 이끄는 절에서 방법의 부사 thus (혹은 in the way)의 역할을 하여 선행사 way(명사)를 수식하는 형용사절을 만든다. 현대 영어에서는 관계부사 how 대신에 that이 쓰이거나 생략되기도 한다.

위에서 형용사절을 만든 관계부사들 why와 how는 그 대신에 that이 쓰이기도 한다.

That was the reason why (= that) he was absent from school.
(그것이 그가 학교에 결석한 이유이다.)
☞ 위의 문장에서 why 대신에 that이 쓰일 수 있다.

≫ This is the house where she was born.

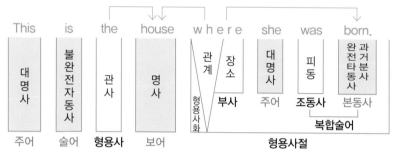

(이것이 그녀가 태어난 집이다.)
☞ 관계부사 앞에 선행사가 생략되면 그것이 이끄는 절은 명사절이 된다.

2. 명사절들을 이끄는 관계부사들

형용사절들을 이끄는 관계부사들 where, when, why,그리고 how 앞의 선행사들이 생략되고 그 관계부사들이 이끄는 절들이 주절의 주어 보어 혹은 목적어의 기능을 하면 명사절이 된다.

This is where they work.
(여기가 그들이 일하는 장소이다.)
☞ 선행사 the place가 생략되었다.

When such things could happen is gone.
(그런 일들이 일어날 수 있었을 시대는 지났다.)
☞ 선행사 the time이 생략되었다.

He did not tell me why he had not accepted the proposal.

(그는 나에게 왜 그가 그 제안을 받아들이지 않았는가 하는 이유를 말하지 않았다.)

☞ 선행사 the reason이 생략되어 직접목적어가 되었다.

This is how he has finished the job.

(이것이 그가그 일을 완성해낸 방법이다.)

☞ 선행사 the way가 생략되었다.

3. 부사절들을 이끄는 관계부사들

관계부사 where와 when은 선행사 없이 부사절을 이끌어 주절의 동사를 수식한다.

I also work where they work.

(나도 그들이 일하는 곳에서 일한다.)

☞ 관계부사 where가 이끄는 절 where they work가 주절의 동사 work를 수식하는 부사절이 된다.

The world would be chaotic when such things could happen.

(그런 일들이 일어날 때에는 세상은 대 혼란을 겪을 것이다.)

☞ 관계부사 when이 이끄는 절 when such things could happen이 주절의 동사 be를 수식하는 부사절이 된다.

4. 관계부사의 정리

(1) 관계부사로 착각하기 쉬운 의문부사

where, when, why, 그리고 how가 의문부사로서 간접의문문을 이끌 때 혹은 주절의 동사가 tell, know, doubt 등일 때.

They asked me where I had been.

(그들은 내가 어디에 갔다 왔는가를 물었다.)

☞ where는 주절의 동사 asked의 직접목적어가 되는 절을 이끌어 의문부사가 된다.

He told me when he had come back.

(그는 나에게 그가 언제 돌아왔는가를 말해주었다.)

☞ when은 주절의 동사 told의 직접목적어가 되는 절을 이끌어 의문부사가 된다.

I want to know how he had solved the problem.

(나는 그가 어떻게 그 문제를 풀었는가를 알기를 원한다.)

☞ how는 주절의 동사 know의 목적어가 되는 절을 이끌어 의문부사가 된다.

He asked me why I had not attended the meeting.

(그는 나에게 왜 내가 그 모임에 참석하지 않았는가를 물었다.)

☞ why는 주절의 동사 asked의 직접목적어가 되는 절을 이끌어 의문부사가 된다.

(2) 복합관계부사들

wherever(혹은 no matter where), whenever(혹은 no matter when), 그리고 however (혹은 no matter how)는 양보의 부사절들을 이끈다.

Wherever (혹은 No matter where) you go, you see the nature.

(네가 어디를 가나 너는 자연을 본다.)

☞ 복합관계부사 wherever가 이끄는 부사절이 주절의 동사 see를 수식한다.

Whenever (혹은 No matter when) he came here, he brought many gifts with him.

(그가 여기에 올 때마다 그는 많은 선물들을 가져왔다.)

☞ 복합관계부사 whenever가 이끄는 부사절이 주절의 동사 came을 수식한다.

However (혹은 No matter how) the situation turns out, you will be safe.

(사태가 어떻게 돌아가든 너는 안전할 것이다.)

☞ 복합관계부사 however가 이끄는 부사절이 주절의 동사 be를 수식한다.

≫ Wherever he is, he must be found.

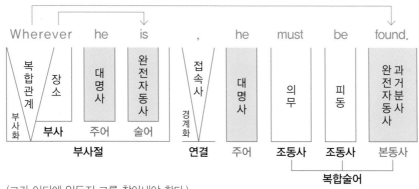

(그가 어디에 있든지 그를 찾아내야 한다.)

관계대명사와 비교하면 그 선생은 관계부사를 비교적 짧게 설명한 셈이었다. 물론 원래의 분량이 그렇게 차이 나기도 하겠지만 학습상 불요불급한 것은 단호히 생략하는 그의 지도자로서의, 즉 선생으로서의 참 면모를 유감없이 발휘한 것이다. 그것도 어디까지나 배우는 사람의 입장을 배려하는 마음에서 비롯된 것이 아닐 수 없다.

지난 IMF 시대를 맞이한 우리나라는 말할 것도 없이 온 세계가 경제 침체를 겪고 있을 때면 구조조정(restructuring)을 필요로 한다. 그런데 우리나라에서는 이 구조조정을 외적 구조(hardware)에만 관심을 집중시키는 것 같아 안타깝다. 이것은 확실히 전말이 전도된 것이 아닐 수 없다. 먼저 내면 구조인 정신 상태(software 혹은 mentality)를 바로 세우지 않는다면 그러한 사탕발림의 구조조정은 사상누각의 격이 되는 것이다.

왜 우리나라 정치 지도자들은 이러한 현실을 파악하지 못하는가? 우선 다른 것들은 고사하고서라도 국가 예산 책정에 있어서 불요불급의 것들에 너무 치중하고 있는 사정을 왜 관찰하지 못하는가?

인간의 위대한 특성들 중의 하나가 주변의 것들을 관찰하는 능력이다. 그 능력을 잘 발휘하는 것이 말하자면 인간의 첫째 임무라고 할 수 있다. 그렇다면 나라의 살림을 맡고 있는 정치 지도자들이 제일 먼저 그러한 면에서 솔선수범을 보여야 하는 것인데 오히려 딴전만 피우거나 뒷북치기만 하고 있는 것이다. 그래서 나는 지금 이 글을 쓰면서 오늘날 우리의 정치지도자들이 그 선생의 가르침을 받았으면 얼마나 좋을까 하는 생각을 해보는 것이다.

그 선생은 관계사들(관계대명사, 관계부사, 그리고 관계형용사) 중에서 마지막으로 관계형용사를 남겨 놓고서 또다시 성취 의식을 보이면서 "자, 이제 우리들은 관계형용사만 공부하면 관계사들의 모든 것들을 다 배우게 된다. 영어가 언뜻 보기에 복잡하고 어려운 것 같이 보이는 이유들 중의 하나가 바로 이 관계사들이 문장들 속에서 형용사절들, 부사절들, 그리고 명사절들로 얽혀 있기 때문이다.

그러나 그와 같은 얽힘은 관계사들의 엄격한 질서와 규칙들을 따르고 있기 때문에 열차가 궤도만 따라가면 목적지에 자연스럽고 쉽게 도달할 수 있는 것과 같이 그 규칙들을 다 정복하고 나면 영어는 이제 자연스럽고 쉽게 여러분들에게 다가올 것이다"라고 말하며 우리 학생들의 확고한 성취 의식을 높여주었다.

관계형용사들은 다른 관계사들보다 그 수가 적고 또한 그 용법들도 간단하다. 관계형용사도 관계대명사나 관계부사처럼 두 가지 것들, 즉 관계형용사 밖의 문장과 관계형용사가 이끄는 절 사이에 관계를 설정해서 그것들을 유기적으로 접속시켜 주는 일을 한다. 그리고 동시에 그것이 이끄는 절에서 형용사의 역할을 한다. 관계형용사들은 대체로 명사절들을 이끌지만 때로는 형용사절과 부사절들도 이끈다.

영문법정복 | **관계형용사(relative adjective)**

1. 명사절들 형용사절들과 부사절들을 이끄는 관계형용사들

 보기 what, whatever, which, whichever, whose

(1) 관계형용사 : what, whatever

This is what (혹은 whatever) money I have with me.

= This is all the money that I have with me.

(이것이 내가 지금 갖고 있는 모든 돈이다.)

☞ 관계형용사 what은 그것이 이끄는 절 what money I have with me에서 명사 money를 all the (혹은 any)의 형용사의 역할로 수식하고 관계대명사 that로 연결되어 그것의 주절 is의 보어 기능을 하여 명사절을 만든다.

》》 Whatever orders he gives are obeyed.

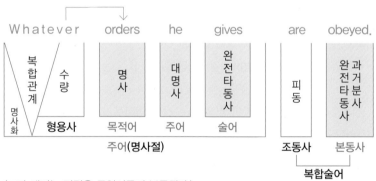

(그가 내리는 명령은 무엇이든지 복종된다.)

(2) 관계형용사:which

He had long been ill in bed, for which reason he had to send in his resignation.

= He had long been ill in bed, and (혹은 so that) he had to send in his resignation for the reason.

(그는 오랜 동안 아파 누워 있었기 때문에 그의 사표를 제출해야 했다.)

☞ 관계형용사 which는 그것이 이끄는 절 for which reason he had to send in his resignation에서 형용사 the의 역할과 접속사 and(혹은 so that)의 역할을 하여 그것이 이끄는 절이 그것 앞의 문장 전체를 수식하는 부사절을 만든다.

(3) 관계형용사 : whichever

You may take with you whichever book you choose.
= You may take with you any book that you choose.

(네가 선택한 책은 어떤 것이든 가져가도 좋다.)

☞ 관계형용사 whichever는 일종의 복합관계형용사로서 그것이 이끄는 절 whichever book you choose에서 any의 형용사의 역할과 관계대명사 that의 역할을 하여 그것의 주절의 동사 take의 목적어의 기능을 하여 명사절을 만든다.

(4) 관계형용사 : whose

This is the man whose son will learn English from you.

(이 사람은 그의 아들이 당신에게서 영어를 배울 그 사람이다.)

☞ 관계형용사 whose는 일종의 소유형용사로서 그것이 이끄는 절 whose son will learn English from you에서 son을 수식하며 그것이 이끄는 절이 그것의 선행사 man(명사)을 수식하는 형용사절을 만든다.

그 선생은 관계사들에 대한 설명을 다 끝내는 순간에 심호흡을 한번 하더니 "너희들! 축하한다. 바로 이 순간에 너희들은 영어의 4분의 3 이상을 정복한 것이다. 그것은 현대 세계의 4분의 3 이상을 정복한 것이나 다름없는 것이다. 이 얼마나 감격적인 일이 아니겠는가. 영어를 알면 세계를 아는 것이 된다.

참으로 영어는 현대의 똑딱 방망이와 같아 거의 모든 것이 영어로 이루어진다고 말해도 그렇게 지나친 말이 아닐 것이다. 영어로 쓰인 책들 속에는 인류 역사 이래로 축적된 모든 인간의 지식이 다 들어 있는 것이다. 이제 너희들은 최고의 지식과 지성의 세계 속에서 최고의 지식과 지성을 일상생활의 양식으로 갖게 되었다." 라고 말하여 우리 학생들을 으쓱하게 만들었다.

민족주의자로 인도가 영국 식민지 통치에 맞서 싸워 이겨내는데 앞장섰고 그리하여 인도의 수상이 된 네루는 영어를 공용어로 쓰는 것을 중지하고 힌두어로 대신할 것을 요구하면서 시위하는 학생들에게 인도가 선진화로 가는 길은 영어를 그대로 공용어로 쓰는 것이라고 주장했고 오늘날 그의 말이 옳았다는 것이 증명되고 있는 것이다.

내가 그 선생 에게서 영어를 배울 때는 바로 한국전쟁 직후인 1950년대 초로서 거의 모든 것이 미국의 원조에 의해서 이루어지고 있었고 광주거리에는 미군들이 활보하고 있어 경제 활동의 많은 부분이 그들과 연계되어 있었다. 그리하여 영어로 말할 수 있는 것이 하나의 큰 특권이었다.

2000년을 넘어선 지금은 어떤가. 세계가 한 마을처럼 되어 있고 영어가 그 마을에서 통용하는 주 언어이기에 영어를 아는 것은 현대인의 사회생활에 필수조건이 되어 있지 않은가. 그 뿐이랴! 영어로 쓰인 책들을 읽다 보면 논리적인 사고력이 증진된다. 논리적인 사고력은 바로 지능의 핵심이 되기 때 문에 그 만큼 사고력도 증진되는 것이기에 영어의 실력은 이중으로 축복을 받는 것이 아닐 수 없다.

인간언어에서는 동사가 중심이 되듯이 인간 사회에서는 언어가 중심이 된다. 인간에서 언어가 배 제된다면 인간성은 거의 완전히 사라질 것이다. 데카르트는 인간이 생존하는 것에 대하여 "나는 생 각한다. 고로 나는 존재한다.(Cogito ergo sum, I think, therefore I am.)"라고 말했고, 소크라테스 는 인간이 생각하는 것은 자기 자신에 소리 없이 말하는 것이라고 말했다. 위의 두 철학자들의 말 들을 조합하면 인간은 말하는 존재라는 결론이 나온다. 따라서 인간의 행동의 중추는 언어 행위이 지 않겠는가. 나는 그때에 영어라는 인간 언어에 몰두하여 소년기에 언어의 묘미를 터득하고 있었 다. 그것은 나에게는 하나의 계시였다. 나는 영어를 통해 인간의 본성으로 향하여 매진하고 있는 것 이 아니었던가.

이럴 때도 저럴 때도

굳게 뻗은 기상이
나에게 있다고
항상 굳게만 있을손가?
굳게 뻗은 때가 있는가 하면
굽어질 때도 있을 것이다.
굳음과 굽어짐이
언제나 갈라져 있을손가?
굳게 뻗을 때는
굳게 뻗어야 하고
굽어질 때는
굽어질 수도 있는 것이다.

12

문장 5형식들을 만드는
완전자동사, 불완전자동사,
완전타동사, 여격타동사,
그리고 불완전타동사를 알면
영어가 우리말보다 쉽게 보인다

그 선생은 관계사에 대한 정리를 끝낸 것을 축하하는 말에 이어 영어의 핵심적인 역할을 하는 동사를 중심으로 지금까지 배운 모든 것들을 정리해 주었다. 아무리 복잡하고 긴 문장이라도 서두에 배웠던 문장 5형식들 중의 하나에 속하는 것이다. 이 5형식 문장 동사들의 종류에 따라 먼저 주요소로만 이루어진 문장들의 보기를 들어 다시 이용하여 동사들의 다섯 가지 종류들에 따른 다섯 가지 문장형식들을 설명했다. 참으로 그는 이 세상에 그가 사는 그의 존재 이유가 그저 반복밖에 없는 것 같았다. 그런 점에서 그는 처음에는 그저 숙맥(Simpleton)으로 비춰 보였지만 그의 반복행위는 인간 행위 보석으로 나타나보였다.

영문법정복 | 주요소들로만 구성된 문장 5형식들

1. 완전자동사는 그것 앞의 주어만 서술한다.

Cows feed.

(암소들이 먹이를 먹고 있다.)

☞ 완전자동사 feed(먹이를 먹다)가 혼자서 주어 cows를 서술한다. 이것은 문장 제1형식에 속한다.

2. 불완전자동사는 그것 뒤에 보어(주격 보어)를 이끌어 그것 앞의 주어를 서술한다.

Cows are animals.

(암소는 동물이다.)

☞ 불완전자동사 are(...이다)가 그것 뒤에 보어를 이끌어 주어 cows를 서술한다. 이것은 문장 제2형식에 속한다.

3. 완전타동사는 그것 뒤에 목적어를 이끌어 그것 앞의 주어를 서술한다.

Cows eat grass.

(암소들은 풀을 먹는다.)

☞ 완전타동사 eat(...을 먹다)가 그것 뒤에 목적어(grass)를 이끌어 주어 cows를 서술한다. 이것은 문장 제3형식에 속한다.

4. 여격(혹은 수여)타동사는 그것 뒤에 간접목적어와 직접목적어를 이끌어 그것 앞의 주어를 서술한다.

Cows give men milk.

(암소들은 사람들에게 우유를 준다.)

☞ 여격(혹은 수여)타동사 give(...에게 ...을 주다)가 그것 뒤에 간접목적어 men과 직접목적어 milk를 이끌어 그것 앞의 주어 cows를 서술한다. 이것은 문장 제4형식에 속한다.

5. 불완전타동사는 그것 뒤에 목적어와 보어(목적격 보어)를 이끌어 그것 앞의 주어를 서술한다.

Cows have men eat.

(암소들은 사람들이 먹게 해준다.)

☞ 불완전타동사 have(...을 ~하게 하다)가 그것 뒤에 목적어 men과 보어 eat를 이끌어 그것 앞의 주어 cows를 서술한다. 이것은 문장 제5형식에 속한다.

위의 보기들에서 살펴 본 바와 같이 문장의 주요소들로만 구성되는 문장은 아무리 단순하고 짧아도 최소한 두 가지 요소 즉 주어와 동사가 있어야 하고 아무리 복잡하고 길어도 네 가지 요소 즉 주어와 술어 그리고 간접목적어와 직접목적어 또는 목적어와 보어가 있어야 한다. 위의 보기들은 옛날

옛적 이 영문법반을 시작할 때에 썼던 것인데, 그 선생은 주요소들의 중요성을 강조하기 위해서 다시 정리하는 세심함을 보인 것이다.

　　이러한 단순하고 짧은 문장들의 주요소들에 지금까지 우리들이 배운 접속요소들(connective elements)인 전치사들, 접속사들, 연결구두점들, 준동사들, 관계사들, 의문사들로 이어지는 구문들이 합세하여 다음의 예에서 보게 되는 무한히 복잡하고 긴 문장이 만들어 질 수 있는 것이다. 이하의 보기들을 잘 이해하기 위해서는 서두의 〈영문법정복 예비지식 II〉를 참조하는 것이 필요하다.

영문법정복 | 복잡하게 이어진 문장 5형식들

1. 제1형식: cows feed.

Many cows that the government imported from Australia feed on the grass in the grand pasture at the foot of Mountain Seorak.
(정부가 오스트레일리아에서 수입한 많은 소들이 설악산의 기슭에 있는 목장에서 풀을 뜯어먹는다.)

　　22개의 단어들로 구성된 이 문장은 전체적으로 보아 문장 제1형식에 속한다. 그것의 주요소들은 주어 cows와 술어 feed의 2개의 단어들이다.

　　나머지 20개의 단어들은 각각 이렇게 혹은 저렇게 모여 형용사적으로나 부사적으로 수식하는 수식어, 수식구 혹은 수식절이다. Many는 주어 cows(명사)를 그것 앞에서 그것을 수식하는 형용사이고 that the government imported from Australia는 또한 관계대명사 that이 그 뒤의 The government imported many cows from Australia.의 제3형식의 문장에서 그 문장의 목적어인 many cows를 대신하는 관계대명사로서 형용사절을 만들고 있는데, 그 형용사절에서 the(형용사)가 주어 government(명사)를 수식하고 전치사 from이 그것 뒤의 Australia(명사)를 목적어로 지배하여 술어인 imported(동사)를 부사구로 수식하면서 그 형용사절이 전체적으로 주절(본문)의 주어 cows(명사)를 그것 뒤에서 수식하는 형용사절이 된다. 그리고 on the grass는 전 문장의 술어 동사 feed를 수식하는 부사구이고 in the grand pasture는 그것 앞의 grass(명사)를 수식하는 형용사구이고 at the foot는 그것 앞의 pasture(명사)를 수식하는 형용사구이고 of Mountain Seorak은 그것 앞의 foot(명사)를 수식하는 형용사구이다. 수식하는 것들이 꼬리에 꼬리가 이어져 복잡해지고 길게 된 것이다.

2. 제2형식: Cows are animals.

The milk cows of this farm are surely happy animals because the farmer treats them well by feeding them with the best fodder so that they may produce more good milk.

(이 농장의 젖이 풍성한 많은 암소들은 좋은 젖을 더 많이 생산하도록 농부가 가장 좋은 사료로 잘 먹이기 때문에 확실히 행복한 동물들이 되고 있다.)

31개의 단어들로 구성된 이 문장은 전체적으로 보아 문장 제2형식에 속한다. 그것의 문장 주요소들은 주어 cows, 술어 are와 보어 animals의 3개의 단어들이다. 나머지 단어들은 각각 이렇게 혹은 저렇게 모여 형용사적으로나 부사적으로 수식하는 수식어, 수식구, 그리고 수식절이다. the와 milky는 형용사들로서 주어 cows(명사)를 그것 앞에서 수식하고 of the farm은 전치사 of가 the의 형용사로 수식하는 명사 farm을 목적어로 지배하여 이루어진 형용사구로서 주어 cows(명사)를 그것 뒤에서 수식하고 surely는 부사로서 술어 are(동사)를 그것 뒤에서 수식하고 happy는 형용사로서 보어 animals(명사)를 그것 앞에서 수식하고 because the farmer... milk는 전체적으로 보아 부사절로서 술어 are(동사)를 수식하고 있다.

또한 그 전체적인 부사절 속에서 because는 이유를 나타내는 종속접속사로서 그것 뒤의 문장 The farmer treats them well by feeding them with the best fodder so that they may produce more milk.를 부사절로 만들었는데, 그 문장은 문장 3형식에 속하는 것으로서 문장의 주요소들은 주어인 farmer(명사), 술어 treats(동사)와 목적어 them(대명사)인데 the는 형용사로서 주어 farmer를 그것 앞에서 수식하고 well은 방법을 나타내는 부사로서 treats(동사)를 그것 뒤에서 수식한다. by는 동명사 구문 feeding... milk를 목적격으로 이끌어 수단을 나타내는 부사구를 만들어 treats(동사)를 그것 뒤에서 수식하는데 그 동명사 구문은 본래 The farmer feeds them with the best fodder so that they may produce more milk.의 문장 제3형식에 속하는 문장이었다.

부사구가 된 by feeding... milk 속에서 동명사로서 feeding은 본래 완전타동사의 특성을 발휘하여 목적 어 them(대명사)을 이끌며 자료를 나타내는 부사구인 with the best fodder와 목적(...하기 위하여)을 나타내는 부사절 so that they may produce more milk에 의해서 부사적 수식을 받고 있다. 부사구인 with the best fodder는 전치사 with가 목적어 fodder를 이끌어 만들어진 것인데 그 구 안에 the와 best가 형용사들로서 명사 fodder를 수식하고 있다. 또한 부사절인 so that they... milk는 복합접속사 so that이 본래 문장 제3형식에 속하는 They may produce more milk.를 목적(...하기 위하여)을 나타내는 부사절로 만든 것인데, 그것의 동사는 완전타동사(produce)로서 목적어 milk를 이끌어 그것의 가능(可能)의 뜻을 나타내는 조동사 may의 도움을 받아 본동사가 되어 그것의 주어를 서술하며 more는 형용사로서 그것 뒤의 milk를 수식한다.

문장 3형식을 복잡하게 만든 예를 설명하려는 순간에 그 선생은 잠깐 머뭇거리다가 우리 학생들을 인자한 모습으로 바라보면서 이 문장 3형식 Cows eat grass.는 여러분들이 스스로 수식어, 수식구, 그리고 수식어, 구, 절을 덧붙여 보라고 즉석 숙제를 내주었다.

3. 제3형식:Cows eat grass

...cows... eat... grass...

4. 제4형식:Cows give men milk.

The poor cows working hard to furrow the stony soil of the wide farm in the daytime give abundantly with no complaint the greedy men of the farm fresh nourishing milk in the morning.

(낮에는 그 넓은 농장의 돌투성이의 땅을 갈기 위해서 열심히 일하는 그 불쌍한 암소들은 아침에는 신선한 영양분이 많은 우유를 그 농장의 탐욕스러운 사람들에게 불평 한마디 없이 풍요하게 제공한다.)

34개의 단어들로 구성된 이 문장은 전체적으로 보아 문장 제4형식에 속한다. 그것의 문장 주요소들은 주어 cows, 술어 give, 간접목적어 men, 그리고 직접목적어 milk의 4개의 단어들이다.

나머지 단어들은 각각 이렇게 혹은 저렇게 모여 형용사적으로나 부사적으로 수식하는 수식어, 수식구, 그리고 수식절이다. the와 poor는 주어 cows(명사)를 형용사들로 수식하고 working hard to furrow the stony soil of the wide farm in the daytime은 분사구문으로서 형용사구가 되어 주어 cows(명사)를 수식한다. 그것은 본래 The poor cows work hard to furrow the stony soil of the wide farm in the daytime.의 문장으로서 문장 제1형식에 속한 것인데 cows를 수식하는 분사구문이 된 것이다. 따라서 분사인 working은 완전자동사의 동사의 특성을 발휘하여 부사 hard와 부사구가 된 부정사 구문 to furrow the stony soil of the wide farm과 전치사 in이 만든 부사구 in the daytime에 의하여 부사적으로 수식을 받고 있다.

분사인 working을 부사구로서 수식하고 있는 부정사 구문인 to furrow the stony soil of the wide farm도 본래 The poor cows furrow the stony soil of the wide farm.의 문장 제3형식에 속하는 문장으로서 그것의 주요소들로서 주어가 cows이고 그것의 술어는 furrow이고 그 술어가 완전타동사로서 목적어 soil을 이끌었다. 그리고 the와 poor는 주어 cows(명사)를 수식하고 그 다음 the와 stony는 목적어 soil(명사)를 수식하고 of the wide farm은 전치사 of가 그것의 목적어 farm을 이끌어 형용사구를 만들어 soil(명사)를 수식하는데 그 다음 the와 wide는 farm(명사)을 수식하고 있다. in the daytime은 형용사 the가 수식하는 명사 daytime을 목적어로 지배하여 앞의 동사 furrow를 수식한다.

부사인 abundantly는 앞의 동사 give를 수식하고 with no complaint는 전치사 with가 형용사 no

가 수식하는 명사 complaint를 목적어로 지배하여 부사구를 만들어 앞의 동사 give를 수식한다. men 은 앞의 수여타동사인 give의 간접목적어가 되어 있고 형용사들 the와 greedy가 뒤의 명사 men을 수식한다. of the farm은 전치사 of가 형용사 the가 수식하는 명사 farm을 목적어로 지배하여 형용사 구를 만들어 앞의 명사 men을 수식한다.

milk는 앞의 수여동사 give의 직접목적어가 되어 있고 형용사들인 fresh와 nourishing이 milk를 수식한다. in the morning은 전치사 in이 형용사 the가 수식하는 명사 morning을 목적어로 지배하 여 부사구를 만들어 앞의 동사 give를 수식한다.

5. 제5형식:Cows have men eat.

Almost all the cows that you can find in the farms of this country pleasantly have almost all its men eat satisfactorily their meat left behind when they are slaughtered while they willingly have all its children drink joyfully the milk which they produce when they are alive.

(당신이 우리나라에서 발견할 수 있는 거의 모든 암소들이 그들이 살아 있는 동안에는 그들이 생산하는 우유를 기 꺼이 모든 우리나라의 어린이들이 즐겁게 마시게 하는 반면에 그들이 도살되어 남겨진 그들의 고기는 만족스럽게 모든 우리나라의 성인들이 기꺼운 마음으로 먹게 한다.)

48개의 단어들로 구성된 이 문장은 전체적으로 보아 문장 제5형식에 속한다. 그것의 문장 주요 소들은 주어 cows, 술어 have, 목적어 men, 그리고 보어 eat의 4개이다.

나머지 단어들은 각각 이렇게 혹은 저렇게 모여 형용사적으로나 부사적으로 수식하는 수식어, 수 식구, 그리고 수식절이다. All과 the는 형용사들로서 주어 (cows:명사) 앞에서 그 주어를 수식하고 almost는 부사로서 그것 뒤의 형용사 all을 수식하고 that you can find in the farms of this country 는 형용사절로서 그것 앞의 cows(명사)를 수식하는데, 본래 그것은 You can find almost all the cows in the farms of this country. 의 문장인데 관계대명사 that이 almost all the cows를 선행사로 하는 형용사절로 만든 것이다. 그렇게 형용사절이 된 것에서 주요소들은 주어 you, 복합술어 may(가 능의 조동사) find(본동사 : 완전타동사), 그리고 목적어 that(관계대명사)이다. in the farms는 전치사 in이 그것 뒤에 형용사 the가 수식하는 목적어 farm을 이끌어 부사구를 만들어 그것 앞에 있는 동사 find를 수식하고 of this country는 전치사 of가 그것 뒤에 형용사 this가 수식하는 목적어 country(명 사)를 이끌어 형용사구를 만들어 그것 앞의 명사 farm을 수식한다.

pleasantly는 부사로서 술어 have(불완전타동사 : 사역동사)를 수식한다. all과 its는 형용사들로 서 men(명사)을 수식하고 almost는 부사로서 all(형용사)을 수식한다. satisfactorily는 eat(동사)를 수 식하고 meat은 완전타동사 eat의 목적어가 되고 their는 소유 형용사로서 meat(명사)를 수식하고 left behind는 분사구문으로서 형용사구가 되어 meat(명사)를 수식하는데, 본래 분사구문인 left behind

는 Their meat is left behind.의 문장인 것이 분사구문이 된 것이다. behind는 부사로서 형용사적인 역할을 하는 left를 수식한다. when they are slaughtered는 앞에 있는 동사 eat를 부사절로서 수식하는데 그것도 본래는 They are slaughtered. 의 문장인데 시간의 종속접속사인 when이 시간의 부사절로 만든 것이다. 여기서 they는 주어이고 are는 be동사의 3인칭 복수 현재 시제형으로서 피동태를 만드는데 돕는 조동사이고 slaughtered는 완전타동사(slaughter)의 과거분사인데 피동태 복합 술어의 본동사가 된것이다.

while they willingly have all its children drink joyfully the milk which they produce when they are alive는 부사절로서 주절의 주어 almost all the cows의 술어인 have를 수식하는데 그것도 본래 They willingly have all its children drink joyfully the milk which they produce when they are alive.의 문장을 시간을 나타내는 종속접속사 while이 그 문장 앞에 와서 시간의 부사절로 만든 것이다. 그런데 그 문장은 문장 제5형식에 속하여 그것의 주요소들은 주어 they, 술어 have(불완전타동사의 사역동사), 목적어 children, 그리고 보어 drink이고 나머지 단어들은 각각 혹은 이렇게, 혹은 저렇게 모여 형용사적으로나 부사적으로 수식하는 수식어, 수식구, 그리고 수식절이 되고 있다. willingly는 have(동사)를 수식하고 all과 its는 형용사들로서 children(명사)을 수식하고 joyfully는 drink(동사)를 수식하고 milk는 drink(완전타동사)의 목적어가 되고 which they produce when they are alive는 선행사 milk(명사)를 수식하는 형용사절이다. 이 형용사절도 본래 They produce the milk when they are alive.의 문장인데 the milk 대신에 관계대명사 which(주어)가 그 문장 앞에 와 그것을 형용사절로 만들어 선행사 milk(명사)를 수식하고 있다.

그런데 They produce the milk when they are alive. 의 문장을 분석하면 그것은 문장 제3형식이기에 그것의 주요소들로서 주어 they, 술어 produce, 그리고 목적어 milk가 있고 나머지 단어들은 각각 이렇게 혹은 저렇게 모여 형용사적으로나 부사적으로 수식하는 수식어, 수식구, 그리고 수식절이 되어 있다. the는 형용사로서 milk(명사)를 수식하고 when they are alive는 시간의 부사절로서 동사 produce를 수식한다. 이 부사절도 본래 They are alive. 의 문장인데 문장 2형식에 속한다. 그 문장은 주어 they, 술어(불완전자동사 are), 보어 alive의 주요소들로 구성 된 것인데, 시간을 나타내는 종속접속사 when이 그 문장 앞에 와 그것을 시간의 부사절로 만들어 동사 produce를 수식한다.

그 선생은 영어는 모든 문장들이 5형식들로만 분류되는 것이라고 이 영문법반을 처음 시작하면서부터 내내 강조했다. 그 5형식 문장들이 구성되는 방법을 문장의 주요소들과 수식요소들 그리고 접속요소들로 분석하여 가르치면서 이렇게 단어 하나까지도 그것이 문장을 구성하는데 어떻게 쓰이는가를 철두철미하게 설명한 것이었다. 이렇게 친절하고 자상하고 그리고 자세히 그러면서도 지루하거나 피로하거나 하는 기색을 조금도 보이지 않고 오히려 신바람을 일으키니 가르치는 그 자신이 신명이 나는 것이었다. 우리 학생들도 그의 신명에 자연히 빨려 들어갔다. 도대체 진정한 선생이란 이런 것인가 하는 감탄의 소리가 나의 입에서 절로나왔다. 그는 사람으로서 사람을 나타냈다.

그 선생은 연신 흐르는 땀을 수건으로 닦으면서 "이제 너희들이 내가 어찌하여 문장 5형식들을 그렇게 중요시하는가를 깨달았을 것이다. 아무리 긴 문장도 그것의 문장 5형식들 중의 하나에 속한다는 것이고 그 긴 문장을 이루고 있는 것들은 문장의 주요소들과 수식요소들 그리고 접속 요소들로 이루어져 있다는 것이며 문장의 주요소들은 문장의 중심인 동사에 따라 결정된다는 것이다. 그리고 수식요소들은 형용사적 수식과 부사적 수식으로 나누어진다. 형용사적 수식에는 문장 속에서 그것들은 형용사, 형용사구 그리고 형용사절로서 명사나 대명사를 단어 하나로 수식하는 수식어가 있고, 단어들이 둘 또는 그 이상이 모이는데 그 속에 주어와 술어 또는 복합술어가 없는 수식구가 있고, 단어 둘 또는 그 이상이 모이는데 그 속에 주어와 술어 또는 복합술어가 있는 수식절이 있다. 그리고 부사적 수식에는 역시 문장 속에서 동사, 형용사, 부사, 혹은 문장을 단어 하나로 수식하는 수식어가 있고, 단어들이 둘 또는 그 이상이 모이지만 그 속에 주어와 술어 또는 복합술어가 없는 수식구가 있고, 단어들이 둘 또는 그 이상이 모이는데 그 속에 주어와 술어 또는 복합술어가 있는 수식절이 있다.

너희들이 방금 보았듯이 주요소들로만 구성된 문장들은 얼마나 단순하고 짧은가. 복잡하고 긴 문장들 속에는 그렇게 수식 구문들이 주요소들에 비해 배보다 배꼽이 더 크듯이 월등하게 많이 들어 있는 것이다. 그러나 일단 그 단순하고 짧은 주요소들만 찾아내면 아무리 복잡하고 긴 문장도 그 전체적인 윤곽이 잡혀지는 것이다. 내가 복잡하고 긴 문장들을 그것들을 구성하는 단어들을 하나도 빠짐없이 주요소들과 수식요소들로 분류하고 분석하는 것을 잘 이해하고 접속요소들이 주요소들과 수식요소들을 어떻게 접속시키는가를 관찰하면서 따라왔다면 너희들은 이제 영어의 세계를 거의 다 정복한 것이나 다름 없는 것이다."라고 의기양양하게 말했다. 아닌 게 아니라 나는 정말로 그 아득하게만 보였던 영어의 신천지가 나의 눈앞에 한 눈으로 볼 수 있게 환히 펼쳐 있어 나의 세계로 다가 와 있는 것 같았다.

한 사람에게는 온 우주가 그의 것이라고 할 수 있다. 왜냐하면 한 사람이 태어나면 우주가 그에게 그의 것으로 나타나고 그가 죽으면 그에게는 그 우주도 함께 사라져 버리는 셈이기 때문이다. 다만 그가 살아 있을 때 그가 우주를 얼마나 활용하느냐에 따라서 우주가 그에게 얼마나 쓸모있는 존재로 있는가가 결정되는 것이다. 이러한 활용도에 따라 우주의 가치가 사람들마다 다르게 나타나기에 우주를 잘 그리고 크게 활용하는 사람에게는 우주의 가치가 그 만큼 좋게 그리고 크게 작용하게 되는 것이다. 그런데 오늘날 그러한 우주를 잘 그리고 크게 활용할 수 있게 해주는 가장 좋은 도구들 중의 하나가 영어라는 것을 아무도 부정할 수 없을 것이다. 바로 그 도구를 내가 마음대로 사용할 수 있는 능력을 거의 다 정복하게 된 것이다. 아니다, 영어 자체가 소우주가 되어 내가 그것을 거의 완전히 정복하기에 이른 것이다.

그 선생은 우리 학생들로부터 다짐이라도 받으려는 듯이 다시 한 번 강조하는 의미에서 이 문장의 5형식들을 영어책을 읽을 때마다 문장 하나라도 빠짐없이 이 형식들 중 어느것에 속하는가를 반드시 짚고 넘어가야 한다면서 "그렇게 하게 되면 자연히 너희들은 문장의 주요소들, 그리고 수식요소들과 접속요소들을 분류하고 분석하지 않을 수 없게 되는 것이다. 이와 같이 나아가면 너희들은 영어를 완전히 다 정복하는것이 된다. 이 영문법반에서 이제 남아있는 것은 주변적인 것들밖에 없다. 말하자면 영문법의 중요하고 필수적인 것들은 다 공부했기 때문에 그것들만 알고 있으면 나머지 것들은 자연히 알게 되지만 그래도 영문법을 총정리하는 취지로 그것들을 하나하나씩 공부해 보자" 라고 우리 학생들을 독려했다.

13 TG학원 영어 선생에게서 영어와 더불어 인생철학을 배워 정신 수준이 높아지다

먼저 문장(sentence)이란 무엇인가에 대한 정의를 내리는 것이 필요한 시점이 되었다. 여기서 문장은 글자로 된 영어(written English)에 국한된다. 물론 그 글자로 된 것을 소리내어 읽으면 그것은 소리로 된 영어(spoken English)가 되며 따라서 여기서 글자로 된 영어문장은 소리로 된 문장을 전제로 한다. 한 문장은 사상이나 감정을 하나의 단위로 나타내는 것으로서 대문자로 시작하여 종지 부호(period: 마침표), 의문 부호(question mark : 물음표), 혹은 감탄 부호(interjection mark : 느낌표)로 끝나는 하나의 단어나 둘 이상의 단어들의 묶음이다. 이러한 부호들은 문장을 완료하는 것들로 그 부호들의 종류에 따라 문장들의 유형들이 결정된다.

영문법정복 | 문장의 유형

1. 종지 부호(period)

종지 부호(.)가 만드는 문장은 평서문(declarative sentence)이 된다. 이 문장은 어떤 사실을 있는 그대로 긍정적으로 또는 부정적으로 선언하는 문장이다.

(1) 긍정적으로 선언된 문장으로서 문장 5형식들 중의 어느 한 형식에 속한다.

He surely went to the movies.

(그는 확실히 영화 보러 갔다.)

☞ 완전자동사 went가 부사 surely와 부사구 to the movies의 수식을 받아 주어 he를 서술한 문장 제1형식에 속하는 것으로서, 대문자 H로 시작하여 종지 부호(.)로 끝나는 평서문을 긍정적으로 선언한다.

Surely.

(확실히.)

☞ 이것도 대문자 S로 시작하여 종지 부호(.)로 끝나는 평서문으로 문맥으로 보아 주어와 술어(완전자동사)가 들어 있는 문장 제1형식에 속하는 긍정적인 평서문일 수 있다. 예컨대, He surely went to the movies의 문장 1형식이 주어 he, 술어 went, 장소의 부사구 to the movies가 생략되고 다만 방법의 부사 surely만 남아 그 문장을 대신하고 있을 수 있다.

(2) 부정적으로 선언된 문장으로서 문장 5형식들 중의 어느 한 형식에 속한다.

They have not yet arrived here.

(그들은 아직 여기에 도착하지 않았다.)

☞ 완전자동사 arrived가 부사들 not, yet과 here의 수식을 받아 주어 they를 서술한 문장 제1형식에 속하는 것으로서 대문자 T로 시작하여 종지 부호(.)로 끝나는 평서문을 부정적으로 선언한다.

Not yet.

(아직도 아니다.)

☞ 이것도 대문자 T로 시작하여 종지 부호(.)로 끝나는 평서문으로 문맥으로 보아 이것은 주어와 술어(완전자동사)가 들어있는 문장 제1형식에 속하는 부정적인 평서문일 수 있다. 예컨대, They have not yet arrived here의 문장 제1형식이 주어 they, 복합술어 have arrived, 장소의 부사 here가 생략된 가운데 부정사어 not과 시간의 부사 yet만 남게 된 문장이다.

2. 의문 부호(question mark)

의문 부호(?)가 만드는 문장은 의문문(interrogative sentence)이 된다. 이것은 어떤 사정이 사실인가 아닌가를 묻거나 어떤 사정이 있는가, 없는가를 묻는 의문문이다.

(1) 긍정적으로 의문된 문장으로서 문장 5형식들 중의 어느 한 형식에 속한다.

Does he help poor people?

(그가 가난한 사람들을 돕는가?)

☞ 완전타동사 help가 형용사 poor가 수식하는 people(명사)을 목적어로 이끌어 주어 he를 서술하는 문장 제3형식에 속하는 것으로서, 대문자 D로 시작하여 의문 부호(?)로 끝나는 의문문을 긍정적으로 선언한다.

Poor people?

(가난한 사람들을?)

☞ 이것도 대문자 P로 시작하여 의문 부호로 끝나는 의문문으로 이것은 문맥으로 보아 주어와 술어가 들어있는 문장 제3형식에 속하는 문장에 속하면서 긍정적인 의미를 가질 수 있다. 예컨대, Does he help poor people? 에서 Does he help가 생략된 것일 수 있다.

(2) 부정적으로 의문된 문장으로서 문장 5형식들 중의 어느 한 형식에 속한다.

Has she not been happy?

(그녀가 불행해 왔다고?)

☞ 불완전자동사 been이 형용사 happy를 보어로 이끌어 주어 she를 서술하는 문장 제2형식에 속하는 것으로서 대문자 H로 시작하여 의문 부호(?)로 끝나는 의문문을 부정적으로 선언한다.

Not happy?

(행복하지 못했다고?)

☞ 이것도 대문자 N으로 시작하여 의문 부호로 끝나는 부정 의문문으로 위의 문장은 생략형의 문장인데, Has she not been happy?라는 문장에서 Has she … been이 생략된 문장일 수 있다.

---

3. 종지 부호(period) 또는 감탄 부호(interjection mark)

종지 부호(.) 또는 감탄 부호(!)가 만드는 문장은 명령문(imperative sentence)이 된다. 이것은 말하는 내(제1인칭:I)가 나의 말을 듣는 상대자(제2인칭:you)에게 어떤 행동을 하라고 명령하는 명령문이다.

(1) 긍정적으로 명령하는 명령문으로서 문장 5형식들 중의 하나에 속한다.

Go away!

(멀리 꺼져!)

☞ 완전자동사 go가 부사 away에 의해 수식을 받아 생략된 You will에 있는 주어 you를 서술하는 문장

제1형식에 속하는 것으로, 대문자 G로 시작하여 감단 부호(!)로 끝나는 명령문을 긍정적으로 선언한다.

Away!

(멀리 꺼져!)

☞ 이것도 대문자 A로 시작하여 감탄 부호(!)로 끝나는 긍정 명령문으로서 문맥으로 보아 You will go가 생략된 것이며 문장 제1형식에 속한다.

(2) 부정적으로 명령하는 명령문으로서 문장 5형식들 중의 하나에 속한다.

Don't go away!

(멀리 가지 마라!)

☞ 완전자동사 go가 부사 away와 not에 의해 수식을 받아 생략된 주어 you를 서술하는 문장 제 1형식에 속하는 것으로, 대문자 D로 시작하여 감탄 부호(!)로 끝나는 명령문을 부정적으로 선언한다.

Not away!

(멀리 가지 마라!)

☞ 이것도 대문자 N으로 시작하여 감탄 부호(!)로 끝나는 부정 명령문으로, 문맥으로 보아 You will.... go가 생략된 것이라면 문장 제1형식에 속한다.

4. 감탄 부호 (exclamation mark)

감탄 부호(!)로만 끝나는 문장은 감탄문(exclamation sentence)이 된다. 이것은 어떤 사정을 감탄하는 마음으로 말하는 감탄문이 된다. 이 감탄문은 거의 긍정적으로만 쓰인다.

How beautiful you are!

(당신은 얼마나 아름다운가!)

☞ 대문자 H로 시작하여 감탄 부호(!)로 끝나는 감탄문으로, 불완전자동사 are가 의문부사 how에 의해 수식을 받은 형용사 beautiful을 보어로 이끌어 주어 you를 서술하는 문장 제2형식에 속하는 감탄문이 된다.

Beautiful!

(아름답구나!)

☞ 이것도 대문자 B로 시작하여 감탄 부호(!)로 끝나는 감탄문으로, 문맥으로 보아 How...you are가 생략되는 것이라면 문장 제2형식에 속한다.

그 선생은 이런 것은 평서문이고 저런 것은 감탄문이라고 하며 보기만 제시하면 될 것을 이 문장의 유형도 역시 문장 5형식들을 만드는 동사들의 종류와 함께 설명해 주어 우리 학생들은 영어 문장의 유형도 자신 만만하게 대할 수 있게 된 것이다. 왜냐하면 아무리 간략하게 생략된 문장도 종지부호, 의문 부호, 혹은 감탄 부호로 끝나는 것은 문맥으로 보아 생략된 부분을 보충하면 그것은 역시 문장 5형식들 중의 어느 한 형식에 속한디는 것을 알았기 때문이다. 아! 영어에서 동사가 그러한 위치를 차지하는가! 영어뿐만이 아니고 모든 인류의 언어들이 멀리는 히브리어와 가깝게는 일본어에 이르기까지 바로 동사가 중심이구나! 나는 나도 모르게 이러한 감탄이 입에서 솟구쳤다.

그 선생은 문장의 유형을 설명하는 것과 연관시켜 영어에 있어서 의문문과 부정문이 어떻게 구성되는가를 설명하기 위해 이 영문법반 출발점에서 다루었던 동사의 12시제들에 쓰였던 보기들을 다시 의문문과 부정문의 보기로 삼아 설명했다. 현재와 과거시제의 의문문들과 부정문들은 do동사의 현재형들인 do와 does와 과거형인 did가 조동사들로 쓰인다.

영문법정복 │ 현재 시제의 의문문과 부정문

1. 제1인칭과 제2인칭의 단수와 복수 그리고 제3인칭 복수의 현재 시제 긍정 의문문들

Do I write a letter everyday? (제1인칭 단수 현재)
(나는 매일 일기를 쓰는가?)

Do we write a letter everyday? (제1인칭 복수 현재)
(우리는 매일 일기를 쓰는가?)

Do you write a letter everyday? (제2인칭 단수 현재)
(너는 매일 일기를 쓰는가?)

Do you write a letter everyday? (제2인칭 복수 현재)
(너희들은 매일 일기를 쓰는가?)

Do they write a letter everyday? (제3인칭 복수 현재)
(그들은 매일 일기를 쓰는가?)

2. 위의 의문문들이 do + not + 동사원형 형식으로 바뀐 부정문들

I do not write a letter everyday.

(나는 매일 일기를 쓰지 않는다.)

We do not write a lettter everyday.

(우리는 매일 일기를쓰지 않는다.)

You do not write a letter everyday.

(너는 매일 일기를쓰지 않는다.)

You do not write a letter everyday.

(너희들은 매일 일기를 쓰지 않는다.)

They do not write a letter everyday.

(그들은 매일 일기를 쓰지 않는다.)

3. 제3인칭 단수 현재 시제의 의문문들과 부정문들은 단지 조동사 do가 제3인칭 단수 현재형인 does로만 바뀐다.

Does he write a letter everyday?

(그는 매일 일기를 쓰는가?)

He does not write a letter everyday.

(그는 매일 일기를 쓰지 않는다.)

4. 과거 시제의 의문문은 모든 인칭들에 조동사 did가 공통적으로 쓰인다.

Did I write a letter yesterday?

(나는 어제 일기를 썼는가?)

Did you write a letter yesterday?

(너는 어제 일기를 썼는가?)

Did he write a letter yesterday?

(그는 어제 일기를 썼는가?)

Did they write a letter yesterday?

(그들은 어제 일기를 썼는가?)

5. 과거 시제의 부정문은 모든 인칭에서 조동사 did가 공통적으로 쓰인다.

I did not write a letter yesterday.

(나는 어제 일기를 쓰지 않았다.)

You did not write a letter yesterday.

(너는 어제 일기를 쓰지 않았다.)

He did not write a letter yesterday.

(그는 어제 일기를 쓰지 않았다.)

They did not write a letter yesterday.

(그들은 어제 일기를 쓰지 않았다.)

6. 어떤 것이든 조동사가 들어 있는 문장이 의문문이 될 때에는 조동사가 주어 앞으로 나가고 조동사들이 두 개 또는 그 이상 있을 경우에는 첫 번째의 조동사가 주어 앞으로 나간다.

Shall I write a letter everyday?

(나는 매일 일기를 쓸 것인가?)

Have I been writing a letter?

(나는 편지를 써오고 있었던가?)

Shall I have been writing a letter then?

(나는 그때 편지를 써 가고 있을 것인가?)

7. 어떤 것이든 조동사가 들어 있는 문장이 부정문이 될 때에는 조동사 다음에 not이 온다. 조동사가 이 두 개 또는 그 이상 있을 경우에는 첫 번째의 조동사 다음에 not이 온다.

He shall not write a letter everyday.

(그는 매일 일기를 쓰지 않을 것이다.)

I have not been writing a letter.

(나는 편지를 써오고 있지 않고 있다.)

I shall not have been writing a letter then.

(나는 그때 편지를 써 가고 있지 않을 것이다.)

8. be동사가 술어이거나 조동사의 의문문에서는 be동사가 주어 앞으로 나간다.

Are you a teacher?

(당신은 선생님입니까?)

9. be동사가 술어이거나 조동사인 부정문에서는 be동사 바로 뒤에 not이 온다.

I am not writing a letter.

(나는 편지를 쓰고 있지 않다.)

그 선생은 예외적일 만큼 의문문과 부정문을 설명하는 것을 간단히 처리했다. 아마도 지금에 이르러서는 그 정도는 우리 학생들이 그것들에 대하여 쉽게 이해할 수 있으리라고 생각한 것이다. 그러나 그게 아니었다. 의문문과 부정문이 그렇게 간단히 넘어갈 사항이 아니었던 것이다.

10. 의문사가 들어 있는 의문문에는 그 의문사가 무조건 문장 맨 앞에 온다.

Who writes a letter everyday?

(누가 매일 하나의 편지를 쓰는가?)

Who wrote a letter everyday?

(누가 매일 하나의 편지를 썼는가?)

Who will help me with my work?

(누가 내 일을 도와 줄 것이냐?)

What will you do this afternoon?

(너는 오늘 오후에 무엇을 하겠느냐?)

☞ 의문사 what이 완전타동사 do의 목적어인데도 문장 맨 앞에 나온다.

11. 부가 의문문(tag question)은 평서문과 의문문이 합한 의문문을 말하는데 앞에 나오는 평서문이 긍정문이면 뒤에 오는 의문문은 부정문이 되고, 평서문이 부정문이면 뒤의 의문문은 긍정문이 된다.

He is honest, isn't he?

(그는 정직하다. 그렇지 않아?)

☞ 긍정적인 대답을 기대하는 질문이다.

He is not honest, is he?

(그는 정직하지 않다. 그런가?)

☞ 부정적인 대답을 기대하는 질문으로 대개 이러한 부가 의문문은 대답을 요구하지 않는다.

12. 수사적 의문문(rhetorical question)

수사적 의문문은 대답을 요구하는 의문문이 아니고 평서문과 같이 선언적인 의미가 강조되는 어법이다. 이 수사적 의문문은 4가지로 갈라진다.

(1) 의문사가 없는 긍정 의문문

Did he attend the meeting?

(그가 그 모임에 참석했다고?)

☞ 이 의문문은 He did not attend the meeting. (그는 그 모임에 참석하지 않았다)의 강조형이다.

(2) 의문사가 없는 부정 의문문

Didn't he attend the meeting?

(그가 그 모임에 참석 안 했다고?)

☞ 이 의문문은 He attended the meeting.(그는 그 모임에 참석했다.)의 강조형이다.

(3) 의문사가 있는 긍정 의문문

What do you know?

(너는 무엇을 아느냐?)

☞ 이 의문문은 You know nothing.(너는 아는 것이라곤 아무 것도 없지)의 강조형이다.

(4) 의문사가 있는 부정 의문문

What do you not know?

(너는 무엇을 모르느냐?)

☞ 이 의문문은 You know everything. (너는 모든 것을 다 안다.)의 강조형이다.

고래(古來)로 "말을 가장 잘하는 사람이 가장 잘난 사람이다" 라는 말을 나는 쭉 들어왔다. 의문문을 통하여 긍정적인 선언을 강조하고 부정적인 선언을 강조하는 수사적 의문문을 그 선생이 이렇게 체계 있게 설명한 것을 듣고 나는 언어의 묘미를 깨닫게 되었다.

사물을 있는 그대로 앞뒤가 맞게 즉 정확하고 논리정연하게 육하원칙에 입각해서 말하는 것이 말을 제대로 하는 것이 된다. 그렇지 않으면 말이 되지 않고 잡소리가 될 뿐이다. 그리스어인 logos 는 '말' 이라는 뜻인데 헬레니즘(Hellenism)에서는 그 말이 우주를 운영하는 힘이라는 뜻을 갖고 있으며 헤브라이즘(Hebraism) 에서는 그 말이 우주를 창조한 하나님의 말이라는 뜻을 갖는다. 하지만 결국 그 두 해석은 같은 뜻이 된다.

모든 종교들은 말로 이루어진 것이 아니던가! 기독교에서 하나님의 말씀인 성경이 없어지면 하나님이 없어진 것이다. 다른 종교들도 마찬가지다. 그래서 예수는 "천지는 멸하여도 나의 말은 결코 멸하지 않는다. (Heaven and earth will pass away, but my words will not pass away.)" 라고 말하지 않았던가.

붓다는 일체유심조(一切唯心造)라고 설파하여 삼라만상이 다 마음에서 비롯된다고 했다. 인류 문물을 지금까지 주도해 온 것이 서구적인 것이고 그 근본이 소크라테스이다. 그는 마음 즉 생각은 자신에게 소리내지 않고 말하는 것이라고했다. 그렇다면 붓다, 예수, 소크라테스는 모두가 다 같은 말을 한 셈이다.

그 선생이 인간의 아니 우주의 근본을 말해 준 것은 너무나 당연했다. 왜냐하면 그는 말의 근본인 말본 즉 문법을 가르치고 있지 않은가. 그것도 그냥 가르치는 것이 아니라 그 자신이 스스로 말이 되어 언어의 근본 특징인 창조적인 행위를 하고 있는 것이었다.

14

가르치는 것과 배우는 것은 하나이기에, 가르치고 배우는 것은 한 사람이 스스로 하는 것이다

그 선생은 여기서 의문문과 부정문에 대한 정리를 모두 마쳤다. 의문문과 부정문은 글자가 말해 주듯이 세상의 물정에 대하여 의문하고 부정하는 문장들이기 때문에 그것들은 세상을 의심과 부정의 자세로 보는 소극적이고 비관적인 인간 심리 현상을 나타내는 것이라고 할 수 있다. 그러나 세상을 항상 현상 유지로만 바라본다면 아마도 인간도 다른 동물들과 하나도 다름 없이 원래의 자연 상태 그대로 존재해서 옛날이나 지금이나 하나도 다름없이 존재하고 있을 것이다.

그러나 인간 세계는 그저 현상 유지에 급급하지 않는 사람들이 있어 그 세계를 나날이 변모시켜 온 것이다. 다른 사람들이 기존의 것을 그냥 으레 그러려니 하고 바라만 보고 있을 때에 그것이 그렇게만 있어야 되겠는가를 의심 또는 의문을 품어 진상을 알려고 하고 그리하여 그 기존의 것이 더 이상 인간 세계에 적절치 않다는 것을 발견하면 그것을 분명히 부정하는 용기를 가진 사람들이 있어서 인류사회는 부단히 진화하거나 발전해 온 것이다. 이러한 경우는 의문과 부정의 속성이 생산적인 것이 된다.

아직 어린 나이와 그것으로 인한 경험의 일천함으로 인하여 정신 수준이 낮은 우리 학생들에게 그 선생은 적절한 논조로 세상 돌아가는 이치와 현상을 이와 같은 합리적인 이야기를 통해 우리들의 의식수준을 그때 그때마다 최대한 향상시키려는 노력을 아끼지 않았다. 선생이란 전에도 말했듯이 교과과정의 계획에만 매달리면 진도는 많이 나갈 수 있겠지만 실질적인 알찬 교육은 미흡하기가 쉽다.

그러한 교육은 그저 딱딱하고 굳어지는 기계적인 것이 될 뿐 살아 숨쉬고 있는 활기찬 것은 될 수 없다. 모든 배움은 삶을 어떻게 살아야 하는가를 목표로 삼고 있기 때문에 먼저 삶이 지향할 바, 즉 인생관을 우선 교육 현장에서 확립시켜 주어야 한다. 왜냐하면 그 교육 현장 자체가 삶의 일부이기 때문이다. 나는 그 선생의 그러한 인생관과 교육방식에 조금씩 익숙하게 되어 가면서 나의 정신 수준도 덩달아 향상되어 가는 것을 느꼈다.

이러한 태도는 비단 선생만이 취해야 하는 것이 아니고 인간 삶의 모든 분야들에 종사하는 사람들이 다 지켜야 하는 것이 아닐 수 없다. 비근한 예로 구멍가게에 물건을 사러 들어오는 손님에게 그 주인이 그저 그가 원하는 상품만 파는 것이 아니고 그 손님을 그의 살길을 도와주는 둘도 없는 유일한 고객으로 대하는 것이 마땅한 것이다.

그러한 고객이 없으면 그는 그의 살길을 잃는 것이다. 그렇다면 그는 그 고객에게 상품을 팔면서 그 때 그 때 상황에 따라 인간 삶의 속성을 보여야 한다. 처음 가게에 들어서는 그에게 반갑게 "어서 오십시오!"라는 인사말로 시작해서 그가 가게를 나설 때 "감사합니다"라는 인사 말을 할 때까지 그가 그 고객에게 인간으로서 할 수 있는 모든 것들을 하는 것이 당연한 처사인 것이다.

만약 그 선생이 처음 영문법반을 이끌 때부터 그저 기계적으로 문법 사항들만 가르쳤다면 내가 그 때까지 배운 영문법의 지식을 살아 움직이는 산지식으로 흡수하지도 못했을 것이고 설사 그 지식을 습득했더라도 그것이 나의 삶의 살아 숨쉬는 것이 되지 못하여 그저 죽은 지식으로 간신히 간직했을 뿐이었을 것이다.

모든 길은 로마로 통한다는 격언대로 모든 인간의 행동들은 인간의 삶에 관련되어야 한다. 인간의 삶에 관련되는 인간의 행동들은 그렇다면 어떻게 행하여져야 하는가? 그것들은 먼저 사람을 살려야 하고 그 다음에는 사람을 잘 살게 해야 하는 것이다.

바로 그 선생은 그의 영문법반을 이끄는 행동에서 먼저 사람을 살리고 그 다음에 사람을 잘 살게 해주는 것을 은연중에 나타낸 것이다. 나는 그가 영문법의 의문문과 부정문을 가르치면서 인간이 의문시하는 행동과 부정하는 행동이 경우에 따라서는 인간사회를 진화시키고 발전시키는 생산적이고 창의적인 것이 될 수 있다는 것을 그의 시의적절한 말과 그 말을 실천한 행동을 통해서 배웠다.

그는 말하자면 영문법을 통하여 먼저 사람을 살게 하고 그 다음에 사람을 잘 살게 하는 법을 우리 학생들에게 가르치고 있었고 우리 학생들은 그에게서 그것을 배우고 있었던 것이다. 내가 그에게서 영어를 배우는 것도 결국은 내가 나의 삶을 그만큼 풍요롭게 하기 위함이었고 실제로 나의 삶은 나의 영어가 진척되는 만큼 풍요로워진 것이다.

그 선생은 법(法 : law)이 모든 것들을 있게 하고 그것들을 운용한다는 것을 항상 강조해 왔다. 그는 신(神)이 있다면 바로 그것은 법(法)이라고 까지 말했다. 사람의 말도 법으로 있게 한 것이다. 영어에서 영문법이 없으면 영어도 없어지는 것이다. 말은 법으로 이루어지기 때문에 영어에서 영문법이 없어지면 영어도 없어지는 것은 논리적인 귀결이다.

그는 "내가 영문법을 너희들에게 가르치니까 영어에서 영문법을 알지 못하면 영어를 알 수 없다고 말하고 있는 것 같지? 사실 말이야, 이 우주의 모든 것들은 법으로 존재하기 때문에 영어가 존재한다면 영어의 법이 있어야 한다. 따라서 영어를 자연스럽게 하는 영국인들이나 미국인들이 영문법을 배우지 않고서도 영어만 잘한다고들 말하지만 그것은 틀린 말이다. 그들은 갓난애 때부터 무의식적으로 영문법을 배운 덕택에 그렇게 영어를 잘 하는 것이다.

영어를 모국어로 사용하는 사람들과 영어를 외국어로 사용하는 사람들 사이의 차이점은 전자는 영문법을 무의식적으로 자연스럽게 습득한 것이고 후자는 영문법을 배우려는 의도로 습득한 차이점이 있을 뿐이다. 따라서 영문법을 모르는 사람은 영어를 모르는 사람인 것이다. 영어를 모국어로 갓난애부터 배울 때에 무의식적으로 문장의 5형식들을 습득하기까지 그 아이가 그의 어머니와 아버지는 물론 형제자매, 이웃사람들, 그의 집을 자주 방문하는 사람들이 영어를 주고받고 말하는 환경 (environment)을 만들어 주어 4, 5년에 걸쳐서 영어를 얼마나 많이 자연스럽게 들었겠는가.

그 풍부한 영어 습득의 환경을 인위적으로 마련하려 한다면 얼마나 많은 시간, 노력, 재원, 인력이 소요되겠는가. 그것은 천문학적인 숫자에 달하는 경비에 이를 것이다. 사정이 이러하거늘 영어를 모국어로 하는 4, 5세의 어린이가 영문법을 따로 배우지 않았어도 영어만 잘한다고 말하는 것은 얼토당토 않은 헛소리에 지나지 않는 것이다. 이런데도 중학 3년, 고등학교 3년, 그리고 대학 4년 동안 배워도 영어의 말 한 마디도 제대로 듣지도 말하지도 못한 탓을 영어를 영문법 위주의 교육으로 돌리고 있는 것은 한심스럽기 짝이 없는 말인 것이다.

영어를 모국어로 배운 사람이 영문법의 규칙 하나를 습득할 때에는 규칙에 속하는 문장들을 무수하게, 오랜 시간에 걸쳐 많은 자원과 인력이 '자연적으로' 소요되는 가운데에 귀납법적으로 터득하게 된 것이다. 그러나 영어를 외국어로 배우는 사람은 그와는 정반대로 영문법의 한 규칙을 연역적으로, 즉 그 하나의 영문법 규칙을 습득하기 위해서는 그 규칙이 어떻게 쓰이는가를 이해하고 그 규칙에 속하는 문장들을 유도하는 방법으로, 인위적인 계획에 따라 영어를 습득해야 하는 것이다. 그러한 방법이 영어를 외국어로 배우는 사람에게 가장 능률적이고 경제적인 방법인 것이다."라고 영어 학습 방법에 대한 결론을 지었다.

그 선생은 영어 학습 이론가가 아니었음에도 불구하고 영어 학습의 가장 능률적이며 경제적인 방법으로 우리 학생들을 지도한 것이다. 영어를 4, 5년에 걸쳐 아침에 잠자리에서 일어나 밤에 잠자리에 들 때까지 받아 마땅한 수강료를 전혀 받지 않는 영어 선생들인 그의 부모, 형제자매, 이웃사람들, 그리고 자주 방문하는 친지들로부터 부단히 영어를 배우는 영어를 모국어로 하는 아이들과 비교해 생각하면 우리 학생들을 연역적으로 영어의 법칙들을 먼저 이해시키고 그 법칙들에 따라 영어의 문장들을 알 수 있게 해준 '그 선생'이야말로 가장 훌륭한 영어 선생이 아닐 수 없었다.

그 선생은 영어의 영자도 몰라서 중학교 영어 선생에게 그 견딜 수 없는 수모를 겪은 나에게 불과한 달이 채 못 되어 영어의 세계를 알게 해주었다. 그것은 내가 그 선생에게서 영문법을 제대로 배웠기 때문이었고 또한 그 이외의 방법은 없었을 것이었다. 한 언어를 구사한다는 것은 법칙 지배의 행위를 한다는 것이고 영문법을 안다는 것은 영어의 법칙 지배구조를 안다는 것이 된다.

이러한 경지에까지 우리 학생들을 이끈 그 선생은 우리 자신들보다 그 자신이 기뻐하는 얼굴로 "이제 너희들은 영어의 군장(軍裝)에 있어서 거의 완전무장을 한 셈이다. 지금부터는 다만 자질구레한 것들만 손질을 하면 된다. 그리하여 영어의 대전쟁에서 승전의 깃발을 날리는 것이다. 특히 이상준! 너는 방학이 끝나거든 영어의 첫 시간에 너에게 견딜 수 없는 수모를 안겨 주었지만 결과적으로 너에게 자극을 주어 영어를 기어이 정복하겠다는 동기를 부여해 주신 학교 영어 선생님을 깜짝 놀라게 해 주리라 기대한다."라고 나에게 자신감을 불어넣어 주면서 훌륭한 영어 선생으로서의 자신감을 스스로 보여주었다.

선생이 자신감을 갖고 학생을 대하는 것은 너무나도 당연한 자세이지만 그 선생이 지금 보여 준 그 자신감은 나에게는 너무나도 돋보였으며 멋이 넘쳤다. 나는 마음속으로 장래 선생이 되어 그 선생과 같은 자세를 본받겠다는 마음을 다시 한번 굳건히 세웠다. 왜냐하면 그는 선생이라면 갖추어야 할 모든 정신 자세들을 다 갖추었다고 나는 진실로 믿었기 때문이다.

나는 그에게서 자연히 선생이 학생에게 맨 먼저 보여야 할 것은 자신을 믿고 따르게끔 할 수 있는 최대한 모든 것들을 나름대로 보여주어야 한다는 것을 알게 되었다. 인류 역사 이래로 과거의 모든 위대한 선생들이 다 그러했다. 공자가 그러했고 붓다가 그러했고 예수가 그러했다.

공자는 3000명의 제자들이 그를 따르게 했고 붓다는 태어나면서 천상천하유아독존(天上天下唯我獨尊)이라고 외쳤다. 특히 예수는 자신이 전지전능한 하나님이라고 자처하며 그의 제자들을 이끌며 그렇게 믿게 했다. 그는 선생의 화신이었다. 예수의 교수법은 "내가 너희에게 진실로 진실로 말하노니 귀 있으면 들으라."라고 했던 그가 항상 말하던 태도 속에 드러난다. 그리하여 그의 제자들이 그렇게 그의 말을 '진실로 진실로 귀를 기울이며 들었던' 제자들이 된 것이다.

스승과 제자의 관계가 이러하다면 선생은 제자에게 세상을 창조하는 법을 가르치며 제자는 그를 진심으로 진실로 믿고 따르면 그도 세상을 창조하게 되는 것이다. 바로 그와 같이 나는 그 선생을 믿고 따라 영어의 세상을 창조하는 것을 그 짧은 기간에 배운 것이다. 사실 신이 있어 나를 세상에 창조했다면, 그 신은 나를 창조하기 위한 수단이고 나는 그것의 목적이다. 따라서 그 신도 나를 위해서 존재하는 것이다. 그리고 나는 나의 세계를 창조하는 것이다.

나는 여기서 깨달음을 하나 덤으로 얻었다. 한 사람의 '자신(自身)'이라는 말 속에 숨어 있는 뜻을 나 스스로 찾은 것이다. 이 세상에 태어나는 것은 자신이 선택하여 태어나는 것이 아니다. 그것은 어떤 섭리에 의해서 이루어지는 것이기에 그 태어남에 대해서는 자신이 하는 것이 아닌 것이다. 그러나 그가 의지력을 갖기 시작할 때부터 그는 일거수일투족(一擧手一投足)을 스스로 하게 되어 있는 것이다. 그래서 선생도 따로 없고 학생도 따로 없다.

한 사람은 자기 자신의 선생이자 자기 자신의 제자인 것이다. 나 자신이 아닌 다른 사람이 아무리 훌륭한 선생이 되어 줄지라도 결국은 내가 나를 가르치지 않으면 그 훌륭한 선생도 소용이 없는 것이며 또한 내가 나 자신의 선생을 믿고 따르는 제자가 못 되면 나 자신이 아닌 다른 사람이 아무리 훌륭한 선생이라도 그 선생의 제자로서 소용이 없는 것이다. 내가 영어를 기어이 정복하겠다는 굳건한 결심을 한 순간에 나는 이미 영어를 나에게 가르치는 영어 선생이 되어 있었고 영어를 나 자신에게서 배우려는 제자가 되어 있었다.

내가 그러한 상념에 사로잡혀 나 자신에 대한 자신감이 넘치고 있는 가운데 나 밖의 훌륭한 그 선생이 나를 나 자신의 훌륭한 선생이 되게 만들어 주었고 덩달아 그 훌륭한 나 자신의 선생을 믿고 따르는 나 자신의 학생이 되게 도와주었다는 그 깨달음을 얻어 나는 그 선생을 더욱더 존경하게 되었다. 나 밖의 훌륭한 그 선생은 나에게 가장 훌륭한 배움의 환경이 되어 주었다. 그 선생은 어떻게 해야 영어를 스스로 가르치고 스스로 배우게 할 수 있는 환경이 되어줄 수 있을까 하고 온갖 정성을 우리 학생들에게 쏟아준 것이다.

그 선생은 내가 영어의 세계에 눈을 뜨고 내가 나 자신에게 영어를 잘 가르치는 선생이 됨과 동시에 학생이 될 수 있도록 영문법을 소개하면서 영어의 문장은 동사가 중심이 된다는 것을 내가 스스로 알게 하려고 얼마나 친절하고 자상하고 그리고 자세히 나의 귀가 닳도록 말해 주었는가. 그리하여 영어의 문장을 대하면 나는 먼저 그 문장의 중심이 되는 동사를 찾아 그것이 완전자동사, 불완전자동사, 완전타동사, 수여타동사, 혹은 불완전타동사인가를 알아내어 그 문장이 몇 형식에 속하는가를 알려고 노력을 아끼지 않은 가운데 나는 영어를 정복하게 되었던 것이다.

내가 영어의 문장들을 이렇게 문장 5형식들로 분류하고 분석하게 된 것은 엄밀히 말한다면 그 선생이 대신 해주는 것이 아니라 어디까지나 내가 스스로 영어를 배우고 내가 나 자신에게 가르친 것이다.

그러나 한심스럽게도 얼마나 많은 선생들이 그들의 학생들에게 학습의 환경이 되어주지 않고 그저 가르치려고만 들고 있는가? 그리고 얼마나 많은 학생들이 그들의 선생들에게서 학습의 환경을 얻으려고 하지 않고 그저 배우려고 만들고 있는가? 그래서 고대 희랍의 위대한 철학자였던 소크라테스는 선생은 산파에 그리고 학생은 임산부에 비유하고, 학습하는 것을 임산부가 아이를 분만하는 것으로 그리고 산파는 임산부가 아이를 수월하게 분만하도록 돕는 것으로 비유했던 것이다.

만약 한 사람이 자기 자신을 적절한 환경에서 적절하게 가르치는 선생이 되지 못하고 그가 자기 자신으로부터 적절한 환경에서 적절하게 배우는 학생이 되지 못하면 그는 어떠한 환경에서도 자기 자신 밖의 다른 사람에게서 배울 수 없는 것이다. 왜냐하면 자신 밖의 다른 사람은 선생이라는 직업을 가진 환경의 일부 밖에 아무것도 아니고 오직 자신의 지능, 동기심, 의지력, 인내력, 그리고 성취의식으로 엮어진 '자기 자신'이 선생이라는 직업을 가진 다른 사람의 환경에 접속되어 자기 자신의 선생이 되고 자기 자신의 학생이 될 뿐이기 때문이다.

공부, 즉 학습은 자기 스스로 하는 예습과 복습이 가장 중요한 부분을 이루고, 결국은 자기 스스로 하는 예습과 복습으로 이루어질 수 밖에 없는 것이다. 그 선생은 우리 학생들을 가르치면서 마치 자기 자신을 가르치고 자기 자신에게 배우는 것 같은 행동을 취했다. 나는 그가 우리 학생들을 가르치는 것이 아니고 자기 자신을 가르치는 것 같은 느낌을 가졌다. 그가 이미 알고 있는 것을 "아, 맞다 맞아! 이건 바로 이렇게 보아야지!"하면서 우리 학생들이 그와 함께 우리 자신들을 스스로 가르치도록 유도했다.

이제 그 선생이 말한 대로 영문법 학습의 마무리 작업을 할 때가 왔으니 유종의 미를 거두어 보자. 우리들이 영어를 습득한다는 것은 한 마디로 영어의 문장들을 만드는 방법을 습득한다는 것이 된다. 영어의 문장들은 크게 세 가지로 분류하는데 이 영문법반이 시작되면서 동사들의 종류에 따라 문장 5형식들(five patterns of sentences) 즉 완전자동사를 중심으로 한 문장 제1형식, 불완전자동사를 중심으로 한 문장 제2형식, 완전타동사를 중심으로 한 문장 제3형식, 여격타동사를 중심으로 한 문장 제4형식, 그리고 불완전타동사를 중심으로 한 문장 제5형식들로 분류되었다. 이 분류가 영어의 문장들에 대한 가장 중요한 분류이기 때문에 제일 먼저 다루어졌다. 그 다음으로 중요한 문장들의 분류는 문장의 네 가지 유형들(four kinds of sentences) 즉 종지 부호(.)로 끝나는 평서문, 의문 부호(?)로 끝나는 의문문, 종지 부호(.) 혹은 감탄부호(!)로 끝나는 명령문, 그리고 감탄부호(!)로만 끝나는 감탄문이었다. 이제 마지막으로 배우게 될 문장의 분류는 문장 속에 주어와 술어 또는 복합 술어가 하나씩 있는가, 그것들이 둘 또는 그 이상 있으면 그것들이 등위접속사로 연결되어 있는가, 종속접속사 혹은 관계사와 의문사로 연결되어 있는가에 따라 분류되는 것이다. 그 분류는 편리상 문장의 네 구조들(four structures of sentences) 이라고 불리어진다.

깨달음

깨달음은
그 날 그 날
순간 순간에 있지 않으면
깨달음은 나타나지 않는다.
그 날 그 날
순간 순간에
사람은 뚜렷이
사람됨을 알아야 한다.
그 날 그 날 순간 순간에
잘못을 저지름을
그 날 그 날
순간 순간에 깨달으면
인간이 되지만
그렇지 않으면
그저 인간 형상만
지닐 뿐이다.

15 영어 4구조들을 통해 영어의 구두점을 배워 비로소 영어로 완벽하게 글을 쓰기 시작하다

그 선생은 영문법의 마무리 학습의 하나로 문장의 4가지 구조들을 설명하기 시작하였다. 그는 단순문장, 중복문장, 복합문장, 혼합문장을 열성적으로 강의하고 나서 보기를 들어 다음과 같이 자세하게 정리해 주었다.

영문법정복 | 문장의 4구조들(Four Structures of Sentences)

1. 단순 문장(simple sentence)

단순 문장은 문장 속에 주어와 술어 또는 복합술어가 하나밖에 들어 있지 않는 것이다.

Flowers bloom.

(꽃들은 핀다.)

☞ 주어 flowers 하나와 술어 bloom 하나밖에 없고, 이 문장은 제1형식에 속한다.

Various beautiful flowers fragrantly bloom in the spring.

(다양한 아름다운 꽃들이 향기롭게 봄에 꽃을 피운다.)

☞ 주어 flowers와 술어 bloom이 하나밖에 없고 나머지 단어들은 수식어들이고, 이 문장도 제1형식에 속한다.

To do good to the ungrateful is to throw treasures into a dump.

(은혜를 모르는 자들에게 잘해주는 것은 쓰레기장 속으로 보물들을 던지는 것과 같다.)

☞ 주부(여기서는 주어가 여러 개의 단어들로 이루어져 있기 때문에 주어라는 말 대신에 주부라는 말을 쓰는 것이 좋다.) to do good to the ungrateful과 술어 is가 하나 있고 보어 to throw treasures into a dump. 밖에 없기 때문에, 이 문장은 제2형식에 속한다.

>> Making much money is not the aim and end of life.

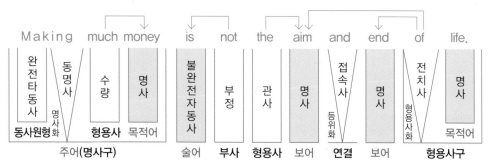

(돈을 많이 버는 것이 인생을 사는 목표와 끝이 아니다.)

2. 중복 문장(compound sentence)

단순 문장이 등위접속사(and, or, for, but, so 등)에 의해서 접속되는 것이다.

I am a girl and you are a boy

(나는 한 소녀이고 너는 한 소년이다.)

☞ I am a girl. 이란 단순문장과 You are a boy.라는 단순문장이 등위접속사 and에 의해 접속되어 있고, 이 문장은 제2형식 문장들이 중복되어 있다.

He felt no fear, for he was brave.

(그는 전혀 두려움을 느끼지 않았다. 왜냐하면 그는 용감했기 때문이었다.)

☞ 주어 he와 주어 he의 둘과 술어 felt와 술어 was의 둘이 들어 있는 문장이 등위접속사 for로 접속되어 있기 때문에 이 문장은 제3형식에 속하는 문장과 제2형식에 속하는 문장이 중복되어 있다.

⟫ You must start now or you will miss the train.

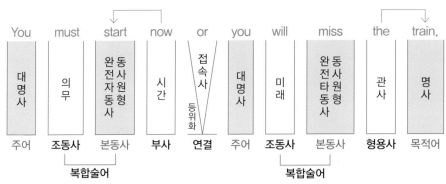

(지금 출발하지 않으면 너는 그 열차를 놓칠 것이다.)

3. 복합 문장(complex sentence)

등위접속사로 이어지는 중복문장과는 달리 주종관계로 종속접속사(that, as, when, because, if, although, while 등)와 관계사(관계대명사 : who, which, that, what 등), 관계부사(where, when, why, how 등), 관계형용사(what, whatever, which, whichever 등)와 의문사(의문대명사 : who, which, what 등) 의문부사(where, when, why, how 등), 의문형용사(what, which, 등)로 접속된다. 주절과 종속절로 이루어진 복합문장에서의 문장 5형식 들의 판가름은 다만 주절로만 결정된다.

I love him not for what he has but for what he is.

(나는 그의 재산 때문이 아니라 그의 사람 됨 때문에 그를 사랑한다.)

☞ 위의 전체 문장은 관계대명사들 what과 what이 이끄는 what he has의 종속절과 what he is의 종속절들
이 전치사 for의 지배를 받아 부사구들이 되어 본문(혹은 주절)인 I love him의 술어 love를 수식하고 love
가 완전타동사이기 때문에 위의 문장은 전체적으로 문장 제 5형식에 속한다.

You must not despise a man because he is shabbily dressed.

(너는 한 사람이 남루하게 옷을 입었다고 해서 그를 멸시해서는 안 된다.)

☞ 위의 전체 문장은 종속접속사 because가 이끄는 종속절인 because he is shabbily dressed가 본문(혹은
주절)인 you must not despise a man의 본동사인 despise를 수식하는데 despise가 완전타동사이기 때
문에 위의 문장은 전체적으로 문장 제 3형식에 속한다.

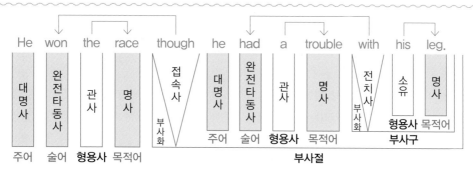

>> He won the race though he had a trouble with his leg.

(그는 한 쪽 다리가 불편했지만 경기에서 이겼다.)

4. 중복합문(compound complex sentence)

여기서는 적어도 세 개의 문장들이 등위접속사, 종속접속사, 관계사 그리고 의문사에 의해서 접속된다. 이 중복합문장은 문장들이 그 속에 셋 또는 그 이상 들어 있고 등위접속사로도 접속되어 있기 때문에 등위접속사들에 의해서 연결된 문장들의 숫자만큼 문장형식들이 있다.

예컨대, I love you because you love me, but I will also hate you if you hate me. (당신이 나를 사랑하기 때문에 내가 당신을 사랑하지만 만약 당신이 나를 미워한다면 나도 당신을 미워할 것이다.)의 중복합문장은 등위접속사 but에 의해서 연결된 문장들인 I love you와 I will also hate you가 있는데 앞의 문장의 술어가 완전타동사이기 때문에 문장 제3형식에서 속하고, 뒤의 문장의 복합술어 will hate의 본동사가 완전타동사이기 때문에 이 문장도 문장 제3형식에 속한다. 따라서 위의 전체 문장은 등위 접속 but으로 연결된 2개의 본문(혹은 주절)들이 들어 있고 종속접속사들 because와 if가 이끄는 2개의 종속절들이 들어 있어서 하나의 중복합문장이 되어 있다.

>> He earns much money as he works hard, but he is unhappy though he is rich.

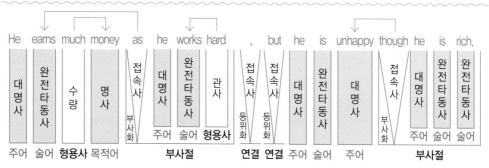

(그는 열심히 일을 해서 많은 돈을 벌었다. 그러나 그는 부자임에도 불구하고 불행하다.)

그 선생은 이 같은 문장의 4구조들에 대하여서도 문장 5형식들로 분류하면서 설명했다. 그는 문장의 구조적 분류에 사용되는 일종의 전문어들(jargons), 즉 simple sentence compound, sentence, complex sentence, compound complex sentence는 그것들 자체로서는 특히 영어 학습의 관점에서는 아무런 가치가 없고 다만 문장의 중심인 동사들의 종류들에 따라 분류되는 문장 5형식들을 가려내는 점에서만이 그 존재 이유가 있는 것이라고 말했다. 나는 여기서 문장의 중심이 되는 동사들의 종류들(완전자동사, 불완전자동사, 완전타동사, 여격타동사, 그리고 불완전타동사)에 따라 결정되는 문장 5형식들을 가리는 것이 영어의 학습에서 얼마나 중요한 가를 다시 한번 깨달았다.

그 선생은 영어의 실력을 자나깨나 문장 5형식들에 영어의 문장들을 분류할 수 있는 것에 있다면서 우리 학생들을 문장 5형식들에 매달리게 했다. 그러면서 그는 반문하는 말로 "영어를 모르는 이유가 무엇인지 아느냐?"라고 우리 학생들에게 질문을 던졌다. 우리들이 이구동성으로 "선생님, 그것은 당연히 영어의 문장들을 동사들의 종류에 따라 문장 5형식들로 분류할 수 없기 때문입니다."라고 약속이나 하듯이 대답을 하자, 그는 만족스러운 표정을 지으면서 "이제 너희들은 영어를 제대로 알아가고 있다."라고 응답해 주었다.

내가 그 선생의 성함을 잊었기 때문에 그를 '그 선생'이라고 지금까지 써 왔지만 그가 처음부터 이제껏 문장 5형식들을 되풀이하여 강조했기에 우리 학생들은 '오형식'을 그의 별명으로 불렀다. 앞으로 이 소설을 써가면서 '그 선생' 대신에 성은 '오'씨이고 이름은 '형식'으로 된 '오형식'을 그의 함자로 쓰겠다. 이렇게 그는 영어 학습에 있어서 문장들을 5형식들로 분류하는 것이 급선무임을 내내 강조했다.

오형식 선생은 영어를 모르는 이유에 대한 그의 질문에 거의 무의식적으로 우리들의 입에서 튀어나온 "문장들을 문장 5형식들로 분류할 수 없기 때문입니다."라는 대답을 들은 뒤로 그는 마냥 느긋한 태도로 우리 학생들을 대하였다. 그 때부터 그는 우리들의 영어 실력을 수준급으로 대우해 주었다. 아닌 것이 아니라 내가 나 자신의 영어 실력을 볼 때 나도 모르게 깜짝 놀랄 정도로 나의 영어 실력은 엄청난 것이 되어 있었다. 나는 중 3학년 영어 교과서의 모든 문장들을 동사들의 종류에 따라 문장 5형식들로 분류할 수 있었던 것이다.

오형식 선생은 그러한 나의 영어 실력을 간파한 것 같이 "이상준, 이 문장은 내가 지금 읽기 시작하려는 영어로 된 아주 수준높은 철학책의 서문인데 저자에게 큰 도움을 준 사람에게 감사의 말을 표하는 문장이다. 지금 너의 영어 실력으로 그 문장을 분석하여 해석할 수 있을 것이다. 내가 칠판 위에 적을 테니 너는 너의 공책에 적어 집에 가서 잘 분석하여 내일 와서 그것을 이 시간에 한 번 설명하기를 바란다."라고 나에게 예기치 못한 숙제를 내 주었다. 그 문장은 다음과 같은 것이었다.

> I am glad to express my gratitude to my wife for compilling the index of this book and suggesting her advice and encouragement while this book was being written.

나는 이 문장을 그대로 나의 공책에 다 베끼고 그 문장을 구성한 단어들의 수를 세었더니 29개의 단어들이었다. 그것들 중에서 내가 모르는 단어들은 express, gratitude, compiling, index, encouragement의 5개였다. 나는 그 문장에서 일단은 내가 모르는 단어들보다 아는 단어들이 월등하게 많은 것에 안도의 한숨을 쉬면서 집으로 갔다. 나는 아침밥을 먹고 나서 먼저 그 모르는 단어들을 영한사전을 뒤져 그 단어들의 발음 기호들을 일일이 적었다.

express[iksprés], gratitude[grǽtitjuːd], compiling[kəmpáiling],
index[índeks], encouragement[inkʌ́ridʒmənt],

그 다음으로 나는 그 단어들의 품사들과 뜻들을 일일이 적었다.

express vt.
(vt.는 타동사를 나타낸다. 타동사는 세 가지로 완전타동사, 수여타동사, 불완전타동사가 있다는 것을 이미 배워서 아는데 사전에서는 그 세 가지 종류의 타동사들을 그냥 vt.(transitive verb)의 약형으로만 표시하고 있다. 그리고 vi.는(intransitive verb)의 약형으로 완전자동사와 불완전자동사를 한 번에 표시하고 있다. 그 외에 품사들 약자들로서 adj.(형용사), adv.(부사), n.(명사) 등이 있다.)

1. (사상, 생각)을 말로 표현하다(=state).
   (이 단어의 타동사로서의 뜻이 6번까지 있지만 위의 문장에 쓰이는 뜻은 1번 뿐이기 때문에 지면의 제약상 나머지의 뜻들은 생략한다.)

gratitude n.(n.는 noun의 생략형이다.)
   감사, 사의, 감사하는 마음
   이 단어는 이와 같이 한 가지 뜻밖에 없다.

compiling은 compile의 현재분사형이다. compile vt.
1.(책을) 편집하다.
   (이 단어는 뜻 1번 외에 동사의 뜻으로만 2번과 3번이 있지만 여기서는 지면의 제약상 생략하고 위의 문장에 알맞은 1번만 사용한다.)

index n.
1. 색인(索引)
   (이 단어는 명사의 뜻으로서 6번까지 있지만 역시 지면 관계로 생략한다. 그리고 vt.의 뜻도 있지만 여기서는 그것도 생략한다.)

encouragement n.
1. 격려, 장려
   (이 단어도 2번까지 뜻이 있지만 역시 생략한다.)

나는 이렇게 내가 모르는 단어들의 뜻을 다 찾은 뒤에 그것들을 숙지하고 그것들의 문맥상의 관계를 관찰하고 그 문장 전체를 살폈다. 첫째로 나는 그 문장의 전체적인 문장 형식이 2형식임을 발견했다. 주어는 I이고 술어는 am이고 보어는 glad인데 나머지 26개의 단어들은 수식 구문을 만드는 데 사용된 것이다. to express my gratitude to my wife for compiling the index of this book and suggesting her advice and encouragement while this book was being written은 전체가 보어 glad(형용사)를 부정사 구문으로서 부사구가 되어 수식하고 있다. 또한 이 긴 부사구를 분석하면 본래 이 구문은 문장 I can express...written.을 부정사 구문으로 만들어 형용사구로서 보어 glad(형용사)를 수식하게 된 것이다.

이 긴 부사구에서 express는 완전타동사로서 소유 형용사인 my가 수식하는 gratitude(명사)를 목적어로 이끌며 to my wife는 전치사 to가 소유 형용사 my가 수식하는 wife(명사)를 목적어로 이끌어 방향을 나타내는 부사구를 두 가운데 앞의 동사 express를 수식한다. 전치사 for는 동명사구문들 cornpiling ... book과 suggesting ... written을 목적어로 이끌어 이유를 나타내는 부사구를 만들어 동사 express를 수식하는데 동명사 구문들인 compiling...book과 suggesting...written은 본래 문장들 She compiled the index of this book.와 She suggested her advice and encouragement while this book was being written.이었다. 이 2개의 문장들이 동명사 구문들이 되고 등위접속사 and가 그 2개의 동명사 구문들을 연결시킨 가운데 전치사 for가 그 동명사 구문들(즉 명사구들)을 목적어들로 이끌어 동사 express를 수식하게 된 것이다.

그 본래의 문장들은 문장 제3형식에 속하는 것들로서 compiling... 의 경우에 she는 주어가 되고 compiled는 술어가 되고 형용사인 관사 the가 수식하는 index(명사)는 완전타동사 compiled의 목적어가 된다(She compiled the index of this book.). 그리고 and로 이어진 suggesting... 의 경우에 역시 she는 주어가 되고 suggested는 술어가 되고 소유 형용사 her가 수식하는 advice(명사)와 encouragement는 등위접속사 and로 이어진 완전타동사 suggested의 목적어들이 된다(She suggested her advice and encouragement.). compiling... book과 suggesting... written의 구문들을 등위접속사 and가 대등하게 연결하고 있다. 그리고 while this book was being written은 동명사 suggesting의 동사의 특성을 수식하는 것으로서 종속접속사 while이 이끈 부사절인데 그것도 while을 제외하면 본래 문장 제 1형식의 문장이었다. 그 문장에서 지시형용사 this의 수식을 받은 book은 주어가 되고 was being written은 복합술어가 되는데 was는 3인칭 단수 과거 진행의 조동사가 되고 be동사의 현재분사로서 being은 피동태를 만드는 조동사가 되고 written은 완전타동사의 과거분사로서 본동사가 된다. 완전타동사의 과거분사가 본동사로서 be동사를 조동사로 하여 복합술어가 되면 완전자동사의 기능을 하기 때문에 그 복합술어가 들어 있는 그것의 문장은 제1형식에 속한다. 따라서 while this book was being written은 문장 1형식에 속하는 부사절이다.

이렇게 문법적으로 일일이 분석한 뒤에 나는 이 전체적인 긴 문장을 하나하나 해석해 나가면서 그것을 종합적으로 해석해 보았다.

(1) I am glad to A.
    (나는 A할 수 있기 때문에 기쁘다.)

(2) A = I can express my gratitude to my wife for B and C.
    (나는 B와 C에 대하여 나의 아내에게 감사하는 마음을 표현할 수 있다.)

(3) B = She compiled the index of this book.
    (그녀는 이 책의 색인을 편집했다.)

(4) C = She suggested her advice and encouragement while D.
    (그녀는 D하는 동안 그녀가 충고와 격려를 했다.)

(5) D = This book was being written.
    (이 책이 쓰여 지고 있었다.)

영문법정복 | 종합적인 해석

나는 (B절) = 나의 아내가 이 책을 편집한 것에 대하여 그리고 (D절) = 이 책이 쓰여지고 있는 동안에 (C절) = 그녀의 충고와 격려를 제시한 것에 대하여 (A절) = 나의 감사하는 마음을 그녀에게 표현할 수 있기 때문에 (본 절) = 나는 기쁘다.

나는 이렇게 29개의 단어들로 구성된 문장을 단어 하나도 빠짐없이 분석하고 "나는 나의 아내가 이 책을 편집한 것에 대하여 그리고 이 책이 쓰여지고 있는 동안에 그녀의 충고와 격려를 제시한 것에 대하여 나의 감사하는 마음을 그녀에게 표현할 수 있기 때문에 기쁘다."와 같이 완전히 해석한 것을 그 다음 날 영문법 시간에 오형식 선생에게 설명했다. 그는 내가 그 문장을 문법적으로 분석하고 의미상으로 해석하여 설명하는 것을 시종일관 엄숙하고 심각하고 성실한 자세로 나를 바라보며 귀를 기울였다.

나는 그의 그러한 태도에 나대로 어떤 종교적인 제식을 치르는 자세를 가졌다. 내가 설명을 다 끝내자 그는 한참 허공을 바라보았다가 상기된 얼굴로 "나는 지금까지 영어를 많은 학생들에게 가르쳐 보았지만 너 같은 학생은 처음 봤다. 너는 어떻게 내가 그 문장에 대하여 설명하고자 하는 그대로 조금도 다름 없이 할 수가 있느냐? 이건 참으로 감격스러운 일이 아닐 수 없다. 영어의 학습을 하는데 있어서 지금 네가 하는 방법이 가장 좋은 방법이다. 그 뿐이랴, 너는 덩달아 인생을 그렇게 알게 되는 것이다. 다시 말하면 너는 영어를 배운 것뿐만 아니라 인생을 어떻게 살 것인가에 대해서도 덩달아 배운 것이다. 네가 영어를 그렇게 철저하게 그리고 치열하게 대한다면 역시 너는 그렇게 철저하고 치열하게 인생을 대할 것이 아니겠는가? 한 마디로 산다는 것은 인생을 스스로 가르치고 스스로 배운다는 것이다.

선생(先生)은 그 한자(漢字)의 말 그대로 먼저 태어난다는 것이다. 먼저 태어나는 것은 인생을 먼저 배운다는 것이다. 배운다는 것은 또한 생각한다는 것이기에 선생은 인생을 먼저 제대로 생각했다는 것이다. 사람이 자기 자신의 선생이라고 생각한다면 그는 그 자신의 교주, 즉 하나님인 것이다. 한 사람이 우주에 태어나는 것은 그 우주를 배우고 그 우주를 알고 그 우주를 자신의 것으로 창조하기 위함인 것이다. 그가 죽는 것은 그 우주를 소멸시키는 것이다. 이상준, 네가 창조한 그 우주의 일부에 영어의 세계를 그렇게 완벽하고 아름답게 창조한 것에 나는 진심으로 탄복한다. 너는 앞으로 계속하여 너의 영어 세계를 더욱 크고 알찬 것이 되도록 너의 그 창조력과 운용력이 항상 너와 함께 하기를 바라마지 않는다.

구체적으로 말한다면 네가 지금 보여준 영어의 문장에 대한 문법적인 분석과 의미상의 해석을 꾸준히 계속하기를 너에게 당부한다. 아마도 네가 영어책 한 권만을 그렇게 문법적으로 분석하고 의미상으로 해석한다면 앞으로 다른 무수한 영어책들을 읽을 텐데 그것들은 너의 두뇌 속에서 무의식적으로 그리고 자동적으로 문법적으로 분석이 되고 의미상으로 해석이 될 것이다. 한 사람이 어느것 하나라도 정통하게 되면 다른 것들에도 동시에 그러한 달관성이 이어지는 법이다. 그리고 한 사람이 어떤 것을 정확히 아는 만큼 그것은 그의 정확한 한 세계를 이루어 주고 그리고 그만큼 알찬 삶이 되어 주는 것이다. 영국의 대 시인 존 키츠(John Keats)는 한 사람은 그가 아는 것에만 사는 것이 되고 그가 모르는 것에는 죽어 있는 것이 된다고 말했다. 사람은 알면 알수록 그만큼 크고 많고 풍요로운 삶을 사는 것이다. 이 세상에서 가장 많이 아는 사람이 가장 크고 가장 많고 가장 풍요로운 세상을 사는 것이다. 사람이 알 수 있는 것들 중에서도 말을 아는 것이 가장 중요한 앎인 것이다. 아니다. 말 그 자체가 인간 삶의 본질인 것이다. 왜냐하면 사람이 사는 것은 곧 생각하는 것이기 때문이다. 소크라테스는 생각이란 한 사람이 자기 자신에게 소리 없이 말하는 것이라고 했다. 그렇다면 사람은 말로 밖에 사람답게 살 수 없다는 결론이 나온다. 나머지는 말을 하기 위한 환경에 지나지 않는다.

프랑스의 철학자 데카르트가 말한 '나는 생각한다. 고로 나는 존재한다.(Cogito ergo sum.)'의 명제는 인간의 존재를 적절하게 표현한 것이다. 오늘날까지 서구의 문물을 주도해 온 양대 산맥은 헬레니즘(Hellenism)과 헤브라이즘(Hebraism)이다. 그 두 가지 것들의 원천이 바로 로고스(logos: 말)이다. 이 logos는 헬레니즘에서는 우주를 창조하고 운용하는 어떤 힘이라고 했고 헤브라이즘에서는 우주를 창조하고 운용하는 하나님의 말씀이라고 했다. 그렇다면 소우주라고 일컬어지는 인간도 말로 그의 소우주를 말로 창조하고 운용한다는 결론이 성립되는 것이다. 인간에게서 말을 배제한다면 인간 자체가 소멸되지 않을 수 없는 것이다."라고 나의 영어 실력에 감탄해 하면서 이와 같이 그의 인생철학을 펼쳤다.

오형식 선생은 나의 영어 학습이 제대로 되어 있는 것을 보고 축하의 말과 더불어 이러한 철학적인 말로 아직 정신 수준이 낮은 우리 학생들을 일깨우려고 애를 쓴 것 같았다. 그는 이전에도 자주 영어를 제대로 할 수 있다면 철학자, 즉 사상가가 된다고 말한 적이 있었지만 그 때는 그의 철학적인 말이 우리 학생들에게는 생소하게만 들렸는데 어느새 나는 나도 모르게 정신적으로 성장해 있었던 것이다.

그는 그렇게 자신의 영어 교수 방법이 우리 학생들에게 잘 적용되고 있다고 생각한 나머지 그 기쁨을 감추지 못하면서 "한 나라의 말을 배운다는 것은 그 나라의 정신을 배우는 것이기에 그 나라의 정신 수준을 따라가지 않으면 안 된다. 그래서 지금까지 나의 개똥철학을 너희에게 장광설로 말한 것이다."라고 말하여 우리 학생들을 정신적으로 격려해 주었다.

그는 영문법으로 돌아가 방금 우리가 배운 구두점에 의해서 분류된 문장들의 형태적 종류와 연이어 배운 접속사와 관계사가 이끄는 절들이 들어 있는 문장들의 구조적 종류의 문법에 맞추어 내친 김에 나머지 구두점의 용법에 대하여 설명하기 시작했다. 영어의 구두점은 지금 방금 배운 영어 문장의 시작과 끝을 알리는 것과 영어 문장 속에서 단어와 단어, 구와 구, 그리고 절과 절을 접속시키는 것이 있다. 그러한 구두점들은 쓰여진 영어(written English)에서 접속요소들이 된다. 그는 구두점을 전체적으로 정리해 주었다.

영문법정복 | 구두점의 용법

1. 문장의 시작과 끝을 알리는 구두점

(1) 문장을 시작하는 것　 : 대문자(capital letter)
(2) 평서문장을 끝내는 것 : 종지 부호 (.)
(3) 의문문장을 끝내는 것 : 의문 부호 (?)
(4) 명령문장을 끝내는 것 : 종지 부호 (.) 혹은 감탄 부호 (!)
(5) 감탄문장을 끝내는 것 : 감탄 부호 (!)

이 시작과 끝을 알리는 보기들은 이미 앞의 4구조들(four structures)에서 설명한 것과 같기 때문에 여기서 그 보기들을 생략한다.

2. 문장 속에서 단어와 단어, 구와 구, 절과 절, 그리고 문장과 문장을 접속시키는 구두점들은 접속요소들(connective elements) 중에서 순수 접속요소들(pure connective elements)에 속한다.

(1) 쉼표(comma) : (,)

   1) 등위접속사의 역할 : and, or, but, so, for의 역할을 한다.

     I drink coffee, milk, and tea everyday.

     (나는 커피, 우유, 그리고 차를 매일 마신다.)

     ☞ coffee와 milk 사이의 쉼표는 등위접속사 and의 역할을 한다.

     I drink coffee, milk, or tea everyday.

     (나는 커피, 우유, 혹은 차를 매일 마신다.)

     ☞ coffee와 milk 사이의 쉼표는 등위접속사 or의 역할을 한다. 위의 예문들을 비교하면 문맥으로 보아 쉼표가 자연히 어떤 역할을 하는가를 금방 알게 되어 있다.

   2) 경계선의 역할 : 긴 주부와 서술부 사이, 종속 구문과 본문 사이, 접속사 앞 그리고 문법적으로 중요한 구문 앞에 쓰인다.

     The woman walking along the river looking down upon the ground, seems to be in agonies of pain.

     (땅을 바라보며 강가를 걷고 있는 그 여인은 괴로움에 몸부림치고 있는 것 같다.)

     ☞ ground와 seems 사이의 쉼표는 긴 주어부 the woman walking along the river looking down upon the ground 때문에 온 것이다.

     When I was a boy, I liked to go fishing with my friends.

     (내가 소년이었을 때 나는 나의 친구들과 함께 고기 잡으러 가는 것을 좋아했다.)

     ☞ boy와 I 사이의 쉼표는 종속 구문 When I was a boy와 본문 I liked... friends 사이의 경계선을 나타낸다.

   3) 삽입구문의 역할 : 수식적 삽입구문과 동격적 삽입구문

     The soldier, badly wounded, was carried to the field hospital.

     (심하게 부상당한 그 병사는 야전 병원으로 옮겨졌다.)

     ☞ badly wounded는 그것 앞과 뒤의 쉼표들이 삽입구문임을 알리며 그것은 형용사적 수식 삽입구문으로서 앞의 명사 soidler를 수식한다.

Mr. Smith, my English teacher, came to my home yesterday.
(나의 영어 선생인 스미스 씨가 어제 나의 집에 왔다.)

☞ my english teacher는 그것 앞과 뒤의 쉼표들이 삽입구문임을 알리며 그것은 앞의 주어 Mr. Smith 와 동격, 즉 주어로서의 자격을 갖고 있다.

» I drink coffee, milk, and tea everyday.

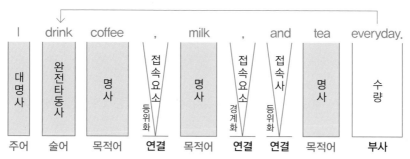

(나는 커피, 우유, 그리고 차를 매일 마신다.)

오형식 선생은 이것으로서 영어의 구두점 중에서 가장 많이 쓰이는 쉼표의 용법을 완전히 설명했다. 우리 학생들이 놀라지 않을 수 없었던 것은 그렇게 작은 점 꼬리(,)가 이렇게 용법이 복잡하고 많으리라는 생각을 할 수가 없었기 때문이다. 그러나 그는 우리 학생들을 안심시켜 주려는 뜻으로 "이 작디작은 쉼표가 이렇게 복잡하리라는 것을 이제서야 알게 되어 당황하는 것 같은데 무엇이나 아무리 복잡해도 그것을 체계 있게 정리하여 그것만 알고 있으면 오히려 그것은 너희에게 의외로 쉽고 자유로운 것이 되는 것이다.

왜냐하면 무엇이나 '이것뿐' 하고 구분을 짓고, 그래서 '이것만' 하면 되기 때문이다. 내가 너희에게 당부하는데 항상 어떤 것을 알려고 할 때에는 그것을 구성하는 것들을 하나도 빠짐없이 망라하여 체계적으로 정리하고 이것만 하면 된다는 것을 명심하면 되는 것이다."라고 우리 학생들에게 일러주었다. 그의 그 모습은 전에도 말했듯이 예수가 그의 제자들에게 사랑으로 '내가 너희에게 이르노니' 하고 제자들을 기어이 그의 말을 알게 하려는 태도와 같았다.

오형식 선생은 쉼표의 용법을 이렇게 자세히 그러면서도 체계적으로 설명해주었기 때문에 우리 학생들은 이 쉼표의 용법만 알면 되겠다고 생각하고 있는데 그는 넌지시 웃으며 "이왕에 쉼표의 용법을 다 마치는 마당에 한 가지 것만 덧붙이면 되겠다. 영어에서는 동격구문이 많이 나오는데 쉼표로 유도되는 동격 구문을 마저 내친 김에 여기서 다루겠다."라고 말하여 우리 학생들은 정말 말릴 수 없는 선생임을 다시 확인하게 되었다.

동격(同格)은 적어도 두 가지 것들이 있어서 서로 같은 자격을 갖고 있다는 것이다. 그래서 동격이 성립되기 위해서는 다음과 같은 세 가지 조건들이 있고 그것들이 충족되어야 한다. 첫째로 부연받는 것과 부연하는 것이 있어야 한다. 둘째로 그 두 가지 것들이 문법적인 기능이 같아야 한다. 셋째로 그 두 가지 것들이 뜻이 거의 같아야 한다.

영문법정복 | 구두점의 동격 구문의 용법

(1) 동격의 관계
1) **능동 동격 구문 : 피동 동격 구문 뒤에 위치하여 그 피동 동격 구문을 부연한다.**

2) **피동 동격 구문 : 능동 동격 구문 앞에 위치하여 그 능동 동격 구문에 의해 부연된다.**
Mr. Smith, my English teacher, came to my home yesterday.
(나의 영어 선생님인 스미스씨는 어제 우리집에 왔다.)
☞ 이 문장에서 동격의 관계는 Mr. Smith, my English teacher로 이루어져 있다. 앞뒤의 쉼표들 사이에 든 my English teacher가 능동 동격 구문인데 왜냐하면 이 구문이 부연을 능동으로 하기 때문이다. 그래서 앞의 피동 동격 구문인 Mr. Smith가 주격인데 그것(Mr. Smith)을 my English teacher가 같은 주격으로 부연하고 있다. 스미스씨(Mr. Smith)가 누구인가 하면 나의 영어 선생님(my English teacher)이라고 my English teacher가 Mr. Smith를 부연하고 있다.

(2) 동격 구문의 종류
1) **명사적 동격 구문 : 명사적 능동 동격 구문이 명사적 피동 동격 구문을 부연한다.**
The whale, an animal living in the sea, looks like a huge fish.
(바다 속에서 사는 한 동물인 고래는 한 마리 거대한 물고기 처럼 보인다.)
☞ 여기서 동격 관계는 the whale, an animal living in the sea로 이루어지는데 능동 동격 구문인 an animal living in the sea가 피동 동격 구문인 명사 구문 the whale을 부연하고 있다.

2) **형용사적 동격 구문 : 형용사적 능동 동격 구문이 형용사적 피동 동격 구문을 부연한다.**
He is very clever, very cunning, in a sense
(어느 의미에서는 그는 대단히 영리한데, 즉 대단히 교활한 것이다.)
☞ 여기서 동격 관계는 very clever, very cunning으로 이루어지는데 능동 동격 구문인 형용사 (very) cunning이 피동 동격 구문 형용사인 (very) clever를 부연하고 있다.

3) **동사적 동격 구문 : 동사적 능동 동격 구문이 동사적 피동 동격 구문을 부연한다.**

He shows, behaves, himself as a fine gentleman.

(그는 훌륭한 신사로서 자신을 보여주고, 즉 행동하고 있다.)

☞ 여기서 동격 관계는 shows, behaves로 이루어지는데 능동 동격 구문인 동사 behaves가 피동동 격 구문 동사 shows를 부연하고 있다.

4) **부사적 동격 구문 : 부사적 능동 동격 구문이 부사적 피동 동격 구문을 부여한다.**

He works very hard, very dilligently, everyday.

(그는 매일 대단히 열심히, 즉 대단히 부지런하게 일한다.)

☞ 여기서 동격 관계는 very hard, very diligently로 이루어지는데 능동 동격 구문인 부사 구문인 very diligently가 피동 동격 구문인 부사 구문 very hard를 부연하고 있다.

5) **문장적 동격 구문 : 문장적 능동 동격 구문이 문장적 피동 동격 구문을 부연한다.**

We must attack the rocky fort in the darkness, it is a dangerous mission.

(우리는 그 바위투성이의 요새를 어두움 타 공격해야 하는데 그것은 위험한 임무이다.)

☞ 여기서 동격 관계는 We must attack the rocky fort in the darkness의 문장과 It is a dangerous mission의 문장으로 이루어지는데 능동 동격 구문인 문장 It is a dangerous mission이 피동 동격 구문인 문장 We must attack the rocky fort in the darkness 를 부연하고 있다. 그런데 능동 동격 구문인 문장에서 it is가 생략되어 그것은 일종의 매달린 구문(dangling expression)이 된다. 이러한 구문들은 Time지와 같은 고급 영문 잡지에서 잘 쓰이고 있다. 위의 피동동격 구문과 능동동격 구문 은 뜻이 같은데 즉 앞 문장의 뜻인 '야음을 타 바위투성이의 요새를 공격해야 하는 것' 은 뒤의 문 장의 뜻인 '위험한 임무' 와 같은 것이다.

▶▶ Football, his only interest in life, makes him happy.

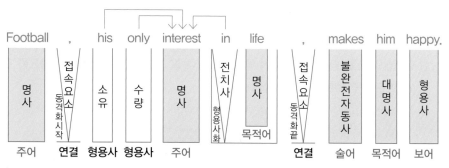

(그의 삶에 있어 유일한 취미인 축구는 그를 행복하게 한다.)

(3) 세미콜론(semi-colon) : (;)

1) 등위접속사의 역할 : comma의 등위접속사의 역할과 거의 같지만 접속시키는 구문들이 길거나 복잡할 때 쓰인다.

A fool babbles continuously; a wise man holds his tongue.

(어리석은 사람은 계속 조잘대고 현명한 사람은 말을 삼가한다.)

☞ 여기서 semi-colon은 긴 문장 둘을 but의 뜻으로 접속시킨다.

2) 경계선의 역할 : 접속사 앞에 와 그 접속사가 이끄는 절의 경계선을 확연하게 한다.

You persistently insist upon his going to the convention as our delegate; but I cannot accept such a persistent insistence of yours.

(당신은 끈질기게 그가 우리들의 대표로서 그 회합에 갈 것을 주장하지만 그러나 나는 당신의 그러한 끈질긴 주장을 받아들일 수 없다.)

☞ 여기서 semi-colon은 but이 이끄는 절의 경계를 확연히 하는 것뿐이다.

>> He is a man of learning ; he is a fool.

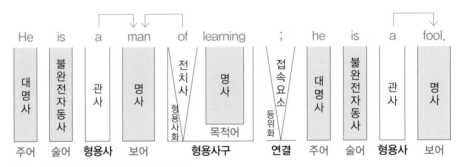

(그는 학식은 있지만 어리석은 사람이다.)

(4) 줄표(dash) : (-)

1) 경계선의 역할 : 쉼표의 경계선의 역할과 같으나 잘 쓰이지 않는다. 그러나 중요한 구문 앞에 그 구문을 강조할 때 특히 잘 쓰인다.

To write imaginatively, one needs-imagination.

(상상력 있게 글을 쓰기 위해서는 상상력을 필요로 한다.)

☞ 여기서는 완전타동사 needs의 목적어가 imagination인데 그 앞에 dash(-)를 놓아 그 목적어를 강조한다.

2) 삽입구문의 유도 : comma의 삽입구문 유도와 같다. 그래서 수식적 삽입구문과 동격적 삽입구문을 유도하나 comma보다는 그렇게 많이 쓰이지 않는다.

Two of our party_Tom and Fred_were late.

(우리 측의 두 사람들_톰과 프레드_가 지각했다.)

여기서 dash는 Tom and Fred의 구문을 앞의 주어 two(주격)에 동격이 되게 한다.

The crowd in the square—coming together from many places—were not able to keep the order needed in the meeting.

(그 광장에 모인 군중들은 많은 지역에서 모여 왔는데 그 모임에 필요한 질서를 지킬 수 없었다.)

☞ 여기서 dash와 dash 사이에 있는 분사구문은 형용사구로서 삽입구문이 되어 주어 crowd(명사를 수식하는 것이다.

3) 단어의 첫 글자만 내세우고 나머지 글자들을 생략할 때 : 단어를 다 쓰면 품격이나 격식이 약화될 우려가 있을 때에 쓰인다.

Go to h—!

(뒈져라!)

☞ 여기서 h— 는 hell(지옥)의 생략형이다.

➤➤ The book—written in haste—reads well.

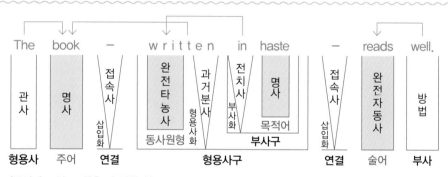

(급하게 쓰인 그 책은 잘 읽힌다.)

(5) 콜론(colon) : (:)

1) 인용구문 유도

She said : "I am happy."

(그녀는 "나는 행복해요" 라고 말했다.)

☞ 여기서 인용구문인 "I am happy." 는 일종의 명사 상당어의 역할을 하여 완전타동사 said의 목적어의 기능을 한다.

2) 동격 구문을 유도

He does only two things everyday : eating and sleeping.

(그는 매일 두 가지 것들만, 즉 먹고 자는 것만 한다.)

☞ 여기서 colon은 동명사들인 eating and sleeping을 완전타동사 does의 목적어인 things를 부연하는 동격 구문이 된다.

3) 설명 구문 유도

He went to bed early : he had overworked in the daytime.

(그는 일찍 잠자리에 들었다. 왜냐하면 그는 낮 동안에 과로했기 때문이다.)

☞ colon 뒤의 문장의 복합술어 had overworked가 과거 완료 시제로서 앞의 문장의 과거 시제의 술어 went보다 시간상으로 앞서기 때문에 앞의 행동인 had overworked가 뒤의 행동인 went를 설명하고 있다.

➤➤ John is a fine gentleman : he is well educated.

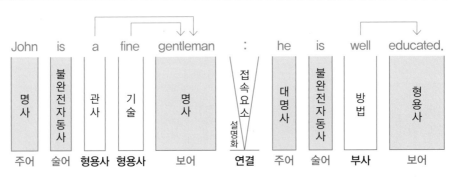

(존은 훌륭한 신사다. 그것은 그가 교육을 잘 받았다는 것이다.)

이렇게 하여 오형식 선생은 영어의 구두점(punctuation)을 완전히 설명하고서는 "이제 너희들은 영어의 구두점에서는 완전한 지식을 확보한 것이다. 그러나 말이야, 몇 가지 빠트린 것들이 있는 것 같아 여기서 마저 짚고 넘어가겠다.

구두점에서 문장의 종료를 나타내는 종지 부호가 영어로 period인데 이것과 점(point 혹은 dot)과는 형태는 우연히 같지만 그 뜻들은 다르다. 즉 점은 한 단어를 축약하는데 쓰인다. 예컨대, company라는 단어를 축약하면 com. 또는 co.가 된다. Number를 축약하면 No.가 되고 station을 축약하면

stn. 그리고 이러한 점(dot) 이… 와 같이 세 개가 연속되면 문장속에 한 단어나 그 이상의 단어들이 생략된 것을 의미한다." 라고 구두점에 대하여 종지 부호를 찍었다.

나는 점과 같은 것들에 이렇게 의미들이 많이 포함되는 것을 경이의 눈으로 바라보았다. 또한 그것들도 오형식 선생이 요점을 잡아 체계 있게 설명해 주어 나는 그가 말한 대로 구두점에 대해서도 '이것뿐(그래서), 이것만' 알고 있으면 만사형통이라는 것을 알았다. 그리고 그것들을 체계 있게 나의 머리 속에 정리해 두었더니 어떤 영문법 규칙들 못지 않게 쓸모가 굉장히 크다는 것을 알게 되었다. 왜냐하면 이 구두점을 완전히 알게 되자 나는 영어로 글을 쓰고 싶은 생각이 절로 났기 때문이다. 그래서 나는 이 구두점에 대한 설명을 들은 날 집에 와서 아침을 먹고 복습을 한 뒤에 그날 밤 나는 처음으로 영어로 그 날 일기를 써보았다. 그 내용은 다음과 같은 것 이었다.

I got up at six o'clock in the morning, I washed my hands and face, I brushed my teeth, I went to TG English Institute to learn English grammar, I learned the English puncluation from Mr, Hyung Sik O, my English teacher, He taught me the complex rules of the English punctuation so well that I learned them very easily and completely.

And I came back home. After I had my breakfast, I studied the rules again and again. At last, I knew them perfectly. After I had finished it, I had my lunch. I read the English book of *Fitty Famous Stories* in the afternoon. I ate the bread made by my mother for the supper. And then, I went down to the downtown streets for a walk. I met an American soldier; and I asked him the time, testing my English. I was very glad that he understood my English and told me the correct time.

The summer night was very hot. I looked up to the dark sky. How beautiful the stars were! After I came back home, I want to bed at ten o'clock in the night. Just at night, I somehow wanted to write something in English. I began to write a diary for the day.

이렇게 상당히 긴 일기를 영어로 써놓고 보니 내가 스스로 생각해도 꿈만 같은 영어 문장들이 그 일기 속에 제대로 들어와 있었다. 이것은 기적이었다. 단 3주 전만 하더라도 영어에 있어서 일자무식이었던 내가 아니었던가? 나는 온 세상을 다 정복한 것 같은 기분이었다. 마음먹고 하면 된다는 말은 많이 들었지만 이제야 나에게 그런 능력이 발휘된 것이다.

나는 다음날 아침 문법 시간 이전에 그런 능력을 갖는데 도움을 준 오형식 선생에게 자랑 삼아 그 영문 일기를 보여 주었다. 그는 나의 영문 일기를 몇 번이나 자세히 살펴 읽었다. 그는 역시 내가 예상했던 것처럼 기뻐하면서 칭찬을 아끼지 않았다.

그는 무척이나 상기된 얼굴로 말했다. "참 자랑스럽다. 네가 여기 오기 전에는 영어 한 자 쓰기는 커녕 읽을 줄도 몰랐지 않았느냐! 그랬던 네가 이렇게 훌륭한 영문 일기를 쓰다니 이건 기적이다. 아마도 영국이나 미국의 너 또래 아이들도 이렇게 문법적으로 하나도 틀리지 않고 앞뒤가 맞게 쓰지는 못할 것이다. 대단하다, 대단해! 몇 번을 내가 너에게 복잡하고 어려운 영문을 써주어 집에서 연구해 오라고 한 것도 너끈히 잘해 왔는데, 이제는 네가 스스로 영문을 쓰기 시작했구나! 내가 잘 가르쳐서 그런지, 아니면 네가 어학에 소질이 있어서 그런지, 좌우간 나는 너와 같은 제자를 둔 것에 보람을 느낀다. 이래서 선생 노릇이 인간 사회에서 가장 해볼만한 직업이겠지. 모르면 모르되 너는 장차 훌륭한 학자가 되든지 문필가가 되든지 할 것이다."라고 나는 분에 넘친 칭찬을 그에게서 받았다.

나도 화답이라도 하듯이 "감사합니다, 선생님. 이 모두가 선생님께서 저희를 그렇게 자상하게 가르쳐 주신 덕분입니다. 더욱이 이번에 가르쳐 주신 영어의 구두점을 배우고 나니 영어 문장들이 어떻게 해서 이어져 하나의 글이 되고 크게는 한 권의 책이 되는가를 절실히 깨달았습니다. 전에는 영어의 문장들을 보면 그래도 단어들이 줄지어 있기 때문에 그렇게 글이 되고 책이 되는가 하고 막연히 생각은 할 수 있었지만 그 아주 작은 점과 같은 것들이 문장들의 가닥을 잡게 하고 연결시켜 그렇게 글이 되고 책이 된다는 것을 알게 되자 자연히 글을 한 번 써보고 싶은 생각이 들었습니다. 그리고 선생님께 영문법을 그렇게 체계적으로 배웠으니 앞뒤가 맞게 글을 쓸 수 있게 된 것 같습니다."라고 즐거운 표정으로 말했다.

오형식 선생은 나의 말을 빙그레 웃으면서 들은 뒤에 "그렇다, 정말 네 말대로 구두점은 문장의 틀이 되게 하기에 그 틀을 짜놓고 문법에 따라 단어들을 맞추어 놓으면 문장이 된다. 네가 그 원리를 용케도 스스로 터득했구나! 다른 아이들 같으면 그까짓것 글자도 아니고 단어도 아니고 문장도 아닌데 하고 지나쳐 갈 것을 너는 그 작은 구두점들에서 문장의 구조 의식을 얻었으니 정말 대단하다. 성경 속에 이런 말이 있다. '극히 작은 것에 충성되지 못하면 큰 일에도 충성되지 못하고, 극히 작은 일에 의로우면 큰일에도 의롭게 된다.' 나는 이 성경의 말을 나의 좌우명으로 삼고 있다."고 말하면서 계속해서 "그래서 내가 가장 존경하는 사람이 윤봉길 의사이다. 그는 약관 17, 8세 때 농촌 계몽 운동을 시작했다. 우리나라가 일본에 먹힌 것이 무지, 즉 교육을 받지 못해 일어난 현상이라고 생각하고 그 나이에 스스로「농민독본」이라는 계몽서를 만들어 무식한 농민들을 깨우치려고 했던 것이다. 그 책 속에 앞에서 말했듯이 나의 좌우명으로 삼은 성경 말씀과 같은 것이 있는데 그것은 '1원을 업신여기는 사람은 그 1원 때문에 곤경에 빠질 수 있다.'라는 글이다. 그러한 철두철미한 정신을 갖고 있었기에 자연히 극히 작은 일에 의로우면 큰일에도 의롭다는 생각을 굳혀 위로는 부모님을 모시고, 옆으로는 아리따운 아내와 함께 하고, 아래로는 귀여운 아들딸을 둔 그 유복한 삶을 뒤로 하고 장부출가생불환(丈夫出家生不還)의 유서를 남기고 중국으로 망명하여 의로운 거사를 단행하여 조국을 위해 스스로를 의롭게 희생시켰던 것이다."라고 비장한 표정으로 말해 주었다. 나는 그의 말을 듣고 그를 더욱 존경하게 되었다.

　오형식 선생은 내가 스스로 영어로 글을 문법적으로 하나도 틀림없이 쓴 것에 더욱 의욕을 갖고 우리 학생들을 대하였다. 그는 영어 문장이 알파벳의 대문자로 시작하는 기능, 그리고 문장이 끝나는 구두점들인 종지 부호, 의문 부호 혹은 감탄 부호의 구두점의 기능들, 그리고 문장 속에서 쉼표, 줄표, 세미콜론, 콜론이 사용되는 기능들을 다 알게 되었으니 다음 시간에는 그것들의 기능에 힘입어 단어들이 이렇게 저렇게 모여 문장이 될 때 그 단어들이 어떤 방법으로 자리 잡고 있는지 그것들의 자리 잡음의 순서, 즉 어순(語順 : word order)에 대하여 공부할 것이라고 했다.

안하는 마음

안하는 것이 좋고
해서는 안되는 것을
남들이 한다고 해서
자신에게 편리하고 유리하니까
하는 사람은
작은 마음의
작은 사람으로 살다가 죽을 수밖에 없다.
하는 것이 좋고
해야 하는 것을
남들이 안 한다고 해서
자신에게 편리하고 유리하니까
안하는 사람은
좁은 마음의
좁은 사람으로
살다가 죽을 수밖에 없다.

16

문장 5형식들을 어순(語順)과 관련시켜 다시 철저히 배워 영어를 모국어로 쓰는 사람보다 영어의 문장을 더 잘 알다

영어의 어순(word order)을 놓고 보아도 역시 문장의 중심인 동사가 결정적인 역할을 한다. 즉 동사는 문장의 주요소로서 그것 앞에 주어를 서술하고 그것 뒤에 동사의 종류에 따라 주요소를 하나도 이끌지 않거나, 보어를 이끌거나, 목적어를 이끌거나, 간접목적어와 직접목적어를 이끌거나, 그리고 목적어와 보어를 이끌거나 한다. 이러한 위치 선정은 결국 문장 5형식들의 위치 선정이 되고 만다. 그렇게 위치가 선정된 문장의 주요소들을 형용사적으로 아니면 부사적으로 수식하기 위해서 그 주요소들의 앞이나 뒤에 수식어, 수식구, 그리고 수식절이 위치하여 수식함으로서 그 수식어, 구, 절의 위치 선정이 되는 것이다. 이러한 문장의 위치 선정은 정치(定置 : the right word order)라고 불리어진다.

영문법정복 | 문장 5형식들의 위치 선정

1. 주어를 수식하는 수식어, 수식구, 그리고 수식절의 위치 선정

(1) 주어를 수식하는 수식어의 위치 선정

1) 형용사가 주어(명사) 앞에 와서 그 주어를 수식한다.

Many little boys played joyfully.

(많은 작은 소년들이 즐겁게 놀았다.)

☞ 형용사 many와 little이 주요소인 주어 boys를 그것 앞에 위치를 선정하여 수식한다. 이 문장은 제 1형식에 속한다.

2) 형용사가 주어(대명사) 뒤에 와서 또는 부사가 형용사 상당어가 되어 주어(명사 혹은 대명사) 뒤에 와서 그 주어를 수식한다.

Something wonderful was waiting for many little boys.

(어떤 좋은 일이 많은 작은 소년들을 기다리고 있었다.)

☞ 형용사 wonderful이 주어 something(대명사)을 수식한다. 이 문장은 제1형식에 속한다.

Many little boys there played joyfully.

(거기에 있었던 많은 작은 소년들은 즐겁게 놀았다.)

☞ 부사 there가 형용사 상당어가 되어 주어 boys(명사)뒤에 와 그것을 수식한다. 이 문장은 제1형식에 속한다.

Someone there is staring at me.

(저기 어떤 사람이 나를 응시하고 있다.)

☞ 부사 there가 형용사 상당어가 되어 주어 someone(대명사) 뒤에 와 그것을 수식한다. 이 문장은 제1형식에 속한다.

» Such inventions have made food plentiful and cheap.

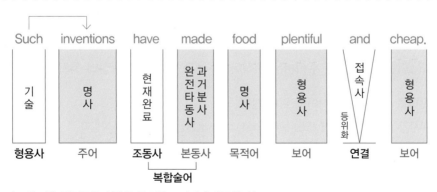

(그와 같은 발명들은 식량을 풍요롭고 값싸게 만들었다.)

(2) 주어를 수식하는 수식구의 위치 선정

형용사구가 주어(명사 혹은 대명사) 뒤에 와서 그 주어를 수식한다.

Many little boys in the room played joyfully.

(그 방 안에 있었던 많은 소년들이 즐겁게 놀았다.)

☞ 형용사구 in the room이 주어 boys를 그것 뒤에 위치를 선정하여 수식한다. 이 문장은 제1형식에 속한다.

(3) 주어를 수식하는 수식절의 위치 선정

형용사절이 주어(명사 혹은 대명사) 뒤에 위치를 선정하여 수식한다.

Mary little boys that I liked played joyfully.

(내가 좋아했던 많은 작은 소년들이 즐겁게 놀았다.)

☞ 형용사절 that I liked는 주어 boys를 그것 뒤에 위치 선정하여 수식한다. 이 문장은 제1형식에 속한다.

≫ Those who help others help themselves.

(다른 사람들을 돕는 사람은 스스로 자신을 돕는 것이다.)

2. 술어 또는 복합술어를 수식하는 수식어, 수식구, 그리고 수식절의 위치 선정

(1) 술어를 수식하는 수식어의 위치 선정

부사가 술어 앞에 와서 또는 뒤에 와서 그 술어(완전자동사)를 수식한다.

Many little boys usually played joyfully.

(많은 작은 소년들이 대체로 즐겁게 놀았다.)

☞ 부사 usually가 술어 played를 그것 앞에 와서 그리고 부사 joyfully가 술어 played를 그것 뒤에 와서 수식한다. usually와 같은 빈도 부사는 동사 앞에서 그리고 joyfully와 같은 방법의 부사는 동사 뒤에서 동

사를 수식하게 된다. 이 문장은 제1형식에 속한다.

(2) 술어를 수식하는 수식구의 위치 선정

부사구가 술어 뒤에 혹은 앞에 와서 그 술어를 수식한다.

Many little boys at all times plyed joyfully in the room.

(많은 작은 소년들이 언제나 그 방 안에서 즐겁게 놀았다.)

☞ 부사구 at all times가 술어 piayed를 그것 앞에 와서, 그리고 부사구 in the room이 술어 played를 그것 뒤에 와서 수식한다. 이 문장은 제1형식에 속한다.

(3) 술어를 수식하는 수식절의 위치 선정

부사절이 술어 뒤에 혹은 앞에 와서 그 술어를 수식한다.

Many little boys played joyfully in the room while I was watching them. While I was watching them, many little boys played joyfully in the room.

(많은 작은 소년들이 내가 그들을 바라보고 있는 동안 그 방 안에서 즐겁게 놀았다.)

☞ 위의 두 문장들에서 하나는 부사절 while I was watching them이 술어 played 뒤에 와서 그 술어를 수식하고 다른 하나는 부사절 while I was watching them이 술어 played 앞에 와서 그 술어를 수식한다. 이렇게 부사절이 동사 앞에 와서 수식하는 것은 본래 동사 뒤에서 수식한 것인데 그렇게 앞으로 도치된 것이다. 이 문장은 제1형식에 속한다.

>> He was out when we called.

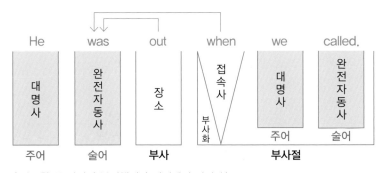

(그는 한 쪽 다리가 불편했지만 경기에서 이겼다.)

3. 보어를 수식하는 수식어, 수식구, 그리고 수식절의 위치 선정

(1) 보어를 수식하는 수식어의 위치 선정

1) 보어가 명사일 경우에 형용사가 그 보어 앞에 와서 그 보어를 수식한다.

Many little boys proved brave children.

(많은 작은 소년들은 용감한 어린이들로 판명되었다.)

☞ 형용사 brave가 보어 children(명사) 앞에 와 그 보어를 수식한다.. 이 문장은 제2형식에 속한다.

2) 보어가 대명사일 경우에 형용사(혹은 부사에서 온 형용사 상당어)가 그 보어 뒤에 와서 그 보어를 수식한다.

Many little boys turned out something important to their country.

(많은 작은 소년들이 그들 나라에 중요한 어떤 존재로 나타나게 되었다.)

☞ 형용사 important가 보어 something(대명사) 뒤에 와 그 보어를 수식한다. 이 문장은 제2형식에 속한다.

3) 보어가 형용사일 경우에 부사가 그 보어 앞에 와서 그 보어를 수식한다.

Many little boys proved very brave.

(많은 작은 소년들이 대단히 용감한 것으로 증명이 되었다.)

☞ 부사 very가 보어 brave(형용사) 앞에 와 그 보어를 수식한다. 이 문장은 제2형식에 속한다.

≫ He was lightly ill for a while.

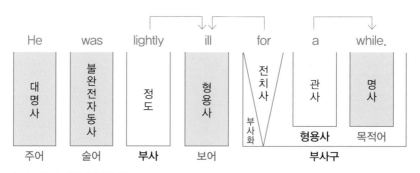

(그는 잠시 가볍게 앓았다.)

(2) 보어를 수식하는 수식구의 위치 선정

1) 보어가 명사일 경우에 형용사구가 그 보어 뒤에 와서 그 보어를 수식한다.

Many little boys proved the children of braveness.

(많은 작은 소년들이 용감한 어린이들로 증명이 되었다.)

☞ 형용사구 of braveness가 보어 children(명사) 뒤에와 그 보어를 수식한다. 이 문장은 제2형식에 속한다.

2) 보어가 대명사일 경우에 형용사구가 그 보어 뒤에 와서 그 보어를 수식한다.

Many little boys turned out something of great importance to their country.

(많은 작은 소년들이 그들 나라에 매우 중요한 어떤 존재로 나타나게 되었다.)

☞ 형용사구 of great importance가 보어 something(대명사) 뒤에 와서 그 보어를 수식한다. 이 문장은 제 2형식에 속한다.

3) 보어가 형용사일 경우에 부사구가 그 보어 뒤에 와서 그 보어를 수식한다.

Many little boys proved brave in their behaviors.

(많은 작은 소년들이 그들의 행동에서 용감함을 증명했다.)

☞ 부사구 in their behaviors가 보어 brave(형용사) 뒤에 와 그 보어를 수식한다. 이 문장은 제2형식에 속한다.

➤➤ The publisher is proud to present this book.

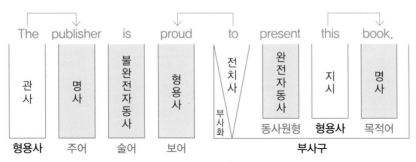

(그 출판사는 이 책을 펴내는 것을 자랑스러워한다.)

(3) 보어를 수식하는 수식절의 위치 선정

1) 보어가 명사일 경우에 형용사절이 그 보어 뒤에 와서 그 보어를 수식한다.

Many little boys were the children who behaved themselves more bravely than other big boys.

(많은 작은 소년들이 다른 큰 소년들보다 용감하게 행동한 어린이들이었다.)

☞ 형용사절 who behaved themselves more bravely than other big boys가 보어 children(명사) 뒤에 와 그 보어를 수식한다. 이 문장은 제2형식에 속한다.

2) 보어가 대명사일 경우에 형용사절이 그 보어 뒤에 와서 그 보어를 수식한다.

Many little boys that helped us were those who helped many poor people.

(우리들을 도왔던 많은 작은 소년들이 많은 가난한 사람들을 도운 사람들이었다.)

☞ 형용사절 who helped many poor people이 보어 those(대명사) 뒤에 와 그 보어를 수식한다. 이 문장은 제2형식에 속한다.

3) 보어가 형용사일 경우에 부사절이 그 보어 뒤에 와서 그 보어를 수식한다.

Many little boys were glad that they behaved themselves more bravely than other big boys.

(많은 작은 소년들이 다른 큰 소년들보다 더 용감하게 행동한 것에서 기뻐했다.)

☞ 부사절 that they behaved themselves more bravely than other big boys가 보어 glad(형용사)) 뒤에 와 그 보어를 수식한다. 이 문장은 제2형식에 속한다.

》》 I am satisfied that you have come on time.

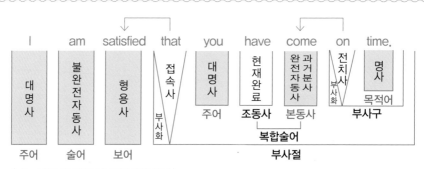

(나는 네가 제 때에 온 것에 만족한다.)

오형식 선생은 여기까지 문장 제1형식과 문장 제2형식의 주요소들을 수식하는 수식어, 수식구, 그리고 수식절을 집요할 정도로 자세히 다루고서 숨을 고르면서 "이제 문장 3형식과 문장 4형식과 문장 5형식의 주요소들을 수식하는 수식어, 수식구, 그리고 수식절의 위치 선정을 공부하겠다. 지루할는지 모르지만 이와 같이 일종의 훈련 형식으로 공부를 하면 그것은 일생 동안 우리들의 영원한 반려자가 되는 것이다. 그리고 중간 중간 적절한 예문들을 도식화하는 것은 학생들의 구문분석의 능력을 늘리고자 함이다. 그리고 영어의 완전한 습득은 이와 같은 구문분석에 대한 능력의 확보인 것이다."라고 말하여 우리 학생들의 인내심을 갖도록 격려했다. 그렇다. 인내심이야 말로 인생이라는 큰 문장에서 하나의 큰 주요소가 아닐 수 없는 것이다.

사람은 잘못 살아도 그것을 견뎌내야 하는 인내심이 있어야 하고 잘 살아도 그렇게 잘 살기 위한 인내심이 있어야 한다. 그렇다면 사람이 산다는 것은 인내심을 갖는다는 것이 된다. 데카르트의 명제 '나는 생각한다. 고로 나는 존재한다.'는 '나는 인내심을 갖는다. 고로 나는 존재한다.'의 명제로 바꿔 말할 수도 있을 것이다. 사람은 생각하기 시작하면서 인내심을 갖게 되는 것이다. 오직 사람만이 인내심을 갖는다. 다른 동물들은 고통스러운 처지에 있으면 인내심 없이 다만 동물적인 즉 생물학적인 기계 작용인 본능만이 발동될 뿐인 것이다.

오형식 선생은 인내심의 표본과 같은 존재였다. 영문법반이 시작한 이래로 정성, 성실, 자상함, 자세함, 그리고 무엇보다 다른 사람에 대한 배려를 일관되게 견지해 온 것이 아닌가. 배운다는 것은 다른 말로 인내심을 갖는다는 것이다. 배우는 것은 곧 가르치는 것이 되기 때문에 가르치는 선생이나 배우는 학생이나 다 똑같은 인내심을 갖는다는 것이 된다.

모르는 사람을 가르칠 때 인내심을 갖지 않으면 그 성과 또는 결과는 없을 것이다. 마찬가지로 아는 사람에게서 모르는 것을 배울 때 역시 인내심을 갖지 않으면 그 성과 또는 결과는 없을 것이다. 오형식 선생에게서 영어를 배우면서 동시에 인생의 인내심을 배우게 된 것이다. 지금 그가 그것을 우리 학생들에게 새삼 일깨워 주고 있는 것이다. 모든 경전들이 인간의 인내심을 인간의 큰 덕목으로 삼고 있지 않은가!

4. 목적어를 수식하는 수식어, 수식구, 그리고 수식절의 위치 선정

(1) 목적어를 수식하는 수식어의 위치 선정

1) 목적어가 명사인 경우에 형용사가 그 목적어 앞에 와서 그 목적어를 수식한다.

Many little boys like big dogs.

(많은 작은 소년들이 큰 개들을 좋아한다.)

☞ 형용사 big이 완전타동사 like의 목적어를 그 앞에서 와 수식한다. 이 문장은 제3형식에 속한다.

2) 목적어가 대명사인 경우에 형용사가 그 목적어 뒤에 와 그 목적어를 수식한다.

Many little boys like something exciting.

(많은 작은 소년들은 어떤 신나는 것을 좋아한다.)

☞ 형용사 excting이 완전타동사 like의 목적어(something)를 그 뒤에 와 수식한다. 이 문장은 제3형식에 속한다.

3) 목적어가 명사 혹은 대명사인 경우에 부사에서 형용사 상당어로 전환된 것이 그 목적어 앞에 오거나 혹은 뒤에 와서 그 목적어를 수식한다.

Many little boys missed the very time then.

(많은 작은 소년들이 그 때 바로 그 시간을 놓쳤다.)

☞ 부사에서 형용사 상당어로 전환된 very가 완전타동사 missed의 목적어 time(명사) 앞에 와 그 명사를 수식하고 역시 부사에서 형용사로 전환된 then이 time(명사)을 수식하지만 여기서 상황에 따라 부사 then이 동사 missed를 수식할 수도 있게 된다. 이 문장은 제3형식에 속한다.

Many little boys saw a strange animal ahead of them.

(많은 작은 소년들이 그들 앞에 있는 이상한 동물을 보았다.)

☞ 형용사로 전환된 부사 ahead가 그것 앞의 명사 animal을 수식한다. 이 문장은 제3형식에 속한다.

》》 His prayers brought the longed-for rain.

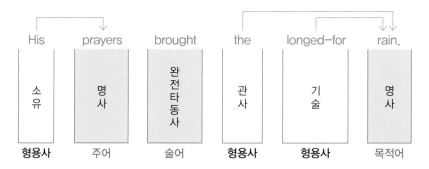

(그의 기도로 오래도록 갈망하던 비가 왔다.)

☞ 여기서 longed-for는 단어 두 개가 하이픈(hyphen:)에 연결된 합성 형용사가 된 것인데 그러한 합성 형용사는 얼마든지 하이픈을 이용하여 만들 수 있다. 예컨대, soon-to-leave-Washington committee(곧 워싱턴을 떠날 위원회)에서 하이픈들로 연결되어 사용하는 soon-to-leave-Washington이 이와 같은 합성 형용사의 본보기가 된다.

(2) 목적어를 수식하는 수식구의 위치 선정

목적어인 명사나 대명사 뒤에 와서 그 목적어를 수식한다.

Many little boys met the girls of their age.

(많은 작은 소년들이 그들 나이 또래의 소녀들을 만났다.)

☞ 형용사구 of their age가 완전타동사 met의 목적어 girls(명사)를 그것 뒤에 와 수식하게 된다. 이 문장은 제3형식에 속한다.

Many little boys wanted something of excitement.

(많은 작은 소년들이 어떤 신나는 것을 원했다.)

☞ 형용사구 fo excitement가 완전타동사의 목적어 something(대명사)을 그것 뒤에 와 수식한다. 이 문장

은 제3형식에 속한다.

(3) 목적어를 수식하는 수식절의 위치 선정

목적어인 명사나 대명사 뒤에 와서 그 목적어를 수식한다.

Many little boys liked the gentleman who played with them.

(많은 작은 소년들이 그들과 놀았던 그 신사를 좋아했다.)

☞ 형용사절 who played with them이 완전타동사 liked의 목적어 gentleman(명사)을 그것 뒤에 와 수식
한다. 이 문장은 제3형식에 속한다.

Many little boys liked someone that played with them yesterday.

(많은 작은 소년들이 어제 그들과 놀았던 그 어떤 사람을 좋아했다.)

☞ 형용사절 that played with them yesterday가 완전타동사 liked의 목적어 someone(대명사)을 그것 뒤
에 와 수식한다. 이 문장은 제3형식에 속한다.

≫ I know a place where we can have a quiet talk.

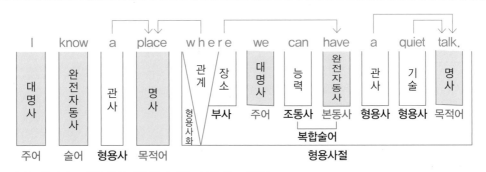

(나는 우리가 조용히 이야기를 할 수 있는 곳을 알고 있다.)

오형식 선생은 문장 1, 2형식 그리고 3형식들의 주요소들을 수식하는 수식어, 수식구, 그리고
수식절의 위치 선정에 대하여 지루하리만큼 하나도 빼놓지 않고 설명한 뒤에 그는 못내 아쉬워하
며 "문장 4형식의 목적어들(간접목적어와 직접목적어)과 문장 5형식의 목적어와 보어(목적격 보
어)에서의 수식어, 수식구, 그리고 수식절은 지금까지 배운 문장 1, 2 그리고 3형식들의 보어(주
격보어)와 목적어의 수식어, 수식구, 그리고 수식절의 위치 선정과 같기 때문에 그것들에 대한 설
명은 생략하기로 한다." 라고 아쉬워하며 잘라 말했다.

그렇게나 철저하고 자상한 설명을 고집해 왔던 오형식 선생의 그와 같은 태도는 처음에는 의외
로 여겨졌다. 그러나 철저함과 자상함 속에는 그것과는 상반되는 융통성 (flexibility)이 함께 있는 것

The Conquest of English Grammar **355**

이다. 이와는 달리 어떤 일을 그럭저럭 무성의하게 처리하는 태도에는 융통성이 깃들 수가 없는 것이다. 철저함은 힘과 지식의 기반 위에 서는 것이고, 자상함은 유연성과 사랑에서 비롯되는 것이다. 따라서 상황 상황에 알맞게 대처할 수 있는 기지를 발휘하는 융통성을 오형식 선생이 보여준 것은 자연스러운 것이 아닐 수 없다. 엄격히 준수해야만 하는 법률의 적용에도 운용의 묘가 적용이 되는 경우들이 많이 있는 것이다.

성경의 계율을 일획일점도 어기지 않는다고 말했던 예수가 그를 올가미에 씌우려고 계율을 내세워 물고 늘어진 율법주의자들과 바리세인들이 간음 현장범으로 끌고 온 여인을 놓고 "너희 중에 죄 없는 자 있거든 먼저 저 여인을 돌로 쳐라."고 말한 것은 철저함과 자상함에서 발로되는 융통성을 극명하게 보여준 본보기인 것이다. 오형식 선생이 바로 그러한 철저함과 자상함에서 바로 그러한 융통성을 자연스럽게 보여준 것이라 할 수 있다. 그도 그러한 융통성을 보여주면서 더더욱 철저함과 자상함을 드러내는 것이었다. 그는 곧 이어 어순에 대한 정리로 다음과 같은 보기를 내세워 설명했다.

Many little boys of the same age that studied joyfully in the classroom surely made in a pleasing way their loving parents watching them with great interest very happy because their children pleased them as they studied joyfully.

(그 교실에서 즐겁게 공부하던 같은 나이의 많은 작은 소년들은 큰 관심으로 그들을 바라보는 사랑하는 부모들을 만족스러운 방법으로 매우 행복하게 만들었는데 그 이유는 아이들이 즐겁게 공부함으로써 그들을 기쁘게 했기 때문이다.)

38개의 단어들로 이루어진 이 길고 복잡한 문장은 전체적으로 문장 제5형식에 속한다. 그렇다면 이 38개의 단어들 중에서 문장의 주요소들은 4개뿐이다. 나머지는 이 4개의 주요소들을 수식하는 것들에 쓰인 단어들인 것이다. 그런데 주요소들의 어순, 즉 위치 선정이 정확히 되어 있고 수식요소들도 정확히 되어 있다.

주요소들이 된 4개의 단어들이 단 하나라도 제자리를 벗어나면 이 문장은 와르르 무너지고 만다. 그뿐이랴, 나머지 29개의 단어들 중에서 어느 하나라도 제자리를 벗어나면 역시 문장이 와르르 무너지는 것이다. 영어 학습을 위해서 이렇게 긴 문장을 만들었지만 실제로는 이렇게 긴 문장들은 잘 쓰이지 않는다. 그리고 이 문장의 해석도 학습의 효과를 노려 직역이 된 것이다.

오형식 선생이 이 문장의 엄격한 자리매김에 대하여 설명하는 것을 들은 나는 현기증을 느낄 정도로 문장의 어순에 대하여 새삼 정확성을 기해야 한다는 것을 깨달았다. 그는 이렇게 어순을 정확히 하면 무한히 길고 복잡한 문장도 쓸 수 있다고 말하면서 아무리 길고 복잡해도 한 번에 하나의 구문씩 연결되어 나아간다는 것이다.

한 사람은 한 순간에 한 가지 말밖에 못하는 것이다. 이미 말했듯이 생각은 소리 내지 않고 자신에게 말하는 것이고 생각은 한 순간에 한 생각밖에 못하기 때문에 역시 말도 한 번에 한 말밖에 못하는 것이다. 나는 그가 그 이치를 나에게 깨우쳐 주기 전에는 한 사람은 한 순간에 수 많은 생각들도 하고 말들도 할 수 있는 것이라고 생각하며 살아 왔다.

이 책을 읽는 데는 무엇보다 인내심이 필요하다. 특히 지금 다룰 위의 문장에 대한 위치 선정의 분석을 이해하기 위해서는 무미건조한 말밖에 없어 인내력이 더욱더 요구된다. 많은 인내력을 요구하는 일이 완성될 때는 그 만큼 큰 성취도와 만족감이 나타난다. 그리고 그것은 한 사람을 더욱 굳건한 인격자로 만들어준다. 인간이 가장 큰 덕목으로 삼는 도덕은 따지자면 참고 견뎌내는 힘, 즉 인내력이라고 해야 할 것이다. 참고 견디는 사람은 복이 있나니! 오형식 선생은 이러한 철학적인 배경을 안고 방금 그가 만들어낸 그 긴 문장 5형식의 문장을 분석하기 시작했다. 그는 위에 예를 든 긴 문장에서 문장 주요소들로만 이루어진 4단어 문장을 끌어냈다.

그 골자는 Boys made parents happy.(소녀들은 부모들을 행복하게 만들었다.)이다. boys(명사)는 주어이고 made(불완전타동사)는 술어이고 parents(명사)는 목적어이고 happy(형용사)는 보어(목적격 보어)이다.

우선 4단어들로만 구성된 문장 주요소들을 골라낼 수 있는 것만으로도 문장 전체의 윤곽을 파악할 수 있는 것은 물론 그것을 토대로 주요소들의 각각에 수식어, 수식구 혹은 수식절이 어떻게 연결되어 있는가가 확연히 그 윤곽을 드러내며 순서대로 착착 그것들의 연결방법과 그 연결된 의미들이 들추어져 나오게 된다. 오형식 선생은 이렇게 개요를 설명하고서 순서대로 주요소들에 연결된 수식어, 수식구, 혹은 수식절을 분석해 나갔다.

첫째로, 주어 boys에 연결된 수식 구문들로서 그 주어 앞의 형용사들 many와 little이 그 주어를 수식하고 있다. 그 주어 뒤에 위치 선정한 것들은 형용사구 of the same age와 형용사적 수식절인 that studied joyfully in the classroom로 주어 (boys)를 순서대로 수식하고 있다.

둘째로, 술어 made에 연결된 수식 구문들로서 그 술어 앞에 부사 surely가 그 술어를 수식하고 그 술어 뒤에 위치 선정한 부사구 in a pleasing way가 역시 그 술어를 수식하고 있다.

셋째로, 목적어 parents에 연결된 수식 구문들로서 그 목적어 앞의 형용사들 their(소유 형용사)와 loving(완전타동사 love의 현재분사가 형용사의 역할을 함)이 그 목적어를 수식하고 그 목적어 뒤에 위치 선정한 현재 분사구문 watching them with great interest가 형용사구가 되어 그 목적어를 수식하고 있다.

넷째로, 보어(목적격 보어) happy(형용사) 앞의 부사 very가 그 보어를 수식하고 그 보어 뒤에 위치 선정한 부사절 because their children pleased them as they studied joyfully가 그 보어를 수식하고 있다.

오형식 선생은 단어 하나로만 된 수식어는 더 이상 분석할 수가 없기 때문에 넘어가고 단어들이 둘 또는 그 이상으로 구성하고 있는 수식구와 수식절을 순서대로 분석해 나갔다. 단어 하나로만 구성된 문장이나 수십 개 또는 수백 개로 구성된 문장이나 그 문장 속에 들어 있는 단어 하나 하나를 분석하여 그 문장 속에서 그것이 어떤 구실을 하며 왜 그것이 그렇게 위치 선정을 하고 있는가를 완전하게 파악하지 않으면 어떤 문장도 완전하게 이해할 수 없는 것이다.

첫째로, 주어를 수식하는 형용사구 of the same age는 전치사 of가 그것 뒤에 형용사들 the와 same의 수식을 받은 age를 목적어로 이끌어 앞의 boys를 수식한다.

둘째로, 역시 주어를 수식하는 형용사절 that studied joyfully in the room은 관계대명사 that이 문장 제1형식에 속하는 문장 Many little boys of the same age studied joyfully in the room.에서 주어부인 many little boys of the same age 대신으로 들어가 형용사절을 만들며 주어 boys를 수식하고 있다. 위의 문장에서 many little boys of the same age는 이미 분석되었고 studied는 완전자동사로서 그것 뒤의 부사 joyfully의 수식을 받아 주어 관계대명사 that을 서술하고 있다.

셋째로, 현재 분사구문 watching them with great interest는 본래 문장 제3형식에 속하는 문장 Their loving parents were watching them with great interest.인데 문맥으로 보아 주어부인 their loving parents와 진행형 조동사 were가 생략되어 그것을 현재 분사구문으로 하여 형용사구가 된 것이다. 거기에서 them은 완전타동사 watch의 현재분사형인 watching의 목적어가 되고 전치사 with가 형용사 great의 수식을 받은 interest를 목적어로 이끌어 부사구를 만들어 분사 watching을 수식하고 있다.

넷째로, 부사절 because their children pleased them as they studied joyfully는 종속접속사 because가 본래 문장 제3형식에 속하는 문장 Their children pleased them as they studied joyfully.를 부사절로 만들어 형용사 happy를 수식하게 하고 있다. 위의 문장에서 완전타동사 pleased는 그 뒤에 목적어 them을 이끌고 부사절 as they studied joyfully의 수식을 받아 형용사 their의 수식을 받은 주어 children을 서술하고 있다.

다섯째로, as they studied joyfully는 본래 문장 제1형식에 속하는 문장 They studied joyfully.를 종속접속사 as가 부사절로 만들어 동사 pleased를 수식하고 있다. 위의 문장에서 완전자동사 studied는 부사 joyfully의 수식을 받아 주어 they를 서술하고 있다.

이렇게 오형식 선생은 38개의 단어들로 구성된 문장을 단어 하나도 빠짐없이 완전히 분석한 뒤에 "영어의 문장에 대한 문법적인 분석은 영어를 아는 시작이자 끝이라고 말하여도 지나친 말이 아닌 것이다. 그러니 말이야 내가 너희에게 말하겠는데 영어의 문장에 관한 한 첫째도 분석, 둘째도 분석, 셋째도 분석이다."라고 분석의 중요성을 강조했다. 이러한 학습태도는 단련(discipline)을 요구하기에 그는 우리 학생들 앞으로 다가와 "discipline, discipline, discipline!"하며 인내와 끈기와 용맹, 정진의 정신을 고취시키려고 했다.

인간 지능의 중추는 분석하는 능력인 것이다. 모든 학문들의 중심은 분석이다. 분석은 전체적인 것을 그것의 부분들로 분해하여 그 부분들이 어떤 요소들인지 그것들의 속성들은 밝히고 그 요소들이 상호 간에 어떻게 결합되어 전체를 이루는지를 알게 해준다. 따라서 어떤 것의 전체를 아는 사람은 그것을 구성하는 부분들이 어떤 요소들인가를 알고 또한 그 요소들이 어떤 상호관계를 가지고 전체를 이루고 있는가를 알고 있는 것이라 할 수 있다.

내가 오형식 선생의 영향을 받아 선생의 길을 택해 대학교수가 되었을 때에도 위에 그가 한 말은 나의 마음속에 잠재되어 있었다. 그것을 나도 모르는 사이 나의 사고행위에 지대한 '인과(因果)'의 법칙으로 닦아왔던 것이다. 나의 전공이 영어학이었으나 나는 자연스럽게 영어로 쓰여진 철학책들에 큰 관심을 갖게 되었고 심지어 나의 강의 개설의 하나가 '영어와 철학'이 되기도 했다.

따라서 나의 서재는 영어로 쓰인 철학책들로 가득 메워져 있다. 오형식 선생의 영어문장들에 대한 철두철미한 분석 교육은 나의 철두철미한 분석적 두뇌를 낳게 했다. 전체를 부분들로 분석하고 분석된 부분들을 다시 전체로 종합하는 것은 나의 사고행위의 중추를 이루어주게 했다.

Asa Kasher에 의해 편집된 'Language in Focus : Foundation, methods and systems', Richard Mattessich가 저술한 'Instrumental Reasoning and Systems Methodology', 그리고 Ervin Laszlo가 저술한 'Instruction to Systems Philosophy' 등은 특히 내가 입맛을 다시며 읽은 철학책들인데 이 책들 중에서 Ervin Laszlo가 쓴 'Instruction to Systems Philosophy'의 서문에 소개된 한 문장을 여기에 소개하여 도식으로 철저히 분석하는 것을 통해 가르치는 사람의 '영향 줌'과 배우는 사람의 '영향 받음'이 사제지간의 관계에 얼마나 영향을 크게 미치는 것인가를 보여주고자 한다.

"I emphasized the necessity of regarding the living organism as an 'organismic biology', and defined the fundamental task of biology as discovery of the laws of biological systems at all levels of organization"

(나는 살아있는 유기체를 한 '유기체적인 생물학'으로 여기는 것의 필요성을 강조했고, 생물학의 근본적인 과제를 생물체의 모든 수준들에 있는 생물학적인 체계들의 법칙에 대한 발견이라고 정의 내렸다.)

>> I emphasized the necessity of A.

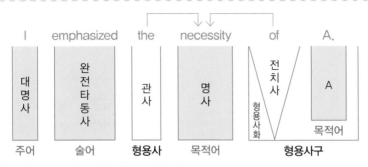

(나는 A하는 것의 필요성을 강조했다.)

>> A = regarding the living organism as an 'organismic biology' ,

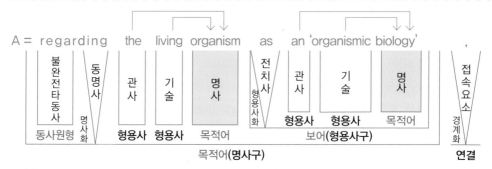

(살아 있는 유기체를 한 유기체적인 생물학으로 여기는 것.)

>> and defined "the fundamental task of biology" as B

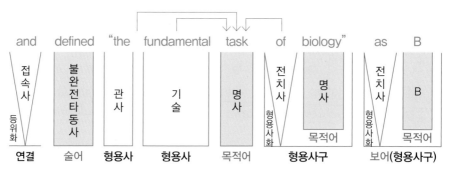

(그리고 생물학의 근본적인 과제를 B라고 정의 내렸다.)

>> as B = as discovery of the laws of biological systems of C.

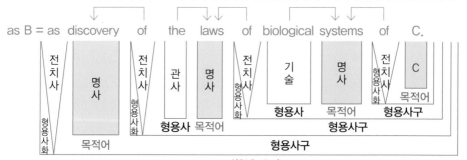

(C에 있는 생물학적인 체계들의 법칙들에 대한 발견이라고)

≫ at C = at all levels of organization.

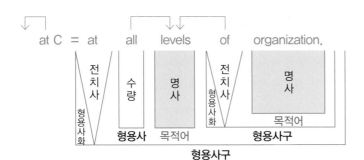

(생물체의 모든 수준들에 있는)

나는 오형식 선생에게서 배운 위의 분석적인 방법으로 아무리 어려운 영어문장들도 철저히 이해할 수 있었다. 그리고 나는 한국외국어대학교 영어대학 영어학부의 학생들에게 약 40년이 넘도록 이와 같은 방법으로 영어를 가르쳐왔고 2001년 2월에 정년퇴임하고 지금까지 명예교수로서 역시 이와 같은 방법으로 내가 개설한 '영어와 철학' 강의를 계속 해왔다.

오형식 선생이 우리 학생들에게 그렇게 철저하게 영문분석을 해줄 수 있었던 것은 그가 영문법 전체를 일목요연하게 알고 그것들의 요점들을 지적할 수 있었기 때문이었다. 그가 영어의 길고 작은 문장들을 살아 있는 크고 작은 유기체들(organism) 혹은 생물조직체들(organizations)로 본 것은 지금 생각해도 하나의 탁견이 아닐 수 없다. 그는 영어를 인간 생물 조직체를 세포(cell)의 가장 낮은 수준, 조직(tissue)의 좀 낮은 수준, 기관(organ)의 높은 수준, 계통(system)의 아주 높은 수준과 같이 여러 가지 서로 다른 수준들로 이루어진 생물학적인 전체(biological whole)로 보아 우리 학생들에게 영어 문장들을 살아 숨쉬듯 설명해 준 것이다.

모든 인간의 행동들을 따져보면 전체와 부분들로 환산해서 생각할 수 있다. 예컨대, 한 가정 주부가 요리한 생선찌개가 맛이 없다면 그 주부는 그 생선찌개를 이루었던 부분들을 요소별로 분류하여 그것들이 어떻게 결합되었는가를 따져 그 찌개가 맛이 나지 않는 이유를 밝힐 수 있는 것이다. 생선의 신선도는 어떠했고, 조미료의 효과는 어떠했고, 끓이는 온도와 시간은 어떠 했는가 등을 분석하면 답이 나오게 된다. 더 나아가 한 사업가가 어떤 사업에서 실패했다면 그 실패의 원인을 분석해서 고치지 않으면 그는 계속 사업에 실패할 수밖에 없을 것이다.

모든 학문들은 바로 이러한 분석의 과정에 지나지 않는 것이다. 한 학문은 그것에 속하는 무수한 논문들로 구성되어 있으며 그 논문들을 미리 한눈에 알아보게 해놓은 것이 목차들인데 그 목차들 자체가 바로 분석인 것이다. 우선 인간에게 가장 긴요한 학문인 의학의 예를 놓고 보더라도 그것의 기초이며 중심은 분석을 주요점으로 삼는 바로 해부학이다. 해부학을 모르고서는 의학의 문턱에도 들어 설 수가 없는 것이다. 그래서 의과대학에서 맨 먼저 실험하는 것이 인체의 해부이다.

영어학, 즉 영어 공부에서 가장 중요시해야 할 것도 의학에 있어서의 해부학과 같은 문장 분석이다. 그런데 의학도들이 인체 해부 실험을 하는데 소요되는 비용은 엄청나다. 왜냐하면 죽은 사람의 시신은 산 사람의 육신 못지 않게 귀한 것이기에 그것을 얻는 것은 어려운 일이 아닐 수 없는 것이다. 그러나 영문분석의 대상인 문장은 사방팔방에 깔려 있다. 그래서 오형식 선생은 우리 학생들에게 영어 해부의 대상인 영어 문장들을 닥치는 대로 분석해보라고 거듭 당부했던 것이다. 내가 오늘날까지 영어책을 외국인으로서는 상당히 많이 쓸 수 있게 된 것은 바로 이렇게 영문분석을 영어 학습과정에서 철저히 했기 때문이다.

오형식 선생은 문장의 어순을 다 다룬 뒤에 어순의 파악을 위해서는 문장을 분석해야만 된다고 말하고서 문장의 어순은 두 가지가 있는데 지금 공부했던 것과 같이 문장을 구성하는 단어들이 제자리에 똑바로 있는 것을 문장의 정치(定置)라고 설명하고, 문장의 단어들 중 일부가 제자리를 떠나 다른 위치 선정을 해가는 것을 문장의 도치(倒置)라고 설명했다. 물론 그렇게 제 자리에 있던 단어들이 도치되는 것도 아무렇게나 들쑥날쑥 하는 것이 아니고 일정한 법칙들이 있다. 그 도치의 법칙들에는 특정한 문법에 적용되는 도치의 특수법칙들과, 일반적인 경우에 적용되는 도치의 일반법칙이 있다. 도치의 특수법칙의 한 예를 들면 의문사는 무조건 문장 맨 앞으로 도치된다. Do you want what?(당신은 무엇을 원하느냐?)이라는 의문문에서 what은 의문사로서 완전타동사 want의 목적어이기 때문에 그 타동사의 뒤에 와야 하는데 그 문장의 맨 앞으로 도치되어 What do you want?가 되는 것이다.

이러한 도치의 특수 법칙은 특정한 것들에만 극히 제한되어 있어 그 숫자도 적으며 쉽게 알 수도 있지만, 이와는 대조되는 도치의 일반법칙은 상황에 따라 적용된 문장 속에서의 문맥으로 파악될 수밖에 없다.

여기서 오형식 선생은 법칙과 일반성의 관계에 대해 설명해주며 우리 학생들의 정신 수준을 끌어올리려고 했다. 그는 법칙이라는 말과 일반성이라는 말은 따지자면 동의어에 지나지 않는다고 했다. 내가 냄비 속에 넣은 물을 1년 전에 뜨거운 불 위에 얹었을 때에도 섭씨 100도가 되어야 끓었고, 그 뒤로도 물을 끓일 때마다 섭씨 100도가 되어야만 끓었다. 그래서 나는 물은 일반적으로 섭씨 100도가 되어야만 끓는다는 일반성을 알게 된 것이다. 즉 물이 섭씨 100도가 되면 끓는 그 일반성은 '물은 섭씨 100도에서 끓는다.' 는 법칙이 되는것이다. 언어 행위는 바로 이 일반적으로 발생하는 문장들을 일반적으로 규제하는 문장법칙들의 묶음인 문법을 따른다.

오형식 선생은 모든 것들은 이같은 법의 소생들이라며 우주 자체가 법으로 생겨났고 법으로 운행된다고 말했다. 먼지 같은 티끌까지, 하나의 법으로 이 우주에 존재한다는 것이다. 만약에 그 먼지 티끌 하나가 일반적인 법칙을 따르지 않고 무법으로 존재한다면 그것 하나가 우주 전체를 파괴할 수도 있다. 예를 들어, 그 먼지가 공기 중에서 아무런 규제를 받지 않고 시속 수백만km로 이리 저리 돌아다닌다면 그것과 충돌되는 것은 산산조각 나고 말 것이다. 장총에 장전된 작은 쇠붙이에 불과한 총알도 화약의 파열에서 생기는 힘에 의해 초음속과 같은 속도로 움직이기 때문에 그것이 어떤 물체에 가하는 파괴력은 엄청난 것이 아닌가.

17

영어를 어렵게 하는
도치 법칙들을 배워
영어는 앉아서 떡 먹기보다
더 쉬워지다

오형식 선생은 법에 대한 철학적인 이야기는 나중으로 미루고 도치(inversion)의 일반 법칙에 대하여 설명하기 시작했다. 그것은 두 가지 규칙들로 구성되는데 첫째로 문장 속에서 문법적인 단위들에서 짧은 것은 긴 것 앞에 온다는 것이고, 둘째로 강조받는 것은 강조받지 않는 것보다 앞에 온다는 것이다. 이미 지적된 바와 같이 영어가 복잡하고 어렵게 보이는 것은 수식어, 수식구, 그리고 수식절이 얽혀 있기 때문인데, 그러한 상황을 더욱 어렵게 하는 것은 제자리에 있어야 할 것들이 다른 데로 옮겨가며 도치되기 때문이다.

영문법정복 | 도치의 일반 법칙

Happy are those who make other happy.

(남들을 행복하게 해주는 사람들은 행복하다.)

☞ 이 문장은 문장 제2형식에 속하는데 주부 those who make others happy는 술부 are happy보다 길기 때문에 짧은 서술부 are happy가 happy가 강조되어 문장 맨 앞으로 나오면서 강조받아 술어 are도 주어 앞으로 나온 것이다.

A tiger the hunter killed.

(그 사냥꾼이 한 호랑이를 죽였다.)

☞ 이 문장은 문장 제3형식에 속하는데 완전타동사 killed 뒤에 있어야 할 a tiger(목적어)가 강조받아 문장 맨 앞으로 나온 것이다. 이 문장은 조동사 did를 사용하여 A tiger did the hunter kill로도 전환할 수 있다.

➤➤ Along the rough river did they walked carefully.

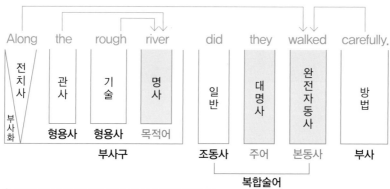

(그들은 그 거친 강가를 따라 조심스럽게 걸었다.)

☞ 부사구 along the rough river가 강조를 받아 앞으로 나오면서 조동사 did가 강조되어 그 뒤를 이어 나온 것이다.

영문법정복 | # 도치의 특수 법칙

도치에는 일반법칙 이외에 앞에 말한대로 특수법칙이 있다. 특수법칙은 하나하나가 어느 특정한 것에만 적용이 되기 때문에, 포괄적으로 적용이 되는 일반법칙의 하위에 있는 것이다. 일반법칙은 문맥에 따라 적용되기 때문에 그 적용 대상들이 무한히 많지만 별도로 외우거나 기억할 필요가 없고 다만 문맥에서 그 적용 대상들을 찾으면 되는 반면 특수법칙은 개개의 특정한 법칙을 따로 알아 둬야 한다. 그래서 오형식 선생은 외우거나 기억해야 할 도치의 특수법칙들 중에서 반드시 알아두어야 할 것들을 다음과 같이 망라하여 정리해 주었다.

1. 동사의 부사적 수식구문이 앞으로 도치되면 그 동사나 그 동사를 대신하는 조동사가 도치된 구문 뒤로 따라 간다.

Up the chimney roared the fire.

(그 불길은 연통을 따라 으르렁 소리를 내며 치솟았다.)

☞ 본래 이 문장은 The fire roared up the chimney인데 부사구 up the chimney가 강조되어 앞으로 나가자 동사 roared가 그 뒤를 따랐다.

2. 완전타동사(주로 say와 같은 뜻의 동사들)의 목적어가 되는 인용구문이 문장 맨 앞으로 나가거나 인용구문이 본문 앞과 뒤로 분산된다.

"I am happy", said she.

("나는 행복해요" 라고 그녀는 말했다.)

☞ 본래 이 문장은 She said, "I am happy." 인데 인용구문 "I am happy." 가 문장 앞으로 나가자 동사 said 가 그 뒤를 따랐다.

"No," he whispered, "I will not go."

("아니요, 나는 가지 않겠소." 라고 그는 속삭였다.)

☞ 본래 이 문장은 He whispered, "No, I will not go." 이었는데 인용구문이 본문을 사이에 두고 분산된 것이다.

3. There와 here의 장소의 부사들이 문장 앞으로 나오고 술어나 조동사가 뒤따라온다.

There is a book on the desk.

(책상 위에 한 책이 있다.)

☞ 이 문장은 there+be동사(완전자동사)+주어+장소의 부사 또는 부사구로 이루어지는 문장의 전형적인 예문이다.

There came to Korea a French missionary.

(프랑스 선교사 한분이 한국에 왔다.)

☞ 이 문장은 본래 A French missionary came to Korea.인데 to Korea 장소의 부사구를 강조하기 위해 there를 문장 앞에 두고 동사가 따라오고 장소의 부사구 그리고 주어의 순서로서 일종의 강조형식의 문장이다.

Here comes your uncle.

(드디어 너의 숙부가 여기에 오는구나.)

☞ 이 문장은 본래 Your uncle comes here.인데 here를 앞세우고 그 뒤에 술어 comes가 따라가 강조된 문장이다.

4. then과 before 같은 시간의 부사들이 문장 앞으로 나오면 술어나 조동사가 뒤따라 온다.

Only then did he think of what she had said.

(단지 그 때에 그는 그녀가 말한 것을 생각했다.)

☞ 이 문장은 본래 He thought only then of what she had said.인데 시간의 부사 only then이 문장 앞으로 나가고 조동사 did가 뒤따라 와 강조된 문장이다.

Never before had she called on them.

(그녀는 전에는 그들을 결코 방문한 적이 없었다.)

☞ 이 문장은 본래 She had never before called on them.인데 시간의 부사 before를 문장 앞에 두고 그 앞에 never를 두어 강조된 문장이다.

5. 의문문을 만들 때 의문사가 없는 의문문은 주어+술어(동사의 현재형이나 동사의 과거형) ...에서 조동사 do의 현재형 do, does나 do동사의 과거형 did가 주어 앞으로 나온다. 또한 조동사가 들어 있는 의문문은 그 조동사가 주어 앞으로 나오고 의문사가 있는 의문문은 의문사가 문장 맨 앞으로 나간다.

Do you want something drink?

(당신은 어떤 마실 것을 원합니까?)

☞ 이 문장은 본래 You want something to drink라는 평서문에서 조동사 do(2인칭 단수와 복수의 현재형)가 주어 you 앞으로 나오고 술어였던 want(우연히 동사원형의 형태와 같음)는 본동사인 동사원형 want로 변하여 의문문이 된 것이다.

Does he want something to drink?

(그는 어떤 마실 것을 원합니까?)

☞ 이 문장은 본래 He wants something to drink라는 평서문에서 조동사 does(3인칭 단수의 현재형)가 주어 he 앞으로 나오고 술어였던 wants는 동사원형으로 변하여 의문문이 된 것이다.

Did he want something to drink?

(그는 어떤 마실 것을 원했느냐?)

☞ 이 문장은 He wanted something to drink라는 평서문에서 조동사 did(3인칭 단수의 과거형)가 주어 he 앞으로 나오고 술어였던 wanted는 동사원형으로 변하여 의문문이 된 것이다.

What do you want?

(당신은 무엇을 원합니까?)

☞ 이 문장은 본래 You want something.이라는 평서문에서 조동사 do가 주어 앞으로 나오고 something이 의문사 what로 바뀌어 문장 맨 앞으로 나와 의문문이 된 것이다.

Will he want something to drink?

(그는 어떤 마실 것을 원할 것인가?)

☞ 이 문장은 본래 He will want something to drink.라는 평서문에서 조동사 will이 주어 he 앞으로 나와 의문문이 된 것이다.

---

6. 감탄문은 의문사 how나 what이 문장 맨 앞으로 나오고 그것과 밀접한 관계를 갖고 있는 어구가 따라 나온다.

How beautiful this flower is!

(이 꽃은 얼마나 아름다운가!)

☞ 이 문장은 본래 This flower is very beautiful의 평서문에서 감탄의 기능어인 의문사 how가 very 대신하여 그것과 밀접한 beautiful과 함께 문장 앞으로 나와 감탄문이 된 것이다.

What a beautiful flower this is!

(이것은 얼마나 아름다운 꽃인가!)

☞ 이 문장은 본래 This is a very beautiful flower.의 평서문을 감탄의 기능어인 의문사 what이 very 대신하여 그것과 밀접한 a beautiful flower와 함께 문장 맨 앞으로 나와 감탄문이 된 것이다.

---

7. 기원문을 만들 때에는 조동사 may가 문장 맨 앞으로 나온다. 때로는 그것과 밀접한 단어들이 그것 앞에 위치하기도 하고, 어떤 때는 조동사 may가 생략되어 본동사인 동사원형만 남아 있게 된다.

May God bless you!

(하나님이 당신을 축복하기를!)

☞ 이 문장은 본래 God may bless you! 인데 may가 주어 앞으로 나가 기원을 강조하고 이 문장에서 기원의 기능을 하는 조동사 may가 생략되어 그냥 God bless you!의 기원문이 되지만 유의할 것은 이 경우 bless 는 본동사로서 동사원형인 것이다. 그렇지 않으면 God이 3인칭 단수이기 때문에 시제의 일치로 술어(3인칭 단수 현재형) blesses가 쓰여야 한다. 같은 보기로 Heaven help us!의 기원문과 같은 것들이 있다.

Long may the queen live!

(여왕 만수무강을!)

☞ 이 기원문은 본래 The queen may live long!이 도치된 것이고 may가 생략되어 Long live the queen!이 라는 기원문이 된 것이다.

8. 알아두어야 할 관사(a, an, 그리고 the)의 위치

(1) such, all, double, treble 등등 + 관사

I had such a nice dinner at her house.

(나는 그녀의 집에서 정말 좋은 만찬 대접을 받았다.)

The treasure was sold for treble the price.

(그 보물은 3배의 값에 팔렸다.)

(2) so, such, as, 혹은 too + 형용사 + a(혹은 an) + 명사

The soldiers would march in so dark a night.

(그 군인들은 어두운 밤에 행군하곤 했다.)

Mary is as intelligent a man as ever lived.

(메리는 지능이 제일가는 사람이다.)

That was too cruel a behavior to allow it to happen again.

(그것은 너무 잔인한 행위였기 때문에 그것이 다시 일어나도록 할 수 없었다.)

(3) quite + a(혹은 an)

He is quite a good man.

(그는 꽤나 좋은 사람이다.)

9. 제자리에 있어야 할 단어나 단어들이 도치된 것들에 대하여 알아 둘만한 보기들

Certainly, time and space are endless.

(확실히 시간과 공간은 끝이 없다.)

☞ 여기서 부사 certainly는 그것 뒤의 문장 전체를 수식하는 문장 수식어이기 때문에 별 수 없이 문장 맨 앞에 위치할 수밖에 없다. 그러나 때로는 문장 중간에 올 수도 있는데 위의 문장에서 부사 certainly를 문장 중간에 끼워 넣으면 Time and space are, certainly, endless.가 되는데 위의 문장들을 풀이하면 It is certain that time and space are endless.(시간과 공간에 끝이 없다는 것은 확실하다.)가 된다. 그러나 앞뒤의 쉼표가 빠진 문장 Time and space are certainly endless.(시간과 공간은 확실히 끝이 없다.)에서는 certainly가 형용사 endless만 수식하는 것이 되어 그 의미가 변화된다.

Hardly had he left his house when his wife returned home.
= No sooner had he left his house than his wife returned.

(그가 집을 떠나자마자 그의 아내가 돌아왔다.)

☞ 이 문장은 본래 He had hardly left his house when his wife returned. 이나 오히려 앞의 문장이 일반적인 것으로 여겨진다.

We did not think fit to follow what he had suggested.

(우리들은 그가 제의했던 것을 따르는 것이 온당하다고 생각지 않았다.)

☞ 이 문장은 문장 제5형식에 속하는데 to follow what he had suggested의 목적어보다 보어인 fit이 목적어 앞으로 나왔는데 이러한 것은 일종의 관용적 구문으로서 think 뒤에 good, natual, proper, pertinent, right 등의 형용사가 보어가 되는 경우에 한한다.

I have never seen a man so gentle, so considerate, and so generous.

(나는 그렇게 온화하고, 그렇게 배려심이 있고 그리고 그렇게 관대한 사람을 지금까지 본적이 없다.)

☞ 명사를 수식하는 형용사 앞에 so가 오면 그 so와 형용사는 명사 뒤로 가서 그 명사를 수식한다.

10. 술어가 be동사이거나 have동사인 문장이 의문문이 될 때는 술어가 된 be동사나 have동사가 앞에 나온다.

Is he honest?

(그는 정직한가?)

Has he much money?

(그는 돈이 많은가?)

☞ 미국 영어에서는 Has he much money? 대신에 Does he have much money? 형식의 의문문이 더 잘 쓰인다.

≫ When it is rainy, we will go to the movies.

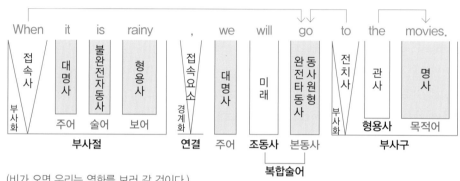

(비가 오면 우리는 영화를 보러 갈 것이다.)

☞ 종속구문인 부사절이 when it is rainy가 본문 주절 we will go to the movies 앞으로 도치되어 있다.

오형식 선생은 문장 구성 요소들이 제자리에 있어야 하는데 이러저러한 이유로 다른 곳들로 옮겨 다니는 것, 즉 도치의 특수법칙과 일반법칙을 거의 완벽하리만큼 설명하고서도 아쉬워하는 듯한 표정으로 "이밖에도 도치구문들은 얼마큼은 있지만, 그것들은 거의 찾아보기 힘들 정도로 잘 쓰이지 않는다. 혹여 영문법 학자들이 구색을 맞추기 위해 그들의 논문들이나 책들 속에 이런 것도 있다 하고 제시할 수 있을 것이다. 그러나 영어를 정복하는데 있어서 그것들은 오히려 학습자들에게 번거롭기만 하지 유익한 것은 아닌 것이다. 만약 그런 것들이 영어 실력을 측정하려는 시험 문제로 출제된다면 그런 것들을 시험 문제들로 출제하는 사람의 자질이 의심되는 것이다. 앞으로 너희가 수많은 영어 시험을 치를텐데, 그런 것들은 아예 무시해도 좋다. 만약 그런 시험 문제들이 출제되는 학교에는 아예 가지 않는 것이 더 좋다. 왜냐하면 그런 학교에서는 마냥 그런 것들만 가르치고 '너는 몰랐지, 나는 이런 것들까지 다 안다.'라는 교만의 태도를 보이는 선생에게서 교만심만 배우고 학교를 졸업할 것이기 때문이다."라고 말하였다. 그러면서 그는 "아는 사람은 겸허하게 일반 사람들을 살피는 사람이다." 라고 덧붙인 뒤 "인류의 위대한 스승들은 모두가 다 이 겸허의 대명사들이었다. 공자는 자신의 제자인 안회를 자신보다 더 훌륭하다고 칭찬했고, 석가여래는 가난한 집이나 부잣집이나 가리지 않고 탁발 행세를 했고, 예수는 병약하고 가난한 사람들을 찾아 다녔다" 라고 덧붙였다.

오형식 선생도 그의 올챙이 시절로 돌아가 올챙이들인 우리 학생들과 함께 공부를 한 것이었지 조금도 학생들보다 우월의식에서 우리들을 대하지 않았다. 나는 오형식 선생에게서 겸허가 세상을-그때 나에게는 영어를-제대로 배우게 돕는다는 것을 알게 되었다.

나는 학교에 다니면서부터 그저 왕따만 당해 왔기 때문에 그 때까지 이 세상에서 잘난 사람들은 남들을 무시하고 자신이 제일이라고 행세한 사람들이라고 막연히 생각했었다. 그래서 나는 영어시간에 나를 학우들 앞에 새워 놓고 그렇게 모욕을 주는 태도를 보인 그 선생에게서 받은 수모를 복수하기 위해서 이 학원에서 공부하기 시작했던 것이 아니던가! 나는 오형식 선생이 교만심에 의한 지식은 쓸모가 없고 오히려 폐해가 된다는 말과 지식이 겸허와 조화를 이룰 때에 그 가치가 있다는 말을 나의 일진월보하는 영어 실력과 함께 가슴에 새겼다.

나의 아버지가 나를 그저 돈으로 명문학교에 편입시켜 가문의 명예를 높이고자 한 것이 아니고, 당시 해방 직후 학교 운영상 재정이 극히 열악한 처지에 있었기에 우연히 광주에 있는 그의 친지로부터 그런 제의를 받아 나를 광주명문학교에 타의반자의반(他意半自意半)으로 편입시켰던 것이다. 하지만 아버지는 누구보다 나의 지능을 더 잘 알고 있었다. 그래서 내가 수재들이 모인 곳에 가면 언젠가는 자극을 받아 놀기만 하던 내가 분발심을 발휘하리라고 생각했던 것이다. 그러나 나는 그 이후로 계속 꼴찌로 왕따만 당하고 심지어 광주서 중학생들에게 몇번이나 집단구타를 당하여 죽기 직전에서 살아남는 생활을 하고 있었다.

그런데 오형식 선생은 마치 자신이 나와 같은 처지에 있는 것 같은 태도를 무언중에 보여주었다. 나는 그런 선생의 영향을 받지 않을 수 없어서 나도 모르게 분발심을 갖게 되었고 그 결과 나의 영어 실력은 거의 기적적일 정도로 향상되었다. 의사가 환자를 치료할 때는 자신이 환자의 입장에서 있어야만 참다운 의사로서 환자를 제대로 치료할 수 있는 것이 아니겠는가. 전장에서의 지휘관도 지휘를 받는 병사의 입장에 서 있을 때만이 그 전장에서 승리할 수 있기가 더 쉬운 것이 아니겠는가. 한 회사의 사장 또한 그의 사원들의 입장에 서 있을 때 그의 회사를 잘 경영할 것이다. 이러한 관계는 거의 모든 인간관계에서 이루어진다.

그래서 예수는 이 세상에 단 한 사람도 하나님의 축복을 받지 않으면 안 된다는 뜻으로 100마리의 양 중에서 99마리가 안전한 초원에 와 있더라도 길을 잃은 단 한 마리의 양을 찾아야 한다고 했고, 붓다는 전 인류가 다 행복하고 그 중 단 한 사람이라도 불행하면 그 자신은 차라리 지옥에 있는 것이 좋을 것이라고 설파한 것이다.

18 영어를 또 어렵게 하는 생략의 법칙을 배워

오형식 선생은 또한 전문적인 지식과 삶의 지혜는 결코 떨어져 있는 것이 아니고 동전의 앞면 (head)과 뒷면(tail)과 같은 것이라고 말했다. 전문적인 지식이 없는 삶의 지혜는 공허할 뿐이고 삶의 지혜 없는 전문지식은 위험한 것이 되는 것이다. 그래서 오형식 선생은 영문법의 지식과 함께 그것에 어울리는 삶의 지혜를 우리 학생들에게 심어 주었다. 오형식 선생은 무엇보다도 영문법의 지식을 그저 단편적이고 항목적인 지식들로 나열시키지 않고 하나의 살아있는 유기체처럼 체계적으로 이것을 알면 바로 저것을 알 수 있게끔 배워야 할 법칙들을 잘 엮어서 우리 학생들에게 가르쳤다. 그는 도치의 법칙과 생략의 법칙이 영어를 어렵게 만들기에 그것들을 한데 묶어 설명하여 학습의 능률을 높이려고 했다.

오형식 선생은 문장의 한 단위 구문이 도치되어 문장을 어렵게 만드는 것과 짝을 이루며 문장을 더더욱 어렵게 만드는 것이 바로 생략(elipsis)이라고 말했다. 생략에 있어서도 도치와 같이 생략의 특수법칙들과 생략의 일반 법칙이 있다. 생략의 특수 법칙들은 도치의 특수법칙과 마찬가지로 어느 특정한 한 가지 것에만 적용이 된다. 예컨대, I thank you.라는 문장 제3형식에 속하는 이 문장은 일상생활에서 하루에도 무수히 쓰이기 때문에 말하는 자(speaker)인 주어 I는 의당히 여겨져 생략된다. 또한, 관계대명사가 그것이 이끄는 절에서 목적어 기능을 할 때에는 생략된다. 생략의 일반 법칙은 두 가지 규칙들로 구성된다. 첫째는 문맥으로 보아 능히 알 수 있는 것이 생략되고, 둘째는 사람의 일반 상식으로 보아 능히 알 수 있는 것이 생략된다.

영문법정복 | **생략의 일반 법칙**

He loved his sister, but hated his brother.

(그는 그의 누이를 사랑했지만 그의 형은 미워했다.)

☞ 제3형식에 속하는 2개의 문장들로 구성된 이 중복문에서 술어 hated의 주어는 문맥상으로 보아 but 앞 문장의 주어와 일치하여 생략된 것이다.

To have seen Paris is to have seen Europe.

(누구든지 파리를 보았다는 것은 유럽을 본 것이나 다름없다.)

☞ 이 문장은 술어 is의 주어와 보어가 모두 완료부정사 구문이며 문장 제2형식에 속한다. 그런데 주어 to have seen Paris의 의미상 주어와 to have seen Europe의 문맥상, 즉 의미상 주어(one 혹은 we)가 생략된 것은 특정한 사람이 아니라 누구에게나 해당되는 일반적인 주어이기 때문이다. 즉 위의 문장을 풀이하면 That one has seen Paris is that one has seen Europe. 인데 거기에 일반적인 주어가 일반적인 사람을 뜻하는 one으로 된 것이다.

≫ To see Paris is to see Europe.

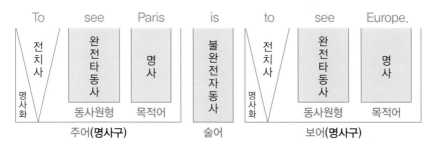

(파리를 보는 것은 유럽을 보는 것이다.)

☞ 부정사 구문틀 to see와 to believe의 의미상 주어인 일반적인 의미의 주어(one)가 생략된 것이다.

그러나 부정사의 문맥상 주어가 문맥에 없고 특정적인 것이 주어가 될 경우에는 부정사 구문 앞에 따로 주어가 명시된다. 예컨대, It is time for John to go. (존이 갈 시간이다.)에서 부정사 구문 to go의 주어는 특정한 주어 John이기 때문에 그것 앞에 전치사 for가 붙어 부정사 구문 to go의 의미상 주어임을 표시한다. 따라서 일반적인 주어가 아니라면 반드시 for+(특정된) 주어를 부정사 구문 앞에 명시해야 하는데, 앞의 예문에서는 일반적인 주어 one이 부정사 구문 안에 포함되어 있어서 그 럴 필요가 없게 된 것이다.

그는 도치를 가르칠 때 했던 것처럼 생략의 특수 법칙들도 정리 형식으로 설명하기 시작했다. 그 는 생략의 특수법칙들에 대한 용법들로서 다음과 같은 것들을 보기들과 함께 설명했다.

영문법정복 | 생략의 특수 법칙

1. 일기(diary)에서는 주어 it이나 주어 I가 생략된다.

Rained all day. Stayed home, reading in the morning. Went to the movies in the afternoon. Took some shower after dinner in the evening. Went to bed at ten.

(온 종일 비가 왔다. 오전에 책이나 읽으면서 집에 있었다. 오후엔 영화관에 갔다. 저녁 때 저녁밥을 먹고 나서 샤워 를 좀 했다. 10시에 잠자리에 들었다.)

2. 접속사 and 뒤에 be동사가 생략된다. 때로는 'and'도 생략된다.

A new curriculum is to be adopted and new textbooks compiled.

(새 교과 과정이 채택되어야 하고 교과서들이 편찬되어야 한다.)

☞ compiled 앞에 are to be가 생략된 것이다.

To err is human, to forgive divine.

(죄를 짓는 것은 인간의 속성이고 죄를 용서하는 것은 하나님의 속성이다.)

☞ to forgive 앞의 and와 divine앞의 is가 생략된 것이다.

3. 명령문에서 동사가 생략된다.

Your name and address, please.

(당신의 이름과 주소를 말해주시오.)

☞ Your 앞에 tell이라는 명령 동사가 생략된 것이다.

4. as, when, before, after, while, till, until 등 시간을 나타내는 접속사들과 if, unless 등 조건을 나타내는 접속사들과 although, even though 등 양보를 나타내는 접속사들 뒤에는 주어 + be동사가 생략된다. 이 때 접속사절의 주어가 본문의 주어와 일치해야 한다.

He sprained his ankle when walking along the river.

(그는 강을 따라 걷다가 발목을 삐었다.)

☞ 시간이 나타내는 접속사 when 뒤의 주어가 본문의 주어와 일치하기 때문에 he was가 생략된 것이다.

Wild animals cannot be tamed unless caught young.

(야생 동물들은 어려서 포획되지 않으면 길들여질 수 없다.)

☞ 조건을 나타내는 접속사 unless 뒤의 주어가 본문의 주어와 일치하기 때문에 they are가 생략된 것이다.

He is very wise though quite young.

(그는 나이가 매우 어린데도 대단히 슬기롭다.)

☞ 양보를 나타내는 접속사 though 뒤의 주어가 본문의 주어와 일치하기 때문에 he is가 생략된 것이다.

≫ Though young, he is quite intelligent.

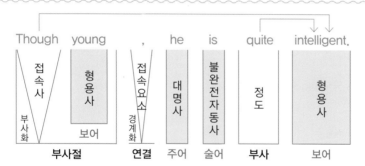

(그는 나이가 어리지만 대단히 지능이 높다.)

☞ Though 뒤에 주어 he와 술어 is가 생략되어 있다.

5. as...as나 비교급에 이은 than 뒤에 서술부가 생략된다.

She is as wise as he.

(그녀는 그이만큼 슬기롭다.)

☞ he 뒤에 서술부 is wise가 생략된 것이다.

Nothing is more difficult than this.

(어떤 것도 이것만큼 어려운 것은 없다.)

☞ this 뒤에 서술부 is difficult가 생략된 것이다.

6. 문장들의 앞부분에서 주어 + be동사 또는 주어 + 조동사가 생략된다. 일상에 잘 쓰이는 문장들이다.

Nice to see you again.

(다시 뵙게 되어 반갑습니다.)

☞ nice 앞에 it is가 생략된 것이다.

Gald to see you again.

(처음 뵙겠습니다.)

☞ Glad 앞에 I am이 생략된 것이다.

See you again tomorrow.

(내일 다시 뵙겠습니다.)

☞ See 앞에 I shall이나 will이 생략된 것이다.

Why not come with me?

(저와 같이 가시지요.)

☞ Why 뒤에 would you가 생략된 것이다.

Got something to eat?

(무엇 먹을 것 좀 있소?)

☞ Got 앞에 have you가 생략된 것이다.

Good morning.

(즐거운 아침을!)

☞ Good 앞에 I wish you a가 생략된 것이다.

Welcome!

(환영합니다.)

☞ Welcome 앞에 you are가 생략된 것이다.

Well done.

(잘 해 냈다.)

☞ 이 문장은 You have done well.이나 It is well done.의 축소형이다.

같은 뜻으로 You did a good job. 또는 You made a good job of it.이 있다.

7. 격언들(proverbs)에서는 간략함과 단순함에서 효과를 얻기 위해 생략형의 문장들이 많이 쓰인다.

First come, first served.

(먼저 오는 사람들이 먼저 대접을 받는다.)

☞ 생략된 것을 보충하면 Those who come first, are first served.가 된다.

After death, the doctor (혹은 drugs).

(사후약방문.)

☞ 생략된 것을 보충하면 After death comes the doctor.가 된다.

Now, never.

(지금이 최적의 기회이다.)

☞ 생략된 것을 보충하면 Do it now or the chance will never come to you again.이 된다.

Better be untaught than ill taught.

(잘못 배우는 것보다 배우지 않는 것이 더 낫다.)

☞ 생략된 것을 보충하면 You had better be untaught than you are ill taught.가 된다.

8. 사무소(office), 상점(shop)과 같은 말이 그 소유주의 소유격 뒤에서 생략된다.

The doctor's is around the corner.

(병원은 이 근처의 모퉁이에 있다.)

☞ doctor's 뒤에 office가 생략된다.

I was at the barber's when you came to my place.

(당신이 나의 집에 왔을 때 나는 이발소에 있었다.)

☞ barber's 뒤에 shop이 생략된다.

St. Paul's is humbler than St. Peter's.

(성 바울 성당은 성 베드로 성당보다 소박하다.)

☞ St. Paul's와 St. Peter's 뒤에 각각 Cathedral이 생략된 것이다.

9. 한 문장 속에서 각기 다른 형용사들이 뒤에 두 번 이상 반복되는 같은 명사들을 수식할 때 첫 번째 명사만 명시하고 그 뒤의 명사들은 생략할 수 있다.

She prefers red wine to white.

(그녀는 흰 포도주보다 붉은 포도주를 좋아한다.)

☞ white 뒤에 wine이 생략된 것이다.

A single man can lead a horse to a river, but even a thousand cannot make the horse drink the water.

(단 한 사람이라도 한 마리의 말을 강가로 인도할 수 있지만 천 명의 사람도 말에게 그 강물을 마시게 할 수 없는 것이다.)

☞ a thousand 뒤에 men이 생략된 것이다.

10. 문맥상 생략해도 그 명사를 알 수 있을 때 그 명사는 생략될 수 있다.

The boy gets up at six in the morning.

(그 소년은 아침 6시에 기상한다.)

☞ six 뒤에 o'clock이 생략된 것이다.

He is a boy of fifteen.

(그는 15세의 소년이다.)

☞ fifteen 뒤에 years of age.가 생략된 것이다.

It is now a five past two.

(지금 시간은 2시 5분이다.)

☞ five 뒤에 minutes와 two 뒤에 o'clock이 생략된 것이다.

11. 문맥상 그 명사를 알 수 있을 때 형용사의 비교급과 최상급 뒤에서 명사는 생략될 수 있다.

Of the two sisters, the younger cooks to perfection.

(그 두 자매 중에서 동생이 요리를 완벽할 정도로 한다.)

☞ younger 뒤에 sister가 생략된 것이다.

That college is one of the oldest in the country.

(그 대학은 그 나라에서 가장 유서 깊은 대학들 중의 하나이다.)

☞ oldest 뒤에 colleges가 생략된 것이다.

12. 명사 앞에 관사가 생략되어 그 명사가 포함하는 자격이나 기능 또는 특성을 나타낸다.

They had a long talk at table.

(그들은 식사 중에 긴 이야기를 했다.)

☞ table 앞에 the가 생략되어 table의 기능 즉 식사를 하는 것을 나타낸다.

The boy went to school earlier than usual.

(그 소년은 보통 나이보다 빨리 학교에 다녔다.)

☞ school 앞에 관사 the가 생략되어 school의 기능, 즉 공부하는 것을 나타낸다.

She went to market every other day.

(그녀는 하루걸러 한 번 장보러 갔다.)

☞ market 앞에 the가 생략되어 market의 기능, 즉 장보는 것을 나타낸다.

13. 둘 이상의 명사나 명사 상당어들이 전치사나 접속사에 의해 밀접하게 연결될 때 관사가 생략된다.

They live from hand to mouth.

(그들은 하루 벌어 하루 산다.)

☞ hand와 mouth 앞에 the가 생략되어 관용적으로 쓰인다.

Rich and poor, young and old, and high and low, all came together to welcome him.

(부자와 가난한 자, 젊은이와 늙은이, 높은 이 그리고 낮은 이 모두가 그를 환영하기 위하여 함께 모였다.)

☞ rich, poor, young, old, high 그리고 low는 명사 상당어로서 그것들 앞에 관사 the가 생략된 것이다.

Brother and sister loved their parents.

(그 남매는 그들의 부모를 사랑했다.)

☞ brother와 sister앞에 관사 the가 생략된 것이다.

14. 보통명사 앞에 관사나 소유 형용사가 생략되어 고유 명사와 같은 뜻을 갖는다.

Father or mother will take care of my younger brother.

(아버지가 아니면 어머니가 나의 동생을 보살필 것이다.)

☞ father와 mother 앞에 정관사 the 아니면 소유 형용사 my가 생략된 것이다.

Driver has not yet to come.

(운전사가 아직 안 왔다.)

☞ driver 앞에 관사 the가 생략된 것이다.

15. 보통명사가 호격(vocative)으로 쓰일 때 소유 형용사 혹은 관사가 생략된다.

Friend, let's have a cup of coffee.

(친구여, 커피나 한 잔 마시자.)

☞ friend 앞에 my가 생략된 것이다.

Porter, let them in.

(경비원, 그들을 안으로 보내시오.)

☞ porter 앞에 관사 the가 생략된 것이다.

16. 공공기관의 수장을 나타내는 명사 앞에 관사가 생략된다.

Finally, the people elected the man President of their nation.

(결국 그 국민들은 그 사람을 그들 나라의 대통령으로 선출했다.)

☞ President 앞에 the가 생략된 것이다.

He was appointed as principal of the high school.

(그는 그 고등학교의 교장으로 임명되었다.)

☞ principal 앞에 the가 생략된 것이다.

17. kind of, sort of, type of와 같은 구문 뒤에 오는 명사 앞에 관사가 생략된다.

He is not the kind of people to do things by halves.

(그는 일을 어중간하게 처리하는 그러한 종류의 사람이 아니다.)

☞ people 앞에 the가 생략된 것이다.

This is not the sort of flower she likes.

(이것은 그녀가 좋아하는 종류의 꽃이 아니다.)

☞ flower 앞에 the가 생략된 것이다.

18. 의문문에서 be동사는 뜻이 존재가 아니고 그저 주어와 보어를 연결할 때에 간결성을 위하여 자주 생략된다.

He a gentleman?

(그가 신사라고?)

☞ he 앞에 is가 생략된 것이다.

19. 분사구문이 피동태일 때 being이나 having been이 생략된다.

The book, written in English, is difficult to read.

(영어로 쓰여진 그 책은 읽기가 어렵다.)

☞ written 앞에 being 혹은 as it is가 생략된 것으로 볼 수 있으나 written이 (과거)분사로서 그 자체로 형용사가 될 수도 있다.

The meeting over, the crowd went away.

(그 회합이 끝나자 군중은 가버렸다)

☞ over 앞에 being이 생략된 것이다.

The professor, asked to give a speech, was late because of the heavy traffic.

(연설해 줄 것을 부탁받았지만 그는 교통 번잡으로 늦었다.)

☞ asked 앞에 having been이 생략된 것이다.

20. 명사 앞의 전치사가 생략되어 그 명사 구문이 부사 상당어구가 된다.

Wait a moment.

(잠깐만 기다리시오.)

☞ a moment 앞에 for가 생략된 것이다.

He succeeded that way.

(그는 그러한 방법으로 성공했다.)

☞ that way 앞에 in이 생략된 것이다.

He entered the office a letter in his hand.

(그는 그의 손에 편지 한 장을 손에 들고 사무실로 들어왔다.)

☞ a telegram 앞에 with가 생략된 것이다.

21. 접속사 that은 뜻이 없기 때문에 자주 생략된다.

I know you are a man of character.

(나는 당신이 인격자인 것을 안다.)

☞ you 앞에 that이 생략된 것이다.

It was so cold I was unable to go out.

(날씨가 너무 추워서 나는 외출할 수가 없었다.)

☞ I 앞에 that이 생략된 것이다.

오형식 선생은 영어 문장의 생략 용법을 다 설명한 뒤에 인간의 언어 행위는 모든 인간의 행위들 중에서 가장 경제적인 행위라고 전제하고서 그 중에서도 생략이 으뜸이라고 말했다. 지금 다룬 영어의 생략구문들 이외에도 다른 생략구문들은 무수하게 많지만 그것들을 일일이 여기서 취급할 수는 없다. 그러나 그것들은 문맥상의 상황에 따라 그 생략된 것들을 충분히 이해할 수 있는 것들이다.

비근한 보기를 하나 든다면 우리들이 교통수단으로서 택시를 타려고 할 때 우리들은 그저 "Taxi!"

라고만 소리를 지른다. 그러면 택시 기사는 대뜸 그 한마디 Taxi!의 의미를 알아 듣고 우리들 앞으로 택시를 갖다 댄다. 왜냐하면 Taxi! 라는 말은

> Taxi driver! I wish that you will pick me up in your taxi so that I may go to the place where I want to go and so that I may pay you when I reach there.
>
> (택시 기사님! 나는 당신이 나를 당신의 택시에 태워 내가 가고자 하는 곳에 가고 거기에 도착하면 내가 당신에게 대금을 지불할 수 있기를 바랍니다.)

라는 긴 문장을 그 한 마디로 축약하고 나머지는 다 생략한 것이다. 37개의 단어들로 구성된 의미를 단 한 단어를 통해 그 뜻을 완전히 나타낼 수 있는 인간이야말로 만물의 영장이라는 말을 들을 자격이 있는 것이 아닌가.

모든 인간의 행동들이 바로 이와 같은 언어의 생략행위와 같은 것이라고 말해도 좋을 것이다. 다시 말하면 인간은 경제적인 동물인 것이다. 한 사람이 태어나 죽을 때까지 경제적인 삶을 사는 것으로, 가장 경제적인 방법으로 사는 사람이 가장 인간답게 사는 사람이고 가장 비경제적으로 사는 사람이 가장 비인간적인 사람이다. 고대 그리스 철학의 유명한 'Nature always works in the simplest way(자연은 항상 가장 단순한 방법으로 운용된다)'가 이것을 잘 말해주고 있다.

인간의 행동들 중에서 최고로 경제적인 행동은 언어 행위이며 이것을 가장 경제적으로 이끄는 사람이야말로 참으로 인간적인 존재인 것은 물론 우주에서도 가장 고귀한 존재가 되는 것이다. 왜냐하면 우주의 운행도 역시 경제성을 특성으로 갖는 언어로 이루어져 있기 때문이다.

사람에게서 언어가 없어지면 그의 인간적인 존재와 그것과 관계되는 우주가 없어지는 것이다. 또한 인간이 만들어내는 모든 것들, 즉 인간의 모든 창의적인 것들은 언어가 그것들의 원동력으로 이루어지는 것이다. 그렇기 때문에 인간이 맨 먼저 잘 해야 하는 것이 언어 행위가 아닐 수 없다. 예로 부터 사람의 가치를 평가하는데 있어서 사람의 언어 행위를 제1의 기준으로 삼아 온 것은 바로 이러한 연유에서인 것이다.

2000년대를 살고 있는 내가 지금 생각해도 그 당시 1950년대에 기성세대에 속했던 오형식 선생이 언어와 인간과의 그러한 불가분의 관계를 그렇게 논리 정연하면서도 진리에 이르도록 말한 것은 놀라운 일이었던 것이다. 오늘날 인간 세계를 완전히 지배하고 있는 컴퓨터가 언어로 운용되고 있지 않은가. 언어를 표상하는 글자들이 없었다면 오늘날의 모든 문명의 이기들은 창안되지 못했을 것이다. 오늘날에는 인간의 언어를 표시하는 글자들이 인간의 경제성을 극명하게 보여주고 있다.

이것은 여담이 되겠지만 컴퓨터의 글자판(keyboard)의 abc 로마자인 알파벳이 전 세계를 하나로 묶어주며 가장 경제적으로 인류 사회를 움직이고 있는 것이다. 그 알파벳은 표음문자로서 인류가 갖

고 있는 글자들 중에서 가장 진화된 것으로 여겨지고 있다. 영어는 표음문자이기 때문에 오늘날 영어가 국제적인 언어가 되어 있다고 해도 과언이 아닌 것이다. 만약 영어가 비능률적인 문자로서 표의문자인 한자를 그것을 표기하는 문자로 삼았다면 오늘날 영어가 세계어로 통용될 수 없었을 것이다.

그런데 인류인구의 1/3을 차지하고 있는 16억이 넘는 중국이 아직도 이러한 표의문자인 한자를 조금 변형시킨 간자로 사용하고 있는 것은 중국만의 손실이 아니라 온 인류의 손실인 것이다. 그래서 중국의 대문호 루쉰은 한자가 망하지 않으면 중국이 망한다고 말하기까지 했다. 그리하여 어쩔 수 없이 지금 중국에서는 임시변통으로 한자들을 모두 줄여 간략하게 만든 간자를 쓰고 있는 것이다. 그러한 중국의 사정과 비교해서 우리나라는 어떠한가? 영어가 사용하고 있는 로마자보다 비교할 수 없을 정도로 정교하고 편리하고 과학적이고 경제적인 문자가 바로 우리의 한글인 것이다. 어떤 서양 문명비평가는 한글은 문자들에서만이 아니라 인류가 지금까지 만들어낸 모든 것들 중에서 단연 으뜸이라고 말했다.

내가 이렇게 말하는 것은 맹목적인 애국주의적(jingoism 또는 chauvinism) 태도 같은 것이 아님을 밝혀둔다. 컴퓨터의 자판만 비교해 보더라도 로마자는 그 한계가 다 되어 있지만 우리 한글 자판은 대문자 key들에 ㄲ, ㄸ, ㅃ, ㅆ, 그리고 ㅉ만이 사용되고 있어 그 여유가 많이 남아 있는 것이다. 거기에 비해 글자가 무수히 많은 한자는 자판에 극히 일부만 사용할 수 있어서 나머지는 간접적인 방법으로 입력할 수밖에 없는 것이다.

이처럼 하나의 언어를 습득하는 것은 단순히 그 언어만을 아는 것이 아니라 그 언어가 갖고 있는 또 하나의 세계를, 즉 또 하나의 삶의 방식을 얻는 것이 된다. 내가 지금 오형식 선생의 도움으로 영어의 세계를 제대로 얻고 있는 것과 함께 그 속에서 새로운 또 하나의 삶을 얻고 있는 것이다. 나는 나의 모국어인 한국말을 무의식적으로 습득하여 말하자면 한국어의 무의식 세계에 지금까지 살아 온 것인데, 이제는 외국어인 영어를 의식적으로 거의 습득하고 있는 것이 아닌가. 그렇다면 나는 또 하나의 세계인 영어의 의식 세계에 지금 들어와 있는 것이다. 이것은 얼마나 경제적인 현상인가.

오형식 선생은 한 사람이 사는 세계 속에는 한 편으로는 꼭 필요한 것들, 보통 필요한 것들, 그리고 있어도 없어도 되는 것들이 있는가 하면 다른 한 편으로는 기필코 기피해야 할 것들, 어쩔 수 없이 받아들여야 할 것들, 그리고 없으면 좋겠지만 있어도 조심하면 괜찮을 것들이 있다고 말하면서 영어의 학습에서도 마찬가지로 의식적으로 알아도 되고 알지 못해도 되는 것들만 남아 있어 이제 그것들을 마저 공부할 차례가 왔다고 말했다. 그것은 바로 화법(narrative speech)이었다. 왜냐하면 지금까지 이 화법에 관한 것을 다른 문법 사항들과 연계되어 이미 다 배웠기 때문에 영문법의 전문용어들로 새삼스럽게 설명하는 것은 있어도 그만 없어도 그만이라는 것이다. 하지만 오형식 선생은 이왕에 알아두는 것이 바람직하다면 그것들도 전문적인 용어들과 함께 정리하는 것이 바람직한 것이라고 말했다.

19

영어의 화법을
구색에 맞추기 위해서 배우니
이미 배운 것이 복습이 되다

화법에는 두 가지가 있는데 하나는 직접화법 (direct narration)이고 다른 하나는 간접화법(indirect narration)이다.

영문법정복 | 영어의 화법(narration)

1. 직접화법

어떤 말하는 사람(some speaker)이 말하는 것(what he speaks 혹은 his speech)을, 말하여진 그대로 듣는 사람(the hearer)에게 전달하여 말한 것이 직접화법이다. 이렇게 전달되는 말은 인용부호 " " 속에 그대로 넣는다. 그 인용부호 속에 있는 문장은 피전달문이라고 불려지고 그것을 전달하는 문장은 전달문이라고 불려진다. 그리고 그 인용 부호 " "는 '... 라는 말'로 번역된다.

예컨대, He said, "I know it."에서 he said는 전달문이고 인용부호 속에 있는 "I know it."는 피전달문이다. 그래서 이 문장은 전체적으로 번역하면 "그는 '나는 그것을 압니다.'라고 말했다." 혹은 "그는 '나는 그것을 안다'라는 말을 했다."가 된다. 여기서 주의해야 할 것은 피전달문인 I know it.은 그 뜻만 갖고 있을 뿐이고 인용부호 " " 문법적인 기능인 전달문의 완전타동사 said의 목적어가 되는 것이다. 따라서 이 문장은 전체적으로 문장 제3형식에 속한다.

2. 간접화법

　　간접화법이란 전달문은 그대로 두고 피전달문을 전달문의 주어(피전달문을 간접적으로 말하는 사람)가 말한 그대로가 아니라 보고하는 형식으로 말하는 어법이다.

　　예컨대, 위의 직접화법에서 든 보기를 활용해 보면 He said, "I know it."에서 피전달문인 주어 I는 전달문의 주어와 같기 때문에 he로 바뀐다. 또한 피전달문의 술어인 know는 현재형이지만 전달문의 시제가 과거이기 때문에 그것에 일치하는 과거 knew로 바뀐다. 따라서 직접화법의 예문인 He said, "I know it."은 간접화법 He said that he knew it.으로 바뀐다.

3. 직접화법과 간접화법의 변환

　　이렇게 피전달문을 말하여진 그대로 인용 부호 속에 넣어 전달하는 직접화법 문장들을 인용 부호를 없앤 보고 형식인 간접화법 문장들로 바꾸는 방법에는 다음과 같은 것들이 있다(이 방법들은 지금까지 배운 모든 영문법의 규칙들을 활용하기 때문에 지금까지 공부한 것을 복습한다는 생각으로 이 화법의 변환을 공부하는 것이 바람직하다).

(1) 피전달문이 평서문(declarative sentence)일 경우

　　간접화법에서 전달문의 동사는 say, tell, remark, state 등이 된다. 이 경우 전달문의 동사 시제와 피전달문의 동사 시제는 피전달문의 시제가 현재이면 전달문의 시제와 일치하고, 피전달문의 시제가 과거이면 전달문의 시제보다 하나 앞선 시제 즉 과거완료 시제가 된다.

He said, "I have no money with me now." (직접화법)
(그는 "나는 지금 내게 돈이 조금도 없다." 라고 말했다.)
≫≫ He said that he had no money with him then.(간접화법)
(그는 그 때 그에게 돈이 조금도 없었다고 말했다.)

　　직접화법의 주어 I와 술어 have와 목적어 me와 시간의 부사 now가 간접화법에서는 각각 he, had, him 그리고 then으로 바뀐 것에서 알 수 있듯이 전달문과 피전달문 사이의 대명사, 동사의 시제, 시간의 부사가 상호 일치하게 바뀐다.

My father said, "I will give you this book." (직접화법)
(나의 아버지는 "내가 너에게 이 책을 주겠다." 라고 말씀했다.)
≫≫ My father said that he would give me that book.(간접화법)

(나의 아버지는 나에게 그 책을 줄 것이라고 말했다.)

☞ 위의 직접화법의 주어 I와 조동사 현재형 will과 목적어 you와 지시형용사 this가 간접화법에서는 각각 he, would, me 그리고 that로 바뀐 것에서 전달문과 피전달문 사이의 대명사, 조동사, 그리고 지시형용사가 상호 일치하게 바뀐다.

He said, "I attended the meeting yesterday." (직접화법)

(그는 "나는 어제 그 회합에 참석했었다."라고 말했다.)

≫ He said that he had attended the meeting the day before.(간접화법)

(그는 전날에 그 회합에 참석했었다고 말했다.)

☞ 직접화법의 주어 I와 과거 attended와 시간의 부사 yesterday가 간접화법에서는 각각 he, 과거완료 had attended, 시간의 부사 the day before로 바뀐 것에서 알 수 있듯이 전달문과 피전달문사이의 대명사, 동사 attend의 시제, 그리고 시간의 부사가 상호 일치하게 바뀐다.

She said to me, "My husband will come here tomorrow." (직접화법)

(그녀는 "나의 남편이 내일 여기에 올 것입니다."라고 나에게 말했다.)

≫ She told me that her husband would go there the next day.(간접화법)

(그녀는 나에게 그녀의 남편이 거기에 그 다음날 갈 것이라고 말했다.)

☞ 직접화법의 주어 my husband, 조동사 will , 본동사 come, 장소의 부사 here, 그리고 시간의 부사 tomorrow가 간접화법에서는 각각 her husband, would, go, there, 그리고 the next day로 바뀐 것에서 알 수 있듯이 전달문과 피전달문 사이의 주어, 조동사, 본동사, 장소의 부사 그리고 시간의 부사가 상호 일치하게 바뀌고 전달문들 사이에 said to 가 told로 바뀐다.

≫ He said, "I know everthing about it."

("나는 그것에 대해 모조리 안다."라고 그가 말했다.)

화법에 대한 설명이 지루할 지점에 이르렀을 때 오형식 선생은 또다시 "discipline(단련), discipline,

discipline!" 라는 외침과 "patience(인내), patience, patience!" 라는 구호로 우리 학생들을 독려했다. 그는 별 중요치 않은 것 같이 보이는 것이 속해 있는 전체적인 것에서 더 의외로 더 중요한 가치를 갖는다고 말하면서 인체에 있어서 충양돌기나 편도선과 같은 것이 인체에 얼핏 보아 별 중요한 것 같지 않지만 그것들은 그것들 나름대로 인간 신체의 전체적인 면에서 필수적인 성격을 띠고 있는 것과 같은 이치라고 말했다.

실제로 우리 사회에서 그런 모습을 많이 찾아볼 수 있는데 해방 후 초창기 수출 산업에서 의류가 주 수출 종목이었다. Y셔츠의 경우에 원단이나 제단에 있어서는 손색이 없지만 마지막 손질인 단추를 달 때 다섯 번 바느질해야 할 것을 그것을 중요하게 여기지 않고 두 번 밖에 하지 않았기 때문에 소비자가 한두 번 착용한 뒤에는 곧장 단추가 떨어져 버렸던 것이다. 그래서 한 국제 Y셔츠 상품 전체의 평가가 떨어져 메이드인 코리아(made-in-Korea) 넘버 텐 (number ten)이라는 품평을 받기도 했다.

일례를 더 들면, 복잡한 사진기기를 제작할 때에는 일팔공정 과정의 맨끝에 렌즈를 사람의 손으로 천을 이용해 2천 번을 문질러야 한다. 카메라 제조업을 하는 한 한국의 일본 교포가 실험 삼아 일본인 종업원 그룹과 한국인 종업원 그룹으로 나누어 이 마지막 공정을 할당시켰는데, 일본인 종업원 그룹에서는 반품이 거의 없었으나 한국인 종업원 그룹에서는 3분의 1정도의 반품이 나온 것이다. 다시 말하면 일본인 종업원들은 렌즈를 천으로 2천 번을 제대로 문질렀지만 한국인 종업원들의 경우에는 3분의 1정도의 종업원들이 천 번 밖에 문지르지 않은 것으로 나타났다.

이런 의미에서 오형식 선생은 그때 당시 우리 학생들에게 영문법뿐만 아니라 삶의 모든 면에서 그렇게 중요해 보이지 않는 일들도 다 나름대로의 중요성이 있기 때문에 일단 그것들을 한다면 야무지게, 즉 성실하게 마무리를 지어야 하며, 그래야 나중에 후회하지 않는다는 것을 당부했던 것이다.

(2) 피전달문이 의문문(interrogative sentence)일 경우

간접화법에서 전달문의 동사는 ask, inquire, demand, want to know, tell 등이 된다. 이 경우 전달문의 동사 시제와 피전달문의 동사 시제는 피전달문이 평서문일 경우와 같다. 피전달문의 시제가 현재이면 전달문의 시제와 일치하고, 피전달문의 시제가 과거이면 전달문의 시제보다 하나 앞선 과거완료 시제가 된다.

1) 피전달문에 의문사가 있으면 그 의문사가 명사절을 이끌어 피전달문을 만든다.

He said to me, "Who are you?"

(그는 나에게 "당신은 누구요?" 라는 말을 했다.)

☞ 직접화법 : 이 문장은 문장 제3형식에 속한다.

≫≫ He asked me who I was.

(그는 나에게 내가 누구냐고 물었다.)

☞ 간접화법 : 이 문장은 문장 제4형식에 속한다.

피전달문에서 직접화법은 동사가 주어 앞으로 나오나 간접화법에서는 동사가 주어 뒤로 간다.

He said to her, "Which is the shortest course?"

(그가 그녀에게 "어느 쪽이 가장 가까운 거리입니까?"라는 말을 했다.)

☞ 직접화법 : 이 문장은 문장 제3형식에 속한다.

≫≫ He asked her which was the shortest course.

(그는 그녀에게 어느 쪽이 가장 가까운 거리인가를 물었다.)

☞ 간접화법 : 이 문장은 문장 제4형식에 속한다.

　　피전달문에서 직접화법에서나 간접화법에서나 which가 주어이기 때문에 동사는 이동하지 않는다.

He said to me, "What do you mean?"

(그는 나에게 "너는 무슨 의미로 말하는 건가?"라는 말을 했다.)

☞ 직접화법 : 이 문장은 문장 제3형식에 속한다.

≫≫ He demanded of me what I meant.

(그는 나에게 무슨 의미로 그런 말을 했느냐고 다그쳤다.)

☞ 간접화법 : 이 문장은 문장 제3형식에 속한다.

≫≫ He said to her, "Whom do you love?"

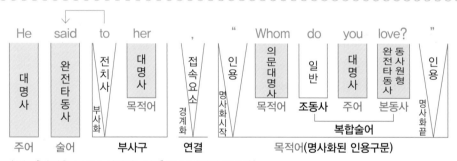

(그는 "당신은 누구를 사랑하느냐?"고 그녀에게 말했다.)

2) 피전달문에 의문사가 없는 의문문이 올 경우에 접속사 if 혹은 whether...or...가 명사절을 만들어 피전달문을 이끈다.

John said to the lady, "Is this her first visit to Korea?"

(존은 그 숙녀에게 "이번이 한국에 첫 방문 길입니까?"라는 말을 했다.)

☞ 직접화법 : 이 문장은 문장 제3형식에 속한다.

≫≫ John asked the lady if that was her first visit to Korea.

(존은 그 숙녀에게 그 때가 그녀가 한국의 첫 방문 길이었는가를 물었다.)

☞ 간접화법 : 이 문장은 문장 제4형식에 속한다.

직접화법의 피전달문에서 is가 주어 앞으로 오지만 간접화법의 피전달문에서는 was가 주어 뒤로 간다.

"Do you know me?" he said to me.

(그는 나에게 "당신은 나를 압니까?"라는 말을 했다.)

☞ 직접화법 : 이 문장은 문장 제3형식에 속한다.

≫≫ He asked me whether I knew him.

(그는 나에게 내가 그를 아느냐고 물었다.)

☞ 간접화법 : 이 문장은 문장 제4형식에 속한다.

위의 직접화법에서 피전달문이 강조되어 문장 앞으로 도치되었고 간접화법에서는 의문조동사 do 의 과거형인 did가 없어진 것이다.

(3) 피전달문이 명령문(imperative sentence)일 경우

간접화법에서 전달문의 동사는 tell, order, command, request, expect, ask, beg, forbid, advise 등이 된다. 그리고 피전달문은 부정사 구문(infinitival construction)으로 바뀐다.

He said to me, "Get out of the room."

(그는 나에게 "방에서 나가라."라는 말을 했다.)

☞ 직접화법 : 이 문장은 문장 제3형식에 속한다.

≫≫ He ordered me to get out of the room.

(그는 내가 방에서 나갈 것을 명령했다.)

☞ 간접화법 : 이 문장은 문장 제5형식에 속한다.

She said to us, "Don't make such a noise."

(그녀는 우리들에게 "그렇게 떠들지 마라."고 말을 했다.)

☞ 직접화법 : 이 문장은 문장 제3형식에 속한다.

≫≫ She told us not to make such a noise.

(그녀는 우리들에게 떠들지 말라고 말했다.)

☞ 간접화법 : 이 문장은 문장 제5형식에 속한다.

The doctor said to me, "Stop smoking from now on."

(의사는 나에게 "지금부터 담배를 끊으시오."라는 말을 했다.)

☞ 직접화법 : 이 문장은 문장 제3형식에 속한다.

≫≫ The doctor advised me to stop smoking from then on.

(의사는 내가 그 때부터 담배를 끊기를 권고했다.)

☞ 간접화법 : 이 문장은 문장 제5형식에 속한다.

>> He said to me, "Be silent."

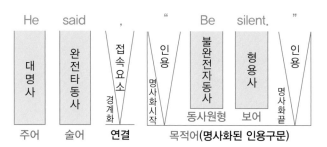

(그는 나에게 "조용히 해." 라고 말했다.)

(4) 피전달문이 기원문(optative sentence)일 경우

간접화법에서 전달문의 동사는 pray나 wish 등이 된다. 그리고 피전달문은 평서문의 피전달문과 같이 바뀐다.

She said to me, "God my bless you!"

(그녀는 나에게 "하나님이 당신에게 축복하시기를 빕니다." 라는 말을 했다.)

☞ 직접화법 : 이 문장은 문장 제3형식에 속한다.

>>> She prayed for me that God might bless me.

(그녀는 나를 위해 하나님이 나에게 축복을 내리시기를 빌었다.)

☞ 간접화법 : 이 문장은 문장 제3형식에 속한다.

>> He said to himself, "Heaven help me."

("하늘이여 저를 도와주소서." 라고 그는 중얼거렸다.)

☞ 조동사 may가 help 앞에 생략되어 있다.

(5) 피전달문이 감탄문(exclamatory sentence)일 경우

간접화법에서 전달문 동사는 직접화법의 동사를 그대로 쓴다. 그리고 피전달문은 동사의 시제만 적절히 바뀌거나 또는 감정의 뜻을 갖는 말을 삽입한다.

She said, "How beautiful the flower is!"

(그녀는 "그 꽃은 얼마나 아름다운가!" 라는 말을 했다.)

☞ 직접화법 : 이 문장은 문장 제3형식에 속한다.

>>> She said how beautiful the flower was.

(그녀는 그 꽃이 얼마나 아름다운가라고 말했다.)

☞ 간접화법 : 이 문장은 문장 제3형식에 속한다.

He said, "How fast the horse runs!"

(그녀는 "그 말은 얼마나 빨리 달리는가!" 라는 말을 했다.)

☞ 직접화법 : 이 문장은 문장 제3형식에 속한다.

>>> He said that the horse ran surprisingly fast.

(그는 그 말이 놀랍도록 빨리 달렸다고 말했다.)

☞ 간접화법 : 이 문장은 문장 제3형식에 속한다.

>> "How cruel he is!", she said.

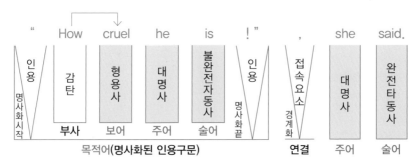

(그녀는 말했다. "그는 얼마나 잔인한가!")

(6) 피전달문이 복합문(compound sentence)일 경우

이 경우 피전달문을 연결하는 등위접속사 and, but 등 다음에 간접화법을 이끄는 종속접속사를 생략해서는 안 된다. 그러나 첫 피전달문 앞의 that은 생략될 수 있다.

He said, "I am busy and I cannot help you."

(그는 "내가 바쁘다. 그래서 내가 너를 도울 수가 없다."라는 말을 했다.)

☞ 직접화법 : 이 문장은 문장 제3형식에 속한다.

>>> He said that he was busy and that he could not help me.

(그는 그가 바빠서 나를 도울 수가 없다고 말했다.)

☞ 간접화법 : 이 문장은 문장 제3형식에 속한다.

He said, "I am busy, but I will help you."

(그는 "내가 바쁘지만 너를 돕겠다."라는 말을 했다.)

☞ 직접화법 : 이 문장은 문장 제3형식에 속한다.

>>> He said that he was busy, but that he would help me.

(그는 그가 바쁘지만 그가 나를 도울 것이라고 말했다.)

☞ 간접화법 : 이 문장은 문장 제3형식에 속한다.

He said, "I will come in any way, for I have certainly promised."

(그는 "나는 어찌하든 오겠다. 왜냐하면 내가 확실히 이미 약속을 했기 때문이다."라는 말을 했다.)

☞ 직접화법 : 이 문장은 문장 제3형식에 속한다.

>>> He said that he would come in any way, for he had certainly promised.

(그는 어찌하든 올 것이라고, 왜냐하면 그가 이미 확실히 약속을 했기 때문이라고 말했다.)

☞ 간접화법 : 이 문장은 문장 제3형식에 속한다.

　등위접속사 for 앞에는 that이 올 수 없다.

He said to her, "How do you feel? You look pale. Take a rest."

(그는 "기분이 어떠하냐? 얼굴이 창백하구나. 쉬어라"라는 말을 했다.)

☞ 직접화법 : 이 문장은 문장 제3형식에 속한다.

>>> He asked her how she felt, said that she looked pale, and advised her
　　to take a rest.

(그는 그녀에게 기분이 어떠냐고 묻고 그녀가 창백하다고 말하고 그녀에게 쉴 것을 권고했다.)

☞ 간접화법 : 이 문장은 중복문으로서 문장 제4형식과 문장 제3형식과 문장 제5형식에 속하는 문장들이
　　차례로 나열되고 있다. 왜냐하면 첫째, 문장의 피전달문이 의문문이고, 둘째, 문장의 피전달문이 평서
　　문이고, 그리고 셋째, 피전달문이 명령문이므로 전달문들의 술어 동사들이 서로 달리 쓰였기 때문이다.

>> He said, "I will take a rest as I am tired."

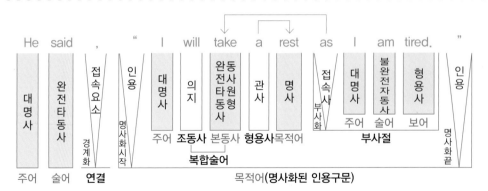

("나 피곤해서 좀 쉬겠다."고 그는 말했다.)

(7) 피전달문이 가정법(subjunctive)일 경우

이 경우 동사들의 시제들이 변하지 않는다.

1) 과거 가정법의 보기

He said, "If she were rich, she would help them."

(그는 "만약 그녀가 부자라면 그녀는 그들을 도울 것인데."라는 말을 했다.)

☞ 직접화법 : 이 문장은 문장 제3형식에 속한다.

>>> He said that if she were rich, she would help them.

(그는 만약 그녀가 부자라면 그녀는 그들을 도울 것이라고 말했다.)

☞ 간접화법 : 이 문장은 문장 제3형식에 속한다.

2) 과거 완료 가정법의 보기

She said, "If I had left my house a little later, I might have missed the last train."

(그녀는 "만약 내가 조금 늦게 나의 집을 나섰더라면 나는 막차를 놓쳤을 것이다."라는 말을 했다.)

☞ 직접화법 : 이 문장은 문장 제3형식에 속한다.

>>> She said that if she had left her house a little later, she might have missed the last train.

(그녀는 그녀가 그녀의 집을 조금 늦게 나섰더라면 그녀는 막차를 놓쳤을 것이라고 말했다.)

☞ 간접화법 : 이 문장은 문장 제3형식에 속한다.

3) 미래가정법의 보기

She said, "If he should come back home, I would accept him."

(그녀는 "만약 그가 집으로 돌아온다면 나는 그를 받아들일 것인데."라는 말을 했다.)

☞ 직접화법 : 이 문장은 문장 제3형식에 속한다.

>>> She said that if he should come back home, she would accept him.

(그녀는 만약 그가 집으로 돌아온다면 그녀는 그를 받아들일 것이라고 말했다.)

☞ 간접화법 : 이 문장은 문장 제3형식에 속한다.

>>> He said, "If I were rich, I could help him."

("내가 만일 부자라면 그를 도울 수 있을 텐데."라고 그는 말했다.)

4. 직간 혼합화법(the combination of direct and indirect narratives)

이 화법은 그림을 그리듯이 말하는 방식으로 소설과 같은 문학 작품들에서 필자가 작중인물의 말이나 생각을 묘사하는 방식으로 직접화법과 간접화법의 중간적 형식을 띤다. 지금 내가 쓰고 있는 이 소설도 때로는 그러한 형식을 띠고 있다. 즉 객관적 서술이 주관적 사상과 감정으로 표현되는 것이다. 시제는 간접화법, 어순은 직접화법의 형태를 가지며 인용부호는 사라진다.

May I ask did she ever read the book?

(내가 그녀가 그 책을 일찍이 읽었는가를 물어도 되겠소?)

☞ 묘출화법 : 이 문장은 문장 제3형식에 속한다.

He asked her would she help him.

(그는 그녀가 그를 도울 것인가를 물었다.)

☞ 묘출화법 : 이 문장은 문장 제3형식에 속한다.

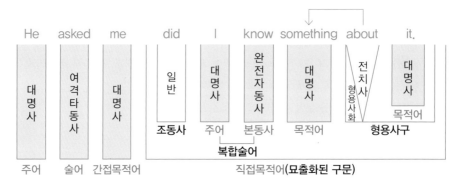

>> He asked me did I know something about it.

(그는 내게 그것에 대해 뭔가를 알고 있는지 물었다.)

오형식 선생은 직접화법을 간접화법으로 바꾸는 것을 영문법의 구색을 맞추기 위해서 다룬다고 했지만 역시 그는 이것도 철저히 설명해 주었다. 그는 성경(the Bible)은 하나님의 말씀을 인간에게 전달하는 일종의 간접화법과 같은 것이라고 했다. 성경의 구약 제1장에서 하나님이 우주를 말로 만드신 것을 묘사하고 있다. 우주가 말씀으로 창조되었다면 우주 자체가 말인 것인데 그 말을 고대의 유대민족이 온 인간들에게 때로는 직접화법으로, 때로는 간접화법으로, 그리고 직접화법과 간접화법의 혼합화법으로 전했던 것이다. 이렇게 본다면 화법이 인간 언어의 본성과 본질을 이루고 있다고 말해도 좋을 것이다.

우주가 하나님의 말씀으로 창조되고 운용된다면 인간이 그 우주 속에서 사는 것 자체가 하나님의 직접화법을 간접화법으로 옮기는 행위가 된다. 따라서 하나님의 말씀을 옮기는 행위는 언제나 경건하고 진실되고 정확해야 된다. 그래서 인간이 저지르는 죄들 중에서 거짓말이 가장 큰 죄가 되는 것이다. 그리고 인간이 거짓말을 하는 것이 하나님 앞에서 가장 뻔뻔스러운 행동을 하는 것이 되고 하나님을 무시하는 행위가 되는 것이다. 지상 위에서 인간이 만들 수 있는 천국은 거짓말이 없는 세상을 만드는 것이다.

신앙의 본성과 본질은 하나님께 기도하는 것인데, 예수는 마태복음 제6장의 5절부터 10절까지에서 기도의 본성과 본질이 무엇인가를 극명하게 말하고 있다. 그 내용의 요점은 다음과 같다. "너희가 기도할 때에 외식하는 자와 같이 되지 말라... 너는 기도할 때에 네 골방에 들어가 문을 닫고 은밀한 중에 계신 네 아버지께 기도하라. 은밀한 중에 보시는 아버지께서... 또 기도할 때에 이방인과 같이 중언부언하지 말라. 저희는 말을 많이 하여야 들으실 줄 생각하느니라."

이것이 신앙의 본성과 본질인 기도이며 그 기도가 인간의 언어 행위의 본성이며 본질을 대표한 셈이다. 그리고 그 언어 행위가 인간의 삶의 본성이며 본질이라고 말하면 다음과 같은 결론으로 화법에 대한 설명을 끝냈다.

"다른 사람의 말을 그가 말한대로 정확히 인용하여 말하거나 인용 대신에 자신의 말로 정확히 전 갈하는 것이 화법이기 때문에 인간이 맨 먼저 해야 할 것이 하나님의 말을 잘 들어 전갈하는 행위이 다. 사실, 우주와 우주에 존재하는 모든 것들이 하나님이 표현하는 말이다. 한 사람도 하나님이 표현 하는 화법의 일부이다. 그러기 때문에 그는 하나님 앞에 정확하고 진실한 행동을 해야 한다. 그의 그 러한 행동은 하나님에게 전달하는 직접화법이고 그가 그의 마음 속에 생각하는 모든 생각들은 하나 님에게 전갈하는 간접화법이 아닐 수 없다. 따라서 한 사람의 일거수일투족의 행동은 경건히 행하여 서야 하며 또한 그의 생각은 하나 하나가 진실되게 생각되어져야 한다. 이러한 인간의 생각에 최고 의 경지는 하나님에게 향한 기도(祈禱)이다. 하나님은 인간의 마음 속에 말로 존재한다."

평소에 내가 보름 남짓 함께 공부하면서 오형식 선생이 기독교 신자인 태도를 한 번도 보여 준 적 이 없었는데 성경에 대해서도 일사천리로 말하는 것에 나는 그의 사유의 세계가 광범위한 것을 느꼈 다. 그는 내가 그러한 생각을 하고 있는 것을 알고나 있는 것처럼 "영어가 오늘의 상태가 되기까지 성경이 그것에 가장 큰 영향을 끼쳤다고 해도 지나친 말이 아닐 것이다. 아마도 영어와 영어 성경과 의 관계는 어떤 관계 못지않게 불가분의 관계가 되고 있다.

특히 성경의 신약(New Testament)을 읽지 않고서 영어를 제대로 알 수 없는 것이다. 신약은 예수 의 어록과 같은 것이다. 예수는 항상 쉽게 말했다. 그가 말한 것을 기록한 언어는 하층민들의 방언인 Koine였다. 지금 그 방언은 성어(聖語:the holy language)가 되어 있는 것이다. 인류 역사 이래로 성 인들은 모두가 쉽게 말했으며 그들이 사용했던 방언들은 거의가 하층민들이 말했던 방언들이었다. 석가여래도 Pali라는 천민들이 말했던 방언으로 중생을 설파했다. 공자도 제자들에게 쉬운 말로 이야 기를 했다. 그의 중심 어록인 논어는 한자들에서도 쉬운 말들만으로 엮어져 있다. 그렇다면 쉽게 말 하는 것이 진리를 설파하는데 알맞은 말인 것이다."라고 나를 바라보며 말하면서 웃음을 머금었다.

오형식 선생이 경전과 영어의 관계를 이렇게 말한 뒤에 우리 학생들에게 영어를 가장 효과적으 로 배울 수 있는 방법이 바로 영어를 말할 때에 쉽고 용이한 말로 하는 것이라고 했다. "영어 성경은 쉽고 그 문체의 아름다움은 성경 전체가 하나의 시를 읽는 것과 같은 것이다. 구약은 서사적이며 서 정적인 분위기가 전체에 걸쳐 풍기고 신약은 그 문체의 간결함으로 읽는 이로 하여금 그 내용을 쉽 게 그리고 아름답게 받아들이게 한다.

인류 역사 이래 최고의 문호로 꼽히는 셰익스피어는 영어 성경이 만들어 낸 것이며 미국 역사상 가장 위대한 대통령이었던 링컨 대통령도 역시 경전이 만들어 낸 것이다. 그의 유명한 게티스버그 의 연설문은 신약의 그 간결함이 그대로 묻어 있는 것이다. 링컨은 학교를 다닌 적이 없고 그의 자 상한 계모의 영향을 받아 성경만으로 세상 이치를 깨닫고 한 나라의 대통령이 되기까지 한 것이다.

원어로 쓰인 성경보다 영어로 쓰인 성경이 오히려 언어적 표현에서 앞선다고 볼 수 있는데 영어가 오늘날 세계어가 되게 한 가장 큰 요인이 바로 그것의 용이함에 있는 것이다." 여기서 오형식 선생은 그 용이함이 영어 동사들의 용이함에 있다고 지적했다. "영어에는 문장들의 중심이 되는 동사들의 종류가 다섯 가지밖에 없다. 완전자동사, 불완전자동사, 완전타동사, 여격(혹은 수여)타동사, 그리고 불완전타동사만 가려낼 수 있는 능력만으로도 영어를 거의 다 배운 것이나 다름없는 것이다. 그렇게 동사들의 종류를 가려내는 것은 곧 문장 5형식들에 속하는 문장들을 가려내는 것인데 영어의 모든 문장들은 그 5형식들에만 속해 있는 것이다. 여기서 영어의 용이성이 스스로 드러나는 것이다."

오형식 선생은 영어의 용이성이 오늘날 영어를 세계어가 되게 하였다고 말하면서 역시나 영어 문장들의 중심인 다섯 가지 동사와 그것들에 따른 다섯 가지 문장 형식, 즉 5형식의 공로로 돌렸다. 그는 이렇게 시의적절하게 영어의 용이성을 지적하고서 이 영문법반의 맨 끝 부분으로 삼은 일치(agreement)를 설명하기 시작했다.

강한 자 약한 자

최악의 경우를 생각하게 될 때에
최선이 앞에 있다고 말하라!
비관적인 생각이 들 때에
낙천적인 말로 그것을 상쇄시켜라!

세상에는 최악도 비관적인 것도 없다.
오직 사람의 생각이 그것을 만들 뿐이다.

사람에게는 어떤 일도
사람이 사는 데까지 하게 되어 있다.
다만 부정적인 태도를
취하는 사람에게는 의지가 없어
그 일을 할 능력이 줄어들 것이고
긍정적인 태도를
취하는 사람에게는 의지가 굳게 돼
그 일을 할 능력이 늘어날 것이다.

인생은 긍정적이고 적극적인 사람에게
그것의 의미를 크게 부여한다.

20 영어 단어들 사이의 일치를 배워 영어의 배틀짜기를 하게 된다

일치(agreement)는 한 문장이 만들어지는 과정에서 단어(word)와 단어 사이, 단어와 구(phrase) 사이, 단어와 절(clause) 사이에 수(number), 성(gender), 인칭(person), 그리고 격(case)에 있어서 상호 일치하는 것을 말한다. 여기서 공부하려는 것은 주어와 술어 사이, 명사와 형용사적 수식어, 구, 그리고 절 사이, 피동 동격구문과 능동 동격구문 사이, 명사와 대명사 사이에서 수, 성, 인칭, 그리고 격이 어떻게 연결되는가 하는 것이다.

영문법정복 | 일치(agreement)

1. 술어(혹은 복합술어) 단수 주어에서의 수와 시제의 일치

be동사가 가장 복잡한 수의 일치를 요구한다. 그 다음이 have동사이고 그 다음이 불규칙동사들 (예컨대, come동사와 같은 것들)이다.

I am a boy.

(나는 한 소년입니다.)

☞ 주어가 1인칭 단수 현재이기 때문에 be동사도 1인칭 단수 현재형 am이 일치시키고 있다.

You are a girl.

(너는 한 소녀이다.)

☞ 주어가 2인칭 단수 현재이기 때문에 be동사도 2인칭 단수 현재형 are가 일치시키고 있다.

The boy is clever.

(그 소년은 영리하다.)

☞ 주어가 3인칭 단수 현재이기 때문에 be동사도 3인칭 단수 현재형 is가 일치시키고 있다.

I was a boy.

(나는 한 소년이었다.)

☞ 주어가 1인칭 단수 과거이기 때문에 be동사도 1인칭 단수 과거형 was가 일치시키고 있다.

You were a girl.

(당신은 한 소녀였다.)

☞ 주어가 2인칭 단수 과거이기 때문에 be동사도 2인칭 단수 과거형 were가 일치시키고 있다.

The girl was clever.

(그 소녀는 영리했다.)

☞ 주어가 3인칭 단수 과거이기 때문에 be동사도 3인칭 단수 과거형 was가 일치시키고 있다.

We are boys.

(우리들은 소년들이다.)

☞ 주어가 1인칭 복수 현재이기 때문에 be동사도 1인칭 복수 현재형 are가 일치시키고 있다.

You are girls.

(너희는 소녀들이다.)

☞ 주어가 2인칭 복수 현재이기 때문에 be동사도 2인칭 복수 현재형 are가 일치시키고 있다.

The dogs are big.

(그 개들은 크다.)

☞ 주어가 3인칭 복수 현재이기 때문에 be동사도 3인칭 복수 현재형 are가 일치시키고 있다.

We were boys.

(우리들은 소년들이었다.)

☞ 주어가 1인칭 복수 과거이기 때문에 be동사도 1인칭 복수 과거형 were가 일치시키고 있다.

You were girls.

(당신들은 소녀들이었다.)

☞ 주어가 2인칭 복수 과거이기 때문에 be동사도 2인칭 복수 과거형 were가 일치시키고 있다.

They were happy.

(그들은 행복했다.)

☞ 주어가 3인칭 복수 과거이기 때문에 be동사도 3인칭 복수 과거형 were가 일치시키고 있다.

주어에는 시제가 없지만 문맥과 상황으로 그것에 알맞은 시제를 내포하는 것이다. 오형식 선생은 이미 영문법의 마무리에 이르러 있는 우리 학생들에게 주어와 be동사의 인칭, 수, 시제에 대한 중학교 1학년에서 배웠을 것 같은 초보적인 보기를 일일이 들어가며 원칙에 따라 고지식하게 설명해주었다. 나는 그의 그러한 고지식한 태도에 지루함을 느끼는 대신에 오히려 존경스러움을 느꼈다. 그는 한마디로 원칙이 서 있는 사람(a man of principle)이었다. 그는 우리 학생들에게 위와 같이 주어의 인칭, 수, 시제에 따라 do동사를 활용해 보라는 숙제를 내주었다.

나는 집에 가서 고지식하면서도 철저한 정신으로 12개의 문장들을 do동사를 활용하여 만들었다. 그리고 나는 기쁨을 느꼈다. 내가 이미 여러 번 말했듯이 오형식 선생에게서 영어와 함께 삶의 자세를 철저히 배웠기 때문이었다. 나는 do동사를 활용하여 주어와 술어의 일치를 내 나름대로 1인칭, 2인칭 그리고 3인칭마다 단수, 복수, 현재 그리고 과거를 함께 묶어 다음과 같이 활용시켰다.

I do my work cheerfully.	(1인칭 단수 현재) : 나는 나의 일을 즐겁게 한다.
I did my work cheerfully.	(1인칭 단수 과거) : 나는 나의 일을 즐겁게 했다.
We do our work cheerfully.	(1인칭 복수 현재) : 우리는 우리의 일을 즐겁게 한다.
We did our work cheerfully.	(1인칭 복수 과거) : 우리는 우리의 일을 즐겁게 했다.
You do your work cheerfully.	(2인칭 단수 현재) : 당신은 당신의 일을 즐겁게 한다.
You did your work cheerfully.	(2인칭 단수 과거) : 당신은 당신의 일을 즐겁게 했다.
You do your work cheerfully.	(2인칭 복수 현재) : 당신은 당신들의 일을 즐겁게 한다.
You did your work cheerfully.	(2인칭 복수 과거) : 당신들은 당신들의 일을 즐겁게 했다.
He does his work cheerfully.	(3인칭 단수 현거) : 그는 그의 일을 즐겁게 한다.
He did his work cheerfully.	(3인칭 단수 과거) : 그는 그의 일을 즐겁게 했다.
They do their work cheerfully.	(3인칭 복수 현재) : 그들은 그들의 일을 즐겁게 한다.
They did their work cheerfully.	(3인칭 복수 과거) : 그들은 그들의 일을 즐겁게 했다.

오형식 선생은 일치에 있어서 더 알아두어야 할 것들에 대해 다음과 같이 보기를 들어 설명했다.

영문법정복 | 수의 일치(agreement of number)

1. 주어가 접속사 and로 이어져 마치 복수처럼 보이지만 실제로는 하나로 되어 있어 동사가 단수로 쓰인다.

Your teacher and brother is very kind to you.

(너의 선생이자 형은 너에게 대단히 친절하다.)

☞ teacher와 brother가 한 사람이다.

Bread and butter is my favorite dish.

(버터 바른 빵은 내가 좋아하는 음식이다.)

☞ bread and butter에서 bread와 butter는 따로따로가 아니고 하나의 음식이다.

The sum and substance of the matter in question was explained property.

(문제된 일의 골자는 적절히 설명되었다.)

☞ the sum과 substance(골자)는 하나의 뜻이다.

The rise and fall of Rome is historically very suggestive.

(로마의 흥망은 역사적으로 시사하는 바가 크다.)

☞ the rise and fall(흥망)은 역시 하나의 뜻이다.

No hour and no minute is to be wasted.

(1시간 1분도 낭비되어서는 안 된다.)

☞ no hour and no minute(1시간 1분도)는 단수 단위의 의미를 이룬다.

Every boy and girl has hope and ambition.

(모든 남녀 청소년은 누구나 나름대로 희망과 포부가 있다.)

☞ every로 수식받는 주어는 and로 연결되어도 단수 취급을 받는다.

Either sex and every age is to be humanly respected.

(남녀 연령 구분 없이 모든 인간은 인간답게 존경을 받아야 한다.)

☞ either나 neither, ...or로 수식받는 주어도 and로 연결되면 뒤의 명사가 단수이면 단수 취급을 받는다.

Ten and ten is (혹은 are) twenty.

(10 더하기 10은 20이 된다.)

☞ 숫자와 숫자가 and로 연결되면 단수로도 복수로도 취급된다.

2. 복수 명사가 개개의 뜻이 없고 한 단위의 뜻이 있으면 단수 취급을 받는다.

Seven hundred dollars was spent right and left quicker than thought.

(7백 달러가 생각하는 찰라보다 더 빨리 소비되었다.)

☞ Seven hundred dollars는 1달러씩 계산되지 않고 한 가지 액수로 보고 단수 취급을 받는다.

Seventy kilometers is a very short distance for a horse.

(말에게 70킬로미터는 매우 짧은 거리이다.)

The past fifty years is the period of an astonishing economic progress.

(과거 50년은 놀라울 경제적인 발전의 시기이다.)

☞ the past fifty years는 관사 the가 한 단위의 시간으로 묶어 단수 취급을 받다.

Ten years have passed since I saw you last.

(내가 너를 만난 지 10년이 지났다.)

It is five years since I saw you.

(내가 너를 만난지 5년이 지났다.)

Many a man was killed by the earthquake.

(많은 사람들이 그 지진으로 죽었다.)

Many men were killed by the earthquake.

(많은 사람들이 그 지진으로 죽었다.)

☞ 위의 두 보기들에서 many a man은 뜻은 복수이지만 동사 앞의 주어가 단수로 되어 있어 동사도 단수로 되

고 many men은 뜻과 수가 다 복수로 되어 있어 동사도 복수로 된다.

More speakers than one are supposed to give a speech on the same subject.
(한 사람 이상의 연사들이 같은 제목에 대하여 연설을 하게 되어 있다.)

More than one speaker is supposed to give a speech on the same subject.
(한 사람 이상의 연사들이 같은 제목에 대하여 연설을 하게 되어 있다.)
☞ more speakers than one은 than one이 부사구가 되어 형용사 more를 수식한 것이기에 speakers가 주어로 동사가 복수이나 more than one speaker는 more than one이 형용사 상당어구가 되어 단수형 speaker를 수식하여 동사가 단수이다.

3. 주어가 단수형이거나, 뜻으로 보아 복수의 뜻을 갖거나, 군집 명사가 주어가 될 때에는 동사가 복수형을 취한다.

Sacred and profane wisdom agree in declaring, "Arrogance goes before a fall."
(신앙인이나 속인이나 모두 지혜로운 사람들은 "교만한 자는 망하는 것이다." 라고 선언하는데 일치하고 있다.)
☞ wisdom은 추상명사이지만 복수의 뜻을 갖고 있어 동사가 복수형이 된다.

My family is composed of its three members.
(나의 집은 가족이 셋이다.)
☞ family는 집합명사로서 동사의 단수형을 취한다.

My family are well.
(나의 가족들은 잘 있다.)
☞ my family는 군집명사로서 동사의 복수형을 취한다.

None are (혹은 is) like her.
(그녀와 같은 사람들(혹은 사람)은 없다.)
☞ none은 복수로도 단수로도 되어 동사도 복수형도 단수형을 취한다.

Our enemy are many.
(우리들의 적들은 많다.)
☞ 군집명사로 동사도 복수형이 된다.

Our enemy was defeated.

(우리의 적은 패했다.)

☞ 집합명사로 동사도 단수형이 된다.

Three-fifths of the land belongs to them.

(그 땅의 5분의 3이 그들의 것이다.)

Three-fifths of the apples were thrown away.

(그 사과들의 5분의 3이 버려졌다.)

☞ 위의 두 예문들에서 of 뒤의 명사 land가 단수 명사로서 그 앞의 주어가 단수로 취급되고 동사도 단수가 되고, of 뒤의 명사 apples가 보통명사 복수로서 그 앞의 주어는 복수로 취급된다.

오형식 선생은 이 일치(agreement)에 대한 수업을 너무 지루하게 이끌어 가는 것에 자의식을 느끼는 듯한 표정을 지었다. 그는 입을 한참 다물다가 "너희들 말이야, 사람이 한평생 사는 동안에 어찌 재미있고 신나는 시간만 있겠느냐? 때로는 지루하고 무미건조한 행동을 하거나 당할 때, 그것을 인내심으로 버텨내는 심성도 창의적인 정신을 기르는 데 도움이 되는 것이다. 사람은 때로는 일부러라도 지루하고 따분한 일을 사서 하는 것이 의지력과 인내심을 높여 주는 것이다. 의지력과 인내심은 마라톤 선수에게 필수적인 것처럼 인생 행로에서도 필수적이다. 왜냐하면 인생은 단거리 경주가 아니고 마라톤 경주이기 때문이다."라고 우리 학생들의 의지력과 인내심을 돋우면서 일치에 대한 보기와 설명을 계속했다.

4. ...or..., ...not only...but also...로 이루어지는 주어들은 접속사 뒤의 주어에 동사의 수가 일치한다.

They or he is to go there.

(그들 아니면 그가 거기에 가게 되어 있다.)

☞ or 뒤의 he가 단수이고 동사도 단수가 된다.

Not noly he, but also they are to go there.

(그뿐만 아니라 그들도 거기에 가게 되어 있다.)

☞ but 뒤의 they가 복수이고 동사도 복수가 된다.

5. 종류와 수량의 명사들 뒤에 of가 오면 그것들은 형용사 상당어구들이 되어 그것들 뒤의 명사들을 수식한다.

A great number of students were crowded into the room.

(대단히 많은 학생들이 그 교실로 몰려 들어가고 있었다.)

☞ a great number of는 many의 뜻을 갖는 형용사 상당어구로서 students를 수식하고 동사는 복수형이 된다.

These sort of things have never happened.

(이러한 종류의 일들은 결코 일어나지 않았다.)

☞ these sort of는 역시 형용사 상당어구로서 명사 things를 수식하여 복수동사 have는 sort에 일치하지 않고 things에 일치한다.

A lot of children are playing in the playground.

(많은 아이들이 운동장에서 놀고 있다.)

☞ a lot of는 many의 뜻을 갖는 형용사 상당어구로서 children을 수식하고 동사 are는 복수형이 된다.

These kind of flowers are many here and there.

(이러한 종류의 꽃들은 여기저기 많이 있다.)

☞ these kind of는 형용사 상당어구로서 뒤의 복수 명사 flowers를 수식하고 동사 are는 복수형이 된다.

6. 성의 일치(agreement of gender)

영어는 남성, 여성, 중성 그리고 통성의 성들이 있어 대명사들이 그 성들에 일치해야 한다.

1) 여성의 이름 그리고 남성의 이름을 갖는 명사들은 여성과 남성들의 대명사들 그리고 소유 형용사들이 대신한다.

Tom is my friend and he is very kind to me.

(톰은 나의 친구인데 나에게 대단히 친절하다.)

☞ Tom은 남자의 이름이고 그것을 받는 대명사는 남성형 he이다.

Grace made up her mind to call off her date at any cost.

(그레이스는 어떤 희생을 치르더라도 그녀의 약속을 취소할 결의였다.)

☞ 소유 형용사 her가 여성 명사 Grace에 일치한다.

2) 보통 명사들은 대개가 중성이지만 어떤 것들은 그것들의 성격들에 따라 남성 아니면 여성을 표상한다.

The sun runs his orbit and the moon her circle.

(태양은 자기의 궤도를 돌고 달도 자기의 궤도를 돈다.)

☞ 소유 형용사들 his와 her가 각각 성격에 따라 sun과 moon에 일치한다.

7. 인칭의 일치(agreement of person)

이 부분은 이미 설명된 것이다. 주어와 동사는 인칭에서 일치된다.

Either you are to go, or he is (to go).

(네가 가든지, 아니면 그가 가야 한다.)

☞ 2인칭 주어 you와 2인칭 동사 are가 일치하고 3인칭 단수 he와 주어 3인칭 동사 is가 일치한다.

Both of his parents are alive.

(그의 양친 모두가 살아 계신다.)

☞ 3인칭 복수 주어인 복수 대명사 both와 3인칭 복수 동사 are가 일치한다.

8. 격의 일치(agreement of case)

주어는 주격, 목적어는 목적격이 그리고 소유 형용사도 소유격이 온다. 보어는 주격 또는 목적격이 올 수 있다.

I love her.

(나는 그녀를 사랑한다.)

☞ I는 동사 love의 주격이고 her는 완전타동사 love의 목적격이다.

I suspected the intruder to be him.

(나는 그 침입자가 그였다고 의심했다.)

☞ I는 suspected의 주격이고 him은 be의 보어인데 intruder가 목적격이기 때문에 그것의 영향을 받아 목적격으로 나타난다.

오형식 선생은 이렇게 하여 일치(agreement)를 끝내면서 영문법 전반을 통하여 이 일치의 경우가 가장 예외적인 것들이 많다고 말했다. 예컨대, One in ten take drugs. (열 명 중 한 사람은 마약을 복용하고 있다.)라는 문장에서 take의 주어는 엄연히 one, 즉 3인칭 단수로 단수 동사 takes가 쓰여야 하는데 동사 바로 앞에 있는 것이 ten이어서 복수 동사가 온 것이다. 이와 같은 다른 보기를 하나 더 들어 보자. The entire power of his wits have given way to his impatience. (그의 지혜의 모든 능력은 그의 성급함에 밀리고 만 것이다.)라는 문장에서 주어가 단수명사 power인데 3인칭 단수동사 has 대신 동사 바로 앞에 있는 복수 명사 wits에 일치하는 복수 동사 have가 오고 있다.

오형식 선생이 〈영문법정복 예비지식 I, II〉에서 영어 문장들에 대한 철저한 도식적 분석을 했고 그 뒤로 좋은 영문법 주석들의 예문들에 대하여 필요적절하게 도식을 해왔는데, 일치(agreement) 법칙의 예문들에 대하여는 도식적인 분석을 안하기에 조심스럽게 "선생님, 왜 이 일치의 법칙의 예문들에 대하여는 도식적인 분석을 안해 주십니까?"라고 불만에 가까운 어조로 질문을 그에게 넌지시 던졌다.

그러자 오형식 선생은 벌떡 나의 책상 앞으로 다가오면서 그야말로 속 시원한 너털웃음을 터뜨렸다. 그 웃음 속에는 애정과 감격이 넘친 것 같았다. 그는 그의 인자하고 자상한 예의(銳意)의 태도를 보이면서 "이상준, 너는 어찌하여 나의 마음을 그렇게 잘 읽느냐? 부부관계에 의해 궁합이 있듯이 사제의 관계도 그러하구나! 너와 나는 천생 사제의 궁합으로 맺어진 것이 틀림없다. 사실, 도식적 분석은 영어문장들 속에 단어들이 어떻게 상호일치로 자리 잡고 있는가를 살피는 것이기에 의당히 이 일치(agreement)의 법칙에서는 도식적 분석이 어느 법칙의 예문에서 보다 더 존재성이 부각되어야 한다. 이상준, 내가 이것을 모를 리가 있겠느냐? 그러나 이 일치의 예문들 밑에 그 일치성에 대한 설명을 했기에 도식적 분석을 구렁이 담 넘어 가듯이 슬그머니 생략했는데 이상준 네가 그것을 못마땅하게 여겨 불만어린 어조로 나에게 질문을 했다. 불만은 대개가 악의적인 것이지만 때로는 불만이 얼마나 소중하고 애정이 넘치는 것인지 네가 바로 그렇게 나의 마음을 사로잡아 선생으로서의 제자 앞에서 희열을 느끼게 했다. 이상준, 내가 불성실해서 이 일치의 법칙에서 도식적 분석을 생략한 것이 아님을 알겠느냐? 물론 알고 있으면서도 나를 격려시키기 위해서 그런 줄 안다. 나는 이 영문법 반을 개설하여 너희에게 영어를 가르치는 최종의 목표가 너희가 어느 문장이나 빈틈 없이 이 도식적 분석으로 독해(讀解)의 능력을 길러주는 것이다."

그리고 그는 이 영문법반 뒤에서 다시 새로운 마음으로 도식적 분석을 할 것이기에 그 지점에 이르기까지 특별히 도식적 분석을 필요로 하지 않는 것들의 예문들에 대한 도식화를 생략하겠다고 말했다. 그래야 끝부분에서 새삼 영어문장들에 대한 도식적 분석이 종합적으로 행하여질 때 그것의 가치가 극명하게 부각될 것이라고 말하였다. 그러나 우리 학생들은 스스로 조금 길고 복잡한 문장들을 보게 되면 도식적 분석을 게을리해서는 안 된다고 엄한 표정을 지었다.

오형식 선생이 나의 질문에 이렇게 애정을 표시하면서 답변을 하자 나의 가슴 속 깊은 곳에서부터 애잔하면서도 강렬한 감정이 솟아오름을 느꼈다. 그리고 나는 뜨거운 기운이 눈가에 어리는 것을 참느라 애썼다.

21

영어의 법칙에도 예외가 있는데 그것을 배우니 호랑이에게 날개를 달아 준 것이 되다

오형식 선생은 인간이 만든 법들에서는 예외적인 것들이 허다한 것이라고 말하면서 영문법에도 예외적 규정이 있으니 알아두어야 한다는 것이었다. 이와는 대조적으로 자연법에서는 예외적인 것이 하나도 없는 것인데 돌연변이니 신비니 기적이니 하는 말들을 써서 자연법에도 예외성이 있다고 떠드는 것은 오직 인간지능의 한계와 무지 때문인 것이다.

또한 그 인간 지능의 빈약성 때문에 인간이 스스로 만든 법들이 불완전할 수밖에 없어 인간은 스스로 만든 법을 새로 고치거나 완전히 없애거나 또는 새로 고친 것을 다시 원상태로 환원시키거나 없앤 것을 복원시키거나 한다. 그래서 인간사회는 혼란스러운 성격을 띨 수밖에 없는 것이다. 무엇보다도 인간이 법을 다루는데 있어서 가장 한심스러운 것은 인간이 스스로 만든 법을 인간이 스스로 어기는 행위이다.

그래서 그리스 철학자 소크라테스는 악법도 꼭 지켜야 한다고 말했다. 그것은 법의 원칙을 제대로 말한 것이다. 법은 어떠한 일이 있어도 준수되어야 하는 것이 법의 존재 이유인 것이다. 법은 그 존재 가치와 이유가 그것의 준수성에 있다면 좋은 법이거나 나쁜 법이거나 반드시 지켜져야 한다. 그렇지 않고 나쁜 법이라고 해서 그것을 준수하지 않는다면 법을 준수하지 않는 것이 허용되는 셈이 되어 좋은 법도 마찬가지로 준수될 필요가 없게 된다. 법의 존재 이유와 가치가 상실되고 마는 것이다.

오형식 선생은 이 영문법반이 배워야 할 것을 다 끝낸 상황에서 영문법도 법이기 때문에 이러한 법의 존재 이유와 가치를 영문법과 연계시켜 말하고서 "이제 영문법의 예외적인 규칙들을 총정리하는 차원에서 공부하면 이 영문법반의 목적이 거의 완전하게 달성되는 것이다."라고 말하며 처음으로 다시 돌아가 예외적인 것같이 보이는 규정들 또는 규칙들을 설명하기 시작했다. 우리 학생들의 입들에서는 "정말 못 말려!"라는 감탄의 소리가 절로 나왔다.

우리들은 그 때부터 그를 "못말려" 선생님이라고 고쳐 부르기 시작했다. 이 책에서 그의 이름은 '그 선생'에서 시작하여 '오형식'을 거쳐 이제는 '못말려'가 된 것이다. 그는 앞으로 다룰 예외적인 규칙들의 정리는 다만 지금까지 배운 것에 대한 보조수단에 지나지 않기 때문에 그저 그것들을 인식하여 참조하는 정도로 그쳐야 한다는 것을 강조했다. 영문법이 영어교육의 저해요소가 된다는 것은 바로 이 보조적인 것들을 영문법의 근간이 되는 것처럼 착각하기 때문인 것이다.

영문법정복 | 예외적인 영문법

1. 명사는 원래 문장 속에서 주어, 보어, 그리고 목적어의 기능을 하지만 이것은 또한 예외적으로 수식적 기능을 하여 형용사적 수식의 형용사 상당어구나 부사적 수식의 부사 상당어구가 된다.

Who is this queen girl?

(이 퀸걸은 누구인가?)

☞ queen은 원래 명사지만 그것 뒤의 명사 girl을 수식하는 형용사의 기능을 한다.

I would go there evenings.

(나는 저녁이면 거기에 가곤 했다.)

☞ evenings는 원래 명사지만 동사 go를 수식하는 부사의 기능을 한다.

2. 명사가 그 앞에 관사를 두고 복합 접속사의 역할을 한다.

We started the moment the sun rose over the mountain.

(태양이 산 위로 오르자마자 우리들은 출발했다.)

☞ the moment가 as soon as의 복합 접속사와 같은 것이 된다.

3. 경우에 따라 명사의 특성이 변화한다.

명사는 그것이 갖고 있는 특성에 따라 수를 셀 수 있는 보통명사, 무리를 이루는 집합명사, 물질 또는 재료를 나타내는 물질명사, 지각으로 느낄 수 없는 추상명사, 그리고 하나밖에 없는 사물의 이름을 나타내는 고유명사로 구별되는데 그것들이 서로 바뀔 수 있다. 예컨대, 물질명사가 보통명사 가 되는 경우와 같은 것이다.

This tea is more expensive than the coffee we bought yesterday.
(이 홍차 제품은 우리들이 어제 산 커피 제품보다 더 비싸다.)
☞ 위의 문장에서 tea와 coffee는 원래 물질명사들인데 여기서는 제품들로 보통명사들이 된다.

He is the pride of his school.
(그는 그의 학교의 자랑스러운 인물이다.)
☞ pride는 원래 '자랑' 의 뜻을 갖는 추상명사인데 여기서는 보통명사로 "자랑스러운 인물" 이란 뜻이 된다.

You speak such a good English as has no accent of a foreigner.
(당신은 외국인의 어조가 전혀 없는 훌륭한 영어를 구사합니다.)
☞ 원래 영어는 하나밖에 없는 나라말의 고유의 이름인데 여기서는 보통명사로 바뀌어 영어도 이런 영어 저런 영어로 갈라져 수를 셀 수 있는 보통명사로 간주된다.

못말려 선생은 영어는 비록 Anglo-Saxon 민족이 자연적으로 만들어 써 왔지만 지금은 세계어 가 되어 세계 방방곡곡에서 쓰이고 있기 때문에 누구든지 영어를 그들 Anglo-Saxon인들 못지 않 게 쓸 수 있는 것이라고 말하면서 우리 학생들이 세계에서 제일가는 영어를 구사할 수 있는 사람이 되기를 바란다고 말했다.

나는 그의 그 말을 듣고 감격이 벅차올라 그렇게 한 번 해보겠다는 결심을 했다. '늦게 배운 도둑 이 밤 샌 줄을 모른다.'는 속담과 '첫째 가는 자가 나중에 가는 자 되고, 나중에 가는 자가 첫째 간 다.'는 성경의 말대로 지금 영어의 꼴찌에서 나는 영어를 철저히 정복하고 있지 않은가. 그래서 나는 세계에서 제일 훌륭한 영어를 구사할 수 있는 사람이 되겠다고 결심했다.

뜻이 있는 곳에 길이 있다(Where there is a will, there is a way.)는 격언과 불가에서 말하는 회 심즉시불(廻心卽是佛)에서 말하는 것처럼 한 사람이 한 번 해보겠다고 결심을 하면 무엇이나 사람의 능력의 한계 안에 있는 것이면 못할 게 없지 않은가. 왜 사람이 스스로 지레 겁을 먹고 자신의 한계 를 지어놓고 그 울타리 안에서 그저 안주하려 드는가? 그것은 그 자신의 능력을 낭비시키는 것 뿐만 아니라 그 만큼 인류사회의 진화 발전에 저해의 요인이 되는 것이 아닐 수 없다.

내가 영어를 정복하는 길에 일단 접어든 마당에서 나도 영어를 모국어로 말하는 사람들처럼 영어 를 할 수 있다는 자신감을 갖게 되었고 심지어는 영어를 나 나름대로 새롭게 훌륭하게 구사하여 세 계에 하나의 공헌을 하겠다는 결심(決心)을 다졌다. 그러한 자세를 가다듬자 의욕이 더욱 솟구치면 서 고등학교 3학년 영어교과서까지 쉽게 독파할 수 있었다. 그것의 영어문장들에 대한 도식적 분석 을 시도하자 의외로 영어가 쉽게 나에게 접근하는 것을 느꼈다. 내가 그 때에 하나의 큰 교훈을 스스로 터득했다. 그것은 '어려운 것에 도전하라!' 는 것이었다. Charles Caleb Colton은 나의 이러한 교훈을 다음과 같이 말했다. He that perseveres makes every difficulty an advancement and every contest a victory.(힘겹지만 인내하는 사람은 모든 어려운 것을 하나의 발전이 되게 하고 모든 힘겨운 싸움을 하나의 승리가 되게 하는 것이다.)

영문법정복 | 예외적인 영문법의 정리

1. 고유명사인 사람의 성 앞에 관사 the를 놓고 그 성을 복수로 만들면 그 성씨의 일가족 전체 또는 그 성씨의 부부, 그리고 그 성씨 가문의 일부를 나타낸다.

the Browns
(a) 브라운씨 일가 (b) 브라운씨 부부 (c) 브라운씨 가문의 일부로 해석할 수 있다.

고유명사가 다른 명사로 전용되는 예는 그밖에도 많다. 예컨대, the entire Milton(밀턴의 모든 작품), a Ford(포드 회사에서 만든 자동차 한 대) 등이 있다.

2. 보통명사들을 복수로 만드는 방법은 규칙적인 방법과 불규칙적인 방법이 있다.

1) 규칙적인 방법
S발음은 무성음 뒤에서는 [s]로 발음되고 유성음 뒤에서는 [z]로 발음된다. 경우에 따라 [iz]나 [iz]로 발음되기도 한다.

① 보통명사 뒤에 s를 붙인다.
a hand(손) 〉 hands(손들)

② s, z, sh, x, ch로 끝나는 단어는 es 를 붙인다.
box(상자) 〉 boxes(상자들)

③ [자음+o]로 끝나는 경우 es를 붙인다.
hero(영웅) − heroes(영웅들)

④ [자음+y]로 끝나는 경우 y를 i로 고치고 es를 붙인다.

  sky(하늘) 〉 skies(하늘들)

    ☞ 이 경우 [iz]로 발음된다.

⑤ [모음+y]로 끝나는 경우 그대로 s를 붙인다.

  toy(장난감) 〉 toys(장난감들)

⑥ f나 fe로 끝나면 그것을 v로 고치고 es를 붙인다.

  leaf(나뭇잎) 〉 leaves(나뭇잎들)

    ☞ 이 경우 [vz]로 발음된다.

2) 불규칙적인 방법

말 그대로 불규칙하게 변화한다.

child(아이) 〉 children(아이들)

datum(자료) 〉 data(자료들)

man(사람) 〉 men(사람들)

tooth(치아) 〉 teeth(치아들)

woman(여자) 〉 women(여자들)

sheep(양) 〉 sheep(양들)

formula(공식) 〉 formulae 혹은 formulas(공식들)

medium(매체) 〉 media(매체들)

phenomenon(현상) 〉 phenomena(현상들)

fish(물고기) 〉 fish 혹은 fishes(물고기들 혹은 여러 가지 물고기들)

3) 하나 둘 셀 수 있어 명사의 취급을 받는 문자나 숫자 그리고 단어나 명사 상당어구 뒤에 's를 붙인다.

There are three 9's in the year 1999.

(1999년에는 9의 숫자가 3개 들어 있다.)

☞ 숫자 9의 복수를 9's로 표시하고 있다.

He used too many I's, me's, and my's in the diary.

(그는 그 일기에서 너무 많이 I자들, me자들, 그리고 my자들을 사용했다.)

☞ 단어들 i, me, my의 복수를 그것들 뒤에 's로 표시하고 있다.

4) 복합명사(compound noun)에서는 중요한 단어를 복수로 만든다.

  brother-in-law(매부) 〉 brothers-in-law(매부들)

  man-of-war(군함) 〉 men-of war(군함들)

  passer-by(행인) 〉 passers-by(행인들)

3. 연대를 표시할 경우 그 숫자 앞에 관사 the나 소유 형용사(my, your, his 등)를 두고 그 숫자 뒤에 s나 es를 붙인다.

The economic situation in the 1970's was very good.

(1970년대의 경제 사정은 매우 좋았다.)

☞ the 1970's=1970년대

He must be a man in his thirties or his forties.

(그는 나이가 30대나 아니면 40대의 사람임에 틀림없다.)

☞ his fifties or sixties = 그의 50대 아니면 60대

4. 명사가 복수형, 명사 앞에 부정관사 a 혹은 an, 그리고 정관사 the가 붙어 그 명사의 총칭의 뜻을 나타낸다.

Horses are useful animals.

(말들은 유용한 동물들이다.)

☞ 복수 어미 s 또는 es가 총칭을 나타낸다.

A horse is a useful animal.

(말은 유용한 동물이다.)

☞ 부정관사가 앞에 붙어 총칭을 나타낸다.

The horse is a useful animal.

(말이란 유용한 동물이다.)

☞ 정관사가 앞에 붙어 대표성을 나타낸다.

5. 명사가 형용사 상당어가 될 경우에는 복수의 의미를 갖고 있어도 단수로 표시한다.

the four year economic plan

(4개년 경제 계획)

four act play

(4막극)

☞ 위의 두 보기에서 year나 act가 단수로 나타난다.

6. 동족목적어의 용법

완전자동사의 뜻을 가진 명사가 그 자동사 뒤에 오면 그 명사는 목적어가 되고 그 완전자동사는 완전타동사가 된다.

The dictator lived the life of an exile far away from his native country.

(독재자는 자국에서 멀리 떠나 망명자의 생활을 했다.)

☞ lived는 완전자동사였는데 그것 뒤에 뜻이 같은 동족목적어 life가 와 완전타동사가 되어 문장 제3형식을 만든다.

He smiled a big smile when he saw me.

(그는 나를 보고 얼굴 가득 웃었다.)

☞ 완전자동사 smilesd는 동족목적어 smile을 이끌어 완전타동사가 되어 문장 제3형식을 만든다.

7. 영어의 명사는 그것의 성(gender)에 있어서 다음과 같이 4가지로 갈라진다.

(1) 남성 (masculine gender)

man(남자), ox(수소), cock(장닭) 등

(2) 여성 (feminine gender)

woman(여자), cow(암소), hen(암닭) 등

(3) 통성(common gender)

friend(친구), parent(어버이), enemy(적) 등

(4) 중성 (neuter gender)

tree(나무), table(책상), gun(총) 등

8. 중성의 명사가 의인화되면 남성이 되거나 여성이 된다. 그 구분은 대체로 강하고 억센 중성명사들은 남성으로, 약하고 부드러운 중성명사들은 여성으로 취급된다.

The sun activates everything in the daytime with his energy while the moon pacifies everything in the nighttime with her calm.

(태양은 그의 열력으로 낮 시간에 모든 것을 움직이게 하고 달은 그의 고요로 밤 시간에 모든 것을 평온케 한다.)

☞ 위의 문장에서 sun은 남성 명사로 의인화되고 moon은 여성 명사로 의인화되고 있다.

못말려 선생은 예외적인 것들을 일괄적으로 묶어 설명을 끝냈다. 그는 "여러분들은 이제 예외적인 것들까지 섭렵했으니 지금부터는 이제까지 공부한 것을 복습 또는 정리하는 형식으로 여름방학 영문법반의 대미를 장식할까 한다."라고 말을 할 때에 아래층에서 기물을 부수는 소리가 2층의 강의실에까지 들려왔다. 4일 전에 못말려 선생에게 당한 불량배들이 경찰에서 풀려난 뒤에 그에게 원한을 품고 몰려온 것이었다.

그는 사태가 심상치 않게 돌아갈 것을 생각하고 우리 학생들에게 "너희들은 빨리 집으로 가거라. 별 일 없을 거야."라고 엄한 얼굴을 지으며 말했다. 그러나 우리들은 전에 지은 엄한 표정(훈육을 위한)과는 다르게 처음으로 못말려 선생에게서 그러한 험한 역경을 대적하려는 모습을 보고는 그의 지시대로 아래층으로 내려 갈 수밖에 없었다.

우리들이 2층에서 내려오는 동안에 그 불한당들은 2층으로 올라오고 있었다. 수가 다섯 명이었다. 그들의 눈에는 살기가 등등했다. 우리는 역시 사태가 심상치 않다는 것을 느끼며 일단 1층 서무실에 들어가서 상의를 했다. 아무래도 우리의 선생인 못말려씨가 가라데의 고수이긴 하지만 다섯을 상대하기에는 벅찰 것 같았다. 마침 그놈들이 서무실을 부셔놓은 데서 무기가 될 만한 의자들의 다리를 뽑아내어 각각 무장을 하고 2층으로 다시 올라갔다.

그런데 이게 웬일인가. 못말려 선생이 무릎을 꿇고 그들이 내리치는 각목에 얻어 맞으면서 "형씨들, 지난번에는 내가 잘못했소. 이제 당신들의 처분만 바라겠소..."라고 두 손을 모으고 있지를 않는가!

이 광경을 본 박기철과 나는 못말려 선생을 일으키려 했다. 그러나 그는 "너희들은 어서 집으로 가라!"고 호되게 우리를 야단쳤다. 우리들은 "선생님, 인생은 싸움이라고 엊그제 말씀하시고 싸움에는 이겨야 한다고 하지 않았습니까?"라고 그의 말을 묵살했다.

그놈들 중의 한 놈이 박기철을 발로 걷어차며 각목을 내리쳤다. 그러나 그의 각목은 다행히 박기철을 살짝 비껴 나갔다. 나는 준비한 의자 다리로 그놈의 왼쪽 팔을 내리쳤다. 그러자 그는 각목을 놓으며 그의 쇠꼬챙이를 꺼내는 것이었다.

못말려 선생은 이제 피할 수 없는 싸움이라는 것을 알고 무릎을 치고 일어서면서 "네 이놈들! 이 아이들은 내 어린 학생들이야. 싸우려고 한다면 내가 상대하겠다." 라고 외쳤다. 그러자 싸움은 5대 3의 대결 상황이 되어 버렸다.

못말려 선생은 "어쩔 수 없다. 너희들이 말려들었으니 속전속결로 끝내야겠다."고 말하며 눈짓으로 몸조심하라는 신호를 보냈다. 박기철과 나는 너무 기뻐서 힘이 절로 났다. 그와 내가 한 놈씩 맡고 못말려 선생은 세 놈들과 대결하고 있었다. 우리들을 대적한 두 놈들이 어린 우리 학생들이 만만치 않다는 것을 간파하는 순간에 못말려 선생은 맨 손으로 세 놈들을 전광석화처럼 쓰러뜨렸다. 그리고 박기철과 내가 싸우는 것을 웃으며 바라보고 있었다. 그는 우리들의 실력을 믿었다.

우리는 각목을 버리고 맨 손으로 그놈들의 복부를 찔러버렸다. 싸움은 싱겁게 끝났다. 그놈들은 도망칠 수밖에 없었다. 박기철과 나는 분에 못 이겨 그놈들을 뒤따라 좀 더 혼내주려는 생각으로 "야, 비겁한 놈들!" 하고 그들을 쫓으려 했으나 못말려 선생이 우리들을 불러 세웠다.

못말려 선생은 그 식당이 걱정되어 우리들을 데리고 점심을 먹을겸 그곳에 가보았으나 그 불한당들의 모습은 보이지 않았다. 못말려 선생과 우리 학생들은 국밥을 시켜먹었다. 그는 우리가 염려되는지 점심을 먹은 뒤 우리들을 각자 집에까지 데려다 주었다.

나는 죽어 있을 때

나는 죽어 있을 때
나의 육신은 여기저기 흩어져
자연의 원소들이 될 것이고
나의 마음은 고스란히 하나로
우주의 마음과 하나되어
우주를 품고 있으리라!

나는 살아 있을 때
나의 육신은 여기저기 움직여
자연의 원소들을 받아 들이고
나의 마음은 고스란히 하나로
우주의 마음과 하나되어
우주를 안고 있으련다.

22 명사화의 용법을 배우니 영어가 이제는 나의 삶이 된 것이다

하나의 문장이 명사의 역할을 하게 하는 명사화(nominalization)의 용법은 한 편으로 그 문장 전체의 내용을 명사구문으로 만드는 것이다. 다른 한 편으로는 그 문장 속에 들어 있는 문장 주요소들을 중심으로 그 문장의 뜻을 그대로 유지하면서 명사구문으로 만들 수 있다. 이것은 문장 5형식들과 함께 영문법에서 매우 중요한 것이다. 왜냐하면 문장 5형식들에 속하는 문장들은 전부 다 명사화할 수 있는데 거기에 따라 이 세상의 영어 문장들 속에는 이렇게 명사화된 것들이 거의 40%를 차지하고 있기 때문이다.

영문법정복 | 명사화될 수 있는 것

1. 문장의 전체를 중심으로 명사화되는 것들이 있다.

(1) 한 문장 앞에 종속접속사 that이 그것 앞에 나와 그 문장을 명사절로 만들어 명사화되는 것.
(2) 한 문장이 부정사구문으로 명사화되는 것.
(3) 한 문장이 동명사구문으로 명사화되는 것.
(4) 한 문장이 추상명사화해서 명사화되는 것

2. 문장의 일부를 중심으로 명사화되는 것들이 있다.

(1) 한 문장의 일부인 주어를 중심으로 명사화되는 것.
(2) 한 문장의 일부인 보어를 중심으로 명사화되는 것.
(3) 한 문장의 일부인 목적어를 중심으로 명사화되는 것.

못말려 선생은 우리 학생들에게 문장 5형식들의 중요성을 강조하는 태도로 이 명사화의 용법을 상세히 다루었다. 그는 문장 5형식들의 보기들을 일일이 들면서 다음과 같이 그것들을 명사화하여 그 명사화된 구문들이 한 문장 속에서 어떻게 주요소들이 되는가를 설명했다.

영문법정복 | 명사화(nominalization)의 용법

1. 문장 제1형식에 속하는 문장의 명사화

Birds sing sweetly in the spring.

(새들은 봄에 달콤하게 노래한다.)

이 문장에는 주요소들이 주어(명사)와 술어(완전자동사) 둘 뿐이지만 명사화된 명사 구문들은 여러 개가 나온다. 왜냐하면 앞에서 말했듯이 문장의 전체를 중심으로 그리고 문장의 일부를 중심으로 하는 명사화된 구문들이 여러 개가 되기 때문이다.

(1) 문장 전체를 중심으로 한 명사화 : 즉 술어를 중심으로 한 명사화

1) 접속사 that이 명사화하여 명사절이 된다.

that birds sing sweetly in the spring

》》 It is natural that birds sing sweetly in the spring.

(봄에는 새들이 달콤하게 노래하는 것은 자연스럽다.)

☞ 접속사 that로 명사화된 명사절 that birds sing in the spring이 It is natural의 문장 속에 들어가 그 문장의 술어 불완전자동사 : is)의 진주어가 된다.

2) 부정사 구문(infinitive phrase)으로 명사화되어 명사구가 된다.

for birds to sing sweetly in the spring

≫ It is wonderful for birds to sing sweetly in the spring.

(봄에 새들이 달콤하게 노래하는 것은 놀랍다.)

☞ 부정사 구문으로 명사화된 명사구 for birds… spring이 술어(불완전자동사:is)의 진주어가 된다.

3) 동명사 구문(gerundial phrase)으로 명사화되어 명사구가 된다.

birds' singing sweetly in the spring

≫ I like birds' singing sweetly in the spring.

(나는 새들이 봄에 달콤하게 노래하는 것을 좋아한다.)

☞ 동명사 구문으로 명사화된 명사구문 birds… spring…이 술어(완전타동사 like)의 목적어가 된다.

4) 추상명사 구문(abstract noun phrase)으로 명사화된 명사 구문이 된다.

birds' sweet song in the spring

≫ Birds' sweet song in the spring echoes over the mountains.

(봄에 있어서의 새들의 달콤한 노래는 산들 너머로 메아리친다.)

☞ 추상명사 구문으로 한 명사화된 추상명사 구문 birds' sweet song in the spring이 술어(완전자동
사 : echoes)의 주어가 된다.

≫≫ That he will come today is certain.

(그가 오늘 오리라는 것은 확실하다.)

(2) 문장의 일부를 중심으로 한 명사화된 명사 구문

　1) 관계대명사를 사용하여 주어 birds를 위주로 하는 명사 구문

　　birds which sing sweetly in the spring

>>> Birds which sing sweetly in the spring come from the distant places of the world.

(봄에 달콤하게 노래하는 새들은 세계의 먼 곳들에서 온다.)

☞ 주어를 중심으로 한 명사화된 구문 birds which sing sweetly in the spring이 술어(완전자동사 : come)의 주어가 된다.

2) 현재 분사형을 사용하여 주어 birds를 중심으로 하여 명사화된 명사 구문

birds singing sweetly in the spring

>>> Birds singing sweetly in the spring come from the distant places of the world.

(해석은 위의 문장과 같다.)

☞ 주어를 중심으로 한 명사화된 구문 birds singing sweetly in the spring이 술어(완전자동사 : come)의 주어가 된다.

>> The horse running about in the field is untamed.

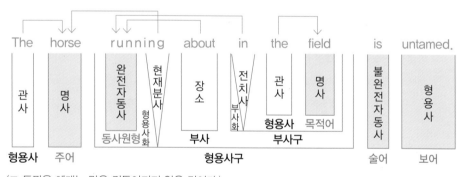

(그 들판을 헤매는 말은 길들여지지 않은 것이다.)

☞ The horse running about in the field는 문장 제1형식 The horse runs about in the field를 주어 horse를 중심으로 명사화하여 술어 is의 주어가 되게 한 것이다.

2. 문장 제2형식에 속하는 문장의 명사화

All animate creatures are mortal.

(모든 생명체들은 죽음을 면할 수 없다.)

위의 문장에는 주요소들로 주어(명사 creatures)와 술어(불완전자동사 : are)와 보어(형용사 :

mortal)가 있다. 이 문장 2형식의 경우에 보어가 형용사이면 그것을 명사화할 때에는 그 형용사는 불완전자동사와 결합하여 완전자동사로 취급된다.

(1) 문장 전체의 내용이 중심이 명사화된 명사 구문 : 즉 주요소 술어를 중심으로 한 명사화

1) 접속사 that이 명사화하여 명사절이 된다.

that all animate creatures are mortal

≫≫ We know that all animate creatures are mortal.

(우리들은 모든 생명체들이 죽음을 면할 수 없다는 것을 알고 있다.)

☞ 접속사 that로 명사화된 명사절 that all animate creatures are mortal이 술어(완전타동사 : know)의 목적어가 된다.

2) 부정사 구문(infinitive phrase)으로 명사화되어 명사구가 된다.

for all animate creatures to be mortal

≫≫ It is undoubtful for all animate creatures to be mortal.

(모든 생명체들이 죽음을 면할 수 없다는 것은 의심할 여지가 없다.)

☞ 부정사 구문으로 명사화된 명사구 for all animate creatures to be mortal이 술어(불완전자동사 : is)의 진주어가 된다.

3) 동명사 구문(gerundial phras)으로 명사화되어 명사구가 된다.

all animate creatures being mortal

≫≫ All animate creatures being mortal is not strange even to children.

(모든 생명체들은 죽음을 면할 수 없다는 것은 어린이들에게도 생소한 것이 아니다.)

☞ 동명사 구문으로 명사화된 명사구 all animate creatures being mortal이 술어(불완전자동사 : is)의 주어가 된다.

4) 추상명사 구문(abstract noun phrase)이 명사화된 명사구

the mortality of all animate creatures

≫≫ We must accept the mortality of all animate creatures.

(우리들은 모든 생명체들의 죽어야 할 숙명을 받아들이지 않으면 안 된다.)

☞ 추상명사 구문으로 명사화된 명사 구문 the mortality of all animate creatures가 동사(완전타동사 : accept)의 목적어가 된다.

>> In the humanity of Jesus, God was truly speaking our language.

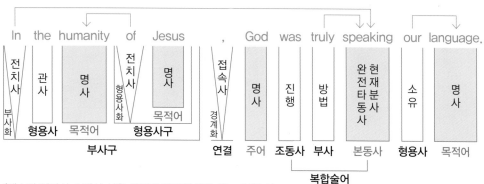

(예수의 인간성 속에서 신은 참되게 우리의 말을 하고 있었다.)

(2) 문장 일부를 중심으로 명사화된 명사 구문

1) 관계대명사를 사용하여 주어 creatures를 중심으로 한 명사화된 명사 구문

all animate creatures that are mortal

>>> All animate creatures that are mortal cycle continuously in the space of the unlverse.

(죽음을 면치 못하는 모든 생명체들은 우주의 공간에서 끊임없이 윤회한다.)

☞ 주어를 중심으로 한 명사화된 명사 구문 all animate creatures that are mortal이 술어(완전자동사 : cycle)의 주어가 된다.

2) 현재 분사형을 사용하여 주어creatures를 중심으로 한 명사화된 명사 구문

all animate creatures being mortal

>>> All animate creatures being mortal cycle continuously in the space of the unlverse.

(해석은 위의 문장과 같다.)

☞ 주어 creatures를 중심으로 한 명사화된 명사 구문 all animate creatures being mortal이 술어(완전자 동사 : cycle)의 주어가 된다.

>> He who is kind to ofters is kind to himself.

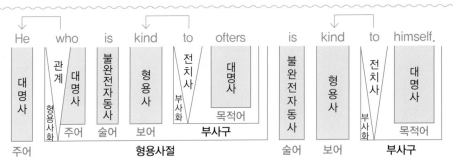

(남들에게 친절한 사람은 자신에게 친절한 것이다.)

3. 문장 제3형식에 속하는 문장의 명사화

The man admires the picture.
(그 사람이 그 그림을 칭찬한다.)

이 문장에서 주요소들은 주어(man), 술어(admires), 그리고 목적어(picture)이다.

(1) 위의 문장 전체의 내용을 중심으로 한 명사화 : 문장 술어(admires)를 위주로 한 명사화
　1) 접속사 that이 명사화하여 명사 구문을 만든다.
　　　that the man admires the picture
　　　>>> I know that the man admires the picture.
　　　(나는 그 사람이 그 그림을 칭찬한다는 것을 안다.)
　　　☞ 접속사 that으로 명사화한 명사절 that the man admires the picture가 술어(완전타동사 : know)의
　　　　주어가 된다.

　2) 부정사 구문(infinitive phrase)이 명사화하여 명사 구문을 만든다.
　　　for the man to admire the picture
　　　>>> It is unexpected for the man to admire the picture.
　　　(그 사람이 그 그림을 칭찬한다는 것은 기대 이외이다.)
　　　☞ 부정사 구문으로 명사화된 명사구 for the man to admire the picture가 술어(불완전자동사 : is)의
　　　　진주어가 된다.

　3) 동명사 구문(gerundial phrase)이 명사화하여 명사 구문을 만든다.

the man's admiring the picture

>>> Do you believe the man's admiring the picture?

(당신은 그 사람이 그 그림을 칭찬한다는 것을 믿습니까?)

☞ 동명사 구문으로 명사화된 명사 구문 the man's admiring the picture가 복합술어인 본동사(완전 타동사 : believe)의 목적어가 된다.

4) 추상명사 구문(abstract noun expression)이 명사화한 명사 구문을 만든다.

the man's admiration of the picture

>>> The man's admiration of the picture surprised every one in concern.

(그 그림에 대한 그 사람의 칭찬은 관계된 모든 사람들을 놀라게 했다.)

☞ 추상명사 구문으로 명사화된 명사 구문 the man's admiration of the picture가 술어 (완전타동사 : surprised)의 주어가 된다.

>> My memory of the event is very vivid.

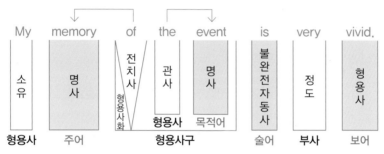

(그 사건에 대한 나의 기억은 매우 생생하다.)

(2) 문장 일부를 중심으로 한 명사화

1) 주어 man을 중심으로 한 명사화된 구문

the man who admires the picture

>>> The man who admires the picture is a painter himself.

(그 그림을 칭찬하는 사람은 그 자신이 한 화가이다.)

☞ 주어 man을 위주로 한 명사화된 명사 구문 the man who admires the picture가 술어(불완전지동 사 : is)의 주어가 된다.

2) 목적어 picture를 중심으로 한 명사화된 구문

the picture which the man admires

>>> I also admires the picture which the man admires.

(나도 그 사람이 칭찬하는 그 그림을 칭찬한다.)

☞ 목적어 picture를 중심으로 한 명사화된 명사 구문 the picture which the man admires가 술어(완전타동사 : admires)의 목적어가 된다.

>> He who loves others loves himself.

(남들을 사랑하는 사람은 자신을 사랑하는 법이다.)

4. 문장 제4형식에 속하는 문장의 명사화

Such a stingy man offered a poor man a great deal of money.

(그와 같은 깍쟁이가 한 가난한 사람에게 거액의 돈을 제공한 것이다.)

이 문장에는 주요소들이 주어 man, 술어 offered, 간접목적어 man, 그리고 직접목적어 money로 되어 있다.

(1) 위의 문장 전체의 내용이 중심이 된 명사화 : 문장의 동사 즉 술어를 위주로 한 명사화

1) 접속사 that이 명사화하여 명사 구문을 만든다.

that such a stingy man offered a poor man a great deal of money

>>> Many people do not believe that such a stingy man offered a poor man a great deal of money.

(많은 사람들이 그와 같은 깍쟁이가 한 가난한 사람에게 거액의 돈을 제공한 것을 믿지 않고 있다.)

☞ 접속사 that이 명사화한 명사절 that such a stingy man offered a poor man a great deal of money가 동사(완전타동사 : believe)의 목적어가 된다.

2) 부정사 구문(infinitive phrase)이 명사화하여 명사 구문을 만든다.

for such a stingy man to offer a poor man a great deal of money

>>> It was a wonder for such a stingy man to offer a poor man a great deal of money.

(그와 같은 깍쟁이가 한 가난한 사람에게 거액의 돈을 제공한다는 것은 이상한 일이었다.)

☞ 부정사 구문이 명사화한 명사 구문 for such a stingy man to have a poor man a great deal of money가 술어(불완전자동사 : is)의 진주어가 된다.

3) 동명사 구문(gerundial phrase)이 명사화하여 명사 구문을 만든다.

such a stingy man's offering a poor man a great deal of money

>>> Such a stingy man's offering a poor man a great deal of money was in no way understandable.

(그와 같은 깍쟁이가 한 가난한 사람에게 거액의 돈을 제공했다는 것은 어떤 방법으로도 이해되지 않았다.)

☞ 동명사 구문이 명사화한 명사구 such a stingy man's offering a poor man a great deal of money가 술어(불완전자동사 : wa)의 주어가 된다.

4) 추상명사형이 명사화하여 명사 구문을 만든다.

such a stingy man's offer of a great deal of money to a poor man

>>> Such a stingy man's offer of a great deal of money to a poor man was in no way understandable.

(해석은 위의 문장과 같음)

☞ 추상명사가 명사화한 명사 구문 such a stingy man's offer of a great deal money to a poor man 이 술어(불완전자동사 : was)의 주어가 된다.

>> His offer of much money to his friend was unexpected.

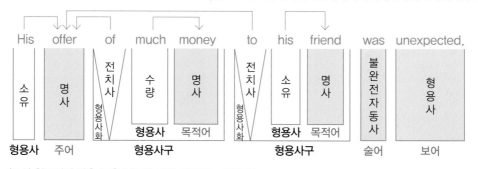

(그의 친구에게 많은 돈을 제공한 것은 기대와는 달랐다.)

☞ His offer of much moeny to his friend는 문장 제3형식 He offered much moeny to his friend.를 문장 전체의 내용을 중심으로 명사화하여 술어 was의 주어가 되게 한 것이다.

(2) 문장의 일부를 중심으로 한 명사화

   1) 관계대명사를 사용하여 주어 such a stingy man을 중심으로 명사화된 명사 구문

     such a stingy man that offered a poor man a great deal of money

     ≫ I love such a stingy man that offered a poor man a great deal of money.

     (나는 한 가난한 사람에게 거액의 돈을 제공한 그러한 깍쟁이를 사랑한다.)

     ☞ 주어를 중심으로 한 명사화된 명사 구문 such a stingy man that offers a poor man a great deal of maney가 술어(완전타동사 : love)의 목적어가 된다.

   2) 간접목적어 a poor man을 위주로 한 명사화된 구문

     a poor man whom such a stingy man offered a great deal of money

     ≫ I envy a poor man whom such a stingy man offered a great deal of money.

     (나는 그와 같은 깍쟁이가 거액의 돈을 제공한 가난한 사람을 부러워한다.)

     ☞ 간접목적어를 중심으로 하여 명사화된 명사 구문 a poor man whom such a stingy man offered a great deal of money가 술어(완전타동사 : envy)의 목적어가 된다.

   3) 직접목적어 a great deal of money를 중심으로 한 명사화된 구문

     a great deal of money which such a stingy man offered a poor man

     ≫ A great deal of money which such a stingy man offered a poor man was the money worthy of being considered really valuable.

     (그와 같은 깍쟁이가 한 가난한 사람에게 제공한 거액의 돈은 정말로 가치 있는 것으로 여겨질 만한 돈이었다.)

     ☞ 직접목적어가 중심이 된 명사화한 명사 구문 a great deal of money which such a stingy man offers a poor man이 술어(불완전자동사:is)의 주어가 된다.

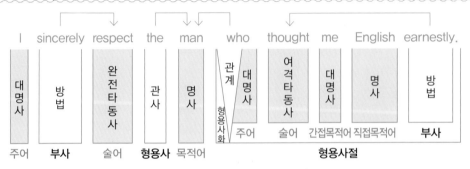

≫ I sincerely respect the man who thought me English earnestly.

I	sincerely	respect	the	man	who	thought	me	English	earnestly.
대명사	방법	완전타동사	관사	명사	관계 / 형용사화 · 대명사	여격타동사	대명사	명사	방법
주어	부사	술어	형용사	목적어	주어	술어	간접목적어	직접목적어	부사

형용사절

(나는 나에게 열심히 영어를 가르쳐 준 그 사람을 진심으로 존경한다.)

5. 문장 제5형식에 속하는 문장을 명사화한 명사 구문

The boy supposed his father a respectalbe man.
(그 소년은 그의 아버지를 존경스러운 사람으로 여겼다.)

이 문장에는 주요소들이 주어 boy, 술어 supposed, 목적어 father, 그리고 보어(목적격) man으로 되어 있다.

(1) 위의 문장의 동사, 즉 술어를 위주로 하는 명사화 : 문장 전체의 내용이 중심이 된 명사화

1) 접속사 that이 명사화하여 명사 구문을 만든다.

that the boy supposed his father a respectable man

>>> I know that the boy supposed his father a respectable man.

(나는 그 소년이 그의 아버지를 존경스러운 사람으로 여겼다는 것을 알고 있다.)

☞ 술어 supposed를 중심으로, 즉 문장 전체를 중심으로 하여 명사화된 명사절 that the boy supposed his father a respectable man이 술어(완전타동사:know)의 목적어가 된다.

2) 부정사 구문(infinitive phrase)이 명사화하여 명사 구문을 만든다.

for the boy to suppose his father a respectable man

>>> It was well known to his neighborhood for the boy to suppose his father a respectable man.

(그 소년이 그의 아버지를 존경스러운 사람으로 생각했다는 것이 그의 이웃에 잘 알려졌다.)

☞ 부정사 구문이 명사화한 명사 구문 for the boy to suppose his father a respectalbe man이 술어(불완전자동사:was)의 진주어가 된다.

3) 동명사 구문(gerundial phrase)이 명사화하여 명사 구문을 만든다.

the boy's supposing his father a respectable man

>>> They praised the boy's supposing his father a respectable man.

(그들은 그 소년이 그의 아버지를 존경스러운 사람으로 여기는 것을 칭찬했다.)

☞ 동명사 구문이 명사화한 명사 구문 the boy's supposing his father a respectable man이 술어(완전타동사 : preised)의 목적어가 된다.

4) 추상명사 구문(abstract noun expression)이 명사화하여 명사 구문을 만든다.

the boy's supposition of his father as a respectable man

>>> The boy's supposition of his father as a respectable man presupposed the father's love of the boy.

(그 소년이 그의 아버지를 존경스러운 사람으로 여긴 것은 그 아버지가 그 소년을 사랑했다는 것을 말해 준다.)

☞ 추상명사 구문이 명사화한 명사 구문 the boy's supposition of his father as a respectable man 이 술어(완전자동사:presupposes)의 주어가 된다.

>> Their consideration of exercise as a waste of energy was a bad idea.

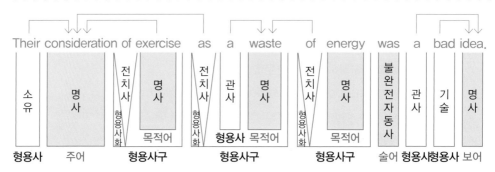

(운동을 에너지의 낭비라고 여기는 그들의 생각은 잘못된 생각이다.)

☞ Their consideration of exercise as a waste of energy는 문장 제5형식 They considered exercise a waste of energy.를 문장 전체의 내용을 중심으로 명사화하여 술어 was의 주어가 되게 한 것이다. 명사화된 구문에서 전치사 of가 exercise(목적어) 앞에 나온 것은 추상명사는 동사처럼 전치사 없이 명사를 목적어로 취할 수 없기 때문이다. 따라서 as a waste는 바로 앞의 exercise(명사)를 수식하게 된 것이다.

(2) 문장 일부를 중심으로 명사화

1) 주어 the boy를 중심으로 한 명사화된 구문

the boy who supposed his father a respectable man

>>> The boy who supposed his father a respectable man was also very kind to other people.

(그의 아버지를 존경스러운 사람으로 여겼던 그 소년은 다른 사람들에게도 친절했다.)

☞ 주어 boy를 중심으로 한 명사화된 구문 the boy who supposed his father a respectable man이 술어(불완전자동사 :was)의 주어가 된다.

2) 보어를 중심으로 한 명사화된 구문

a respectable man whom the boy supposed his father(to be)

>>> Every father wants to deserve to become a respectable man whom the boy supposed his father to be.

(모든 아버지는 그 소년이 그의 아버지를 그렇게 여겼던 존경스러운 사람이 될 만한 자격을 갖기를 원한다.)

☞ 보어를 중심으로 한 명사화된 구문 a respectable man whom the boy supposed his father to be 가 동사(불완전자동사:became)의 보어가 된다.

》》 The man who regarded the business as a challenge was successful in it.

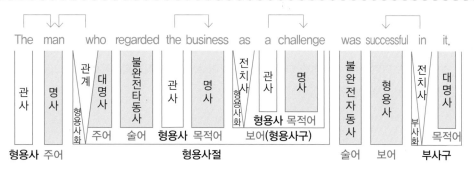

(그 사람은 그 사업을 도전으로 생각했기에 그 일에서 성공했다.)

이렇게 하여 못말려 선생은 명사화의 용법을 매우 비중 있게 설명했다. 그 이유는 그가 미리 말했듯이 명사화의 구문들이 이 지구상에 있는 모든 영어 문장들 속에서 약 40%를 차지하고 있기 때문이다. 나는 문장 5형식들을 배울 때와 같이 이 명사화를 배우고나자 영어에 대한 자신감이 한결 강화되었다.

영어에서 문장의 중심인 동사 다음으로 가장 비중이 큰 것은 명사인 것이다. 명사는 사물의 이름이기 때문에 삼라만상(森羅萬象)의 모든 것들은 그것들의 이름들을 갖고 있다. 심지어 동사도 사물의 동태와 상태이기 때문에 따져보면 그 동태나 사물에 붙인 이름이기 때문에 말하자면 동사도 일종의 명사라고 해야 할 것이다. 예컨대, 달리는 동태를 이름하여 '달리다(run)'라고 한다. 이러한 이름들은 핵심적으로 요약하면 '검지손가락으로 가리키는 것'이다. 모든 언어 행위는 '☞'라고 영국의 대 철학자 Bertrand Russel은 말했다.

이것은 철학적인 말이고 여하튼 명사의 비중은 동사 못지 않으나 다만 동사가 문장의 중심이 되어 앞으로는 주어를 뒤로는 보어나 목적어를 이끌기 때문에 영문법에서는 동사에 대한 모든 것들을 알아야 비로소 영어를 아는 것이 되는 것이다. 못말려 선생은 얼마나 동사의 영어 문장의 중심에 대하여 지금까지 역설했던가. 그 동사의 앞과 뒤의 말들이 주어와 보어와 목적어인데 그 주어, 보어, 그리고 목적어(형용사가 보어 기능의 일부를 맡고 있는 것을 제외하고서는)가 전부 명사가 되기 때문에 명사의 중요성은 영어 학습에 있어서 그 만큼 큰 것이 아닐 수 없다. 그 중에서도 명사화의 구문들이 영어 문장들에서 가장 많이 나타나고 있기 때문에 명사화의 용법은 무엇보다 철저히 알아야 할 필요가 있다.

어떤 문장은 거의 전체가 명사화의 구문으로 구성되어 있다. 예컨대, To see is to believe.(보는 것이 믿는 것이다.)라는 문장에서 주어인 to see는 부정사 구문에 의한 명사화된 구문이고 보어언 to believe도 마찬가지로 부정사 구문에 의한 명사화된 구문이기 때문에 그 문장은 그것의 술어 is만 빼면 전체가 명사화 구문들이다. 심지어 어떤 문장들은 명사화된 구문뿐인 것들도 있다. 예컨대, To be in England now!(지금 내가 영국에 있으면 오죽 좋을까!)와 같은 것들이 시적인 문장들에서는 많다. 물론 이러한 명사화 구문들의 해석은 문맥에 의존한다.

이 밖에도 모든 명사구들과 명사절들은 말할 것도 없고 원래가 명사가 아닌 것이 명사의 역할 즉 주어, 목적어, 그리고 보어(형용사적 보어는 제외함)의 기능을 하는 것들은 명사화의 용법으로 이루어진 것이라고 보아야 한다. 예컨대, 다음 보기와 같이 화법에서 직접의문문이 간접의문문이 되면 그것은 명사화된 명사절인 것이다.

영문법정복 | 명사화된 명사절

1. 의문사 없는 의문문의 경우 : 접속사 if 혹은 whather가 그 의문문을 명사화한다.

He siad, "Does she go home?"

("그녀는 집으로 갔어?"라고 그는 말했다.)

☞ 직접화법의 의문문으로서 앞 뒤의 인용부호들이 그 안의 말을 명사화한 것이다.

He asked if she went home.

(그는 그녀가 집으로 갔냐고 물었다.)

☞ 명사화된 간접화법의 의문문 : 접속사 if가 의문문 "Did she go home?"을 명사화하여 명사절이 된 것이다.

2. 의문사 있는 의문문의 경우:의문사가 접속사 대신하여 그 의문문을 명사화한다.

He said, "Where does she go?"

("그녀는 어디로 갔어?"라고 그는 말했다.)

☞ 명사화된 직접화법의 의문문

He asked where she went.

(그는 그녀가 어디로 갔는지 물었다.)

☞ 명사화된 간접화법의 의문문

3. 감탄문이 간접화법에서 명사화된다.

She said, "How beautiful the flower is!"

(그녀는 말했다. "꽃이 참 이쁘네!")

☞ 인용부호들로 명사화된 직접화법의 감탄문

She exclaimed how beautiful the flower was.

(그녀는 꽃이 참 이쁘다고 외쳤다.)

☞ 의문사 how로 명사화된 간접화법의 감탄문

4. 기원문이 간접화법에서 명사화된다.

She said, "May God bless you!"

(그녀가 말했다. "신의 가호가 있기를!")

☞ 인용부호들로 명사화된 직접화법의 기원문

She prayed that God might bless me.

(그녀는 나에게 신의 축복을 기도해주었다.)

☞ 종속접속사 that이 명사화된 간접화법의 기원문

위에 설명한 명사화 이외에 명사가 아닌 것이 명사가 되는 것들이 있다고 말하면서 못말려 선생은 명사화의 용법에 이어 그것들을 계속 설명해 나갔다.

영문법정복 | **형용사가 명사가 되는 것**

이것은 명사 상당어구라고 일컬어진다.

1. the + 형용사

대체로 복수가 되지만 단수가 되는 것도 있다.

The old and the young sat together, talking about the scandal.
= Old and young sat together, talking about the scandal.
(늙은이들과 젊은이들이 한 장소에 앉아 그 추문에 대하여 토의하고 있었다.)
☞ 바로 위의 문장은 형용사들 old와 young 사이에 and가 들어가 있어서 앞에 관사 the가 생략된 것이다.

The nearly poor there were satisfied with their way of living.
(거기의 그렇게 가난하지 않은 사람들이 그들의 생활양식에 만족했다.)
☞ the nearly poor there는 형용사 poor를 중심으로 명사화된 것이다.

The killed, the wounded, the helpless, and the needy were too numerous to take care of after the war.
(그 전쟁이 끝난 뒤에 전사자들, 부상자들, 무력자들, 그리고 구호 대상자들이 너무 많아 돌볼 수가 없었다.)
☞ 형용사의 역할을 하는 동사의 과거 분사들 killed와 wounded와 형용사들인 helpless와 needy 앞에 정관사 the가 와서 명사화된 것이다.

Things are going from bad to worse.
(사정은 엎친 데 덮친 격이었다.)
☞ 형용사들인 bad와 worse가 관사 없이 명사화되어 각각 전치사들 from과 to의 목적어가 된 것이다.

If you talk of the absent, he will appear at once.
(자리에 없는 사람을 말하면 그는 어느새 나타난다 : 호랑이 제 말하면 온다.)
☞ 여기서는 형용사 앞에 the가 붙어 명사화된 the absent가 단수로 취급되고 있다.

The accused was acquitted of the charge.
(그 피고인은 고소가 취하되었다.)
☞ 여기서는 과거분사 앞에 the가 붙어 명사화된 the accused가 단수 취급받고 있다.

2. 형용사에 복수 어미 s나 es를 붙여 복수 명사가 되는 것.

 betters(선배들), moderns(현대인들),

아무 형용사나 이렇게 명사화되지 않는다.

3. 형용사가 명사가 되는 관용 구문들

형용사 앞에 전치사가 와서 그 형용사를 전치사의 목적어가 되게 하여 명사가 된다.

The boy is at best a page boy.

(그 소년은 기껏해야 사환이야.)

☞ 형용사인 best가 명사가 되어 전치사 at의 목적어가 된 것이다.

The criminal is still at large.

(그 범인은 아직도 잡히지 않고 있다.)

☞ 형용사인 large가 명사가 되어 전치사 at의 목적어가 된 것이다.

We must do our best from first to last.

(우리들은 처음부터 끝까지 최선을 다 해야 한다.)

☞ 형용사들인 first와 best가 명사들이 되어 각각 전치사들 from과 to의 목적어들이 된 것이다.

I don't know it for certain.

(나는 그것을 확실히 모른다.)

☞ 형용사 certain이 명사가 되어 전치사 for의 목적어가 된 것이다.

못말려 선생은 영어 문장 속에 추상명사가 있으면 그것은 원래 하나의 문장이었던 것이 추상명사 구문으로 명사화된 것이라고 보면 된다고 자신 있게 말했다. 예컨대 Happiness consists in contentment. (행복은 만족에 있다)라는 문장에는 추상명사가 둘이 있는데 그 추상명사들은 추상명사 구문으로 명사화된 것들이다. 위의 문장에서 happiness는 원래 We are happy.라는 문장이 명사화된 것이고 contentment는 원래 We are contented.라는 문장이 명사화된 것인데 그것들의 주어들이 we라는 일반적인 주어들이기 때문에 명사화된 명사 앞에는 주격 we 대신에 소유격 our가 쓰이는데 이것은 일반적인 주어가 되기 때문에 의미상의 주어가 되는 소유격인 our도 생략된 것이다. 즉 Our happiness consists in our contentment. (우리의 행복은 우리의 만족에 있다)일 것이 our가 생략되어 결국 Happiness consists in contentment.가 된 것이다.

나는 앞에서 명사화(nominalization)의 용법에서 명사화된 구문들을 배우면서 그 원리를 속속들이 터득했는데 못말려 선생은 영어의 추상명사들은 결국 축소된 문장들이라는 원리를 우리들에게 다시 일깨워 준 것이다.

못말려 선생은 이렇게 자세히 명사화를 마무리하고서도 더 설명할 것이 있는 양 못내 아쉬워하면서 "무릇 배우는 사람은 하나를 배우면 열을 스스로 깨우쳐야 하는 것이다. 그러니 명사화의 용법을 너희 자신들이 앞으로 스스로 연구해야 할 것이다. 그래도 이것만은 내가 설명하겠다. 전치사의 목적어가 된 명사를 중심으로 명사화할 수 있는데 예컨대, They lived in the large house.(그들은 그 큰 집에서 살았다)라는 문장에서 전치사 in의 목적어 house를 중심으로 명사화하면 the large house in which they lived(그들이 살았던 그 큰 집)라는 명사화된 구문이 되는데, 그것을 다른 문장에다 활용하면 I want to see the large house in which they lived.(나는 그들이 살았던 그 큰 집을 보기 원한다)라는 문장이 나올 수 있다. 자, 이러한 문장들을 너희가 스스로 만들어 보고 해석하고 그렇게 명사화된 문장들을 지적하고 설명해보라"고 말하면서 우리 학생들의 학구 정신을 일깨워주었다.

나는 이 때쯤 되어 영어에 대한 완전한 자신을 갖게 되었다. 나는 나의 아버지에게 간청하여 영국제 Philco 라디오를 구입했다. 나는 나의 방에서 그것을 AFKN의 미군 방송에 고정시켜 놓고 밤이면 영어 방송을 계속 들었다. 나는 나의 귀에 영어 방송 뉴스가 자연스럽게 조금씩 이해되는 것을 느꼈다. 또한 나는 미국인 아나운서들의 정확한 발음을 흉내 내는 데 게을리하지 않았다. 그러자 나의 영어 발음이 영어 원어민들과 거의 비슷하게 닮아가는 것을 확인했다.

그래서 나는 광주 시가지에 다니는 미군들에게 접근하여 나의 영어를 구사했는데 그들은 나의 정확한 발음에 칭찬을 아끼지 않았다. 어느 일요일 오후에 Moore라는 이름을 가진 미군인 대위를 충장로에서 만났는데 그는 나에게 호감을 갖고 광주 무등산으로 가는 길을 물었다. 나는 나 나름대로 친절하게 길을 말해주었다. 그는 Will you come with me?(나와 함께 가겠는가?)라고 물었다. Sure, Sir(그러지요, 장교님)하고 대답하자 한 쪽에 주차시켜 놓은 그의 지프차에 나를 태웠다.

우리들은 무등산 산등성이에서 얼마동안 시간을 보냈다. 저녁 무렵이 되자 그는 나를 그의 영내로 데리고 가 거기서 저녁 식사를 같이 하자고 했다. 나는 영화에서나 보았던 양식을 할 것에 마음이 설레였다. Moore 대위가 영내 한 곳에 나를 내려놓고 그는 지프차를 영내 주차장에 몰고 갔다.

그런데 바로 그 때에 호랑이만한 군견 한 마리가 으르렁대며 나에게 달려들었다. 나는 잽싸게 몸을 피했다. 그러자 그 놈은 더욱 기세등등하게 되돌아와 나를 덮쳤다. 그쯤에는 다른 미군들이 뜻하지 않은 싸움 구경에 신이 나 있었다. 나는 순발력을 발휘하여 그 놈의 목덜미를 두 손으로 움켜잡는데 성공했다.

나는 그때까지 사람들의 공격을 받아 죽음 직전까지 가서 빠져나왔고 심지어 죽임을 당한 뒤에도 기어이 살아 남았지 않았는가. 그래서 그 뒤로 나는 얼마나 몸을 단련시켰던가? 나는 그놈의 개새끼에게 당할 수는 없다는 생각으로 버텨내고 있었던 것이다.

그러나 나는 힘이 부치기 시작했다. 단검이라도 있었으면 그 놈의 복부를 찌를 수 있는 자세였다.

나의 온 몸은 땀으로 뒤범벅이가 되는 가운데 그 놈을 버텨냈다. 그러자 총성이 한 번 울리고 그 놈은 땅바닥에 쓰러졌다. 뒤늦게 Moore 대위가 그의 권총으로 그 군견의 복부를 향해 정확히 겨냥하여 일발을 발사한 것이다.

이렇게 하여 나는 그 미군 대위를 내가 한국외국어대학교에 입학하여 서울로 유학하기까지 자주 만났다. 나는 자연히 그에게서 영어회화를 배우게 되었고 나는 영어에 더욱 자신감을 갖게 되었다. 내가 못말려 선생에게 영문법을 다 배워가는 단계에서 그 미군대위를 만난 것은 아마도 하나의 운명적인 인연이었던 것 같다.

참아라

참아라!
참기가 힘들면
더욱 참아야겠다는
생각을 해보라!
그리하면
참기가 쉬워질 것이며
끝내는 참게 된다.
참고 또 참아라!
한 며칠 지나놓고 보면
아니 조금 뒤에 생각해도
참기를 잘했구나 할 것이다.
아! 그러나 말은 쉽지
참기가 어려운 일들 중에
어려운 일이다.
사람이 되었다는 말은
참는 사람만이 듣는
가장 좋은 칭찬이다.

CHAPTER

02

과학적이고 체계적인 반복학습의 자신감으로
영어의 날개를 달아준다.

01 못말려 선생의 개똥철학과 함께 꼭 알아야 할 대명사들에 대한 정리로 영어의 빈틈도 없어지다

못말려 선생은 어떤 것을 대신하는 것은 그것 자체의 특성은 드러나지 않고 그것이 대신하는 것의 특성을 간접적으로 드러내주는 것이기 때문에 푸대접을 받기 쉽다고 말했다. 그러나 그는 이내 그 대표성이라는 것이 의외로 우주의 운용법칙의 효율성과 능률성에 있어서 다른 어떤 것보다 기여도가 크다는 말을 덧붙였다.

사공이 많으면 배가 산으로 올라간다는 우리의 속담이 잘 말해주듯이 모든 것들이 한꺼번에 달려들어 어떤 것을 운용하려 든다면 질서가 무너지고 혼돈이 성행하게 된다. 따라서 그 대신에 그 모든 것들 중에서 대표성을 가장 잘 드러내는 것들을 내세우면 그 모든 것들이 한꺼번에 하지 못하는 것을 경제적이고 능률적이고 효율적으로 처리할 수 있는 것이다. 그래서 한 국가의 운용 체제로서 선거제도가 있고 그로 인하여 대표적으로 뽑힌 사람들이 나라를 운영한다. 그러한 사람들은 그래서 선량(善良)이라고 불리어진다.

이처럼 대리하는 것은 대리 받는 것의 복잡한 반복을 피하여 그것의 복잡한 반복을 간략히 처리해준다. 그런 의미에서 영어의 대명사의 존재는 역시 다른 것 못지않게 중요한 것이다. 못말려 선생은 대명사가 그저 영문법에서 하나의 구색을 맞추기 위해서 있는 것이 아님을 우리 학생들에게 인식시켜주면서 대명사 편의 정리에 들어갔다.

그는 대명사의 기본이 되는 것들은 품사편에서 이미 설명이 되었기 때문에 특기할 만한 것들만 골라 여기에서 다룬다고 했다.

영문법정복 | 대명사의 총정리

1. 대명사의 '수'에 있어 대명사의 단수형과 복수형은 명사처럼 규칙적인 변화와 불규칙적인 변화로 갈라지지 않고 대명사 전체가 불규칙적이다. 물론 대명사의 격도 마찬가지이다. 특히 인칭대명사들은 불규칙의 온상이 되고 있다.

1 인칭 단수 주어	: I (나는)
1 인칭 복수 주어	: we (우리들은)
2 인칭 단수 주어	: you (당신은)
2 인칭 복수 주어	: you (당신들은)
3 인칭 단수 주어들	: he (그는), she (그녀는), it (그것은)
3 인칭 복수 주어	: they (그들은, 그것들은)

1 인칭 단수 목적어	: me (나를, 나에게)
1 인칭 복수 목적어	: us (우리들을, 우리들에게)
2 인칭 단수 목적어	: you (당신을, 당신에게)
2 인칭 복수 목적어	: you (당신들을, 당신들에게)
3 인칭 단수 목적어들	: him (그를, 그에게), her (그녀를, 그녀에게), it (그것을, 그것에)
3 인칭 복수 목적어	: them (그들, 그들에게)

1 인칭 소유대명사 단수	: mine (나의 것)
1 인칭 소유대명사 복수	: ours (우리들의 것)
2 인칭 소유대명사 단수	: yours (당신의 것)
2 인칭 소유대명사 복수	: yours (당신들의 것들)
3 인칭 소유대명사 단수들	: his (그의 것), hers(그녀의 것), its(그것의 것)
3 인칭 소유대명사 복수	: theirs (그들의 것, 그것들의 것)

※위의 형태들은 1, 2, 3인칭별로 갈라 놓았지만 문장들 속에서 모두가 3인칭 단수, 복수들로 취급된다.

인칭대명사의 소유격은 대명사가 아니라 형용사에 속한다. 그러나 여기에 그것을 소개하는 것은 위의 인칭대명사들과 상관관계를 갖고 있기 때문이다.

1인칭 대명 형용사 소유격 단수	:	my (나의)
1인칭 대명 형용사 소유격 복수	:	our (우리들의)
2인칭 대명 형용사 소유격 단수	:	your (당신의)
2인칭 대명 형용사 소유격 복수	:	your (당신들의)
3인칭 대명 형용사 소유격 단수들	:	his (그의), her(그녀의), its(그것의)
3인칭 대명 형용사 소유격 복수	:	their (그들의, 그것들의)

2. 대명사들이 이렇게 1, 2 그리고 3인칭으로 갈라지지만 명사들은 특수한 경우에 1인칭 또는 2인칭의 뜻으로 쓰이는 것들을 제외하고는 모두가 3인칭에 속한다.

명사의 특수한 경우에 대한 보기를 하나 든다면, Is my darling ill? (나의 사랑 당신이 몸이 편치 않은가?)에서 my darling은 형태상 명사이기 때문에 3인칭이지만 2인칭 you 대신에 쓰인 사랑의 뜻이 깃든 명사로서 2인칭의 뜻을 갖고 있다.

3. 대명사들 중에는 인간 전체 또는 집단의 전체적인 대표성을 나타내는 것이 있는데, 그것들을 일컬어 총칭(general person)이라고 한다.

예컨대 we, us, our, ours, you, your, yours, one, one's, they, them, their, theirs 등이 있다. 이런 대명사들은 일반 사람들 모두를 뜻한다.

We often fail to see our own misbehaviors.
(인간은 자주 자신의 나쁜 행위를 알아보지 못할 때가 많다.)

You must make hay while the sun shines.
(태양이 빛날 때에 누구나 마초를 준비해 놓아야 하는 것이다 = 쇠뿔은 단김에 빼라.)

They speak English in Australia.
(오스트레일리아에서는 영어가 쓰인다. = 오스트레일리아 사람들은 영어를 쓴다.)

One must do one's business in one's own way.

(사람은 누구나 자신의 일은 자신의 방법으로 해야 한다.)

4. 대명사 we의 특별한 용법

(1) 겸손의 의미를 가짐 : 언론 사설의 대표성

We make it our object to guide the public opinion.

(우리 신문은 여론을 반영한다.)

(2) 애정의 의미를 가짐 : 부모가 자녀에게, 의사가 환자에게, 선생이 제자에게 자상함의 표시

How are we today?

(오늘은 어때요?)

☞ 의사가 환자를 대할 때에 같은 처지를 겪고 있는 것을 보여주는 애정의 표시이다.

(3) 권위 또는 장엄의 의미 : 성경에 하나님의 장엄과 권위, 군왕의 위세와 권위

We will cut all the taxes for our people.

(모든 세금들을 낮출 것이니!)

☞ 군왕이 그의 권위를 내세우는 표현이다.

5. 소유대명사의 수는 3인칭 단수도 되고 복수도 된다.

Ours is a large class.

(우리들의 반 인원은 많다.)

Ours are of high quality.

(우리 가게의 상품들은 질이 좋다.)

6. '소유 대명 형용사 + own'은 소유대명사의 강조이고 '소유 대명 형용사 + own + 명사'는 소유 대명 형용사의 강조가 된다.

This house is my own.

(이 집은 나 자신의 것이다.)

☞ my own 은 mine의 강조이다.

This is my own house.

(이것은 나 자신의 집이다.)

☞ my own house의 my own은 my의 강조이다.

7. a friend of mine은(나의 친구들이 있는데 그 중의) 나의 한 친구이고 my friend는 (나의 친구들이 있는데 바로 그) 나의 친구이다.

8. 재귀대명사의 대표인 oneself의 용법

(1) 1, 2, 3인칭들의 복합 인칭 대명사들(compound personal pronouns)

myself(1인칭 단수), youself(2인칭 단수), hemself, herself, itself(3인칭 단수)

(2) 1, 2, 3인칭들의 복합 인칭 대명사들

ourselves(1인칭 복수), yourselves(2인칭 복수), themselves(3인칭 복수)

1) 재귀적(再歸的) 용법

History repeats itself.

(역사는 반복한다.)

☞ Itself는 repeats의 목적어이다.

2) 강조적 용법

He finished it himself.

(그는 그것을 자신이 끝냈다.)

☞ 여기서는 himself가 생략되면 he에 대한 강조가 없어진다.

3) 추상명사 + itself의 용법 : very + 형용사

He is cruelty itself.

(그는 매우 잔인하다.)

☞ cruelty itself = very cruel

9. 전치사 + 재귀대명사의 관용적 용법

(1) by oneself = alone (혼자 외로이)

She sat on the bench by herself.

(그녀는 혼자 그 의자에 앉아 있었다.)

(2) for oneself = by one's own efforts (자기 자신의 힘으로)

You must solve the problem for yourself.

(너는 그 문제를 너의 힘으로 풀어야 한다.)

(3) of oneself = automatically, naturally (스스로, 저절로)

The door opened of itself.

(그 문은 저절로 열렸다.)

(4) in oneself = in one's own substance, 혹은 in one's own nature (그것 자체로서는)

Money is nothing in itself.

(돈은 그것 자체로는 아무런 것도 아니다.)

(5) to oneself = (a) 정신이 들어, (b) 혼자 독차지하여

After a few minutes she came to herself.

(몇 분 뒤에 그녀는 정신이 들었다.)

He had a large room to himself.

(그는 큰 방 하나를 독차지했다.)

(6) beside oneself = get mad(제정신이 아닌)

At that time, he was beside himself.

(그 때 그는 제정신이 아니었다.)

(7) in spite of oneself = unconsciously(무의식적으로)

I made such a great mistake in spite of myself.

(나는 나도 모르게 그런 큰 실수를 저질렀다.)

10. it의 특별한 용법들

(1) it이 그 때 그 때에 상황에 따른 사람을 막연히 가리킨다.

Who is it?

(누구요?)

☞ 예를 들어 문을 두드리는 경우에 it은 문을 두드리는 어떤 사람을 지칭한다.

(2) it(가주어) + 동사 뒤의 접속사 that, 의문사, 부정사구문 그리고 동명사구문이 이끄는 진주어

It is well known that John failed in his business.

(존이 그의 사업에서 실패했다는 것은 잘 알려져 있다.)

☞ it은 가주어. that 이하의 명사절이 진주어이다.

It is not yet certain who will succeed him.

(누가 그의 상속자가 될 것인가는 아직 확실하지 않다.)

It is dangerous for you to cross the river.

(네가 그 강을 건너는 것은 위험하다.)

It is no use his trying to make a reasonable excuse.

(그가 합리적인 구실을 대려는 것은 소용없는 일이다.)

(3) it이 목적어가 되고 부정사 구문이나 동명사 구문이 진목적어가 된다.

I think it rather dangerous your going there alone.(혹은 for you to go alone.)

(나는 네가 거기에 혼자 가는 것은 위험하다고 생각한다.)

11. it이 날씨, 시간, 거리 등을 나타낼 때

옛날에는 원래 주어가 없이 동사만으로 문장이 되었는데, 현대 영어에서는 그것도 주어의 필요성을 느껴 아무런 뜻이 없는 주어가 내세워진다.

It snowed yesterday.

(어제 눈이 왔다.)

It is very cold today.

(오늘 대단히 춥다.)

It is getting dark.

(어두워 간다.)

It is six o'clock.

(여섯 시이다.)

It is five years since I saw him last.

(내가 마지막 그를 본 것이 5년이 된다.)

What day of the week is it?

(오늘이 무슨 요일입니까?)

It is time for you to go to bed.

(네가 잠자리에 들 때이다.)

It is about ten minutes' walk to the station.

(정거장까지 걸어서 약 10분 거리이다.)

12. 상황적인 it

it이 어떤 특정한 것을 가리키지 않고 그때그때의 상황을 나타내는 것이다.

It is all over with him.

(그는 이제 끝났다.)

It is grace in the dance.

(무용에는 우아한 것이 제일이야.)

That's it.

(바로 그거야!)

Go it while you are young.

(젊을 때 한번 해봐.)

이러한 it의 용법은 그 용례들이 매우 많아 대표적인 것들만 여기에 제시한 것이니 문맥을 보아 잘 살피면 이 용법에 속하는 문장들을 쉽게 식별할 수가 있다.

13. 예비적인 it의 용법

(1) 가주어와 진주어의 용법처럼 it을 먼저 내세우고 단어, 구, 혹은 절이 문장 끝에 나온다.

It must have been pleasant, her presense at the party.

(그녀가 파티에 참석한 것, 그건 즐거운 일이었음에 틀림없다.)

(2) it + be동사 +... + that이 이끄는 절의 강조 용법:한 문장 중에서 강조해야 할 구문을 that 앞에 놓고 나머지는 that 뒤에 놓는다. 다음의 문장에서 강조 받는 것을 that 앞에 **놓아 강조해보자.**

John broke the window with a hammer yesterday from a distance because he was angry with me.

(존이 나에게 화가 나서 어제 망치로 멀리서 창문을 부수었다.)

It was John that broke the window with a hammer from a distance yesterday because he was angry with me.

(나에게 화가 나서 어제 망치로 멀리서 창문을 부순 것은 존이었다.)

☞ 주어 John을 강조하고 있고 that 대신에 관계대명사 who를 써도 된다.

It was the window that John broke with a hammer from a distance yesterday because he was engry with me.

(나에게 화가 나서 어제 망치로 멀리서 존이 부순 것은 창문이었다.)

☞ 목적어 the window를 강조하고 that 대신에 관계대명사 which를 써도 된다.

It was with a hammer that John broke the window from a distance yesterday because he was angry with me.

(나에게 화가 나서 어제 존이 멀리서 창문을 부순 것은 망치를 갖고서였다.)

☞ 방법의 부사구 with a hommer를 강조하고 that 대신에 관계부사 how를 써도 된다.

it was from a distance that John broke the windows with a hammer yesterday because he was angry with me.

(나에게 화가 나서 어제 존이 창문을 부순 것은 멀리 떨어져서였다.)

☞ 거리의 부사구 from a disdance를 강조하고 that 대신에 관계부사 where를 써도 된다.

It was because he was angry with me that John broke the window with a hammer from a distance yesterday.

(어제 존이 망치를 갖고 멀리서 창문을 부순 것은 그가 나에게 화가 났기 때문이었다.)

☞ 이유를 부사절 because he was angry with me를 강조하고 있고 that 대신에 관계부사 why를 써도 된다.

여기서 못말려 선생은 잠깐 한숨을 돌리면서 "너희들 말이야, 내가 대명사의 정리로서 it과 같이 극히 작은 것을 이렇게 물고 늘어지는 것은 사람이 어떤 일을 할 때는 철두철미하고 치열하게 그것을 다루어야 한다는 것이다. 그렇지 않고 그것을 엉거주춤한 태도로 다룬다면 그 일이 성사되지도 않고 설사 성사된 것같이 보여도 그것은 내적으로는 의욕, 그리고 외적으로는 함량 부족으로, 그것의 기능이 정지될 뿐만 아니라 오히려 역기능이나 부작용을 일으켜 피해를 초래하는 것이다. 그러니 사자가 토끼 사냥할 때에 전력을 다하는 것과 같이 사람이 크건 작건 어떤 일을 할 때는 전력투구하는 태도를 보여야 한다. 자, 여러분! 인내, 인내, 인내!"라고 우리 학생들의 용기와 사기를 돋우었다.

14. than(전자는)...this(후자는)...의 용법: that 대신에 the former 혹은 the one..., this 대신에 the latter 혹은 the other가 쓰이기도 한다.

John loves Mary. That (혹은 The former, The one) is a seventeen-year-boy and this (혹은 the latter, the other) is a sixteen-year-old girl.

(존은 매리를 사랑한다. 전자는 17세의 소년이고 후자는 16세의 소녀이다.)

15. this와 that의 관용적 용법

His mind was that of a brave man, but his conducts were those of a coward.

(그의 정신은 용기의 표상이었지만 그의 행동들은 비겁자의 행동들이었다.)

We saw many animals of prey, that is, lions, tigers, wolves, and so on.

(우리들은 많은 맹수들, 즉 사자, 호랑이, 늑대 등을 보았다.)

☞ that is는 namely, in other words의 뜻을 가진다.

With this, he left the room: "Have your own way."

("네 마음대로 해!" 이 말을 남기고 그는 방을 나갔다.)

That is all for today.

(그것으로 오늘 공부를 끝낸다.)

☞ Let's call it a day.의 뜻과 같다.

16. this의 특별한 의미

(1) 위에서 말한 것

John was badly hurt in a traffic accident. This is true.

(존은 교통사고에서 중상을 입었다. 위의 말은 사실이다.)

(2) 뒤에서 말할 것

I am sorry to tell you this. He failed in the business.

(이것을 말하기가 싫지만 그는 그 사업에서 실패했다.)

17. all this는 '위에 말한 모든 것'의 뜻을 갖지만 '뒤에 말할 모든 것'의 뜻은 되지 못한다.

He got divorced. He failed in his business. He was completely thrown into despair. All this is unbelievable.

(그는 이혼당했다. 그는 그의 사업에 실패했다. 그는 완전히 절망 속에 빠졌다. 위의 모든 말은 믿어지지 않는다.)

18. Those who(혹은 those that)에서는 those는 people의 뜻이 된다.

Those who (혹은 Those that) think will govern those who toil.

(머리로 일하는 사람들이 육체로 일하는 사람들을 지배하는 것이다.)

19. 지시대명사들로 여겨지는 것들 : such, the same, so and so 등

Students must behave as such.

(학생들은 학생들답게 행동해야 한다.)

A Happy New Year! —The same to you!

(새해에 복 많이 받으시오.–당신에게도!)

Don't be afraid of doing it because so and so may scorn you.

(그저 그런 사람들이 당신을 비웃을지라도 그것을 행하는 것을 겁내지 마라.)

20. 의문대명사는 보통의문대명사들인 what, who, whom, which, whose와 복합의문
사들인 whatever, whoever, whomever, whichever, shosever가 있다. 복합의문
대명사들은 보통의문대명사들의 강조형이다.

What did you do today?

(당신은 오늘 무엇을 했느냐?)

Whatever did you do today?

=What on earth (혹은 in the world, 혹은 the devil) did you do today?

(도대체 당신은 오늘 무엇을 했느냐?)

☞ 복합대명사 대신에 보통의문사 뒤에 on earth, 또는 in the world 혹은 the devil을 써서 강조하기도 한다.

21. what의 관용적 구문들

What about going to bed?

(그만 자는 게 어때?)

What about a drink?

(한잔 하는 게 어때?)

What for? = Why?

(무엇 때문에?)

So what? = What of it?

(그게 어쨌다는 거야? = 괜찮지 않아?)

What by threats, what by entreaties, he accomplished his purpose.

(위협으로, 간청으로, 그는 그의 목적을 달성했다.)

What with illness and what with poverty, he was reduced to skin and bones.

(병환이다 가난이다 하여 그는 피골이 상접되어 있었다.)

I know what.

(말이지, 계책이 생각났어!)

못말려 선생은 의문대명사의 정리를 끝내고 그의 개똥철학(자신의 인생관을 그렇게 스스로 불렀음.)을 설파했다. 그는 자못 심각한 표정으로 "인간이 사는 세상은 하나의 큰 병원이고 인생이란 사람들이 거기서 무지의 병을 치료받는 입원 치료 기간이다. 인류 역사 이래로 어느 누구도 그 질병을 완전히 치료받고 퇴원하지 못하고 그 무지의 신병으로 결국 그 입원실에서 죽고마는 것이다. 만약에 그 무지의 치료법을 안다면 불로영생(不老永生)의 치료로 늙지도 죽지도 않을 것이다.

그래서 인생은 의문사로 시작하여 의문사로 끝나는 하나의 의문 문장 'What is what?'이라고 해야 할 것이다. 그와는 반대로 우주의 창조자는 완전한 긍정문 'All is all.'일 것이다. 즉 그 창조자가 'All is all that knows everything,(모든 것이 모든 것을 아는 모든 것이다.)'이라는 긍정적 동의어 반복 평서문(the positive tautological declarative sentence)인 반면에 한 사람은 'What is what that knows nothing?(무엇이 아무것도 모르는 무엇인가?)'이라는 부정적 동의어 반복 의문문(a negative tautological interrogative sentence)이다.

그런데 많은 사람들이 무엇을 좀 안다고 내세우는 것은, 즉 우주를 아는 척 하는 것은 그것이 All is all, 이라는 긍정문의 창조자에게 얼마나 큰 교만의 행동을 취하는 일인지 모르는 무지의 극치라고 해야 할 것이다. 그래서 모든 종교들의 경전에서는 교만이 인간의 가장 큰 죄악이라고 가르치고 있다. 고대 그리스 신전의 신탁에 '너 자신을 알라!' 라고 쓰여 있는 것을 고대 그리스의 위대한 철학자 소크라테스가 의미 있게 보고서 그 말을 세상 사람들에게 크게 외쳤던 것이다. 이 '너 자신을 알라!' 라는 말은 한 마디로 '너는 너 자신을 모르는 터에 다른 것들은 더더욱 모른다.'라는 말인 것이다. 그렇다면 인간은 마땅히 자신의 무지에 대하여 부끄러워 해야 할 것인데 그러한 태도가 바로 겸허인 것이다." 라고 말하여 어린 우리 학생들을 숙연케 했다.

그는 인간이 자신의 무지에 대하여 할 수 있는 것은 모르는 것을 모른다고 말하고, 그 모르는 것이 무엇(what) 인지를 조금이라도 겸허한 자세로 알려는 노력을 아끼지 않는 것이라고 했다. 한 사람은 마땅히 언제 어디서나 의문사들을 잘 사용하여 될 수 있는 한 알맞은 의문문들을 만들어 내려고 애써야 하는 것이다. 그 의문문들을 만드는 의문사들 중에서 맨 먼저 사용해야할 것이 바로 무엇(what) 이다. 왜냐하면 한 사람이 가장 먼저 그리고 가장 크게 보고 느낄 수 있는 것이 이 우주 속에 존재하는 그 무엇이고, 이것은 나를 포함한 나의 모든 무지의 대상들이기 때문이다. 즉 나 밖의 거대한 객관적 대상들인 그 무엇이 주관적인 나를 둘러싸고 있는 것이다.

못말려 선생은 계속해서 "내가 모르는 그 방대하고 무한한 대상물들 중에서 첫째로 내가 무엇(what)을 모르는가를 하나하나씩 지적하고 근본적으로는 왜(why), 어떻게(how) 모르는가를 현상적으로는 언제(when), 어디서(where) 모르는가를 그리고 내가 누구(who)인가를 모르고 있다는 가장 작은 점과 같은 무지의 출발점에서 나의 인생이 시작되지만 끝끝내 내가 아무것도 모른다는 것은 말할 것도 없거니와 나 자신조차도 모르는 가운데에서 나의 인생이 끝나는 것이다" 라고 설파했다.

못말려 선생은 우리 학생들이 어리둥절한 표정으로 그의 개똥철학을 듣는 것을 보고 비근한 예를 들어 위의 말을 설명했다. 그는 심호흡을 하며 "깊고 한적한 산 속에서 한 사람이 독사에 물렸다 하자. 그 독사의 독을 해독할 수 있는 방법들은 무수히 있을 것이다. 그러나 그가 그 무수한 방법들 중에서 단 하나도 모른다면 그는 그 한적한 산 속에서 그 독사에 물린 뒤에 이리저리 궁리만 하다가 끝내 그 독에 완전히 중독되어 죽고마는 것이다. 인간은 이와 같이 한평생이라는 기간 동안에 이리저리 궁리만 하다가 끝내 그러한 무지로 인하여 생을 마감하는 것이다." 라고 말했다. 나는 그제야 그가 의문대명사를 포함한 대명사들의 용법에 대한 정리를 마치고 그가 방금 설파한 그의 개똥철학을 조금은 이해할 수 있을 것 같았다.

못말려 선생의 말은 언뜻 비관적인 인생관을 펴는 것 같이 보였다. 그래서 그는 의문과 무지는 서로 다른 것이라고 다음과 같이 말했다. "무지는 완전한 지식의 공백이지만 의문은 무엇을 모르고 있는가를 아는 지식이다. 인간은 무엇을 모르는가를 아는데서부터 지식을 쌓아갈 수 있는 것이다. 그렇기 때문에 의문은 인간의 속성들 중 하나가 아닐 수 없다. 고대 그리스의 철학자 소크라테스가 '너 자신을 알라'고 말한 것은 '내가 무엇을 모르는가를 알라'고 말한 것일 것이다. 성경에 '항상 기뻐하라. 쉬지 말고 기도하라. 범사에 감사하라'고 이르고 있는데 나는 너희에게 '항상 기뻐하며 의문하라. 쉬지 말고 의문에 답을 얻게 해달라고 기도하라. 그리고 범사에 의문하며 그 답을 얻는 것에 감사하라'고 말하고 싶다." 라고 묘미있게 말했다. 나는 다시 이 성경의 말을 응용해 의문을 덧붙이는 그의 기지에 놀랐고 새삼 세상이치를 깨닫는 길이 환히 열리는 것 같아 감격이 벅차오름을 유치한 마음으로나마 느꼈다.

인간이 사고하는 것은 의문하는 것이다. 적어도 인간 사고의 대부분은 의문문들로 이루어져 있는 것이다. 그렇다면 인간이 산다는 것은 데카르트의 명제 '나는 생각한다. 그러므로 나는 존재한다.'를 적용하여 보면 '나는 의문한다. 그러므로 나는 살고 있다.'가 되는 것이다. 인류 역사를 이끌어 온 사람들은 거의 모두가 사물에 대한 의문을 게을리하지 않은 사람들이었다. 그들은 역사의 능동적 주역들이었다. 나머지는 그저 그들이 적극적으로 의문하고 그 답을 얻은 것의 수동적 들러리들밖에 되지 않는 것이다.

인간이 사물을 관찰하고 분석하고 다시 종합하는 행위는 바로 의문에서 비롯된 것이다. 거시의 세계를 연구하는 천문학자들과 물리학자들은 저 광활한 천공의 세계에 무엇이 있는지, 있다면 어떻게 존재하는지를 의문해 왔고, 미시의 세계를 연구하는 미생물학자들이나 화학학자들은 미시의 세계의 작디 작은 것들을 그렇게 탐구해 왔다.

못말려 선생이 데카르트라는 철학자의 명제에 결부시켜 의문하는 것이 산다는 것이라고 말한 것에 어린 나는 조금은 이해가 되는 것 같았으나 아무리 해도 어리둥절했다. 그는 나의 이런 태도에 이해가 산다는 표정을 지으며 데카르트의 사유의 방법을 다음과 같이 세 가지로 설명했다.

1. The number of unconditionally absolute, simple natures must be finite.
(무조건적으로 절대적인 그리고 단순한 자연들은 한정되어야 한다.)

2. The simple natures must have intrinsic relations with each other.
(그 단순한 자연들은 상호 본질적인 관계들을 갖고 있지 않으면 안 된다.)

3. They must be connected in a serial arrangement, according to a natural order.
(그것들은 한 자연적인 질서에 따라 순차적인 배치에 의거하여 연결되지 않으면 안 된다.)

못말려 선생은 데카르트의 세 가지 논제를 제시한 다음에 이것들이 이렇게 저렇게 배열되는 과정을 분석해 의문을 던지는 것이 인간의 궁극적인 사유행위라고 말하여 나를 더더욱 당황스럽게 만들었다. 그런데 이상한 것은 이렇게 설명을 자꾸 듣다보니 어떤 철학적인 생각이 막연하나마 나의 머리 속에 잡힌 것 같았다. 아마 철학은 이렇게 막연하고 잡힐 듯 말 듯한 도깨비 같은 것인지도 모르겠다.

못말려 선생은 끝으로 "의문은 두 가지로 나누어지는데 하나는 긍정적이며 생산적인 의문이고, 다른 하나는 부정적이며 파괴적인 의문이다. 너희는 어느 것을 택하겠는가?"라는 의문문을 우리 학생들에게 던지고 대명사의 정리로 되돌아 갔다.

나는 나 나름대로 생각했다. 긍정적이며 생산적인 의문문이 내가 해야 할 생각의 시작이고 그렇게 함으로서 나의 언어로 무엇이나 할 수 있을 것 같았다. 즉 이 우주에서 어떤 것에 대하여 나는 나에게 던져진 문제(의문해야 할 것)에 "나는 할 수 있다"라고 굳게 믿고 실천하면 이 세상에 내가 하지 못하는 것은 하나도 없을 것이라고 생각했다. 나는 나의 전지전능한 언어(my almighty language)가 나를 전지전능하게 할 수 있다고 굳게 믿었다. 나는 하늘로 무한히 날아가는 기분을 느꼈다.

22. 관계대명사의 제한적 용법(restrictive use)

선행사 뒤의 관계대명사절을 먼저 해석하여 선행사에 붙이는 해석을 하는 방법이다.

This is the boy who guided me to your house.

(이 아이가 나를 당신의 집까지 안내한 소년이다.)

☞ 관계대명사 앞에 쉼표가 없어 관계대명사가 이끄는 절을 먼저 해석하여 선행사 boy에 붙인다.

23. 관계대명사의 계속적 용법

선행사가 들어 있는 본문을 먼저 해석하고 계속하여 관계대명사가 이끄는 절을 해석하는 방법이다.

We met the driver, who then picked us in his car and drove us to the destination.

(우리들은 그 운전사를 만났고 그 때에 그는 우리들을 그의 차에 태우고 우리들을 목적지까지 차를 몰고 갔다.)

☞ 선행사 the driver가 들어 있는 본문을 먼저 해석하고 관계대명사 who가 이끄는 절을 이어서 해석한다.

24. 한 문장에서 강조받는 명사(주로 주어)를 뒤로 돌리고 그 대신에 대명사를 그 명사의 자리에 놓는 경우가 있다.

He is happy, a man who makes others happy.

(다른 사람들을 행복하게 해주는 사람은 행복하다.)

☞ 본래 주어 a man ... happy가 문장 뒤로 가고 그 대신 대명사 he가 앞으로 나온 것이다.

25. 부정대명사의 몇 가지 용법들

(1) one의 용법

1) 총칭 인칭(generic person)

One should love one's neighbor as oneself.

(사람은 이웃 사랑하기를 제 몸처럼 해야 한다.)

☞ 이 밖에 총칭 인칭대명사들은 이미 설명된바와 같이 we, you, they 등이 있다.

2) a person의 뜻으로서 one

One Mr. Smith called on me.

(스미스라는 한 사람이 나를 방문했었다.)

3) young ones(젊은이들)와 little ones(아이들)는 young men과 little children의 애칭으로 쓰인다. a young one(한 젊은이)와 a little one(한 아이)와 같이 단수로도 쓰인다.

(2) 같은 명사가 특정하지 않게 반복할 때

one(단수 명사 대신함), ones(복수 명사를 대신함)

I have lost my watch:I will buy one.

(나는 나의 시계를 잃어 시계를 사야겠다.)

He bought three dogs:a small one and two big ones.

(그는 개를 세 마리 샀는데 작은 개 한 마리 큰 개 두 마리다.)

(3) none은 대체로 복수형(cf. no one:단수)인데 단수형으로도 쓰인다.

*cf.는 confer의 약어로 '비교하라'는 뜻이다.

None but the brave deserve the fair.

(용감한 자들만이 미인들을 얻을 자격이 있다.)

None of this concerns me.

(이런 것은 어떤것도 나에겐 관심이 없다.)

(4) some과 any의 차이점

some은 긍정문에 any는 부정문, 의문문, 조건문에 쓰인다.

I haver read some of these books.

(나는 이 책들 중의 몇 권을 읽었다.)

Do you want any of these books?

(당신은 이 책들 중의 어떤 것들을 원합니까?)

I don't know any of his personlity.

(나는 그의 성격에 대하여 조금도 아는 것이 없다.)

If you want any of these books, you had better go to the library.

(만약 당신이 이 책들 중의 어떤 것들을 원한다면, 도서관에 가는 게 좋다.)

(5) any가 긍정문에 쓰이면 양보의 뜻(...라도)을 갖는다.

You may take any of this books.

(당신은 이 책들 중의 어느 것을 가져가도 좋다.)

(6) some이 의문문에 쓰이면

1) 권고의 뜻이 있다.

Will you have some of these fruits? = Please take some of these fruits.

(이 과일들을 좀 드시지요.)

2) 응낙을 받을 기대를 갖는다.

May I have some of these fruits?

(이 과일들을 좀 먹어도 되죠?)

(7) somebody, someone, something 그리고 anybody, anyone, anything은 단수로만 쓰인다. 즉 somebodies, someones, somethings 그리고 anybodies, anyones, anythings로는 쓰이지 않는다.

(8) all의 용법

1) 단수로 쓰일 때

All is fair in love and war.

(사랑과 전쟁에는 수단과 방법이 따로 없다.)

2) 복수로 쓰일 때

All were silent.

(모두 입을 다물었다.)

3) all과 부정어(not)가 결합하면 부분부정 (partial negation) 즉 전부는 아니고 일부만의 뜻이 된다.

이 부분부정은 공식화하면 '전부를 뭇하는 말 + 부정어'이다. 예컨대, He was not entirely defeated.는 "그가 완전히 패배한 것은 아니다."로서 아직도 싸울 힘이 좀 남아 있다는 뜻이 된다.

All that glitters is not gold.

(번쩍이는 것이라고 다 금은 아니다.)

4) all의 관용적 보기들

He will not trust you for all that you may say in your defence.

(네가 아무리 변명해도 그는 너를 믿지 않을 것이다.)

Money is not all in all.

(돈은 모든 것이 아니다.)

Thank you very much. —Not at all.

(감사합니다. —천만에)

(9) both의 용법

1) 둘만 있는 것을 놓고 그것들 전부라는 뜻을 나타낸다.

He lost both of his eye.

(그는 그의 두 눈을 다 잃었다.)

2) both와 부정어(not)가 결합하면 둘 다는 아니다 하는 부분부정이 된다.

Not both of his eyes were lost.

(그의 눈 둘 다가 실명된 것은 아니다.)

(10) another의 용법

    1) 다른 것, 다른 사람을 가리킨다. 그 뜻은 '다른 하나' 혹은 '하나 더' 이다.

    The boy ate two oranges and then asked for another.

    (그 소년은 2개의 귤을 먹고 나서 하나를 더 청했다.)

    He saw many neckties, but he asked them to show him another.

    (그는 많은 넥타이들을 보았지만 점원들에게 다른 것을 보여 달라고 했다.)

    2) another가 different와 same의 뜻을 갖기도 한다.

    This is one thing, but that is another.

    (이것과 저것은 별개이다.)

    He is a liar, and his wife is another.

    (그와 그의 아내는 똑 같이 거짓말쟁이들이다.)

    3) one another : 셋 이상의 것들이 서로 서로

    The three sisters love one another.

    (그 세 자매들은 서로 서로를 사랑한다.)

(11) other의 용법

    1) other:다른(형용사로 쓰임)

    Have you any other question?

    (다른 질문들이 있습니까?)

    2) the other : 상대자

    Each praises the other.

    (각자가 상대자를 서로 칭찬한다.)

    3) one ... the other : 둘 중에서 하나는 ... 다른 하나는

    I have two sons:one is a soldier, the other a doctor.

    (나는 아들이 둘 있는데 하나는 군인이고 다른 하나는 의사이다.)

    4) the one ... the other : 전자는 ... 후자는

    Tom and Bill are friends:the one is a soldier, the other a doctor.

    (톰과 빌은 친구들인데 전자는 군인이고 후자는 의사이다.)

5) others : other people

You must be kind to others.

(사람들이란 타인들에게 친절해야 한다.)

6) some (혹은 다른 수의 형용사) ... others: 어떤 것들은 ... 다른 일부는

Some boys are absent and others are late.

(어떤 아이들은 결석했고 다른 일부 아이들은 지각했다.)

7) the others : 나머지 다른 전부

Some boys are absent and the others are present.

(어떤 아이들은 결석했고 나머지 모든 아이들은 출석했다.)

8) each other : 둘이 서로 서로

The two sisters love each other.

(그 두 자매들은 서로 서로를 사랑한다.)

(12) either : 둘 중의 어느 것이나

There are two man one of whom you may choose.—Either will do.

(당신이 하나를 선택할 수 있는 두 사람들이 있다. 어느 쪽도 좋습니다.)

(13) neither : 둘 중의 어느 것도 아니다.

There are two men one of whom you may choose.—Neither will do.

(당신이 하나를 선택할 수 있는 두 사람들이 있다.– 어느 쪽도 안 되겠습니다.)

못말려 선생은 여기서 잠깐 침묵을 지키다가 "이것들 이외에도 대명사들이 더 있지만 그것들을 여기서 다 다룬다면 영문법 학습이라기보다는 대명사 사진이 될 것이기에 이 시점에서 대명사의 정리를 끝내겠다." 라고 말했다.

그러나 그는 여기 정리한 것들은 영어 회화에 꼭 알아야 하고 또 이것들만 알면 스스로 영어 대명사의 용법들을 깨쳐나갈 수 있다고 말하며 오히려 적정선에서 마무리짓는 것에 만족해 하였다. 학문에는 시시콜콜한 것이라고는 없지만 학습에 있어서는 미주알 고주알, 있는 것 없는 것 다 캐다 보면 학습 능률성과 효율성을 놓치기가 쉽다는 것을 그는 감안한 것이다. 그리고 나서 그는 곧장 형용사의 정리로 들어갔다.

02 세세함에 신경을 너무 쓰면 전체의 흐름(원리 의식)을 놓친다

못말려 선생은 새삼스럽게 형용사를 마무리지으면서 "학생들 말이야! 수식하는 요소로서의 형용사는 없어도 되는 것을 인간이 만들어 붙인 말이다. 왜냐하면 '하얀 눈'에서 '눈'이라는 말 속엔 이미 '하얀'이라는 형용사가 들어있기 때문이다. 그러나 이러한 중복적인 말은 인간을 인간적으로 재미있게 해주는 말이기도 한 것이다. 수식요소로서의 부사도 이와 같다라고 하면서 헛기침을 했다.

그는 이어서 우리들에게 다짐이라도 하듯 영어의 8품사들 중에서 수식하는 말들은 형용사와 부사 밖에 없다고 했다. 다시 말하여 수식하는 요소들은 명사와 대명사를 수식하는 형용사, 형용사 상당어구, 형용사구 그리고 형용사절과 동사, 형용사, 부사, 그리고 문장을 수식하는 부사, 부사 상당어구, 부사구 그리고 부사절이 있을 뿐이다. 그는 노파심에서 "제군들은 꼭 명심해라! 수식요소들은 형용사적 수식요소와 부사적 수식요소 밖에 없다는 것을!"이라고 말하면서 문장의 주요소들에 대비되는 수식요소들에 대하여 학생들의 마음속에 깊이 각인시켜 주었다. 그는 이 말을 몇 번이나 반복해 말했던가!

영문법정복 | 형용사(adjective)의 정리

형용사(adjective)는 기능상으로 명사나 대명사 앞이나 뒤에 위치하여 그 명사나 대명사를 수식하는 기능과 불완전자동사나 불완전타동사의 보어가 되는 기능을 한다.

1. 형용사들은 종류별로 다음과 같이 나누어진다.

(1) 기술 형용사들(descriptive 혹은 qualifying adjectives)

명사나 대명사 앞에나 뒤에 위치하여 그 명사나 대명사를 수식하는 것으로서 명사나 대명사의 속성이나 특성을 나타내고 보어의 기능을 하는 형용사들이다.

(보기) white, good, high, beautiful, young, sharp 등

(2) 고유 형용사들(proper adjectives)

고유명사들을 형용사형으로 만들어진 것으로서 역시 명사나 대명사 앞에서나 뒤에 위치하여 그 명사나 대명사를 수식하는 기능을 하며 극히 드물게 보어의 기능도 한다.

(보기) English, Korean, Chinese, Olympic, Korea-made 등

(3) 수량 형용사들(quantitative adjectives)

주로 명사 앞에 위치하여 그 명사를 수식하는 기능을 하고 드물게 보어의 기능도 한다.

(보기) many, much, few, little 등

(4) 대명 형용사들(pronominal adjectives)

인칭 대명사의 소유격들로서 관사처럼 명사 앞에 와서 그 명사를 수식한다.

(보기) my, your, our, his, her, its, their

(5) 지시 형용사들(demonstrative adjectives)

명사나 대명사 앞에 위치하여 그 명사나 대명사를 수식한다.

(보기) this, that, these, those

(6) 의문 형용사들(interrogative adjectives)

명사나 대명사 앞에 위치하여 그 명사나 대명사를 수식한다.

(보기) what, which, whose

(7) 관계 형용사들(relative adjectives)

명사나 대명사 앞에 위치하여 그 명사나 대명사를 수식한다.

(보기) which, what, whichever, whatever

(8) 부정 형용사들(indefinite adjectives)

명사나 대명사 앞에 위치하여 그 명사나 대명사를 수식한다.

 all, any, every, some, othe, both, each 등

(9) 관사들(articles)

명사나 대명사 앞에 위치하여 그 명사나 대명사를 수식한다.

 a, an, the

(10) 합성 형용사들(compound adjectives)

단어 둘 이상이 모여 hyphen(−)으로 결합된 형용사들로서 주로 명사 앞에 위치하여 그 명사를 수식하는 기능을 한다.

 world−wide, snow−white, hand−to−mouth 등

(11) 다른 품사들이 형용사들이 될 수 있다.

1) 명사에서 온 것들

pen name(아호), college education(대학 교육), fish food(생선 음식) 등에서와 같이 명사인 pen, college, fish 등이 형용사가 된다.

2) 부사에서 온 것들

an off day(비번일), the man there(저기에 있는 사람), the then President(그 당시 대통령) 등에서와 같이 부사인 off, there, then 등이 형용사가 된다.

3) 분사(participle)가 형용사가 된다.

① 현재분사가 형용사가 된다. 자동사의 현재분사는 진행의 뜻을 내포하고 있고 타동사의 현재분사는 그 안에 문맥상의 목적어를 내포하고 있다.

falling leaves = leaves which are falling

(떨어지고 있는 잎사귀들)

a loving wife = a wife who loves her husband

(남편을 사랑하는 아내) 등

② 과거분사가 형용사가 된다. 자동사의 과거분사는 완료의 뜻을 내포하고 있고 타동사의 과거분사는 by + 목적어를 내포하고 있다.

fallen leaves = which are fallen

(이미 떨어진 잎사귀들)

a loved wife ≒ wife who is loved by her husband

(남편에 의해 사랑받고 있는 아내) 등

4) 동명사가 형용사가 된다.

a sleeping bag ≒ a bag for sleeping(침낭)

a diving board ≒ a board for diving(도약판) 등

5) 원형 부정사(root infinitive)가 형용사가 된다.

I made him go.

(나는 그를 가게 했다.)

☞ go가 made의 보어로 형용사 역할로서 보어의 기능을 한다.

2. 형용사들로서의 few와 a few의 용법

(1) few는 부정적으로 '거의 없다'의 뜻을 갖고 보통명사의 복수 앞에 온다.

The girl has few dolls.

(그 소녀는 인형이 별로 없다.)

(2) a few는 긍정적으로 '몇 정도는 있다'의 뜻을 갖고 보통명사의 복수 앞에 온다.

The girl has a few dolls.

(그 소녀는 인형이 몇 개는 있다.)

3. 형용사들로서의 little과 a little의 용법

(1) little은 부정적으로 '거의 없다'의 뜻을 갖고 물질명사나 추상명사 앞에 온다.

The man has little money.

(그 사람은 돈이 거의 없다.)

(2) a little은 긍정적으로 '얼마 정도는 있다'의 뜻을 갖고 물질명사나 추상명사 앞에 온다.

The man has a little money.

(그 사람은 돈이 얼마 정도는 있다.)

4. few, a few, little, 그리고 a little의 관용적인 용법

He consulted his doctor every few days.

(그는 그의 주치의에게 2, 3일에 한 번씩 진찰을 받았다.)

Such welcome visitors are few and far between.

(그런 귀한 손님들은 매우 드물다.)

There are no fewer than ten members present.

(회원이 적지 않게 10명이나 참석하고 있다.)

Not a little patience is necessary for this.

(이 일을 하기 위해서 적지 않은 인내심이 있어야 한다.)

They have given us no little trouble.

(그들은 적지 않게 우리들을 괴롭혔다.)

5. enough의 용법

(1) enough가 형용사로 쓰일 때에 그것 뒤에서 수식받는 명사는 보통명사의 복수나 물질명
사나 추상명사가 될 수 있다.

There are enough apples in the basket.

(충분한 사과들이 있다.)

There is enough water in the bottle.

(물이 충분히 있다.)

(2) enough가 부사의 수식을 받을 때에는 수식받는 명사 뒤에 온다.

They are not fools enough to say so.

(그들은 그렇게 말할 만큼 어리석은 자들이 아니다.)

6. 주로 보어로만 쓰이는 형용사들

alive, afraid, alike, alive, alone, ashamed, asleep, awake, aware, bound, content, ill, liable, proof, unable, well, wont, worth 등

7. 명사나 대명사를 수식하는 용법으로도, 보어의 용법으로도 쓰이나 그 뜻이 달라지는 형용사들

(1) certain

He has cartain reasons for not going there.

(그는 거기에 가지 않을 몇 가지 이유들이 있었다.)

He is certain that the business will be successful.

(그는 그 사업이 성공하리라 확신하고 있다.)

(2) ill

ill news runs apace.

(좋지 않은 소식은 빨리 퍼진다.)

He is ill with a fever.

(그는 열병을 앓고 있다.)

(3) present

She is the present queen.

(그녀는 현재의 여왕이다.)

The queen is present.

(여왕이 참석하고 있다.)

8. 형용사의 특별한 위치

(1) 명사 뒤에 위치한다.

Asia Mnor(소아시아), China proper(중국본토)

things Asian(아시아적인 것들), the dish proper(본 음식) 등

☞ 이것을 본떠 활용되기도 한다. 예컨대, President elect(대통령 당선자)

(2) 형용사가 강조 받아 명사 뒤로 가서 그 명사를 수식한다.

Paradise Lost(실락원), things immortal(불멸의 것들)

(3) 부정대명사 또는 다른 대명사를 수식하는 형용사

anything special(특별한 어떤 것이나), something wrong(어떤 잘못된 것),
one dead(죽은 자), those handicapped(장애자들) 등

(4) 형용사들이 중복되어 명사를 수식할 때는 명사 뒤에 온다.

a man gentle and wealthy

(온유하고 부유한 사람)

(5) 형용사를 수식하는 부사 구문이 있을 때는 명사 뒤에 온다.

money spent for the business

(그 사업에 쓰여진 돈)

(6) 형용사 앞에 부사 상당 구문이 붙을 때는 명사 뒤에 온다.

a rope ten feet long

(10피트 길이의 밧줄)

(7) 기타

all the persons present(출석 전원)
any other person absent(어떤 결석자)

　　못말려 선생은 그 밖의 형용사의 위치들은 위의 형용사들의 위치들을 기준으로 삼으면 알 수 있는 것들이라고 하면서 너무 세세한 것들을 따지면 머리만 복잡해지는 것이라며 남겨놓는 아름다움을 발휘했다. 영문법 학도들이 영문법을 지겨운 공부로 여기는 것이 바로 이 '너무' 세세함 때문인 것이다. 따라서 그러한 것들은 학습자들이 스스로 터득하게 남겨놓는 것이 바람직한 것이다.

　　그래서 그는 아쉬운 듯 하면서도 쾌도난마(快刀亂麻)식으로 흔쾌히 그런 것들을 다루지 않은 것이다. 선생은 모든 있는 것들을 다 말해주는 사람이 아니다. 중요한 골자들을 체계 있게 다루는 솜씨를 보이지 않으면 배우는 사람들에게 오히려 학습 의욕이나 자발적인 탐구 정신을 저하시켜 놓는 꼴이 되기가 쉽다.

　　못말려 선생은 학습에 꼭 필요하고 먼저 알아야 할 것이 무엇인가를 아는 선생이 진정한 선생이라고 말하면서 사전의 무주구천동 동굴 속에나 처박혀 있는 것을 골라내어 나는 이런 걸 알 정도로 박식하다는 것을 보이려는 사람은 절대로 선생이 되어서는 안 된다고 역설했다. 그렇다고 해서 선

생이 대충 대충 요령을 부리는 것 또한 선생의 자격을 상실하는 행위라고 했다. 선생은 이것만 알면 그 나머지 것들은 학생이 스스로 알아갈 수 있는 것을 고르고 고르는 일을 무엇보다 게을리해서는 안 된다는 것이다.

학습에 걸림돌이 되는 것들을 과감하게 뛰어넘는 배짱이 있어야 중요한 것을 골라내는 능력이 자연히 솟아난다. 그 자상하고 자세한 선생인 못말려 선생이 그렇게 해서 우리 학생들의 학습의 능률과 효과를 최대화한 것이었음을 나는 그제야 깨달았다. 그는 학생들의 눈높이에 맞게 자상함을 보이면서도 자신의 눈높이에 맞추어 학생들에게 도전 의식을 자극시키는 그러한 선생이었다.

자상하고 자세하다고 해서 시시콜콜한 주변적인 것들까지 집어주는 것이 능사가 아니라 꼭 알아야 할 기본적인 것들을 철저히 제시해 주면 된다. 그것만 알면 자연히 다른 주변적인 것들은 시간이 지나면서 덤으로 따라오는 것이다. 그래서 모든 공부는 기초와 기본이 가장 중요한 것이다. 이 기초와 기본이 되는 것에 대하여는 아무리 자상하게 그리고 아무리 자세하게 설명을 해도 결코 지나친 일이 되지 않는다. 못말려 선생이 문장 5형식을 그렇게 자상하게 그리고 자세하게 우리 학생들에게 귀가 닳도록 설명을 아끼지 않았기 때문에 영어에 대한 나의 실력이 반석 위의 집과 같이 탄탄한 것이 되었던 것이다.

못말려 선생은 정리를 해주는 과정에서도 어떻게 하면 요점적인 것들을 잡아줄 수 있을까 하고 무척 고뇌하였다. 그는 이쯤 이르러서 "어떠냐? 지금 내가 너무 너절한 것들을 설명하는 것 같이 보이느냐? 그렇지만 이왕에 영문법을 확고하게 배우기 위해서는 이 정도는 알아두어야 한다. 이제 형용사의 수사(數詞 : numerals) 에 대하여 될 수 있는 한 요점적으로 알아보자." 라고 말했다.

영문법정복 | 수량형용사(數量形容詞; numerals)

수량형용사는 다음의 세 가지로 분류될 수 있다.

1. 기수사(基數詞; cardinals)

one(하나), two(둘), three(셋) 등

2. 서수사(序數詞;ordinals)

first(첫째), second(둘째), third(셋째), fourth(넷째) 등

☞ 단, 서수 앞에는 정관사 the가 붙는 것이 원칙이다.

the first(첫 번째), the one hundredth(일백 번째)

3. 배수사(倍數詞;multiplicatives)

twice=double, twofold=two times(두 배),

thrice=triple, treble, three-fold, three times(세 배) 등

여기서 못말려 선생은 기수와 서수는 열거하자면 한이 없을 것이기에 여기에 일일이 소개할 수 없다고 말하면서 우리 학생들 스스로 알아보도록 하라고 말했다. 그리고 배수는 방금 예로 제시한 것만으로도 충분하다고 말하면서 못말려 선생은 새로운 것으로 향했다.

이렇게 단호하게 수사(numerals)를 간단히 처리해 놓고 역시 그는 개똥철학을 빠트리지 않았다. 못말려 선생은 이 세상의 모든 것들을 수량으로 환산하여 처리하는 것이 인간이라고 말했다. 고대 그리스 철학자들은 우주는 수들로 구성된 것이라고 생각하기도 했다. 언어도 수로 이루어진다. 일례로 모르스 부호처럼 글자까지도 수로 표현하는 언어가 있다. 독일의 철학자 카르나프(Carnap)는 인간의 언어를 숫자로 표기하는 날이 올 것이라고 예언을 한 적도 있다.

오늘날 컴퓨터에서 쓰이는 디지털 신호는 모두 0과 1로만 이루어져 있다. 그 뿐이랴, 인간의 모든 문물 제도들은 바로 숫자로 환산되는 것이다. 특히 모든 과학들은 수가 그것들의 기본이 된다. 그래서 학문의 기본이며 중심은 수학인 것이다. 수학은 철학이라고도 한다. 수학 자체가 형이상학(形而上學)이고 철학의 본고장(philosophy proper) 이기 때문에 수학은 곧 철학이라고도 한다.

수학은 모든 과학들의 기초이며 기준이며 기본이다. 수학을 모르고서는 어떤 학문도 시작할 수 없는 것이다. 그 기초가 된 수학을 초등학교에서부터 셈본부터 기초가 잘 잡히게 다루어야 하는데 오늘날 우리의 현실은 그렇게 되어 있지 못하다. 더하기, 빼기, 나누기, 그리고 곱하기 같은 가장 기초적인 것을 어거지 형식으로 가르치고 배우고 있는 것이다. 예컨대, 곱셈은 99법이라 하여 '일일은 일', '이이는 사, '삼삼은 구' 이런식으로 그저 주입식 학습과 마구잡이로 외우면 된다는 것이다. 어렸을 때부터 원리 의식을 완전히 박탈시키는 것이 오늘날 우리나라의 수학 교육의 현실이다.

일찍이 발명의 왕이었던 에디슨(Edison)은 이러한 주먹구구식 교육에 의문을 제기했다. 에디슨은 학교에서 1+1=2라는 말, 즉 그 공식에 의문을 제기한 것이다. 왜 1+1=2만 되고 1+1=3도 4도 5도 안되느냐고 따진 것이다. 모든 자기 또래의 아이들이 1+1=2가 된다는 것을 당연히 여겨 그저 수동적으로 받아들였기 때문에 정상적인 지능을 갖고 있는 것같이 보이는 반면에 에디슨은 천치 아니면 바보 취급을 받았던 것이다. 나의 경우도 1 곱하기 1은 왜 1이 되는지 도무지 이해가 가지 않아 누구나 초등학교에서는 당연히 알아야 할 구구단을 나는 모르고 있었다. 왜 그것들이 서로 곱하면 그런 숫자가 나오는지를 설명해준 사람은 없었다. 더하기에서 1+1=2가 되고 2+3=5가 되는데 곱하

기에서는 1×1=1 이 되고 2×3=6이 된다. 이렇게 더하기와 곱하기가 나에게는 도깨비 장난과 같이 보였다. 그래서 수학은 그 때부터 나에게는 공포의 대상이 되어 학교 가기가 무서웠고 그로 인하여 왕따를 당하기 시작한 것이다.

못말려 선생은 영어에 있어서 영문법의 기초의 원리를 반복 반복해 가면서 나를 가르친 덕택으로 나는 영어를 알기 시작했고 자연히 쉽게 알아가게 되고 바로 그 때에 영어라면 공포의 대상이 아니라 흥미의 대상이 되어 있었던 것이다. 이처럼 무엇이든 기초부터 그것의 원리를 터득해야만 비로소 그것을 완전히 알기 시작하게 되고 자연히 알게 되고 그것에 대한 취미가 붙게 되는 것이다.

영국의 위대한 정치가 처칠(Churchill)은 그가 노벨 문학상을 타게 해준 사람은 바로 초등학교 1학년 담임선생이었다고 그의 회고록에서 말했다. 그는 초등학교 1학년에서 두 번이나 낙제생이 되었다. 그래서 그는 똑같은 담임선생에게서 영어를 철저히 배웠다. 그 선생은 하얀 분필, 노란 분필, 그리고 빨간 분필로 영어의 복잡한 문장들을 색깔로 확연히 분석하여 영어문장들의 구성 원리를 자세히 가르쳤다. 처칠은 자기 또래의 아이들이 2학년 그리고 3학년으로 진급하여 라틴어와 그리스어를 배우고 있을 때에 그는 1학년 반에서 3년 동안 그 선생으로부터 영어 문장들의 원리를 철두철미하게 배워 모국어인 영어를 제대로 쓸 줄 알게 되었고 훗날 노벨 문학상을 타게 된 것이라고 했다.

못말려 선생은 이러한 삽화 같은 이야기를 우리 학생들에게 들려주면서 영어는 가장 논리적인 언어들 중의 하나이기 때문에 영어만 잘해도 수학적인 두뇌력을 향상시킬 수 있다고 말했다. 왜냐하면 수학은 따지자면 논리학의 일부이기 때문이라는 것이다. 나는 이 말을 듣고 기뻐했다. 내가 서중학교 생활에서 영어와 함께 수학 때문에 선생들과 학생들로부터 따돌림을 받고 있었던 것이다. 그래서 나는 영어 하나만이라도 배운 김에 완전히 배워야겠다고 다시 굳건히 마음을 가다듬었다. 내가 먼 훗날 대학교에서 영어를 나의 전공으로 하여 학생들에게 논리적으로 가르칠 수 있게 된 것도 못말려 선생의 이 같은 격려로 영어를 원리 의식으로 철저하게 공부했기 때문이었다.

그러한 사상을 갖고 있던 그가 수학의 자료가 되는 수사에 대하여 소홀히 할리가 없었지만 그는 다만 수사들을 어떻게 읽는가를 정확히 열거했다. 인간 생활이 거의 모두가 수로 환산되기 때문에 일상생활에 잘 쓰이는 수적 표현 구문을 간결하게 다루었다.

영문법정복 | 수 읽는 법

1. 수를 읽는 기본 원칙

영어에서는 두 자리 수까지, 즉 영(zero)부터 십(ten)까지는 이름을 각각 따로 갖고 있고 그 이상은 그 수의 이름들을 배합하여 이루어진다. 백(hundred)과 천(thousand)과 백만(million)과 십억(billion)과 조(trillion)처럼 백 단위 수의 이름들은 따로 있지만 백 이상의 수들은 이미 알고 있는 숫자들로 배합된다.

486 = four hundred and eighty six

4,059 = four thousand and fifty nine

63,000 = sixty three thousand

734,534,625 = seven hundred and thirty four million, five hundred thirty four thousand and six hundred and twenty five

2. million은 '백만(1,000,000)'의 뜻을 갖는다.

million(100만)은 그 앞에 단수를 나타내는 형용사가 올 때는 단수형을 쓰지만 복수를 나타내는 형용사가 오면 어미에 s를 붙여 복수형이 된다. 이렇게 복수를 나타낼 경우 그것은 형용사가 아니고 명사가 된다. 따라서 형용사의 역할을 할 때에는 언제나 단수형이 쓰인다.

Two millions of the people were killed there.

(그 국민들의 2백만이 거기에서 살해되었다.)

☞ two millions는 일종의 3인칭 복수 대명사이다.

Two million people of the nation were killed in the war.

(그 나라의 2백만이 그 전쟁에서 살해되었다.)

☞ two million은 people을 수식하는 형용사이다.

3. billion은 '10억(1,000,000,000)'의 뜻을 갖는다.
trillion은 '조(1,000,000,000,000)'의 뜻을 갖는다.

4. 년(year), 월(month), 일(day)을 읽는 법

567 BC.(기원전567년) = five hundred and sixty seven BC.

667 AD.(서기 567) = six hundred and sixty seven AD.

1930년 = Nineteen thirty

1930년 6월 4일 = June the fourth, nineteen thirty

= the fourth day of June nineteen thirty

1950년대 = nineteen fifties

7월 모일 = on the blankth of July

☞ blankth의 용법은 'Mr. Blank 혹은 Mr. So and So = 모씨'의 용법에서 따온 것이다.

5. 전화 번호 읽기

764-2175 = seven six four dash two one seven five

6. 시간 읽기

It is a nine thirty.(9시 30분)

It is a quarter past nine.(9시 15분)

It is ten after nine.(9시 10분)

It is a quarter to nine.(8시 45분)

7. 차편 시간 읽기

the 9:20 a.m. bus(오전 9시 20분 버스) = the nine twenty a.m. bus

a.m=ante meridiem = before midday(정오 앞)

the 9:39 p.m. train(오후 9시 39분 열차) = the nine thirty nine p.m. train

p.m = post meridiem = after midday(정오 앞)

8. 이름이나 사건의 숫자 읽기

Charles I = Charles the First(찰스 왕 1세)

World War II(세계 제 2차대전) = World War Two 혹은 the Second World War

9. 책의 목차 그리고 쪽 읽기

Chapter III(제3장) = Chapter Three 혹은 the Third Chapter

Let's read page 5, paragraph 2(제2절 5쪽을 읽어보자.)

10. 화폐 읽기

$ 6.24=six dollars and twenty four cents

11. 소수 읽기

7.34=seven point(혹은 decimal) three four

0.23=decimal two three

0.04=naught point naught naught four

12. 분수 읽기

1/2=one half

30/5=thirty fifths

13. 더하기, 빼기, 곱하기 그리고 나누기(addition, subtraction, multiplication and division)읽기

다음의 셈본 보기들은 형용사적 용법이 아니지만 수가 원래 형용사로부터 시작했기 때문에 여기서 셈본의 전형적인 보기들로 들었음.

2+2=4 : Two and two are four.=Two plus two is four.

(둘 더하기 둘은 넷이다.)

6−4=2 : Four from six leaves two.=Six minus four equals two.

(여섯 빼기 넷은 둘이다)

5×3=15 : Five times three is fifteen.=Five multiplied by three is fifteen.

(5 곱하기 3은 15이다)

20÷5=5 : Twenty divided by five gives five.=Five into twenty goes five times.

(20 나누기 5는 5이다.)

14. 기수사, 거수사 그리고 배수사의 관용적 용법

이 관용적 표현에는 형용사적 구문이 아닌 것도 더러 있지만 편의상 여기에 소개하는 것이다.

Two is company and three is none.

(둘이면 조화가 되고 셋은 불화가 된다.)

Children go to school by threes and fours.

(아이들이 셋씩 넷씩 짝을 지어 학교에 간다.)

He is in his second childhood.

(그는 제 2의 어린 시절 즉 노년기에 들었다.)

First come, first served.

(선차순이다.)

He always goes on a travel second class.

(그는 항상 이등칸으로 여행한다.)

Third time does the trick.

(세 번째는 성공한다.)

He is second to none is English in Korea.

(그는 한국에서 영어를 제일 잘한다.)

I saw such a strange animal for the first time in my life.

(나는 살면서 그런 이상한 동물은 처음 봤다.)

He lay in bed half the day.

(그는 반나절 동안 침상에 누워 있었다.)

Your estate is twice as large as mine.
(당신의 재산은 나의 것의 두 배이다.)

His income is twice what it was.
(그의 수입은 이전의 두 배이다.)

We had to pay double the usual fare in the small hours.
(한밤중에는 보통 임금의 두 배를 주어야 했다.)

We have the exact quarterly (혹은 four) seasons in Korea.
(한국에는 사계절이 뚜렷하다.)

The demand is three times as great as the supply.
(수요가 공급의 3배가 된다.)

He has got tenfold worse.
(그의 병세는 매우 나빠졌다.)

　　못말려 선생은 기수, 서수, 그리고 배수에 대하여 설명하면서 형용사에 속하지 않는 것들까지 형용사 정리에서 다룬 것은 일관성이 없는 것임을 알면서도 일상생활에 잘 쓰이는 표현들을 정리하는 편의를 위해 어쩔 수 없었다면서 우리 학생들이 혼동치 않게 유의하도록 했다. 그리고 그는 형용사의 비교에 대하여 정리해 주었다.

영문법정복 | 형용사의 비교

　　형용사는 원급(positive), 비교급(comparative degree), 그리고 최상급(superlative degree)의 세 가지 급들을 갖는다.

1. 원급

사물의 속성이나 특성을 상관적인 비교를 배제하며 절대적으로 나타내는 급이다.

 보기 sweet(달콤한), pretty(예쁜), high(높은), short(짧은), long(긴) 등

2. 비교급

사물의 속성이나 특성에 대하여 둘을 놓고 하나가 다른 것보다 더 그 속성이나 특성의 정도가 상대적으로 큰 것을 나타내는 급이다.

 보기 sweeter(더 달콤한), prettier(더 예쁜), higher(더 높은),
shorter(더 짧은), longer(더 긴) 등

3. 최상급

사물의 속성이나 특성에 대하여 셋 이상을 놓고 그 중 하나가 다른 것들 중에서 그 속성이나 특성의 정도가 상대적으로 가장 큰 것을 나타내는 급이다.

 보기 the sweetest(가장 달콤한), the prettiest(가장 예쁜),
the highest(가장 높은), the shortest(가장 짧은), the longest(가장 긴) 등

못말려 선생은 이렇게 형용사의 급에 대하여 설명하면서 우리 학생들에게 반문하는 어조로 "너희는 원급보다 비교급의 행동을 하고 싶고 비교급보다는 최상급의 행동을 하기를 바랄는지 모르지만 인간이 불행하게 되는 가장 큰 요인이 바로 이 비교라는 망상에 집착하기 때문이다. 그러나 다른 한편으로 생각하면 이 비교의 행동을 하기에 인간의 문물제도가 발전해 나가는 깃이다. 그래서 비교 의식은 일종의 필요악(necessary evil)인 것이다. 여기서 인간만이 갖고 있는 이 비교 의식에 대하여 몇가지 상식은 너희가 갖고 있는 것이 좋다고 생각한다. 대개 확고한 자신감이 없는 사람은 남들이 자신보다 더 잘나 보인다. 그러나 한 사람은 이 세상에 유일무일한 존재로서 비교의 대상물이 되지 않는 것이다. 그는 다른 사람들과 상관하였을 때 그 어느 누구와도 비교될 수 없는 자신만의 매력을 갖고 있는 유일무일한 존재인 것이다. 만약 그가 남들과 자신을 비교한다면 자기 자신을 한없이 열등적인 상태로 만들어 가는 환상을 갖게 된다. 그래서 이러한 남들과 자신의 비교는 비생산적이며 낭비적인 자신을 만들 뿐인 것이다. 그러나 내가 너희에게 당부해주고 싶은 말을 한 마디 더 한다면 비교가 인간에게 축복이 되게 하기 위해서 한 사람은 남들과 자신을 비교하지 말고 그 자신을 놓고 과거의 그와 현재의 그와 미래의 그를 비교해야 한다. 과거의 자신이나 현재의 자신보다는 계속 더 발전하는 자신이 되는 것이 비교에서 얻을 수 있는 특권이며 축복이 된다.

그러나 그렇게 나 자신을 놓고 비교할 때에도 주의할 것은 '과거에 나는 그렇게 했어야 했다.' 라는 식으로 이미 어찌할 수도 없는 지난 일을 놓고 한탄섞인 비교를 하는 것이다. 이같은 행동은 소모적일 뿐이며 현재의 능력을 시간의 쓰레기통에 버리는 것과 같다. 더욱이 다른 사람이 나에게 '그렇게 했어야 했다.'라는 말을 하여 나의 과거의 열등적인 것을 들추어 낸다면 그것은 교묘하고 음험하게 나를 놓고 자기 자신의 우월의식을 표현하고 있음을 알고 그런 사람은 멀리하지 않으면 안 된다. 그러한 사람은 '그렇게 했어야 했다.' 로 그들의 우월성을 내세우지만 내가 과거에서 무엇인가를 배우게 하고 무지를 바로잡기 위해 도움을 주려고 할 의도는 전혀 없는 것이다. 그러한 사람들에게 합리적으로 "내가 타임머신을 타고 그 시기로 돌아가 당신이 하라는 대로 하라는 것인가요? 그건 불가능한 것임을 당신이 잘 알고 있으니 지금 이 시간에 내가 실제로 어떤 대책을 세울 수 있는가를 말해 주시오."라고 말한다면 그들은 꿀 먹은 벙어리들이 되고말 것이다. 따라서 "과거의 잘못은 오직 현재 내가 할 수 있는 방법에 대한 시행착오의 참고로만 삼으면 되는 것이다."라고 말하고 형용사의 급에 대한 정리에 들어갔다.

영문법정복 | 형용사의 규칙적인 비교급과 불규칙적인 비교급

1. 규칙적인 비교(regular comparison)

(1) 어미 비교 변화(inflectional comparison)

형용사 어미에 er(비교급)이나 est(최상급)를 붙여 만드는 것으로, 이 변화는 1음절(단음절) 형용사에 주로 적용된다.

 sweet, sweeter, sweetest

low, lower, lowest

high, higher, highest

short, shorter, shortest

long, longer, longest

(2) 우회적인 비교 변화(periphrastic comparison)

형용사 앞에 more(비교급)와 most(최상급)를 붙여 만드는 것으로, 이 변화는 2음절 이상의 형용사에 주로 적용된다.

 useful, more useful, most useful

energetic, more energetic, most energetic

important, more important, most important

up, to, date, more up-to-date, most up-to-date

위의 변화들은 비교급 변화의 기준이 되는 것 뿐이다. 따라서 여기에도 예외가 생기는데 그러한 예외들은 얼마 되지 않을 뿐만 아니라 위의 원칙에 기준을 두고 변화되기 때문에 여기서는 설명을 생략한다. 예컨대, wrong(그른)과 right(올바른)는 단음절의 형용사들이지만 more와 most를 붙여 비교급과 최상급이 만들어진다.

2. 불규칙적인 비교(irregular comparison)

er와 est, more와 most를 덧붙이지 않고 불규칙적으로 변화한다.

보기 many(혹은 much), more, most

good, better, best

bad(혹은 ill, evil, wrong), worse, worst

little, less, least

(1) 비교급만 있는 형용사

보기 senior(손위의), junior(손아래의), superior(우수한), inferior(열등한),

minor(작은 쪽의), major(큰 쪽의), anterior(보다 이전의), posterior(보다 이후의)

(2) 절대 최상급(absolute superlative)

최상급적인 뜻인 '가장' 대신에 '매우(very)'의 뜻을 갖거나 '대부분의' 뜻을 갖는다.

He is a most poor man.

(그는 매우 가난하다.)

Most foreigners have a dislike to raw fish.

(대부분의 외국인들은 익히지 않은 생선을 싫어한다.)

(3) 최상급에는 even이라는 양보의 뜻이 있다.

The best workman will blunder sometimes.

(최고의 장인도 때로는 실수하는 법이다.)

(4) 동족목적어 앞의 최상급 : 그 뒤의 명사는 생략된다.

They shouted their loudest (shouts).

(그들은 그들의 가장 큰 목소리로 외쳤다.)

3. 부정문 속에서의 최상급은 부분 부정이 되어 '반드시 ...인 것은 아니다' 의 뜻을 갖는다.

The most beautiful flower is not the sweetest.

(가장 아름다운 꽃이 반드시 가장 향기가 좋은 것은 아니다.)

4. 같은 비교급이 겹치면 '점점'이란 뜻이 덧붙여진다.

He made more and more money.

(그는 점점 더 많은 돈을 벌었다.)

5. 최상급 last는 부정의 의미를 갖고 있다.

He is the last man to tell a lie.

(그는 결코 거짓말 따위는 않는다.)

못말려 선생은 형용사의 급에 대한 설명을 요점적으로 끝내고 "전에도 말했지만 이 세상에 존재하는 어떤 것에나 이미 그 형용사가 나타내는 속성이나 특성이 포함되어 있다. 왜냐하면 이 세상의 어떤 존재물도 그것을 존재케 하는 속성이나 특성을 가지고 존재하기 때문이다. 그렇지 않으면 그것은 존재할 능력을 상실하는 것이다. 예컨대, 장미가 그 자체에 아름다움의 속성이 없다면 그것은 이미 장미가 아닌 것이다. 그러기 때문에 '아름다운'이라는 형용사를 장미에 붙이면 그것은 하나마나한(trivial) 말인 것이다.

그런데 오직 인간만이 장미가 아름답다느니 눈이 희다느니 하는데 이것은 A is A. (A는 A이다.)와 같이 동의어 반복을 말하는 것에 지나지 않는다. 그렇게 인간은 유치한 존재이기도 하다. 그러나 지시적인 형용사들은 기술 형용사들과는 달리 명사들을 구분 지어주는 역할을 하며 그것들은 그 정도로 가치가 있다. 그러한 지시적인 형용사들 중에는 관사들이 포함되어 있는데 우리나라 사람들은 이 관사들의 개념이 매우 빈약하다. 이제 이 관사의 정리를 하겠는데 너희는 이 용법에 주의를 기울여야 할 것이다."라고 말하여 형용사에 대한 철학적인 이해와 더불어 지금 배우게 되는 관사의 중요성을 강조했다.

03 관사의 정리: 골치 아픈 관사가 손에 잡히다

관사(article)는 대명사와 비슷하여 부정관사(a 혹은 an)는 부정대명사(one)의 뜻을 갖고 정관사 (the)는 지시대명사(this, 혹은 that)의 뜻을 갖고 있어서 대명사처럼 보이지만 관사는 어디까지나 명사 앞에서 그 명사를 수식하는 형용사이다.

영문법정복 | 관사(article)의 정리

부정관사인 a 혹은 an은 단수 보통명사, 집합 명사, 그리고 보통명사화된 단어 앞에 붙어 하나의 (one) 뜻을 나타낸다. 그 명사에 붙는 다른 수식어들이 있으면 맨 앞에 위치한다.

> 보기 a boy, a clever boy, a very clever boy

an은 a와 뜻은 같은데 an 뒤에 위치하게 되는 단어가 모음이나 모음 발음으로 시작할 때에 쓰인다.

> 보기 an apple, an old man, an impossible job, an honest man

☞ 위의 an honest의 h가 자음이지만 그 단어가 모음 발음으로 시작하기 때문에 an이 쓰인다.

a uniform

☞ 여기서는 uniform의 u가 반모음으로 발음되기 때문에 a가 쓰이다.

1. 부정관사의 용법

(1) 하나의(one)의 뜻을 가짐

An apple a day keeps a man healthy.

(사람이 하루에 사과 한 개를 먹으면 건강을 지킨다.)

(2) 총칭적 의미의 용법

A horse is a useful animal.

=Horses are useful animals.

(말이란 유용한 동물이다.)

☞ a horse는 horses라는 복수 총칭으로 대신할 수 있다.

(3) the same의 뜻을 가짐

Two of a trade seldom agree.

(동업자들은 대체로 어울리지 못한다.)

Birds of a feather flock together.

(같은 새들만 함께 모인다 = 끼리끼리 모이는 법이다.)

(4) a certain(어떤)의 뜻을 가짐

A man came to see you here in your absence.

(어떤 사람이 당신이 없을 때에 당신을 찾아왔소.)

(5) some(얼마)의 뜻을 가짐

He has a knowledge of English.

(그는 영어를 얼마 정도는 안다.)

(6) per = each의 뜻을 가짐

The doctor advised me to take the medicine three times a day.

(의사는 나에게 그 약을 매일 세 번 복용하라고 권고했다.)

(7) 고유명사 앞에서의 부정관사 a 혹은 an의 용법

1) '...라는 어떤' 의 뜻을 가짐

A Mr. Smith came to see you in your absence.

(당신이 없는 동안 스미스라는 어떤 사람이 당신을 보러 왔소.)

2) 고유명사의 속성을 나타냄

She is a Cupid.

(그녀는 큐피드 같은 여인이다.)

3) 고유명사 앞에 수식어가 있을 때

I wish you a Merry Christmas!

(즐거운 성탄절을!)

4) 보통명사로 전환된 추상명사나 물질명사 앞에 옴

He did me a kindness today.

(그는 오늘 나에게 친절을 하나 베풀었다.)

She had a fire in the kitchen.

(그녀는 부엌에서 화재를 하나 일으켰다.)

(8) 관용적 용법으로 쓰임

Many a man has no confidence in himself.

(많은 사람들이 자신에 대하여 신념이 없다.)

I was at a loss what to do.

(나는 어떻게 해야할지 몰랐다.)

He goes for a walk everyday.

(그는 매일 산책한다.)

The war at last came to an end.

(그 전쟁은 결국 끝났다.)

I have a great taste for music.

(나는 음악을 매우 좋아한다.)

He makes a point of getting up early.

(그는 아침에 일찍 일어나는 것을 중요시한다.)

He is a good man on an average.

(그는 평균적으로 보아 좋은 사람이다.)

He is a walking dictionary.

(그는 걸어 다니는 사전과 같은 사람이다. = 그는 박식하다.)

2. 정관사(the)의 용법

the의 발음은 강약 두 가지가 있는데 강한 발음인 (i:)는 모음으로 시작하는 명사 앞에서 쓰이고 약한 발음인 [ə]는 자음으로 시작하는 명사 앞에서 쓰인다.

The[ði:] article echoes the opinion of the best thinkers.

(그 사설은 가장 우수한 사상가들의 의견을 반영하고 있다.)

The[ðə] man is a man of character.

(그 사람은 인격자이다.)

(1) 문장에서 앞에 나온 명사를 지시해준다.

I bought a book yesterday. The book is written in English.

(나는 어제 책 한 권을 샀다. 그 책은 영어로 쓰여 있다.)

(2) 상황적인 the는 문맥상으로 그냥 알 수 있는 것으로서 상황이 말해주는 것 앞에 쓰인다.

I went to the post office to mail a letter.

(나는 편지 한 장을 부치러 우체국에 갔다.)

What is the matter with you?

(당신에게 무슨 일이 있소?)

(3) 이 우주 속에 유일무일한 것 앞에 쓰인다.

The sun rose over the mountain.

(태양이 그 산 위로 떠올랐다.)

(4) 형용사, 형용사구 또는 형용사절에 의해서 수식받는 명사 앞에 쓰인다.

I met my uncle there on the very day.

(나는 바로 그 날 나의 숙부를 거기서 만났다.)

Do us the kindness to hold your tongue.

(조용히 해주시오.)

The man whom I have just met there is my uncle.

(내가 방금 만난 사람은 나의 숙부이다.)

(5) 총칭적인 용법으로 명사 앞에 쓰인다.

이러한 총칭적인 용법으로는 부정관사를 써도 되고 복수명사를 써도 된다.

The whale is no more a fish than the horse.

= A whale is no more than a fish than a horse. Whales are no more fish
  than morses.

(고래는 말처럼 물고기가 아니다.)

(6) 단위를 표시하는 명사 앞에 쓰인다.

Students board by the month in the dormitory.

(기숙사에서는 학생들은 월 단위로 숙박비를 낸다.)

(7) 명사 상당어구인 the + 형용사의 용법

1) 보통명사의 복수 명사가 된다.

The strong only are equal to the hard physical exertions.

(강한 사람들만이 그 어려운 육체적 체력을 감당할 수 있다.)

☞ the young이 복수 명사가 된다.

2) 보통명사의 단수 명사가 된다.

I cannot pay the ready for the goods.

(나는 그 물품에 현금으로 지불할 수 없소.)

☞ the ready가 단수 명사가 된다.

3) the가 형용사 앞에 와 추상명사가 된다.

The beautiful is sought by any artist.

(아름다움은 어떤 예술가나 추구의 대상이다.)

☞ the beautiful이 추상명사가 된다.

(8) 단수 보통명사 앞에 the가 붙어 추상명사를 만든다.

The heart sees farther than the head.

(감성은 지성보다 사물을 깊이 내다본다.)

☞ the heart와 the head가 추상명사가 된다.

(9) the가 물질명사 앞에 붙어 추상명사를 만든다.

Not a few often build castles in the air.

(많은 사람들이 공중에 성곽들을 짓는다. = 많은 사람들이 상식이 없는 행위를 한다.)

☞ the air가 추상명사가 된다.

(10) the가 형용사 앞에 붙어 감탄을 나타낸다.

The terrible should have been possible!

(아니, 그런 무서운 사건이 일어났다니!)

☞ the terrible이 감탄을 나타낸다.

(11) the의 관용적 용법들이 많으나 형용사로서의 기능 이외에 부사적 기능도 한다.

1) the 비교급 ... the 비교급 : ...하면 할수록 ...하다

The sopner, the better.

(빠를수록 좋다.)

2) the + 비교급 + 이유를 나타내는 구문 : ...때문에 그만큼...

Mary is the more beautiful for her hair style.

(매리는 그녀의 머리 스타일로 더 예쁘다.)

(12) 시간을 나타내는 명사 앞에서 그 시간을 대표한다.

in the morning, in the afternoon

What was in the past and what will be in the future are not ours to live with and only what is in the present is ours to live with.

(과거에 있었던 것 그리고 미래에 있을 것은 우리들과 함께 사는 것이 못 되고 현재에 있는 것만이 우리들과 함께 사는 것이다.)

(13) 계절의 명사 앞에 온다.

The spring has come.

(봄이 왔다.)

(14) 신체의 기관 앞에 온다.

The ear senses the life more keenly than the eye.

(귀가 인간의 삶을 눈보다 더 민감하게 느낀다.)

(15) 관용적으로 쓰이는 the

He hit his forehead against the door in the dark.

(그는 어둠 속에서 문을 이마로 받았다.)

We walked in the rain.

(우리들은 비를 맞고 걸었다.)

He lives in the country.

(그는 시골에서 산다.)

His speech was clear and to the point.

(그의 연설은 명쾌하고 요점을 짚었다.)

We are on the way home.

(우리들은 집에 가는 도중이다.)

We are only in the way of the business.

(우리들은 그저 그 사업에 방해가 되고 있다.)

By the way, I must say it here as you remind me of it.

(그나 저나 네가 상기시키니 그것을 여기서 말해야 되겠다.)

(16) the와 고유명사

　　원래 고유명사에는 관사가 붙지 않지만 특별히 정관사를 붙여야 하는 고유명사들이 있다. 이것은 복잡하여 영어를 모국어로 쓰는 사람들도 혼동하기가 쉽다. 그렇다면 이 부분은 꼭 알아두어야 할 사항들이 아니고 다만 정식으로 문서를 작성할 때에 사전의 관사편을 참조하면 되는 것이다.

　　1) 산맥, 군도, 연방, 그리고 지방 이름인 복수형 고유명사 앞에
　　　　the Alps(알프스산맥)
　　　　the Philippines(필리핀군도)
　　　　the United States of America(북미합중국)
　　　　the Highlands(Scotland의 서북부 고지)

　　2) 국민 혹은 민족 또는 가족의 복수형 이름에 붙여 그 전체 또는 일부를 표시한다.
　　　　the Koreans (한국인들)
　　　　the Joneses (존스 일가, 혹은 존스 부부)

　　3) 당파, 종파, 또는 학파의 이름 앞에
　　　　the Democrats (민주당 당원들)
　　　　the Christians (기독교인들)

　　4) 강, 바다, 운하 등 앞에
　　　　the Thames (템스 강)
　　　　the Pacific (태평양)
　　　　the Suez Canal (수에즈 운하)

　　5) 해협, 반도, 사막 등 앞에
　　　　the English Channel (영국 해협)
　　　　the Korean Peninsula (한반도)
　　　　the Sahara (사하라 사막)

　　6) 배, 열차, 철도 등 앞에
　　　　the Mayflower (메이플라워 호)
　　　　the Mugungwha (무궁화 호)

7) 공공건물, 시설 등 앞에

the National Museum (국립 박물관)

the Foreign Ministry (외무부)

대학 이름에는 특별한 경우 외에는 관사가 없다. : Oxford University

8) 책, 신문, 잡지 등 앞에

the Bible (성경)

the New York Times (뉴욕타임스 신문)

9) 고유명사 앞에 수식어가 있을 때 그 앞에

the ambitious Caesar (야심의 시저)

the planet Mars (화성)

10) 이 사람의 이름과 동격을 나타내는 명사 앞에

the poet Kim So Wol (김소월 시인)

William the Conqueror (정복자 윌리엄)

3. 관사의 생략

(1) 명사가 호격으로 사용할 때

Be silent, boys.

(얘들아, 조용히 해!)

(2) 가족의 명사들 앞에 관사가 생략되어 그것들을 마치 이름처럼 사용할 때

Father is looking for you.

(아버지가 너를 찾고 있다.)

(3) 명사의 뜻 대신에 그것의 기능 혹은 업무를 나타낼 때

We have school till one in the afternoon today.

(우리들은 오늘 오후 한 시까지 학교에서 공부한다.)

☞ school 앞에 관사가 생략되어 수업의 뜻이 된다.

(4) 식사 이름 앞에

Breakfast is ready.

(아침 식사가 준비되어 있다.)

(5) 경기 또는 유희의 이름 앞에

They played tennis today.

(그들은 오늘 테니스를 쳤다.)

(6) 질병 이름 앞에

I have taken cold.

(나는 감기가 들었다.)

(7) 관직이나 단체의 직명이 되는 보어인 명사 앞에

He was elected chairman of the committee.

(그는 그 위원회의 회장으로 당선되었다.)

(8) 명사가 갖고 있는 속성을 내세울 때

She was mother enough to take such a good care of her child.

(그녀는 그녀의 아이를 그렇게 잘 돌볼 정도로 모성애가 넘쳤다.)

(9) 양보, 이유, 감탄을 나타내는 절의 명사 앞에

Boy as he was, he was sound in judgment.

(소년이었지만 그는 건전한 판단을 내렸다.)

Boy as he was, he was immature in judgment.

(소년이었기에 그는 미숙한 판단을 내렸다.)

Fool that I was, I trusted such a cheater.

(아이구 내가 멍청이였지, 내가 그런 사기꾼을 믿었어!)

(10) 접속사 또는 전치사 혹은 동사를 사이에 두고 대구가 되는 명사들 앞에서

They are not husband and wife, but brother and sister.

(그들은 부부가 아니고 남매이다.)

They live from hand to mouth everyday.

(그들은 하루 벌어 하루 산다.)

Dog does not eat dog.

(개는 개를 먹지 않는다. 즉 골육상쟁(骨肉相爭)은 있어서는 안 된다.)

(11) 종류를 뜻하는 명사(kind, sort, type 등) + of + 명사,
수량을 뜻하는 명사(number, deal, lot 등) + of + 명사 구문들

of가 앞에 나오는 종류 또는 수량의 명사와 합하여 형용사 상당어구가 되기 때문에 뒤의 명사에 관사가 붙을 수 없다.

He caught a new type of influenza.

(그는 신형 독감에 걸렸다.)

Numbers of people gathered to hear his speech.

(많은 사람들이 그의 연설을 들으려고 모였다.)

4. 관사의 위치

(1) 관사의 정 위치

관사 + 명사 : an apple

관사 + 형용사 + 명사 : a good man

관사 + 부사 + 형용사 + 명사 : the very intelligent boy

(2) 관사의 특수 위치

1) 형용사+관사+명사

All the boys were there.

(소년들 모두가 그곳에 갔다.)

2) 부사 + 관사 + 형용사 + 명사

It is quite a long way.

(아주 먼 거리다.)

3) 부사 + 형용사 + 관사 + 명사

He is as industrial a man as ever lived.

(그는 누구보다 더 부지런한 사람이다.)

못말려 선생은 형용사와 더불어 관사의 정리를 끝내며 한숨을 쉬었다. 형용사도 골치가 아프지만 형용사의 극히 작은 일부인 관사야말로 영어에 있어서 가벼운 뜻을 갖고 있으면서도 가장 골치 아픈 존재다. 그 때문인지 그는 관사를 설명하면서 몇 번이고 멈칫 멈칫 하며 더 해야 할말이 있는데 참는 눈치였다. 그래서 그는 "너희가 눈치 챘을는지 모르지만 이쯤해서 끝내니 시원섭섭하다." 라고 말했다. 그가 시원하다고 말한 것은 그의 논리적인 두뇌로 이 정도면 관사의 지식으로서는 됐다 싶어서 끝냈기 때문이고, 그가 섭섭히 여긴 것은 그의 성격과는 달리 철저하게 다루지 못한 점 때문이었다.

그러나 그는 자신만만하게 우리 학생들에게 관사에 대해 이 정도 요점만 알면 충분하고도 남는다고 말했다. 왜냐하면 관사는 영어를 모국어로 쓰는 사람들도 틀리기가 쉬운 것은 말할 것도 없고 외국인들은 오히려 틀리게 쓰지 않는 게 이상할 정도로 까다롭기 때문이다. 하지만 끝내 그는 그의 성격을 배반하지 못하여 다시 한 번 관사를 간단하게 정리해주었다.

보통명사가 처음 단수로 나오면 부정관사(a, an)를 그 앞에 반드시 붙여야 하고 그것이 다시 나오면 정관사(the)를 반드시 그 앞에 붙여야 한다. 한마디로 관사는 보통명사를 위해서 있는 것이기 때문에 추상명사나 고유명사나 물질명사 앞에 관사가 붙여 있다면 그 명사들은 이미 추상명사나 고유명사나 물질명사가 아니고 보통명사로 변화되어 특수하게 쓰이고 있는 것이다. 우선 이러한 기본적인 지식만 있으면 관사의 용법은 거의 다 알고 있는 것이나 다름없다. 나머지 특수용법들은 그때그때 문맥을 잘 살피면 알게 되어 있는 것이다. 그래서 가장 까다로운 관사의 용법도 이 원리를 적용하면 별 문제가 되지 않는다.

못말려 선생은 또 노파심을 발휘하여 "관사는 보통명사를 위해 있다는 것을 원칙으로 삼고 관사가 보통명사가 아닌 다른 명사들 앞에 있으면 문맥으로 보아 그것이 어떤 뜻을 갖게 되는 가를 아는 것이 필요하다. 영어에서 관사의 용법은 우리말에서 띄어쓰기가 골치 아픈 것과 같이 까다롭다고 비유할 수 있다. 우리말의 띄어쓰기에서 토씨 이외에는 단어들마다 무조건 띄어 쓰면 되는 것과 같이, 보통명사의 단수 앞에는 무조건 부정관사(a, an)를 붙이고 그 명사가 다시 나오면 무조건 the를 붙이면 되는 것이다." 라고 속시원하게 설명해주었다.

그런데 느닷없이 박기철이가 골똘히 생각하는 표정을 지으며 "상준아, 너 선생님의 얼굴에 평상시와는 좀 다른 기색이 있는 것 같지 않니? 우리가 여지껏 중요한, 물론 다 중요하겠지만, 중요한 문법을 배우기에 앞서 너나 나나 어떤 엉뚱한 일이 터졌던 것 기억하지? 이것은 하나의 징크스라고 보는데 우리 한번 선생님에게 가서 넌지시 눈치를 살피며 행여나 무슨일이 있는가 알아보자." 라고 말을 하여 그와 나는 시간이 끝났는데도 집에 가지 않고 오형식 선생의 사무실 겸 서무실로 그를 찾아가 단도직입적으로 "선생님! 무슨 일이라도 있습니까?"라고 물었다. 그는 우리들의 예기치 않은 질문에 당황해 하면서 "무슨 일은? 너희들 집에 가서 복습이나 잘 해라"라고 잘라 말했다. 그러나 우리들은 그의 그러한 태연한 태도 속에 무엇인가를 숨기고 있는 것을 직감했다.

우리들은 오형식 선생의 강한 집념을 닮아가는 터라 그 집념으로 "선생님, 우리들이 뭐 갓난애들인지 아세요? 선생님은 우리들의 고뇌를 항상 나누어 가지셨습니다. 우리도 선생님의 고뇌를 나누어 가질 권리가 있습니다. 선생님이 끝내 속내를 드러내지 않으시면 오늘 집에 가지 않고 여기서 끝까지

눌러있겠습니다."라고 이구동성으로 말했다. 그러자 오형식 선생은 어쩔 수 없다는 태도로 "그래! 너희들 말대로 조금 언짢은 일이 생겼다. 며칠 전에 우리 학원에 와서 난동을 부리다가 우리들에게 역으로 당하여 쫓겨난 패거리들이 어제 나에게 다시 찾아왔다. 그들은 '네가 가라데의 고수인 것을 인정한다. 그래서 우리들이 존경하는 합기도의 고수 선생이 너에게 도전장을 낸 것이다. 그것을 받아들이거나 아니면 이 학원을 문 닫거나 둘 중 하나 택하라. 시간은 오는 일요일 자정이고 장소는 광주공원 식물원 공터이다.' 라고 협박적인 제의를 했다. 그래서 학원 문을 닫을 수는 없고 해서 그들의 제의를 받아들였다. 내가 염려 어린 모습을 너희에게 무의식 중에 보인 것은 그쪽이 고수라면 둘 중의 하나는 죽을 각오를 해야 하기 때문이다. 나야 일제시대 때부터 싸움이라면 져 본 적이 없다. 그러나 내가 자칫 잘못하여 상대를 죽일까봐 염려스러운 것이다! 이것은 어른들의 일이니 너희들은 괘념 말고 어서 집에 가서 영어 공부나 열심히 하거라! 특히 너희들에게 경고하건대, 이 일에 절대 끼어들지 말아라. 내가 너희들에게 가라데를 좀 가르치는 것은 어디까지나 호신술을 연마하라는 것뿐이다. 다시 한 번 말하거니와 너희들은 이 일에 절대 나서서는 안 된다. 알아들었느냐?'

우리들은 어쩔 수 없이 그의 경고를 받아들이겠다고 약속을 했지만 아무래도 저쪽에서는 그 패거리들이 그 싸움에 배석할 것은 틀림없는 일일 것이라 생각하고 우리들도 일단 선생님 눈에 띄지 않는 곳에 매복하기로 작정했다. 바로 다음날이 결전의 일요일이었다.

박기철과 나는 약속한대로 30분 전에 그 장소에 사람들의 눈에 띄지 않게 접근했다. 이게 웬일인가. 저쪽에서는 이미 그 장소에 10여명 정도가 몰려 있었다. 합기도의 고수인 것 같이 보이는 건장한 사나이를 둘러싸고 이야기를 나누고 있었다. 그들은 저마다 각목을 들고 있거나 심지어 어떤 놈은 장검을 들고 있었다. 시간은 그 사이에 언뜻 흘러 가 12시 정각이 되었다. 바로 그 때에 한 사람이 그들 쪽으로 터벅터벅 걸어가고 있었다. 바로 우리의 선생님인 오형식이었다.

그가 나타나자 그 고수같이 보이는 자가 그들 무리로부터 나와 오형식 선생과 마주보면서, "네가 그 알량한 쪽발이 무술인 가라데 고단자냐?"라고 물었다. 오형식 선생은 정중한 어조로 "노형께서 나에게 도전장을 던지신 분입니까?"라고 물은 다음 그의 질문에 대답을 했다.

"저는 가라데 고수가 아닙니다. 그저 호신술로 몇 동작을 익혔을 뿐입니다."

"네 이놈, 수작부리지 말라. 오늘이 너의 이 세상의 마지막 날이 될 것이다."

"……"

오형식 선생이 아무런 대꾸를 하지 않자 그자는 청천벽력 같은 기합을 지르며 오형식 선생에게 덮쳐왔다. 그러자 선생은 상대의 일격에 그냥 그 자리에 쓰러지는 것이 아닌가. 그 때에 박기철은 "우리 선생님이, 상준아 뛰어가 선생님을 돕자."라고 떨리는 목소리로 속삭였다. 나는 잠시 생각을 가다듬고 "기철아! 우리 선생님이 저렇게 맥없이 쓰러지실 분이 아니잖아?"라고 박기철에게 대답하는 순간에 그 고수는 "역시 쪽발이 무술이란 게 이거야!" 대성으로 껄껄대며 오형식 선생을 내려다 보았다. 오형식 선생은 간신히 품을 세우며 "내가 노형께 졌습니다. 이제 나의 목숨만은 살려주십시오!" 라고 힘없는 소리를 냈다. 그러자 그자는 "그렇게는 안 되지! 아까 오늘이 너의 이 세상 마지막 날이라고 선언했지. 장부일언중천금(丈夫一言重千金)이란 말도 모르는 놈이 선생 노릇을 했더냐? 나는 하면

끝을 맺는 사람이야!" 하면서 그는 오형식 선생에게 최후의 일격을 가하기 위하여 다시 천둥같은 기합과 함께 그의 오른손으로 오형식 선생의 머리통을 내리쳤다.

나는 박기철의 말을 듣지 않은 것에 막급한 후회를 하고서 "기철아! 선생님의 원수를 갚자!"라고 하며 그와 함께 일어나 우리들의 모습을 드러내는 순간 이게 웬일인가. 일격을 가한 그자는 땅바닥에 나뒹굴고 있고 오형식 선생은 눈을 부릅뜨고 그자를 지켜보고서 있었다. 이것이 참 고수의 무술이구나 하는 탄성이 나의 입에서 흘러나왔다.

이런 광경을 바라보고 있던 그의 문하생인 것 같은 다섯 명이 오형식 선생을 포위했고 박기철과 나는 그 패거리들의 다섯 명에 의해서 둘러싸이게 되었다. 한밤중의 광주공원 공터에는 한동안 정적이 흘렀다. 오형식 선생을 에워싸고 있는 자들은 방금 그의 솜씨를 보았으므로 감히 공격을 못하고 오형식 선생도 또한 그들을 노려보고 있을 뿐이었다. 그러나 박기철과 나를 상대하는 패거리들은 일제히 각목을 들고 우리들을 공격해왔다. 우리도 미리 준비한 각목으로 그들과 맞붙었다.

한 쪽 싸움은 소강상태인 반면에 우리 쪽에는 일진일퇴의 싸움을 벌이고 있었다. 그 사이에 박기철이 들고 있던 각목이 두 동강이 나 그는 할 수 없이 맨손으로 싸웠다. 그러자 세 놈들이 회심의 미소를 머금고 박기철에 맹공을 가한 것이다. 박기철은 머리와 옆구리에 공격을 당하여 외마디 소리를 지르며 쓰러졌다.

박기철의 외마디 소리를 들은 오형식 선생은 긴박한 사태를 직감하고서는 그를 에워싼 두 놈들을 일격이격으로 급소를 찔러 기절시켜 나머지 세 놈들을 뒤로 물러서게 했다. 이 틈을 타 오형식 선생은 우리 쪽 싸움에 합세했다. 그가 박기철의 신음소리를 들은 후 "이제는 정당방위로 너희 놈들을 한 놈씩 다 죽여 버리겠다."라고 일성을 고하였다. 그리고 오형식 선생은 일본 도를 들고 있는 놈에게서 잽싸게 그 일본 도를 빼앗아 그놈의 왼팔을 잘라 버렸다. 이러한 전광석화 같은 오형식 선생의 전의에 기겁한 놈들은 그들의 두목을 버리고 도망쳤다.

오형식 선생은 즉각 박기철의 상처를 보며 안도의 한숨을 쉬면서 "큰 상처는 아니다. 자! 병원은 문을 닫았으니 우선 아주머니네 식당으로 가자."고 말을 하며 우리들을 그곳으로 인도했다. 그곳 할머니가 우선 민간요법으로 박기철의 깨진 머리부분에 된장을 발랐고 그 다음날 병원에가서 가볍게 치료를 받았다.

그 일이 있은 뒤로 오형식 선생은 무술은 호신술이거나 남들을 살리는 것이어야 한다면서 본격적으로 그의 가라데 묘술을 가르쳐주면서 무술도 배운 것만으로 만족하지 말고 그것을 토대로 자신이 스스로 독특한 기량을 닦아야 한다고 말했다.

그리고 오형식 선생은 원래 동사의 정리를 배울 예정이었던 월요일은 휴학하고 그 다음날인 화요일에 동사의 정리를 시작했다.

04

동사의 정리 : 문장의 중심인 동사는 정동사(finite verbs)와 준동사(verbals)로 갈라놓고 새로운 마음으로 공부하자

   못말려 선생은 영어에서 문장의 중심이 되는 동사를 될 수 있는 한 간결하게 정리하여 진리의 속성을 부각시키겠다고 말했다. 진리는 간단한 것뿐이다. 복잡한 것은 그 간단한 진리들이 이렇게 저렇게 모여 진리를 어렵게 만든 것이다. 인간만이 그렇게 복잡하게 살고 있기에 번뇌와 고통이 일생 동안 끊임 없이 따라 다니면서 인간을 괴롭히는 것이다. 우리 학생들은 영어에서 그렇게 큰 비중을 차지하는 동사의 정리에는 얼마나 복잡한 설명이 나올까 걱정하고 있었는데 그와 같은 말을 듣게 되자 홀가분한 기분을 느꼈다.

   영어 문장을 봤을 때 영어 학습자가 제일 먼저 해야 할 가장 중요한 것은 그 문장의 동사가 어디에 있는가를 찾는 것이다. 예컨대 His right hand will surely hand it over to her right hand.(그의 오른손이 확실하게 그녀의 오른손에 그것을 넘겨 줄 것이다.)의 문장에서 동사는 하나뿐이다. 이 문장의 동사는 hand인데 hand라는 단어는 세 번 나왔다. 그렇다면 어떤 hand가 동사인가하는 것은 분맥으로만이 기능할 수밖에 없다. 이 분장의 중간에 있는 hand가 그것 뒤에 있는 hand(명사)를 목적어로 이끌어 그것 앞에 있는 hand(명사)를 주어로 삼아 그것을 서술하는 동사 즉 술어가 된 것이다.

   동사(verb)는 문장 속에서 주요소 중의 하나인 술어로서 다른 주요소들 중의 하나언 주어를 서술한다. 또한 동사는 종류별로 주어 외의 다른 주요소를 하나도 이끌지 않거나 주격 보어, 목적어, 간접목적어, 직접목적어, 목적격 보어를 이끌거나, 부사적 수식을 받을 수 있다. 이와 같이 동사는 첫째로 정형동사(定形動詞: finite verbs) 혹은 정동사(定動詞 : the verb proper)가 되고 둘째로 동사가 다른 품사들의 역할을 할 수도 있는데 이러한 경우에는 동사의 본연의 기능인 술어의 자격을 버리고 명사적 역할, 형용사적 역할, 그리고 부사적 역할을 할 수 있다. 이때 동사는 준동사(準動詞 : verbal)가 되는데 그것은 부정사(不定詞 : infinitive), 동명사(動名詞 : gerund), 그리고 분사(分詞 : participle)로 갈라진다.

동사가 본연의 기능인 술어가 될 때 다음과 같이 설명된다.

1. 동사의 종류

그것 뒤에 주격 보어, 목적어, 간접목적어, 직접목적어, 그리고 목적격 보어를 이끄느냐 이끌지 않느냐에 따라 동사의 종류가 결정된다.

(1) 완전자동사(complete intransitive verb)

문장 제1형식을 만드는 동사로서 어떤 보어도 어떤 목적어도 이끌지 않고 주어를 서술하는 동사.

He started on a journey.

(그는 여행하러 떠났다.)

The mixture stirs well.

(그 혼합체는 잘 섞여 있다.)

(2) 불완전자동사(incomplete intransitive verb)

문장 제2형식을 만드는 동사로서 주격 보어를 이끌어 주어를 서술한다.

He became a great scientist.

(그는 위대한 과학자가 되었다.)

☞ scientist가 became의 보어가 된다.

She married young.

(그녀는 어려서 결혼했다.)

☞ young이 보어가 된다.

(3) 완전타동사(complete transitive verb)

문장 제3형식을 만드는 동사로서 목적어를 이끌어 주어를 서술한다.

The hunter killed the tiger.

(그 사냥꾼은 그 호랑이를 죽였다.)

I caught her by the hand.

(나는 그녀를 잡았는데 그녀의 손이었다.)

I looked him to shame.

(나는 그를 노려봐 무안하게 만들었다.)

(4) 수여타동사(dative transitive verb)

문장 제4형식을 만드는 동사로서 간접목적어와 직접목적어를 순서대로 이끌어 주어를 서술한다.

As for the matter, I gave him my honour.

(나는 그 문제에 대하여 나의 명예를 걸고 그에게 약속했다.)

The rich man presented the school a great donation.

(그 부자는 그 학교에 큰 기부금을 냈다.)

(5) 불완전타동사(incomplete transitive verb)

문장 제5형식을 만드는 동사로서 목적어와 목적격 보어를 순서대로 이끌어 주어를 서술한다.

His wealth made him important.

(그의 재산이 그를 유명하게 만들었다.)

He hired a workman to repair the fence.

(그는 한 일꾼에게 울타리를 고치게 고용했다.)

못말려 선생은 이 문장 5형식의 마지막 보기에서 to repair the fence는 hired를 수식하는 부사구가 아니고 불완전타동사 hired의 목적격 보어가 되는데 그것은 목적어인 a workman이 repair하기 때문이라고 명쾌하게 설명했다. 즉 본래 문장인 A workman would repair the fence. 에서 hired가 a workman을 목적어로 삼고 to repair를 목적격 보어로 만든 것이다.

그는 "이미 동사의 종류에 따른 문장 5형식들에 대하여 귀가 닳도록 말했는데 왜 여기서 새삼 또 이야기해야 하는 것인지 지겹게 생각할까 모르겠다. 그러나 영어 문장의 중심인 동사에 있어서 가장 중요한 것이 바로 문장 5형식들을 이끌어내는 것이다."라고 말했다. 이미 앞에서 누누이 말했지만 동사의 종류에 따라 분류된 문장 5형식은 영어학습 또는 습득에서 제1관건이 되기 때문에 그가 이렇게 영문법반 시작에서부터 지금까지 문장 5형식들을 물고 늘어진 것이다.

영어학습에서 뿐만 아니라 모든 학습에 있어서 가장 중심적이고 기본적인 것들을 완전히 터득하고 체화하는 것은 학습의 기본원리가 된다. 선생이란 이 점을 간과해서는 안 되는 것이다. 그렇지 않으면 선생이 아무리 가르치는 것을 많이, 잘 안다 해도 배우는 학생들에게는 그 지식이 별반 도움이 되지 않을 뿐만 아니라 학생들의 학습 의욕을 꺾기도 한다. 그래서 못말려 선생이 지금까지 기본적인 문장 5형식들을 되풀이하여 반복 설명해왔던 것이다.

영어 문장들이 5형식들로 분류된 뒤에는그 문장들의 중심인 동사들에 대한 시제(tense)를 당연히 그리고 자연스럽게 밝혀내지 않으면 안 된다. 모든 영어 문장들은 앞에서 설명되었듯이 12시제들에 속한다. 문장의 형식이 5형식들뿐이고 모든 영어의 문장들이 이 문장 5형식들에 속하듯이 영어의 모든 문장들은 예외 없이 이 12시제들에 속한다. 이 두 가지 점들, 즉 문장 5형식들과 12시제들만(물론 가정법 3시제들은 따로 알아야 하겠지만) 알면 영어를 다 아는 것이나 다름없다. 때문에 영어의 문장을 보았다 하면 어느 문장의 형식에 그리고 어느 시제에 속하는가를 반드시 알지 않으면 안 된다. 여기서 우선 문장 속에서 술어가 되는 것과 복합술어가 되는 것의 보기들을 하나씩 들기로 한다.

He handed me a book.

(그는 나에게 책 한 권을 넘겨주었다.)

☞ handed는 과거 시제로서 단어 하나 즉 handed 밖에 없으므로 handed를 술어라 일컫는다.

He will hand me a book

(그는 나에게 책 한 권을 넘겨 줄 것이다.)

☞ will hand는 단어 둘, 즉 조동사 will과 본동사 hand가 합하여 있으므로 will hand를 복합술어라 일컫는다.

영문법정복 | 정형동사(finite verb)의 문장 5형식들

1. 자동사

목적어가 없다.

(1) 완전자동사

보어도 없다 : 주어 + 완전자동사

Birds sing.

(새들은 노래한다.)

(2) 불완전자동사

주격 보어가 있다 : 주어 + 불완전자동사 + 보어

Flowers are beautiful.

(꽃은 아름답다.)

2. 타동사

목적어가 있다.

(1) 완전타동사

목적어가 하나 있다 : 주어 + 완전타동사 + 목적어

The man ate an apple.

(그 남자는 사과를 먹었다.)

(2) 수여타동사

간접목적어와 직접목적어가 순서대로 있다 : 주어+여격타동사+간접목적어+직접목적어

The man gave the child a toy.

(그 남자는 아이에게 장난감을 주었다.)

(3) 불완전타동사

목적어와 목적격 보어가 순서대로 있다 : 주어 + 불완전타동사 + 목적어 + 목적격보어

The mother made her son a great soldier.

(그 어머니는 자기 아들을 훌륭한 군인으로 만들었다.)

1. 준동사의 완전자동사

보어가 없다.

Birds sing flying in the air.

(새는 하늘을 날며 지저귄다.)

☞ flying은 완전자동사의 현재분사이기 때문에 보어도 목적어도 갖지 않고 다만 부사구 in the air의 수식을 받아 동사 sing을 수식한다.

2. 준동사의 불완전자동사

보어가 있다.

He was brave enough to become a great soldier.

(그는 용감하게도 훌륭한 군인이 되었다.)

☞ become은 불완전자동사로서 그것 앞에 to가 와 부정사가 되어 보어 a great soldier를 이끌어 앞의 부사 enough를 부사적으로 수식한다.

3. 준동사의 완전타동사

목적어가 하나 있다.

The man ate an apple by peeling it off.

(그 남자는 사과 껍질을 벗기고 먹었다.)

☞ peel은 완전타동사로서 그것 어미에 ing가 붙어 동명사가 되어 목적어 it을 이끌고 부사 off의 수식을 받아 그것 앞의 전치사의 목적어가 되는 명사구가 된다.

4. 준동사의 수여타동사

간접목적어와 직접목적어가 순서대로 있다.

The man gave the child a toy teaching him how to play with it.

(그 남자는 아이에게 장난감을 가지고 노는 법을 가르쳐주고 장난감을 주었다.)

☞ teach는 여격타동사로서 그것 어미에 ing가 붙어 현재분사가 되어 간접목적어 him과 직접목적어 how to
play with it을 이끌어 그것 앞의 동사 gave를 부사적으로 수식하는 부사구가 된다. play는 완전자동사로서
그것 앞에 to가 와서 부정사 구문이 되어 수여타동사 teach의 직접목적어가 된다.

5. 준동사의 불완전타동사

목적어와 목적격 보어가 순서대로 있다.

The mother made her son a great soldier by having him read many biographies
of the great soldiers in the American history.

(그 어머니는 아들에게 미국 역사의 위대한 군인들의 전기를 읽혀 위대한 군인으로 만들었다.)

☞ have는 불완전타동사로서 그것 어미에 ing가 붙어 동명사가 되어 목적어 him과 목적격 보어 read many
biographies of the great soldiers in American history를 보어로 이끌어 앞의 전치사 by 의 목적어가 되
는 명사구가 되게 한다.

영문법정복 | 5형식들의 주목할 문장들

1. 문장 제1형식에 속하는 알아 둘 만한 문장들

완전자동사인데 피동태의 의미를 갖고 있다.

Such goods sell well.

(그러한 상품들은 잘 팔란다.)

The book reads easily.

(그 책은 쉽게 읽힌다.)

A large house is building.

(한 큰 집이 지어지고 있다.)

2. 문장 제2형식에 속하는 알아 둘 만한 문장들

완전자동사 뒤에 보어가 되는 어구가 오고 있다.

They were born poor, lived poor, and they died poor.

(그들은 가난하게 태어나, 가난하게 살다가 가난하게 죽었다.)

Her face went white as a paper.

(그녀의 얼굴이 종이처럼 창백해졌다.)

The doctor stands 7 feet high.

(그 의사는 키가 7 피트이다.)

He remained a bachelor all his life.

(그는 총각으로 일생동안 살았다.)

3. 문장 제3형식에 속하는 알아 둘 만한 문장들

완전자동사 뒤에 동사와 뜻이 같은 목적어가 오고 있다.

He laughed his most rough laugh.

(그는 가장 거친 웃음을 터뜨렸다.)

☞ 여기서 대개 laugh이 생략된다.

He looked his thanks.

(그는 감사의 뜻을 눈으로 보였다.)

He died a graceful death.

(그는 우아하게 죽었다.)

He lived a happy life.

(그는 행복한 일생을 보냈다.)

4. 문장 제4형식에 속하는 알아 둘 만한 문장들

They played me a trick.

(그들은 나를 놀렸다.)

The government awarded him a medal of honor.

(정부는 그에게 명예훈장을 수여했다.)

5. 문장 제5형식에 속하는 알아 둘 만한 문장들

He considers this of great importance.

(그는 이것을 중요한 것으로 여긴다.)

I could not make myself understood in English.

(나는 영어로 나의 의사를 전달할 수 없었다.)

I let him have his own way.

(나는 그를 제멋대로 하게 내버려두었다.)

못말려 선생은 이렇게 문장 5형식들을 다룰 때에는 항상 신명이 났다. 그러니 우리 학생들도 함께 신명이 났다. 나는 참으로 행운아였다. 그렇게 진실하고 정열적인 사람을 나의 스승으로 만났으니 말이다. 사람이 살면서 어떤 사람을 만나느냐가 그가 어떤 사람이 되는지를 결정한다.

CHAPTER 02

05 영어 12시제의 체계를 통하여 영어의 동사가 문장의 중심인 것이 새삼 드러나다

못말려 선생은 앞에서 동사를 설명할 때 문장의 5형식과 동사의 시제인 12시제를 설명하면서 그것들만으로도 영어를 다 가르쳐 준 것 같은 태도를 취했다. 그만큼 문장의 5형식과 12시제가 영어에 있어서 결정적으로 중요한 역할을 한다는 것을 강조해 주는 셈이었다. 그는 동사의 12시제들에 대한 정리를 향하여 힘찬 발걸음으로 나아가며 우리 학생들도 힘찬 발걸음으로 뒤따라 올 것을 기대하는 것이었다.

다음과 같이 영어의 시제는 크게 3가지로 분류할 수 있다.

1. 기본 시제
   (1) 현재, (2) 과거, (3) 미래

2. 완료 시제
   (1) 현재완료, (2) 과거완료, (3) 미래완료

3. 진행 시제
   (1) 현재진행, (2) 과거진행, (3) 미래진행,
   (4) 현재완료진행, (5) 과거완료진행, (6) 미래완료진행

위에 정리한 것처럼 영어의 시제는 도합 12시제이다. 시제는 시간과 밀접한 관계가 있지만 반드시 시간과 일치하지만은 않는 것들이 있기 때문에 문맥으로 보아 시제와 시간의 상관관계를 살피는 것이 중요하다. 이미 앞에서 영어의 12시제들에 대한 설명을 정확하고 자세히 했기 때문에 여기에서는 그저 중요한 점들만 상기시키는 것이 바람직하다.

영문법정복 | 12시제들의 정리

1. 현재 시제(present tense)

현재 동사의 형태는 우연히 동사원형의 형태와 같지만 완전히 서로 다른 것이다. 그래서 be동사나 have동사와 같은 동사들은 원형과 현재형이 판이하게 다르게 나타난다.

(1) 현재의 사실의 동태나 상태를 나타낸다.

He knows the secret, but he never tells it.

(그는 그 비밀을 알고 있지만 결코 그것을 말하지 않는다.)

We feel very proud of these traditions of ours.

(우리들은 우리들의 이 전통들을 대단히 자랑스럽게 여긴다.)

(2) 현재의 습관적인 동태나 상태를 나타낸다.

He goes to church every Sunday.

(그는 일요일마다 교회에 예배 보러 간다.)

The new school year begins in the spring.

(새 학년은 봄에 시작된다.)

(3) 진리를 나타낸다.

The sun rises in the east and sets in the west.

(태양은 동쪽에서 뜨고 서쪽으로 진다.)

All living beings die with no exception.

(모든 생물체들은 예외 없이 죽는 것이다.)

(4) 미래 시제와 같은 역할도 한다.

We start for Europe tomorrow.

(우리들은 내일 유럽으로 출발한다.)

This train leaves in a few minutes.

(이 열차는 몇 분 후에 떠난다.)

(5) 미래의 뜻을 나타내는 동사가 when, while, till, until, before, after, as soon as, as long as, if, unless 등과 같은 시간이나 조건을 나타내는 접속사와 함께 쓰이면 현재형의 형태를 띤다.

When he comes, I will welcome him.

(그가 오면 나는 환영할 것이다.)

We will go hunting if it is fine tomorrow.

(내일 날씨가 좋다면 우리들은 사냥을 나갈 것이다.)

It will be good if you will sign the agreement.

(당신이 그 합의에 서명할 의사가 있다면 좋은 일이 될 것이다.)

☞ 시간 또는 조건의 접속사절에는 의지를 나타내는 조동사 will이 올 수 있고 이 때에 will은 미래의 조동사가 아니다.

(6) 역사적 현재를 나타낸다.

Caesar leaves Gaul, crosses the Rubicon, and enters Italy with his army.

(시저는 그의 군대를 이끌고 골을 떠나 루비콘 강을 건너, 마침내 이탈리아에 입성한다.)

The thief jumps over the fence of the house and opens the door, and steals the treasure.

(그 도적은 그 집담을 뛰어넘어 문을 열고 그 보물을 훔친다.)

(7) 문학 작품이나 작가의 표현은 현재형으로 때로는 대신한다.

Hamlet is a tragic prince.

(햄릿은 비극적인 왕자이다.)

Darwin explains that natural selection is the chief factor in the evolution of species.

(다윈은 자연 도태가 종의 진화 과정에서 주 요인이 된다고 설명한다.)

2. 과거 시제(past tense)

과거 동사의 형태는 규칙적으로 변하는 동사원형에 ed 또는 d를 붙여 만들어진다. 물론 be동사와 have동사처럼 불규칙적으로 변하는 동사는 동사의 원형의 형태와 상관 없이 그 형태가 달라진다. 이러한 불규칙동사들의 과거 형태들은 일일이 외워야 한다.

(1) 과거의 사실의 동태나 상태를 나타낸다.

I jumped up out of the chair.

(나는 의자에서 뛰어 올랐다.)

He objected to my opinion.

(그는 나의 의견에 반대했다.)

(2) 과거의 습관적 동태나 상태를 나타낸다.

I got up early in the morning when I was young.

(나는 젊었을 때 일찍 일어났다.)

☞ got 대신에 would get이 쓰이면 불규칙적으로 '...하곤 했다.' 의 뜻이 가미되고 used to get up이 쓰이면 규칙적으로 '... 했다.' 의 뜻이 가미된다.

In those days he thought it beneath him to do such a thing.

(그때는 그는 그런 짓을 하는 것을 그의 체면에 위배된다고 생각했다.)

(3) 과거에 동태나 상태가 일반성을 띈 것을 나타낸다.

Faint-heart never won fair lady.

(그 당시에도 겁쟁이는 미인을 얻지 못했다.)

In those days, the earth was considered to be flat.

(그 시대에는 지구가 평평한 것으로 여겨졌다.)

(4) after, when, till과 같은 접속사들이 이끄는 절에서 과거완료 시제 대신으로 쓰인다.

He appeared there after she left there.

(그녀가 그 곳을 떠난 뒤에 그가 나타났다.)

The thief ran away when he saw a policeman.

(그 도적은 한 경찰관을 보자 도망쳤다.)

3. 미래 시제(future tense)

미래의 동태나 상태를 나타내는 것으로서 동사의 형태는 미래 조동사들인 will이나 shall이 동사원형 앞에 오는 형태를 갖는다. 이 미래 시제는 단순 미래와 의지 미래로 갈라진다.

(1) 단순 미래 (simple futurity)

그저 단순한 미래를 말한다. 여기서 주의할 것은 인칭에 따라 will 아니면 shall이 쓰이는 것이다. 1인칭 단수(I)와 복수(we)에는 조동사 shall, 2인칭 단수(you)와 복수(you)에는 조동사 will, 그리고 3인칭 단수(he, she, it)와 복수(they, 명사의 복수형)에는 조동사 will이 쓰인다.

I shall leave here tomorrow.

(나는 내일 여기를 떠날 것이다.)

We shall perhaps see the hero in a few days.

(며칠 후에 우리들은 그 영웅을 볼 것이다.)

You will have an interview with him tomorrow.

(당신은 내일 그와 면담을 할 것입니다.)

You will stay here for a few days.

(당신들은 여기서 며칠 간 묵을 것입니다.)

He will come tomorrow.

(그는 내일 올 것이다.)

She will leave here the day after tomorrow.

(그녀는 모래 여기를 떠날 것이다.)

It will rain in the afternoon.

(오후에 비가 올 것이다.)

The man will help you.

(그 사람이 너를 도울 것이다.)

Ten boys will come here soon.

(열 명의 소년들이 여기에 곧 올 것이다.)

(2) 의지 미래(volitional futurity)

말하는 사람의 의지가 강하게 나타나는 것으로서 인칭에 따라 will이나 shall이 동사원형과 결합한다. 1인칭 단수와 복수에는 will, 2인칭 단수와 복수 그리고 3인칭 단수와 복수에는 shall이 쓰인다. 이것은 말하는 사람(the speaker)의 의지가 나타난다. 그러나 듣는 사람(the hearer)의 의지를 묻는 의문문에서는 1인칭 단수와 복수에 shall, 2인칭 단수와 복수에 will, 그리고 3인칭 단수와 복수에 shall이 쓰인다.

못말려 선생은 여기서 그의 습관적인 망설이는 듯한 태도를 또 보였다. 우리 학생들은 긴장하여 그의 입에서 또 무슨 심각한 말이 나올까 기대 반 의아심 반으로 그를 바라보았다. 그는 못마땅한 어조로 "너희 말이야, 미래라는 것은 그저 단순한 미래만 있는 것이지 어찌 미래에 사람의 의지가 있겠는가? 만약 미래가 사람의 의지대로 된다면 온 세상이 천국이 되거나 아니면 지옥이 되고 말 것이다. 세상 돌아가는 것을 본다면 지옥이 되기에 더 큰 가능성을 갖고 있는 것이다. 누구나 자기가 하고 싶은 대로 즉 자기 의지대로 할 것이기 때문이다.

인류 역사 이래로 아무리 유능한 사람도 자신의 의지대로 미래를 운용한 사람은 단 한 사람도 없었다. 또한 미래에도 세상은 그렇게 돌아갈 것이다. 그런데 당돌하게도 영어에서는 말하는 사람의 의지니 듣는 사람의 의지니 하는 형식이 있으니 이 말을 쓴 사람들과 쓰고 있는 사람들이 얼마나 자기 자신들의 분수를 모르고 날뛰었고 또 날뛰고 있는가. 그러나 영어에 의지 미래라고 내세웠으니 어쩔 수 없이 그 교만한 사람들의 말을 배우기 위해서는 그 억지스러운 것도 배워두어라." 라고 분노인지 탄식인지 모를 헛기침을 내뱉었다.

1) 말하는 사람의 의지의 보기들

I will do my best in mastering English.

(나는 영어를 정복하는 데 나의 최선을 다 하겠다.)

You shall die.

(나는 너를 죽이겠다.)

They shall leave here.

(나는 그들이 여기를 떠나게 하겠다.)

2) 듣는 사람의 의지의 보기들

Shall I open the window?

(내가 창문을 열어도 될까요?)

Will you go to the movies?

(당신은 영화 보러 가겠습니까?)

Shall he go there?

(그를 거기에 가게 할까요?)

Shall the boy come here at once?

(그 소년을 여기에 곧 오게 할까요?)

3) 미래 시제에 관계없이 will과 shall의 특별한 용법의 보기들

Oil will not mix with water.

(기름은 물과 결합하지 못한다.)

☞ 속성을 나타낸다.

This door will not open.

(이 문은 열리려고 하지 않는다.)

☞ 고집을 나타낸다.

This room will house all of us.

(이 집은 우리들 모두를 수용할 수 있다.)

☞ 능력을 나타낸다.

Children will be children.

(역시 애들은 애들이야.)

☞ 성향을 나타낸다.

I shall never do such a thing again.

(나는 결코 그런 짓을 안 한다.)

☞ will과 같이 강한 의지를 표시한다.

You will leave this room.

(너는 이 방을 나가라.)

☞ 위엄을 보이는 명령이다.

4) would와 should는 간접 화법에서의 의지나 단순미래를 나타낸다.

I said that I should leave there the day after.

(나는 그 다음날 거기를 떠날 것이라고 말했다.)

I said that I would help them if I had time.

(나는 시간이 있으면 그들을 돕겠다고 말했다.)

4. 현재완료 시제(present perfect tense)

형태는 have 혹은 has + 과거분사형이다.

(1) 과거의 한 시점에서 현재의 시점까지의 동태와 상태의 완료를 나타낸다.

The student has just finished his homework.

(그 소년은 그의 숙제를 방금 끝냈다.)

At last, I have done my job.

(결국, 이제 나는 나의 일을 다 했다.)

(2) 과거의 한 시점에서 현재의 시점까지의 동태나 상태가 결과로 남아 있다.

I have lost my I.D. card somewhere.

(나는 나의 신분증을 잃었다.)

Much snow have fallen on the ground.

(많은 눈이 땅 위에 내려져 있다.)

(3) 과거의 한 시점에서 현재의 시점까지의 동태나 상태의 경험을 나타낸다.

I have never seen such a strange animal.

(나는 그러한 이상한 동물을 본적이 없다.)

I have been to China once.

(나는 중국에 한 번 가본 적이 있다.)

(4) 과거의 한 시점에서 현재의 시점까지의 동태나 상태가 계속됨을 나타낸다.

John has been ill since last Sunday.

(그는 지난 일요일 이래로 앓고 있다.)

Ten years have passed since I saw him last.
= It is ten years since I saw him last.

(내가 그를 마지막 본 이래로 10년이 지났다.)

(5) 시간 또는 조건의 부사절에서는 미래완료 시제를 대신한다.

Will you return the book to me when you have done with it.

(당신이 그 책을 다 읽고 내게 그 책을 돌려주겠소?)

(6) 운동 및 생성의 뜻을 갖는 자동사들인 come, go, arrive, fall, rise, depart, return의 과거분사가 그 앞에 be동사를 조동사로 갖게 되면 완료형이 된다.

The winter is gone. = The winter has gone.

(겨울이 갔다.)

The soldier is returned. = The soldier has returned.

(그 병사가 돌아왔다.)

(7) have got는 완료형으로도 쓰이지만 have의 현재형의 강조형으로도 쓰인다.

I have got no money with me now. = I have no money with me now.

(나는 지금 돈이 하나도 없다.)

(8) 현재완료형에는 과거의 시점을 뚜렷이 나타내는 부사들 즉 yesterday나 ago와 같은 것들은 쓰이지 않지만 과거도 나타내고 현재도 나타내는 부사들, 즉 recently, lately, today, this morning, this year와 같은 시간의 부사들은 쓰인다.

I have not read the paper this morning.

(오늘 아침 나는 신문을 읽지 못했다.)

Much snow has fallen this winter.

(금년 겨울에는 눈이 많이 왔다.)

5. 과거완료 시제(past perfect tense)

형태는 had + 과거분사형이다.

(1) 과거의 한 앞의 시점에서 과거의 한 뒤의 시점까지 동태나 상태의 완료를 나타낸다.

He had finished his homework when I visited him.

(내가 그를 방문했을 때에 그는 그의 숙제를 끝냈었다.)

I am sorry that my wife lost her handbag which she had bought the day before.

(나는 나의 아내가 그녀가 전날 샀었던 핸드백을 잃은 것을 안타까이 여긴다.)

(2) 과거의 한 앞의 시점에서 과거의 한 뒤의 시점까지 동태나 상태의 결과를 나타낸다.

They said that the time limit for application had been over.

(그들은 접수 마감 시간이 지나버렸다고 말했다.)

The dress she was in had been bought ready-made.

(그녀가 입은 드레스는 기성품인 것을 산 것이다.)

(3) 과거의 한 앞의 시점에서 과거의 한 뒤의 시점까지 동태나 상태의 경험을 나타낸다.

They could easily arrive there because they had often been there.

(그들은 가끔 거기에 간 적이 있었기에 쉽사리 거기에 도착할 수 있었다.)

Had you ever been to America?

(당신은 일찍이 전에도 미국에 가본 적이 있었던가?)

(4) 과거의 한 앞의 시점에 과거의 한 뒤의 시점까지 동태나 상태의 계속을 나타낸다.

He had learned English for six years when he became a college student.

(그가 대학생이 되었을 때에 그는 영어를 6년 동안 배우고 있었다.)

She was thirty-five years old when she had been married for fifteen years.

(그녀가 35세였을 때에 그녀는 15년의 결혼 생활을 했었다.)

(5) 과거완료형의 몇 가지 관용적인 예문들

No sooner (혹은 Hardly, scarcely) had he arrived there than (혹은 when) she left there.

(그가 거기에 도착하자마자 그녀는 거기를 떠났다.)

We had hoped (혹은 wished) that he would succeed in his business.

(우리들은 그가 사업에서 성공하기를 바랐는데 실패했다.)

6. 미래완료 시제(future perfect tense)

형태는 will (혹은 shall) + have + 과거분사형이다.

(1) 한 앞의 시점에서 미래의 한 시점까지 사실의 동태나 상태의 완료를 나타낸다.

We shall have finished the work when you arrive here.

(당신이 여기에 도착할 때에는 우리는 그 일을 끝내 놓을 것이다.)

She will have gone to China before you go there.

(당신이 중국에 가기 전에 그녀가 거기에 가 있을 것이다.)

(2) 한 앞의 시점에서 미래의 한 시점까지 동태나 상태의 결과를 나타낸다.

She will have written a novel in a few months.

(그녀는 몇 달 후에는 소설 한 권을 써놓을 것이다.)

They will have left this country by this time next month.

(그들은 내달 이 때는 이 나라를 떠나 있을 것이다.)

(3) 한 앞의 시점메서 미래의 한 시점까지 동태나 상태의 경험을 나타낸다.

If I read the Bible once more, I shall have read it entirely trice.
(만약 내가 성경을 한 번 더 읽는다면 나는 그것을 세 번 완독하게 될 것이다.)

You will have seen much of life by that time if you travel through the world.
(만약 네가 세계일주 여행을 하면 그때까지는 너의 삶에 대한 많은 것을 얻게 될 것이다.)

(4) 한 앞의 시점에서 미래의 한 시점까지 사실의 동태나 상태의 계속을 나타낸다.

I shall have lived in Seoul for fifteen years by this year.
(나는 서울에서 금년까지 15년 동안 사는 것이 될 것이다.)

I shall have learned English for eight years by next month.
(나는 내달까지 영어를 8년 공부해 온 것이 될 것이다.)

(5) 현재완료형이 미래완료형을 대신하여 미래완료를 나타낸다. 그것은 시간이나 조건의 접속사절에서 현재형이 미래형을 대신하여 미래형을 나타내는 것과 같은 이치이다.

He will go to the movies when he has finished his homework.
(그가 그의 숙제를 끝낼 때에는 그는 영화를 보러 갈 것이다.)

(6) 미래완료형의 조동사가 will, shall인데 마치 그 조동사들이 must, may와 같은 뜻을 나타낼 수도 있다.

It is now a deep night. So he will(must의 뜻) have been deep asleep a little later.
(지금 깊은 밤이다. 그래서 조금 후에는 그는 틀림없이 깊이 잠들어 있을 것이다.)

You will (may의 뜻) have heard of the scandal.
(당신은 아마 그 추문을 들을 것이다.)

7. 현재진행 시제(present progressive tense)

be동사의 현재형들(am, are, is) + 현재분사형을 갖는다.

(1) 현재진행 중인 동태를 나타낸다.

We are watching the winter Olympic games on TV.

(우리들은 동계올림픽 경기들을 TV로 보고 있는 중이다.)

(2) 현재의 습관을 나타낸다.

You are always forgetting things!

(너는 항상 물건들을 잊어버린단 말이다.)

(3) 곧 올 미래를 나타낸다.

He is soon leaving here.

(그는 곧 여기를 떠날 것이다.)

여기서 더불어 알아두어야 할 것으로 다음과 같은 진행형을 만들 수 없는 동사들이 있다.
1) 상태 동사들 : be, consist, possess 등.
2) 감정, 지각의 동사들 : like, prefer, hate, fear, hope, want, wish, envy, see 등.

8. 과거진행 시제(past progressive tense)

be동사의 과거형들(was, were) + 현재분사형을 갖는다.

(1) 과거진행 중인 동태를 나타낸다.

I was writing a letter then.

(나는 지금 편지를 쓰고 있는 중이다.)

(2) 과거의 습관을 나타낸다.

He was always smoking.

(그는 마냥 담배를 피웠다.)

9. 미래진행 시제(future progressive tense)

will, shall + be + 현재분사형을 갖는다.

(1) 미래진행 중인 동태를 나타낸다.

They will be preparing dinner for the guests.

(그들은 손님들을 위한 만찬을 준비하고 있는 중일 것이다.)

(2) 미래의 습관을 나타낸다.

The committee will be meeting once a month.

(그 위원회는 한 달에 한 번씩 회합을 가질 것이다.)

10. 현재완료진행 시제(present perfect progressive tense)

have동사의 현재형들인 have나 has + been + 현재분사형을 갖는다. 이 시제는 현재완료와 현재진행 시제들이 합친 것과 같은 것이다.

It has been snowing since this morning.

(오늘 아침부터 눈이 계속 내렸고 지금도 눈이 내리고 있는 중이다.)

I have been reading the Bible since I could read English.

(나는 영어를 읽을 줄 알게 된 뒤로 계속 성경을 읽어 왔고 지금도 읽고 있는 중이다.)

11. 과거완료진행 시제(past perfect progressive tense)

have동사의 과거형 had + been + 현재분사형을 갖는다. 과거완료와 과거진행 시제들이 합친 것과 같다.

I had been learning English for ten years before I went to America.

(나는 미국에 가기 전에 영어를 10년 동안 계속 배웠고 바로 그 때에도 배우고 있는 중이었다.)

It had been raining throughout the night.

(그날 밤 계속 비가 내렸고 또한 내리고 있는 중이었다.)

12. 미래완료진행 시제(future perfect progressive tense)

will 혹은 shall + have + been + 현재분사형을 갖는다. 미래완료와 미래진행 시제들이 합친 것과 같다.

According to the weather forecast, it will have been snowing all the day tomorrow.

(일기 예보에 의하면, 내일 계속 하루 종일 눈이 내릴 것이다.)

I shall have been preparing for the examination for five hours by the time you come to me.

(나는 네가 내게로 올 때쯤 계속 5시간 동안 시험을 대비하여 공부하고 있을 것이다.)

못말려 선생은 안도의 한숨을 쉬며 영어의 시제들을 모두 끝내면서 "너희들 말이야, 다른 언어들에서도 마찬가지지만 영어에서는 특히나 동사가 문장의 중심이라는 사실을 영문법반을 하면서 무수히 강조해 왔다. 그 중에서도 동사의 종류에 따른 문장 5형식들과 직설법 12시제에 대하여 나 나름대로 감격을 넘어 경이의 태도로 그것들의 가치를 너희에게 부각시키려고 무척이나 노력을 아끼지 않았다.

지금 막 끝낸 시제의 정리에서 다시 한 번 영어의 12시제의 위력을 느낀다. 그 법칙은 인간의 두뇌를 기계적일 만큼 짜임새 있게 척척 움직이도록 만드는 것이다. 그래서 영미인들이 지금 세계를 지배하고 있는 것이다. 현대 언어학자들은 언어가 문화(즉 사고력)를 지배한다는 가설적인 이론을 주장한다. 개인의 세계관은 모국어에 의해서 결정된다고 하는 워프의 가설(Whorfian hypothesis)이 바로 그것이다. 중국 사람들은 중국어의 특성에 따라 그들 고유의 문화를 만들어 내고 독일인들은 독일어의 특성에 따라 그들의 문화를 만들어 낸다는 것이다. 그 사람들의 언어는 그 사람들의 감성과 지성을 창출한다.

섭섭한 말이 될는지 모르겠지만 우리말은 영어처럼 시제가 정확하고 체계적이질 못하다. 우리 민족이 이 점을 보완하지 않으면 안 된다. 너희가 영어를 배우는 이유들이 몇 가지 있을 것이다. 영어가 세계어가 되어 있기 때문에 세계와 발 맞추어 나가는 것도 한 이유가 될 것이다. 나는 너희에게 제안하는데 너희가 영어를 정복하여 영어의 장점들을 우리말의 단점들을 보완하는 데 이용해 주기를 바란다."라고 우리 학생들은 생각조차 할 수 없는 말을 했다.

못말려 선생은 영어의 시제에 대하여 다 끝냈다고 말했는데 "워낙 영어에서는 동사의 활용도가 높기 때문에 아직 동사에 대해서는 말할 것들이 적잖게 남아 있다. 너희는 말이야 인내심을 갖고 마저 공부해야겠다."라고 말하면서 시제의 일치에 대하여 설명하기 시작했다. 알아야 할 것은 알아야 하겠기에 그의 요구대로 우리 학생들은 인내심을 가다듬었다.

영문법정복 | **시제의 일치**

1. 시제 일치의 원칙

주절의 동사가 현재이거나 현재완료이면 종속절의 동사도 현재이거나 현재완료이다. 주절의 동사가 현재, 과거, 혹은 과거완료일 때에 종속절의 동사는 미래도 될 수 있고 과거도 될 수 있지만 주절의 동사가 미래인데 종속절의 동사가 현재, 현재완료, 과거 혹은 과거완료가 될 수 없고 주절의 동사가 과거 시제나 과거완료 시제이면 종속절의 동사의 시제도 과거나 과거완료가 되는 것이다.

He says that he will come here.

(그는 그가 여기에 올 것이라고 말했다.)

☞ 주절의 동사 현재형 says와 종속절의 조동사 현재형 will이 시제상으로 일치한다.

　He says that he would come here. 이러한 문장은 문맥상으로 문장이 될 수 없다.

He said that he would help them.

(그는 그들을 돕겠다고 말했다.)

☞ 주절의 동사 과거 said와 종속절의 조동사 과거 would가 과거 시제들로 일치한다.

She said that he had been successful.

(그녀는 그가 성공했었다고 말했다.)

☞ 주절의 said가 나중에 발생한 과거이고 종속절의 had been은 그 주절보다 앞선 과거로서 과거의 시점들이 서열상으로 일치한다.

이상의 간단한 보기들로만 보아도 시제들이 문맥상으로 보아 시제의 일치를 하고 있다. 따라서 시제의 일치에 대한 보기들을 일일이 다 든다는 것은 시간상으로 낭비가 되기 때문에 이제는 특별한 즉 예외적인 것들이라고 할 수 있는 보기들을 놓고 살펴보자.

2. 시제 일치의 예외

(1) 종속절이 진리, 습관, 관례를 나타낼 때에 동사의 시제가 무조건 현재가 된다.

　이것은 어디까지나 예외적인 것으로 보는 것이 바람직하다.

Even some ancient people knew that the earth is like a ball.

(심지어 일부 고대인들도 지구는 하나의 공과 같다는 것을 알고 있었다.)

He told me that his elder sister is in the habit of going to bed very late.

(그는 그의 누나가 늦게 잠자리에 드는 습성이 있다고 말했다.)

(2) 종속절의 사건이 아직 끝나지 않고 있을 때에 동사의 시제가 현재일 수 있다.

We were told that the murderer is still at large.

(우리들은 그 살인자가 아직도 잡히지 않고 있다는 말을 들었다.)

(3) 역사적 사건을 말할 때에 종속에 과거완료 대신에 과거 시제가 쓰인다.

We were taught that about A.D.450 Analogs, Saxons, and Jutes began to invade England and to settle down there.

(450년경에 앵글 족, 색슨 족, 그리고 주트 족이 영국을 침공하고 거기에 정착하기 시작했다고 배웠다.)

(4) than, as(혹은so)...as와 같은 비교를 나타내는 종속절에서 현재의 습관적인 상황이면 종속절에서도 현재 시제가 쓰인다.

He did not walk so fast as he usually does.

(그는 평소의 걸음처럼 빨리 걷지 않았다.)

(5) must, ought to, need not과 같은 조동사들은 과거형이 없으므로 현재형 그대로 종속절에서 쓰인다.

They advised that he must stop smoking at once.

(그들은 그가 당장 금연해야 한다고 충고했다.)

(6) 종속접속사 lest가 이끄는 절에서는 should를 그대로 두거나 생략할 수 있다.

He was wise enough to behave wisely lest he should misbehave himself.

(그는 나쁜 짓을 하지 않도록 처신을 현명하게 할 정도로 현명했다.)

못말려 선생은 영어의 12시제들에 대한 설명을 자세하고 열성적으로 하면서 몇 번이나 반복하여 영어의 중심은 동사라고 강조하였다. 또한 영어의 12시제들을 체계적으로 정리를 끝내면서 동사에 관련된 것들이 아직도 조금 남아 있다고 하면서 오늘의 강의를 마무리했다.

06 영어의 동사는 문장의 중심인데 그것이 복합술어가 되는데 조동사가 필요하다

못말려 선생은 시제의 일치를 설명한 뒤에도 동사와 관련되는 것들이 아직도 몇 가지가 더 남아 있다고 말하면서 조동사(auxiliary)를 먼저 내세웠다. 그래야 그 다음 동사와 관련된 것들을 설명하는데 편리하다는 것이었다. 정형동사와 상대되는 준동사가 있듯이 본동사와 상대되는 조동사가 있다. 참으로 영어는 짜임새에 있어서도 타의 추종을 불허하는 언어가 아닐 수 없다. 영어가 이렇게 질서 있는 조화를 보이고 있는데 그것을 들추어 내는 영문법을 알지 못하고서도 영어를 알 수 있을까. 영문법을 아는 것은 영어를 아는 것이고 영어를 아는 것은 영문법을 아는 것이라고 못말려 선생은 다시 힘주어 말했다.

영문법정복 | 조동사(auxiliary)

1. 조동사의 종류

조동사는 본동사 앞에 위치하여 본동사와 합하여 복합술어(complex predicate)를 이루어 주어를 서술한다. 조동사의 종류는 여러 가지인데 그것의 특색은 다음과 같다.

(1) 현재형과 과거형만을 갖는 것들

do– did, will – would, shall – should, can – could, may – might

(2) 현재형만 갖는 것들

must, ought to, need to

(3) 과거형만 갖는 것

used to

(4) 일반 동사와 같이 동사원형, 현재형, 과거형, 현재분사형, 과거분사형을 갖는 것들

be동사, have동사, do동사

이제 조동사들의 용법들을 공부해 보자.

영문법정복 | 법 조동사(Modal auxiliaries)의 용법

서술에 대하여 말하는 이(speaker) 의 심리적 태도(psychological attitude)를 나타낸다.

1. 조동사 can-could의 용법

(1) 능력과 가능성의 뜻을 갖는다.

I could not speak even a single word of English but one month ago, but I can now speak English well.

(나는 한 달 전만 해도 영어를 한 마디도 할 수 없었지만 지금은 잘 한다.)

(2) 허락의 뜻을 갖는다.

You can have it if you wish.

(네가 원한다면 그것을 가져도 좋다.)

(3) 부정적 단정, 의혹, 조바심과 같은 감정을 나타낸다.

Can you do such a thing?

(당신이 그런 짓을 하다니?)

(4) 관용적인 보기들

He cannot but resign.

(그는 사직할 수밖에 없었다.)

He cannot help resigning.

(그는 사직할 수밖에 없었다)

☞ cannot but + 동사원형 ... = cannot help + 동명사 ... = ' ... 하지 않을 수 없다' 로 해석된다.

It cannot be helped.

(어쩔 수 없어!)

You must borrow no more money than you can help.

(될 수 있는 한 돈을 빌려 쓰지 말아야 한다.)

You are as happy as happy can be.

(너는 가장 행복하다.)

You cannot be too kind to other people.

(다른 사람들에게 아무리 친절해도 지나치는 법이 없다.)

☞ cannot ... too ... = 아무리 ... 해도 좋다.

We cannot overemphasize the value of time.

(시간의 중요성을 아무리 강조해도 좋다.)

☞ cannot over ... = cannot… too .. = 아무리 ... 해도 좋다.

I could laugh for joy.

(기뻐서 웃을 수만 있으면 웃겠다.)

☞ 일종의 과거가정법이다.

I could have laughed for joy.

(그때 웃을 수만 있었으면 웃었을 것이다.)

☞ 일종의 과거완료 가정법이다.

2. 조동사 may.-might의 용법

(1) 허가의 뜻을 나타낸다.

You may use my typewriter whenever you want to.

(너는 내 타자기를 원할 때면 언제나 써도 좋다.)

May I smoke here? / No, you must not.

(여기서 담배 피워도 됩니까?/ 아니요 안 됩니다.)

☞ may의 부정은 may not이 아니라 must not이 된다.

(2) 추정의 뜻을 나타낸다.

The gentleman may be rich.

(그 신사는 부자인지 모른다.)

The gentleman may have been rich.

(과거에 그 신사는 부자였는지 모른다.)

(3) can(능력)의 뜻과 같다.

A man may be known by the company he keeps.

(사람은 그가 사귀는 친구를 보면 알 수 있다.)

(4) 양보의 부사절에 쓰인다.

Be that at it may, I will do my part.

(그것이 어떻든 나는 나의 몫을 하겠다.)

(5) 부사절 속에서 목적을 나타낸다.

You must go at once so that you may catch the first train.

(첫 열차를 타려면 당신은 곧 가야 한다.)

(6) 소원, 기원, 요구 등을 나타낸다.

May he return safe!

(그가 무사히 돌아오기를 기원한다.)

(7) may의 관용적 보기들

You may well be proud of your son.

(당신은 당신의 아들을 자랑스럽게 여길만하다.)

☞ may well ... = 능히 ... 할 만하다.

You may as well go now.

(너는 지금 가는 것이 좋다.)

☞ may as well ... = had better ... = ... 하는 것이 좋다.

3. 조동사 must의 용법

(1) 필요를 나타낸다. 이것의 부정은 need not이다.

One must have food, clothing, and shelter to lead one's life.

(사람이 살기 위해서는 식량, 의복, 그리고 가옥이 있어야 한다.)

(2) 의무를 나타낸다.

Soldiers must obey orders without question.

(군인들은 따지지 않고 명령을 따라야 한다.)

(3) 명령을 나타낸다.

You must do it at once.

(너는 그것을 즉시 하라.)

(4) 주장을 나타낸다.

I must see the secretary.

(나는 그 비서를 만나야겠소.)

(5) 추정(assumption)을 나타낸다.

From his accent, he must come from the southern part.

(그의 말투로 보아 그는 남부 출신임에 틀림없다.)

They must have lost their way on the way.

(그들은 오는 도중에 길을 잃었음에 틀림없다.)

(6) 필연(inevitability)을 나타낸다.

All living beings must die.

(모든 생물체들은 필연코 죽는다.)

(7) 유감(regret)을 나타낸다.

My wife must fall ill just when I am going to travel on official business!

(내가 공무상 여행을 가려할 때 나의 아내가 병이 들다니!)

4. 조동사 need의 용법

대체로 부정문과 의문문에만 쓰인다.

You need not trouble yourself to help me.

(당신이 수고롭게 나를 도울 필요가 없소.)

He need not have done so.

(그가 그렇게 할 필요가 없었는데.)

5. 조동사 dare

대체로 need처럼 부정문과 의문문에 주로 쓰인다.

Dare you say such a thing to me?

(네가 감히 나에게 그런 말을 하다니?)

He dare not say such a thing to me.

(그는 감히 나에게 그런 말을 하지 못한다.)

No one dared answer him.

(아무도 그에게 응수할 수 없었다.)

6. 동사 do가 법 조동사로 쓰일 때

do동사(do, does, did)가 조동사로 쓰여 의문문이나 부정문을 만들 때에는 일반 조동사라고 부른다. 물론 그것이 '강조'를 나타낼 때에는 법 조동사이다. do동사가 조동사로 쓰일 때에는 현재형과 과거형만 쓰인다.

(1) 부정문에 쓰인다.

I do not know him

(나는 그를 모른다.)

He does not know how to do it.

(그는 그것을 어떻게 할 수 있는가를 모른다.)

☞ 고어(古語)에서는 do 없이 동사 뒤에 not이 왔다

They care not what others may say. (그들은 남들이 무어라 하든 상관하지 않았다.)

(2) 의문문에 쓰인다.

Did you come here in my absence?

(너는 내가 없을 때 여기에 왔느냐?)

How does he know it?

(그가 그것을 어떻게 알았지?)

Do I love him?

(내가 그를 사랑한다고?)

☞ I do not love him의 강조형이다.

(3) be동사와 have동사가 본동사일 때에는 조동사 do가 쓰이지 않는다.

Is he a doctor?

(그는 의사인가?)

Has he much money?

(그는 돈이 많은가?)

☞ 미국식 영어에서는 조동사 do를 사용한다. Does he have much money?

He is not a doctor.

(그는 의사가 아니다.)

He has not much money.

(그는 돈이 많지 않다.)

☞ 미국식 영어에서는 조동사 do를 사용한다. He does not have much money. 또한 be동사라도 명령
문에는 조동사 do가 쓰인다. Don't be anxious. (걱정 마라.)

(4) 술어를 강조할 때에 쓰인다.

I do believe that you are innocent.

(나는 네가 죄가 없다는 것을 분명히 믿는다.)

I did believe that he was innocent.

(나는 그가 죄가 없었다는 것을 꼭 믿었다.)

(5) 주어 앞으로 강조구문이 나올 때 조동사 do가 쓰인다.

Well do I know her.

(나는 그녀를 너무 잘 안다.)

Not till then did they realize the importance of the matter.

(그때까지는 그들은 그 일의 중요성을 깨닫지 못했다.)

7. 조동사 should의 용법

미래 조동사 shall의 과거형 이외의 뜻으로 쓰인다.

(1) 의무를 나타낸다. 조동사 ought to와 같다.

Everyone should depend on his own ability.

(누구나 자신의 실력에 의존해야 한다.)

☞ should 다음에 과거완료형 복합 동사가 오면 개탄이나 비난을 의미한다.

You should have helped your brother.

(너는 너의 형을 도왔어야 했다.)

(2) 당연, 유감 등과 같은 말 뒤의 종속절에 쓰인다.

It is regretful that she should bury her beauty, wit, and wisdom in the country.

(그녀가 시골에서 그녀의 미모, 기지 그리고 지혜를 묻히는 것은 유감스러운 일이다.)

It is natural that you should have accepted those terms.

(네가 그러한 조건들을 받아들인 것은 당연한 일이다.)

I am sorry that you should leave school for your family reasons.

(나는 네가 가정 사정으로 학교를 떠나는 것을 안타깝게 여긴다.)

(3) 겸허를 나타낸다.

I should like to help you.

(제가 당신을 도울 수 있게 되기를.)

8. 조동사 would의 용법

미래조동사 will의 과거형 이외의 뜻으로 쓰인다.

(1) 과거에서의 의지를 나타낸다.

She would go in spite of my entreaties.

(그녀는 나의 간청에도 불구하고 기어이 떠나려 했다.)

(2) 겸허를 나타낸다.

You would better start now.

(지금 출발하시지요.)

(3) 과거의 불규칙적인 습관을 나타낸다.

He would drink when he was young.

(그는 젊었을 때 때때로 술을 마셨다.)

9. 조동사 ought to의 용법

의무의 조동사 should와 쓰임이 같다.

(1) 정당함을 나타낸다.

You ought to pay your membership fee.

(네가 회비를 내는 것은 당연하다.)

(2) 의무를 나타낸다.

You ought to know better.

(네가 그런 어리석은 짓을 하다니.)

10. 조동사 used to의 용법

조동사 would가 과거의 불규칙적인 습관을 나타내는 것에 반하여 used to는 과거의 규칙적인 습관을 나타낸다.

He used to drink when he was young.

(그는 젊었을 때 술을 상습적으로 마셨다.)

They used not to complain.

(그들은 불평을 하지 않는 습관이 들었다.)

What used he to do on holidays?

(쉬는 날들에는 그는 대체로 무엇을 했소?)

11. 조동사 be의 용법

(1) 현재분사와 결합하여 진행 시제를 만든다.

I am writing a letter.

(나는 편지를 쓰고 있는 중이다.)

☞ 진행형이다.

(2) 타동사의 과거분사와 결합하여 피동태를 만든다.

The tiger was killed by the hunter.

(그 호랑이는 그 사냥꾼에 의해서 죽임을 당했다.)

☞ 피동태이다.

(3) 자동사의 과거분사와 결합하여 완료형을 만든다.

The winter is gone.

(겨울이 가고 없다.)

☞ The winter has gone과 같은 완료형이다.

12. 조동사 have의 용법

(1) 과거분사와 결합하여 완료형을 만든다.

The winter has gone.

(겨울이 가고 없다.)

☞ 현재완료 시제이다.

My sister had finished her homework before I began mine.

(내 누이는 내가 나의 숙제를 시작하기도 전에 그녀의 숙제를 끝내버렸다.)

☞ 과거완료 시제이다.

(2) have뒤에 부정사를 이끌어 must와 같은 역할을 한다.

She had to earn her daily bread during the war.

(그녀는 전쟁 중에 밥벌이를 스스로 해야 했다.)

☞ must의 역할을 한다. 단, 뜻으로 '사정상'이 가미된다.

You have not to spend so much money for such an unprofitable business.

(당신은 그와 같이 이익이 없는 사업에 그처럼 많은 돈을 쓸 필요가 없다.)

☞ need not과 같다.

13. have의 관용적 용법

had better + 동사원형('...하는 것이 좋다'의 뜻)을 갖고 have got은 have와 같다.

You had better go now.

(너는 지금 가는 것이 좋다.)

He has got much money with him.

(그는 지금 많은 돈을 지니고 있다.)

14. 조동사만 남기도 본동사는 생략되는 경우들

(1) 문장 속에서 본동사가 갈고 문맥상으로 알 수 있을 때

If he would, he could help you.

(만약 그가 그럴 의사가 있다면 그는 당신을 도울 수 있을 것이다.)

☞ would 다음에 help가 생략된다.

(2) 부가 의문문에서 본동사가 생략된다.

You like it, don't you?

(당신은 그것을 좋아해요. 그렇지 않나요?)

(3) 일종의 부가 의문문이지만 그것과는 달리, 본문이 긍정이면 부가 의문문에서도 긍정으로, 본문이 부정이면 부가 의문에서도 부정의 형태로 쓰이며 본동사가 생략되고 의미상으로는 빈정대는 어조를 띤다.

At last I have found you, have I?

(결국엔 내가 너를 찾았어. 그치?)

Anyhow, he would not come here, wouldn't he?

(어떻든 그는 여기 안올거야. 글쎄 그가 오겠니?)

못말려 선생은 원칙이 바로 서있는 사람이었지만 그는 익히 우리들이 알고 있듯이 때로는 융통성을 발휘하는 것을 서슴지 않았다. 사실, 원칙이 서 있는 사람일수록 상황에 따라 기지와 임기응변으로 융통성을 적절히 잘 발휘한다. 그런 그가 영어의 문장에서 가장 중요하고 또한 중심이 되는 동사를 정리하면서 간단히 처리하겠다고 약속했는데도 아직도 그것을 완전히 끝내지 못하고 있는 것에 조금은 어찌할 바를 몰라 하는 듯이 보였다.

그러나 그는 의연히 다룰 것은 다 다루어야겠다고 결의를 다졌다. 시작을 하면 끝을 맺는 것이 어떤 것에나 바람직한 일이 아닌가? 그것도 철저하게! 그가 바로 그러한 정신의 소유자가 아닌가? 우리 학생들은 영문법을 철저하게 배우면서 동시에 사람의 인간됨이 무엇인가도 철저히 배우고 있다는 것을 익히 알고 있는 터였다.

그는 철학자로서의 면모를 보인 것뿐만 아니라 심리학자로서도 손색이 없어 보였다. 그래서 우리 학생들이 지겨워할 정도가 되었다 싶으면 희극배우가 되어 웃겨주고 조금은 해이해져 있을 법하면 분발심, 도전의식 그리고 인내심과 용기를 북돋아 주곤 했다. 아닌 게 아니라 이 동사의 정리편에서는 우리 학생들도 도대체 언제나 그것을 끝내버릴 수 있을까 하고 조바심도 났던 것도 사실이다.

07 피동태의 문장에는 동사가 어떻게 나타나는가, 이것이 문제이다

그래서 그런지 못말려 선생은 "이제 다 왔다. 다만 태(voice)와 서법(mood)만 끝내면 동사의 정리가 끝난다."라고 말하여 우리 학생들을 달래 주었다.

영문법정복 | 태(voice)의 형태

태(voice)는 능동태(active voice)와 피동태(passive voice) 의 두 가지가 있다.

1. 능동태(active voice)

능동태는 문장에서 동태의 행위자가 주어가 되고 동태의 대상이 되는 것이 목적어가 되는 가운데 동태는 능동적인 형식을 갖는 타동사가 된다.

즉, 주어(동태의 행위자) + 타동사(동태) + 목적어(동태의 대상)의 형식을 취한다.

위의 설명과 형식에 대한 보기로 He broke the window.(그는 창문을 깼다.)가 있는데, 그것은 He(동태의 행위자 : 주어) + broke(동태의 행위 : 타동사 break의 과거) + the window.(동태의 대상 : 목적어)와 같이 분석된다.

2. 피동태(passive voice)

피동태는 문장에서 동태의 대상자가 주어가 되고 동태의 행위자는 전치사 by의 목적어가 되는 가운데 피동태의 형식은 피동조동사 be동사를 앞세운 타동사의 과거분사가 된다.

즉, 주어(동태의 대상) + be동사 + 타동사의 과거분사 + by 목적어(동태의 행위자)가 된다.

위의 설명과 형식에 대한 보기로 The window was broken by him. (창문이 그에 의해서 깨졌다.)가 있는데, 그것은 The window(동태의 대상: 주어) + was broken. (동태의 피행위 : be동사의 3인칭 과거 + 타동사 break의 과거분사 : 복합술어), by him(by+he의 목적격 : 행위자)와 같이 분석된다.

이 피동태에 대한 설명을 들은 것이 아직도 귓가에 맴돌고 있는데도 못말려 선생은 시치미를 떼고 그것을 다시 설명하기 시작했다.

영문법정복 | # 태(voice)의 정리

---

1. 능동태가 피동태로 전환된 12시제로 살펴보면 다음과 같다.

(1) 현재

The students help the teacher : 현재 능동태

(그 학생들은 그 선생을 도와준다.)

The teacher is helped by the students : 현재 피동태

(그 선생은 그 학생들에 의해 도움을 받는다.)

(2) 과거

The students helped the teacher : 과거 능동태

(그 학생들은 그 선생을 도와줬다.)

The teacher was helped by the students : 과거 피동태

(그 선생은 그 학생들에 의해 도움을 받았다.)

(3) 미래

The students will help the teacher : 미래 능동태

(그 학생들은 그 선생을 도와줄 것이다.)

The teacher will be helped by the students : 미래 피동태

(그 선생은 그 학생들에 의해 도움을 받을 것이다.)

(4) 현재완료

The students have helped the teacher : 현재완료 능동태

(그 학생들은 그 선생을 도와줘 왔다.)

The teacher has been helped by the students : 현재완료 피동태

(그 선생은 그 학생들에 의해 도움을 받아왔다.)

(5) 과거완료

The students had helped the teacher : 과거완료 능동태

(그 학생들은 그 선생을 도와줬었다.)

The teacher had been helped by the students : 과거완료 피동태

(그 선생은 그 학생들에 의해 도움을 받아왔었다.)

(6) 미래완료

The students will have helped the teacher : 미래완료 능동태

(그 학생들은 그 선생을 도와줄 것이다.)

The teacher will have been helped by the students : 미래완료 피동태

(그 선생은 그 학생들에 의해 도움을 받아갈 것이다.)

(7) 현재진행

The students are helping the teacher : 현재진행 능동태

(그 학생들은 그 선생을 도와주고 있다.)

The teacher are being helped by the students : 현재진행 피동태

(그 선생은 그 학생들에 의해 도움을 받고 있다.)

(8) 과거진행

The students were helping the teacher : 과거진행 능동태

(그 학생들은 그 선생을 도와주고 있었다.)

The teacher was being helped by the students : 과거진행 피동태

(그 선생은 그 학생들에 의해 도움을 받고 있었다.)

(9) 미래진행

The students will be helping the teacher : 미래진행 능동태

(그 학생들은 그 선생을 도와주고 있을 것이다.)

The teacher will be being helped by the students : 미래진행 피동태

(그 선생은 그 학생들에 의해 도움을 받고 있을 것이다.)

(10) 현재완료진행

The students has been helping the teacher : 현재완료진행 능동태

(그 학생들은 그 선생을 도와줘 오고 있다.)

The teacher has been being helped by the students : 현재완료진행 피동태

(그 선생은 그 학생들에 의해 도움을 받아오고 있다.)

(11) 과거완료진행

The students had been helping the teacher : 과거완료진행 능동태

(그 학생들은 그 선생을 도와줘 오고 있었다.)

The teacher had been being helped by the students : 과거완료진행 피동태

(그 선생은 그 학생들에 의해 도움을 받아오고 있었다.)

(12) 미래완료진행

The students will have been helping the teacher : 미래완료진행 능동태

(그 학생들은 그 선생을 도와줘 가고 있을 것이다.)

The teacher will have been being helped by the students : 미래완료진행 피동태

(그 선생은 그 학생들에 의해 도움을 받아가고 있을 것이다.)

현재완료진행, 과거완료진행, 그리고 미래완료진행의 피동태들은 그 복잡한 형식으로 인하여 거의 쓰이지 않는다. 그 대신 진행의 뜻을 갖는 부사적 수식 구문을 사용하여 피동을 나타내거나 피동의 뜻을 갖는 능동태들이 사용된다.

The documents have been under examination.

(그 서류들이 검사되고 있다.)

☞ 현재완료진행 피동태 The documents have been being examined.를 대신한다.

The city hall will have been under construction.

(그 시청 청사가 건축되고 있다.)

☞ 미래완료진행 피동태 The city hall will have been being built.를 대신한다.

2. 피동태에 쓰이는 by+목적어의 by가 관용적으로 다른 전치사들로 바뀌어 쓰인다.

몇 가지 용례들을 열거해 보자.

Snow covered the mountain.(눈이 산을 뒤덮었다.)

≫≫ The mountain was covered with snow.(산은 눈에 의해 뒤덮였다.)

☞ 능동태의 문장을 피동태의 문장으로 만들 때에 전치사 by 대신에 with가 쓰인다.

Politics does not interest me.(정치는 나에게 관심을 주지 않는다.)

≫≫ I am not interested in politics.(나는 정치에 관심이 없다.)

☞ 능동태의 문장을 피동태의 문장으로 만들 때에 전치사 by 대신에 in이 쓰인다.

Everybody knows the news.(모두가 그 뉴스를 안다.)

≫≫ The news is known to everybody.(그 뉴스는 모두에게 알려져 있다.)

☞ 능동태의 문장을 피동태의 문장으로 만들 때에 전치사 by 대신에 to가 쓰인다.

The news excited all of us.(그 뉴스는 우리 모두를 흥분시켰다.)

≫≫ All of us were excited at the news.(우리 모두는 그 뉴스에 흥분됐다.)

☞ 능동태의 문장을 피동태의 문장으로 만들 때에 전치사 by 대신에 at이 쓰인다.

3. 피동태의 문장에서 by+목적어가 없을 때에는 총칭인칭이 그 목적어가 되는 경우이거나 문맥상으로 보아 다 알 수 있는 것이다.

They speak English in Australia.(그들은 오스트레일리아에서 영어로 말한다.)

≫≫ English is spoken in Australia.(영어는 오스트레일리아에서 통용된다.)

☞ by + them(총칭어)이 생략된 것이다.

You must keep school regulations.(너는 반드시 학교의 규정을 지켜야 한다.)

〉 School regulations must be kept.(학교의 규정은 반드시 지켜져야 한다.)

☞ by + you가 생략된 것이다. 이것은 누구나 규정을 지켜야 한다는 총칭어로 해석될 수도 있고, 문맥상으로 '너에 의해서' 라고 해석될 수도 있다.

4. 문장 제4형식은 목적어가 두 개이기 때문에 두 가지 형태의 피동태 문장으로 바꿀 수 있다. 두 목적어 중 하나가 주어가 되면 나머지 하나는 그대로 남아 있게 된다.

I gave the child a toy.(나는 그 아이에게 장난감을 하나 주었다.)

>>> The child was given a toy (by me).(그 아이는 (내게서) 장난감 하나를 받았다.)

>>> A toy was given (to) the child (by me).(장난감 하나가 (내게서) 그 아이에게 주어졌다.)

5. 문장 제5형식도 목적어가 피동태가 되면 보어는 그대로 남거나 그 앞에 to be가 붙는다.

He made her happy.(그는 그녀를 행복하게 만들었다.)

>>> She was made happy by him.(그녀는 그로 인해 행복해졌다.)

He saw her face pale.(그는 그녀의 얼굴이 창백해지는 것을 보았다.)

>>> Her face was seen to be pale by him.(그녀의 얼굴이 창백해지는 것이 그에게 보였다.)

6. 능동태의 주어가 총칭인칭이고 목적어가 접속사 that이 이끄는 명사절일 때 총칭인칭은 흔히 생략되며 두 가지 형태의 피동태 문장으로 바꾸어 쓸 수 있다.

People usually say that April is the cruelest month.

(사람들은 흔히 4월을 가장 잔인한 달이라고 말한다.)

>>> It is usually said that April is the cruelest month.

(4월은 가장 잔인한 달이라고 흔히 말해진다.)

>>> April is usually said to be the cruelest month.

(4월은 흔히 가장 잔인한 달이라고 말해진다.)

7. 능동태의 문장 제5형식의 보어가 to 없는 부정사일 때 피동태에서는 to가 나타난다.

You cannot make your dog bark.(당신은 당신 개가 짖게 만들 수 없다.)

>>> Your dog cannot be made to bark.(당신의 개는 짖게 만들 수 없다.)

8. 의문사가 있는 의문문의 피동태의 보기들.

Who killed the dog?(누가 그 개를 죽였는가?)

>>> By whom was the dog killed?(그 개는 누구에 의해 죽임을 당했는가?)

Whom will you take with you?(당신은 누구를 함께 데리고 갈 것인가?)

>>> Who will be taken with you?(누가 당신과 함께 데려가질 것인가?)

9. 명령문이 피동태가 될 때

Close the door.(문을 닫아라.)

>>> Let the door be closed.(문을 닫히게 해라.)

10. 뜻이 서로 다른 피동태들에서 동태 피동태는 동사가 행위로 나타나고 상태 피동태는 동사가 상태로 나타난다.

The door was shut by the boy: 동태 피동태

(문은 그 소년에 의해 닫혔다.)

The door was shut for a long time : 상태 피동태

(그 문은 오랫동안 닫혀 있는 상태였다.)

11. 타동사 + onself(목적어)의 피동태는 대부분이 능동의 뜻을 갖는다.

He worried himself about it.(그는 그것에 대하여 걱정했다.)

= He was worried about it.(그는 그것에 대하여 걱정했다.)

He engaged himself in it.(그는 그것에 관여했다.)

= He was engaged in it.(그는 그것에 관여했다.)

12. 능동태의 동사가 피동의 뜻을 가질 수 있다.

This book sells well : 정형 동사

(이 책은 잘 팔린다.)

A boy is missing : 현재분사

(한 소년이 실종됐다.)

This house is to let : 부정사

(이 집은 세놓은 것이다.)

The watch demands mending : 동명사

(그 시계는 수리되어야 한다.)

앞에서도 말했듯이 사람은 하나를 배우면 열을 알아야 하고 하나를 보면 열을 꿰뚫어 보아야 한다고 했다. 한 사과를 일부만 먹어 보아도 그 사과의 전체의 맛을 알 수 있게 되는 이치와 같은 것이다. 못말려 선생이 능동태와 피동태에 관한 보기들을 간략하게 다룬 것은 아마도 이러한 소치에서였을 것이다. 확실히 간략한 보기와 설명이었지만 나는 영어의 태(voice)에 대하여 하나를 배우고 열을 아는 듯한 뿌듯한 생각을 갖게 되었던 것이다.

못말려 선생은 이 능동과 피동의 문장들을 가르치다가 생각을 떠올렸는지 인생은 크게 보아 능동적인 삶과 피동적인 삶으로 나눌 수 있다고 말했다. 인생의 승리는 능동적인 행동에서 비롯되고 인생의 패배는 피동적인 행동에서 연유될 수 있다. 능동적이란 말은 긍정적이고 생산적이고 건설적이고 낙관적인 말들을 합한 말일 것이고 피동적이란 말은 그와는 대조로 소극적이고 비생산적이고 답보적이고 비관적인 말들을 합한 말일 것이다.

못말려 선생은 위의 말을 뒷받침해 줄 수 있는 인용을 했다. 아이슬랜드의 한 소설가는 "슬픔에서 멀리 떨어져 있으라. 슬픔은 영혼의 병이기 때문이다. 확실히 인생은 싫은 일로 가득 차있다. 하지만 마음속으로 모든 사물을 가장 긍정적인 측면에서 바라보고, 어떻게 될지 의심스러운 일일지라도 잠재적으로 좋은 일을 내포하고 있다고 생각한다면, 그 마음 자체에 강하고 끊임없는 해결 방법이 갖춰져 있다고 말할 수 있다. 우울한 영혼은 불행을 더욱 더 깊게 만들지만, 밝은 미소는 폭풍이 온다는 걸 알리는 안개까지도 말끔히 씻어내 주는 것이다."라고 했다. 이 말은 한 마디로 인생에서 끌려가는 피동적인 행동을 물리치고 인생을 끌고가는 능동적인 행동을 취하라는 것이다.

대체로 인생을 성공적으로 이끈 역사적인 인물들은 인생을 능동적으로 이끈 사람들이었고, 이와는 반대로 인생을 어쩔 수 없는 운명의 탓으로 돌린, 즉 인생을 피동적으로 이끈 사람들은 이미 처음부터 패배를 그들의 인생에 잉태시켜 놓은 사람들이었다. 못말려 선생은 여기서 "학생들 말이야, 영어책들을 읽다보면 대체적으로 피동태의 문장들은 인생의 소극적인 면들을 기술하고 있음을 발견할 것이야."라고 동태(voice)의 정리를 결론지었다.

드디어 정형 동사에 대한 것들의 맨 끝부분인 서법(mood)을 우리 학생들 앞에 놓고 못말려 선생은 감회에 젖어 있었다. 이건 주객이 전도된 것이다. 영어의 무지를 깨치게 해준 것은 그이기 때문에 감사한 마음을 품어야 할 사람들은 우리 학생들이지 않은가? 하기야 가르치는 사람과 배우는 사람

이 한 마음이 되어 있지 않으면 가르칠 수도 배울 수도 없는 것이기에 그가 그렇게 감회 어린 모습을 보인 것은 바로 그가 우리 학생들과 혼연일체가 되어 가르치고 있었기 때문인 것이다.

그는 그러한 표정으로 "이제 영어의 최고의 요새를 공략했으니 우리는 영어를 다 정복한 영어의 정복자들이 된 것이다." 라고 말했다.

우리 학생들은 이 말을 듣고 온 천지를 정복한 것과 같았다. 우리 학생들은 그의 가르침으로 영어를 정복한 정복자가 된 기념으로 또 다시 그의 별칭을 갈았다. 이제는 그의 이름을 '그선생'과 '오형식', 그리고 '못말려'에서 성은 '정'씨이고 이름 '복자'가 되는 함자인 '정복자'로 개명한 것이다.

사람과 하나님

사람은 하나님
하나님은 사람
사람이 없고 하나님이 있는가?
하나님이 없고 사람이 있는가?

사람은 하나님이 만든
세상에 하나님으로 산다.
하나님은 사람을 위해 만든
세상에 사람으로 있다.

08 영어의 마무리에 이른 서법(敍法) : 이제 준비된 영어의 정복자가 되다

서법(mood)은 말하는 사람(speaker)이 어떤 것을 있는 그대로 직설적으로 말을 하거나(직설법), 듣는 사람(hearer)에게 명령을 하거나(명령법), 아니면 사실과는 반대로 말하거나(가정법) 하는 방식들에 따라 문장의 술어나 복합술어가 구성되는 형식이 달라지는 법칙들의 묶음이다. 사실을 있는 그대로 말하는데 있어서의 동사의 형식들, 직설법 12시제들의 법칙인데 우리 학생들은 직설법 시제가 이미 몸에 배어 있었다.

영문법정복 | 서법(mood)의 정리

1. 직설법(indicative mood)

사실을 있는 그대로 말하는데 있어서의 동사의 형식들, 즉 직설법 12시제들의 법칙이다.

She is beside herself.
(그녀는 제 정신이 아니다.)

She is not herself.
(그녀는 미쳐 있다.)

Is she hospitalized in a lunatic asylum?

(그녀는 정신병원에 입원해 있는가?)

2. 명령법(imperative mood)

말하는 사람이 듣는 사람에게 어떤 행동을 할 것을 명령하는 술어의 형식이다. 본래는 You will +
동사원형의 형식인데 주어 you와 조동사 will이 생략된 것이라는 학설이 있다.

Study your failures and be instructed by them.

(너의 실패들을 연구하라. 그리고 그 실패들에서 배워라.)

Don't go away.

(멀리 가지 마라.)

Let him read the book.

(그에게 그 책을 읽게 하라)

Don't let him read the book.

(그에게 그 책을 읽게 하지 말라.)

Down with the terrorists.

(폭력배들을 타도하자!)

☞ 부사 down이 명령 동사를 대신할 수 있다.

You hold your tongue.

(너 조용히 하라.)

☞ 명령 동사 앞에 you를 두기도 한다.

Hear me out, and you will come to understand me.
= If you hear me out, you will understand me.

(네가 끝까지 내 말을 들으면 나를 이해할 것이다.)

Start at once, or you will miss the last train.

= If you do not start at once, you will miss the last train.

(지금 바로 출발하지 않으면 막차를 놓칠 것이다.)

Say what we will, they do not mind us.

= Whatever we may say, they do not mind us.

(우리들이 어떤 말을 해도, 그들은 우리들을 무시한다.)

3. 가정법(subjunctive mood)

말하는 사람이 사실과 반대되게 말하는 어법인데, 가정법 정형에서는 조건이나 전제를 나타내는 조건절이 앞에 나오고, 그 조건이나 전제에 대한 결론을 나타내는 귀결절이 뒤에 나온다.

가정법은 이미 앞에서 배웠듯이 종류로는 과거가정법, 과거완료가정법, 그리고 미래가정법의 세 가지로만 분류된다. 가정법에 쓰이는 동사들은 모두 과거형이다. 간혹 shall의 should가 생략되어 동사원형만 나오기도 한다. 그런데 If it is rainy, we will go to the movies instead of going on a picnic. (만약 비가 온다면, 우리는 소풍가는 대신에 영화를 보러 갈 것이다)에서처럼 형태는 조건절과 귀결절의 형식을 갖추고 있지만 실제로 가정법이 아니다. 물론 그것이 현재형 가정법으로 취급하는 영문법 학자들이 있지만 그것은 가정법의 특성인 '사실과 반대로 말하는 어법'과 어긋나기 때문에 가정법으로 다루어질 수 없는 것이다.

그러나 조건절에 과거 동사가 사용되어 가정법이 되면서 귀결절에 동사 현재형을 사용해 직설법이 되는 혼합문장들은 더러 있다. 또한 조건절은 과거완료 가정법이 되고 귀결절은 과거가정법 혹은 미래가정법이 올 수 있는 혼합 가정법은 있을 수 있으나 거꾸로 조건절의 가정법 시제가 귀결절의 가정법 시제보다 미래가 되는 가정법은 없다. 조건절은 어디까지나 과거형 동사나 과거완료 동사 (be동사는 인칭 관계없이 were 또는 had been형만 쓰임)가 온다.

(1) 과거가정법 (past subjunctive)

현재의 사실과 반대로 가정하는 어법이다.

1) 정형

조건절과 귀결절로 되어 있다.

> if + 주어 + 과거동사...(조건절),
> 주어 + 조동사의 과거 + 동사원형...(귀결절)

If you were not so sick, you would participate in the game.

(만약 네가 그렇게 아프지 않다면 네가 그 경기에 참여할 것인데.)

☞ if 대신에 but that 또는 suppose나 providing (that)과 같은 유사 조건의 접속사들이 사용될 수 있다.

If I had the wings of a bird, I could now fly to her.

(만약 내가 새의 날개를 갖고 있다면 나는 지금 그녀에게 날아 갈 수 있을 텐데.)

2) 준형

조건절과 귀결절이 없이 동사의 과거형이 주로 종속 구문 혹은 주절에서 동사의 과거 형태로 들어가 현재의 사실과 반대로 말한다.

① 명사절 또는 명사구가 가정법 준형을 나타낸다.

I wish that I knew the secret now.

(내가 지금 그 비밀을 안다면 좋으련만.)

☞ that이 이끄는 명사절 that I knew the secret now에서 knew가 과거형이기 때문에 과거가정법에 해당된다.

It would be rather nice for them to go on a picnic, but it is rainy now.

(그들이 소풍 가면 차라리 좋으련만 그러나 지금 비가 오고 있는 걸.)

☞ for them to go on a picnic의 진주어인 명사구가 주절의 would 가정법 종결 조동사이기 때문에 과거가정법 조건절에 해당된다.

② 형용사절 또는 형용사구가 가정법 준형을 나타낸다.

It is about time that you went to bed now.

(네가 지금 잠자리에 들 때인데.)

☞ 형용사절 that you went to bed now가 과거가정법에 해당된다.

The man but in such a position might well be a man of ability.

(그 사람이 그러한 위치에 있었다면 능히 유능한 사람이 되고도 남을 것인데.)

☞ 형용사구인 but in such a position이 과거가정법 조동사 might의 조건절에 해당된다.

③ 과거 동사를 갖는 독립된 문장이 가정법 준형을 나타낸다.

Oh, were we there now!

(오, 우리들이 지금 거기에 있다면 오직 좋을까!)

☞ 과거가정법에 해당된다.

Oh, had we everlasting life!

(오, 우리들이 영원히 산다면 오직 좋을까!)

☞ have의 과거형 had가 들어 있어 위의 문장은 과거가정법에 해당된다.

④ 조건절만으로 가정법 준형을 나타낸다.

If I only had a house of mine now!

(내가 지금 내 소유의 집 한 채만 있어도 오직 좋을까!)

☞ 위의 문장은 과거가정법에 해당된다.

If I had the brains!

(내 머리가 좋다면 오직 좋을까!)

☞ 위의 문장은 과거가정법에 해당된다.

⑤ 부사절 또는 부사구가 가정법 준형을 나타낸다.

He talks as though he knew everything.

(그는 이 세상에 모르는 것이 하나도 없는 양 말한다.)

☞ 부사절 as though ... 가 과거가정법에 해당된다.

He could not succeed in his business without your help.

(그는 너의 도움이 없으면 그의 사업이 성공할 수 없다.)

☞ 부사구 without your help가 과거가정법의 조건절에 해당된다.

But for your help, he could not succeed in his business.

뜻은 위의 문장과 같고 부사구 but for your help가 과거가정법의 조건절에 해당한다.

⑥ 과거가정법 준형적인 관용구문들이 가정법 준형을 나타낸다.

China, as it were, a sleeping tiger.

(중국은 말하자면 잠자고 있는 호랑이이다.)

☞ as it were가 과거가정법에 해당된다.

You had better know better.

(지금처럼 어리석어서는 안 된다.)

☞ had better 대신에 had rather를 써도 되는데 현재를 말하는데 동사가 과거가 되기 때문에 과거가정법에 해당된다.

I should say that it were better to say nothing about politics in this company.

(이 모임에서는 정치에 관한 말은 안하는 것이 좋겠다고 말하고 싶다.)

☞ 현재의 상황을 말하는데 동사들 should와 were가 과거가정법 동사들이기 때문에 과거가정법에 해당된다.

It were safer to travel by train now.

(지금은 기차로 여행하는 것이 더 안전하다.)

☞ 위의 문장은 were가 3인칭 단수 it의 술어가 되어 과거가정법이다.

⑦ 조건절에 if 대신에 조동사 과거가 주어 앞으로 나온다. be동사나 have동사는 그것들의 과거형들이 were와 had가 주어 앞으로 나온다.

Did I possess a fortune, I would set up a charity hospital.

(만약 내가 재산이 있다면, 자선 병원 하나를 세울 텐데.)

☞ did I possess = If I possessed

Did not hope prolong the length of existence, life would certainly be short.

(희망이 존재의 기간을 연장하지 않는다면 인생이란 참으로 짧은 것이다.)

☞ did not hope prolong = if hope did not prolong

Were I you, I should not see him again.

(내가 너라면, 나는 그를 다시 보지 않겠는데.)

☞ were I = if I were

Had I much money, I would buy a sports car.

(내가 돈이 많이 있다면 스포츠카를 한 대 살 텐데.)

☞ had I = if I had

(2) 과거완료 가정법(past perfect subjunctive)
과거의 사실과 반대로 말하는 어법이다.

1) 정형

조건절과 귀결절로 되어 있다.

> if + 주어 + had + 과거분사…(조건절),
> 주어 + 조동사의 과거형 + have + 과거분사…(귀결절)

If I had remained silent without saying a word, they would have certainly considered me a coward.

(만약 말 한마디 않고 조용히 남아 있었으면, 그들은 틀림 없이 나를 한 비겁자로 보았을 것이다.)

If you had made a little effort, you would have realized your dream.

(만약 네가 조금 노력을 했더라면 너는 너의 꿈을 실현시킬 수 있었을 것이다.)

How happy we should have been if only we could have won back the trophy.

(우리들이 그 우승패를 되찾았다면, 우리들은 얼마나 즐거웠을까?)

☞ 조건절에 조동사의 과거 + have + 과거분사가 들어 있다.

I should not have agreed on it unles I had thought it agreeable.

(만약 내가 그것이 합당한 것이라고 생각하지 않았다면, 나는 그것에 합의하지 않았을 것이다.)

☞ unless = if … not …

Even if he had wanted to undertake the job, he could not have done so.

(그가 그 일을 떠맡기를 원했다 해도 그는 그렇게 하지 못했을 것이다.)

2) 준형

조건절과 귀결절의 형식이 없이 가정법 과거완료의 역할을 한다.

① 주절의 타동사인 wish의 목적어가 되는 명사절에 had + 과거분사가 있을 때 또는 wish의 목적어가 되는 명사구가 있을 때

I wished that I had been rich enough to help you then.

(나는 그 때에 너를 도울 수 있을 만큼 부자였기를 바랐다.)

☞ that I had been ... 는 과거완료 가정법에 해당된다.

I wish even now that I had known the secret then so that I might tell it to you.

(나는 지금도 내가 너에게 그 비밀을 말하게끔 그것을 그 때 알았기를 바라는 마음인 것이다.)

☞ that I had known ... 의 명사절이 과거완료 가정법에 해당된다.

I wished to have been rich.

(나는 부자였기를 바랬는데.)

☞ to have been rich의 명사구가 과거완료 가정법에 해당된다.

② 형용사절이 과거완료 가정법의 조건절을 대신한다.

One who had intended to cheat him would have been detected at once.

(그를 속이려고 한 사람은 곧 탄로날 것이었다.)

☞ 형용사절 who had intended to cheat him이 if one had intended to cheat him과 같다.

He who had dared to kick my dog would have been treated in the same way.

(나의 개를 감히 발로 찼다면 그자는 똑같은 대우를 받았을 것이다.)

☞ 형용사절 who had dared ... 가 가정법 과거완료 조건절에 해당된다.

③ 부사절이나 부사구가 조건절을 대신한다.

When one heard him speak English, one would have taken him for an American.

(그가 영어하는 것을 들었다면. 누구나 그를 미국인으로 생각했을 것이다.)

☞ when one heard him speak는 if one had heard him speak English와 같다.

He would not have succeeded in his business without his brother's help.

(그는 그의 형의 도움이 없었다면 사업에 실패했을 것이다.)

☞ 부사구 without his brother's help가 if his brother had not helped him과 같다.

④ 독립된 문장이 과거가정법의 동사형이 있을 때

Had I but known it!

(내가 그것을 알았더라면 사정은 달랐을 거야!)

O had he not died!

(그가 죽지 않았더라면 얼마나 좋았었을까!)

⑤ 기타 문장의 일부가 조건절을 대신한다.

A brave soldier would not have retreated even in such an unfavorable battle.

(용감한 군인이었더라면 그러한 불리한 전쟁터에서도 퇴각하지 않았을 것이다.)

☞ 문장의 일부인 주부인 a brave soldier가 if 절을 대신한다.

Left to the students to find out for themselves, they might have shown more progress in their studies.

(학생들에게 자신들의 능력을 발휘하도록 내버려 두었더라면 그들은 그들의 공부에 더 큰 발전을 도모했을 것이다.)

☞ 준동사인 분사구문 left to the students to find out for themselves가 가정법 과거완료 조건절을 대신한다.

(3) 가정법 미래(future subjunctive)

미래의 사실을 반대로 말하거나 혹은 강한 의혹을 가정하는 어법이다.

1) 정형

조건절과 귀결절로 되어 있다.

> if + 주어 + were to 혹은 should + 동사원형...(조건절),
> 주어 + 조동사 과거형 + 동사원형...(귀결절)

If my father were to be alive now, I would never disobey him.

(만약 나의 아버지가 살아 계실 것이라면 나는 그의 말을 결코 거역하지 않을 것이다.)

If it should be rainy tomorrow, I should have to stay home.

(만약 내일 비가 온다면 나는 어쩔 수 없이 집에 머무를지 모른다.)

How glad I should be if you could work out the problem.

(만약 네가 그 문제를 풀어낼 수 있다면 나로서는 정말로 기뻐할 것이지만.)

☞ 조건절의 could는 can의 과거형으로 미래가정법의 조건절을 나타낸다.

2) 준형

조건절과 귀결절이 없이 미래가정법의 역할을 한다.

① 주절의 타동사 wish의 목적어가 되는 명사절이 미래가정법의 역할을 하거나 부정사가
명사구가 되어 wish의 목적어로서 가정법의 역할을 한다.

I wish that my father were to be alive.

(나는 나의 아버지가 살아 계실 것을 바라지만!)

☞ that이 이끄는 명사절이 가정법 미래에 해당한다.

I wish to become a bird to fly to her.

(나는 그녀에게 날아갈 수 있게끔 한 마리 새가 되었으면 좋겠다.)

☞ 부정사 구문 to become a bird to fly to her가 가정법 미래에 해당한다.

② 형용사절 또는 형용사구가 가정법의 조건절과 같은 역할을 한다.

A man who should behave themselves like that must be mad.

(그렇게 행동한 사람이라면 그건 미친 사람일 것이다.)

☞ 형용사절 who should behave themselves like that가 가정법 미래의 조건절에 해당한다.

A girl in such a strange dress in the party would be considered to be
beside herself.

(그 파티에서 그와 같은 복장을 하고 나온 여자라면 제 정신이 아닌 걸로 여겨질 것이다.)

☞ 형용사구 in such a strange dress in the party가 미래가정법 조건절에 해당한다.

정복자 선생은 가정법의 끝맺음으로 가정법에서 동사가 가지는 특성을 힘주어 말했다. 그는 가정
법에서의 술어(동사 하나로 된 것)나 복합술어(조동사와 본동사로 이루어지는 것)는 반드시 과거라
는 것을 잊지 말라고 당부했다.

(4) 가정법 정형의 시제 형식

가정법에서 술어는 과거 동사가 되고 복합술어는 조동사가 과거형이 된다.

1) 과거가정법

if + 주어 + 과거 동사...,주어 + 과거 조동사 + 동사원형...

2) 과거완료 가정법

if + 주어 + had + 과거분사..., 주어 + 과거 조동사 + have + 과거분사...

3) 미래가정법

if + 주어 + were to(혹은 should) + 동사원형..., 주어 + 과거 조동사 + 동사원형...

가정법 변형에서는 과거동사나 조동사의 과거가 여실하게 나타난다. 예컨대, It is about time that you went to bed. (지금 너는 잠자리에 들 시간인데).에서 현재를 이야기하면서 동사 과거형 went가 쓰이고 있다. Would you help me now?(당신께서 나를 도와주시겠습니까?)에서 과거조동사 would 가 쓰이면서 현재의 상황을 말하고 있기 때문에 이 문장도 가정법 과거의 변형에 해당된다.

이와 같이 가정법에 쓰이는 동사는 모두가 과거이어야 한다. 그러므로 문맥에서 모든 문장들이 현재동사가 쓰이는 가운데 유독 과거동사가 쓰이는 문장은 가정법의 변형이라고 보면 맞다. 예컨대, It is too late.(시간이 너무 늦었네.) You had better leave now.(넌 지금 가는 게 낫겠다.) You have stayed here for a long time.(넌 여기 너무 오래 머물러 있었어.)에서 you had better leave now의 앞 문장에서는 현재술어 is가 쓰이고 뒤의 문장에서는 복합술어의 조동사 현재형 have가 쓰였다. 따라서 동사 과거형 had가 들어 있는 가운데 문장은 가정법 변형의 문장인 것이다. 또 하나의 예를 들면, I wish that I were rich now.(내가 지금 부자이길 바란다.)에서 now(지금=현재)의 부사가 술어동사 과거 were를 수식했다면 현재의 사실과 반대가 되는 과거가정법 문장인 것이다.

정복자 선생은 위와 같이 가정법의 술어와 복합술어의 특성을 요점 있게 정리해 주었다. 또한 I wish to be rich now.라는 문장이 과거가정법 문장인 I wish that I were rich now의 또 다른 변형이라는 것을 덧붙여 설명하고는 우리 학생들이 영어 문장들의 문맥만 잘 살핀다면 가정법 구문인지 쉽게 알 수 있다고 말했다.

4. 감탄문(exclamatory sentence)

사람의 강한 감정에서 감탄을 나타내는 어법이다. 형식은 의문사 how + 형용사나 의문사 what + a(혹은 an) + 형용사가 문장 맨 앞에 나오고 그 뒤에 주어 + 술어…로 나타나거나, 동사가 주어 앞으로 나타난다.

How glad we shall be when they win the game!

(그들이 그 경기에 이기면 우리들은 얼마나 기쁠까!)

What a piece of art is a man!

(사람은 얼마나 훌륭한 예술 작품인가!)

정복자 선생은 이렇게 감탄문을 간단히 처리하고 이제 서법의 기원문 하나만을 남겨 놓았다. 기원문은 말을 하거나 글을 쓸 때 나오는 횟수가 가장 적다. 하지만 사실 인간은 말이나 글로 드러내 놓고 표현하지는 않지만 잠자리에서 일어나는 순간부터 이 서법을 생각하며 하루 일과를 시작하고 이 서법을 생각하며 하루의 일과를 끝내고 잠자리에 든다. 이 기원문 서법은 하나의 기도하는 어법이다. 종교가 있는 사람이나 없는 사람이나 사람은 누구나 기도하면서 사는 것이다. 이러한 기도가 영문법에서는 기원문의 형식인 것이다. 인간의 생각들 중에서 또는 행동들 중에서 이 기원하는 태도가 항상 그들의 마음 속에 이러한 심정 또는 저러한 심정으로 존재하고 있는 것이다.

5. 기원문(optative sentence)

한 사람이 하늘을 향하여 그의 소망을 비는 어법이다.
형식은 조동사 may + 주어 + 동사원형 이나 may가 생략되기도 한다.

May God bless you!

(하나님이 당신에게 축복을 내리시길!)

God save our King!

(국왕의 안위를)

☞ 조동사 may가 save 앞에서 생략된 것이다.

정복자 선생은 이렇게 기원문을 간단히 처리하고는 "지난번에 내가 만주에서 일본인 부대장을 주살하고 일본인 사병과 도망쳐 두만강에 이르렀다는 이야기를 했는데 그 때에 내가 그 탈출 과정을 이야기했지만 여기에 기원문을 설명하다보니 그 때의 나의 마음가짐이 어떠했는가가 생각난다. 그때에 일본인 사병과 나는 붙잡혀 총살당할 일촉즉발의 위기에 몰리기를 사실 여러번 거쳤다. 우리는 대대장을 처치하고 병영을 나오자마자 발각이 되어 일본군 전 대대원들이 우리를 추격했다. 왜냐하면 대대장이 살해되고 범인이 잡히지 않으면 그 책임이 부대대장에게 돌아갈 것이기 때문에 그들은 우리를 온 힘을 다해 추격했다.

결국 우리들은 얼마 안가서 일본 대대원들에게 포위되고 만 것이다. 그래서 우리는 말을 버리고 소리를 죽이며 어느 산비탈의 동굴 속에 숨어 있었다. 대부분의 일본군들이 우리들이 타고 온 말들을 쫓았다. 어두운 밤이기에 일본군들은 그저 달려가는 말들을 추격했다. 그러나 그들 중 군견을 앞세운 일본군들이 몇 명 있었는데 그들은 우리가 숨어 있는 동굴을 찾아냈다. 그때에 나도 모르게 나의 입에서 God help me!라는 영어가 흘러나왔다. 그러자 웬지 나는 하나님이 나를 도울 것이라는 믿음이 내 가슴 속에 깃들었다. 나는 동굴 입구 벽에 바짝 몸을 숨기고 냄새를 맡고 들어오는 군견을 단검으로 목을 따버렸다. 그 뒤로 따라오는 일군들을 내킨 김에 들이 닥치는 대로 역시 단검으로 한 명씩 처치했다.

내가 그렇게 할 수 있었던 것은 먼저 동굴을 선점했기 때문에 그 지형지물을 잘 간파할 수가 있었기 때문이다. 그리고 나는 기어이 살아야 한다는 신념이 나에게 엄청난 힘을 솟구치게 했다. 사람이 자신과 신념을 굳건히 갖게 되면 없어 보이던 능력이 솟구치고 불가능한 것 같은 일도 해낼 수 있는 것이다." 라고 감회 어린 말을 우리 학생들에게 해주었다.

나는 정복자 선생의 그 회고담을 들으면서 사람이란 하고자 하는 일이 아무리 어렵고 불가능한 것 같이 보여도 기어이 해보겠다는 결심을 굳건히 하고 자신과 신념을 갖고 그 일에 매달리면 이 세상에 인간이 할 수 있는 일 치고 못할 것은 하나도 없다는 생각을 하며 나 자신이 여름 방학 전만해도 영어를 정복한다는 것은 꿈에도 생각할 수가 없었다. 그러나 지금은 이렇게 영어를 거의 다 정복하고 있지 않는가.

나는 생각했다 '사람이 제 아니 오르고 뫼만 높다 하더라' 라는 생각에 사람들은 일을 하지 않거나 하다가 중단하기가 쉽다. 그리고 무엇보다 일단 시작하면 어떤 일이든 '기어이' 성취시키려는 의지와 거기에 필요한 노력과 인내심이 뒤따르지 않는다면 아무런 쓸모가 없는 일이 되고 말것이다.

정복자 선생은 드디어 영어 문장 즉 영어의 중심이 되는 동사의 정리를 완전히 끝냈다. 그는 준동사에 대한 것도 동사편에서 다룰 수도 있지만 그것은 품사적인 성격보다 구문적인 성격이 더 짙게 깔려 있고 또한 이미 자세히 다루었기 때문에 품사의 정리편에서는 다룰 필요가 없다고 말했다. 그는 곧이어 부사의 정리편으로 들어갔다.

09

부사의 정리 : 문장의 방랑자인 부사는 동사, 형용사, 그리고 부사 앞에 혹은 뒤에 마음대로 가서 그것들을 도와준다

부사(adverb)는 문장의 주요소가 되지 않고 다만 수식요소로만 그 기능을 발휘한다. 부사는 동사, 형용사, 다른 부사, 그리고 문장을 '수식' 하는 기능을 할 뿐이다. 여기서는 부사를 종류별로 분류하는 것이 주가 될 것이라고 정복자 선생은 말했다.

영문법정복 | 부사(adverb)의 정리

1. 단순부사(simple adverb)

단순부사는 형용사처럼 원급, 비교급, 그리고 최상급의 변화를 하며 동사, 형용사, 부사, 그리고 문장을 수식하는 기능을 한다. 또한 그것 자체도 종류별로 분류된다.

(1) 장소와 방향을 나타내는 부사(the adverbs of place and direction)

I came here to see my son.

(나는 내 아들을 보러 여기에 왔다.)

☞ 장소의 부사 here가 동사 came을 수식한다.

The bird flew away.

(그 새는 멀리 날아갔다.)

☞ 방향의 부사 away는 동사 flew를 수식한다.

(2) 시간을 나타내는 부사(the adverbs of time)

I could not remember him then.

(니는 그때에 그를 보지 못했다.)

☞ 시간의 부사 then이 동사 remember를 수식한다.

I have never seen such an animal before.

(나는 그러한 동물을 전에 본 적이 없다.)

☞ 시간의 부사 before가 동사 seen을 수식한다.

(3) 정도의 부사(the adverbs of degree)

Few men are wholly good or bad.

(완전히 선하거나 완전히 악한 사람들은 드물다.)

☞ 정도의 부사 wholly가 형용사들 good과 bad를 수식한다.

He ran far away.

(그는 멀리 도망갔다.)

☞ 정도의 부사 far가 부사 away를 수식한다.

(4) 원인과 이유의 부사(the adverbs of cause and reason)

He must therefore help me.

(그렇기 때문에 그는 나를 도와야 한다.)

☞ 원인의 부사 therefore가 help를 수식한다.

Thus he should come back.

(그러기 때문에 그는 돌아와야 한다.)

☞ 이유의 부사 thus가 동사 come을 수식한다.

(5) 지시, 의혹, 부정의 부사들(the adverbs of demonstration, doubt, and negation)

I did not expect to have to wait this long.

(나는 이렇게 오래 기다리지 않으면 안 되리라고는 생각지 않았다.)

☞ 지시의 부사 this가 형용사 long을 수식한다.

Little did I dream of hearing such bad news.

(나는 그러한 나쁜 소식을 들으리라고는 생각지 못했다.)

☞ 부정부사 little이 동사 dream을 수식한다.

He will perhaps come here today.

(그가 아마 오늘 여기에 올지도 모른다.)

☞ 의혹의 부사 perhaps가 동사 come을 시식한다.

(6) 의문부사(interrogative adverbs)

1) 의문문의 맨 앞에 온다.

Where have you been?

(어디를 갔다 왔느냐?)

☞ 의문부사 where가 동사 been을 수식한다.

How far is it from here to the post office?

(여기서 우체국까지 얼마나 먼가?)

☞ 의문부사 how가 형용사 far을 수식한다.

2) 의문부사가 종속절을 이끌 때 그 절 맨 앞에 온다.

That is why you could not make progress in your work.

(그것이 왜 네가 너의 일에서 진전을 보지 못하는 이유이다.)

☞ 의문부사 why가 동사 make를 수식한다.

He did not tell me where they had gone.

(그는 나에게 그들이 어디로 갔는지 말하지 않았다.)

☞ 의문부사 where가 동사 gone을 수식한다.

(7) 관계부사(relative adverbs)

1) 선행사를 갖고 있을 때

I went to a shop where I happened to see him.

(나는 그를 우연히 보게 된 한 상점에 갔다.)

☞ 관계부사 where가 동사 see를 수식한다.

I can think of no reason why you should not go there.

(왜 네가 거기에 가서는 안 되는가 하는 이유를 모르겠다.)

☞ 관계부사 why가 동사 go를 수식한다.

2) 선행사를 갖지 않을 때

This is why I saw him yesterday.

(이것이 내가 어제 그를 보았던 이유이다.)

☞ 관계부사 why가 동사 saw를 수식한다.

A reader can shift his attention how he likes.

(독자는 자기가 좋아하는 방법으로 그의 주목을 돌릴 수 있다.)

☞ 관계부사 how가 동사 likes를 수식한다.

Wherever one goes, one hears the same story.

(누구나 어디를 가나 같은 말을 듣는다.)

☞ 복합 관계부사 wherever가 동사 goes를 수식한다.

3) 관계부사가 생략될 때

I arrived here on the day you left this place.

(당신이 이 곳을 떠나던 날 나는 여기에 도착했다.)

☞ 동사 left를 수식하는 관계부사 when이 you 앞에서 생략된 것이다.

This is the way he solved the problem.

(이것이 그가 그 문제를 풀었던 방법이다.)

☞ 동사 solved를 수식하는 관계부사 how가 he 앞에서 생략된 것이다.

(8) 명사가 부사로 쓰인다.

시간, 수량, 거리, 그리고 방법을 나타내는 명사들이 전치사들이 그것들 앞에 생략되어 부사의 역할을 한다.

They worked all night.

(그들은 밤새도록 일했다.)

☞ 명사 구문 all night가 동사 worked를 수식한다.

They followed us two miles away.

(그들은 2마일 떨어져서 우리들을 따라왔다.)

☞ 명사 구문 two miles가 부사 away를 수식한다.

(9) 부사가 구(phrase), 절(clause), 그리고 문장(sentence)을 수식한다.

They started exactly at seven.

(그들은 정확히 7시에 출발했다.)

☞ 부사 exactly가 부사구 at seven을 수식한다.

They will arrive here shortly before you leave here.

(네가 여기를 떠나기 조금 전에 그들은 여기에 도착할 것이다.)

☞ 부사 shortly가 부사절 before you leave here를 수식한다.

Fortunately, he is alive.

(다행스럽게도 그는 살아 있다.)

☞ 부사 fortunately가 문장 he is alive를 수식한다.

(10) 부사의 위치

영어의 문장에서 부사는 그것의 위치 선정을 감탄사 다음으로 가장 자유롭게 한다. 어떤 부사는 어떤 곳에 오고 또 어떤 부사는 어떤 다른 곳에 오고 하며 일일이 따진다면 영어 학습을 번거롭게 할 뿐이기 때문에 비교적 알아두는 것이 좋은 것들의 보기들만을 여기에 소개한다.

He said brusquely that he had nothing to say to me.

(그는 나에게 아무 할 말이 없다고 퉁명스럽게 말했다.)

☞ 부사 brusquely는 타동사의 목적어가 있으면 그것 뒤에 오지만 목적어가 명사절이거나 긴 때에는 목적어 앞에 혹은 동사 앞에 온다.

Take it off.

(그것을 벗어라.)

☞ off는 본래 전치사인데 문맥상으로 부사가 된 것이다. off, on, up, down과 같은 전치사들은 대명사가 목적어인 경우에는 그 목적어 뒤에 온다.

He always carried a stick with him.

(그는 항상 지팡이를 갖고 다녔다.)

☞ always, usually, often, sometimes, nearly, almost와 같은 빈도나 정도를 나타내는 부사는 주로

동사 앞에 온다.

They are always kind to others.

(그들은 다른 사람들에게 친절하다.)

☞ be동사나 조동사가 있는 문장에서는 be동사나 조동사 뒤에 부사가 온다.

I told the children not to make such a noise.

(나는 그 아이들에게 그렇게 떠들지 말라고 말했다.)

☞ 부정사 구문을 부정하는 not이나 never는 부정사 앞에 온다.

Slowly we laid him down.

(우리들은 그를 천천히 내려놓았다.)

☞ 강조되는 부사는 문장 맨 앞에 온다.

(11) 정도의 부사들인 very와 much의 차이점

The show was very exciting.

(그 쇼는 대단히 흥겨웠다.)

☞ very는 현재분사 앞에 온다.

I was much excited at the show.

(나는 그 쇼에 매우 흥겨워했다.)

☞ much는 과거분사 앞에 온다.

(12) far나 much는 비교급 앞에, by far는 최상급 앞에 온다.

The book is far more difficult.

(그 책은 훨씬 더 어렵다.)

The book is by far the most difficult.

(그 책은 정말로 가장 어려운 책이다.)

(13) too + 형용사 + to + 동사원형은 다음과 같이 두 가지 서로 다르다.

He is too old to undertake the work.

(그는 너무 늙어서 그 일을 맡을 수 없다.)

☞ too 다음에 보통형용사가 올 때 "너무 ... 하여 ... 할 수 없다"로 부사구인 to + 동사원형의 뜻이 부정

으로 나타난다.

He is too ready to help me.

(그는 언제라도 나를 돕는다.)

☞ too 다음에 ready, happy, glad, apt 등과 같이 호의, 의지, 경향 등을 나타내는 형용사가 올 때는 부사 구인 to + 동사원형의 뜻이 긍정으로 나타난다.

(14) thus, so, likewise, otherwise와 같은 대부사는 앞 문장의 부사적 뜻을 갖고 있는 것을 그 문장 뒤의 문장에서 같은 뜻의 부사적 수식을 한다.

I told him to finish the homework as soon as possible, but he did not do so.

(나는 그에게 숙제를 될 수 있는 한 빨리 끝내도록 말했으나 그는 그렇게 하지 않았다.)

☞ 대부사 so는 앞의 as soon as possible의 부사 구문을 대신하여 동사 do를 수식한다.

I walked along the river looking up to the sky and my son also did likewise.

(나는 어제 강을 따라 하늘을 바라보면서 걸었고 나의 아들도 그렇게 했다.)

☞ 대부사 likewise가 앞의 부사적 수식을 하는 부사 구문 looking up to the sky를 받아 동사 did를 수식한다.

정복자 선생은 동사 못지않게 복잡한 부사적 용법들 중에서 꼭 알아야 하고 그것들만 알면 다른 부사들의 용법들은 자연히 알게 되는 것들을 제외하고 나머지는 대범하게 생략했다. 오히려 그러한 것들을 일일이 제시해 주면 오히려 학습의 능률과 효율성을 방해한다고 그는 누누이 말했다. 앞에 말했듯이 선생이란 그러한 분별 있는 판단력을 적절히 발휘해야 한다.

정복자 선생은 그의 습성대로 부사의 중요한 것들을 정리 형식으로 끝내고 성취 의식을 만끽했다. 우리들도 덩달아 배가 고플 때에 맛있는 식사를 먹고 난 듯한 기분이었다. 그는 역시 우리 학생들에게 그가 항상 그렇게 해왔듯이 앞으로 배울 것에 대하여 기대를 갖게 하는 말을 했다.

"자, 이제 전치사와 접속사, 그리고 감탄사를 정리하는 차원에서 배울 것인데 맨 끝에 배울 감탄사는 사실상 이미 배운 것이나 다름 없는 것이다. 왜냐하면 감탄사는 부사처럼 문장 어디에나 제멋대로 위치하며 그저 감정을 나타낼 뿐, 문장 안에서 어느 요소와도 관련을 맺지 않고 문장 전체의 분위기만을 조성하기 때문에 그것은 문장을 수식하는 일종의 부사로 보면 되는 것이다.

그렇다면 감탄사는 끝내 놓은 것이나 다름없고 이미 앞에서 다룬 것만으로도 충분하기 때문에 사실상 이제 정리해야 할 것들은 전치사와 접속사뿐이다. 이것들만 정리하게 되면 영문법의 대미를 장식하는 것이다. 여기서 미리 알아 두어야 할 것은 전치사와 접속사는 몇 가지 점들만 빼고는 서로가 너무 닮아 있는 것이다. 그것들은 독자적으로는 구체적인 뜻을 갖지 못하고 그것들 주변에 있는 말들을 통해서만 제한된 뜻이나마 가질 수 있다. 그래서 철학에서는 아예 그것들을 문맥과 함께하는 말들이라는 syncategorematic words라는 용어로 부른다. 전치사와 접속사는 그것들의 오른쪽과 왼쪽 양면에 아교질을 바르고 있어 오른쪽에 있는 말을 그것들에 붙여 왼쪽에 있는 말들 중에서 알맞은 것을 골라 붙이는 성질을 갖고 있다.

예컨대, 전치사의 경우에 They solved the problem in this way.(그들은 이 방법으로 그 문제를 풀었다.)의 문장에서 전치사 in은 그것 뒤의 말 the way를 그것에 붙여, 즉 그것의 목적어로 지배하여 그것 앞의 말 solved에 붙이는, 즉 부사구가 되어 그 동사를 수식하는 것이다.

접속사의 경우에 I arrived here when she left here.(나는 그녀가 이곳을 떠났을 때 이곳에 도착했다.)의 문장에서 접속사 when은 그것 뒤의 말(문장) She left here.를 그것에 붙여, 즉 그 문장을 부사적 종속절로 만들어 그것 앞의 말 I arrived here의 동사 arrived에 붙이는, 즉 부사적으로 수식하는 기능을 한다.

이와는 달리 In this way they solved the problem.(이 방법으로 그들은 그 문제를 풀었다.)의 문장에서는 in this way가 앞으로 나가 그것 뒤의 solved에 붙이고 When she left, I arrived here.의 문장에서는 when she left가 앞으로 나가 그것 뒤의 arrived에 붙이고 있다. 이처럼 닮은 점을 미리 알고 전치사와 접속사의 정리를 해보자.

내가 다니는 길목마다

내가 다니는 길목마다
내가 딛는 발자국 소리를
듣는 사람의 마음이
부드러워져
얼굴에 굳은 표정이 없어지고
잔잔한 표정이 인다면
나는
내가 다니는 곳이
사람 사는 곳이 되는 데에
한 몫을 하고
나 또한 그만큼
사람 노릇을 하고 있으리라.

10 전치사의 정리 : 명사나 대명사 앞에 오는 전치사는 오늘날 국제어가 된 영어를 만든 것이다

정복자 선생은 전치사에 앞서 접속사를 설명했는데 그의 의도는 전치사와 접속사의 유사점이 크다는 것을 알아야 한다는 것이었다. 그는 계속해서 "전치사(preposition)는 그 말 자체가 의미하듯이 앞쪽에 자리 잡는 것이다. 즉 그것은 명사나 대명사 혹은 명사상당어, 구, 절 앞에 와서 그 명사나 대명사 혹은 명사상당어, 구, 절을 목적어로 지배하여 주어, 보어, 그리고 목적어의 기능을 하는 명사구가 되던지 그것 앞에 있는 명사나 대명사를 수식하는 형용사구가 되던지, 아니면 그것 앞이나 뒤에 있는 동사, 부사를 수식하는 부사구가 된다. 그 부사구가 형용사를 수식할 때에는 그 형용사 뒤에 오고, 그 부사구가 문장을 수식할 때에는 그 문장 앞에 온다.

이 책 서두의 〈영문법정복 예비지식 II〉에 접속요소들(connective elements)이 알기 쉽게 설명되어 있다. 그것으로 되돌아가 다시 참조히는 것이 좋지만 여기에서 다시 간략하게 전치사를 설명하겠다. 전치사는 접속사와 같이 접속요소의 순수접속요소에 속한다. 전치사는 역시 접속사와 같이 오직 접속의 기능밖에 할 수 없기 때문에 접속요소라는 말 앞에 순수라는 말이 붙였다. 다시 말하면 전치사는 뒤에 목적어를 자신에게 접속시켜 명사구, 형용사구, 혹은 부사구를 만들어 그것 앞 혹은 뒤의 어떤 말에 접속시키는 기능을 한다."라고 다시 개요적으로 말했다.

정복자 선생은 이렇게 집요하게 설명을 되풀이 되풀이하여 영어의 법칙들을 설명해 왔지만 여기에서는 그의 그러한 태도가 더욱 돋보였다. 그는 중단했던 도식을 전치사의 정리와 접속사의 정리에서는 다시 부활시켜 영어의 구문의식을 절실히 느끼게 해 주려는 것이었다. 위의 말을 도식과 함께 간단명료하게 정리하면 다음과 같다.

1. 전치사는 반드시 그것 뒤에 목적어를 지배해야 한다.

He slept in the room.

(그는 방에서 잠을 잤다.)

☞ 전치사 in은 그것 뒤에 온 명사 room을 목적어로 지배하였기 때문에 in은 전치사가 되고 그것이 이끈 구문 in the room은 동사 slept를 수식하는 부사구가 되고 있다. 그러나 이것과 대조하여 Come in의 문장에서 in 은 그것 뒤에 목적어를 지배하지 못하기 때문에 그것은 전치사가 아니고 동사 come을 수식하는 부사이다.

2. 전치사가 일단 그것 뒤에 목적어를 지배하여 그것이 이끄는 하나의 구가 형성되면 다음과 같이 분류하여 그것의 기능과 의미를 알아내야 한다.

(1) 전치사가 이끄는 구는 다음과 같은 세 가지 기능들 중 하나의 기능을 한다.

1) 명사구가 되어 주어, 보어, 혹은 목적어의 기능들 중의 하나의 기능을 한다.

The singer appeared from behind the curtain.

(그 가수는 휘장 뒤에서 나타났다.)

☞ behind the curtain은 전치사 behind가 그것 뒤의 명사 curtain을 목적어로 지배하여 그것 앞의 전 치사 from의 목적어가 되게 한 명사구를 만든다.

≫ They patiently listened to him till after the end of his long speech.

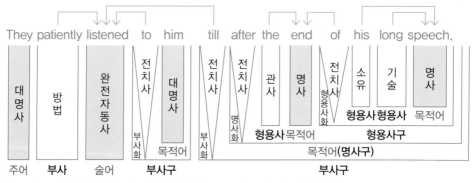

(그들은 그의 긴 연설 이 끝날 때까지 인내심으로 그의 말에 경청했다.)

2) 형용사구가 되어 그것 앞의 명사나 대명사를 수식하는 기능을 한다.

The singer behind the curtain will soon appear before the audience.

(커튼 뒤에 있는 그 가수는 곧 청중 앞에 나타날 것이다.)

☞ behind the curtain은 전치사 behind가 그것 뒤의 명사 curtain을 목적어로 지배하여 그것 앞의 명사를 수식하는 형용사구의 기능을 한다.

➤➤ The book on the desk is a novel.

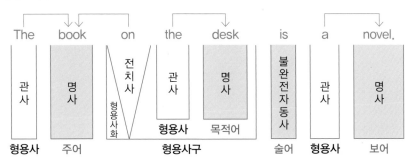

(그 책상 위에 있는 책은 소설책이다.)

3) 부사구가 되어 그것 앞 혹은 뒤의 동사, 형용사, 혹은 부사를 수식하는 기능을 한다.

The singer disappeared behind the curtain.

(그 가수는 휘장 뒤로 사라졌다.)

☞ behind the curtair은 전치사 behind가 그것 뒤의 명사 curtain을 목적어로 지배하여 그것 앞의 동사를 수식하는 부사구의 기능을 한다.

➤➤ He is in computers.

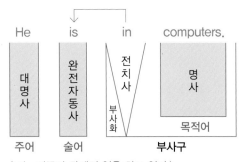

(그는 컴퓨터 관계의 일을 하고 있다.)

(2) 전치사가 이끄는 구에서 그 전치사의 의미는 다음과 같이 세 가지에 의해서 결정된다.

1) 전치사 앞의 말에 의해서 그것의 의미가 결정된다.

He was different from his brother.

(그는 그의 형과 달랐다.)

☞ 전치사 from은 앞의 말 different 때문에 사용되고 그것의 의미도 또한 앞의 말 different(다른, 차이가 나는)에 영향을 받아 '차이점' 의 의미를 갖게 된다.

≫ Books are similar to friends.

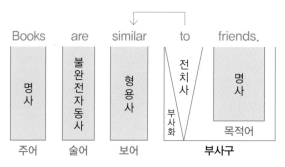

(책들이란 친구들과 같은 것이다.)

☞ 전치사 to는 앞의 말 similar(비슷한) 때문에 사용되고 그것의 의미도 또한 앞의 말 similar에 영향을 받아 '공통점' 의 의미를 갖게 된다.

2) 전치사 뒤의 말에 의해서 그것의 의미가 결정된다.

He was different from the start.

(그는 처음부터 달랐다.)

☞ 전치사 from은 뒤의 말 the start 때문에 사용되고 그것의 의미도 또한 뒤의 말 the start(출발, 시작, 처음)에 영향을 받아 '출발점' 의 의미를 갖게 된다.

>> There are many kinds of animals on the surface of the earth.

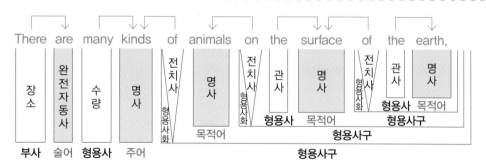

(지구의 표면 위에는 많은 종류의 동물들이 존재한다.)

☞ 전치사 on은 뒤의 말 surface(표면) 때문에 사용되고 그것의 의미도 또한 뒤의 말 surface에 영향을 받아 '표면' 의 의미를 갖게 된다.

3) 전치사 앞의 말과 전치사 뒤의 말에 의해서 그것의 의미가 결정된다.

I can say from his accent that he is an American.

(나는 그의 말투를 놓고 그가 미국인이라고 말할 수 있다.)

☞ 전치사 from은 앞의 말 say(말하다 : 판단하다)와 뒤의 말 his accent(그의 말투 : 판단의 자료)에 영향을 받아 그것은 '판단의 자료로서', 즉 '놓고 볼 때' 의 의미를 갖게 된다.

>> I know from his appearance that he is poor.

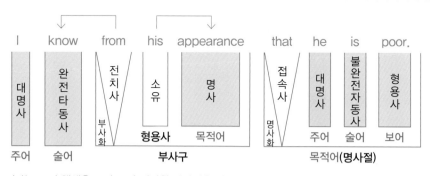

(나는 그의 행색을 보아 그가 가난한 사람임을 알 수 있다.)

☞ 전치사 from은 앞의 말 know(알다 : 판단하다)와 뒤의 말 his appearance(그의 행색 : 판단의 자료)에 영향을 받아 '보아' 의 의미를 갖게 된다.

정복자 선생은 전치사를 놓고 이렇게 요점을 잡아 일목요연하게 체계를 세워 명경지수처럼 명쾌하면서도 내용이 알차게 설명해 주었다. 그는 이렇게 전치사를 설명하고서 "너희들은 전치사가 문장 속에 나와 있다고 하면 위의 사항들을 설명한 순서대로 반드시 따져봐야 하고 그것이 완전한 습관이 되도록 하여 나중에는 문장 속에서 전치사를 보면 자동적으로 0.001초 사이에 그것의 기능과 의미가 인지되도록 그것의 용법이 몸에 배여 있게 해야 한다. 다음의 전치사들은 종류별로 분류된 것이다." 라고 선언했다.

3. 전치사의 종류는 단일 전치사와 합성 전치사로 갈라진다.

(1) 단일 전치사 : 단어 하나가 전치사가 되는 것이다.
  1) 시간을 나타내는 단일 전치사들
  > 보기 after, at before, by, during, for, from, in, on, past, since, through, till, to, within, without

  2) 장소를 나타내는 단일 전치사들
  > 보기 above, among, around, at, below, beside, besides, between, by, down, for, in, into, off, on, over, round, to, toward, under, up

  3) 원인, 이유, 원천을 나타내는 단일 전치사들
  > 보기 at for, from, through

  4) 결과를 나타내는 전치사들
  > 보기 in, into, to

  5) 목적을 나타내는 전치사들
  > 보기 after, for, on

  6) 도구를 나타내는 전치사
  > 보기 with

  7) 재료나 자료 또는 원료를 나타내는 전치사들
  > 보기 from, of

8) 행위자를 나타내는 전치사

 by

9) 방법을 나타내는 전치사들

 by, in

10) 관계를 나타내는 전치사들

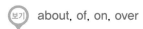 about, of, on, over

(2) 합성 전치사들

단어들이 둘 또는 그 이상이 모여 하나의 전치사가 되는 것이다.

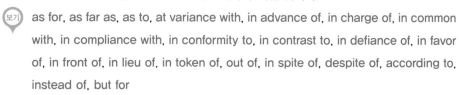 as for, as far as, as to, at variance with, in advance of, in charge of, in common with, in compliance with, in conformity to, in contrast to, in defiance of, in favor of, in front of, in lieu of, in token of, out of, in spite of, despite of, according to, instead of, but for

(3) 형용사들에서 온 전치사들

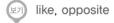 like, opposite

(4) 현재분사들에서 온 전치사들

concerning, regarding, considering, notwithstanding, during, pending

(5) 과거분사들에서 온 전치사들

 except, past

(6) 동사원형이 전치사가 된다.

 save

(7) 부사들이 전치사가 된다.

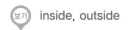 inside, outside

4. 유의할 필요가 있는 몇가지 전치사의 활용

I will be back in a few days.

(며칠 후에 돌아오겠다.)

☞ in= after

We can finish it in a day.

(우리들은 그것을 하루 기간에 끝낼 수 있다.)

☞ in = in the space(혹은 perod) of

He returned within one day.

(그는 하루 안에 돌아왔다.)

☞ within= 시간의 한정 이전

They closed the shop on the holyday.

(그 휴일에 그 상점은 영업을 안 했다.)

☞ on= 날짜

The accident took place at the eleventh hour of the show.

(그 사고는 그 쇼가 막 끝나기 직전에 발생했다.)

☞ at the eleventh hour = 막바지의 시간

He went away in the night on the eighth.

(그는 8일 밤이 되어 가버렸다.)

☞ in the night = 밤이 되어

He went away on the night of the eighth.

(그는 8일 밤에 가버렸다.)

☞ on the night= 밤(낮이 아니라)에

He continued reading the novel in the small (혹은 little) hours of the day.

(그는 그날 이른 새벽에 그 소설을 계속 읽었다.)

☞ in the small hours of the day = in the first few hours after midnight

He always came just on time.

(그는 항상 바로 제 시간에 왔다.)

☞ on time = punctually

He came here in time.

(그는 여기에 시간 안에 왔다.)

☞ within the time

He saw snow for the first time in his life.

(그는 생애 처음으로 눈을 보았다.)

☞ for the first time ... = ... 기간에서 처음으로

He will come here by six in the afternoon.

(그는 오후 6시까지 여기에 올 것이다.)

☞ by =마감의 시간

A conservative will be behind the times.

(보수주의자는 시대에 뒤떨어지는 경향이 있는 것이다.)

☞ behind ... = ... 의 시간에 뒤져

It is ten minutes to (혹은 before) five.

(지금 5시 10분 전이다.)

☞ to(혹은 before) = ... 전(시간)

It is ten minutes past (혹은 after) five.

(지금 5시 10분이다.)

☞ past(혹은 after) = ... 후(시간)

They lived in the distance from each other.

(그들은 서로 멀리 떨어져 살았다.)

They walked at a distance from each other.

(그들은 서로 일정한 거리를 두고 걸었다.)

They lived in the country.

(그들은 시골에서 살았다.)

One who runs after two hares will catch neither.

(두 마리의 토끼들을 쫓는 사람은 한 마리도 못 잡는다.)

He is away on business.

(그는 볼 일로 출타 중이다.)

☞ on = 업무 혹은 임무

The table is made of wood.

(그 탁상은 나무를 재료로 만들어졌다.)

☞ of는 재료가 물리적으로 변함을 나타낸다.

The good wine is made from the chosen grapes.

(그 좋은 포도주는 좋은 포도로 빚어진 것이다.)

☞ from은 재료가 화학적으로 변함을 나타낸다.

He made a lawyer of his son. = He made his son a lawyer.

(그는 그의 아들을 법률가로 만들었다.)

I sent him about his business.

(나는 그를 그의 일이나 보라고 보냈다.)

☞ about= 활약

I bought[sold] a car for two thousand dollars.

(나는 승용차 한 대를 2천 달러를 주고[받고] 샀다[팔았다]).

☞ for= 교환 혹은 대가

What has become of him? = What has happened to him?

(그에게 무슨 일이 일어났는가?)

Let's talk about it over a cup of coffee.

(커피나 한 잔 들며 그 문제를 이야기합시다.)

☞ over = 마실 것을 마시며

It is taken for granted that she will be successful.

(그녀가 성공하리라는 것은 기정사실이다.)

☞ for granted = 당연히, 의당한 것으로

They walked down the street orderly.

(그들은 그 도로 위를 질서 있게 걸었다.)

☞ down= 길을 밟아

They walked along the river quietly.

(그들은 그 강을 따라 조용히 걸었다.)

☞ along =옆을 따라

I have found a good friend in Mr. Smith.

(나는 스미스씨라는 좋은 친구를 얻었다.)

☞ in= 사람에게서

The child is given up for drowned.

(그 어린애는 익사한 것으로 단념한 것이다.)

☞ for=포기

I am now at a loss what to do about it.

(나는 그것을 어떻게 해야 할지 모르겠다.)

☞ at a loss = 어찌할지 몰라

Have you been on board a man-of-war?

(당신은 군함을 타 본 적이 있는가?)

☞ on board = 승선하여

Beside him, she is remarkably graceful.

(그에게 비하면 그녀는 정말 우아한 여자이다.)

☞ beside = 비교하여

It is six inches long by four wide.

(그것은 넓이가 4인치이고 길이가 6인치이다.)

☞ by = 치수

We copied the report word for word.

(우리들은 그 보고서를 한 글자 한 글자 베꼈다.)

☞ word for word = 한 글자 한 글자

You shall want for nothing.

(나는 너에게 부족한 게 하나도 없게 해주겠다.)

☞ for = ... 에 대하여

I have no cash on hand. = I have no cash with me.

(나는 지금 현찰이 없다.)

☞ on hand = 수중에

They sailed out in the teeth of the storm.

(그들은 폭풍우를 무릅쓰고 출항했다.)

☞ in the teeth of = 무릅쓰고

He is not in favor with his audience.

(그는 그의 청중에 인기가 없다.)

☞ in favor with ... = ... 에 인기가 있어

He is in favor of gentle measures.

(그는 온건한 대책들을 찬성하고 있다.)

☞ in favor of ... = ...을 찬성하여

It is forbidden under pain of death.

(그것은 어기면 극형을 받는다.)

☞ on 혹은 under pain of ... = ... 을 각오하고

He fell to musing.

(그는 명상에 잠겼다.)

☞ to ... = ... 에 몰두하여

We went for them. = We atlacked them.
(우리들은 그들을 공격했다.)

☞ go for = 공격하다

How did you come by them?
(당신은 그것을 어떻게 입수했소?)

☞ come by =얻다

He does well by his relatives.
(그는 그의 친척들에게 잘해준다.)

☞ do well by = 잘해 주다

정복자 선생은 회화에 잘 쓰이는 전치사들로 만든 구문들을 예를 들어 제시함으로서 전치사의 정리편을 끝냈다. 전치사 정리의 서두에서 이미 밝혔듯이 전치사는 그 자체로서는 별 구체적인 의미를 갖고 있지 않지만 그것은 그것의 앞에 있는 말, 뒤에 있는 말 그리고 앞뒤에 있는 말들에 의해서 비로소 구체적인 의미를 얻게 된다. 바로 이러한 연유로 영어가 장 쉬운 언어이면서 동시에 가장 어려운 언어가 되는 모순적인 특성을 갖고 있다. 그래서 영어는 웃으면서 배우기 시작하고 점점 깊이 들어가면서 울게 된다고 말한다.

영어의 8품사들 중에서 전치사가 사전에 가장 많은 의미들을 갖고 있고 또한 숙어도 가장 많이 거느리고 있다. 오늘날 영어가 세계적인 언어가 된 데에는 이 전치사가 가장 큰 몫을 했다. 사설 전치사들과 관계되는 관용 구문들과 숙어들만 잘 알아도 영어를 절반 정도는 아는 것이 라고 말할 수 있다. 특히 영어 회화에서는 이 전치사만 잘 구사해도 유창한 영어를 할 수 있는 것이다. 그리고 영어에 대한 각종 시험 문제들 중에서 전치사들에 관한 문제들과 전치사들을 모르면 안되는 문제들이 가장 많은 것이다. 이렇듯 영어에서 전치사들이 갖는 범위가 그렇게 넓은 것이다. 우리말에서 토씨를 빼면 우리말은 그것의 존재를 잃게 되는 것과 같이 영어에서 전치사들의 존재가 없어지면 영어 자체의 존재가 없어지게 되는 것이다.

영어처럼 진화된 서구 언어들의 대부분이 아직도 명사, 동사, 형용사, 심지어 부사까지도 인칭(person), 수(number), 성(gender), 그리고 격(case)에 있어서 복잡한 규칙적인 또는 불규칙적인 변화들(conjugations)을 갖고 있는데 영어는 대명사와 동사에만 조금 그 변화들의 잔재들을 갖고 있고 나머지는 모두가 이 전치사들이 그 변화들을 대신하는 가장 홀가분하고 자유로운 기능들을 구사해 주고 있는 것이다. 문장에 있어서는 우리말의 한글이 인류의 자랑거리가 되는 것처럼 영어의 전치사들은 언어가 어형 변화들의 멍에를 벗어나게 했다는 점에서 인류의 자랑거리가 되고 있는 것이다.

11

접속사의 정리 :
단어와 단어, 구와 구, 문장과
문장을 대등하게 접속시키거나
한 문장 앞에 그것을 명사절,
그리고 부사절로 만들어
다른 문장에 종속시킨다

정복자 선생은 실질적으로 이 영문법반의 맨 끝이라 할 수 있는 접속사의 정리편으로 우리 학생들을 인도하였다. 앞에서 언급했듯이 접속사는 그 이름이 말하는 대로 이것과 저것을 접속시키는 역할을 하는 품사로서 그것 자체로는 구체적인 의미를 갖고 있지 않고 그 주변의 말들에 의해서만 실질적인 의미를 얻게 된다. 앞서 전치사의 정리에서도 언급했듯이 접속사도 이 영문법반 서두에 소개된 〈영문법정복 예비지식 II〉을 참조하는 것이 필요하다. 접속사도 전치사처럼 접속요소들(connective elements)의 순수접속요소들에 속한다. 우선 그것들의 전체적인 분류를 등위접속사(coordinate conjunction)와 종속접속사(subordinate conjunction)로 나누어 살펴본 뒤에 그것의 기능상의 종류를 가려보는 것이 바람직하겠다.

영문법정복 | 접속사의 기능상 종류

1. 등위접속사들(等位接續詞 ; coordinate conjunctions)

등위접속사는 단어와 단어, 구와 구, 절과 절, 그리고 문장과 문장의 양쪽을 대등하게 접속시킨다.

 보기 and, or, nor, but, yet, whereas, for, so 등

2. 종속접속사들(從屬接續詞 ; subordinate conjunctions)

종속접속사는 절과 절의 어느 한 쪽을 이끌어 다른 쪽에 종속적으로 접속시킨다.

 as, because, since, if, unless, though, although, when, while, before, after, till, until, lest, that, than, whether 등

영문법정복 | 접속사(conjunction)의 정리 1

---

1. 단어와 단어(단어를 수식하는 수식 구문들도 포함됨)를 대등하게 접속시켜 대등 구문들을 만든다.

Bill and Tom are friends.

(빌과 톰은 친구들이다.)

☞ Bill and Tom은 and에 의해 대등 구문으로 접속되어 동사 are의 주어가 되는 구문이 된다.

You may drink, coffee or tea.

(너는 커피 아니면 차를 마실 수 있다.)

☞ coffee or tea는 or에 의해 대등 구문으로 접속되어 동사 drink의 목적어가 되는 구문이 된다.

This is not a new house, but an old one.

(이것은 새 집이 아니고 낡은 집이다.)

☞ a new house, but an old one은 but에 의해 대등 구문으로 접속되어 동사 is의 보어가 되는 구문이 된다.

>> He is an intelligent and disinterested man.

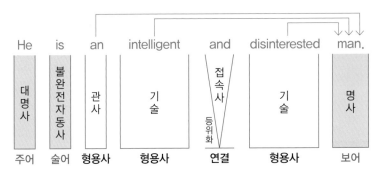

(그는 지성이 있고 공평무사한 사람이다.)

☞ 등위접속사 and가 형용사 intelligent와 disinterested를 대등하게 연결시켜 뒤의 명사 man을 수식하게 하고 있다.

2. 구와 구(구를 수식하는 수식 구문도 포함됨)를 대등하게 접속시켜 대등 구문들을 만든다.

To know and to teach are quite different.

(안다는 것과 가르친다는 것은 상당히 다르다.)

☞ 부정사 구문들인 to know and to teach들은 접속사 and에 의해 대등 구문들로 접속되어 동사 are의 주어가 되는 구문이 된다.

You may choose to be with us or against us.

(너는 우리들 편이 되거나 우리들의 적이 되거나 네가 선택할 수 있다.)

☞ 부정사 구문들인 to be with us or against us들은 접속사 or에 의해 대등 구문들로 접속되어 동사 choose 의 목적어가 되는 구문인데 against us 앞에 to be가 생략된 것이다.

>> To be or not to be, that is the question.

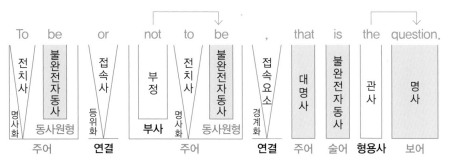

(죽느냐 사느냐 그것이 문제로다.)

☞ 부정사 구문들인 to be or not to be는 접속사 or에 의해서 대등구문들로 접속되어, 술어 is의 주어
인 that과 동격으로 연결되어 주어가 되고 있다.

3. 절과 절을 대등하게 접촉시켜 복합문(complex sentence)을 만든다.

I know that the earth is round and that it circles round the sun.

(나는 지구가 둥글다는 것과 그것이 태양을 돈다는 것을 안다.)

☞ and는 종속접속사 that이 이끄는 절과 절을 대등하게 접속시켜 복합문을 만든다.

4. 문장과 문장을 대등하게 접속시켜 중복 문장(compound sentence)을 만든다.

I will say no more, for I detest explanations.

(나는 더 이상 말하지 않겠다. 왜냐하면 니는 구구히 설명 따위는 싫어하기 때문이다.)

☞ for는 그것 앞의 문장과 뒤의 문장을 대등하게 접속시켜 중복 문장을 만든다.

It rained, but I went anyway.

(비가 왔다. 그러나 나는 기어이 갔다.)

☞ but이 그것 앞의 문장과 뒤의 문장을 대등하게 접속시켜 중복 문장을 만든다.

>> We had a week in Rome and we went to Naples.

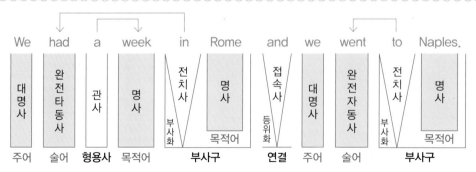

(우리는 로마에 일주일 동안 묵은 뒤에 나폴리로 갔다.)

☞ and가 그것 앞의 문장 We had a week in Rome와 그것 뒤의 문장 we went to Naples를 대등하게
연결시켜 중복 문장을 만든다.

종속접속사들은 절과 절을 접속시키는데 종속접속사들의 종류에 따라 그것들이 이끄는 절들을
명사절들이나 부사절들로 만드는 기능을 하며 이렇게 접속되는 것은 복합문(complex sentence)
이 된다.

접속사(conjunction)의 정리 2

---

1. 명사절을 이끈다.

That he was there is certain. = It is certain that he was there.

(그가 거기에 있었다는 것은 확실하다.)

☞ it은 가주어로 앞으로 내세운 것이고 종속접속사인 that이 이끄는 진주어는 그 문장 뒤로 돌려지고 있다.

From this nesw we have come to the conclusion that he is still alive.

(이러한 소식으로 그가 아직도 살아 있다는 결론에 이르게 된 것이다.)

☞ 종속절인 that he is still alive는 종속접속사 that이 이끄는 명사절로서 명사 conclusion을 부연하는 동격
명사절이 되고 있다.

He is a good worker except that he is lazy.

(그는 게으르다는 것을 제외하고는 훌륭한 일꾼이다.)

☞ 종속절인 that he is often late는 전치사 except의 목적어가 되어 명사절이 되고 있다.

He asked her if (혹은 whether) she would go there.

(그는 그녀가 거기에 갈 것인가를 그녀에게 물었다.)

☞ 종속접속사 if가 이끄는 절은 간접 의문문이 되는 명사절이다.

My departure depends upon whether I shall get leave or not.

(나의 출발은 내가 허가를 얻느냐 그렇지 못하느냐에 달려 있다.)

☞ 종속접속사 whether가 이끄는 명사절은 전치사 upon의 목적어가 되고 있다.

We feared lest he would be late.

(우리들은 그가 늦지나 않을까 걱정했다.)

☞ lest나 but이 명사절을 이끌 때에는 not의 뜻이 내포된다.

Who knows but it is false?

(그것이 거짓이 아닌지를 누가 아는가?)

☞ 종속접속사 but이 명사절을 이끌어 완전타동사 know의 목적어가 되게 한다.

» He asked me whether I liked it.

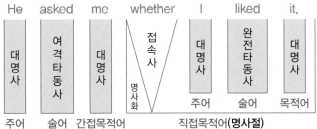

(그는 내가 그것을 좋아하는지를 물었다.)

☞ 종속접속사 whether가 그것 뒤에 문장 I liked it을 이끌어 asked의 직접목적격이 되는 명사절을 만든다.

2. 부사절을 이끈다.

While cats are away, mice will play.

(고양이가 없으면 쥐들이 날뛰는 법이다.)

☞ 종속접속사 while이 부사절을 이끌어 동사 play를 수식한다.

He always kept his promise once he made it.

(그는 약속을 일단 했으면 그것을 항상 지켰다.)

☞ 종속접속사 once가 부사절을 이끌어 동사 kept를 수식한다.

She turned her head away lest she should show her tears to them.

(그녀는 그들에게 그녀의 눈물을 보일까 봐 고개를 돌렸다.)

☞ 종속접속사 lest가 부사절을 이끌어 동사 turned를 수식한다.

He walked so fast that we could hardly follow him

= He walked fast so that we could hardly follow him.

= He walked fast, so we could hardly follow him.

(그는 매우 빨리 걸어갔기 때문에 우리들은 그를 거의 따라갈 수 없었다.)

☞ 위의 세 문장들은 뜻이 거의 같고 종속접속사인 that이 이끄는 절은 앞의 부사 so를 수식하고 so that은 합
   성접속사로서 부사절을 이끌어 앞의 동사 walked를 수식하고 접속사 so는 등위접속사로서 그것 앞의 문장
   과 그것 뒤의 문장을 대등하게 접속시키고 있다.

As machines cannot work without oil, so man cannot work without food.

(기계가 기름을 먹지 않으면 일할 수 없듯이 사람은 음식을 먹지 않으면 일할 수 없다.)

☞ 종속접속사 as가 이끄는 절이 부사절로서 뒤의 부사 so를 수식한다.

He scarcely ever played with us but a quarrel followed.

(그가 우리와 놀면 거의 언제나 싸움이 벌어졌다.)

☞ 종속접속사 but이 not의 뜻을 안고 부사절로서 앞의 부정부사 scarcely를 수식한다.

He is a good son, as sons go.

(세상 아들들을 놓고 보면, 그는 효자에 속한다.)

☞ 종속접속사 as가 이끄는 절은 앞 문장을 수식하는 부사절이 되고 있다.

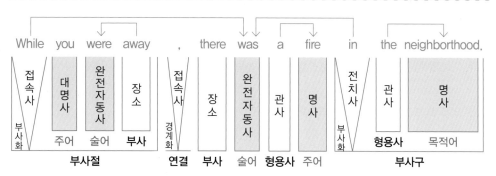

>> While you were away, there was a fire in the neighborthood.

(당신이 안 계신 동안에 이웃에서 화재가 났습니다.)

☞ 종속접속사 while이 뒤의 문장 you were away를 이끌어 동사 was를 수식한다.

3. 합성접속사

단어들이 둘 또는 그 이상이 한 곳에 모여 하나의 접속사의 역할을 하는 접속사들이 있는데 그것들은 편의상 합성접속사들이라고 불리어질 수 있다.

They stayed there as long as they lived.

(그들은 그들이 살아있는 동안 거기에 머물렀다.)

☞ as long as는 until과 같은 종속접속사로서 그것이 이끄는 절은 동사 stayed를 수식한다.

A gerund differs from a participle in that the former is a noun while the latter is an adjective.

(동명사는 하나의 명사이고 하나의 분사는 하나의 형용사라는 점에서 그것들은 다르다.)

☞ in that은 as와 같은 종속접속사로서 부사절을 이끌어 앞의 동사 differs를 수식하고 while은 종속접속사로서 부사절을 이끌어 앞의 동사인 is를 수식한다.

The moment he entered his room, he turned on the light.

(그가 그의 방에 들어서자 마자 그는 전등을 켰다.)

☞ 명사 구문 the moment는 종속접속사로서 그것이 이끄는 절은 동사 took을 수식한다.

4. 상관접속사

단어들이 둘 또는 그 이상이 서로 떨어져 한 접속사처럼 행세하며 등위접속사들도 되고 종속접속사들도 되는 데 그들 중 하나가 접속사적인 요소가 되고 다른 하나는 그때그때에 따라 다른 품사가 된다. 이러한 접속사들은 편의상 상관접속사(correlative conjunctions)라고 불리어진다.

She can both sing and dance.

(그녀는 노래도 부르고 춤도 춘다.)

☞ both ... and는 상관등위접속사의 역할을 하는데 both는 부사로서 뒤의 동사들인 sing과 dance를 수식한다.

He said he had neither father and mother nor brother and sister.

(그는 부모도 형제자매도 없다고 말했다.)

☞ neither ... nor는 상관등위접속사의 역할을 하는데 형용사 neither는 뒤의 명사들인 father, mother, brother 와 sister를 수식한다.

No sooner had she appeared than she began to sing to the audience.

(그녀가 나타나면서 청중들에게 노래를 불렀다.)

☞ no sooner ... than은 상관종속접속사의 역할을 하는데 no sooner인 복합부사는 뒤의 동사 appeared를 수식하고, 종속접속사 than이 이끄는 부사절은 앞의 부사 sooner를 수식한다. 그밖에 as ... as, so ... as 등이 있다.

5. 파생접속사

본래 접속사가 아닌데 문맥으로 보아 접속사의 역할을 하는 것들이다.

Suppose your wife were away from you, you would certainly feel lonely.

(너희 아내가 너를 떠난다면 너는 틀림없이 외로워할 것이다.)

☞ 동사 suppose가 if와 같은 종속접속사의 역할을 하여 그것이 이끄는 절이 동사 feel을 수식한다. 여기서 be 동사의 과거형 were가 was 대신에 쓰인 것은 과거가정법의 동사(술어)이기 때문이다.

Providing I am well, I will come.

(내가 건강하면 오겠다.)

☞ 현재분사 providing이 if와 뜻이 같은 종속접속사의 역할을 하고 그것이 이끄는 절이 동사 come을 수식한다. 과거분사 provided도 같은 역할을 할 수 있다.

Now you have packed up all your things, you can leave here.

(네가 너의 물건들을 다 꾸렸으니 이곳을 떠날 수 있다.)

☞ 부사 now가 as와 같은 종속접속사의 역할을 하여 그것이 이끄는 절이 동사 leave를 수식한다.

정복자 선생은 이렇게 접속하는 말을 배움으로서 이 영문법반의 대미를 장식하게 되었다면서 무엇이나 연속, 즉 접속이 있으면 그것의 끝이 있게 마련이라고 말했다. 또한 끝이 있다면 그 앞에 시작이 역시 있게 마련이라고 했다. 한 사람의 인생은 태어남의 시작에서 죽음의 끝 사이에 수많은 사연들이 접속되어 있는 것이다.

지금 이곳에 이렇게

내가 지금 이곳에 이렇게
있는 것을
하나님께
감사드립니다.

하나님은 내가 지금 이곳에 이렇게
있도록
햇빛, 공기, 물, 땅,
그리고 내가 꼭 써야 할 것들을
주셨습니다.
그리고 무엇보다
내가 지금 이곳에서
즐거운 삶을
살고 있다는 것을
알게 해주신
하나님께
감사드립니다.

그래서 나는 지금 말고,
이곳 말고,
다른 때에, 다른 곳에서
즐거운 삶을 찾아 나서지 않습니다.

나는 다시
하나님께
이러한 지혜를 주신 것을
감사드립니다.
내가 지금 이곳에서 이렇게
즐거운 삶을 사는 것은
틀림없이
다른 때에 다른 곳에서 달리
살게 된다면
지금 이곳에 이렇게
즐겁게 사는 것과 같이
즐거워하지 않을 수 없을 것입니다.

CHAPTER 03

여름방학 한 달 안에 영어 꼴찌가
영어정복자가 되어 통쾌한 복수를 한다.

01 꼴찌가 영어의 정복자가 되다

지금 내가 한국외국어대학교 명예 교수실에서 이 대목을 쓰는데 마침 틀어놓은 영국 BBC TV방송에서 프랭크 시나트라의 추모 방송이 들려왔다. 게다가 바로 이 순간에 그의 최고 걸작 〈My Way〉가 나의 귀에 들려왔다. 그 노래의 맨 끝부분의 영어문장 I did it my way.가 그야말로 장엄하고 장중하게 들렸다. 나는 그 문장을 지금 이 영문법반의 대미를 선언한그 옛날의 정복자 선생님께 바로 그의 방식대로(his way) 우리 학생들에게 온 정성을 다하여 영문법, 아니 영어를 가장 능률적이고 효과 있게 가르쳐 준 것(He did it his way : I did it my way.)에 대하여 가장 깊은 마음으로 감사의 말을 I cannot thank you too much for having taught me English grammar, that is, the English language, so efficiently and effectively.라는 영어 문장으로 대신한다.

나는 접속사 수업을 마치고 정복자 선생이 지시한 대로 집으로 돌아와 그가 만들어 준 복사물 교재의 맨 끝부분에 한 장도 못 되는 분량의 감탄사 편을 읽었다. 역시 감탄사는 그저 감정을 토해내는 말이었다. 그러나 그것도 어느 정도 체계적인 면이 없지는 않았다. 그 체계는 학문의 기초가 되는 분류법으로 감탄사들을 분류한 것이었다. 그는 그 분류를 형태상 분류와 의미상 분류로 나누어 놓았다.

나는 내일 정복자 선생이 나에게 감탄사에 대해 설명하라고 하면 감탄사는 형태상 분류만으로도 충분한 것이라고 말하면서 그 이유는 문장 아무데나 와서 감정을 나타내면서 저절로 드러나기 때문이라고 말할 작정으로 감탄사들을 형태상으로만 나 자신 스스로 정리했다. 그 대신 그 동안 그에게서 배운 영문법은 말할 것도 없고 인생철학을 잘 배운 것에 대한 감탄의 소감을 영문으로 쓸 작정이었다. 감탄사들은 다음과 같이 분류될 수 있다.

영문법정복 | 감탄사의 분류

1. 한 단어 형식으로 된 것들

보기 Ah!(아!), O!(오!), Oh!(어마!), Alas!(아이구!), Aha!(아참!), Hurrah!(만세!), Dear!(예야!), Ha!(허!), Why!(아니!) 등

2. 단어들 또는 그 이상이 모여 된 것들

보기 O my God!(맙소사!), For shame!(창피하게!), Good Heavens!(저런!) 등

3. 문장 형식으로 된 것들

보기 Thank you!(고마워라!), Well done(잘했어!), Look here!(이봐!) 등

나는 이상과 같이 형태상으로 감탄사들을 분류했다. 의미상으로 분류할 경우에는 기쁨, 슬픔, 놀람, 찬양, 경멸, 의혹, 주저, 주의, 비난, 저주, 소원, 권태 등으로 나눠볼 수 있는데 그것들은 문장 속에서 금방 발견된다. 왜냐하면 그것들 뒤에는 감탄 부호들이 대체로 따라 붙기 때문이다. 예컨대, Fighting! Don't sit there dreaming. (힘내! 멍하니 앉아 있지 마라.)과 같이 감탄사는 대개(간혹 문장의 끝에 오기도 하지만) 문장 맨 앞에 오고 그것 뒤에 감탄 부호(!)가 붙는다.

Dear Mr. Conqueror,

I am very happy to be able to write an English letter to you because you have taught me English in a very efficient and effective way. Oh thank God! What a lucky boy I was when I first met you, such a wonderful English teacher, so that I might begin to learn English about a month ago! Before I met you, I knew nothing of English, having the worst marks in my class or rather throughout my school. What fun they had made of me for being completely ignorant of English in the school into which but the most intelligent boys not only in the province of Jun Nam, but also in the entire nation are selected to be admitted by way of the strict entrance examination.

As I told you before, my father forced me to be admitted into the most famous school through his donation of an astronomical amount of money to it with his best intentions for me. But I could not meet his good intention for me. Instead, it was misguided, being a curse to me. Alas! I had never studied until then. Undoubtedly, I could not have passed a passing grade if I had taken the entrance examination of the school. It was quite natural that I should be made fun of by my fellow students of the school

But I had not waited long before I made up my mind to master English in any way possible. For I had suffered the most insult insufferable from my English teacher of the school just one week before I met you — before the summer vacation began. I had been caught in the very act of deceiving the English teacher in the test of English dictation by stealingly glancing at the page of the English book which he was dictating.

But the incident turned out to be the invaluable occasion on which I came to firmly determine to conquer English. Thank God! I thank not only Mr. Conqueror for having taught me in the best way he could so that I might at last conquer English, but also the school English teacher for having insulted me in the cruelest way he could so that I might determine to avenge the insult on my honor by mastering English.

나는 나의 계획대로 한영사전을 뒤지면서 감탄사들과 감탄문을 이용하여 나에게 영어를 그렇게 잘 가르쳐준 정복자 선생에게 영문 편지를 난생 처음으로 써보았다. 나는 내가 써놓은 이 영문 편지를 읽으면서 문법적으로 조금도 잘못된 것이 없는 것을 알고 새삼 놀라지 않을 수 없었다. 나는 그 때 사람의 결심이 이렇게 무서운 것인가를 알게 되었다. 우리의 속담에 '궁하면 통한다.'라는 말이 있고 '필요는 발명의 어머니이다(Necessity is the mother of invention.)'라는 영어의 속담이 말하듯이 하겠다는 굳은 결심만 있으면 못할 것이 없을 것 같았다.

나는 그 때 사람은 어떠한 일이라도 해낼 수 있다고 자신에게 뿐만 아니라 세상 사람들에게 선언하고 실천으로 옮기면 안 될 일이 없다는 것을 알게 되었다. 어느 사람에게나 잠재적인 능력은 엄청난 것이다. 미첼 필립스 박사는 그가 쓴 책 〈숨겨진 힘〉에서 하나의 적절한 예를 적고 있다. 아들이 모는 자동차를 타고 미국의 산간 지대를 여행하고 있던 한 초로의 여자에 대하여 다음과 같이 썼다.

"인적이 없는 사막 지대에 차가 이르렀을 때에 차가 고장난 것이다. 운전하던 아들이 잭으로 차체를 들어 올리고 그 밑으로 기어들어 갔는데 그 잭이 미끄러져 차 밖으로 빠져나가는 바람에 차체는 곧 내려앉아 아들은 사막의 태양열로 달구어진 포장도로와 자동차 틈새에 끼이고 말았다. 그 부인은 아들의 가슴팍 위에서 차체를 빨리 들어 올리지 않으면 아들은 이내 압사할 것이라고 직감했다. 그녀는 잠시도 망설임이 없이 범퍼를 붙잡고서 아들이 차 밑에서 기어 나올 수 있게 차체를 들어 올렸던 것이다. 아들이 기어 나오자마자, 그녀의 놀라운 힘은 순식간에 사라지고 차체가 도로 위로 내려앉았다. 이것은 적어도 10초 동안 그녀가 수백 킬로그램이나 되는 차체를 들어 올리고 있었다는 것을 말해준다. 체중이 겨우 55킬로그램도 안 나가는 여자에게 그것은 참으로 엄청난 괴력이었다.

만약 그 초로의 여자가 그런 엄청난 힘이 잠재되어 있는 것을 의심하고 망설였다면 아들이 죽어가는 것을 바라만 보고 있었을 것이다. 이러한 예들은 우리 주변에 무수히 나타날 수 있는 것이다. 사람은 할 수 있다고 결심하고 밀고 나가면 누구나 초인적인 능력을 발휘하게 되는 것이다. 영어의 영자도 몰랐던 내가 문법적으로 조금도 하자가 없는 영문편지를 척척 쓸 수 있었던 것은 바로 인간의 이러한 잠재적인 능력이 누구에게나 있다는 것을 말해준다. 다만 차이점이 있다면 하겠다는 결의를 갖고 실천하느냐 안 하느냐의 차이가 있을 뿐이다. 어리석은 사람은 작심삼일이라는 말대로 그저 결심만하고 실천하지 않지만 현명한 사람은 한 번 결심한 것은 반드시 실천한다.

그 다음날 나는 지난번에 일기를 보여주었듯이 그 편지를 정복자 선생에게 보여주었다. 역시 그의 반응은 내가 기대한 대로였다. 그는 뛰는듯이 기뻐했다. 그는 마치 심심산골에 은거하면서 훌륭한 제자에게 그가 갖고 있는 무술을 다 전수하고 그 제자가 그의 무술 비법을 제대로 다 전수받은 것을 확인한 사범이 말하듯이 "이상준, 너는 이제 하산해도 되겠다. 너는 영어에 대한 정복을 거의 완전히 한 것이다. 너를 괴롭혔던 것 같지만 실제로는 너의 은인이 되어준 너의 학교 영어 선생님에게 가서 마음껏 설욕할 수 있을 것이다. 더구나 너를 따돌림시키고 무시한 반 학생들을 기절하게 할 수 있을 것이다." 라고 나에게 자신감을 더욱 고조시켜 주었다.

내가 정복자 선생에게서 감탄사의 정리를 스스로 해보라는 숙제를 받고 감탄사들과 감탄문들을 위주로 하여 감사의 내용으로 쓴 영문 편지에 그는 극찬을 아끼지 않았다. 하기야, 전혀 영어를 모르던 내가 그에게서 체 한 달도 못되는 기간 동안 영문법을 거의 완벽하게 정복한 것은 하나의 기적이나 다름 없었다. 그러나 그것은 결코 기적이 아닌 것이었다. 왜냐하면 그와 같은 잠재력이 있었고 그것이 나의 학교 영어 선생과 학생들의 견딜 수 없는 수모와 고난을 극복하려는 의지와 여름방학 동안에 학원에 나가 영어를 기어이 해내고 말겠다는 의지가 합쳐져 나의 잠재력을 일깨웠던 것이다.

그리고 나는 이왕에 한다면 철저히 하려는 정신이 남달라서 그 학원의 정복자 선생에게서 배운 것은 그날그날 다 외웠고 또한 그 영문 예문들은 말할 것도 없이 그때에 학교에서 일종의 부교재로 삼았던 약 200쪽이 되는 영문 책 〈Fifty Famous Stories〉를 새벽 5시에 잠에서 깨어나 약 1시간 반 동안 그리고 오후 8시에 약 2시간 동안 매일 목청껏 소리지르며 독파했다. 그러다 보니 변성기의 나의 목소리가 우렁차게 발전함과 동시에 영문의 문리(文理), 즉 글의 이치가 나의 머리 속에서 자연스럽게 깨쳐진 것이다.

몇 년 후에 내가 한국외국어대학의 영어과에 수석으로 합격한 것도 그 때의 그와 같은 의욕이 넘치는 영어 공부 덕분이었고 마침 1학년 영어과 교과 과목들 중의 하나인 영작문의 첫 시간에 자유 영작을 시켰는데 담당 교수였던 안호삼 교수는 나의 자유 영작문을 보고 "This is really an excellent English composition."이라고 몇 번이고 영어과 학생들 앞에서 칭찬을 해주었다. 그리고 그 교수가 어떻게 해서 영문법을 구두점 하나 틀리지도 않게 구사하는 그러한 영작문을 할 수 있게 되었는가를 물었다. 나는 나의 영어과 동료 학생들 앞에서 나의 피어린 '간증'을 하여 그들을 감동시키기까지 했다. 그 때 나는 마음속으로 광주서중학교의 그 고약한 영어 선생과 광주 TG영어학원의 정복자 선생에 대한 감사의 말을 거듭하고 었었다.

정복자 선생은 "하나의 언어를 습득한다는 것은 한 편으로는 가장 쉬운 일인데, 그것은 동시에 가장 지겨운 일인 것이다. 왜냐하면 똑같은 규칙들을 반복해서 몸에 익혀야 하기 때문이다. 사람들이 그 가장 쉬운 외국어를 다 배우지 못하고 중도에서 포기하거나 아니면 그저 어정쩡하게 배워 그것이 별 쓸모가 없게 되는 결과에 이르는 것은 '외국어 공부의 고비'를 넘기지 못하기 때문이다. 그 고비를 넘기기까지에는 그저 반복하며 규칙들을 몸에 완전히 배이게 하는 것이 필수적인 것이다."라고 말하면서 "이제 마지막으로 영문법에 대한 전체적인 정리로 영어 정복에 대한 마무리를 하겠다라." 고 덧붙였다.

우리 학생들은 이제는 다 끝났다 싶어 만만세를 막 부르려고 하고 있는 터에 정복자 선생의 그 지겨울 것 같은 말을 다시 듣게 된 것이다. 하지만 우리들은 그로부터 시종일관 '인내심'을 갖고 공부하라는 말을 귀가 닳도록 들었기 때문에 그의 그러한 끈질긴 이끔을 고마운 마음으로 따르려는 준비가 이미 되어 있었다. 그는 수없이 '인내하는 것'만이 '인간이 하는 것'을 성공리에 이끈다고 말하지 않았던가? 인류 역사에서 위대한 업적들을 남긴 사람들은 다름 아닌 바로 이 인내심의 소유자들이었다.

사실, 내 영어가 한 달 전의 일자무식 상태에서 지금은 거의 완전히 정복될 수 있었던 것은 바로 인내심이 뒷받침해 준 것이다. 그렇다! 이 짧은 한 달이라는 기간에 집중적인 인내심을 발휘했기 때문에 이러한 좋은 결과를 얻은 것이다. 내가 처음 영어를 시작할 때 참으로 막연하고도 막막한 심정 때문에 자칫 했으면 좌절할 수도 있었을 것이다. 그러나 내가 학교의 영어 선생과 학우들의 학대와 멸시를 받고 그것을 전화위복으로 삼아 한번 해보겠다고 혀를 깨무는 결심을 한 후 거기에 따르는 의지력을 발휘하여 기어이 해보려는 노력을 했던 나 자신을 돌이켜 보면, 지금 생각해 보아도 인류 역사의 위대한 인물들의 인내심과 같은 맥락이었던 것은 틀림없다.

내가 중학교 3학년 여름방학 한 달 사이에 이룬 영어의 정복은 바로 그러한 결심, 의지, 그리고 인내의 결실이었고 이렇게 나는 나의 인생의 초반기에서부터 가장 큰 교훈을 얻었다. 그리고 그것을 지금까지 견지해온 것이다. 나는 감히 이 책을 읽는 이들 모두에게 간절히 권고하건대, 이 책을 결심, 의지, 인내로 한 달 사이에 집중적으로 읽는다면 반드시 나처럼 영어를 정복하리라는 것을 추호도 의심없이 말할 수 있다.

만약 내가 초등학교 6년, 중학교 2년 반 동안에 공부를 거의 하지 않았기 때문에 이미 공부는 늦었다고 생각하고서 공부하는 것을 포기했었더라면 나는 영원히 공부를 하지 않는 사람으로 살아 왔을 것이다. 그러나 내가 절실히 깨닫게 된 것은 인생에서는 어떤 것이든 결코 늦어서 할 수 없는 것은 하나도 없다는 것이다. 오히려 어떤 일이든 이미 늦었다고 생각할 때 바로 그때가 가장 적절한 시작의 시간이 된다.

그리고 그때가 바로 절호의 기회가 되어 그 기회를 결심으로 포착하고 의지력으로 밀고 나가고, 인내심으로 참고 참아 견뎌낸다면 사람이 하는 일치고 어느 것 하나도 성취되지 않을 것이 없는 것이다. 무슨 일이든 사람의 굳건한 결심, 흔들리지 않는 의지, 시종일관하는 인내, 이 세 가지가 관건이 되는 것이다.

정복자 선생은 마지막으로, 진정 마지막으로 또 한 번의 '노파심(반복의 효력)'을 발동하여 영문법의 총정리를 한다면서 우리 학생들을 자애로운 눈매로 노려보았다.

방대한 영문법을 총정리하려면 그것 또한 많은 시간을 요할 것이기에 여기에서는 지금까지 배운 것을 간단하게 요점만을 짚어주는 형식을 취하도록 하겠다.

영문법정복 | 영문법의 여분의 정리

품사의 정리

1. 명사

(1) the + 보통명사의 단수 = 대표 단수(종류 전체를 나타낸다.)

The gifted man is he who sees the essential point and leaves aside all the rest as surplusage.

(재능이 있는 사람은 본질적인 것을 알아보고 그 나머지 것들을 여분으로 제쳐놓는 사람이다.)

The child is father of the man.

(아이 때의 성질이 어른이 될 때까지 간다.)

The horse is a useful animal.

(말은 유용한 동물이다.)

(2) the + 보통명사의 단수 = 추상명사

The pen is mightier than the sword.

(지식은 완력보다 강하다.)

(3) a (혹은 an) + 고유명사 = 보통명사 단수

고유명사 + s(또는 es) = 보통명사 복수

a Nelson = a man like Nelson(넬슨 같은 사람)

a Ford = a car manufactured by Ford(포드에서 만든 자동차)

Some of you may grow to be Edisons. others to be Shakespeares.

(당신들 중의 일부는 성장하여 과학자들이 되고 또 일부는 문인들이 되는지 모른다.)

(4) the + 사람의 고유명사 + s(또는 es)

　1) 가족 전부

　　the Browns

　　(브라운 일가)

　2) 가족 일부

　　the Whites

　　(화이트 형제 또는 자매)

　3) 부부

　　the Smiths

　　(스미스 부부)

(5) 물질명사에 관사나 복수 어미를 붙여 그 물질의 성질이나 제품을 나타낸다.

I saw a light in the distance.

(멀리서 불빛이 보였다.)

She wore large glasses.

(그녀는 큰 안경을 썼다.)

(6) 추상명사에 관사나 복수 어미를 붙여 그 추상의 행위 및 사건 혹은 그 실체를 나타낸다.

He did me many kindnesses.

(그는 나에게 많은 친절을 베풀었다.)

A fire broke out last night.

(어제 저녁 불이 났다.)

A youth came to see you.

(한 젊은이가 당신을 보러 왔다.)

(7) 무생물에 소유격을 뜻하는 's를 붙여서 만들 수 있는 명사

1) 의인화된 명사(personified objects)

Fortune's favor, the earth's creatures, nature's law, life's journey

2) 시간, 거리, 무게, 가격 등의 명사

today's paper, two years'speriod, three miles'distance,
a pound's weight, two shillings' worth of sugar

3) sake나 end 등을 포함한 관용구문 뒤에

at my wits' end, for mercy's sake (혹은 for conscience'sake)

(8) 전문가 및 직업인의 명사에 's를 붙여 업무 및 영업장소를 나타낸다. 즉 house, shop, office 등이 생략된다.

I called at the dentist's (office) this afternoon.

(오늘 오후 치과에 갔었다.)

(9) 소유격은 문맥으로 보아 여러 가지 뜻을 갖는다.

1) 소유의 의미

The king's honour is that of his people. Their real honour and real interest are the same.

(왕의 영예는 그의 국민의 영예이다. 그들의 참다운 영예와 이해관계는 같다.)

2) 의미상 주격을 나타낸다.

The king's wrath is as the roaring of a lion; but his favor is as dew upon the grass.

(왕의 격분은 사자의 노성과 같다. 그러나 그의 총애는 풀 위에 맺힌 이슬과 같다.)

3) 의미상 목적격을 나타낸다.

The salesman's murder is a mystery.

(그 판매원의 살인은 미궁에 빠져 있다.)

4) 혜택의 의미

The girls' high school is the best one in this country.

(그 여학교는 이 나라에서 제일 좋은 학교이다.)

(10) 명사의 성 : 남성, 여성, 통성의 세 가지가 있다.

1) 자연성

① 남성 : man, boy, man-servant, cock, bull, ox

② 여성 : woman, girl, maid-servant, hen, cow

2) 통성 : child, parent, person, chicken

3) 무성명사는 그 특성으로 보아 남성, 여성으로 나뉜다.

① 억세고 강한 인상을 주는 것은 남성으로 쓰인다.

sun, death, winter

② 연약하고 부드러운 인상을 주는 것은 여성으로 쓰인다.

moon, nature, spring, fortune

2. 대명사

(1) 총인칭 (Generic Person)

one, you, they, we가 각 인칭을 뜻하지 않고 일반적인 사람을 의미한다.

We learn our mother tongue little by little through the imitation of those around us.

(사람은 자기 주위 사람들의 흉내를 통해서 말을 조금씩 배운다.)

You should respect your parents.

(사람은 부모를 공경해야 한다.)

One often fails to see one's own faults.

(사람은 흔히 자기의 과오를 알지 못한다.)

They speak English and French in Canada.

(캐나다에서는 영어와 불어를 쓴다.)

(2) it의 특수용법

1) it(가주어) ... (진주어)와 it(가목적어) ... (진목적어)의 관계로 나타난다. 이 경우 진주어나 진목적어는 다음과 같은 형태를 취한다.

① to + 동사원형 ...

It is wrong to tell a lie.

(거짓말을 하는 것은 나쁘다.)

He couldn't find it in his heart to leave the poor orphans.

(그는 불쌍한 고아들을 남겨 두고 갈 마음이 내키지 않았다.)

② 동사원형 + ing ...

It is no use crying over spilt milk.

(엎지른 물은 되담을 수 없다.)

③ that + 주어 + 술어 ...

It is right that you should do so.

(네가 그렇게 하는 것은 당연하다.)

I take it that you will act at once.

(네가 곧 할 것이라고 믿는다.)

④ whether(혹은 it + 주어 + 술어 ...

It is no matter whether he is here or in London.

(그가 여기에 있든 런던에 있든 문제가 아니다.)

⑤ 의문사 + 주어 + 술어 ..

It is a riddle where he has gone.

(그가 어디 가버리고 없는지는 수수께끼다.)

2) it is X that Y의 강조 용법

that Y의 절이 it를 수식하는 일종의 형용사절이 되고 X가 강조를 받아 'Y하는 것은 X이
다.' 라고 해석된다.

It was the price that frightened him.

(그를 놀라게 한 것은 그 가격이었다.)

It is you that are to blame.

(책망 받을 사람은 너다.)

3) 상황의 'it' (situation 'it')

문맥에 의해서 뜻이 결정되는 대명사이다.

We had a good time of it.

(참 재미있게 시간을 보냈다.)

It seems that he is ill.

(그가 앓고 있는 것 같다.)

4) 비인칭 'it'

날씨, 명암, 시간, 무게, 거리 등을 나타내는 주어이다.

It is fine today.

(오늘은 날씨가 좋다.)

It is dark here.

(여기는 어둡다.)

It is seven o' clock.

(지금은 7시이다.)

It is ten miles from here to there.

(여기서 거기까지 10마일이다.)

(3) 복합대명사(혹은 재귀대명사)

주격, 목적어, 소유격이 있다.

1) 주어의 동작이 다시 주어에게 되풀이될 때

He praises himself.

(그는 자찬하고 있다.)

You must be your own master.

(너는 너 자신을 이겨야 한다.)

2) 강조할 때

He himself came to help me.

(그 자신이 나를 도우러 왔다.)

I have a house of my own.

(나는 내 자신의 집이 있다.)

3) 전치사 + 재귀대명사 = 관용어구

① for oneself = 독력(혼자의 힘으로)

He solved the riddle for himself.

(그는 수수께끼를 혼자의 힘으로 풀었다.)

② by oneself = 고독(혼자서)

She sat on the rock by herself.

(그 여자는 바위에 혼자 앉아 있었다.)

③ of oneself = 자연(저절로)

The door opened of itself.

(그 문이 저절로 열렸다.)

④ in oneself = 본질(그 자체에 있어서)

Virtue is good in itself.

(미덕은 그 자체로서 좋은 것이다.)

〈복합대명사 혹은 재귀대명사 표〉

인칭	수 \ 격	주격 및 목적격	소유격
1	단수 복수	myself ourselves	my own our own
2	단수 복수	yourself yourselves	your own your own
3	단수 복수	himself, herself, itself themselves	his own, her own, its own their own,

(4) this ... , that ... (후자 ... , 전자 ...)

Work and play are both necessary to health : this gives us rest, that energy.

(일과 유희는 둘 다 건강에 필요하다. 후자(유희)는 우리에게 휴식을 주고 전자(일)는 힘을 준다.)

(5) ... and that ...

이 경우 that은 앞 문장 전체를 받는다.

He died away from home, and that miserably.

(그는 객사했다. 그것도 비참하게.)

(6) 반복을 피하기 위하여 쓰이는 one과 that

1) a(an) + 명사는 one으로 받는다.

I like a red rose better than a white one.

(나는 흰 장미보다 빨간 장미가 좋다.)

 물질명사는 one으로 못 받는다.

I like red wine than white.

2) the + 명사는 that으로 받는다.

The climate of this country is like that of Korea.

(이 나라의 기후는 한국의 기후와 비슷하다.)

(7) other의 용법

1) other

형용사로서 different의 뜻으로 쓰인다.

Show me other ties.

(다른 넥타이들을 보여주시오.)

2) the other

① 단독으로 쓰일 때는 the other person(상대자의 뜻이 된다).

Watch out the other!

(상대자를 주시하라!)

② 상관적으로 쓰일 때

one ... , the other ... (둘 중에서 하나는 다른 하나는 ...)

I have two brothers. One is a doctor, and the other is a soldier.

(나는 형제가 둘 있다. 하나는 의사이고, 다른 하나는 군인이다.)

 the one ... the other ... (전자는 ..., 후자는 ...)

Neither my brother nor my sister is here ; the one is in Europe,
and the other in New York.

(나의 형도 누님도 여기에 없다. 전자는 유럽에 있고, 후자는 뉴욕에 있다.)

3) others

    ① 단독으로 쓰일 때 : other people(남들)의 뜻이 된다.

        Be good to others.

        (남들에게 착하거라.)

    ② 상관적으로 쓰일 때 : 앞에 일부의 숫자가 나오고, 나머지 다른 일부의 뜻이 된다.

        Some were wounded, and others were killed.

        (일부는 부상당하고, 일부는 죽게 되었다.)

4) the others : (= the other + 복수명사) : 나머지 다른 전부

    And the others escaped the accident.

    (그리고 나머지 다른 전부는 사고를 모면했다.)

(8) another의 용법

1) one more

    Bring me another cup of coffee.

    (커피 또 한 잔 가져오너라.)

2) also one

    If I am a fool, you are another.

    (내가 바보면 너 또한 바보다.)

3) 형용사로서 different의 뜻으로 쓰인다.

    There is another meaning in this word.

    (이 단어에는 다른 뜻이 있다.)

(9) each other와 one another

1) each other : 두 사람(또는 두 사물) 사이에 서로 서로

    The two sisters love each other.

    (그 두 자매는 서로 서로 사랑한다.)

2) one another : 세 사람(또는 세 사물) 사이에 서로 서로

    Brothers and sisters should love one another.

    (형제자매는 서로 서로 사랑해야 한다.)

(10) both : 모두 합해서 둘의 뜻을 갖는다.

I lost both of my eyes.

(나는 두 눈 다 잃었다.)

(11) all : 모두 합해서 셋 이상의 뜻을 갖는다.

All have brought their children.

(아이들을 모두 데리고 왔다.)

(12) either : 둘 중 어느 하나의 뜻을 갖는다.

Either of them will do.

(그 둘 중 어느 것도 좋다.)

(13) neither : 둘 중 어느 것도 아님을 뜻한다.

Neither of the stories is true.

(그 이야기 중 어느 것도 사실이 아니다.)

3. 동사

(1) 동사의 활용(the conjugation of verbs)

모든 조동사 이외의 동사는 원형(root), 과거형(past), 과거분사형(past participle)의 세 가지
형태를 가지고 있다.

1) 원형(root)

① 조동사(will, would, should, can, could, may, might, must, need, ought to, used to)
와 결합하여 본동사가 된다.

In guessing accurately a person's weight, you must take into account
his age.

(몸무게를 정확히 추측하는 데 나이를 고려해야 한다.)

② 전치사 to와 결합하여 부정사(infinitive)를 이룬다. to를 붙이지 않고도 부정사를 형성
할 수 있다.

Our plan is to wait until next Sunday.

(우리의 계획은 일요일까지 기다리는 것이다.)

I can make him accept anything I choose.

(나는 그가 내가 선택하는 것은 무엇이나 받아들이게 할 수 있다.)

2) 과거형(past) : 직설법 과거 시제의 술어 동사가 된다.

Our team, outweighted and outplayed, lost by a big score.

(몸무게나 경기운영에서 압도당한 우리 팀은 큰 점수차로 졌다.)

3) 과거분사형(past participle)

① be동사(am, are, is, was, were, be, been)와 결합하여 피동태를 만들거나 완료형을 만든다.

Spring is come.

(봄이 왔다.)

☞ be동사가 자동사 come의 과거분사와 결합하여 완료형이 된다.

If a large number of voters turn out, Jones will be elected.

(투표자가 많이 나타나면 존스가 당선될 것이다.)

☞ be동사가 타동사의 과거분사와 결합하여 피동형이 된다.

② have동사(have, has, had)와 결합하여 완료형을 만든다.

I shall have had four examinations this week by the time I take my English exam next Friday.

(다음 금요일 영어시험을 보면 이 주일에 네 차례나 시험을 보게 될 것이다.)

③ 명사(혹은 대명사)를 수식하는 형용사의 역할을 한다.

Harassed and terrified, he knew not which way to turn.

(괴롭힘을 받고 또 놀란 그는 어느 길을 택해야 할지 몰랐다.)

④ 보어의 역할을 한다.

He declared the meeting adjourned.

(그는 그 회의를 휴회로 선언하였다.)

⑤ 부사의 역할을 한다.

All sat silently, fascinated by the concert.

(모두가 음악회에 홀려 조용히 앉아 있었다.)

4) 동사의 규칙적 변화

① 동사의 원형에 ed를 붙여 과거, 과거분사를 만든다. e로 끝나는 단어에는 d만 붙인다. 발음은 유성음 다음에서는 [-d]로, 무성음 다음에서는 [-t]로, d와 t 다음에서는 [-id]로 발음된다.

call[kɔːl] – called[kɔːld] – called[kɔːld]

look[luk] – looked[lukt] – looked[lukt]

want[wɔnt] – wanted[wɔntid] – wanted[wɔntid]

② [자음 + y]로 끝나는 동사에는 y를 i로 바꾸고 ed를 붙인다.

carry[kǽri] – carried[kǽrid] – carried[kǽrid]

③ [모음 + y]로 끝나는 동사에서는 그냥 ed를 붙인다.

stay – stayed – stayed

④ [단모음 + 단자음]으로 끝나는 동사에는 마지막 자음자를 겹치고 ed를 붙인다.

beg[beg] – begged[begd] – begged[begd]

⑤ 동사의 불규칙적 변화 : 일일이 사전을 찾아보아야 한다.

pay[pei] – paid[peid] – paid[peid]

cut[kʌt] – cut[kʌt] – cut[kʌt]

read[riːd] – read[red] – read[red]

come[kʌm] – came[keim] – come[kʌm]

(2) 미래시제의 조동사의 변화

1) 단순미래 : 사람의 의지로 좌우될 수 없는 미래

That we shall have no serious trouble has become evident.

(우리가 큰 곤란을 겪지 않을 것이라는 것은 명백하게 되었다.)

인칭 \ 구분	평서문	의문문	대답
1	I shall... We shall...	shall I...? shall we...?	you will...
2	you will...	shall you...?	I shall... We shall...
3	he will... they will...	will he...? will they...?	he will... they will...

2) 의지미래 : 주어인 화자(speaker)와 화자의 대상자인 청취자(hearer)의 의지대로 좌우되는 미래

구분 인칭	평서문	의문문	대답
1	speaker의 의지 I will... We willl...	hearer의 의지 shall I...? shall we...?	speaker의 의지 you shall...
2	you shall...	will you...?	I will... We will...
3	he shall... they shall...	shall he...? shall they...?	he shall... they shall...

3) will의 특수용법

① 주어의 강한 의지를 나타낸다.

She will have her own way in everything.

(그녀는 무엇이나 자기 마음대로 하려고 한다.)

② 현재의 습관이나 경향을 나타낸다.

Oil will not mix with water.

(기름은 물과 섞이지 않는다.)

4) shall의 특수용법

① 법령, 규칙, 권위 있는 문서에 쓰인다.

All citizens shall be equal before the law.

(모든 국민은 법률 앞에 평등하다.)

② 예언, 속언에 쓰인다.

He who takes the sword shall perish with the sword.

(칼을 드는 자는 칼로 망한다.)

③ 때로는 I will보다 강한 의지를 나타낸다.

I shall never forgive you.

(나는 결코 너를 용서하지 않겠다.)

(3) 조동사처럼 쓰이는 것

1) have to = [must + 사정상 할 수 없이]의 뜻

We had to spend a little time in locating his hiding place.

(우리는 그의 은닉처를 찾는 데 시간이 좀 걸려야 했다.)

2) need to = [must + 필요]의 뜻

It needs to be done with care.

(그것은 조심스럽게 행하여질 필요가 있다.)

3) ought to = [must + 의무] = should의 뜻

He ought to have arrived by this.

(그는 이때쯤 도착했어야 할 것인데.)

4. 형용사

(1) many는 good, great와 함께 쓰일 때에만 부정관사를 앞에 두며 강조형식으로는 부정관사를 뒤에 놓고 단수명사로 취급하게 된다.

There are a good many novels in my study.

(나의 서재에는 소설이 대단히 많다.)

I have traveled there a great many times.

(나는 여러 번 여행해 본 적이 있다.)

Many a man has falled.

(많은 사람이 실패했다.)

(2) as many는 앞에 나온 수와 '같은 수'를 나타내고 as mush는 앞에 나온 양과 '같은 양', 혹은 '같은 정도'를 나타낸다.

He made ten mistakes in as many lines.

(그는 열 줄 속에서 열 개의 착오를 냈다.)

I was not in the least surprised; I had expected as much.

(나는 조금도 놀라지 않았다. 나는 그만한 정도는 예기했었다.)

(3) the + 형용사 = 추상명사를 만들고 또는 보통명사 복수나 단수를 만든다.

The true is always found to be with the simple.

(진실은 항상 단순성과 함께 있음을 알 수 있다.)

The rich are not always happy.

(부자들이라고 다 행복하지는 않는다.)

(4) 명사 혹은 동명사가 형용사의 역할을 한다.

The investigation of the Senate committee differs a great deal from that of the House committee.

(상원위원회의 조사는 하원위원회의 조사와 크게 다르다.)

A walking stick seems to be an indispensable part of British attire.

(지팡이는 영국식 복장에서 필수적인 것처럼 보인다.)

(5) and로 연결된 두 개의 형용사 중 앞의 것이 뒤의 것에 대하여 부사적인 뜻을 취할 때 가 있다.

It is nice and warm (= nicely warm) today.

(오늘은 기분 좋게 따뜻하다.)

(6) 형용사의 규칙적인 비교급과 최상급의 변화

　　1) 단음절의 낱말 및 흔히 잘 쓰이는 두 음절의 낱말, 특히 -er, -ow, -le, -y, -ly 등으로 끝 나는 말에는 원급의 어미에 -er, -est를 붙여서 비교급이나 최상급을 만든다.

　　　　① 원급-비교급-최상답

　　　　　　small – smaller – smallest

　　　　② 보통 발음되지 않는 -e로 끝나는 말에는 끝의 -e를 빼고, -er, -est를 붙인다.

　　　　　　fine – finer – finest

　　　　③ [단모음 + 단자음]으로 끝나는 것은 그 자음을 하나 더 붙여서 -er, -est를 붙인다.

　　　　　　big – bigger – biggest

　　　　④ [자음 + y]로 끝나는 것은 y를 i로 바꿔서 -er, -est를 붙인다.

easy – easier – easiest

2) 두 음절의 형용사의 대부분, 특히 –ful, –less, –able, –ous, –ive, –ing 등의 어미를 갖는 것과, 3음절 이상의 낱말에는 원급 앞에 more, most를 붙여서 비교급, 최상급을 만든다.
skillful – more skillful – most skillful

① 두 음절로된 형용사로서 –er, –est를 붙이는 것은 그 앞에 부정의 접두사가 붙어서 세 음절이 되어도 –er, –est를 붙여서 비교급, 최상급을 만들 수 있다.
unhappy–unhappier–unhappiest

② 단음절의 형용사라도 서술용법에만 쓰이는 것에는 more, most를 붙인다.
I am more fond of apples than oranges.
(나는 귤보다 사과를 더 좋아한다.)

3) 불규칙적으로 변화하는 형용사
little – less – least

good(좋은)
well(건강한) } better – best

bad(나쁜)
ill(아픈) } worse – worst

many(수가 많은)
much(양이 많은) } more – most

old { order
      elder { oldest(나이가 많은, 낡은, 오래된)
              eldest(손위의: 연배 관계를 나타냄)

far { fadher
      further { farthest(거리)
                furthest(정도)

late { latter { latest(시간상으로)
                 last(순서관계로)

(7) 절대비교급

어떤 전체를 둘로 나누어 한 쪽이 다른 한 쪽보다 정도가 높은 것을 나타내거나 비교의 대상이 뚜렷하여 비교의 뜻을 붙이지 않는다.

The greater part of my books is composed of novels.

(내 책들의 대부분은 소설들이다.)

the younger generation

(젊은 세대)

the higher class

(상류사회).

(8) 비교급에 해당하는 형용사들

이것들은 최상급이 없다. (주로 라틴말에서 온 것.)

superior(우월한), inferior(열등한), prior(앞의), anterior(앞선), posterior(나중의), senior(선배의), junior(후배의) 등

(9) 절대 최상급

최상급이 다른 것과 비교되지 않고 very 혹은 many, the majority of의 뜻을 나타낸다.

Most learned people(= very learned people) are present at the meeting.

(많이 배운 사람들이 그 회의에 참석했다.)

Most students(= the majority of students) are present at the meeting.

(대부분의 학생들은 그 회의에 참석했다.)

(10) 형용사가 명사나 대명사의 뒤에 위치하여 수식할 때

1) something, anything, nothing, everything 등을 수식하는 형용사.

There is nothing attractive about him.

(그에게는 매력적인 것은 전혀 없다.)

2) 형용사에 수식어구가 따를 때

The paradise for a hunter is woods full of wild animals.

(사냥꾼의 낙원은 야생동물들이 많은 숲이다.)

3) 둘 또는 셋 이상의 형용사가 접속사로 연결될 때

This is a book both interesting and instructive.

(이 책은 재미도 있고 교육적이다.)

4) 명사 앞에 최상급 또는 all, every가 올 때

I applied every means available to the project.

(나는 그 사업에 모든 수단을 다 썼다.)

5) 관용적 표현에

the sum total(총계), things Korean(한국적인 것들), China proper(중국본토),
Asia minor(소아시아)

---

5. 부사

(1) the는 형용사 또는 부사의 비교급 앞에 쓰여서 정도를 나타내는 부사이다.

1) by so much의 뜻

He worked the harder because he had been praised.

(그는 칭찬을 받았기 때문에 그만큼 열심히 일했다.)

2) the + 비교급…, the + 비교급 .. 의 문구에서는 앞의 the는 'in whatever degree'의 뜻을 갖는다.

The better you know yourself, the more you see how little you really know.

(당신이 자신을 그만큼 잘 알면 알수록 당신이 얼마나 무식한가를 알게 된다.)

(2) 비교급과 최상급의 변화

1) 단음절의 부사 및 일부의 두 음절의 부사에 -er, -est를 붙여 비교급 최상급을 만든다.

원급 비교급 최상급

fast - faster - fastest

2) 형용사에 -ly를 붙인 부사에는 more, most를 붙여 비교급, 최상급을 만든다.

quickly - more quickly - most quickly

3) 불규칙적인 변화를 하는 것

```
well − better − best
much − more − most
little − less − least
far {
      farther − farthest
      further − furthest
```

(3) had better + 동사원형

‘ … 하는 것이 좋다’의 뜻을 가짐.

You had better go at once.

(너는 당장 가는 것이 좋다.)

(4) more than은 특수하게 비교됨이 없이 ‘∼하고도 남는다.’의 뜻을 갖는다.

He is more than pleased with the result.

(그는 그 결과에 대하여 만족하고도 남는다.)

(5) no more와 no longer : 부정사 ‘not’과 ‘any more’ 및 ‘any longer’가 합한 것으로 ‘이제는 더 이상 ∼하지 않는다.’의 뜻을 갖는다.

I will go there no more.

= I will not go there any more.

(나는 이제 더 이상 거기에 가지 않을 것이다.)

I love her no longer.

= I do not love her any longer.

(나는 이제 더 이상 그녀를 사랑하지 않는다.)

(6) no more X than Y (= not any more than Y)

Y는 앞에 X의 부정에 대한 표준이 된다. 즉 (Y 안 하는 것과 같이 X 안 한다.)

He is no more a god than we are.

= He is not a god any more than we are.

(그가 신이 아닌 것은 우리가 신이 아닌 것과 같다.)

(7) 비교급을 갖는 구문에 유의할 점

① He is no more diligent than you are.

(그는 너와 마찬가지로 근면치 않다.)

He is not more diligent than you are.

(그는 너 이상 근면치 않다. 그도 근면하지만 너만큼은 근면하지 않다.)

② I have no more than five won.

(나는 5원밖에 없다.)

He weighs no less than two hundred pounds.

(그는 200파운드나 나간다.)

③ She is no less lovely than (= quite as lovely as) her elder sister.

(그녀는 언니 못지않게 사랑스럽다.)

She is not less (= perhaps more) lovely than her elder sister.

(그녀는 언니보다 더하면 더했지 결코 덜 사랑스럽지는 않다.)

④ He robs, much more cheats others.

(그는 남의 것을 강탈한다. 하물며 속이는 것쯤이야.)

He never cheats, much less robs others.

(그는 남을 속이지 않는다. 남의 물건을 훔치는 것은 더욱 안 한다.)

(8) think, know, dream 따위의 앞에 놓인 little은 부정으로서 never의 뜻을 갖는다.

I little thought, little knew, little dreamt that you had done it.

(나는 당신이 그것을 했다고는 생각지도 않았고, 알지도 못했고, 꿈도 꾸지 못했다.)

(9) always, usually, generally, often, seldom, rarely, scarcely, hardly, never, frequently 등 빈도를 말하는 부사는 술어 앞에 오거나 복합 술어의 맨 앞의 조동사 뒤에 온다.

1) 동사 앞에 온다.

I seldom go to the movies.

(나는 영화를 별로 안 본다.)

2) 조동사가 있으면 조동사와 본동사 사이에 온다.

You should always obey your parents.

(항상 부모에게 복종하라.)

(10) 부사가 여러 가지 겹쳐 있을 때는 장소, 방법, 시간 등의 순서로 나온다.

Mary went there safely yesterday.

(매리는 어제 거기 무사히 도착했다.)

6. 전치사

(1) 전치사의 목적어는 명사, 대명사 이외에도 다음과 같은 것이 될 수 있다. 이 경우 목적어는 명사의 역할을 한다고 말할 수 있다.

1) 형용사

Things went from bad to worse.

(사태가 더욱 악화되었다.)

2) 부사

How far is it from here to the station?

(여기서 정거장까지 얼마나 멉니까?)

3) 분사

He is reported for killed.

(그는 살해된 것으로 보고되었다.)

4) 부정사

She does nothing but eat.

(그녀는 먹는 것 이외는 아무것도 안한다.)

5) 구

The full moon was rising from behind the mountain.

(보름달이 산 뒤에서 떠오르고 있었다.)

☞ 여기서는 전치사 구문을 목적어로 지배한다.

6) 절

His report was different from what I had reported.

(그의 보고는 내가 보고한 것과 달랐다.)

(2) 전치사는 부사로 전환될 수 있다. 즉 뒤의 목적어가 생략되면 자연히 부사가 된다.

He came in.   He passed by.   He went on to help me.

(그는 들어왔다.)   (그는 지나갔다.)   (그는 나를 돕기 위해서 갔다.)

(3) 때를 나타내는 전치사

1) at(시각, 시점), in(해, 달, 계절), on(주일, 정해진 날, 계기)

In summer I get up at six.   On Saturday we have school only in the
                                    morning.

(여름에 나는 6시에 일어난다.)   (토요일에 우리는 오전 수업만 한다.)

2) in(〜지나서), within(〜이내에), after(〜후에)

The cherry blossoms will be in full bloom in a week.

(벚꽃은 일주일 후에 만개할 것이다.)

He will come back within an hour.

(그는 한 시간 이내에 올 것이다.)

I shall be free after three o'clock.

(나는 3시 이후면 시간이 있겠다.)

**3) for(〜동안 : 일정한 기간), during(동안 : 상태, 동작의 계속 기간), through(〜동안 : 줄
곧 처음부터 끝까지)**

I have learned English for six years.

(나는 6년 동안 영어를 배웠다.)

I went there twice during the vacation.

(나는 휴가 동안 두 번 거기에 갔었다.)

I was ill in bed through the winter.

(겨울 내내 병상에 누워 있었다.)

4) by(-까지 : 어느 때까지 동작의 완료), till, until(〜까지 : 어느 때까지 동작의 계속)

Submit the report by December 6.

(12월 6일까지 보고서를 제출하시오.)

I will wait till tomorrow.

(나는 내일까지 기다릴 것이다.)

5) since(~이래 줄 곧 : 과거의 시점에서 계속), from(~부터 : 일이 시작되는 출발점)

I have not heard from him since he departed.

(그가 떠난 이래로 소식이 없다.)

From this time onward, I will be with you.

(이제부터 나는 너와 함께 할 것이다.)

(4) 장소를 나타내는 전치사

1) at(~에서 : 비교적 좁은 장소), in(~에서 : 비교적 넓은 장소)

I met him at the library. He lives in London.

(나는 그를 도서관에서 만났다. 그는 런던에 살고 있다.)

2) on(~위에 : 표면의 접촉), beneath(~아래 : 아래의 표면 또는 근접 아래)

There are a few pictures on the wall.

(벽에 그림이 몇 장 걸려 있다.)

I felt the ground sink beneath my feet.

(땅이 나의 발밑에서 꺼지는 것같이 느꼈다.)

3) over(~바로 위에), under(~바로 밑에), above(~아주 위에), below(~아주 밑에)

The electric lamps are hanging over our heads.

(전등이 우리 머리 위에 걸려 있었다.)

There is a box under the desk.

(책상 밑에 상자가 있다.)

The sun is rising above the horizon.

(태양이 지평선 위로 떠오르고 있다.)

The sun is setting below the horizon.

(태양이 지평선 아래로 지고 있다.)

4) round(~의 주위에 : 주위를 도는 운동 상태), around(~의 주위에 : 주위를 도는 정지 상태), about(~의 주위에 : 막연한 주변)

The earth moves round the sun.

(지구는 태양 둘레를 돈다.)

We all sat around the fire.

(우리는 난로 둘레에 앉아 있었다.)

A great crowd gathered about him.

(많은 무리가 그 사람 주위에 모였다.)

7. 접속사

(1) 부사가 등위접속사의 역할을 하는 것이 있다.

He makes good resolutions, only he never keeps them.

(그는 결심을 잘 하는데 다만 그것을 지속하지 못한다.)

☞ only는 but과 같다.

(2) not X, but Y = X 아니고 Y다.

The true worth is measured not by one's abilities, but by one's characters.

(참다운 가치는 재능에 의해서가 아니고 인격에 의해서 측정된다.)

(3) not only (merely, alone) X, but also (as well, likewise) Y = X뿐만 아니라 Y도

Labour is not merely a necessity, but also a pleasure.

(노동은 필요한 일일 뿐만 아니라 유쾌한 일이기도 하다.)

(4) not so much X as Y = X라기 보다 Y다. (= rather X than Y)

He is not so much a soldier as a scientist.

(그는 군인이라기 보다 과학자다.)

(5) not so much as X(동사) = X조차 아니다.; X조차 않다.

I have not so much as heard of his name.

(나는 그의 이름을 들은 일조차 없다.)

He left the house without so much as saying goodbye.

(그는 인사말조차 없이 집을 나갔다.)

(6) not X till Y = Y해서야 비로소 X한다.

People do not know the value of health till they have lost it.

(사람들은 건강을 잃고 나서야 비로소 그 가치를 알게 된다.)

☞ 위의 문장은 아래의 강조형 문장에 대한 보통형이다.

It is not till X that Y

It is not till they have lost it that people know the value of health

(사람들은 건강을 잃고서야 비로소 건강의 가치를 안다.)

☞ 강조형이다.

(7) no sooner ... than, scarcely X + when + Y,

hardly + before = X하자마자 Y하다

No sooner had he entered the room than he fell down.

(그는 방에 들어서자마자 쓰러졌다.)

He had scarcely graduated from the university when he went abroad studying.

(그는 대학을 졸업하자 곧 유학을 갔다.)

8. 감탄사

앞에서 정리한 감탄사의 분류와 감탄사들과 감탄문을 이용하여 정복자 선생에게 쓰는 형식으로 난생 처음으로 써 본 나의 영문 편지를 참고하기 바란다.

1. 문장 구성 10대 요소들

(1) 주요소

1) 주어

명사(man, honesty, air 등), 대명사(he, they, it 등), 명사구(to learn English, learning English 등), 명사절 (what I know, that he is honest 등), 명사상당어구(the rich, 'I am happy' 등)가 주어가 될 수 있는 것으로서 술어 앞에 위치한다.

2) 술어 또는 복합술어

동사의 12시제의 모든 형식들

3) 목적어

주어를 형성하는 것들과 같으나 대명사의 경우 목적격의 형태가 되어야 하는 것으로서 타동사 또는 전치사 뒤에 위치한다.

4) 보어

주어를 형성하는 것들과 같고 형용사(beautiful, true 등)와 형용사구(of a great importance, in a good condition 등)가 될 수 있는 것으로서 불완전자동사 뒤에 그리고 불완전타동사 + 목적어 뒤에 위치한다.

(2) 수식요소

1) 형용사 : 명사나 대명사를 수식한다.

There are many beautiful flowers in the garden.

(정원에는 아름다운 꽃들이 많이 있다.)

☞ 형용사 beautiful이 앞에서 flowers를 수식한다.

2) 형용사구 : 명사나 대명사를 수식한다.

The desire to achieve ought to be found in every one of us.

(성취하고픈 욕망은 우리 모두에게서 발견되기 마련이다.)

☞ 형용사구 to achieve가 뒤에서 The desire를 수식한다.

3) 형용사절 : 명사나 대명사를 수식한다.

It is an ill wind that blows no one any good.

(아무에게도 도움이 되지 않는 바람은 나쁜 바람이다.)

(= 아무에게도 도움이 되지 않는 일은 없다.)

☞ 형용사절 that blows no one any good. 이 뒤에서 wind를 수식한다.

4) 부사 : 동사, 형용사 또는 부사를 수식한다.

Horses run fast.

(말은 빨리 달린다.)

☞ 부사 fast가 뒤에서 동사 run을 수식한다.

5) 부사구 : 동사, 형용사 또는 부사를 수식한다.

I was glad to be relived of this unwanted burden.

(나는 이 불필요한 짐을 기꺼이 다시 짊어졌다.)

☞ 부사구 to be relived가 뒤에서 동사 glad를 수식한다.

6) 부사절 : 동사, 형용사 또는 부사를 수식한다.

Her tongue grew sharper as she grew older.

(그녀의 입담은 나이가 들수록 더 날카로워졌다.)

☞ 부사절 as she grew older가 뒤에서 sharper를 수식한다.

2. 접속요소들(connective elements)

※ 위의 10대 요소들을 길고 복잡하게 만드는 것이 접속요소들(connective elements)이다.

(1) 순수 접속요소들(pure connective elements)
1) 전치사

그것 뒤에 명사나 대명사를 지배하여 명사구, 형용사구 그리고 부사구를 만든다.

He lives in the country.

(그는 시골에서 산다.)

☞ 전치사 in이 명사 country를 목적어로 지배하여 부사구가 되어 동사 lives를 수식한다.

2) 접속사

a. 등위접속사 : 대등한 요소와 요소를 접속시킨다.

Tom and Jack are friends.

(톰과 잭은 친구다.)

☞ 등위접속사 and가 명사 Tom과 명사 Jack을 접속시켜 주부를 이루게 한다.

b. 종속접속사 : 문장을 이끌어 명사절이나 부사절을 만든다.

I know that he is honest.

(나는 그가 정직하다는 것을 안다.)

☞ 종속접속사 that이 문장 He is honest를 이끌어 명사절을 만들어 동사 know의 목적어가 되게 한다.

c. 연결구두점

He is rich ; he is unhappy.

(그는 부자지만 그는 불행하다.)

☞ 연결구두점 ; (세미콜론)이 등위접속사 but의 역할을 한다.

(2) 혼합 접속요소(mixed connective elements)

1) 준동사들(부정사, 동명사, 분사)

a. 부정사(infinitive)

I like to see him.

(나는 그를 보기를 좋아한다.)

☞ 부정사 구문 to see him이 명사구가 되어 like의 목적어가 된다.

b. 동명사(gerund)

I remember seeing him.

(나는 그를 만난 것을 기억한다.)

☞ 동명사 구문 seeing him이 명사구가 되어 remember의 목적어가 된다.

c. 분사(participate)

The church standing on a hill command a fine view.

(한 언덕 위에 서 있는 그 교회는 전망이 좋다.)

☞ 분사구문 standing on a hill 이 형용사구가 되어 명사 church를 수식한다.

2) 관계사(관계대명사, 관계부사, 관계형용사)

The man who is coming here is my uncle.

(이리로 오고 있는 사람은 나의 삼촌이다.)

☞ 관계대명사절 who is coming here가 형용사절이 되어 명사 man을 수식한다.

3) 의문사(의문대명사, 의문형용사, 의문부사)

I know who he is.

(나는 그가 누구인지를 안다.)

☞ 의문문 who he is가 명사절이 되어 know의 목적어가 된다.

정복자 선생은 이와 같이 10개의 문장 구성 요소를 설명하고, 뒤이어 그것들을 길고 복잡하게 만드는 2개의 접속요소들을 설명하였다. 따져보면 영어문장을 구성한 요소들은 크게 주요소(major elements), 수식요소들(modifying elements), 그리고 접속요소들(connective elements) 밖에 없다고 말하고서, 이 문장구성 3대 요소들을 아는 것이 영어를 아는 것이라고 단호하게 선언하면서 지금까지 배운 영문법은 이것들을 알기 위함이라고 잘라 말했다.

3. 구와 절의 상호 대치

(1) 구와 절은 상호 대치(代置)될 수 있다.

즉 구를 절로 대치할 수 있고 절을 구로 대치할 수 있다.

In my youth, I was weak.

(내가 어릴 때, 나는 약했다.)

☞ in my youth는 when I was young으로 대치될 수 있다.

He worked hard so that he might succeed.

(그는 열심히 일했기 때문에 성공할 것이다.)

☞ so that he might succeed는 to succeed로 대치될 수 있다.

(2) 추상명사와 명사절이 상호 대치되는 보기들

His honesty is taken for granted. : 추상명사

(그의 정직성은 당연하게 여겨진다.)

That he is honest is taken for granted. : 명사절

(그가 정직하다는 것은 당연하게 여겨진다.)

They accepted my suggestion. : 추상명사

(그들은 내 제안을 받아들였다.)

They accepted what I had suggested. : 명사절

(그들은 내가 제안한 것을 받아들였다.)

(3) 형용사구와 형용사절이 상호 대치되는 보기들

The girl with black hair is my sister. : 형용사구

(검은 머리카락인 소녀가 나의 누이다.)

The girl whose hair is black is my sister. : 형용사절

(머리카락이 검은 소녀가 나의 누이다.)

The church standing on a hill commands a fine view. : 형용사구

(언덕 위에 서 있는 그 교회는 좋은 경치가 내려다 보인다.)

The church which stands on a hill commands a fine view. : 형용사절

(언덕 위에 서 있는 그 교회는 좋은 경치가 내려다보인다.)

(4) 부사구와 부사절이 상호 대치되는 보기들

She prepared dinner before his arrival. : 부사구

(그녀는 그의 도착 전에 저녁을 준비했다.)

She prepared dinner before he arrived. : 부사절

(그녀는 그가 도착하기 전에 저녁을 준비했다.)

John attended the meeting despite his illness. : 부사구

(존은 그의 아픔에도 불구하고 그 회의에 참석했다.)

John attended the meeting although he was ill. : 부사절

(존은 그가 아픔에도 불구하고 그 회의에 참석했다.)

4. 문장의 기본 5형식

(1) 문장은 동사의 종류에 따라 목적어나 보어를 취하거나 취하지 않는다.

문장에서 목적어와 보어를 취하지 않는 동사는 완전자동사로 1형식을 만들고, 보어 하나만 취하는 동사는 불완전자동사로 2형식을 만들고, 목적어 하나만 취하는 동사는 완전타동사로 3형식을 만들고, 두 개의 목적어들(간접목적어와 직접목적어)을 취하는 동사는 여격타동사로 4형식을 만들고, 목적어와 보어를 취하는 동사는 불완전타동사로 5형식을 만든다. 그러나 어떤 동사는 이 5가지 형식의 문장들을 다 만들수 있다. 예컨대 make는 아래와 같이 문장 5형식들을 만든다.

They made for the beach early in the morning. : 1형식

(그들은 아침 일찍 해변으로 떠났다.)

He will make a good soldier. : 2형식

(그는 훌륭한 군인이 될 것이다.)

I made a silly mistake. : 3형식

(나는 어리석은 실수를 했다.)

My father made me a toy car. : 4형식

(나의 아버지는 나에게 장난감 자동차를 만들어 주었다.)

My father made me a doctor. : 5형식

(나의 아버지는 나를 의사로 만들었다.)

(2) 4형식과 5형식 문장의 구별

문장 4형식의 명사(간접목적어) + 명사(직접목적어) 형태와 문장 5형식의 명사(목적어) + 명사(보어) 형태를 구별하는 방법은 명사 + 명사 형태에 있어서 앞의 명사를 주어로 하고 그 다음에 be동사를 놓고, 뒤의 명사를 보어로 두었을 때 문장 2형식이 성립이 되면 문장 5형식의 명사(목적어) + 명사(보어)가 되고 그렇지 않으면 문장 4형식의 명사(간접목적어) + 명사(직접목적어)가 된다. 문장 5형식의 보어가 형용사인 경우에도 목적어를 주어로 하고 be동사가 술어가 되고 형용사가 보어가 되는 문장 2형식이 되지만 보어가 준동사(부정사)분사인 경우일 때에는 그 준동사의 종류에 따라 문장 5형식들 중에서 문장 1형식, 3형식, 4형식, 5형식이 되는 문장들이 될 수 있다.

예컨대 They forced her to marry him의 문장 5형식에서 her to marry him은 she married him의 문장 3형식이 된다.

My father made me a doctor : 5형식

☞ me a doctor는 I was a doctor.(나는 의사였다.)로 변화하여 2형식이 될 수 있다. 이때, 목적격 me는 주어 자리에 오면서 I로 변한다.

My father made me a toy car : 4형식

(나의 아버지는 나에게 장난감 자동차 하나를 만들어 주었다.)

☞ me a toy car는 I was a toy car.(나는 장난감 자동차였다.)로 변화할 수 없기 때문에 2형식이 될 수 없다.

(3) 완전자동사가 뒤에 전치사를 수반하여 완전타동사와 같이 될 수 있다.

예컨대 He laughed. (그는 웃었다.)의 laughed는 완전자동사로서 문장 1형식을 만드는데, 그 것이 전치사 at와 합하여 완전타동사(laughed at)가 될 수 있어서 이러한 문장은 피동태의 문장 으로 전환될 수 있다.

He laughed at me. : 능동태

(그는 나를 보고 비웃었다.)

≫ I was laughed at by him. : 피동태

(나는 그에게 비웃음을 당했다.)

(4) be동사 + 형용사 + 전치사는 완전타동사로 대치시킬 수 있다.

예컨대, He was neglectful of his duty. (그는 그의 책임에 태만했다.)의 was neglectful of를 neglected로 대치시킬 수 있다. 몇몇 보기들을 더 들 수 있다.

be fond of = like 혹은 love

be ignorant of = ignore 혹은 do not know

be aware of = know

5. 준동사(부정사, 분사, 동명사)

(1) 부정사의 to + 동사원형

부정사의 to + 동사원형을 분석하면 to 속에 접속사 + 주어 + 조동사 또는 관계대명사(주격) + 조동사 혹은 관계대명사(목적격) + 주어 + 조동사가 들어 있음을 알게 된다.

I am glad to see you again.
= I am glad that I can see you again.
(저는 당신을 다시 보게 되어 반갑습니다.)
☞ to 속에는 that I can이 들어 있다.

He is not the person to be punished.
= He is not the person who must be punished.
(그는 혼나야 할 사람이 아니다.)
☞ to 속에는 who must가 들어 있다.

A black tie was the proper thing to wear.
= A black tie was the proper thing that we should wear.
(그 검은 넥타이는 매기에 적당했다.)

She is not the kind of girl to encourage lovers.
= She is not the kind of girl who encourages lovers.
(그녀는 사랑하는 사람의 용기를 돋워주는 성질의 여자가 아니다.)

(2) 분사

1) 분사의 형용사적 용법

① 자동사의 현재분사 : 진행 및 계속의 뜻을 가진다.

falling leaves (= leaves which are falling)

(나무에서 떨어지고 있는 잎사귀들)

developing countries (= countries which are developing)

(개발도상국들)

② 자동사의 과거분사 : 완료 및 결과의 뜻을 가진다.

fallen leaves (= leaves which are fallen)

(땅위에 떨어진 잎사귀들)

developed countries(= countries which are developed)

(선진국들)

③ 타동사의 현재분사 : 목적어를 내포하고 있다.

a loving wife (= a wife who loves her husband)

(알뜰한 아내)

the exciting concert (= the concert which has excited the audience)

(청중을 흥분시킨 음악회)

④ 타동사의 과거분사 : by + 목적어를 내포하고 있다.

a loved wife (= a wife who is loved by her husband)

(행복한 아내)

the excited audience (= the audience who are excited by the concert)

(흥분한 청중)

2) 분사의 본동사적 용법

① 현재분사는 그 앞의 be동사와 결합하여 진행형을 만드는 본동사가 된다.

The baby is sleeping.

(그 아이는 자고 있다.)

② 동작을 나타내는 자동사의 과거분사가 그 앞의 be동사와 결합하여 완료형을 만드는 본동사가 된다.

The winter is gone. (= The winter has gone.)

(겨울이 지나갔다.)

③ 타동사의 과거분사가 그 앞의 be동사와 결합하여 피동형을 만드는 본동사가 된다.

The tiger was killed.

(그 호랑이는 죽임을 당했다.)

④ 과거분사가 그 앞의 have동사와 결합하여 완료형을 만드는 본동사가 된다.

The train had started before we arrived.

(그 기차는 우리가 도착하기 전에 출발해 버렸다.)

3) 분사의 구문적용법

① 분사의 위치

분사구문이 본문 앞에 올 때에는 분사구문은 종속접속사 + 주어 + 술어로 풀이된다.

Living in the country, he has few visitors.

=As he lives in the country, he has few visitors.

(시골에 살았기 때문에 그는 찾아오는 사람이 거의 없었다.)

분사구문이 본문 뒤에 올 때에는 분사구문은 등위접속사 + 주어 + 술어로 풀이된다.

He entered the room, turning on the light.

= He entered the room, and he turned on the light.

분사구문이 본문 사이에 올 때에는 분사구문은 관계대명사 + 술어로 풀이된다.

The church, standing on a hill, commands a fine view.

= The church, which stands on a hill, commands a fine view.

(언덕 위에 세워져 있는 그 교회는 좋은 전망이 내려다 보인다.)

② 분사의 주어

분사구문의 주어가 본문의 주어와 같을 때에는 분사 앞에 주어를 명시하지 않는다.

Being tired, he went to bed early.

(피곤했기 때문에 그는 일찍 자러 갔다.)

분사구문의 주어가 본문의 주어와 다를 때에는 분사 앞에 주어를 명시한다.

The sun rising over the mountain, they started.

(태양이 산 위로 떠오를 때 그들은 출발했다.)

분사구문의 주어가 일반성을 나타낼 때에는 분사 앞에 주어를 명시하지 않는다.

Frankly speaking, he is a bad man.

(솔직히 말해, 그는 나쁜 사람이다.)

③ 분사구문의 시제

일반분사(현재분사와 과거분사)구문의 시제는 본문의 시제와 일치한다.

Allowing for all this, the problem is an urgent one.

= Although we allow for all this, the problem is an urgent one.

(위의 모든 말을 참작해도 문제는 긴급한 것이 되고 있다.)

완료분사(having + 과거분사)구문의 시제는 본문의 시제보다 하나 앞선다.

Having destroyed the living forest, men found a substitute in dead ones.

= After they had destroyed the living forest, men found a substitute in dead ones.

(사람들은 살아 있는 삼림을 파괴한 뒤에 그들은 죽은 것들로 대치했다.)

④ 분사구문의 태

능동태는 현재분사형과 having + 과거분사형으로 유도된다.

Finding no seat, I had to keep standing.

= As I found no seat, I had to keep standing.

(나는 자리를 못 찾아 계속 서 있어야 했다.)

The bank having been closed, we can't get our checks cashed.

= As the bank had been closed, we can't get our checks cashed.

(은행이 문을 닫았기 때문에 우리들은 수표를 현금으로 바꿀 수 없다.)

피동태는 과거분사형과 having + been + 과거분사형으로 유도된다.

Written in haste, the book has many mistakes.

= As it is written in haste, the book has many mistakes.

(그 책이 성급히 쓰여 있기 때문에 틀린 것들이 많다.)

The procedure is very intricate, having been planned by a veteran.

= The procedure is very intricate, as it has been planned by a veteran.

(그 절차는 대단히 정교하다. 왜냐하면 그것은 전문가에 의해서 계획되었기 때문이다.)

4) 동명사 : 전치사 + 동명사의 용법

① in + 동명사 : 과정적 시간을 나타낸다. (... 하면서)

Be careful in crossing the street.

(길을 건널 때는 조심해라.)

② on + 동명사 : 순간적 시간을 나타낸다.(... 하자마자)

The thief ran away on seeing a policeman.

(그 도둑은 경찰을 보자마자 달아났다.)

③ by + 동명사 : 수단 및 방법을 나타낸다. (... 함으로써)

We can keep our health by taking a little exercise every morning.

(우리는 매일 아침 조금씩 운동을 함으로써 건강을 지킬 수 있다.)

④ of + 동명사 : 동격의 특성을 나타냄. (... 하는, 즉 ... 하는 것)

They accepted the plan of going on a picnic.

(그들은 그 계획 즉 피크닉을 간다는 것을 받아들였다.)

6. 관계사

(1) 관계대명사의 성립조건

1) 관계대명사는 그것의 본문에 선행사를 갖는다.(what과 같은 관계대명사는 그것 안에 the thing과 같은 선행사를 내포한다.)

2) 관계대명사는 그것이 이끄는 절에서 주어, 보어, 혹은 목적어의 역할을 한다.

He who pays his debt is respected.

(자신의 빚을 갚는 사람은 존경받는다.)

☞ 관계대명사 who는 그것의 본문인 He is respected의 he를 선행사로 갖고 그리고 그것이 이끄는 절인 who pays his debt에서 pays의 주어가 된다.

(2) 특수관계대명사의 용법

1) as

관계대명사 as는 그것의 선행사 앞에 the same, such, so, 혹은 as가 올 때 쓰이며 형용사절을 이끌거나, 혹은 그것의 선행사가 그것이 이끄는 절 앞 혹은 뒤의 문장 또는 앞과 뒤를 합한 문장을 선행사로 삼고 부사절을 이끈다.

Do not keep company such men as cannot benefit you.

(당신에게 도움도 안 되는 그런 사람과 계속 사귀지 마라.)

☞ 관계대명사 as의 선행사 앞에 such가 와 있다.

As is often the case, John is absent from the regular weekly meeting.

(자주 그래 왔듯이, 존은 주간 정례회의에 불참했다.)

☞ 관계대명사 as의 선행사는 그것이 이끄는 절 뒤에 오는 본문인 John is absent from the regular weekly meeting이다. 이런 경우에 관계대명사절은 부사절이 된다.

2) but

관계대명사 but은 그것의 선행사 앞에 부정어가 오게 하거나 혹은 그것의 본문이 의문문일 경우에는 선행사 앞에 any가 오고 그것이 이끄는 절에서 부정의 뜻을 갖는다.

There is no rule but has exceptions.

(예외 없는 법칙은 없다.)

Is there any rule but has exceptions?

(예외 없는 법칙은 없습니까?)

3) than

관계대명사 than은 그것의 선행사 앞에 비교급이 오게 하거나 혹은 그것의 본문이 비교급을 갖고 선행사가 될 때에 쓰인다.

He has more money than he can spend.

(그는 그가 쓸 수 있는 것보다 더 많은 돈을 가졌다.)

He is more cruel than you can expect him to be.

(그는 당신이 그에게서 비견하는 것보다 훨씬 더 무자비하다.)

7. 시제

(1) 12시제의 용법

1) 현재

동사의 현재형이 쓰이며 현재의 동태, 상태, 현재의 습관, 불변의 진리, 혹은 역사적 사실을 나타낸다.

I drink a glass of milk everyday.

(나는 매일 우유 한 잔씩을 마신다.)

2) 과거

동사의 과거형이 쓰이며 과거의 동태, 상태, 혹은 과거의 습관을 나타낸다.

Whatever he studied took shape in his mind.

(그가 공부한 것은 무엇이든 그의 마음에 형상화되었다.)

3) 미래

will(혹은 shal1) + 동사원형이 쓰이며 미래의 동태, 상태 혹은 미래의 습관을 나타낸다.

John will arrive here today.

(존은 오늘 이곳에 도착할 것이다.)

4) 현재완료

have(혹은 has) + 과거분사가 쓰이며 과거의 한 시점에서 현재의 시점까지 동태, 상태의 완료, 결과, 경험 혹은 계속을 나타낸다.

An old fashion has departed quite unregretted.

(묵은 풍토가 없어져 버린 건 그리 섭섭한 것이 아니었다. 유감스럽지 않다.)

5) 과거완료

had +과거분사가 쓰이며 과거의 한 앞의 시점에서 과거의 한 뒤의 시점까지 동태, 상태의 완료, 결과, 경험 혹은 계속을 나타낸다.

A long time had passed before his merits were recognized.

(그의 장점이 알려지기까지 오랜 시간이 지났다.)

6) 미래완료

will(혹은 shall) + have + 과거분사가 쓰이며 한 앞의 시점에서 미래의 한 시점까지 동태, 상태의 완료, 결자, 경험 혹은 계속을 나타낸다.

They will have left this country then.

(그때는 그들이 이 나라를 떠나 있을 것이다.)

7) 현재진행

am(혹은 are, is) + 현재분사가 쓰이며 현재의 순간적 시점에서 동태의 진행을 나타낸다.

He is writing a letter now.

(그는 지금 한 통의 편지를 쓰고 있다.)

8) 과거진행

was(혹은 were) + 현재분사가 쓰이며 과거의 순간적 시점에서 동태의 진행을 나타낸다.

The ice was melting in the sun.

(그 얼음은 태양에 녹고 있었다.)

9) 미래진행형

will(혹은 shall) + be + 현재분사가 쓰이며 미래의 순간적 시점에서 동태의 진행을 나타낸다.

He will be reading a book.

(그는 책을 읽고 있을 것이다.)

10) 현재완료진행

have(혹은 has) + been + 현재분사가 쓰이며 동태가 과거의 한 시점에서 현재의 시점까지 계속하여 현재의 시점에서 진행하고 있음을 나타낸다.

I have been hearing too many political speeches.

(나는 너무나 많은 정치 연설들을 들어오고 있다.)

11) 과거완료진행

had + been + 현재분사가 쓰이며 동태가 과거의 한 앞의 시점에서 과거의 한 뒤의 시점까지 계속하여 그 과거의 시점에서 진행하고 있음을 나타낸다.

I had been hearing strange noises for some time before I called the police.

(내가 경찰에 전화를 하기 전에 나는 이따금 이상한 소리를 들어오고 있었다.)

12) 미래완료진행

will(혹은 shall) + have + been + 현재분사가 쓰이며 동태가 한 앞의 시점에서 미래의 한 시점까지 계속하여 그 미래의 시점에서 진행하고 있음을 나타낸다.

He shall have been waiting for you when you arrive there.

(당신이 거기 도착하면 그가 당신을 기다리고 있을 것이다.)

(2) 시간의 접속사(when)나 조건의 접속사가 이끄는 절

이 경우에는 미래의 시제를 나타내는 조동사가 쓰일 수가 없기 때문에 시간 또는 조건의 부사절 속의 미래나 미래완료는 현재나 현재완료의 시제로 바뀌게 된다.

He will punish you when he arrives.

(그가 도착하면 그는 당신을 벌할 것이다.)

They will not decide their attitude until they have heard what he has to say.

(그들은 그가 해야 할 말을 듣기 전까지는 어떤 태도를 취해야 할지 결정하지 못할 것이다.)

(3) 가정법의 화법 전환

직설법의 직접화법의 시제가 간접화법으로 바뀌면 피전달문의 시제가 전달문의 시제 따라 바뀌지만 가정법 시제는 변하지 않는다.

1) 직설법 조건문의 간접화법의 시제

He said, "If I have much money, I will buy it."

(그가 말했다. "만일 내가 돈이 많으면 나는 그것을 사줄 것이다.")

>>> He said that if he had much money, he would buy it.

(그는 그가 돈이 많으면 그것을 사줄 것이라고 말했다.)

2) 가정법 과거의 간접화법의 시제

He said, "If I were a bird, I would fly."

(그는 말했다. "만약 내가 새였다면, 날아갔을 텐데.")

>>> He said that if he were a bird, he would fly.

(그는 그가 만약 새였다면 날아갔을 거라고 말했다.)

3) 가정법 조건문의 간접화법의 시제

He said, "If I had much money, I would buy it."

(그는 말했다. "만일 내가 돈이 많았다면, 나는 그것을 사주었을 것이다.")

>>> He said that if he had much money, he would buy it.

(그는 그가 돈이 많으면 그것을 사줄 것이라고 말했다.)

8. 가정법과 직설법의 관계

(1) 가정법과 직설법을 서로 전환하는 방법

가정법	if	과거	과거완료	긍정	부정
직설법	as	현재	과거	부정	긍정

If I had much money with me, I could lend you some.

(만약 나에게 많은 돈이 있었다면 너에게 조금 빌려줄 수도 있었을 것이다.)

>>> As I do not have much money with me, I cannot lend you any.

(나에게 많은 돈이 없기 때문에 너에게 돈을 빌려줄 수가 없다.)

If you had attended the party, she would have been happy.

(만약 당신이 그 파티에 참석했다면 그녀는 행복했을 것이다.)

>>> As you did not attend the party, she was not happy.

(당신이 그 파티에 참석하지 않아서 그녀는 행복하지 않았다.)

If I had saved some money, I should be better off now.

(만약 내가 약간의 돈을 저축했었다면 나는 지금 부유했을 텐데.)

>>> As I did not save any money, I am not better off now.

(내가 돈을 조금도 저축하지 않았기 때문에 나는 지금 부유하지 않다.)

9. 구두점

(1) 경계선을 나타내는 구두점

comma나 dash는 선택적 용법이어서 생략해도 의미의 차이를 주지 않는다.

When I was young, I was weak.

= When I was young I was weak.

(내가 어렸을 때에 나는 약했다.)

☞ comma를 생략해도 뜻은 변하지 않는다.

(2) comma나 dash가 이끄는 삽입구문

대체로 동격적 삽입구문과 수식적 삽입구문으로 분류된다.

Mr. Brown, my English teacher, is very kind.

(내 영어선생님인 브라운씨는 매우 친절하다.)

☞ my English teacher는 동격적 삽입구문이다.

The soldier, badly wounded, was carried to the hospital.

(심하게 상처 입은 그 병사는 병원으로 후송되었다.)

☞ badly wounded는 수식적 삽입구문이다.

10. 도치구문

(1) 도치구문의 일반법칙

1) 짧은 구문은 긴 구문 앞으로 도치된다.

I found dead a great number of birds at the hill.

(나는 언덕에서 대단히 많은 새들이 죽어 있는 것을 발견했다.)

☞ 불완전타동사의 보어인 dead가 목적어 구문 앞으로 도치되어 있다.

2) 강조구문은 앞으로 도치된다.

Any problem you have I shall listen to with much care.

(당신에게 어떤 문제가 있든, 나는 훨씬 주의 깊게 들을 것이다.)

☞ 강조된 any problem you have가 강조구문으로 앞으로 도치되어 있다.

11. 생략구문

(1) 생략구문의 일반 법칙

1) 문맥에서 반복되는 것.

There are two ways of looking at life, one of which will certainly make it happy, (and) the other (of which will certainly make it) unhappy.

(인생을 보는 두 가지 관점이 있다. 하나는 그것을 행복하게 하는 것이고 다른 하나는 불행하게 하는 것이다.)

2) 일반성의 뜻을 갖는 것.

Man has taken a certain evolutionary process (since he was created).

(인간은 (인간의 창조 이후로) 일정한 발달 과정을 겪어왔다.)

12. 영어 문장들에 대한 완전한 분석을 위한 최종 도식과 설명

정복자 선생은 맨 마지막 정리가 최후의 만찬에 비유하면 후식에 해당되는 것이라고 설명하며 영어 학습에서 간과하기 쉬운 것들을 될 수 있는한 간략히 정리했다 : "방금 끝난 최종 정리편은 우리들이 지난 약 한 달 사이에 철저하게 그리고 반복적으로 공부한 것인데 너희들이 지금까지 알게 된 영문법의 모든 법칙들을 덩달아 상기하게 하기 위함이다." 라고 딱 잘라 말했다. 그는 이렇게 영문법 전체의 정리를 거의 끝내는 마당에 이르자 우리 학생들에게 상기된 얼굴을 지으면서 "이제 너희들은 마지막 또 다른 손질을 하는 시간에 이르렀다. 우리가 지금까지 공부해 온 모든 영문법 규칙들은 영어문장 분석을 철저히 하기 위함이다. 이 영문법 서두의 예비지식 편과 배우는 중간중간에 영어문장을 도식하여 분석했기에 지금까지 자신있게 너희들은 문장 도식 분석을 통해 영어를 정복해 온 것이다. 다시 말하면 다음의 도식을 통한 분석 능력이 바로 영어 구사능력에 대한 증거이다. 이 도식은 영어 문장들을 구성하는 3대 요소인 주요소들, 수식요소들, 그리고 접속요소들이 상호조화롭게 조직되어 있음을 확연히 보여주는 데 그것의 엄청난 가치가 있다. 이제 우리들은 마지막으로 결심, 의지, 그리고 인내의 인간 정신을 최후의 5분간 더욱 발휘하여 도식 분석을 해 나갈 것이다." 라고 결의에 찬 어조로 말했다. 우리 학생들도 그의 그러한 정신을 이미 본받은 바 있어 더욱 분발심을 갖고 이 최후의 5분에 모든 정신을 발휘하겠다는 결의와 의지를 굳건히 하고 인내의 마음을 가다듬었다.

▶▶ Everything has its drawbacks.

1)

(모든 것은 약점을 가지고 있다.)

☞ 위의 문장은 문장 제3형식에 속하는 것으로서 everything은 주어가 되고 has는 완전타동사로서 술어가 되고 its는 뒤의 명사 drawbacks를 수식하는 소유형용사이고 drawbacks는 완전타동사 has의 목적어로서 그 구성 요소들이 모두 상위 요소들이 된다.

▶▶ Every word of his pronunciation is correct.

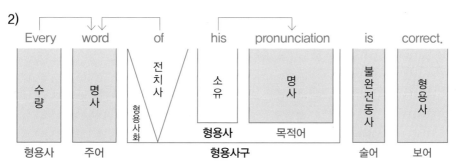

2)

(그가 발음하는 모든 단어는 정확하다.)

☞ 위의 문장은 문장 제2형식에 속하는 것으로서 명사 word는 주어이고 every는 뒤의 명사 word를 수식하는 수량형용사이고 of his pronunciation은 한 단위의 형용사구로서 앞의 명사 word를 수식하고 is는 불완전자동사로서 술어이고 correct는 형용사로서 불완전자동사 is의 보어가 되어 모두가 상위 요소들이다. 그러나 of his pronunciation에 있어서 his는 소유형용사로서 뒤의 명사 pronunciation을 수식하는 하위 요소이고 또한 pronunciation은 전치사 of의 목적어가 되는 명사로서 하위 요소인데 이 하위 요소들을 전치사 of가 한 단위로 묶어 전체 문장의 한 상위 요소로 만들어 앞의 주어인 명사 word를 형용사구로 수식하고 있다.

≫ To learn English is not difficult.

3)

(영어를 배우는 것은 어렵지 않다.)

☞ 위의 문장은 문장 제2형식에 속하는 것으로서 to learn English는 한 단위의 명사구로서 뒤의 술어 is의 주어가 되고 is는 불완전자동사로서 술어가 되고 not는 술어 is를 수식하는 부정의 부사가 되고 difficult는 불완전자동사 is의 보어가 되어 모두가 전체 문장의 상위 요소들이 된다. 그러나 to learn English에 있어서 완전타동사 learn은 동사원형으로서 전치사 to의 지배를 받아 하위 요소가 되어 부정사가 되고 English는 완전타동사 learn의 목적어가 되어 그것과 함께 부정사 구문을 이루는 하위 요소가 되고 전치사 to는 그것 뒤의 동사원형인 learn과 목적어가 된 English를 묶어 전체 문장의 한 상위 요소로 만들어 술어 is의 주어가 되게 하고 있다.

≫ Learning English is interesting.

4)

(영어를 배우는 것은 흥미롭다.)

☞ 위의 문장은 문장 제2형식에 속하는 것으로서 learning English는 한 단위의 명사구로서 뒤의 술어 is의 주어가 되고 is는 불완전자동사로서 술어가 되고 interesting은 불완전자동사 is의 보어가 되어 모두가 전체 문장의 상위 요소들이 된다. 그러나 learning English에 있어서 learn은 완전타동사의 동사원형으로서 그것 뒤의 ing의 지배를 받아 하위 요소가 되어 동명사가 되고 English는 완전타동사 learn의 목적어가 되어 그것과 함께 동명사 구문을 이루는 하위 요소가 되어서 ing은 learn과 English를 전체 문장의 한 상위 요소로 만들어 술어 is의 주어가 되게 하고 있다.

>> He falls asleep when he hears music.

5)
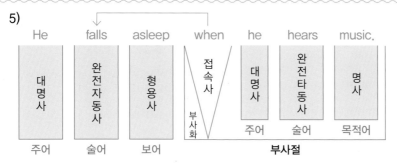

(그는 음악을 듣다가 깜박 잠이 들었다.)

☞ 위의 문장은 문장 제2형식에 속하는 것으로서 대명사 he는 전체 문장의 술어인 falls의 주어가 되고 falls는 앞의 주어 he를 서술하는 술어가 되고 asleep는 형용사로서 앞의 불완전자동사인 술어 falls 의 보어가 되고 when he hears music은 한 단위의 부사절로서 앞의 술어 falls를 수식하는 부사절이 되어 모두가 전체 문장의 상위 요소들이 된다. 그러나 when he hears music 에 있어서 접속사 when이 He hears music. 이라는 문장을 종속절로 묶어 he는 하위 요소로서 주어가 되고 hears는 하위 요소로서 술어가 되고 music은 하위 요소인 완전타동사 hears의 목적어로서 하위 요소가 되게 하여 종속접속사 when이 그 부사절을 전체 문장의 한 상위 요소로 만들어 falls를 수식하는 부사절을 이끌고 있다.

>> Men who make others happy are happy.

6)

(다른 사람을 행복하게 하는 사람은 행복하다.)

☞ 위의 문장은 문장 제2형식에 속하는 것으로서 men은 전체 문장의 술어인 are의 주어가 되고 who make others happy는 한 단위의 형용사절로서 앞의 명사 men을 수식하는 형용사절이 되고 are는 주어 men을 서술하는 술어가 되고 happy는 앞의 술어인 불완전자동사(are)의 보어가 되어 모두가 전체 문장의 상위 요소들이 된다. 그러나 who make others happy에 있어서 관계 대명사 who가 Men make others happy라는 문장의 Men 대신 들어가 종속절로 묶어 그것 자체가 하위 요소로서 make의 주어가 되고 make는 하위 요소의 술어가 되고 others는 불완전타동사 make의 목적어인 하위 요소가 되고 happy도 역시 불완전타동사 make의 보어인 하위 요소가 되게 하여 그 형용사절은 전체 문장의 한 상위 요소가 되어 men을 수식하는 형용사절로 만든 것이다.

>> I know the house where they slept.

7)

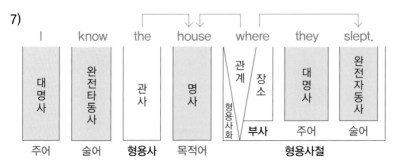

(나는 그들이 잠을 잤던 그 집을 안다.)

☞ 위의 문장은 문장 제3형식에 속하는 것으로서 I는 전체 문장의 술어인 know의 주어가 되고 know는 주어를 서술하는 술어가 되고 the는 뒤의 명사 house를 수식하는 형용사가 되고 house는 앞의 술어인 완전타동사 know의 목적어가 되고 where they slept는 앞의 명사 house를 수식하는 형용사절이 되어 모두가 전체 문장의 상위 요소들이 된다. 그러나 where they slept에 있어서 관계부사 where가 They slept in the house라는 문장의 in the house 대신 들어가 종속절로 묶어 그것 자체가 하위 요소로서 slept를 수식하는 부사가 되고 they는 slept의 주어가 되는 하위 요소가 되고 slept는 주어 they를 서술하는 하위 요소가 되게 하여 그 부사절은 전체 문장의 한 상위 요소가 되어 house를 수식하는 형용사절이 된 것이다.

>> I know who did it.

8)

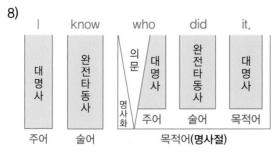

(나는 누가 그것을 했는지 안다.)

☞ 위의 문장은 문장 제3형식에 속하는 것으로서 I는 전체 문장의 술어인 know의 주어가 되고 know는 주어를 서술하는 술어가 되고 who did it는 술어인 완전타동사 know의 명사절로서 목적어가 되어 모두가 전체 문장의 상위 요소들이 된다. 그러나 who did it에 있어서 의문대명사 who가 who did it?라는 직접의문문을 간접의문문으로 만들어 종속절로 묶어 그것 자체가 하위 요소로서 did의 주어가 되고 did는 역시 하위 요소로서 주어 who를 서술하는 술어가 되고 it는 하위 요소로서 완전타동사 did의 목적어가 되어 그 명사절은 전체 문장의 한 상위 요소가 되어 술어인 완전타동사 know의 목적어가 되게 하고 있다.

>> He is rich, but he is unhappy.

9)

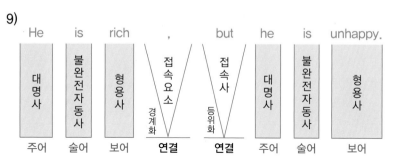

(그는 부자다. 그러나 그는 불행하다.)

☞ 위의 문장은 문장 제2형식에 속하는 문장들이 등위접속사에 의해서 상위 구성 요소들로만 구성된 두 개의 문장들을 대등하게 연결시키고 있다.

>> I am happy because you love me.

10)

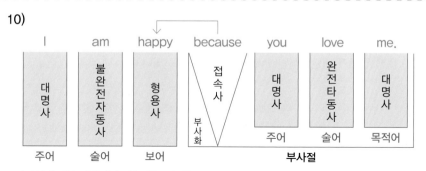

(당신이 나를 사랑해서 나는 행복하다.)

☞ 위의 문장에서 I am happy는 주절로서 I는 주어이고 am은 술어이고 happy는 보어인데, 모두가 문장 2형식의 주요소들로서 상위 요소들이다. because가 You love me.라는 문장을 부사절로 만들어 상위 요소로서 본문의 happy를 수식하게 하여 그 문장 속에 들어 있는 요소들은 하위 요소가 되게 한다. 앞에서 설명한 것처럼 상위 요소들로 구성된 구문은 본문이 되고, 하위 요소들로 구성된 구문은 종속구문 속의 요소들인데 이러한 하위 요소들도 또한 다음의 예와 같이 그것들의 하위 요소들을 거느릴 수 있다.

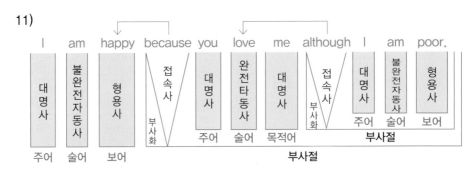

>> I am happy because you love me although I am poor.

11)

(내가 가난함에도 불구하고 당신이 나를 사랑해서 나는 행복하다.)

☞ 위의 문장의 상위 요소들과 하위 요소들의 관계에 대한 도식 자체를 보면 하위 요소들 역시 그들대로 소(小) 하위 요소들을 이끌고 있음을 잘 보여 준다. 한 문장이 길고 복잡해지면 소하위 요소들 또한 그들의 소소하위 요소들을 이끌 수 있는 것이다.

위에서 도식과 설명을 통하여 살펴본 바와 같이 문장의 하위 요소들을 묶어 종속구문을 만들어 문장의 상위 요소들을 이루는 것들은 전치사, 종속접속사, 준동사, 관계사, 그리고 의문사이다. 이렇게 하여 문장구성 요소들의 상위 요소들과 하위 요소들이 서로 유기적으로 연관되어 있는 것이다. 만약 상위 요소들이나 하위 요소들 중의 어느 한 요소라도 그 유기적인 관계에서 어긋나 있으면 그것들이 이루는 문장 전체가 비문법적인(ungrammatical) 것이 되어 무너져 버리고 영어가 되지 못하는 것이다.

결국 영어를 안다는 것은 문장 구성 요소들이 상호간에 어떠한 유기적인 관계를 갖고 있는지를 아는 것이다. 첫째로 상위 요소들 사이에서 그것들이 상호간에 어떠한 유기적인 관계를 갖고 있는가를 알아야 하고, 둘째로 상위 요소들과 하위 요소들 사이에서 그것들이 상호간에 어떠한 유기적인 관계를 갖고 있는가를 알아야 한다.

정복자 선생은 7월 25일에 시작하여 8월 25일에 끝나는 그의 영문법반을 닷새를 앞당겨 20일에 끝마쳤다. 왜냐하면 수업이 아침 7시에 시작하여 8시에 끝나는 것을 거의 언제나 30분이 넘게 열성적으로 가르쳐왔기 때문이었다. 마침 그 때에 정복자 선생의 동생이 송정리에 있는 미군사령부 고문단의 통역관이었는데, 10여명의 전남대학교 의과 대학생들로 구성된 영어회화반을 오후에 가르치고 있어서 나는 정복자 선생에게 강의실 맨 뒤에서 청강하게 해달라고 부탁했다. 그는 흔쾌히 내가 그 강의 시간에 청소를 해주는 조건으로 그 회화반을 청강할 것을 그의 동생과 상의해서 허락해 주었다.

그 영어 회화 선생은 영어 발음이 좋기로 광주 일대에 정평이 나 있었다. 그의 형인 정복자 선생은 일본 와세다대학 영문과를 중퇴하고 일본 군대에 끌려갔었고 그의 동생은 전남대학생이었는데 6·25전쟁으로 군에 징집되었다가 미군 부대에 배속되어 영어 통역자가 된 것이다. 나는 그가 칠판에

적어주는 일상 회화 문장들을 노트에 적었고 그의 발음을 흉내 내어 다 외웠다. 나의 영어 발음은 글자 그대로 하루가 다르게 좋아졌다. 나에게 특별한 어학 소질이 있었는지는 모르지만 나도 점점 그 영어회화 선생처럼 영어 발음을 정확하게 할 수 있었다. 이렇게 나는 완벽한 영문법의 지식에 정확한 영어 발음까지도 구비하게 되었는데 이것은 마치 호랑이에게 날개를 달아준 격으로 나의 이같은 영어 실력은 그야 말로 엄청난 경지에 이른 것이다.

사람의 입

말을 함부로 하는 년놈들!
입은 밥을 먹고
입맞춤하라고 있는 것이지
말을 하라고 있는 것이 아니다.
그러나 사람은 그 입을
한 가지 다른 용도로 쓰고 있어서
사람이라는 이름을 갖고 있다.
사람의 입은, 말하는 입은
사람다운 말,
가려서 꼭 할 말만 하라는
입인 것을
함부로 지껄이는 년놈들이
있어 세상이 어지러워지게
만들어 그것들은 사람들이기는커녕
짐승들만도 못한 것들이다.
말을 함부로 하는 년놈들,
너희들에게 년놈이라는 칭호를
붙여주는 것만으로도 고마워해야 한다.

02 여름방학 한 달 사이에 영어를 완전무장하여 학교에 나타나다

드디어 여름방학이 끝나고 학교 공부가 시작되었다. 나는 영어에 그야말로 완전무장을 하고 있었다. 학교로 향하는 나의 발걸음은 방학 전과는 정반대로 가벼우면서도 보무(步武)도 당당했다. 나는 미국 영화 서부 활극의 주인공이 서부로 완전무장하여 돌아온 말하자면 '장고'와 같았다. 나는 처음 나의 짝에게 유창한 영어 발음을 하여 그 동안의 안부로 "How are you? Did you have a good time during the vacation?"과 같이 영어 회화로 물었다. 나의 거침없는 영어의 말에 그는 처음에는 가소롭다는 태도를 취했다. 그는 아마도 속으로 '이 미련한 놈이 방학 동안에 더위를 먹어 미쳤거나 아니면 그 동안의 한맺힘에 그 영어 문장 하나만을 지난 한 달 기간에 깨 벗고 돈 하나 찬 격으로 외우고 외워서 한 번 써 먹는구나,' 하고 생각하는 것 같이 한 귀로 듣고 한 귀로 흘려 보냈다.

그러나 나는 나대로 마음속으로 '야, 이놈아, 조금만 기다려 봐, 영어 시간에 네놈들과 그 지독한 영어 선생의 콧대를 한꺼번에 꺾어 놓을 테니까' 라고 중얼거렸다.

드디어 2교시에 영어 시간이 오고 그 기다리고 기다린 얄미운 영어 선생이 교실문을 열고 들어왔다. 나는 분노와 적개심과 함께 웬일인지 측은함과 감사함의 마음이 뒤엉켜 있는 것을 느꼈다. 한편으로는 여름방학 직전에 반 학생들 앞에서 내게 걸상을 교탁 옆에서 들게 하고 한 시간 내내 온갖 수모를 겪게 한 것에 대한 분노와 적개심이 솟은 것이고, 다른 한편으로는 방학 동안 다진 나의 당당한 영어실력에 그의 콧대가 꺾일 것에 대한 측은함과 그로 인하여 내가 마음을 다잡고 영어를 완벽하게 정복하게 해 준 것에 대해 감사하는 마음이 들었던 것이다.

역시 그 영어선생은 그의 변함없는 교수법대로 그 시간에 배울 대목을 읽고 우리말로 해석하면서 문법적으로 설명한 뒤에 학생들이 그것을 이해하였는가를 확인하는 뜻에서 "누가 이 부분을 되풀이 해보겠냐"라고 물었다. 아니나 다를까 전국에서 수재들로 뽑힌 학생들답게 서로 손을 들고 "예, 예, 예"하며 자신들의 실력을 과시하려 했다.

내가 보기에 그가 지적한 부분은 누워서 떡 먹기 보다 훨씬 더 쉬운 것이었다. 그래서 나는 그냥 여느 때처럼 꾸어다 놓은 보릿자루처럼 가만히 앉아 있을까 하다가 문득, 그 극적인 순간을, 즉 방학이 끝난 직후의 첫 영어 시간을 놓쳐서는 안 되겠다는 생각이 뒤늦게 들었다. 나는 분연한 마음을 먹고 그 선생을 노려보았다.

그가 잠깐 두리번거리다가 한 학생을 막 지목하려는 순간에 나는 우렁찬 목소리로 "예!"하고 나의 오른손을 힘차게 공중으로 올렸다. 그 순간 떠들썩한 반 분위기가 물을 끼얹은 듯 일시에 조용해지면서 그 우렁찬 목소리가 나오는 곳으로 모든 시선들이 집중됐다. 물론 그 선생의 시선이 맨 먼저 나에게 쏠렸다. 그는 그의 눈을 의심한 것 같은 표정을 지었고 바로 내 옆의 짝꿍은 역시 이놈이 정말 미쳤구나 하고 생각했는지 나의 소매를 살짝 끌며 "지금이라도 늦지 않았으니 어서 손을 내려!"라고 나에게 속삭였다.

나는 그 순간 정복자 선생이 그의 영문법반 마지막 시간에 내가 그에게 쓴 영어 편지를 다 읽고 나를 칭찬하는 말과 함께 "참으로 잘난 사람은 참으로 겸허한 사람인 것이다. 이제 너의 영어에 비견할만한 학생들도 없을 것이고 심지어 나도 너처럼 그렇게 영문을 완벽하게 쓸 수 없다고 생각한다. 이 점을 어디를 가나 명심하라!"라고 충고의 한 마디를 덧붙인 것을 생각하게 되었다. 그리고 수학이나 과학과 같은 다른 과목들은 그대로 백지 상태로 있어서 영어 하나만으로 뽐낸다면 알몸에 돈 하나 차고 날뛰는 격이 되기도 했다. 그래서 나는 멋쩍은 듯이 손을 내리고 꿀 먹은 벙어리처럼 그냥 앉아만 있었다.

그러나 그 선생은 나의 자리로 다가와서 "내가 분명히 귀로 듣고 눈으로 보았는데, 너 방금 '예!' 하고 큰 소리로 네 오른손을 높이 쳐들었지 않았느냐?"라고 말하면서 나를 노려보았다. 말하자면 내가 그를 놀려주기 위해서 그랬다는 것이다. 반 학생들도 그와 같은 생각으로 나를 흘겨보고 있었다. 나는 잠깐 한숨을 쉬고 정신을 가다듬고 생각했다. 과연 내가 그냥 그대로 넘어간다면 그들의 그러한 생각을 입증하는 것밖에 안 된다는 것을 깨달았다.

나는 변명 삼아 "선생님, 제가 한 번 해보려다가 다른 학생들이 더 잘할 것이기에 그냥 손을 내렸습니다. 선생님께서 저를 시키면 잘은 못해도 한번 해보겠습니다"라고 말했다. 그는 나의 말을 듣고서 의외라는 표정을 감추지 못했지만 호기심을 갖고 억지로 웃음을 보이면서 "그래, 이상준이 네가 이 부분을 읽고 해석을 하고 다른 학생들이 알아듣게끔 문법적으로 설명을 해보라"고 나를 지목했다.

나는 그의 '문법적으로 설명'이라는 말에 자신감을 다졌고 정복자 선생의 '참으로 잘난 사람은 참으로 겸허한 사람'이라는 말에 침착함을 갖고 그 선생이 방금 다룬 부분을 우선 먼저 침착하고 정확하게 큰 소리와 함께 당당하게 그 영문들을 다음과 같이 읽어 나갔다.

How many centuries / brave people / have gone / to distant places / and explored them / for different reasons /!. Some tried to find / a new way / to get to a certain place //. But the main reason / why people went exploring / was that they were curious / about new places //.

나는 이렇게 한 개의 감탄문과 두 개의 긍정문들로 구성된 그가 지정한 문단(paragraph)을 13 구분들로 나누어 읽었다.

대체적으로 영어 문장의 억양과 발음은 한 구분의 단위마다 하나의 기식군(氣息群: a breath group: 한 번의 호흡으로 말하는 단어의 무리) 혹은 하나의 의미군(意味群: a sense group: 하나 의 의미를 형성하는 단어의 무리)을 이루어 다음과 같은 3음계(the three tone scale) 의 3개 음조 들(three tones)을 구성한다. 첫째로, 한 구문이 평서문으로 문장을 끝내는 경우에 보통음(normal pitch)으로 시작하여 높은 음(a high pitch)으로 올라갔다가 낮은 음(a low pitch)으로 끝난다. 둘째 로, 한 구문이 다른 구문과 계속해서 이어질 경우에 보통 음으로 시작하여 높은 음으로 올라갔다가 다시 보통음으로 복귀하여 말을 계속하게 된다. 그리고 셋째로, 한 구문이 의문문으로 끝나는 경우 에 보통음으로 시작하여 높은 음으로 말이 끝나게 된다. 이들 각각의 기식군 또는 의미군마다 높은 음을 받는 음절에 문장 강세(sentence stress)가 붙는다.

위의 문단에서는 감탄을 나타내는 의문사(how)가 들어 있어서 높은 음으로 끝나지 않는 가운데 개개의 평서문들이 들어 있기 때문에 그 각각의 문장들이 끝나는 기식군들의 끝음절들에는 낮은 음 들이 온다. 그리고 위의 문단은 13개의 기식군들로 구성되고 있기 때문에 개개의 문장들의 맨 끝음 절들만 제외하고 각 기식군마다 하나의 높은 음과 둘의 보통음들을 갖는다. 예컨대, 첫 문장의 for many centuries의 기식군에서 음절들은 for, man, y, cen tu, ries로 모두 여섯 개가 있는데 cen의 음절에 높은 음이 옴과 동시에 문장 강세도 오고 나머지 음절들에는 보통음들이 오고 문장 강세는 오지 않는다. 나는 위의 영문 문단을 이와 같이 정확하게 짚어가며 읽었다. 그렇게 읽으면서 계속해 서 위의 문장들을 전체적으로 단어 하나하나 밝혀가며 발음과 억양과 해석과 문법적인 설명을 하 기 시작했다.

이 문장들의 발음들은 다음과 같다.

hau meni séntʃuriz breiv píːpl hæv gɔːn tu dístənt pléisiz ænd iksplɔ́ːd
ðem fɔː dífərənt ríːzenz sʌm tɾaid tu fáind ə njuː wéi tu get tu ə səːtn
plésiz bʌt ðə mein ríːzn wai píːpl went iksplɔ̀ːriŋ wəz ðæt ðei wəː kjúəris
əbáut njuː pléisiz

이 문장들은 다음과 같은 문장 강세(sentence stress)와 억양을 갖는다.

How many cénturies, / brave péople /

have gone to distant pláces /

and explóred them / for different réasons. //

Some tried to fínd / a new wáy /

to get to a certain pláce. //

But the main réason / why people went explóring /

was that they were cúrious / about new pláces. //

이 문장들을 해석하면 다음과 같다.

얼마나 많은 세기(世紀)들을 통하여 용감한 사람들이 서로 다른 이유들로 먼 곳들로
가서 그것들을 탐험해 왔는가! 어떤 사람들은 어떤 장소로 가는 새로운 길을 발견하
려고 했다. 그러나 사람들이 탐험하고 있었던 주된 이유는 그들이 새로운 곳들에 대
하여 호기심을 가졌다는 것이다.

이 문장들은 문법적으로 다음과 같이 설명될 수 있다.

how many centuries는 형용사 many가 그것 앞의 의문부사인 how에 의해 수식을 받아 그것 뒤의 명사 centuries를 수식하고 그것의 구문은 그것 뒤의 동사들인 gone과 explored를 수식하는 부사구인데 그것 앞에 전치사 for 혹은 in이 생략된 것이다. brave people은 주부로서 형용사 brave는 명사 people를 수식하고 있고 people은 주어로서 복합술어들 have gone과 have explored의 주어가 된다. have gone과 have explored는 복합술어들로서 have는 현재완료를 만드는 조동사이고 gone과 explored 과거분사들은 본동사들로서 조동사 have와 결합하여 현재완료 시제의 복합술어들이 된다. explored 앞에 have 조동사는 생략되어 있다. to distant places는 전치사 to가 형용사 distant가 수식하는 명사 places를 목적어로 지배하여 방향의 부사구가 되어 앞의 본동사인 완전자동사 gone을 수식한다. them은 대명사 목적격으로서 앞의 본동사 완전타동사인 explored의 목적어가 된다. for different reasons는 형용사 different가 그것 뒤의 명사 reasons를 수식한 가운데 전치사 for가 명사 reasons를 목적어로 지배하여 이유의 부사구를 만들어 본동사들 gone과 explored를 수식한다.

그 다음 문장에서 some은 대명사로서 술어인 tried의 주어가 되고 to find a new way to get to a certain place는 전치사 to가 동사원형인 find와 결합하여 부정사 구문이 되어 완전타동사 treid의 목적어가 되는 명사구가 되는데, find는 완전타동사로서 형용사들인 a와 new가 수식하는 명사 way를 목적어로 지배하고 있고 완전자동사인 get는 그것 앞의 to와 결합하여 형용사 구문이 되어 앞의 명사 way를 수식하고 to a certain place는 전치사 to가 형용사들인 a와 certain이 수식하는 명사 place를 목적어로 지배하여 부사구가 되어 앞의 동사 get를 수식한다.

but는 그것 앞 문장과 그것이 이끄는 문장을 대등하게 연결시키는 등위접속사이다. the main reason why people went exploring은 그것 뒤의 술어 was의 주부인데 그 주부의 핵심인 주어 reason에 대하여 앞에서 형용사들 the(관사)와 main(형용사)이 수식하고 또한 그 주어 뒤의 why people went exploring은 관계부사 why가 이끄는 이유의 형용사절이 되어 reason을 수식하고 why는 그것 뒤의 술어 went를 수식하고 exploring은 분사로서 술어 went를 수식하는 부사이다. that they were curious about new places는 앞의 술어(불안전자동사)의 보어가 되는 명사절이다. 종속접속사 that은 그것 뒤의 문장 They were curious about new places를 명사절로 만들고 있다. they는 술어 불완전자동사인 were의 주어가 되고 curious는 형용사로서 were의 보어가 되고 about new places는 형용사 new가 명사 places를 수식하는 가운데 전치사 about가 명사 places를 목적어로 지배하여 부사구가 되어 앞의 형용사 curious를 수식한다.

나는 이와 같이 이 영어 문장들을 정확하게 발음하고 정확하게 해석하고 정확하게 문법적으로 설명했다

그 선생을 비롯해서 학생들의 얼굴에 경악의 표정이 감도는 것을 느꼈다. 나는 계속 거침없이 전체적인 마무리로 각 문장마다 특기할 만한 것을 찾아 혹여 어떤 작은 틈이라도 있을세라 문법적으로

단어 하나도 건너 뛰지 않고 정확하게 설명했다.

첫 문장의 첫 의미군이 되는 for many centuries에 있어서 for는 뒤의 말이 시간을 나타내기 때문에 동안이라는 뜻을 갖고 수량 형용사인 many가 그것 뒤의 명사 centuries를 형용사적으로 수식한 가운데 그 명사 구문을 목적어로 지배하여 부사구를 만들어 뒤에 있는 문장의 복합술어 have gone과 조동사 have가 생략된 explored를 부사적으로 수식하는 부사구가 되어 문장 앞으로 도치된 것인데, 그 도치의 이유는 그 구문이 의문사 how로 연결되어 있기 때문이다.

나는 이렇게 정복자 선생이 지난 여름방학 동안에 그의 영문법반에서 그렇게 자세히 설명해 준 대로 그 문단 전체를 설명했다.

그 선생을 비롯한 모든 학생들은 '세상에 이런 일도 일어날 수 있다니!' 하는 넋을 잃은 표정을 지었다. 이렇게 내가 자세히 그 문단을 설명하고 그들이 시간가는 줄 모르며 듣는 동안에 40여분이 지나고 2교시의 끝종이 울렸다. 나의 '그 연극'에 대한 그들의 반응은 역시 선생과 학생들이 다르게 나타났다. 학생들은 그들의 눈과 귀를 의심하고 있었는데 그 선생은 얼굴에 환한 웃음을 머금고 나에게 오더니 "내가 선생 노릇을 10년 넘게 했지만 너 같은 엉뚱한 놈은 처음 봤다. 이래서 선생은 보람을 느끼는가보다!" 라고 나의 머리를 쓰다듬어 주었다.

결국 나와 선생과의 전쟁은 이른바 윈윈(win win) 의 관계로 끝났고 나와 동료 반 학생들과의 관계는 말하자면 나의 KO승으로 장식된 것이다. 나는 이러한 결과에서 또 하나의 깨달음을 얻었다. 만약에 그 여름방학 직전에 그 영어 선생에게서 당한 수모를 그저 어쩔 수 없는 것으로만 받아들이고 그 선생을 저주하고 원망만하면서 나는 그런 대접을 받을 수밖에 없다고 자조하거나 그것이 내 능력의 한계라고 체념만 하고 있었더라면 그날의 나는 그대로 고정되어 있었을 것이고 어쩌면 심지어 그 보다 더 퇴락한 사정이 나에게 닥칠 수도 있었을 것이었다.

예컨대, 나는 광주서중학교를 중퇴를 했었을 수도 있었을 것이다. '나는 어쩔 수 없는 존재야. 그러니 그러한 수모를 당하고 살 수밖에 별도리가 있겠어?'하는 부정적인 생각에 그저 안주하거나 나를 되는대로 내맡겼더라면 그 '연극'과 같은 일을 그렇게 해낼 수가 있었겠는가? 나는 다시 인간의 실심, 의지 그리고 인내심이 한 사람에게 얼마나 위력적인 잠재력을 일깨워 주는가를 절실히 느꼈다.

나는 나 자신의 잠재력을 발휘하겠다는 적극적인 생각을 하고 그 불행의 방향을 바꾸어 보겠다는 의지를 나의 마음속에서 일구어내어 내가 처한 곤경을 새로운 나를 만드는 재료로 삼은 것이다. 지금 생각하면 아찔하기만 하다. 자칫 나 자신을 개발할 수 있는 여건은 나에게는 주어지지 않는다고 지레 포기할 수도 있었을 것이었다.

즉 아무리 외적인 환경이 좋은 사람도 내적인 자산, 즉 개발해 보겠다는 결심, 의지 그리고 인내심이 없으면 자기 갱신을 할 수가 없는 것이다. 이와는 반대로 아무리 큰 역경에 처해 있어도 내적인 자산 즉 변화해 보겠다는 결단력, 의지력, 그리고 인내력을 발휘한다면 끊임없이 변하는 자연의 이치에 따라 발전할 수 있게 마련인 것이다.

나는 나의 의지력으로 내가 처했던 학업 성적의 부진과 그로 인한 곤경을 극복한 것은 사실이

만 그것에 덧붙여 행운도 뒤따른 것이다. 그것은 내가 TG영어학원에서 훌륭한 선생을 만난 것이다. 그 사람이 없었으면 사정이 어떻게 달라졌을지 모르지만 좌우간 내가 그를 만난 것은 행운의 여신은 오직 마음 속에 절실히 준비된 사람에게만 오기 때문에 행운의 여신이 나를 도와준 것임에 틀림없다. 그 선생은 하나의 틀에 고정되어 그럭저럭 공부를 가르치는 것이 아니고 창의적이고 활기에 넘치는 자상한 배려로 학생들을 대해 주었다. 그는 한 번도 타성적인 태도를 우리 학생들에게 보인 적이 없었다. 그는 영문법을 가르치다가도 학생들이 그의 교수법에 조금이라도 지루하거나 따분한 기색을 보이는 것 같은 생각이 들면 그는 그때그때 융통성을 발휘하여 상황에 따른 방법을 찾아 재치 있게 적용했다.

대부분의 사람들이 그가 우연히 터득한 하나의 방법에 기계적으로 매달려 그들의 문제들을 풀려고 하고 있을 때에 극소수의 사람들은 무슨 일에서도 상황에 따른 적절한 방법들을 찾아낸다. 예컨대, 위대한 예술가들은 그들의 작업에 고정된 한 가지 방법에 얽매이지 않고 항상 독창적인 상상력을 발휘하는 것이다.

예를 들어 악성 베토벤은 그의 작곡기법에서 이전의 틀을 벗어나 자신의 독창적인 방법으로 위대한 음악을 창출해 내고 낭만주의 음악의 중흥을 이루어 놓았다. 비단 예술의 분야에서만 아니고 인간 행위들의 모든 분야들에서 그와 같은 독창성이 발휘되어야 비로소 인간의 행위들이 그 진가를 발휘하게 되는 것이다.

나는 나의 신이다

나는 나의 신일 수밖에 없다
나는 나를 지켜주는 나의 신인
나를 믿을 수밖에 없다.
아무리 누가 뭐라고 해도
나는 나일 수밖에 없고
내가 믿는 것은 나뿐이다.
나는 여래가 될 수 없고
나는 예수가 될 수 없고
나는 마호메트가 될 수 없다.
그것은 바로
여래는 자신이 자신을 믿었고

예수는 자신이 자신을 믿었고
마호메트는 자신이 자신을 믿었고
나는 나 자신이 나를 믿을
수밖에 없기 때문이다.
내가 여래를 믿는 것은
내가 나를 믿게 해주는 선각자이고
내가 예수를 믿는 것은
내가 나를 믿게 해주는 선각자이고
내가 마호메트를 믿는 것은
내가 나를 믿게 해주는 선각자이다.
내가 나를 믿는 것은
내가 나를 믿게 해주는
나 자신의 선각자일 뿐이다.

CHAPTER 03

03

사람은 문무를 겸비해야!
영어의 철학을 배워!
일본 가라데 무술을 배워!
일당백이 되다

정복자 선생은 우리 학생들에게 영어만 가르치는 것이 아니라 철학적인 사색을 자연스럽게 할 수 있는 것까지 가르쳐 주었다. 그는 사람은 한 번 태어나 한 번 죽는 한 번의 삶을 사는 것이기에 가능한 한 자신이 할 수 있는 건설적인 일은 무엇이나 해보는 것이 바람직하다고 말하곤 했다. 그는 특히 사람은 문무를 겸비해야 한다고 말했다.

사람은 그저 문약하면 무에 강한 사람에게 당하여 희생되기 쉽고 그저 무강하면 스스로 무지의 적을 만들어 희생되기 쉽다고 말하면서 틈이 나는 대로 우리 학생들에게 그가 일본 유학시절에 그의 한 스승에게서 배운 '가라데'라는 무술의 기본 동작을 가르쳐 주면서 우리들이 그것을 기반으로 하여 무술 연마에도 게을리하지 않도록 했다.

나는 틈틈이 그에게서 배운 가라데의 기본 동작을 토대로 나 나름의 창의적인 무술 동작들을 일구어 내어 매일 저녁이면 남몰래 열심히 나의 몸을 단련시켜 나갔다. 그때에 나의 사춘기를 통하여 나의 몸은 나날이 그러한 단련에 의해 강건해져 갔다.

나는 여러 번 학생들에게 따돌림을 받아 집단 구타를 당하여 죽을 고비를 넘긴 적이 있었기 때문에 나는 몸 단련에 남다른 열성을 다했다. 나는 점점 자신감이 생기게 되어 이제는 따돌림 당할 것에 대한 공포를 떨쳐 버릴 수가 있었다. 오히려 언제 한 번 그러한 집단 테러에 휘말려들어 나의 몸 단련의 효력을 시험해 보고 싶은 생각까지 들었다.

그러한 기대의 사건은 곧 일어났다. 내가 나의 영어 실력을 나의 영어 선생과 나의 반 학생들에게 보여준 연극이 끝나고 만 일 주일이 되는 하교 길에 교문을 막 벗어나가는데 학생들 네 댓 명이 나의 길을 막고 으레 그 수법대로 할 말이 있으니 학교 안으로 도로 들어가자는 것이었다. 여름방학 전에 그런 일을 당했더라면 그저 도망칠 생각만 했을 것이고 공포에 질릴 수밖에 없었을것이다.

그동안 나는 그 지긋지긋한 왕따에 얼마나 시달려 왔는가? 그래서 나는 영어 하나만이라도 최고가 되겠다고 결심을 했고 그 결심을 온 열성과 인내심을 갖고 실천으로 옮겨 기어이 그 목적을 달성시켰고 거기에 무술까지 열심히 하여 일당백의 기백을 길러놓은 터였는데 그들이 나의 또다른 '연극'을 보여 달라는 것이었다.

앞서 이야기했듯이 나의 아버지가 인민군들이 대구와 부산을 제외하고 남한 일대를 점령했을 때에 담양읍 조국보위 위원장의 부역 행위를 하여 국군들과 UN군들이 인민군들을 격퇴시켜 남한을 수복하자 그는 지리산으로 입산하여 소위 비무장 빨치산 노릇을 하다가 붙잡혀 인심을 잃지 않아 담양 사람들이 그의 구명에 힘써 풀려났다.

그 동안에 그는 담양에 있는 재산을 거의 다 잃고 얼마 남은 재산을 처분하여 광주로 이사해 한때는 광주공원의 부지인 식물원에서 일시적으로 사진관을 다시 임대로 차렸다. 식물원에는 갖가지 식목들과 꽃들이 많아 사람들이 거기에 와서 사진을 많이 찍었다. 그래서 우리 집안은 생활에 어려움은 없었지만 전쟁 직후여서 여유는 없었다.

나는 저녁이면 식물원에 깔려 있는 바위들을 역기로 삼아 정복자 선생이 가르쳐준 가라데 기본 동작과 내가 독자적으로 연구한 무술동작으로 매일 두 시간 정도로 몸을 단련시켰다. 나는 어렸을 때 부터 힘이 장사라는 말을 들을 정도로 완력에도 자신이 있었다. 그러한 일당백의 나에게 겨우 다섯 명이 나를 어찌 해보겠다는 것에 나는 그들에게 끌려가는척 하면서 속으로 어디 한 번 그 때까지 연마한 설력을 시험해 보려는 것이어서 공포에 질리기는커녕 오히려 기대감에 차 있었다. 그렇게 마음의 여유가 있었는지 나의 몸은 굳어 있지 않고 유연한 상태가 되어 있어서 순발력이 넘쳐 있는 것이었다.

그놈들은 이번에는 강당으로 나를 데려가지 않고 학교 변소 뒤의 공터로 밀쳐 넣었다. 나는 여러 번에 걸쳐 그러한 경험에서 얻은 지혜를 발휘했다. 마치 그 공터는 가건물 한 채가 변소와 마주 보고 있어 나는 잽싸게 그 가건물에 등을 세우고 뒤에는 포위되지 않게 했다. 그놈들은 나의 그러한 계산을 알리 없고 그저 놈을 피하려는 본능적인 행위로 보고 나의 앞과 양쪽 옆으로 나를 포위했다. 그들 중에는 나의 반 학생이 한 명 있었고 다른 놈들은 다른 반들의 학생들이었다.

그들 중에서 나의 반 학생이 먼저 입을 열고 "글쎄 저 새끼가 말이야, 영어의 영자도 모른 놈인데 어디서 방학 동안에 굴러 배웠는지 알량한 영어를 한답시고 제법 뽐냈다구! 너 새끼야, 오늘이 너의 제삿날이 되게 해줄테니 지옥에나 가서 그 알량한 영어를 뽐내라, 개새끼야!"라고 소리치며 먼저 나에게 달려들었다. 정복자 선생이 사나이라면 문무를 겸한 사람이 되어야 한다는 말이 바로 그 순간에 번뜩 떠올랐다. 그리고 나는 그의 치열하고 철저한 정신과 융통성을 나의 몸에 익혔고 그리고 나의 순발력이 나와 함께 하니 나의 여유로움은 한층 더 하여 나의 몸은 나를 것 같이 가볍게 느껴졌다.

나는 한 수 위의 권투선수가 그의 상대에게 가볍게 먼저 맞아주는 수법을 썼다. 그러자 이놈들이 정말 내가 힘이 없어 그런줄 알고 양쪽 옆에 있는 놈들까지 합세하여 내게 덮쳐왔다. 나는 그때 나의 무술실력을 발휘했다. 나는 나의 왼쪽에서 달려드는 놈을 나의 오른손으로 그의 멱살을 움켜잡음과 동시에 오른쪽으로 돌면서 그놈을 땅바닥에 힘차게 패대기쳤다.

그놈은 외마디 소리를 지르며 땅바닥에 이마를 박으며 쓰러졌다. 이 광경을 본 다른 놈들이 그

의외의 낭패에 주춤하고 있었다. 나는 내친 김에 나를 맨 먼저 공격한 나의 반 학생을 공격했다. 나는 그의 왼쪽 갈비뼈를 나의 오른손을 쭉펴 창끝을 만들어 힘껏 찔렀다. 그는 아이쿠하며 왼쪽으로 쓰러졌다.

이 한순간에 두 놈들이 맥없이 당하자 다른 놈들은 감히 나에게 덤벼들지 못했다. 나는 쐐기를 박기라도 하려고 "이제 덤벼들면 눈깔을 쑤셔 버리거나 죽여 버리겠다"라고 벽력같이 소리를 지르며 교문쪽으로 유유히 걸어갔다. 그러나 그놈들은 내가 교문에 이르기 전에 다시 달려와 나의 뒤통수를 쳤다. 나는 무방비로 불의의 습격을 당한 것이라 땅 바닥에 그냥 나가떨어졌다. 그러자 그들은 나를 포위하여 무자비하게 발로 짓이기기 시작했다.

나는 국민학교 2학년 때 가을 운동회의 달리기 경주에서 1등으로 달리다가 옆에서 갑자기 달려든 개에 걸려 넘어졌다. 나는 포기하지 않고 다시 일어나 달려서 기어이 1등으로 들어온 것이 그 때 머리에 떠올랐다. 나는 이를 악물고 일어났다. 그리고 나는 사방이 확 트인 운동장 한 가운데서 그놈들에게 둘러싸인 것을 알고서 나의 순발력을 발휘하기 시작했다. 그리고 이번에 모든 것을 다 보여주던지 아니면 내가 당할 수밖에 없다는 생각으로 그놈들을 한놈씩 치고 빠지곤 했다. 나는 일단 사정을 보아서는 안 된다는 생각을 굳혔다.

나는 맨 먼저 덤벼드는 놈부터 전력을 다하여 손바닥을 펴 그의 팔을 칼을 휘두르듯이 내려쳤다. 그놈은 나의 손칼을 맞은쪽으로 쓰러졌다. 그 다음 놈도 역시 손바닥을 펴 그의 복부를 창을 찌르듯이 찔렀다. 그놈은 앞으로 몸을 숙이며 쓰러졌다. 나는 이미 뒤통수에서 얻어맞고 쓰러져 짓밟혔기 때문에 내 마음 같이 더 이상 몸이 따라주지 못했다. 나는 하는 수 없이 다른 세 놈들에게 밀리기 시작했다. 나는 일부러 큰소리로 "이제는 단 한놈이라도 죽여 버리고 나도 맞아 죽어 주겠다."라고 외쳤다. 그리고 나는 처음 달려드는 놈을 오른손 끝으로 그의 한쪽 눈을 정확히 찔렀다. 그 사이에 나는 다른 두 놈들에게 다시 뒤통수를 얻어 맞았다. 나는 정신을 잃고 쓰러졌는지 어느 병원에 누워있고 나의 어머니가 나를 지켜보고 있었다.

내가 손끝으로 찌른 학생도 광주 도립병원에 입원하여 곧장 수술을 받아 간신히 실명의 위기를 모면했다. 이 사건은 전적으로 집단 구타 사건으로 인정되어 나는 그 다음날 경찰 조서를 받은 뒤로 풀려나왔다. 참으로 어처구니 없는 일들이 나에게 계속 일어나게 된 것에 나는 망연자실했다. 그러나 나는 다시 심지를 굳건히 하지 않을 수 없었다. 나는 살아남아야 한다는 절박한 의지가 저절로 솟구치는 것을 느꼈다.

그래서 그 후로도 그들의 보복이 있을 것에 대비하기 위하여 매일 하루도 거르지 않고 나의 몸을 내가 스스로 고안한 무술로 단련시키는 일에 열을 올렸고 적어도 하루에 2시간 이상을 무술에 할애했다. 다행스럽게도 그 사건이 있은 뒤에 학교에서 나는 더 이상 따돌림을 받지 않았다. 그대신 나는 함부로 대해서는 안 되는 인물이 된 것이다.

그 뒤로 약 보름이 지나도 아무 일도 일어나지 않았다. 그런데 나의 짝꿍이 어디서 들었는지 몰라도 나에게 얻어맞은 학생을 가리키면서 "네가 쟤를 전에 혼내주었다면서. 그런데 쟤하고 같이 있었던 아이들이 너를 벼르고 있다고 하더라. 항상 쥐처럼 오그리고 있던 네가 미웠는데 너 요즈음 영어도 너무 잘하고 너 참 대단하다. 혼자서 다섯 명을 상대해서 이기다니. 야, 우리 짝꿍 아니야? 이제부터 우리 잘 지내자."라고 귀띔 겸, 제의 겸하는 말을 했다.

나는 그의 말을 듣고 긴장하여 있으면서 또 보름 정도가 지나도 별 일이 없었다. 그런데 그때 쯤 광주 미국문화원에서 영어 웅변대회를 열게 되었다. 각 학교에 영어가 우수한 학생을 선발하여 추천하라는 공문이 서중학교에도 왔는데 3학년에서 영어를 제일 잘하기로 정평이 이미 나 있는 학생이 추천되었다. 나는 물론 제외된 것이다. 그래서 나는 모처럼 오랜만에 TG영어학원으로 정복자 선생을 찾아가 그 이야기를 하면서 나도 한 번 그 웅변대회에 나가고 싶다고 말했다.

그는 내 말을 듣고 한참 생각에 잠기더니 "그러면 말이야 내 동생에게 한 번 부탁해 보겠다. 네가 영어 회화를 배웠던 그 통역관 말이야. 걔라면 미군 고위 장교를 잘 알고 있으니 아마 너를 추천할 수 있을 것이다. 그러니 너 말이야 웅변 원고를 네가 스스로 써 가지고 내게 다시 오너라!"라고 고무적인 말을 해주었다. 나는 "선생님 고맙습니다. 선생님의 영어 제자로서 손색이 없게 한 번 써보겠습니다."라고 대답을 하며 뛰는 듯이 집으로 돌아와 원고지에 웅변 원고를 쓰기 시작했다.

1945년 8월 15일에 우리나라가 일본식민 통치 하에서 해방을 갑자기 맞이하자 모든 것이 거의 공백 상태였고 특히 교육 분야에서는 가장 심각했었다. 모든 학교들이 휴교에 들어갔다. 나에게는 그것이 즐거운 일이었다. 나의 아버지는 나에 대한 선의의 배려가 두 번에 걸쳐 나에게는 불행으로 작용했다. 그 하나는 일제 시대에 담양에서 사진업의 독점으로 거부가 되어 담양 유지가 되어 있던 나의 아버지가 취학 년령기에는 1년이 모자랐지만 그는 담양 유지의 위력으로 나를 조기에 담양동초등학교에 입학시켰다. 다른 하나가 지금 내가 다니는 광주서중학교에 거액의 기부금으로 편입시킨 것이다.

초등학교에 들어가 보니 대개가 나보다 두서너 살 위의 형 뻘 되는 아이들이 나와 동급생들이었다. 어렸을 때의 한두 살 차이는 굉장한 것이어서 그들은 나를 따돌림 감으로 삼았다. 그래서 나는 공부도 제일 못하고 완력도 뒤졌다. 얻어맞는 것이 해방될 때까지의 나의 학교생활이었다. 그리고 무엇보다 따돌림에 시달리는 생활은 그것을 오랜 동안 경험하지 못한 사람들은 이해할 수조차 없는 고통 그 자체였던 것이다. 오죽하면 왕따를 견뎌내지 못하고 자살까지 하는 아이들이 있겠는가?

나는 해방이 된 것에 기뻐하는 것이 아니라 따돌림 생활에서 해방된 것에 얼마나 기뻤고 즐거워했던가! 그 학교 공백 기간에 나의 아버지는 나를 서당에 보내 한문 공부를 시켰다. 서당에는 여섯 살 아이로부터 떠꺼머리 총각에 이르기까지 학생들의 나이의 분포가 넓었고 그래서 각자의 나이와 능력에 맞게 공부를 시키는 것이 서당이어서 나는 아무런 부담 없이 훈장 밑에서 한문 공부를 하게 되었다. 그래서인지 나는 한문에 취미를 갖게 되고 따라서 학습능률도 높아 나는 그 서당에서 공부를 제일 잘하고 열심히 하는 학생이 된 것이다. 한시를 많이 내가 썼는데 훈장은 나를 크게 칭찬하곤 했다.

나는 그 때 글 쓰는 즐거움을 알았고 글 쓰는 소질이 있는 것도 알게 된 것이다. 내가 영어웅변대회의 원고를 스스로 쓸 생각을 하게 된 것도 그 때 글 쓰는 경험이 있어 자신감을 가진 것이다. 그리고 나는 다른 공부는 언제나 뒤졌지만 국어만큼은 저절로 잘하는 편이어서 글쓰기는 언제나 나를 즐겁게 했다. 그리고 무엇보다 내가 영어로 웅변 원고를 쓰는데 자신만만했던 것은 나는 정복자 선생에게서 영어를 영문법에서 제대로 체계를 잡을 수 있었고 그 문법에 따라 사전을 뒤지면서 그 때까지 많은 영어 책들을 스스로 독파할 수 있었기 때문이었다.

그러면서 아침 새벽에 한 시간 반 이상 저녁에 한 시간 반 이상, 도합 약 네 시간 남짓 나의 아버지가 경영하는 사진관의 암실에 들어가 최대한의 큰 목소리로 영어 책 Fifty Famous Stories를 매일 통독을 하여 발음과 목소리는 말할 것도 없이 좋고 웅장했으며 문리(文理)가 트여 영문 쓰기가 국어 쓰기처럼 자연스러웠다. 웅변 제목은 정해지지 않고 어떤 것이든 이야기해도 되었기 때문에 나는 우선 어떤 제목에 대해서 쓸까 한 동안 생각하다가 지난 정복자 선생에게 쓴 감사의 영어 편지가 머리에 떠올랐고 또한 그것에 대한 그의 격찬을 생각하여 제목을 "Thankful Life(감사하는 생활)"로 잡았다.

무엇이나 시작이 절반이라고 하더니만 우선 시작점인 제목을 선정해 놓고 보니 어느 정도 성취감을 미리 맛볼 수가 있었고 또 하나의 시작인 첫 호소하는 구문 "Ladies and gentlemen"으로 웅변의 포문을 열어 놓으니 주제의 줄거리가 머리에 연이어 떠올라 일사천리로 써 내려갔다. 작심을 하고 결단력으로 꾸준히 밀고 나가면 인간이 하는 일치고 성사가 되게 마련이기에 나는 한 자리에서 다음과 같은 웅변 원고를 완성시켰다.

Ladies and gentlemen

I am now very happy to stand on this platform to say something to you in English. Just one month ago, I could not even dream of saying anything in English because I was then completely ignorant of Engligh. About a week before the summer vacation began, I got caught in the very act of cheating on my English teacher in an English dictation test by copying by stealth from the notebook of the student on my right side.

My English teacher scolded me severely by calling me all sorts of names while my fellow students were making fun of me. I was shamed out of my senses. But I was patient enough to recover my senses and I made up my mind to revenge myself on my English teacher by mastering English.

After school, I looked for an English institute in which I could learn English from the elementary knowledge of English grammar when the summer vacation began a week later. I found out one near my house. it was named TG English Institute.

My father paid the tuition fee to the institute in advance as he was very happy that I had made up my mind to master English. I was lucky enough to meet a very kind teacher of the English grammar course. He happened to be the head of the institute. My strong determination and his good kindness became a good match. He taught English to me in a real earnest and I learned English from him as earnestly as I could.

He taught English grammar in such a comprehensive and effective way that I might learn it in the same way. Finally, I could master English, making good progress day by day until the end of the summer vacation in such a short period. I found that almost everything about English was there in English grammar. If I had not learned English grammar, I could not have learned English.

I have so far told you why I had determined to make up my mind to master English and how I had come to master it in the intensive course of English grammar. As only limited time is allowed to me here, now I have to say what I have to say here, omitting all the details concerned.

I should like to make use of this opportunity to say that I have owed my two teachers of English great thanks for having learned English: one for having scolded me so severely that I might make up my mind to master English and the other for having taught me English grammar so kindly that I might carry out my determination.

In nature there is nothing thankful or thankless, but in the human society there is such division. If so, one is expected to prefer the former to the latter as the Bible says. "...give thanks in all circumstances."

My conquest of English, a thankful experience of mine, has proved the Bible's saying. But for the English teacher of my school who scolded me so severely as to bring tears to my eyes, I should not have made up my mind to master English. But for the kind English teacher of TG Institute, I could not have learned English grammar. In conclusion, I should like to say that life if full of thanks to anyone that is inclined to make use of any asped of life, whether seemingly or apparently good or bad.

Thank you.

나는 위의 영어 웅변 원고를 발음 기호로 옮기고 정복자 선생이 강조했던 3음계(보통음, 높은음 그리고 낮은음)의 영어 억양을 기식군(氣息群: breath group)에 따라 표기하여 큰 목소리로 연습했다.

나는 그 다음날 이 원고를 정복자 선생에게 보여주었다. 그는 무릎을 탁치면서 "나도 한 자리에서 이렇게 유창한 연설문을 쓸 수가 없을 것이다. 이걸 내 동생에게 보이면 아마 네가 이번 영어 웅변대회에 나가게 해줄 수 있을 것이다." 라고 나를 격려해 주면서 열심히 웅변 연습을 하라고 했다.

나는 영어 웅변대회가 열릴 때까지 아침저녁으로 4시간 동안 사진관 암실에서 큰 목소리로 읽던 책을 놔두고 이 원고를 수백 번이 넘을 정도로 연습을 했다.

정복자 선생은 바로 학원 옆에 있는 나의 집으로 찾아와 내가 웅변대회에 나갈 수 있게 추천이 되었다고 말하면서 그의 동생에게 발음 지도를 철저히 받도록 주선까지 해주었다.

드디어 대회 날이 오고 미국문화원 강당에 시간에 맞추어 나가서 보니 웅변 연사가 되는 학생들이 12명이었는데 나는 6번째의 연사로 되어 있고 서중에서 추천된 학생은 4번째로 나가게 되어 있었다. 나는 학교에서 추천을 받지 않고 나와 그 학생에게 미안한 생각이 들었다. 그러나 일단 참여한 이상 나는 나의 최선을 다 할 생각이었다.

평소에 하루에 약 4시간 동안을 여름방학 때부터 물샐 틈도 없이 밀폐된 암실에서 나의 목청껏 소리 내어 영어 책을 읽었기 때문에 나는 사실상 웅변 연습을 남달리 했던 것이다. 또한 발음 좋기로 유명한 정복자 선생의 동생에게서 회화도 배웠고 또 대회 직전에 그 원고로 발음 지도를 받아서 인지 나는 부담감도 없었을 뿐만 아니라 오히려 덤덤하여 자연스런 마음가짐을 갖게 되었다.

한 연사가 무대에 나와 웅변을 하면 다른 연사들은 대기실에서 대기해야 했기 때문에 웅변 출연 학생들은 누가 잘 했고 못 했는지를 알 수가 없었다. 아침 10시에 시작하여 오후 12시 15분까지 12명 중에서 2명이 기권한 가운데 웅변의 시간이 다 끝나고 입상자들의 발표가 있을 때야 연사들이 강당 앞줄에 나와 앉아 있게 된 것이다.

입상자들은 1, 2, 3등 세 명이었고 3등부터 호명했는데, 제일 먼저 불린 학생은 광주북중학생이었다. 나는 아마 그 다음 나의 이름이 불려지기를 바랐는데 내 대신 서중에서 추천된 학생이 호명되었다.

나는 난감한 심정이었다. 내가 1등이 되리라고는 생각조차 하지 않고 있었다. 그런데 잠시 후에 불리어진 이름은 나의 이름이었다. 나는 줄곧 무덤덤하게 대회에 참여하고 있다가 막상 1등으로 뽑히자 그 때 비로소 가슴이 뛰기 시작했다. 나는 초등학교 6년과 중학교 2년 반 동안에 단 한 번도 우등상은 말할 것도 없고 정근상이나 개근상도 타 본 적이 없었다. 오히려 그보다는 항상 맨 꼴찌에서 1, 2등으로 맴돌았던 내가 1등이라니 참으로 꿈만 같았다.

웅변대회가 끝난 뒤에 알게 된 것인데 대부분의 다른 연사들은 연제가 반공 또는 멸공 아니면 UN군의 세계 평화에 대한 기여에 관한 논제였다. 그런 반면에 나는 나의 피어린 경험담을 솔직하게 그리고 감사한 마음으로 발설하는 것이 크게 심사원들의 마음을 산 것 같았다. 그러나 나의 발음은 단연 돋보였다는 것이 심사위원장의 심사평이었다.

그 다음날 학교에 나가니 벌써 소문이 퍼져 있었다. 나의 반을 담당한, 즉 나를 골탕 먹여 내가 영어를 정복하게 해 준 영어 선생이 나를 가장 즐겁게 반겨주었다. 그런데 이것이 문제가 된 것이다.

학교에서 추천해 준 학생 반의 영어 담당 교사가 발끈한 것이다. 나의 행위는 학교 전체를 무시한 처사라는 것이었다. 그래서 학교는 나에게 징계 처분을 내려야 한디는 것이었다.

나를 끝까지 적극 옹호하고 변호하여 징계를 모면케 해 준 사람은 다른 사람이 아닌 나의 영어 선생이었다. 그는 한 학교에서 1, 2등을 하게 한 것은 자랑이 되는 것이지 그것이 해교(害校) 행위가 아니라는 것과 또한 학칙에 그런 규정도 없다는 것을 내세워 나는 오히려 학교대로 표창을 해야 한다는 것이었다.

그 선생의 그러한 변론은 전교에 화제가 되어 존경을 받았고 나도 일약 학교의 인물이 된 것이다. 그 결과로 그 때부터 나를 무시하거나 따돌리려는 학생들은 자연히 꼬리를 감추게 되었다. 나는 비로소 위태위태하게 다니던 명문 서중에서 당당하게 학교 생활을 할 수 있게 된 것이다.

나는 그 후로 영어와 국어만으로 광주서중생의 배지를 교복에 단 것에 떳떳할 수가 있었다. 나는 계속 영어는 누구에 못지 않게 공부를 하여 심지어 광주 시에서 뿐만 아니라 전라남도 일대에서 나의 영어 실력이 학생들 사이에 널리 알려지게 되었다.

나는 그 영어 웅변대회에서 내가 여건이 되어 있지 않음에도 불구하고 나의 자신감 하나로 적극적으로 대응한 것으로 인하여 나는 일등상을 탄 것이다. 사람에게는 여건이 조금은 무리하더라도 "이런 경우에 내가 과연 할수 있을까?"하고 의문문을 던지기 보다는 어떠한 상황에서도 "항상 무엇인가 할 수 있는 것을 잊지 말자"라고 자신에게 말하고 그저 수동적으로 환경이 바뀌어 나가기를 기다리는 대신에 조금이라도 그 환경을 스스로 바꿀 수 있으면 그 환경을 바꾸거나 아니면 적어도 그 환경을 어떻게 해서든 이용하는 것이 사람으로서 사는 보람이 되는 것이다.

가만히 앉아 아무 것도 변화시키지 않고 또한 변화되지도 않는 상황에서 벗어나 적극적으로 이러저러한 방법을 시도해 보면 반드시 그 일의 실마리를 풀 수 있는 좋은 방법들을 알 수 있게 되고, 문제를 풀 수 있는 상황들이 전개되게 마련이다. 항상 긍정적이고 적극적인 태도를 취하는 사람은 그의 운명을 스스로 그렇게 개척하게 되는 것이 아니겠는가.

정복자 선생이 그 표본을 우리 학생들에게 유감없이 보여준 것은 나에게는 금상첨화 격이 된 것이었다. 최선을 다하고 그것이 제대로 먹혀들지 않으면 차선을 다하고, 또한 그것도 여의치 않으면 계속 힘이 미치는 데까지 긍정적이고 적극적인 자세로 끝까지 밀고가는 강단을 보여야만 결단력, 의지력 그리고 인내력이 구비된 사람이 되어 어떤 상황에도 대처할 수 있다.

이렇게 하여 내가 광주서중학교에서 왕따의 신세를 모면하면서 곧바로 나에게 닥친 급한 일은 고등학교로의 진학하는 것이었다. 그 때 6년제였던 광주서중이 분리되어 중학은 광주서중의 학교 명칭을 그대로 이어받음과 동시에 학교 교사(校舍)도 그대로 고정되었다. 그러나 4학년 이상의 고등부 학교는 '광주고등학교'의 이름으로 일본 사람들이 그들의 자녀를 교육시켰던 학교로 이사가게 되었다. 당연히 광주서중학교 3학년은 광주고등학교로 진학하는 것이 명문학교의 명맥을 잇는 것이 되어 있었다. 그래서 우리 광주서중 3학년생들은 광주고등학교로 진학하는 치열한 입학시험 공부에 돌입하고 있었다.

나 같은 꼴찌도 광주고등학교로 진학하는 것을 제일 목표로 삼았다. 나는 여름방학 한 달 동안에 영어를 영어 선생과 맞먹는 실력을 쌓았고 또한 그것이 입증이 된터라, 그것은 그렇게 터무니 없는 망상과 같은 것은 아니었다. 그래서 나는 영어공부를 그대로 계속하면서 수학, 국사, 그리고 과학공부에 안간힘을 써 가며 공부를 했다. 국어는 어느 정도 나에게도 실력이 있어서 별 문제가 아니었다.

다른 과목도 그러하지만 수학은 기초실력이 없으면 아무리 밤샘 공부를 한다 해도 그것은 별 성과를 이룰 수 없는 것이었다. 그래서 겨울방학을 이용하여 수학을 학원에서 공부를 했지만 더하기, 빼기, 나누기, 그리고 곱하기 정도는 알고 그것을 토대로 뒤진 수학 실력을 기르려했지만 이미 나는 분수의 기초도 미약해서 다른 학원 학생들을 따라갈 수가 없었다. 그리고 영어처럼 굳은 결심이 서 있지 않아 그저 한 달 동안 학원에 나가는 것이 고작이었다.

또한 학원 선생도 자상하지 않아 너는 알테면 알고 모르면 어쩔 수 없다는 그러한 태도여서 수학 공부에 조금도 관심을 갖게 해주지 않고 이것은 시험에 꼭 나오고 저것은 나올 수도 있다느니 하는식으로 소위 주입식 입시 위주의 강의를 했기 때문에 나에게는 쇠귀에 경 읽는 격이 될 뿐이었다.

나는 하는 수 없이 국어는 그래도 꼴찌의 신세에서도 좋아하는 과목이었고 국어 선생들도 나의 글솜씨와 맞춤법에 있어서 다른 아이들과는 뒤지지 않은 것을 인정하는 터라 영어와 국어를 중점적으로 공부를 하여 고등학교 시험에 대비했다. 그리고 나의 아버지가 경영하는 사진관에 자주 들렸고 나를 광주서중에 복학하도록 해주는 데 결정적인 도움을 준 사범학교 손선생이 광주고등학교로 전보되어 있어서 총점수에서 합격 점을 얻으면 그가 어떻게 손을 써보겠다고 하여 나는 열심히 나름대로 시험공부에 전념을 다 했다.

나는 1952년 2월 5일에 광주고등학교 입학시험을 치렀다. 나는 영어는 만점이 될 정도로 답안 작성을 했고 국어는 그저 합격선을 겨우 넘을 정도였다. 국사도 아마 과낙제는 면한 것이었다. 수학에서는 거의 0점 수준에 머물렀다. 그러나 나의 점수는 총점에서 중상위에 이르렀다. 사정 회의가 열려 나를 놓고 이견이 분분했다. 광주고등학교로 전보된 나를 골탕먹인 영어 선생과 손선생이 발언을 하여 총점으로 보아 중 상위에 속함으로 나를 합격시켜야 한다고 했지만 역시 서중에서 나를 골탕 먹인 수학선생이 극구반대 발언을 하여 교장의 결정에 따르기로 했는데 교장은 학칙을 내세워 결국 나를 입학에서 탈락시켰다.

04 이제는 공부를 잘하여 따돌림을 받고 어이없어 하다!

　나는 10일 후에 후기 입학시험이 있는 광주공립공업고등학교에 원서를 내고 시험을 쳤다. 나는 무난히 합격했다. 나는 기계과에 지원했지만 기계에 대하여 공부하기 위해서는 수학이 필수적인 것이었으나 나의 수학은 제로나 다름 없었는데 알고보니 기계과에 들어 온 학생들 대부분이 수학에서 나와 다를 바가 없었다.

　당시 광주공고는 실업계 학교라기보다는 1차 학교에 가지 못한 학생들의 구제소 역할을 할뿐이었다. 그러나 나는 영어에 있어서는 타의 추종을 불허하는 정도라 나의 반 학생들은 나를 무척 부러워했다. 그것이 역으로 나를 왕따로 만들었다.

　심지어 전기과, 화공과, 그리고 토목과 학생들까지 나를 매우 경원시했다. 그들은 대부분 광주공업중학교에서 형식상으로 시험을 치고 광주공고에 진학했는데 나를 광주서중 명문학교에서 쫓겨온 소위 이방인 취급을 했다. 나는 광주공고에서 성적에 있어서는 최상위에 속했다. 썩어도 준치라고 나는 시기와 질투의 대상이 되어 이제는 거꾸로 실력이 좋아 시련을 겪어야 했던 것이다. 나는 또다시 완전히 따돌림을 받은 것이다

　광주서중에서 약자로서 따돌림을 받을 때에는 적어도 시기와 질투는 받지 않아 그래도 견디기가 나았는데 강자의 위치에서 집단 따돌림은 정말 겪어 내기가 벅찬 것이었다. 도대체 나의 운명은 그저 따돌림만 받게 된 것인가 하고 장탄식이 절로 나왔다.

　나는 또 다시 망망대해의 한 작은 고도의 신세가 된 것이다. 1학년은 엄벙덤벙 지나갔다. 2학년이 되자 사정은 더 험하게 되어가고 있었다. 그쯤에 이르자 학생들 사이에 파갈림이 생겼다. 물론 파를 이룬 학생들은 드러내고 나에게 시비를 걸며 못살게 굴었다.

　2학년 때 영어 선생은 서울 연희대학교 영문과 출신이었는데 문학을 대단히 좋아했다. 그는 그 당시로는 보기 드문 진보적인 사람이었다. 그는 나의 영어 실력을 누구보다 잘 알았다. 그래서 가끔

씩 나에게 수업을 진행시키기까지 했다. 그러던 중 그는 병석에 오래 있었던 아내를 잃었다. 감수성이 컸던 그 선생은 거의 넋이 나간 사람이 되어 있었다.

그는 학교에 출근하지 않고 술로 세월을 보냈다. 그는 아예 교장에게 영어 실력이 뛰어난 학생이 있다고 하면서 그가 당분간 마음을 잡기까지 내가 영어 수업을 이끌 것을 제의했다. 평소에 교장과 영어 선생은 단짝이어서 영어 선생의 제의가 받아들여졌다.

그 당시에는 선생 하나를 채용하려면 학교 재정에 무리가 가기 때문에 봉급을 주지 않는 영어 선생 하나를 잠정적으로 기용하는 셈치고 학교 당국은 나를 임시 2학년 영어 선생으로 기용한 셈이었다. 따라서 영어 시간에는 2학년 전 반들을 큰 교실에 모아 내가 수업을 진행하게 한 것이다. 나는 그 전에도 TG영어학원에 찾아가 그 영어 선생을 만나곤 했는데 가끔 "Teaching is learning(가르치는 것은 배우는 것과 같다)"라는 격언을 말하면서 그는 초보 영어를 경험삼아 내가 가르치게 했다.

그래서 나는 영어를 가르치는 경험이 있어서 무난히 한 주간 2학년 공고학생들에게 영어를 가르쳤다. 그러나 학생들 중에는 자존심이 상한 학생들이 있었는데 패거리를 이룬 학생들은 나를 가만히 둘 리가 없었던 것이다. 그들은 일부러 헛기침을 하거나 큰 소리로 잡담을 하기도 했다.

역시 전에도 그랬듯이 그 패거리들은 어느 하교시에 나를 교문 밖에서 기다렸다. 그들 중의 두목격이 되는 학생이 나에게 다가와 "영어 선생님, 우리 잠깐 어디서 뵐까요?"하며 나머지 다른 학생들에게 나를 포위하여 끌고 가도록 했다. 그들은 삽시간에 나를 포위해 버렸다.

나는 하는 수 없이 그들에게 끌려 한적한 골목길로 접어들었다. 나의 마음은 지금까지 이런 경우를 하도 당한 터라 담담했다. 게다가 TG영어학원 선생에게서 가라데를 배우고 매일 나의 몸을 무술로 단련시킨 것이 아니었던가? 따라 가면서 그 패거리들의 수를 세어보니 역시 5명이었다. 나는 그 정도면 살아남을 수 있다는 생각을 하면서 그 골목 막다른 데까지 끌려갔다.

그놈들은 미리 자리를 보아두었는지 골목 끝에는 제법 공간이 넓어 나를 그 가운데 놓고 둘러싸고 노려보았다. 그 중 한 놈이 "영어 선생님, 어디 여기서도 우리 학생들에게 영어를 가르쳐 보시지요"라고 놀려대며 나의 멱살을 잡고 헤딩으로 나의 이마를 들이받았다. 그러나 그놈은 잘못한 것이다. 나는 평소에 큰 나무나 바위를 보면 머리를 부딪치며 나의 머리를 단련시켰다.

그놈은 자신이 나의 머리를 들이받고서는 제 머리를 감싸며 "아이쿠! 나 죽네!"하고 비명을 질렀다. 그러자 다른 네 놈들이 일제히 나에게 주먹질을 하며 덤벼들었다. 나는 하는 수 없이 무방비 상태인 양 맞아주면서 오던 좁은 골목길로 비틀비틀 물러서는척 했다. 공간이 좁아야 패거리들이 한꺼번에 나에게 덤벼들 수가 없을 것이기에 나는 그들의 발길질에 밀려가게 했다.

내가 골목 좁은 쪽에 이르자 두 놈만이 나에게 공격할 수밖에 없었다. 나는 누어서 떡 먹듯이 그놈들을 손바닥을 완전히 펴 가라데 찌르기 공격을 가하여 한 놈씩 갈비뼈를 찔렀다. 그들은 고통스러운 표정을 지으며 한 놈씩 땅바닥에 주저앉았다.

나머지 그 뒤의 두 놈이 멈칫 멈칫하는 것을 보고 나는 벽력같이 "네놈들! 덤벼들면 이제는 네놈들의 눈깔을 찍어 놓겠다."라고 나의 단골이 된 공갈로 소리쳤다. 나의 당당한 소리에 기가 질렸는지 그놈들은 뒤로 물러섰다. 나는 골목길을 다 빠져 나올 때까지 경계심을 갖고 뒷걸음쳤다. 왜냐하면 광주서중의 패거리들에게 학교 변소 뒤 쪽으로 끌려가 다섯 명 중 세 놈을 때려눕히고 돌아서 당당히 걸어 나오다가 뒤통수를 얻어맞고 쓰러져 죽을 뻔 한 적이 있었기 때문이었다. 나는 큰길가에 이르러서야 유유히 돌아서서 걸었다. 그리고 나는 당당한 걸음으로 학교 바로 옆 정류장에 가 시내버스에 올랐다.

사람은 항상 죽으라는 법은 없는 것이다. 나는 박석진 영어 선생을 대신해 약 3주간 영어 수업을 하면서 최선을 다하여 TG영어학원 선생의 교수법을 따라 교과서를 놔두고 영어에서 동사의 중요성과 동사가 문장에서의 중심점이 된다는 것을 강조하며 수업을 진행하였다.

완전자동사는 보어나 목적어를 그것 뒤에 이끌지 않고 그것 앞의 주어를 서술하여 문장 제1형식을 만들고, 불완전자동사는 보어를 그것 뒤에 이끌어 그것 앞의 주어를 서술하여 문장 제2형식을 만들고, 완전타동사는 목적어를 그것 뒤에 이끌어 그것 앞의 주어를 서술하여 문장 제3형식을 만들고, 수여타동사는 그것 뒤에 간접목적어와 직접목적어를 이끌어 그것 앞의 주어를 서술하는 문장 제4형식을 만들고, 불완전타동사는 그것 뒤에 목적어와 보어를 이끌어 그것 앞의 주어를 서술한다는 것을 가장 역점을 두어 수업을 진행했다. 그리고 영어의 모든 문장들은 이 문장 5개 형식들에 속한다고 외치다시피 말했다.

그 다음으로 영어의 12시제들을 일일이 자세하게 설명했다. 그리고 문장 5개 형식들을 만드는 주요소들인 주어, 술어, 보어, 목적어, 간접목적어, 직접목적어를 수식하는 것들은 형용사적 수식과 부사적 수식밖에 없다는 것을 힘주어 말했다. 그리고 영어의 8품사들인 명사, 대명사, 동사, 형용사, 부사, 전치사, 접속사, 그리고 감탄사들이 어떻게 문장의 주요소들, 수식요소들 그리고 접속요소들과 어떻게 관계를 갖게 되는가에 대하여 설명했다.

의외로 학생들의 나의 영어 수업에 대한 반응이 좋았다. 그래서 나의 수업에 영향을 받아 많은 학생들이 영어를 공부하기 시작했다. 과장된 말이지만 광주공업고등학교가 광주영어학교로 바뀌었다는 말을 들을 정도로 학교에서 영어의 열풍이 일게 된 것이다. 사정이 이렇게 되자 나를 시기와 질투로 바라 본 학생들도 나를 따돌리려는 것을 포기하기에 이른 것이다. 이렇게 하여 영어가 사실은 쉽게 배울 수 있다는 것이 학생들 사이에 인식된 것은 나로서는 감격스런 일이 아닐 수 없었다.

그런데 지난번에 나를 해치려다가 오히려 나에게 당한 학생들이 얼마 동안 가만히 있었던가 싶더니 그들이 나에게 다시 손을 쓰려는 것이었다. 나는 기가 막혀 하늘을 향해 한 숨을 내쉬었다. 그들은 이미 중학교 때에 어떤 부정행위로 퇴학하게 된 그야말로 진짜 깡패를 불러 나에 대한 문제(복수)를 해결하려 한 것이었다. 그는 평소 도벽이 있어 퇴학을 당한 것인데 먼저 나를 불량 행위자로 얽어 보겠다는 것이었다.

그는 광주공고의 기계과 실습실에서 물건을 훔쳐내어 그 소행을 나에게 뒤집어 씌우려는 획책을 세웠다. 그는 야음을 타 그 패거리들과 함께 기계실습실에 들어가 값이 나갈만한 선반과 같은 기계 실습기기들을 훔쳐내어 팔아서 그들의 유흥비로 쓴 다음 내가 고스란히 그 누명을 쓰게 했다.

나는 기계과 소속의 학생이었고 그 기계과 실습실에는 담당 교사가 쓰는 사무실이 있었다. 거기는 책상과 의자가 있었고 밤에는 전기가 들어와 나는 박석진 선생에 부탁하여 방과 후에 그곳에서 공부를 하게 해달라고 했다. 그는 교장선생의 허가를 받아 내가 그 사무실을 저녁이면 쓰게 하여 거기서 공부할 수 있게 했다.

나를 노리는 패거리들이 그 점을 이용했다. 때는 늦가을이었다. 나는 그 사무실에서 저녁 8시가 넘도록 공부를 하고 나갈 때에는 그 실습실 문을 열쇠로 잠그고 집으로 향하곤 했다. 그 패거리들은 그것을 노렸다. 어느 날 그들은 내가 열쇠로 문을 잠그고 나간 뒤로 그 퇴학당한 불량배의 솜씨로 열쇠통을 열고 들어갔던 것이다.

그렇게 해서 기계 실습실의 값진 기계 실습기기들이 도난당한 것의 책임이 당연히 나에게 떨어졌다. 그 뿐이랴. 그 패거리들은 내가 밤중에 무엇인가 묵중한 물건을 들고 나간 것을 누군가 보았다는 말을 흘려 놓았다. 학교에서는 일차적으로 나를 범인으로 지목했다. 학교는 내가 학생들에게 영어를 가르치는 것을 중단시켰다. 훈육 주임 선생은 나를 불러 경찰 수사관이 범인 다루듯이 나를 추궁했다.

나는 박석진 영어 선생을 찾아가 억울함을 호소했다. 그는 교장선생에게 나의 무고함을 말하여 나는 일단 징계를 모면했다. 마침 나와 같은 기계과 학생들 중에서 나에게 영어를 개인교수를 받다시피 한 학생이 있었다. 그의 이름은 정진우였는데, 장래 의사가 되는 것이 그의 꿈이었다. 그래서 그는 나에게 영어를 열심히 배우고 있었다. 나는 그에게 도움을 청해 나의 무고를 증명하고 그 패거리들의 부정을 밝히고자 했다. 그것은 상당한 모험적인 용기를 필요로 했다. 나는 그에게 나의 계획을 상세하게 미리 말해주었고 우리들은 곧 그것을 실행했다.

그 패거리들이 다시 기계 실습실을 털 것은 뻔했다. 왜냐하면 그 곳에는 값진 실습기구들이 많았기 때문이었다. 정진우와 나는 늦가을 어둠 속에서 그들의 재범 행위를 기다렸다. 역시나 한 2, 3일이 지나자 그들이 야음 속에 나타나 열쇠통을 교묘히 따고 실습실로 들어갔다.

내가 그들을 따라 살며시 실습실로 들어가면 정진우는 밖에서 문을 잠그고 인근 파출소로 가서 신고하라고 했다. 이것은 나에게는 배수진의 작전과 같았다. 왜냐하면 나는 혼자이고 그 패거리들은 네 명이었기 때문이었다. 내가 문을 열고 들어서자 그들은 어둠 속에서 누군가 그들을 따라 들어온 것을 알고 뒤돌아 문을 열고 나가려 했다. 그들은 밖에서 문이 잠긴 것을 앎과 동시에 내가 그들을 노려보는 것을 보았다.

그들은 상당히 큰 실습실의 공간에서 나를 에워싸며 이구동성으로 소리쳤다.

"이 놈이 죽으려고 제 발로 걸어 들어와!"

"너희들, 파출소에 신고했으니 기다려!"

내 말이 떨어지자 그들은 닥치는 대로 쇠막대기 같은 것들을 들고 나에게 달려들었다. 나는 그 곳의 지형지물을 비교적 상세히 알고 있었다. 나는 이미 나의 손에 무기로 쓰기에 적당한 크기의 쇠파이프를 들고 있었다. 나는 그 때에 사나이라면 자신을 지킬 뿐만 아니라 곤경에 처해 있는 다른 사람을 도울 수 있을 만큼의 무술을 평소에 연마해야 한다는 정복자 선생의 말이 나의 머리에 떠올랐다.

나는 그래서 평소에 어떤 건축현장에서 얻은 도검 크기의 묵중한 철근으로 목검 대신에 검도 연습을 게을리하지 않았다. 정복자 선생이 가르쳐 준 검도 기본 동작으로 매일 밤이면 남몰래 몸을 단련했다. 싸움은 1대 4가 되었다. 그러나 나는 자신이 넘쳤다. 나는 선제공격을 하지 않고 방어로 시간을 끌었다. 내가 뒤로 물러서면서 나는 뭣인가에 걸려 오른쪽 옆으로 넘어졌다. 그들 중의 한 놈이 행여 놓칠세라 나의 왼쪽 허벅지를 그의 쇠파이프로 내리 쳤다. 나는 피하지 못하고 얻어맞았다.

나는 분노의 불길이 가슴속에서 솟구치는 것을 느낌과 동시에 일어서면서 그놈의 어깨를 내리쳤다. 그는 외마디 소리를 지르며 거꾸러졌다. 그러자 다른 세 놈이 일제히 쇠파이프로 공격해 왔다. 나는 수세에 몰리면서 그들을 막아내는 데 바빴다. 나는 한 놈만 더 쓰러뜨리면 수세에서 벗어날 수 있음을 알고 뒤로 밀리면서 그 중 한 놈의 옆구리를 나의 쇠파이프로 힘껏 갈겼다. 아니나 다를까 그놈도 신음소리를 내며 쇠파이프를 떨어뜨리고 그의 옆구리를 움켜잡았다.

그러자 나머지 두 놈들이 죽기로 나에게 달려들었다. 나는 왼쪽 다리에 이미 부상을 입은 터라 그들과 싸우기에 힘이 부치기 시작했다. 그들은 그것을 눈치 채고서는 자신을 갖고 나에게 덮쳐왔다. 나는 또다시 오른손에 한 놈의 공격을 받았다. 나는 왼발과 오른손에 심한 상처를 입었기에 더 이상 버티기가 힘들었다. 그러나 여기서 당하면 그놈들은 나를 해치우고 어떻게 해서라도 도망칠 것이었다. 그렇게 되면 나의 계획은 완전히 빗나갈 뿐만 아니라 내가 모든 것을 일부러 꾸민 것이 될 것이었다.

나는 이를 악물고 그 두 놈을 대적했다. 처음에는 그놈들이 나의 정면에서 공격을 하여 방어 하기가 쉬웠다. 그러나 그 퇴학을 당한 놈은 몸놀림이 보통 수준을 넘었다. 그놈이 다른 놈에게 나의 등쪽으로 가서 공격하라고 지시했다. 이것은 나에게 불리한 형세를 안겨주었다. 앞뒤로 방어하기는 더 어려웠다. 나는 난감했다. 그것을 앞에 있는 놈이 간파하고서 나에게 세차게 휘몰아쳐 왔다. 나는 그놈과 대적하기에 바빴다.

그 때에 뒤에 있는 놈이 나의 머리를 향해 그의 쇠파이프를 내리쳤다. 그러나 다행히 그의 공격이 살짝 빗나가 나의 오른쪽 어깨에 상처를 입혔다. 나는 이미 상처 받은 오른손에 더하여 오른쪽 어깨도 상처를 받아 오른손으로 더 이상 쇠파이프를 잡을 수가 없어 왼쪽 손만으로 쇠파이프를 잡고 방어할 수밖에 없었다. 나는 정진우가 빨리 달려오기를 기다리며 이리 저리 몸을 피했다.

나는 간신히 그놈들을 내 앞에 서게 했다. 그러나 왼손만으로 부상당한 몸으로 그 두 놈들을 상대하자니 점점 더 궁지에 몰리게 되었다. 왼손 놀림이 둔한 나는 이내 쇠파이프를 마저 땅에 떨어뜨렸다. 그놈들은 그 기회를 놓칠 리 없었다. 그들은 한 몸이 되어 나를 공격했다. 나는 뒤로 간신히 물러서기만 했다. 그런데 하늘의 도움인지 바로 그 때에 문이 열리고 정진우와 경찰들이 들이닥쳤다. 그리하여 나는 결국 나의 무고함을 입증했고 그 뒤로 다시 영어도 나의 동료 학생들에게 가르치게 되었다.

내가 2학년 학생이 되자 언젠가 서울에서는 한국외국어대학이 설립되었다는 소식을 박석진 영어 선생이 나에게 알려주면서 "너는 광고를 졸업하면 한국외국어대학 영어과를 지망해라."라고 권유했다. 나도 귀가 번쩍 띄어 TG영어학원으로 달려가 정복자 선생에게 그 소식을 말했더니 그도 "상준아, 너에게 딱 맞는 대학이다. 아니다, 너를 위해서 생긴 대학이다. 듣자하니 시험 과목들도 모두가 네가 다 잘할 수 있는 영어, 국어, 세계사이다. 이제 약 1년 남았으니 그 과목들만 집중적으로 공부하여 그 대학에 합격하기를 바란다. 그것도 수석으로 말이야!" 하면서 즐거워했다

악전고투

아무리 어렵고
험악한 일이라도
남에게 의존하지 말고
혼자의 힘으로 해내려는 의지와
행동이 있어야
진정한 용기의 사람이다.
자수성가
칠전팔기
고진감래
진인사대천명
나는 이런 말들을
좋아하면서
노년기에 접어들어서도
그 태도로
살아갈 것을
계속 마음먹는다.

CHAPTER 03

05 가라데 무술의 위력이 발휘되다!

나는 그 두 영어 선생들의 권유에 따라 영어, 국어, 그리고 세계사를 열심히 공부했다. 드디어 1955년 2월 4일에 한국외국어대학 입학시험을 치렀다. 영어는 거의 만점 같았고 국어도 잘 쳤다. 세계사는 절반 정도 점수를 얻은 것 같았다. 발표일에 상경하여 보니 나의 이름이 영어과 명단의 제일 첫 번에 나와 있었다. 나는 영어과 수석 합격을 한 것이다. 나와 같이 TG영어학원에서 그 선생에게서 영어를 끝까지 정복하게끔 배운 박기철은 전남대학교 의예과에 합격했다.

박기철과 내가 대학에 입학할 수 있었던 것은 전적으로 TG영어학원의 정복자 선생의 덕이었다. 우리들은 새 학기 대학 생활을 시작하기 전에 그 선생을 모시고 자축만찬을 하기로 하였다. 나하고 광주서중에서 꼴찌를 했던 유연기가 나의 대학 입학소식을 듣자 나를 만났다. 내가 그 선생과 자축만찬회를 할 것이라고 했더니 그의 아버지가 경영하는 광주에서 제일 큰 호남관에서 하면 자신이 요리하는 최고급 식탁을 마련하겠다고 했다. 그는 광주서중을 겨우겨우 졸업하고 아예 가업을 잇기 위해서 요리사가 된 것이다.

나는 3년 전에 억울하게 그녀에게서 오해를 받은 적이 있는 김춘자의 소식을 유연기에게 넌지시 "연기야, 김춘자라는 여자, 지금도 너의 집에 접대부로 있니?" 하고 물었다. 그는 웃으면서 "야, 그 여자, 전남 모 관청 국장과 동거하는 동안에는 안 나왔지만 그 국장이 충남으로 전근을 가자 헤어지고 다시 우리 집에서 일하고 있어. 너 아직도 그 여자를 잊지 않고 있구나?" 하고 웃으면서 대답했다. 나는 여자를 처음 알게 한 그녀가 아직도 유연기의 집에서 접대부로 있다는 말에 만찬 장소를 다른 곳으로 잡으려다가 유연기의 호의를 그냥 받아들였다.

박기철과 나는 그 선생과의 만찬의 날 2월 27일 오후 7시 이전에 만나 백화점으로 가서 간단한 선물을 샀다. 우리들은 미리 와 우리들을 기다리고 있는 그 선생에게 인사를 하고 호남관 한 구석에 자리를 잡았다. 유연기는 미리 준비해 놓은 자신이 요리한 음식들과 정종을 내왔다. 우리 일행들은 즐겁기 그지 없었다. 정복자 선생은 우리 학생들이 따라준 정종을 마신 뒤에 "이제 너희들도 대학생들이니까 성인들이 다 되었으니 나와 술을 마셔도 된다."하면서 우리들에게 번갈아 술을 따라주었다.

그 때 유연기와 김춘자가 우리 일행 쪽으로 다가오면서 김춘자가 "이게 누구야, 이상준이잖아. 오랜만이다. 아니야, 이제는 어엿한 어른이 되었응께 반말해서는 안 되지! 정말 몰라보게 장성했네!"라고 말하며 나를 반겨주었다. 나도 할 수 없이 인사말로 "누나, 그동안 잘 있었어요?"라고 간단히 대답했다. 그녀는 의자를 하나 가져와 앉으며 "연기에게서 들었지만 서울에 있는 외국어대학에 입학했다면서, 축하해요."라고 나를 부추겨주었다. 그녀는 나에게는 첫사랑의 여인과 같아 나는 뭐라 말할지 몰라 꾸물대고 있는데 정복자 선생이 "아는 사이 같은데 당신 참 미인이군요."라고 그녀에게 말을 건넸다.

이 말을 호남관 안으로 들어오는 네댓 명의 사람들 가운데에서 한 사람이 불쑥 "당신이 누군데 내 계집년에게 미인이니 뭣이니 수작을 부려!"하고 시비를 걸어 왔다. 정복자 선생은 웃으면서 "뭐 여자에게 미인이라고 말하는 게 잘못되었으면 미안하게 되었소."라고 사과하는 어조로 말했다. 그러나 저쪽에서는 격분한 태도로 김춘자를 잡아채듯이 그의 일행 쪽으로 끌고가면서 "이 갈보야, 너는 내 거야!"하면서 마구 그녀를 구타하기 시작했다. 나는 그것을 보자 의분이 솟구쳐 일어서서 말리려고 하는데 정복자 선생이 나의 소매를 붙잡으며 "이상준, 너는 며칠 후면 서울로 가 공부를 해야 할 사람이야. 모른 척하고 내버려 둬!"라고 말렸다.

그 말이 오히려 저쪽 사나이의 마음을 거슬리게 한 것이다. 그는 정복자 선생에게 와서는 "이 새끼가 어디서 굴러먹다 온 개빽따귄지, 계속 나를 긁네!"하면서 그 선생의 멱살을 잡아 흔들었다. 그러자 그 선생은 "선생, 놓고 이야기 하시오."라고 점잖게 응수했으나 그는 오히려 더욱 기세를 올리며 "네놈도 저년을 붙어먹고 싶냐? 이 자식 오늘 잘 걸려들었다. 너 혼 좀 나봐라."하며 그 선생을 벽에 밀어 놓고 마구 주먹질을 했다.

그러나 정복자 선생은 그저 맞고만 있었다. 박기철과 나는 더 이상 참을 수 없어 그자에게 달려들자 정복자 선생은 우리들을 물러서게 했다. 그러는 사이 그자는 정복자 선생을 놔두고 김춘자에게 다시 가서 "이 화냥년아, 너는 이놈 저놈하고 막 놀아나!"하며 그녀를 발길질로 걷어찼다. 그녀는 외마디 소리를 지르며 땅바닥에 처박히다시피 나가떨어졌다.

이것을 본 정복자 선생은 옛날 일본군 부대장이 그의 중국 애인을 죽인 일이 떠오른 것이다. 그는 더 이상 참지 못하고 그놈에게 달려가 그의 특기인 '잡아채 처박기(cling and crash)'로 한 찰나에 그놈을 기절시켜 버렸다. 그러자 그놈의 부하들인 듯한 한 놈이 잭나이프를 꺼내 정복자 선생의 옆구리를 찔렀다. 그는 "억!"하며 그 자리에 쓰러졌다. 나는 다급한 나머지 박기철에게 정복자 선생을 업고 인근 병원으로 옮기게 하였다.

박기철은 사태가 위급한지라 정복자 선생을 업고 인근 병원으로 달려갔고 나는 나머지 두 놈들하고 대치하고 있었다. 나는 그 때 생각했다. 저놈들은 잭나이프들을 들고 있어서 신속 정확하게 한 번에 두 놈들을 해치우지 않으면 내가 죽게 된 판국이었다.

나는 나의 특기인 '손끝 펴 찌르기'를 구사하여 그놈들의 두 눈을 찍어내야 했다. 그래서 나는 우선 한 놈의 오른쪽 눈을 정확히 겨냥하여 기합소리와 함께 그냥 찔러버렸다. 그놈은 그의 오른쪽 눈을 두 손으로 감싸며 "아이고 나죽네!" 하며 그 자리에 웅크렸다. 다른 한 놈은 역시 '손끝 펴 찌르기'로 그놈의 눈 대신에 왼쪽 갈비뼈를 찔렀다.

나의 그 동작도 어김없이 그놈의 왼쪽 갈비뼈를 으스러뜨려 버렸다. 그 사이에 땅바닥에 쓰러진 두목격인 놈이 정신을 차려 나에게 잭나이프를 들고 달려드는 것이었다. 그 때에 이미 제 정신이 든 김춘자가 그의 다리를 잡아챈 바람에 그의 칼은 빗나갔다. 나는 피가 온몸을 소용돌이 치는 것을 느꼈다. 나는 다시 그놈의 눈을 노리고 막 동작을 취하고 있는데 신고를 받고 달려 온 경찰들에 의해 제지되고 모두가 광주경찰서로 연행되었다.

나는 경찰서에 끌려간 뒤에 맨 먼저 정복자 선생의 생사가 궁금하여 견딜 수가 없었다. 유치장에는 나와 그 패거리의 두목과 김춘자만 남아 있었다. 나에게 공격당한 두 놈들은 병원에 후송된 것이다. 유치장 안에서도 그 두목은 마구 김춘자에게 욕설을 퍼부었다. 그녀는 나에게 모두가 자신 때문에 일어난 일이라며 나에게 사과했다. 그러자 그놈은 "그래 모두가 다 네년의 화냥기 때문이지!" 하며 거기에서도 발길질을 해댔다. 나는 또 다시 분노가 솟구쳐 그놈을 그 선생이 구사했던 그리고 익히 내가 그에게 배운 '잡아채 처박기'를 써서 그놈을 땅바닥에 눕혀버렸다.

쓴잔

몸에는
쓴 약이 좋듯이
삶에는
쓴 잔이 좋다.

쓴 잔의
쓴 맛을 지독하게 느끼면서
많이 마셔 본
사람이래야
인생을 조금은 안다.

그렇다고 일부러
쓴 잔을 마실 필요는 없고
쓴 잔을 좋아할 것도 없다.
다만 쓴 잔을 마시기를
두려워하지 말라는 것이다.

06

한탄할지어다!
나 같은 영어의 꼴찌를
영어의 정복자로 만든 정복자
선생의 유해를 영산강에 띄우다

일단 취조를 받은 결과 우리 일행은 정당방위로 우선 불구속 입건 처리되어 나는 그날 한밤중에 풀려나 정복자 선생이 있는 병원으로 갔다. 박기철은 정복자 선생 침상 옆에서 눈물을 흘리고 있다가 나를 보자 이내 울음을 터뜨리면서 "상준아, 선생님은 피를 너무 많이 흘리셨고 상처가 너무 깊어 수술이 불가능하다는 거야!" 라며 말끝을 잇지 못했다.

나는 침상 옆으로 나아가 정복자 선생의 얼굴을 보았다. 핏기가 전혀 보이지 않았다. 그는 박기철과 내가 함께 있는 것을 겨우 알아보며 "너희들 고맙다. 오늘 축하파티는 최고였다." 하며 그의 양손으로 박기철과 나를 잡고서 최후의 눈을 감았다.

정복자 선생의 유족은 그의 동생 하나뿐이었다. 그와 우리들은 그의 시신을 화장했다. 박기철과 나는 그 동생에게 부탁하여 그의 유해를 영산강에서 우리들이 뿌리게 해달라고 했다. 박기철과 나는 그 유해 가루를 목공소에 가서 적당한 크기의 나무상자로 물이 새지 않도록 만들어 그 속에 우리들의 둘도 없는 선생을 모셨다. 그리고 목포행 열차를 타고 영산강 역에서 내려 부둣가에서 배 한 척을 빌려 강을 따라 목포 앞바다 쪽으로 향하여 하염없이 노를 저었다.

평소에 그렇게 못 잊어 하던 일본군 부대장에게 살해된 여인 옆으로 가시도록 바다 어구에 그 상자를 띄웠다. 그리고 그가 기타에 맞추어 자주 불렀던 '눈물 젖은 두만강'과 '목포의 눈물'을 박기철과 내가 그 선생에게서 배운 기타를 반주로 불렀다. 우리의 선생을 실은 그 작은 배는 앞바다로 유유히 흘러가고 있었다. 만주에서 정복자 선생이 시간이 날 때마다 불렀다던 '아리랑'을 우리는 목청껏 합창했다.

박기철과 나는 그선생, 오형식, 못말려 그리고 정복자의 네 가지 함자로 한 달 동안 이름을 지어 붙였던 우리의 그리운 선생님의 유해를 실은 상자가 목포 앞바다로 사라져 보이지 않을 때까지 '목포의 눈물', '눈물 젖은 두만강'과 '아리랑'을 눈물을 흘리며 계속해서 불렀다. 그 다정했던 그 자상했던,

그 인자하셨던 우리의 선생님은 우리의 곁을 떠나 넋이나마 옛 약혼녀를 만나 이 세상에서 이루지 못한 사랑을 저 세상에서 이루시기를 빌고 빌었다.

우리는 이른 봄 해질 무렵이 되어 영산강 강가 부두로 돌아왔다. 그런데 그 부두 한 편에 우리 선생님이 가끔 점심을 사주셨던 음식점의 할머니와 아주머니가 우리를 알아보고 우리에게 황급히 걸어왔다.

우리는 할머니와 아주머니에게 먼저 인사를 하고서 "할머니, 아주머니 언제 여기까지 오셨어요?" 하고 말했다. 그들은 우리들을 보자 북받치는 울음을 참지 못하고 마구 눈물을 흘리며 눈물을 닦았다. 우리는 그들을 진정시키며 부둣가의 어느 한적한 곳에서 고인에 대한 명복을 함께 빌었다.

아주머니는 멀리 수평선 위로 석양빛에 반사되는 가운데 그 곳을 바라보고 하염없이 흐르는 눈물을 억제하지를 못하는 듯했다. 나는 여자가 울 때의 모습을 그 때에 처음 보았지만 그 처량하면서도 아름다운 모습은 선녀를 방불케 하리만큼 아리따웠다.

할머니가 날이 어둡게 되자 우리 일행을 부둣가의 상당히 큰 음식점으로 데리고 갔다. 할머니는 주인에게 저녁 식사를 주문했다. 초저녁이어서인지 손님들이 많지 않고 네댓 명의 장정들이 생선회를 놓고 소주를 마시고 있었다. 그들은 우리 일행이 그 식당에 들어설 때부터 우리들에게 시선을 보냈다. 그들은 특히 아주머니에게 넋을 잃고 징그러운 표정으로 바라보고 있었다.

그러나 우리는 아랑곳하지 않고 주문한 국밥을 먹기 시작했다. 그러나 아주머니는 숟가락에 손을 대지도 않고 있었다. 그러자 할머니가 "얘야, 요기를 좀 해야지, 너 오늘 내내 밥한술 뜨지 않았다." 라면서 조금이라도 먹기를 권했다. 아주머니는 소복차림의 행세였다.

술기운이 돌기 시작한 저쪽 장정네 일행 중의 하나가 우리 쪽을 향하여 "서방이 죽은 모양이지, 죽은 사람은 죽고 산 사람은 살아야지. 그리고 당신 같이 절세미인은 죽어서는 안 된께." 하며 너털웃음을 웃자 그의 일행들이 덩달아 웃는 건지 비웃는 건지 식당이 시끄럽게 웃어댔다.

박기철과 나는 분격하지 않을 수 없었다. 우리들의 선생님이 그러한 패거리들에게 신사적으로 대하다가 흉기에 의해 무방비 상태에서 죽임을 당하지 않았는가! 우리들은 밥이나 우선 먹어두자고 속삭였다.

그 사이에 그 패거리들이 아주머니에게 수작을 걸어온 것이다.

"서방이 죽었으면 새 서방을 얻어야지! 여기 우리가 있잖어."

박기철이가 참다못해

"당신들 점잖지 못하게 그 무슨 행패요?"

"이 자식은 누구야? 이마에 피도 마르지 않은 놈이."

나는 사태가 급박하게 돌아갈 것을 예상하고

"할머니, 아주머니 그냥 광주로 올라가세요." 하며 그 두 사람을 억지로 식당 밖으로 밀어냈다.

그 사이에 그놈들은 일제히 일어나 우리들에게 덤벼들었다. 그러나 우리가 누군가? 이제는 청년이 다 된 장사들이 아닌가. 내가 할머니와 아주머니를 광주로 가는 버스에 타게 했다. 박기철이가 다섯 명과 상대하는 시간이 약 10분 걸렸다. 그는 중과부적으로 몰리면서 식당 밖으로 나왔을 때에는 내가 딱 알맞게 나란히 서게 되었다. 박기철은 발놀림이 굉장한 반면에 나는 손 힘이 특기였다.

다섯 놈들이 박기철 혼자서 상대할 때와는 상황이 완전히 달라졌다. 나는 박기철에게 "우리 저 놈들을 놓고 선생님의 원수를 갚자. 그리고 선생님이 그렇게 열심히 전수해 주신 가라데로 멋지게 때려눕히자."

"그러자. 그렇지 않아도 울분이 넘치고 있는 차에 이놈들 잘 걸려든 거야."

박기철과 나는 그야말로 중국무협 소설에 나올 법이나 한 몸놀림이었다. 박기철이 한 놈의 얼굴을 정통으로 발길로 걷어차 쓰러뜨렸다. 그러자 한 놈이 식당으로 들어가 생선회 칼을 집어 들었다. 나는 먼저 그놈을 상대해야 했다. 그놈이 막 생선 칼을 잡는 순간에 나는 오른손 끝을 쭉 펴 그놈의 왼쪽 눈을 일격으로 찔렀다. 그놈은 주방 뒤쪽으로 굴러 떨어지고서는 일어나지를 못했다.

이제 박기철과 나는 두 놈씩을 맡아서 속전속결로 끝내지 않으면 안 되었다. 일단 우리는 분개한 터라 몸이 나는 듯 가벼워 그놈들 네 놈들과 주거니 받거니 하였다. 그 때에 박기철이는 나에게 그놈들을 인정사정 볼 필요 없이 죽여 버리자고 말했다.

나는 고개를 끄덕이며 나와 상대하는 놈들을 한 놈은 땅바닥에 멱살을 잡고 내리꽂은 뒤에 다른 한 놈은 갈비뼈를 부셔버렸다. 그러는 동안 박기철도 두 놈들을 나처럼 날쌔게 가라데 동작을 써서 기절시켜 버렸다. 선생님이 전수해주신 가라데의 위력은 정말 엄청난 것이었다.

우리들은 그놈들이 꼼짝 못한 것을 확인하고 영산포 철도 정거장으로 향했다. 매점에서 박기철은 소주 두 병을 샀다. 그 때에 광주행 막차가 도착했다. 우리는 화차칸을 탔다. 거기에는 몇몇 아낙들이 새우젓과 멸치젓을 사서 광주에서 그 다음날 팔 것을 안고 쪼그리고 앉아 있었다.

박기철과 나는 후련한 마음으로 소주병을 따서 꿀꺽꿀꺽 마셨다. 그런데 한 아주머니가 "아니 그 불량배 놈들을 멋지게 해치운 양반들 아냐?"하며 반색을 하고 멸치젓 한 종지를 꺼내어 우리의 술 안주로 주었다.

그런데 열차가 막 출발하려던 순간 나와 박기철이 타고 있는 화차에 우리가 때려눕힌 한 놈하고 황소같이 거창한 몸집을 지닌 놈이 뛰어오른 것이 아닌가. 그 거인은 "야! 이 놈들이냐?"하며 우리들에게 덮쳐왔다. 우리는 한놈씩 상대하기 위해 화차 양 끝으로 갈라지는데 덩치가 큰 놈이 박기철을 향하여 움직였고 그놈을 안내한 놈은 나에게 다가왔다.

나에게 공격해 온 놈은 생선 식칼을 들고 아무런 무기가 없는 나를 보고 "너를 이 칼로 횟감을 만들어 주겠다."라고 소리치며 나에게 칼을 휘둘렀다. 나는 손놀림은 자신이 있는지라 "네 이놈, 내가 누구인줄 아느냐? 바로 광주에서 제일가는 공수도의 고수다."라고 우레와 같은 고함을 질렀다. 기선을 제압하는 나의 목소리에 움찔한 그놈은 공격을 멈추고 나의 허점을 노렸다.

그 사이에 행상 여인들은 한쪽 구석으로 물러서 숨가쁜 장면을 염려 반 흥미 반으로 바라보고 있었다. 그래서 화차 내의 공간이 넓혀져 나에게는 굉장히 유리하게 작용했다. 나는 몸동작이 어렸을 때부터 빠르기로 유명해 "살쾡이"라는 별명을 얻을 정도였다. 그러나 박기철은 화차 구석으로 몰리고 있어 그 거한에 힘겨워하는 것이 역력했다.

나는 내 상대를 빨리 처리하고 박기철을 돕지 않으면 안 된다는 생각이 들었다. 내가 박기철을 바라보는 틈을 노려 나의 상대 놈이 식칼로 나의 목을 찔러왔다. 나의 순발력은 그 정도는 문제가 안되었다. 나는 고개를 살짝 피하면서 내 오른손을 칼날로 만들어 역으로 그놈의 목을 내리쳤다. 그 놈은 외마디 소리를 내며 화차 바닥에 쓰러졌다. 나는 내친김에 그놈을 번쩍 들어 화차밖으로 내던져 버렸다.

이 광경을 본 그 거한은 박기철을 놔두고 나에게 덮쳐왔다. 나는 그의 육중한 주먹에 한 대 얻어맞아 정신이 아찔하며 가물가물해져 쓰러질 지경에 이르렀다. 바로 그 순간에 박기철이 뒤에서 기압 소리를 내며 번쩍 뛰어오르며 그놈의 뒤통수에 발로 일격을 가했다. 이제는 그놈이 비틀거렸다. 그 때에 나는 정신을 차려 그놈의 복부에 오른손 창끝으로 힘껏 찔렀다. 그놈은 몸을 앞으로 숙였다, 박기철과 나는 그놈을 화차 밖으로 끌고 가 밖으로 멀어냈다.

우리들은 광주에서 내리자 마자 할머니와 아주머니가 보는 음식점으로 먼저 달려갔다. 그들은 걱정을 하면서 있다가 우리들이 나타나자 손을 잡으며 "용케도 빠져 나왔구먼." 하고 반겼다.

그 때에 할머니는 이제 광주가 텅 빈 것 같다면서 눈시울을 적셨다. 그리고 아주머니를 향해 "얘가 그 선생과 결혼만 했어도 이런 일이 일어나지 않았을 것을!" 하며 울먹였다.

정복자 선생과 그 아주머니는 그 할머니의 권유를 간곡히 물리쳐 왔다. 정복자 선생은 "어머님, 형님이 살아오실 테니 기다리십시오." 라고 사양했고 그 아주머니도 똑같은 생각이었다. 그러나 그 것은 변명에 지나지 않았다. 정복자 선생의 선배는 이북으로 자진 월북했기 때문에 그럴 가능성은 없었다.

우리가 보아도 그 아주머니는 보기 드문 미인이었다. 그들 사이에는 마음으로서로 사랑하는 사이가 된 것이었지만 서로가 체면을 생각하고만 있었다. 그리고 우리들의 선생은 그 때에도 중국의 그 연인을 잊지 못했고 그 아주머니도 행여나 하며 남편을 기다려본 것이었다.

박기철과 나는 그날 밤 그 아주머니가 차려 준 술안주로 소주를 마시면서 우리들의 선생님에 대한 이야기로 밤을 지새웠다. 그리고 우리는 TG영어학원으로 향했다. 언제나처럼 문이 잠겨 있지 않았다. 우리는 4년 전 배웠던 그 영문법반 교실로 들어가 항상 앉았던 자리에 앉았다.

우리의 둘도 없는 선생님이 그의 큰 웃음을 띠며 우리들에게 "자, 오늘은 5형식들을..." 하는 모습으로 우리 앞 칠판 앞 교단 위에 서 계시는 것 같았다. 우리들의 눈에서는 소나기가 마구 쏟아지고 있었다.

07 마지막 정리

    최종적으로 정복자 선생이 지금까지 집요한 집념으로 우리 학생들에게 원리적이고 체계적으로 영어 문장들의 구성요소들에 대하여 설명한 것을 다시 종합하여 점검해 보겠다.

    영어문장들을 구성하는 것은 다음과 같이 세 가지다. 첫째로, 주요소들로서 주어, 술어 혹은 복합 술어, 보어, 그리고 목적어이고, 둘째로, 수식요소들로서 형용사적 수식요소들(형용사, 형용사상당어, 형용사구, 그리고 형용사절) 그리고 부사적 수식요소들(부사, 부사상당어, 부사구, 그리고 부사절)이 있고, 셋째로, 접속요소들로서 순수 접속요소들(전치사, 접속사, 연결 구두점 : 쉼표, 줄표, 세미콜론, 그리고 콜론)과 혼합 접속요소들(준동사, 관계사, 그리고 의문사)이 있다.

    영어의 모든 문장들이 바로 이 세 가지 요소들로 구성될 뿐 다른 요소들은 없다. 영어를 외국어로 공부하는 사람들이 등잔 밑이 어둡다는 격으로 이 간단한 체계적 원리를 전혀 모르고 있거나 알아도 겉돌기로 알고 있다.

    첫째로, 주요소들이 되는 주어는 영어의 8품사들 중에서 명사와 대명사가 되고, 술어 또는 복합 술어는 동사가 되고, 보어가 되는 것은 명사, 대명사, 그리고 형용사가 되고, 목적어는 주어처럼 명사와 대명사가 된다.

    둘째로, 수식요소들로서 형용사적 수식(형용사, 형용사상당어구, 형용사구, 그리고 형용사절)은 명사와 대명사만 수식하고, 부사적 수식(부사, 부사구, 그리고 부사절)은 동사, 부사상당어구, 형용사, 부사, 드물게는 문장을 수식한다.

    셋째로, 접속요소들은 두 가지로 갈라지는데 순수접속요소들(전치사, 접속사, 연결 구두점)은 주요소들과 수식요소들을 만들어 주요소들의 주어, 보어 그리고 목적어가 되게 하거나 형용사적 수식요소들과 부사적 수식요소들을 만든다. 그러나 혼합접속요소들(준동사, 관계사, 그리고 의문사)

은 주요소들과 수식요소들을 만들어 명사구와 명사절이 되게 하여 종속 구문들로서 본문에서 주어, 보어, 그리고 목적어가 되게 하거나 아니면 형용사구와 형용사절이 되게 하여 종속구문들로서 본문의 주어, 보어, 그리고 목적어를 수식하게 하거나 부사구와 부사절이 되게 하여 종속구문들로서 본문의 동사, 형용사, 부사 그리고 본문 전체를 수식하게 함과 동시에 혼합접속요소들이 만드는 구와 절에서 주요소들인 주어, 술어 혹은 복합술어, 보어, 그리고 목적어가 되거나 혼합 접속요소들이 만드는 구와 절에서 형용사로서 그것들 속에 있는 명사나 대명사를 수식하게 하거나 혼합 접속요소들이 만드는 구와 절에서 부사로서 그것들 속에 있는 동사, 형용사, 그리고 부사를 수식하게 한다. 이상 영어의 문장들의 구성 요소들인 주요소들, 수식요소들, 그리고 접속요소들을 요약하여 설명했다.

독자들이 이 요약된 부분을 위와 같이 스스로 설명할 수 있는 것이 영어를 완전히 아는 것이 된다. 만약에 이 요약된 설명이 잘 이해가 되지 않으면 이 책을 이해가 될 때까지 두 번 또는 세 번 정도 읽으면서 특히 〈영문법정복 예비지식 I〉, 〈영문법정복 예비지식 II〉, 그리고 8품사들이 문장에 쓰이는 도식적 분석편을 유의해야 한다.

옛말에 부전자전(父傳子傳: 그 아비에 그 자식)이라는 말과 함께 사전제전(師傳弟傳)이라는 말은 더욱 그 말이 정곡을 찌른다. 왜냐하면 제자는 스승의 가르침을 받아 스승을 닮기 때문이다. 지금 내가 나의 스승이신 정복자 선생님의 반복하고 반복하는 정신을 몸에 배게 닮아서인지 위에 말한 설명을 다시 예문들을 들어 도식으로 설명하고자 하니 독자들께서는 인내심을 발휘하여 영어 습득의 가장 핵심인, 아니 영어습득의 모든 것인 도식적 분석을 스스로 할 수 있는 능력을 길러내기를 바란다.

1. 주요소들로만 구성된 문장들의 도식

(1) 문장 제1형식의 문장

>> Wind blows.

(바람이 분다.)

(2) 문장 제2형식의 문장

≫ Skies are blue.

주어   술어   보어

(하늘이 파랗다.)

(3) 문장 제3형식의 문장

≫ I love you.

주어   술어   목적어

(나는 너를 사랑한다.)

(4) 문장 제4형식의 문장

≫ He gave me money.

주어   술어   간접목적어   직접목적어

(그는 나에게 돈을 주었다.)

(5) 문장 제5형식의 문장

➤➤ She made him happy.

(그녀는 그를 행복하게 했다.)

2. 주요소들과 수식요소들로만 구성된 문장들의 도식

(1) 문장 제1형식의 문장

➤➤ Strong wind blows westward.

(강한 바람이 서쪽으로 분다.)

(2) 문장 제2형식의 문장

>> A life is a great suffering.

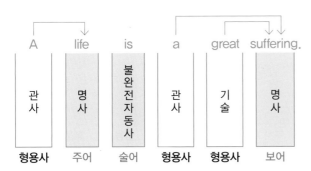

(인생은 하나의 큰 고통이다.)

(3) 문장 제3형식의 문장

>> Unfortunately, my dog-tired group missed the last train.

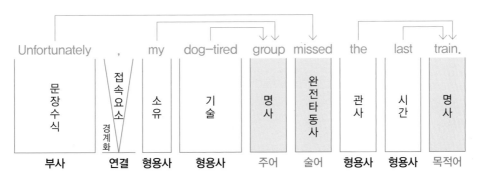

(불행히도, 나의 지친 일행은 그 마지막 열차를 놓쳤다.)

(4) 문장 제4형식의 문장

>> The blind man openly told me his old secret.

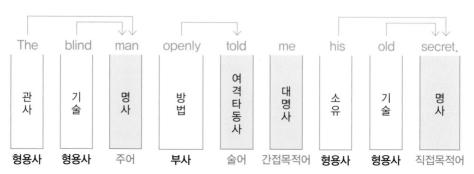

(그 눈먼 사람은 나에게 그의 오래된 비밀을 솔직하게 말해 주었다.)

(5) 문장 제5형식의 문장

>> The big fire mercilessly rendered the factory entirely destroyed.

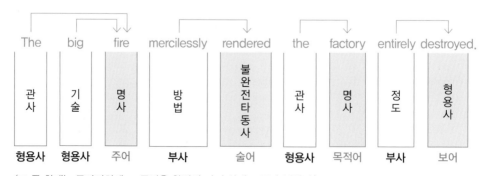

(그 큰 화재는 무자비하게 그 공장을 완전히 파괴 상태로 몰아 넣었다.)

3. 주요소들과 수식요소들의 접속요소들로 구성된 문장들의 도식

위의 1, 2에서는 문장 5형식들로 분류하였다. 문장의 도식은 결국 이 문장 5형식들을 가려 내는 작업에 지나지 않기 때문에 그렇게 도식 분석을 한 것이다. 그러나 여기에서는 일부러 내가 5형식별로 순서대로 분류하지 않고 몇 가지 예문들에 대한 도식 분석을 하였다. 독자들이 스스로 그 도식화된 문장들이 문장 몇 형식에 속하는가를 식별하기를 바란다.

>> Man can endure almost any suffering if he can see a purpose in it.

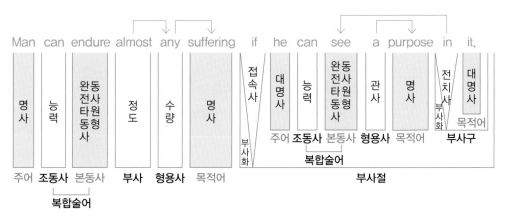

(사람은 그 속에서 하나의 목적을 발견할 수 있다면 거의 어떠한 고통도 견뎌낼 수 있다.)

>> When the will is ready, the feet are light.

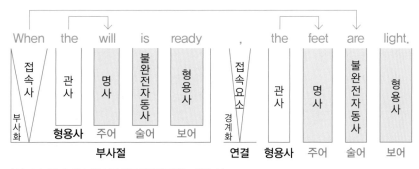

(의지가 준비되어 있으면 발걸음(행동)은 가볍다.)

>> He who has learned to obey will know how to command.

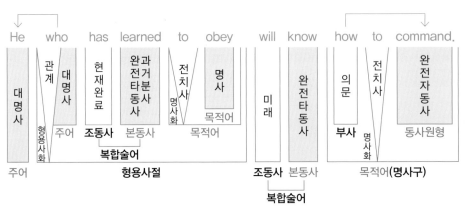

(순종하는 법을 배운 사람은 명령하는 법을 알게 된다.)

>> The face is the mirror of the mind ; and eyes, without speaking, confess the heart.

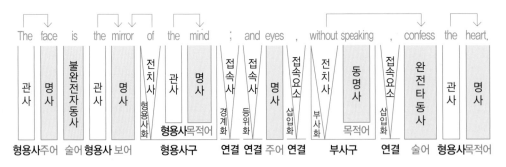

(얼굴은 정신을 반영하고, 눈은 말없이 마음을 고백한다.)

>> God does well what it does.

God	does	well	what	it	does.
명사	완전타동사	방법	관계 / 대명사 (명사화 / 목적어)	대명사	완전타동사
주어	술어	**부사**	목적어(**명사절**)	주어	술어

(신은 그가 하는 일을 제대로 한다.)

>> I do not know where he is now.

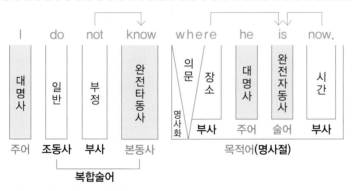

I	do	not	know	where	he	is	now.
대명사	일반	부정	완전타동사	의문 / 장소 (명사화)	대명사	완전자동사	시간
주어	**조동사**	**부사**	본동사	**부사**	주어	술어	**부사**

복합술어

목적어(**명사절**)

(나는 그가 지금 어디에 있는지 모른다.)

>> They discussed the matter walking along the river.

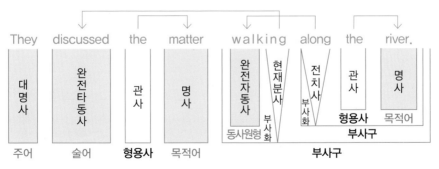

They	discussed	the	matter	walking	along	the	river.
대명사	완전타동사	관사	명사	완전자동사 / 현재분사 (동사원형 / 부사화)	전치사 (부사화)	관사	명사
주어	술어	**형용사**	목적어	**부사구**		**형용사**	목적어

부사구

(그들은 그 강을 따라 걸으면서 그 문제를 토의했다.)

끝으로 정복자 선생은 처음 시작할 때에 영어는 명사, 대명사, 동사, 형용사, 부사, 전치사, 접속사 그리고 감탄사 이들 8품사들이 어떻게 상호간에(어떠한 방법으로–어떠한 법칙으로–즉 영문법으로) 첫째로는 주요소들인 주어, 술어(혹은 복합술어), 보어, 목적어가 되고, 둘째로는 수식요소들인 형용사적 수식의 형용사, 형용사구, 형용사절 그리고 부사적 수식의 부사, 부사구, 부사절이 되고 그리고 셋째로는 접속요소들의 순수접속요소들로서는 전치사, 접속사 그리고 구두점이 되고, 혼합접속요소들로서는 준동사, 의문사 그리고 관계사들이 있는데 준동사에는 부정사, 동명사 그리고 분사가 있고 의문사에는 의문대명사, 의문형용사 그리고 의문부사가 있고 관계사에는 관계대명사, 관계형용사 그리고 관계부사가 있어서 이 세상의 영어의 모든 것들 즉 영어 모든 문장들은 모두다 이 8품사들이 22요소들을 만들어 문장적 기능들을 한다고 했다. 이제 영어 문법의 모든 법칙들이 다 위에 말한 8개의 품사들과 22개의 접속요소들을 위한 법칙들이라는 것을 알게 된 것이다.

이렇게 영어의 모든 법칙들은 품사들 8개와 요소들 22개로 나누어 일목요연하게 설명한 것은 영어가 이 세상에 출현한 후로 처음 있는 사건이 된 것이다. 독자들은 이제 위의 30개 항목들만으로 영어 문장들이 만들어진다는 것을 알게 된 것은 영어를 완전히 알게 된 것임을 확인하게 된 것이다.